W0076420

Dank an all diejenigen, die das Projekt durch
Ideen und mit Tatkraft unterstützten.

FRAURUHRMANN

Lebenswelten von Frauen und Männern in der Metropole Ruhr

Mit Fotos u. a. von Ursula Kaufmann und Brigitte Kraemer
Herausgegeben vom Regionalverband Ruhr

Regionalverband Ruhr, Herausgeber

Regionalverband Ruhr
Der Regionaldirektor
Kronprinzenstraße 35, D-45128 Essen
www.metropoleruhr.de

Das Buch ist ein Gemeinschaftsprojekt
mehrerer Fachreferate und der Gleichstellungsstelle des Regionalverbands Ruhr.

Gesamtverantwortung

Dr. Sabine Lange, Leiterin des
Referats Soziales, Bildung, Europa

Gudrun Kemmler-Lehr, Gleichstellungsbeauftragte beim Regionalverband Ruhr

Christian Raillon, Leiter des Referats Strategische Entwicklung und Kommunikation

Konzeption

Claudia Horch, Margarethe Lavier

Redaktion

Claudia Horch, Margarethe Lavier,
Birgit Rother

Grafik-Design

Grafikstudio HÜGEMO, Elga+Gerulf
Morgenstern-Hübner, Kristina Weddeling

**Bibliografische Information
der Deutschen Bibliothek**

Die Deutsche Bibliothek verzeichnet diese Publikation in der
Deutschen Nationalbibliografie;
detaillierte bibliografische
Daten sind im Internet über
http://dnb.ddb.de abrufbar.

1. Auflage November 2010

Druck: Aalexx Buchproduktion
GmbH, Großburgwedel

© Klartext Verlag, Essen 2010

ISBN 978-3-8375-0083-7

Inhalt

Der kreative Umbau der Metropole Ruhr braucht jede

Heinz-Dieter Klink

Das Kulturhauptstadtjahr 2010 war der Auftakt zu einem Jahrzehnt, das den Wandel der Metropole Ruhr deutlich voranbringen soll. Das Kulturhauptstadtjahr – eine große Chance und ein großer Erfolg für die Metropole Ruhr. Durch die Finanzkrise ist jedoch deutlich geworden, dass die kommende Dekade keine einfache sein wird und geplante Projekte gefährdet sein könnten.

Die Region steht vor beträchtlichen Herausforderungen: Obwohl die Finanzkrise die Handlungsautonomie der Kommunen beschneidet, sollen die Erfolge der Kulturhauptstadt gesichert und nachhaltig entwickelt werden. Das erfordert eine Konzentration auf die wichtigsten Themen und Projekte, aber auch eine Abstimmung der Kommunen, eine stärkere Arbeitsteilung und Profilbildung.

Mit der Übernahme neuer Aufgaben wie der Regional- und Masterplanung positioniert sich der RVR als „neuer alter" Akteur. Damit verbunden ist eine Konkretisierung der Themen, Aufgaben und Rollen des Verbands, die er nur im Konsens mit den Mitgliedskommunen und im Rahmen einer strategischen politischen Diskussion vornehmen kann. Die Weichen hierfür sind gestellt: Bildung, Mobilität, Wohnungsmarkt, Einzelhandel und Kommunalfinanzen sind als neue regionale Aufgaben platziert. Die Kombination von formellen und informellen regionalen Planungsansätzen gibt dem RVR die Möglichkeit, fachspezifisch und teilräumlich mit den AkteurInnen zielgenaue Lösungsansätze zu erarbeiten. Dies bringt für den Verband nicht nur neue Themen, sondern auch neue Methoden mit sich. Hierzu zählen der Aufbau und die Moderation regionaler Netzwerke wie Planernetzwerk und Frauennetzwerk Ruhrgebiet.

Frau und jeden Mann

Schon der im Jahr 2000 veröffentlichte Frauenatlas Ruhrgebiet hat gezeigt, dass nur eine geschlechterspezifische Arbeitsmarkt- und Strukturpolitik den unterschiedlichen Lebenslagen von Frauen und Männern gerecht wird. Nun, zehn Jahre später, betrachtet der RVR eine deutlich größere Bandbreite der Lebens- und Arbeitsbedingungen, um der Vielfalt und Komplexität von Regionalentwicklung gerecht zu werden, Impulse für die zwischen 2010 und 2016 umzusetzende regionalpolitische Agenda zu geben und damit die Diskussion um innovative regionale Ansätze und Handlungsfelder weiterzuführen.

Gender Mainstreaming ist eine Analyse- und Planungsmethode, mit der Regionalentwicklung eine ganz neue Qualität erhält. Durch die Implementierung von Gender Mainstreaming in die Handlungsfelder regionaler Entwicklung erfolgt Qualitätsverbesserung in mehrfacher Hinsicht: Die Lebenssituation von Frauen und Männern an der Ruhr kann anhand ausgewählter Schlüsselindikatoren genauer analysiert werden, das Wissen um regionale Potenziale und Defizite erweitert zudem die Kompetenz des RVR als regionalem Akteur, vor allem aber die Kompetenz der kommunalen AkteurInnen. Und schließlich macht Gender Mainstreaming Unterschiede, die sich auf die Chancengleichheit und Partizipation von Frauen und Männern auswirken, transparent.

So kann regionalen Ungleichheiten besser entgegengewirkt werden. Das Handeln in Politik und Verwaltung erfolgt zielgenauer, effizienter und in höherer Qualität. Vorliegende Publikation soll Anregungen geben zur Analyse und Reflexion der sehr komplexen und vielfältigen Metropole Ruhr und in der Diskussion um deren Zukunft weitere Akzente setzen. Wer die Zukunft der Region gestalten will, kann nicht umhin, in sämtlichen Handlungsfeldern der Regionalentwicklung Geschlechtergerechtigkeit mitzudenken. Nur eine geschlechtergerechte Region wird eine zukunftsgerechte Region sein.

Wissen,
oder: warum dieses Buch erscheint

Claudia Horch
Gudrun Kemmler-Lehr

Das Ruhrgebiet war immer sehr vielgestaltig. In seiner langen Geschichte prägten Kohle und Stahl nur etwa 100 Jahre lang die Region. Doch diese montanindustrielle Dominanz zwischen 1870 und 1970 bestimmt bis heute das Bild des Ruhrgebiets.

Nur Zechen und Hochöfen, Malocher und Matronen?

Bergbau, Eisen- und Stahlindustrie waren es, die ihm sein männliches Image gaben. An der Ruhr lebten die zupackenden, geradlinigen Kumpel und Stahlkocher. Ihre Frauen verschwanden gewissermaßen hinter deren breiten Schultern. In der öffentlichen Wahrnehmung traten sie – tatkräftig, schnörkellos und wenig Aufheben um sich machend – kaum als Akteurin auf. Erstaunlicherweise ist die Ruhr-Frau als Kunstfigur, ja

Karikatur, sehr „lebendig" und populär. Als bodenständiger Typus, das Herz auf dem rechten Fleck und breites Ruhridiom sprechend begegnet man ihr in der Rolle der „dusseligen Ehefrau", schlagfertigen Metzgersgattin, blondierten Friseuse und auch als Emanzipierte – etwa in Gestalt von Dr. Antonia Cerwinski-Querenburg. Wir haben große Sympathie für diese „Rosen des Reviers", fragen uns aber: Wo sind die anderen? Vor allem die Jüngeren, die nach Jahrzehnten des Strukturwandels längst aus dem Schatten der Montanindustrie hätten hervortreten müssen? Selbst in aktuellen Veröffentlichungen wird kaum der Versuch unternommen, das Leben und das Engagement der Frauen an der Ruhr adäquat darzustellen. Die jüngst erschienenen Regionalia spiegeln wider, dass das öffentliche Leben und damit auch die öffentliche Wahrnehmung des Ruhrgebiets von Männern dominiert werden. So kommen in einem Buch zur Kulturhauptstadt 2010 zwar 15 Männer zu Wort, aber nur eine Frau. Ein Beispiel von vielen.

Wandel, Weiblichkeit

Im Hörsaal der Pädagogischen Hochschule Essen waren 1968 die Frauen in der Mehrzahl (links).

Tischlerei – 1956 ein eher ungewöhnlicher Beruf für Frauen (Mitte)

Prototypisch für die lebenskluge, schlagfertige Ruhrgebietsfrau mit Mutterwitz: Tana Schanzara (rechts)

Frauen werfen ihre Netze aus ...

Spätestens mit dem Kulturhauptstadtjahr war die Zeit reif, den Frauen der Metropole Ruhr ein eigenes Buch zu widmen. Dabei bündeln wir verschiedene Stränge: Seit den 1980er Jahren initiieren Frauen im Ruhrgebiet eigene Diskurse und nehmen über informelle Netzwerke Einfluss auf regionale Prozesse. Beispiele für frauenpolitische Aktivitäten sind die Arbeiten der FOPA, der feministischen Organisation von Planerinnen und Architektinnen, die Gender Studies an Ruhrgebietsuniversitäten, der Arbeitskreis „Frauen und IBA" und sein Nachfolger, das Frauennetzwerk Ruhrgebiet, aber auch Unternehmerinnen- oder Künstlerinnennetzwerke.

... und schöpfen aus dem Vollen?

Vor diesem Hintergrund machen wir – Frauen aus verschiedenen Arbeitsbereichen des RVR, WissenschaftlerInnen und JournalistInnen – Vorschläge zur Entwicklung des Ruhrgebiets. Je besser Gleichstellung umgesetzt wird, umso erfolgreicher ist eine Region.

Das zeigen Beispiele aus den skandinavischen Ländern, wo die Gleichstellungs- und die Modernisierungspolitik wesentlich erfolgreicher waren als hierzulande. Der Gleichheitsbegriff geht dort über den Ansatz der bloßen Chancengleichheit hinaus, entscheidend ist die Ergebnisgleichheit. Mehr als 80 % der schwedischen Frauen im Alter zwischen 25 und 44 Jahren sind berufstätig. Die Beschäftigungsquote der Männer in der gleichen Altersgruppe liegt nur wenig höher.

Vorkämpferinnen ihrer jeweiligen Fachbereiche, zum Vorbild geeignet: Ilse Storb (l.) und Uta Ranke-Heinemann, Deutschlands erste „Jazz-Professorin" und die weltweit erste Professorin für katholische Theologie, zwei mit höchsten akademischen Ehren ausgestattete Frauen, die stets erfrischend unakademisch auftreten

Erfolgreiche Frauen machen Regionen zu Gewinnern

Die zentrale Hypothese leitet sich aus dem demografischen Wandel ab. Angesichts der schrumpfenden und älter werdenden Bevölkerung ist es unerlässlich, alle regionalen Potenziale zu mobilisieren. Der umfassenden Nutzung des Wissens- und Kreativpotenzials aller EinwohnerInnen kommt daher größte Bedeutung zu. Die Zukunftsaussichten einer Region korrelieren stark mit ihrer Fähigkeit, sich durch Innovationen vorhandene Märkte zu sichern und neue zu erschließen. Grundvoraussetzung hierfür ist ein möglichst hohes Qualifikationsniveau. Untersuchungen zur Bildungs-, Wirtschafts- und Sozialstruktur in der Metropole Ruhr machen jedoch Schwächen deutlich, die das Innovationsgeschehen und die Regionalentwicklung hemmen. Noch immer sind zu viele aus Bildungs- und Erwerbsprozessen ausgeschlossen, während Fachkräfte gesucht werden. Durch sozioökonomische Segregation bei gleichzeitigem Bevölkerungsverlust kommt es zu einer immer stärkeren Ausdifferenzierung in reiche und arme Stadtviertel. Da sich die Region seit den 1980er Jahren zu einer Auspendlerregion entwickelt hat, wird die Wohn- und Wohnumfeld-Qualität immer wichtiger, wenn EinwohnerInnen gehalten und gewonnen werden sollen.

Um der fortschreitenden sozialräumlichen Spaltung entgegenzuwirken, ist vor allem umfassende Teilhabe zu gewährleisten: Teilhabe von Ärmeren am öffentlichen Leben, von MigrantInnen an Bildung und Arbeitsmärkten und von Frauen an politischen und wirtschaftlichen Führungspositionen. Die Lebensqualität ist nur dort hoch, wo es für alle Wahlfreiheit gibt, wo man Arbeitsmöglichkeiten, Wohnraum, Kulturangebote und soziale Netze wählen kann.

Unsere zentrale Hypothese lautet daher: Im Wandel zur Wissens- und Kreativgesellschaft hat nur die Region Erfolg, die das Potenzial der Frauen nutzt und ihnen Handlungsfreiräume und Partizipationsmöglichkeiten einräumt. Entwicklungen in den neuen Bundesländern belegen das sehr deutlich. Sie zeigen, dass die Zukunftsfähigkeit von Regionen davon abhängt, ob sie als Wohn-, Lebens- und Arbeitsort für Frauen attraktiv sind.

Das Bild von der Kulturhauptstadt – mehr als ein Image?

„Im Wettkampf der Städte zählt das Bild, der Kampf um Reputation wird ikonografisch geführt" (Löw 2008). Zentrale Events im Kulturhauptstadtjahr dienen der Produktion von Bildern, durch die Beschränkung auf Männerperspektive gewinnt man dadurch aber kein umfassendes Bild vom „neuen Ruhrgebiet". Das erlaubt allein die Perspektive mit Blick auf beide Ge-

schlechter. Wir zeigen, wie diese Genderperspektive im Denken und Handeln verankert und in regionalen Projekten umgesetzt werden kann.

Das geschieht anhand der Themenfelder Regionalentwicklung und Raumstrukturen (Kapitel Wohnen, Freizeit, Freiraum), Wissensmilieus (Kapitel Bildung, Wissenschaft, Kreativität) und ihre Wechselwirkungen mit der Wirtschafts- und Sozialstruktur (Kapitel Arbeit und Soziales) sowie mit Politik und Partizipation.

Lieben Rollen- und Kostümwechsel und den Auftritt nach Vorbildern japanischer Comics: Manga-Mädchen

Im Kulturhauptstadt-Kontext werden Begriffe wie kreative Region, Wissensökonomie und Kreativwirtschaft als neue Impulsgeber für regionale Entwicklung genannt. Kultur soll dem Ruhrgebiet ein neues Image geben, Arbeitsplätze schaffen und Innovationen generieren. Die von Hoffnung genährte Perspektive dabei ist, die eigene Position im Metropolen-Ranking zu verbessern. Kulturwirtschaft ist eine Branche, in der viele Arbeitsplätze gerade für Frauen entstehen sollen. Aber um welche Arbeitsplätze geht es? Wir gehen der Frage nach, welche Rolle Frauen in der Kultur- und Kreativszene an der Ruhr gegenwärtig spielen und wie sie sich im Spannungsfeld von Visionen und Konditionen bewegen.

Wer sagt, dass nur Eliten innovativ sind?

Es gibt Indizien für eine gewisse Innovationsträgheit der Region. Dafür spricht auch, dass die meisten Impulse für große Regionalentwicklungsprojekte von außen kamen, initiiert durch EU-, Bundes- und Landesprogram-

me. Dies gilt auch für die IBA Emscher Park und die Kulturhauptstadt Europas. Doch die Lebensqualität des Ruhrgebiets heute basiert nicht auf den großen Projekten, sondern auf vielen unspektakulären Einzelinitiativen, die häufig von Frauen und häufig gegen den Widerstand der etablierten Politik angestoßen wurden. Auch hierfür gibt es in dieser Publikation Beispiele. Diese Einschätzung hat uns dazu bewogen, in drei Richtungen nachzufassen:

- Wir haben in Interviews die Frage gestellt, ob die noch immer männlich konnotierte „Formation" des Ruhrgebiets mit dem Ineinandergreifen großindustrieller Interessen, korporatistischer Politiken und heterogener Stadtstrukturen schon auf dem Weg ist zu einer innovativen Wissensökonomie.
- Wir sind dem zivilgesellschaftlichen Engagement von Frauen und Männern und auch der gegenwärtigen Form geschlechtsspezifischer „Elitenkooperation in der Region" (Mettler-von Meibom / Steger 2001) nachgegangen.

14

Wichtiger Bestandteil des Bildes vom Ruhrgebiet: das von Schrebergärten und denen, die sie bewirtschaften

Neugierig auf das Tal der Königinnen

Der im Jahr 2000 erschienene, von Ruth Kampherm erarbeitete Frauenatlas Ruhrgebiet analysierte erstmals die Spezifika der Arbeits- und Lebenssituationen von Frauen im Ruhrgebiet. Unsere Publikation steht insofern in der Tradition des Frauenatlas', als sie vor allem hinsichtlich der damals untersuchten Faktoren Beschäftigung, Erwerbstätigkeit und Arbeitslosigkeit eine Fortschreibung vornimmt. Während der Frauenatlas den Charakter einer wissenschaftlichen, sich an Fachleute wendenden Studie hatte, ist vorliegendes Buch breiter angelegt. Es schildert Aspekte des gegenwärtigen Lebens von Frauen und Männern in der Metropole Ruhr zwar ohne Anspruch auf Vollständigkeit, aber so, dass die Auswirkungen prägender Regionalentwicklungsprozesse deutlich werden. Nach einer Analyse der Zahlen und Fakten zeigen wir, was diese Zahlen konkret für das tägliche Leben bedeuten. Der immensen Vielfalt der Region ist nur mit Beschränkung auf bestimmte Facetten und mit der Auswahl beispielhafter Verhältnisse zu begegnen. Dies lässt Lücken. Und das hat sein Gutes: Wir hoffen, dass das, was hier beschrieben wurde, neugierig macht auf Kulturerlebnisse, die Entdeckung von Siedlungen und Lieblingsorten, vor allem aber auf die Begegnung mit den Mädchen, Jungen, Frauen und Männern, die hier leben.

- Wir haben den vergleichenden Blick von außen auf die Metropole Ruhr gesucht, aber auch eine repräsentative Anzahl von Frauen und Männern nach ihrer Sicht der Dinge befragt.

Zukunft gestalten – sind Frauen mit im Spiel?

Impulse „von oben" und „von außen" sind wichtig, um das kreative Potenzial, das der Region ohne Zweifel innewohnt, zu bündeln und nach außen sichtbar zu machen. Nachhaltig kann regionale Erneuerung aber nur dann sein, wenn dadurch ein kontinuierlicher und kreativer, zivilgesellschaftlich getragener Prozess in Gang gesetzt wird. Er muss partizipativ sein, also alle gesellschaftlichen Gruppen einbeziehen, und Eigeninitiative dadurch belohnen, dass Projekte auch eine Umsetzungschance bekommen. Die Chance, sich einbringen zu können, macht Männern und Frauen Lust aufs Herkommen und aufs Bleiben. Sie ist eine der zentralen Stellschrauben, an der gedreht werden muss, soll der ökonomische, soziale und demografische Wandel gut bewältigt werden.

Literatur

Löw, Martina (2008): Soziologie der Städte, Frankfurt am Main

Mettler-von Meibom / Steger, Ulrich (Hg.) (2001): Elitenkooperation in der Region. Neue Wege an der Ruhr, Essen

15

Wir leben gerne hier!

Sabine Lange

Befragungen zum Image der Metropole Ruhr zeigen eine deutliche Diskrepanz zwischen einer negativen Außenwahrnehmung und einer eher positiven Bewertung durch die BewohnerInnen der Region. Der Regionalverband Ruhr hat einer repräsentativen Anzahl von ihnen daher Fragen zur regionalen Identität und Identifikation mit der Region und zur Lebensqualität gestellt.

Die Identifikation mit dem Ruhrgebiet ist hoch. 97 % ordnen die Kommune, in der sie wohnen, dem Ruhrgebiet zu. Nur 3 % der Befragten geben an, dass die Stadt, in der sie leben, nicht zur Region gehört. Diese kommen ausnahmslos aus kreisangehörigen Kommunen des Kreises Wesel.

Trotz ihres Images als Schmelztiegel ist die Metropole Ruhr keine Durchgangsregion. Ihre BewohnerInnen sind sehr ortsfest: Fast drei Viertel (72 %) der hier Lebenden sind auch im Ruhrgebiet geboren. Mehr als zwei Drittel der Befragten wohnen seit ihrer Geburt in derselben Stadt, 29 % haben auch schon in anderen Städten des Ruhrgebiets gewohnt. Nur die Zugezogenen – also knapp ein Drittel der Befragten – wurden nach ihrer Wohndauer gefragt. Sie liegt bei fast 30 Jahren bei einem durchschnittlichen Zuzugsalter von 21 Jahren und zeigt die Verbundenheit mit der Region.

Im Jahr 2009 leben 21 % der Zugezogenen länger als ein halbes Jahrhundert in der Region, 12 % bereits 40 bis 49 Jahre, jeweils 17 % blicken auf 30 bis 39 bzw. 20 bis 29 bzw. 10 bis 19 Lebensjahre in der Region zurück. 7 % leben zwischen 5 und 9 Jahren, 9 % weniger als 5 Jahre hier (Abb. 1).

Mit ihrem Wohnumfeld, definiert als das Umfeld der Wohnung, das in einem Umkreis von zehn Minuten

Bekenntnisse zum Ruhrgebiet

Fußweg zu erreichen ist, sind 58 % der Befragten sehr zufrieden, 33 % zufrieden. Noch zufriedener sind die Befragten mit der eigenen Wohnung. Signifikant mehr Frauen als Männer sind sowohl mit ihrem Wohnumfeld als auch mit ihrer Wohnung sehr zufrieden (Abb. 2/3).

69 % aller Befragten verneinen die Frage danach, ob sie schon einmal über einen Umzug nachgedacht haben. Je länger sie im Ruhrgebiet leben, desto ortsfester sind sie und desto stärker identifizieren sie sich mit ihrem Wohnort. Die Frage „Könnten Sie sich vorstellen, wegen einer privaten Situation ganz aus dem Ruhrgebiet (Ihrer Region) wegzuziehen?" verneinen 59 % der Befragten (Abb. 4/5).

Die Frage „Könnten Sie sich vorstellen, wegen eines interessanten beruflichen Angebots ganz aus dem Ruhrgebiet (Ihrer Region) wegzuziehen?" verneinen 61 %. Je kürzer die Wohndauer ist, desto größer die Bereitschaft, die Region zu verlassen.

62 % der Befragten sind berufstätig, 43 % davon in Vollzeit, 19 % in Teilzeit. Von diesen pendeln 38 % zwischen Wohn- und Arbeitsort. Fast zwei Drittel arbeiten

Sehr zufrieden mit ihrem Wohnumfeld: „sie" sogar noch um einiges mehr als „er"

17

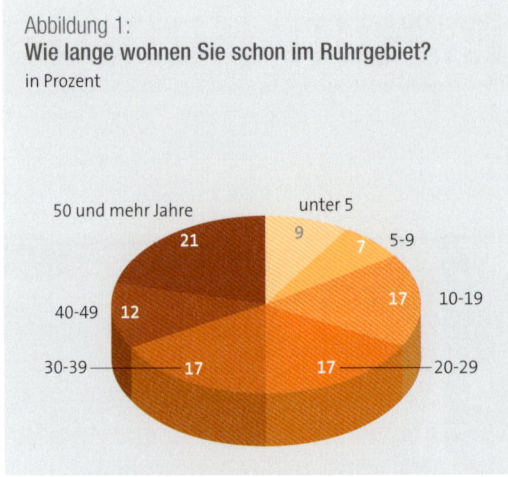

Abbildung 1:
Wie lange wohnen Sie schon im Ruhrgebiet?
in Prozent

50 und mehr Jahre: 21
unter 5: 9
5-9: 7
10-19: 17
20-29: 17
30-39: 17
40-49: 12

Abbildung 2:
Wie zufrieden sind Sie mit Ihrem Wohnumfeld?
in Prozent

weniger zufrieden: 7
un- zufrieden: 2
sehr zufrieden: 58
zufrieden: 33

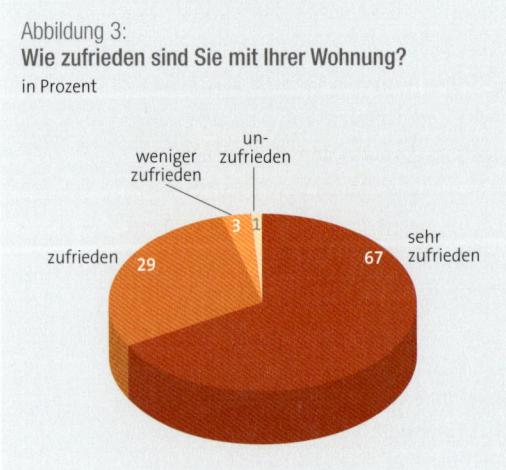

Abbildung 3:
Wie zufrieden sind Sie mit Ihrer Wohnung?
in Prozent

weniger zufrieden: 3
un- zufrieden: 1
sehr zufrieden: 67
zufrieden: 29

also in der Stadt, in der sie wohnen. Bei den Berufspendlern ergibt sich ein signifikanter Unterschied zwischen Frauen und Männern: Der Anteil der Berufspendlerinnen liegt mit 33 % deutlich unter dem der Männer (44 %).

Einkaufs- und Freizeitmobilität geben Auskunft über die Attraktivität des eigenen Stadtteils und der eigenen Stadt im Vergleich zu anderen Städten. Größere Einkäufe, wie die von Kleidung oder von Möbeln, tätigen 50 % der Befragten in ihrer eigenen Stadt, 9 % im Stadtteil, 41 % in anderen Städten. Die Befragten sind also durchaus in der Region mobil: Ein Drittel ist als BerufspendlerIn unterwegs, ein Drittel der Gruppe, die ihre Freizeit überwiegend außer Haus verbringt, sucht Freizeit- und Unterhaltungsangebote in anderen Städten, rund 40 % tätigen größere Einkäufe in anderen Städten. Allerdings entfalten Stadt und Stadtteil sowohl bei größeren Einkäufen als auch für die Gestaltung der Freizeit eine relativ große Attraktivität.

Besonders ausgeprägt zeigt sich das bei den Freizeitaktivitäten: Ihre Freizeit verbringen 67 % überwiegend zu Hause, 33 % überwiegend außerhalb. Fast 50 % dieser Aktivitäten finden im eigenen Stadtteil statt, 22 % in der eigenen Stadt und 31 % in anderen Städten (Abb. 7).

Ein guter Indikator für die Identifikation mit dem Ruhrgebiet sind die Antworten auf die Frage „Wenn Sie einem neuen Bekannten, z. B. jemandem aus Süddeutschland, erklären wollen, wo Sie leben, was sagen Sie dann?" 35 % der Befragten geben an, aus dem Ruhrgebiet zu kommen, 7 % ergänzen diese Information mit positiven Erläuterungen, sagen z. B.: „Ich komme aus dem Ruhrgebiet, da, wo es schön ist", oder: „... da, wo gut Fußball gespielt wird". Negative Erläuterungen zum Ruhrgebietsbegriff, wie „da, wo alles so grau ist", werden lediglich von 0,2 % der Befragten gemacht. 9 % bezeichnen ihre Herkunftsregion Fremden gegenüber als „Ruhrpott", „Pott" oder „Kohlenpott". 19 % der Befragten nennen die Stadt, in der sie leben, um zu erklären, woher sie kommen (Abb. 8).

50 % aller Befragten nennen also die Region und 19 % ihre Stadt. Damit gehen knapp 70 % der Befragten selbstbewusst mit ihrer Herkunft bzw. Herkunftsregion oder -stadt um. Etwa ein Drittel erklärt einem neuen Bekannten die Herkunft mit Verweisen auf überregional bekanntere Großstädte wie Düsseldorf oder Köln, auf andere Regionen, wie „Nähe Sauerland" / „Nähe Münsterland" oder – wie bei einigen linksrheinisch Wohnenden – „Nähe Holland". Das zeigt aber weniger eine mangelnde Verbundenheit mit dem Ruhrgebiet, sondern antizipiert, dass das Gegenüber diese Ortsangaben eher kennt als beispielsweise Schermbeck, Gevelsberg oder Oer-Erkenschwick. Hierauf weisen auch Angaben hin wie „da, wo Schalke zu Hause ist" oder „rechts vom Kamener Kreuz". Die Nennung des Ruhrgebiets mit einer positiven Erläuterung kommt vor allem von DortmunderInnen (Abb. 9).

Zum speziellen Ansehen des Ruhrgebiets tragen nach Meinung der Befragten besonders gute Verkehrsverbindungen, die Industriekultur, ein vielfältiges

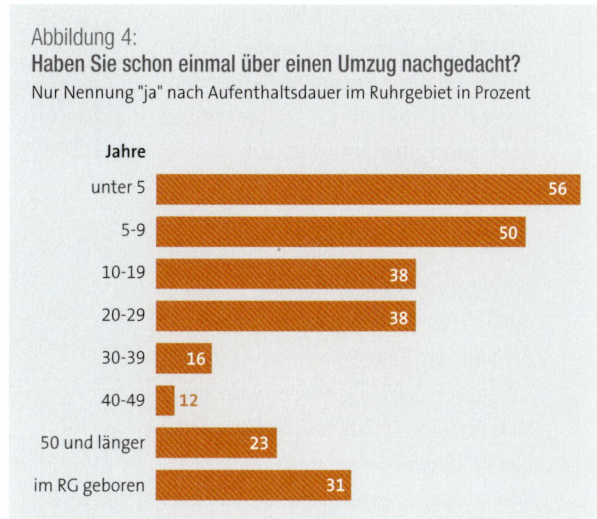

Abbildung 4:
Haben Sie schon einmal über einen Umzug nachgedacht?
Nur Nennung "ja" nach Aufenthaltsdauer im Ruhrgebiet in Prozent

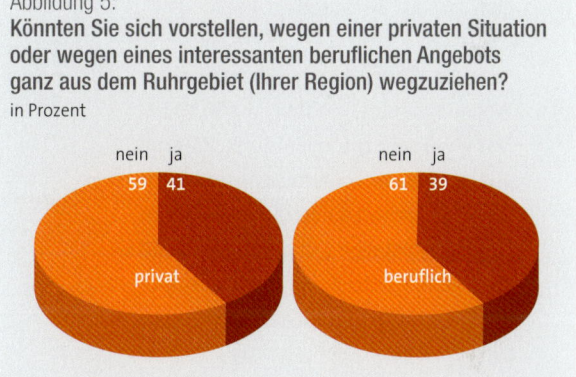

Abbildung 5:
Könnten Sie sich vorstellen, wegen einer privaten Situation oder wegen eines interessanten beruflichen Angebots ganz aus dem Ruhrgebiet (Ihrer Region) wegzuziehen?
in Prozent

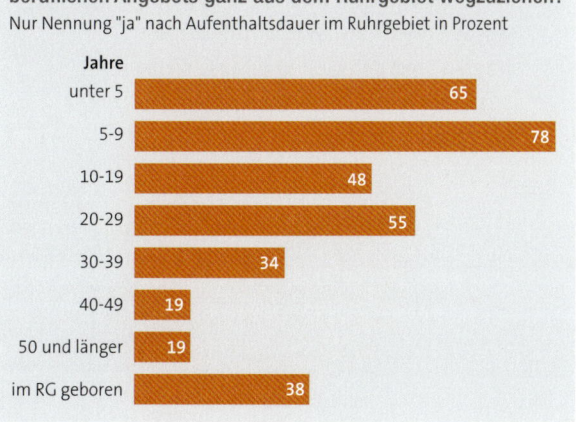

Abbildung 6:
Könnten Sie sich vorstellen, wegen eines interessanten beruflichen Angebots ganz aus dem Ruhrgebiet wegzuziehen?
Nur Nennung "ja" nach Aufenthaltsdauer im Ruhrgebiet in Prozent

Freizeitangebot und die Naherholungsqualität bei. Damit sind weitere Erklärungen für die ausgeprägte Verbundenheit eines Großteils der Befragten mit der Region gegeben (Abb. 10).

Fazit

Die Ergebnisse der Befragung zeigen in mehrfacher Hinsicht eine starke Verbundenheit der BewohnerInnen mit dem Ruhrgebiet: Zwei Drittel leben von Geburt an in derselben Stadt, fast drei Viertel der hier Wohnenden sind im Ruhrgebiet geboren. Zugezogene kommen auf eine durchschnittliche Wohndauer in der Region von fast 30 Jahren.

Mit dem Wohnumfeld und der eigenen Wohnung sind die meisten (fast 60 % bzw. fast 70 %) sehr zufrieden. Einen Wegzug aus der Region können sich rund 60 % weder aus privaten noch aus beruflichen Gründen vorstellen. Die eigene Stadt und der eigene Stadtteil sind sowohl bei größeren Einkäufen als auch bei der Gestaltung der Freizeit sehr attraktiv.

Die Kultur, insbesondere die Industriekultur, ist zu einem wichtigen Alleinstellungsmerkmal der Metropole Ruhr geworden. Mehr als zwei Drittel der Befragten sind der Meinung, dass sie in besonderer Weise zum Ansehen des Ruhrgebiets beiträgt.

Abbildung 7:
Wo verbringen Sie Ihre Freizeit?
Im Stadtteil, in dem Sie leben, in Ihrer Stadt oder überwiegend in anderen Städten?
in Prozent

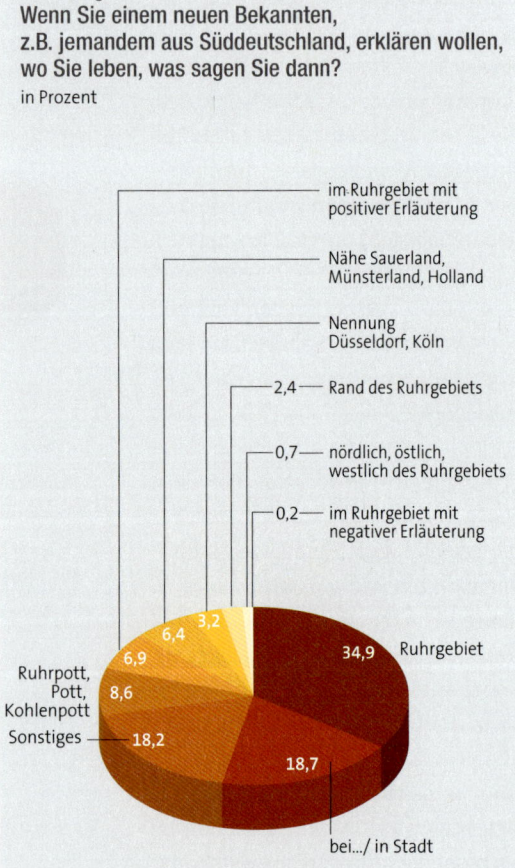

Abbildung 8:
Wenn Sie einem neuen Bekannten,
z.B. jemandem aus Süddeutschland, erklären wollen,
wo Sie leben, was sagen Sie dann?
in Prozent

20

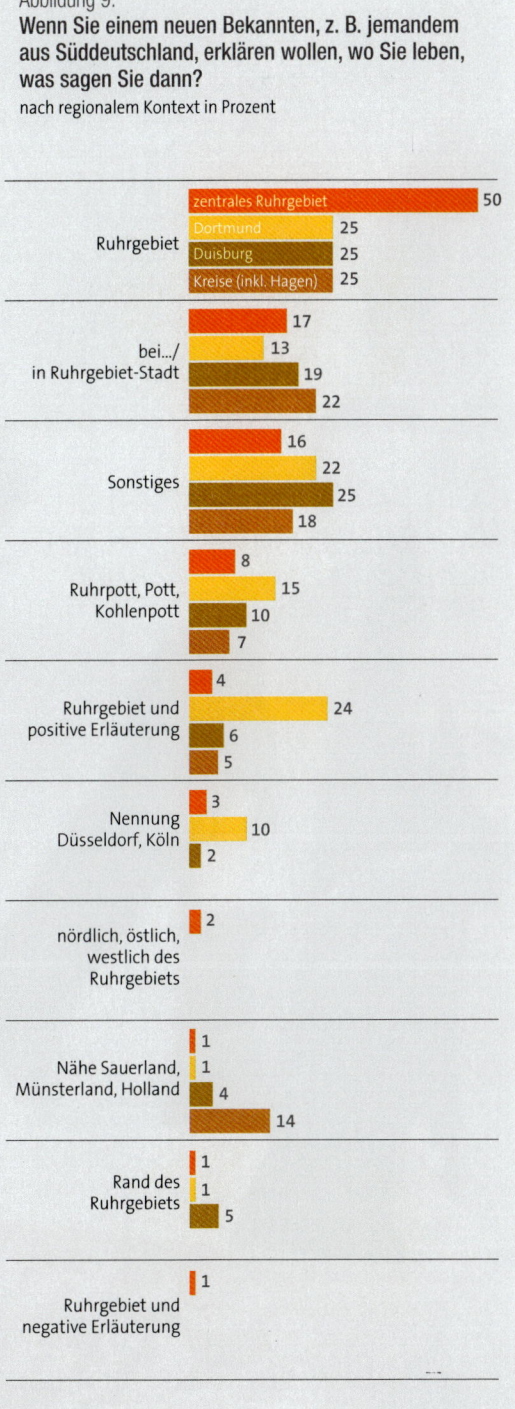

Abbildung 9:

Wenn Sie einem neuen Bekannten, z. B. jemandem aus Süddeutschland, erklären wollen, wo Sie leben, was sagen Sie dann?

nach regionalem Kontext in Prozent

Ruhrgebiet
- zentrales Ruhrgebiet: 50
- Dortmund: 25
- Duisburg: 25
- Kreise (inkl. Hagen): 25

bei.../ in Ruhrgebiet-Stadt
- 17
- 13
- 19
- 22

Sonstiges
- 16
- 22
- 25
- 18

Ruhrpott, Pott, Kohlenpott
- 8
- 15
- 10
- 7

Ruhrgebiet und positive Erläuterung
- 4
- 24
- 6
- 5

Nennung Düsseldorf, Köln
- 3
- 10
- 2

nördlich, östlich, westlich des Ruhrgebiets
- 2

Nähe Sauerland, Münsterland, Holland
- 1
- 1
- 4
- 14

Rand des Ruhrgebiets
- 1
- 1
- 5

Ruhrgebiet und negative Erläuterung
- 1

Abbildung 10:

Was trägt Ihrer Meinung nach zum speziellen Ansehen des Ruhrgebiets bei? in Prozent

- Wohnqualität: 41
- Großveranstaltungen: 42
- Erstklassige Sportvereine: 51
- Kulturelle Spitzenangebote: 57
- Naherholungsqualität (Parks, Wälder...): 62
- Vielfältiges Freizeitangebot: 63
- Industriekultur: 67
- Gute Verkehrsverbindungen: 74

Methodik

Bei der Umfrage wurden über 1.000 Frauen und Männer, die im RVR-Verbandsgebiet wohnen, telefonisch von der ACADEMIC DATA – Gesellschaft für Umfragen, Methodenberatung und Analysen mbH befragt.

51 % der Befragten sind Frauen, 49 % sind Männer. Je ein Viertel der Befragten ist zwischen 40 bis 49 Jahre, 50 bis 59 Jahre oder 60 bis 65 Jahre alt. 11 % sind zwischen 30 und 39 Jahre, 9 % zwischen 20 und 29 Jahre und 4 % unter 20 Jahre alt. Als höchsten Schulabschluss geben 29 % den Hauptschulabschluss, 27 % den Realschulabschluss, 16 % Abitur / Hochschulreife, 5 % die Fachhochschulreife, 8 % den Fachhochschulabschluss und 14 % den Universitätsabschluss an. 1 % hat keinen Abschluss vorzuweisen.

43 % der Befragten sind in Vollzeit berufstätig, 19 % in Teilzeit (inkl. Minijobber), 38 % gehen keiner Berufstätigkeit nach.

Die geschlechtergetrennte Auswertung zeigt eine relative Gleichheit zwischen Frauen und Männern in der Kategorie der Nicht-Berufstätigkeit (39 % zu 36 %), große Unterschiede aber bei Voll- und Teilzeitbeschäftigung. Vollzeitbeschäftigt sind 30 % aller Frauen und 57 % aller Männer, einer Teilzeitbeschäftigung hingegen gehen 27 % aller Frauen, aber nur 5 % aller Männer nach. Hinzu kommen 4 % Minijobberinnen und 2 % Minijobber.

Schulbildung und Berufstätigkeit zeigen einen deutlichen Zusammenhang: Während 78 % der Befragten ohne Schulabschluss nicht berufstätig sind, sind es bei den Befragten mit Universitätsabschluss nur 21 %. Umgekehrt haben nur 22 % der Personen ohne Schulabschluss eine Vollzeittätigkeit gegenüber 56 % der Befragten mit Universitätsabschluss.

Die überwiegende Mehrheit – 78 % – lebt mit anderen Personen im Haushalt. Von diesen geben 84 % an, mit einem Partner / einer Partnerin im Haushalt zu leben, 21 % leben mit Kindern zusammen, die 17 Jahre oder älter sind, 19 % mit 10- bis 16-jährigen, 10 % mit 6- bis 9-jährigen, 7 % mit Kindergartenkindern (3 bis 6 Jahre) und 4 % mit Kindern unter 3 Jahren. Mit der Mutter oder dem Vater leben 9 %, mit der Mutter oder dem Vater des Partners 1 %. Weitere 3 % leben mit anderen Familienmitgliedern zusammen (Mehrfachnennungen möglich). 88 % der Befragten – oder deren Eltern – sind in Deutschland geboren. 61 % der Befragten wohnen in den zentralen kreisfreien Städten der Region, 39 % in der Peripherie, d. h. in den Kreisen Ennepe-Ruhr, Unna und Wesel sowie in Hagen und Hamm.

Politik und Partizipation

Eine paritätische Repräsentanz von Frauen in den Parlamenten ist ein Zeichen für die Modernität einer Region. Im Ruhrgebiet sind Frauen in der Politik jedoch nur schwach repräsentiert. Das Kapitel zeigt, welche Emanzipationsbewegungen es gab und gibt und welche Ansätze zur besseren Partizipation von Frauen in Parteien, Politik und Gesellschaft verfolgt werden sollten.

Geschichte(n)
Emanzipationsbewegungen

Susanne Abeck

Aufbrüche

Als die Frauenrechtlerin Li Fischer-Eckert 1913 in der damals eigenständigen Stadt Hamborn die wirtschaftliche und soziale Lage der Bewohnerinnen untersuchte, hatte nur eine der dort lebenden Frauen in den insgesamt 495 aufgesuchten Haushalten von der Frauenbewegung gehört.[1] „Ausserhalb ihrer täglichen Sorgen ist keine Welt mehr für sie da"[2], konstatierte diese Pionierin der Geschlechtersoziologie in ihrer Dissertation nüchtern. Für den Aufbruch in eine neue Welt sah Fischer-Eckert vor allem in der Bildung das Mittel, um Frauen wie Männern in Hamborn (und anderswo) das Gefühl von Bevormundung und Unmündigkeit zu nehmen.[3]

Dabei hatte bereits 1877 der Hauptredner des Duisburger Arbeiterfestes, Hermann Strumpen, die Arbeiterfrauen zur Teilnahme an dem „gerechten" und „heiligen" Kampf des unterdrückten Proletariats aufgerufen, da auch sie unter der herrschenden Produktionsweise zu leiden und ergo ein wesentliches Interesse an deren Beseitigung hätten. Mit der Emanzipation des Arbeiterstandes würde gleichzeitig die „gesellschaftliche Stellung des Weibes" verbessert, und folgerichtig sollten Frauen „Mitarbeiter im Weinberg der Menschheit" werden.[4] Noch 30 Jahre später forderte die Westfälische Freie Presse, sozialdemokratisches Organ für das Rheinisch-Westfälische Industrie-Gebiet, die „geistige Aufklärung der Frauen", deren Umsetzung sie jedoch durch die Arbeiterfrauen selber und deren bevorzugte Lektüre der „Klatsch- und Schwatzpresse" gefährdet sah.[5]

Nun wird es im Ruhrgebiet vor allem den Arbeiterfrauen aufgrund ihrer Versorgungs- und Hausarbeit – „Gearbeitet haben wir immer, täglich, an Werk-, Sonn- und Feiertagen, nur: Bezahlt wurden wir nicht dafür!"[6] – allein

weiblicher und männlicher

an Zeit gemangelt haben, sich fortzubilden und politisch-sozial zu engagieren. Doch war es ihnen, wie Frauen aller anderen sozialen Schichten auch, bis Anfang des 20. Jahrhunderts schlichtweg nicht gestattet, Mitglied eines politischen Vereins oder einer Partei zu sein. So hatte das Preußische Vereinsgesetz bestimmt: „Für Vereine, welche bezwecken, politische Gegenstände in Versammlungen zu erörtern ... gelten nachstehende Beschränkungen: a) sie dürfen keine Frauenspersonen, Schüler, Lehrlinge als Mitglieder aufnehmen ..."[7] Dieser Ausschluss wurde

erst mit dem Reichsvereinsgesetz vom 15. Mai 1908 aufgehoben. Bis dahin konnten Frauen weder in den etablierten noch in den Arbeitervereinen eine aktive Rolle spielen; und so führt Ulrike Laufer in ihrer Arbeit über das bürgerliche Vereinsleben im Ruhrgebiet des 19. Jahrhunderts mit süffisantem Unterton an, dass die „Herrschaften" am liebsten unter sich geblieben seien und (Ehe-)Frauen lediglich zu kulturellen Ereignissen sowie geselligen Sonntagnachmittagen zugelassen waren. Zwar gab es in der ersten Hälfte des 19. Jahrhunderts in den größeren Städten „Frauen-Vereine", wie etwa in Dortmund den „Frauen- und Jungfrauen-

Arbeiterküche, Duisburg 1914

25

Verein für Arme", doch lag deren Betätigungsfeld im Sozialen und selbst deren Leitung ging im Laufe des 19. Jahrhunderts an männliche Honoratioren über.[8] Auch im Kruppschen Bildungsverein sah es nicht besser aus, es gab 1913 lediglich 30 weibliche Mitglieder in dem mit rund 3.000 Mitgliedern immerhin größten Bildungsverein Deutschlands, wobei zu berücksichtigen ist, dass der Frauenanteil unter den Arbeitern und Angestellten ohnehin gering war.[9]

Dabei spielten die Vereine eine gewichtige Rolle bei den Emanzipationsbestrebungen des 19. Jahrhunderts. Michaela Bachem-Rehm hat dies ausführlich anhand der katholischen Arbeitervereine im Ruhrgebiet untersucht,

Gerhard Stötzel, Dreher bei Krupp in Essen, Politiker der Zentrumspartei, war 1877 der erste Arbeitervertreter im Deutschen Reichstag

deren Zahl sie für das Jahr 1912 mit 300 angibt, die katholischen Knappenvereine allerdings mitgerechnet.[10] Als das entscheidende, die katholische Arbeiterbewegung[11] zusammenhaltende Grundbedürfnis führt sie „ein elementares Verlangen nach Emanzipation" an, „nach Befreiung von wirtschaftlicher Not, von kultureller Rückständigkeit und vor allem von politischer Bevormundung". Tatsächlich haben sich viele Arbeiter von den katholischen Vereinen noch am ehesten eine effiziente und zielführende Realisierung der Emanzipation versprochen, 3.000 Mitglieder (1874) allein in Essen zeugen von dieser Hoffnung.[12] Von Anfang an um eine starke Abgrenzung zur Sozialdemokratie bemüht, zielten die Akteure auf einen Interessenausgleich zwischen Kapital und Arbeit, ohne auf Forderungen nach „Ausbau der staatlichen Sozialpolitik, Arbeiterschutzgesetzgebung, Sicherung des Koalitions- und Vereinsrechts, Verbesserung der Arbeitsbedingungen und innerbetrieblicher Mitbestimmung" zu verzichten.[13] Die Verbindung von religiöser Sinnstiftung, Un-

terstützung in Notlagen, Unterhaltung belehrender Natur und Geselligkeit, also die Einbindung in ein festes Sozialgefüge, die, so darf vermutet werden, vor allem für die zahlreichen Arbeitsmigranten von eminenter Bedeutung gewesen sein wird, mag neben der Wahrung sozialer Interessen den besonderen Reiz dieser Vereine ausgemacht haben. Dabei wurden die Anliegen nicht nur von Geistlichen vorgetragen und vertreten, sondern auch von den Arbeitern selbst, wie zum Beispiel durch Gerhard Stötzel, Mitglied des Christlichen Arbeitervereins Essen, der sich als Metalldreher bei Krupp mit Unterstützung der Sozialdemokraten als erster Arbeiter bei der Reichstagswahl 1877 durchzusetzen vermochte und als Zentrumsmitglied den Essener Wahlkreis bis zu seinem Tod 1905 vertrat.[14]

Ablesen lässt sich hieran die für das 19. Jahrhundert allgemein konstatierte Erweiterung des Emanzipationsbegriffs auf die gesellschaftlich-rechtliche Gleichstellung bislang benachteiligter Gruppen und das Verständnis, dass Emanzipation nicht mehr gewährt wird (wie in den Jahrhunderten zuvor zum Beispiel für die Juden[15]), sondern erkämpft werden muss. War noch Mitte des 19. Jahrhunderts in Herders Conversations-Lexikon unter dem Stichwort „Emancipation" ein terminus technicus des römischen Rechts nachzulesen („... bei den Römern die Entlassung der Kinder aus der väterlichen Gewalt. Emancipation bezeichnet jetzt die Aufhebung gewisser Schranken, die sonst gesetzlich bestanden ..."[16]), wurde es nunmehr, mit der sozialistischen und christlichen Arbeiterbewegung, zu einem Schlagwort, das alle maßgeblichen Gleichstellungsbestrebungen umfasste. Das 20. Jahrhundert hat diesem Begriff neue Aspekte hinzugefügt, ihn jedoch im Grundsatz nicht verändert.[17]

1908 war nicht nur hinsichtlich der Liberalisierung des Reichsvereinsgesetzes, sondern auch deswegen ein für die Frauenemanzipation im deutschen Kaiserreich erfolgreiches Jahr, weil am 18. August in Preußen eine weitere, bereits Mitte des 19. Jahrhunderts von der ersten bürgerlichen Frauenbewegung formulierte Forderung umgesetzt wurde: Die so genannte Preußische

26

Mädchenschulreform ermöglichte jungen Frauen fortan Abitur und Studium. Preußen war damit der letzte deutsche Bundesstaat, der seine Universitäten auch für Studentinnen öffnete, obgleich „die Öffentlichkeit von der Notwendigkeit eines Mädchenabiturs nicht überzeugt war", wie sich ein Dortmunder Gymnasialdirektor 1961 erinnerte.[18] Beide Gesetze waren für die Frauen(aus)bildung ungemein wichtig und veränderten das Leben von Frauen und Mädchen auch im Ruhrgebiet entscheidend. Selbst wenn die Frauen zum Studieren die Region verlassen mussten, hatte doch Duisburg, eine der ältesten Universitätsstädte Deutschlands, seine 1665 gegründete Alma Mater 1818 zugunsten der Universitäts-Neugründung in Bonn auflösen müssen.

Zehn Jahre später, am 12. November 1918, hieß es dann: „Alle Wahlen zu öffentlichen Körperschaften sind fortan nach dem gleichen, geheimen, direkten allgemeinen Wahlrecht für alle mindestens 20 Jahre alten männlichen und weiblichen Personen zu vollziehen."[19] Noch vor Gründung der Weimarer Republik wurde eine der zentralen Forderungen der Frauenbewegung durch den Rat der Volksbeauftragten umgesetzt. Und so befanden sich 1920 unter den 459 Abgeordneten des ersten Reichstages 37 Frauen, unter ihnen Agnes Neuhaus aus Dortmund für das Zentrum sowie Maria Beckenecker aus Bochum für die KPD.[20]

Damit war auch der Weg für politische Schulungsarbeit bereitet, die zuvor für Frauen absolut unzugänglich war. Helene Weber (1881-1962), Zentrums- und CDU-Politikerin, die kurzzeitig als Studienrätin an einem Lyzeum in Bochum beschäftigt war und ab 1945 in Essen ihren Wohnsitz hatte, wo sie 1946 unter anderem zu den Mitbegründerinnen der lokalen CDU zählte, erinnerte sich: „Besonders stark sind die Industriestädte von der Verantwortung gepackt und durchgerüttelt worden. Die ersten großen politischen Frauenversammlungen in Essen, Düsseldorf, Oberhausen, Dortmund, Gelsenkirchen, Elberfeld, Barmen und Hagen werde ich nie vergessen. Das war ein Rhythmus und ein Relief: Kraft und Anspannung. Eine unermüdliche politische Schulungsarbeit ist von 1919 bis auf den heutigen Tag vom Katholischen Frauenbund in allen Gegenden und in den verschiedensten Fragen geleistet worden. Neben der Einführung in allgemeine staatsbürgerliche und staatspolitische Fragen fanden Kurse über kommunale Frauenarbeit, soziale und wirtschaftliche Fragen der Gegenwart, Probleme der weiblichen Arbeit [...] statt."[21]

Die neue Gesetzeslage schuf die Voraussetzung für neue weibliche Karrieren, wie zum Beispiel für Helene Wessel, 1898 als viertes Kind eines Lokomotivführers in Dortmund geboren, die als eine – übrigens neben Helene Weber – der vier „Mütter des Grundgesetzes" und als erste Vorsitzende einer Partei, der Deutschen Zentrumspartei, in die deutsche Geschichte einging.[22] Wessel gehörte zudem zu den acht Gründerinnen des Dortmunder Frauenausschusses, einer 1946 ins Leben gerufenen überparteilichen Organisation, deren Ziel es war, neben dem Aufbau einer demokratischen Gesellschaft und der Versorgung vor allem der Hunger leidenden Kinder in der Nachkriegszeit, Frauen zur aktiven Mitarbeit im öffentlichen Leben zu gewinnen.[23] Die Frauenausschüsse wurden mit Duldung oder auf Anregung

Die seit Kriegsende in Essen lebende Politikerin Helene Weber war eine der vier „Mütter des Grundgesetzes".

der britischen Besatzungsmacht in allen Ruhrgebietsstädten gegründet, da sie als „Instrumente zur reibungslosen Mangelverwaltung und zur Organisation gesellschaftlicher Reproduktionsarbeit" geschätzt waren.[24]

Helene Weber und Helene Wessel waren als Mitglieder des Parlamentarischen Rates an der Formulierung des Grundgesetzes beteiligt, das 1949 die Gleichberechtigung von Mann und Frau in seinem Artikel 3, Absatz 2 verankerte. In der gesellschaftlichen Praxis allerdings bevorzugte das Bürgerliche Gesetzbuch weiterhin den Mann als „Haupt der Familie", der damit ein Verwaltungs- und Nutzungsrecht am in die Ehe eingebrachten Gut der Frau, die elterliche Gewalt über die Kinder sowie das Letztentscheidungsrecht in Dingen des gemeinschaftlichen Lebens hatte. Erst mit dem im Mai 1957 vom Bundestag verabschiedeten Gesetz über die Gleichberechtigung von Mann und Frau wurde dies aufgehoben.[25] Die vorrangige Arbeitspflicht im Haus, wonach eine Berufstätigkeit nur mit Zustimmung des Ehemannes oder im Geschäft des Mannes aufgenommen werden konnte, galt sogar bis zur Reform des Ehe- und Familienrechts im Jahr 1977.[26]

zucht". Erst unter dem damaligen (1899 in Schwelm geboren und 1976 in Essen gestorbenen) SPD-Justizminister Gustav Heinemann wurde die Regelung insoweit aufgehoben, als dass „gleichgeschlechtliche Handlungen" zumindest unter erwachsenen Männern ab 21 Jahren nicht mehr mit Strafe belegt wurden.

Die gesellschaftliche Akzeptanz sollte jedoch noch sehr viel längere Zeit auf sich warten lassen, wobei von einer Schwulenbewegung in Deutschland ohnehin erst seit

Christopher Street Day 1990 in Bottrop

Vom § 175 StGB zur „Gay & Lesbian Community"

Immerhin bis 1969 blieben die §§ 175 und 175a des StGB in Kraft, jene Überbleibsel eines aggressiv-ablehnenden Verständnisses von männlicher Homosexualität als einer „widernatürlichen Un-

den frühen 1970er Jahren die Rede sein kann. Das wohl markanteste Signal für den Aufbruch in eine neue Zeit gab der Film „Nicht der Homosexuelle ist pervers, sondern die Situation, in der er lebt" von Holger Mischwitzky, Künstlername Rosa von Praunheim, der 1970 uraufgeführt wurde. 1971 gründeten sich die Homosexuelle Aktion Westberlin und die Rote Zelle Schwul in Frankfurt, ein Jahr darauf fand im katholischen Münster die erste Schwulendemo in der Geschichte der BRD statt.[27]

Und im Ruhrgebiet? Hier gibt es immerhin mit dem 1972 gegründeten Kommunikationscentrum Ruhr (KCR) e.V. in Dortmund eines der ältesten Lesben- und Schwulenzentren Deutschlands.[28] Die allgemeine Aufbruchstimmung der Zeit sowie eine schwule Selbsterfahrungsgruppe an der Ruhr-Universität Bochum motivierten einen Dozenten der PH Dortmund, einen Bundeswehroffizier und andere Pioniere, sowohl eine „Alternative zur kommerziellen Subkultur" als auch eine Anlaufstelle für das „Coming out für junge Männer" anzubieten.[29] Das KCR, zunächst eine Initiative, ab 1983 ein Verein, wurde zu einer festen Adresse der schwulen Emanzipationsbewegung. Erster Sitz war ein ehemaliges Ladenlokal, das auch Heterosexuellen offen stand und dem im damals alternativ angehauchten Stadtteil Dorstfeld laut Zeitzeugen durchaus Toleranz entgegengebracht wurde. Das KCR war zu der Zeit „für Homos und Heteros ein gleichermaßen wichtiger Lernprozess auf dem Emanzipationsweg der Minderheit".[30] Dieser war derart erfolgreich, dass der Verein bereits in den 1980er Jahren mit städtischen Institutionen wie der Volkshochschule kooperierte und – deutschlandweit erstmalig – formelle Kurse für Eltern homosexueller Kinder anbot. Die Aktivitäten des ab 1986 um eine Lesbengruppe komplementierten Vereins haben sich mit den Jahren immer mehr erweitert[31] und seit September 2008 gibt es zudem ein schwul-lesbisches Jugendzentrum in Dortmund[32].

Vor rund zehn Jahren gründete sich gleichfalls im Ruhrgebiet die Initiative „Turkgay&Lesbian Ruhrgebiet", die sich „für die Grundrechte und rechtliche Gleichstellung von homo- und bisexuellen Menschen aus der Türkei in Deutschland, in der Türkei und in der ganzen Welt" engagiert. Damit war das Ruhrgebiet nach Köln der zweite Ort republikweit, an dem eine gemäß ihrem Selbstverständnis gleich dreifach diskriminierte Bevölkerungsgruppe (homosexuell, ausländischer Herkunft, zudem mit einer besonderen Verständnislosigkeit in-

nerhalb der eigenen Community konfrontiert) ihr Recht auf eine eigenverantwortliche und selbstbestimmte Lebensgestaltung öffentlich einforderte.[33]

„Täglich von 9.30 bis 18.00 Uhr gibt es Kinderbetreuung von Fach-Männern"[34]

Doch die 1970er Jahre waren nicht nur für die Homosexuellen der Region von Bedeutung. Auch die so genannte zweite oder neue Frauenbewegung trat in

„1. Frauenforum im Revier" an der Dortmunder PH 1979, rund 5.000 Frauen nahmen daran teil.

dieser Zeit auf den Plan, zunächst – im Ruhrgebiet wie auch anderswo – im Kampf für die Abschaffung des Abtreibungsparagrafen 218.[35] Bald darauf jedoch kristallisierte sich in der Region vor allem das Thema Frauenbildung heraus. Dem vorausgegangen war das „Jahr der Arbeitnehmerin" des DGB 1972 und das „Internationale Jahr der Frau" 1975.[36] „An die Stelle

29

der Geschlechtsideologie der 1950er und 1960er Jahre trat nun ein Diskurs, der den Individuen jenseits von sozialer Herkunft oder Geschlecht Chancengleichheit im Bildungsbereich versprach."[37]

Zwar hatte es an der Berliner FH 1976 die erste „Frauen-Universität" gegeben, doch zog das im März 1979 an der Dortmunder PH unter dem Motto „Frauen begreifen ihren Alltag" organisierte „1. Frauenforum im Revier" mit 5.000 Teilnehmerinnen fast neunmal so viele Frauen an, bedingt durch die Öffnung für Nicht-Akademikerinnen.[38] Vorausgegangen waren an den Universitäten zunächst von Studentinnen, später dann von Wissenschaftlern wie dem Soziologen Konrad Pfaff und der Soziologin Sigrid Metz-Göckel angebotene Seminare zu Frauenfragen sowie die Einrichtung eines Frauenarchivs.[39] Parallel bildeten sich mehrere Hausfrauen-Gesprächskreise. Es handelte sich dabei um Bildungsangebote der Dortmunder Volkshochschule in den durch die Schwerindustrie infrastrukturell benachteiligten Stadtteilen, wie etwa Dortmund-Huckarde, wo es zwar eine Kokerei, jedoch kaum öffentliche Einrichtungen und Freizeitangebote gab. Bereits ein solches Weiterbildungsangebot, das die Initiatorinnen als „Politisierung des Alltags" verstanden, wurde vielfach als „Angriff auf die Rollenverteilung" betrachtet. „Der gesamte Lebenszusammenhang der Frauen in diesen Gebieten wird von einem spezifischen Patriarchalismus bestimmt."[40]

Das Frauenforum wandte sich daher gleichermaßen an Hausfrauen, Mütter, studierte und nicht-studierte berufstätige Frauen. Es war nach Aussage einer der Veranstalterinnen „ein Meilenstein der Frauenbewegung an der Hochschule und hatte eine Ausstrahlung auf viele andere Hochschulen und Initiativen".[41] So schlossen sich Frauen aus Frauenbewegung und -forschung 1980 zum Arbeitskreis Wissenschaftlerinnen NRW zusammen, der „die Frauenhochschulpolitik der 1980er und 1990er Jahre in Nordrhein-Westfalen maßgeblich mitgestaltet [hat], indem er die Hochschulen mit der Neuen Frauenbewegung konfrontiert und Wissenschaftlerinnen als Akteurinnen auf die politische Bühne gebracht hat".[42] Aus diesem ging sechs Jahre

später das Netzwerk Frauenforschung hervor, das Wissenschaftlerinnen darin eint, die Frauen- und Geschlechterforschung in Nordrhein-Westfalen zu vernetzen und zu fördern.[43] Es wäre zwar verfehlt, hier von einer auf das Ruhrgebiet konzentrierten Emanzipationsbewegung zu sprechen, aber immerhin gingen von hier wichtige Impulse aus, war doch die Koordinationsstelle von Anfang an der Universität Dortmund angeschlossen. Zu den wichtigsten Arbeitskreis-Projekten zählen die „Marie-Jahoda-Gastprofessur für Internationale Frauenforschung" an der Ruhr-Universität Bochum (ab 1994)[44] und das „Essener Kolleg für Geschlechterforschung" (ab 1996).[45]

An der Dortmunder PH folgten noch vier weitere Frauenforen, aber bereits aus dem ersten entstand die Idee für die Entwicklung eines Weiterbildungsangebots für nicht-studierende Frauen. Zum einen durch die Errichtung eines eigenen Fachbereichs „Frauen" an der Volkshochschule Dortmund, zum anderen durch die Einrichtung des Projekts „Frauenstudien" an der Universität Dortmund (Wintersemester 1981/82), dessen Ziel von einer Mitarbeiterin 1995 als „Qualifizierung für die emanzipatorische Frauenarbeit in Bereichen wie Bildung, Beratung, Kultur, Politik u. a." bezeichnet wurde.[46]

Frauen aller sozialen Schichten und jeden Alters waren 1979 aufgerufen, über ihre „Lebens- und Arbeitssituationen zu reden und nachzudenken – Vorstellungen, Voraussetzungen und Ansätze zur besseren Interessenvertretung von Frauen zu analysieren und weiterzuentwickeln." Die regionale Beschränkung war den Initiatorinnen wichtig: „Denn es sind schon besondere Bedingungen, unter denen Frauen hier leben und arbeiten müssen", – wozu die industrielle Monostruktur und damit die geringe Zahl an Frauenarbeitsplätzen sowie die starke Umweltbelastung gerechnet wurden.[47] Zu den Belastungen zählten zum Beispiel die bergbaubedingten Bodensenkungen, die zu starken Schieflagen der Wohnhäuser führten, welche bei den fast ausschließlich im Haus arbeitenden Frauen Gleichgewichts- und Kreislaufstörungen hervorriefen.[48]

30

Auch in anderen Ruhrgebietsstädten wurde vonseiten der neuen Frauenbewegung versucht, Haus- und Arbeiterfrauen anzusprechen und zu aktivieren, zum Beispiel in Bochum mit der Gründung eines Frauenbuchladens.[49] An der Ruhr-Universität hatte es Anfang der 1970er Jahre ebenfalls erste feministische Frauenseminare gegeben, und im September 1974 wurde dort ein „Nationaler Frauenkongress" mit 13 Frauengruppen veranstaltet, dessen zentrale Themen der § 218, Homo- und Heterosexualität sowie Publikationen wie das Frauenjahrbuch zum Stand der Frauenbewegung waren. Die Duisburger Gleichstellungsbeauftragte Doris Freer hat vor einigen Jahren jedoch konstatiert, dass es im Vergleich mit Berlin, München, Frankfurt und Hamburg im Ruhrgebiet insgesamt zu wenig „autonome" Frauen gegeben habe, um hier feministische Einrichtungen wie Frauenbuchläden, Gesundheitszentren und anderes in einem nennenswerten Umfang aufzubauen: „Dies korrespondiert mit der Entwicklung der neuen Frauenbewegung im gesamten Ruhrgebiet, wo die Mehrzahl der Frauen nicht in autonomen Frauengruppen, sondern, wie auch heute noch, in Initiativen, Parteien und Gewerkschaften mitarbeiten."[50]

Dabei haben sich die mit einem höheren Bildungsniveau und einer Erweiterung des Berufsspektrums verbundenen Hoffnungen auf eine größere Chancengleichheit von Frauen laut dem 2000 vorgelegten Frauenatlas Ruhrgebiet nicht erfüllt.[51] Zwar hat die weibliche Erwerbstätigkeit stark zugenommen – 2002 lag der Frauenanteil an den Erwerbstätigen bei 43,2 Prozent, 1985 bei 34,5 Prozent –, doch schnitten Frauen in der Gehaltsstruktur auch 2002 im Vergleich zu Männern immer noch deutlich schlechter ab.[52] Der im November 2008 vorgelegte Gender-Index, in dem die Differenzen zwischen den Geschlechtern in den Bereichen Ausbildung, Erwerbsleben und Partizipation in 439 deutschen Städten untersucht wurden, bestätigt dies erneut. Dort hält Dortmund die beste Position innerhalb der Region mit Platz 187, Essen kam auf Platz 255, Duisburg nur auf Platz 323, Herne sogar lediglich auf Platz 399.[53] Kein Ergebnis – zumindest aus weiblicher Sicht – zur Freude, bedeuten diese Zahlen doch, dass es noch ein weiter

Weg bis zu Bitterfelder Verhältnissen ist, wo die Geschlechter-Gleichberechtigung wenigstens in statistischer Hinsicht bereits Realität ist.[54]

„Frauen sind keine Heinzelmänner"[55]

Ob die auf dem Dortmunder Campus geführten Diskussionen den in Gelsenkirchen von 1979 bis 1981 geführten „Jahrhundertkampf der Heinze-Frauen"[56] thematisiert haben, mag dahingestellt sein. Nachdem

Den „Heinze-Frauen" wurden bei einer Veranstaltung der Gewerkschaft IG Druck und Papier im Juli 1981 im Ruhrfestspielhaus Recklinghausen rund 80.000 Solidaritätsunterschriften überreicht.

1977 in Essen bereits 200 Kolleginnen der Elektro-Hausgerätefirma WIK für eine Erhöhung des weit unter Tarifniveau der IG Metall liegenden Stundenlohnes um 25 Pfennig erfolgreich gestreikt hatten[57], zog sich die deutschlandweit Aufsehen erregende gerichtliche Auseinandersetzung[58] von 29 weiblichen Beschäftigten der

Fotolabor-Betriebe Heinze um die Angleichung ihrer außertariflichen Zulagen an die ihrer männlichen Kollegen über drei Jahre hin. „Der Prozeß – das ist nur die eine Seite unseres Kampfes. Außerdem wollten wir und wollen wir die Öffentlichkeit aufmerksam machen auf die Ungerechtigkeit, die Frauen immer noch, speziell am Arbeitsplatz erfahren."[59] Nachdem die Forderungen, die auf dem Lohnstreifen immerhin 150 bis 250 DM im Monat ausmachten, vom örtlichen Arbeitsgericht gebilligt, vom Landesarbeitsgericht jedoch abgelehnt

andere auch den Mut haben, irgendetwas zu machen oder sich zu rechtfertigen, wo sie recht haben..."[60] –, sondern auch Arbeiterinnen andernorts in Deutschland. So wandten sich zum Beispiel bei Langnese im schleswig-holsteinischen Bargteheide (1980) und bei Schickedanz in Nürnberg (1982) lohndiskriminierte Frauen an die Arbeitsgerichte.[61] Gemeinsam fand man sich 1982 in Recklinghausen wieder, wo die Ruhrfestspiele zu der Veranstaltung „Mit Herz und Verstand – Frauen aus dem Kohlenpott" geladen hatten.[62] Nimmt man

Unmittelbar nach ihrem Sieg im Prozess um Lohngleichheit vor dem Bundesarbeitsgericht in Kassel am 9.9.1981 feierten die „Heinze-Frauen" mit der Sängerin Fasia Jansen und ihren Betriebsräten.

worden waren, entschied das Bundesarbeitsgericht in Kassel 1981 zugunsten der Klägerinnen. Dieser Einsatz für die eigenen Interessen hat nicht nur die beteiligten Frauen selbstbewusster gemacht – „[d]aß ich derart aus mir rauskomme, das hätte ich nie gedacht! ... daß

die recht gut dokumentierten Fraueninitiativen hinzu, die sich im Zuge von Betriebsschließungen gebildet und ganz eigene Aktionsformen im Einsatz für den Erhalt der vor allem männlichen Arbeitsplätze entwickelt hatten, ist die Skepsis des Bochumer Sozialhistorikers

Klaus Tenfelde, dass das Ruhrgebiet „zu irgendeinem Zeitpunkt eine Art Leitregion der Arbeitskampfgeschichte gewesen" sei[63], in Bezug auf die um Lohngleichheit kämpfenden Frauen und die Beteiligung von angehörigen Frauen bei Belegschaftskämpfen ihrer Männer zu relativieren.

Fazit

Dieser Beitrag zu männlichen und weiblichen Emanzipationsbewegungen im Ruhrgebiet hat lediglich kleine Spots auf die Aktivitäten für eine gleichberechtigte Teilhabe gesetzt – ohne Anspruch auf Vollständigkeit. Eine regionale Emanzipationsgeschichte, in chronologischer Reihung und geografischer Ausgewogenheit, gilt es noch zu schreiben.[64] Dabei wären religiöse Emanzipationsbewegungen aufzugreifen, wie zum Beispiel die der hier lebenden Muslime, die in den repräsentativen Moscheebauten in Gladbeck (eröffnet 1997) und Duisburg (eröffnet 2008) ihren Ausdruck finden. Die Emanzipationsgeschichte der Zugewanderten käme hinzu, wie sie bereits von Valentina-Maria Stefanski Anfang der 1990er Jahre in Bezug auf die polnischen Arbeitsmigranten untersucht worden ist und die hervorgehoben hat, dass es zuerst eines Bewusstseins fehlender Ebenbürtigkeit bedarf, bevor die von Partizipation Ausgeschlossenen aktiv werden.[65] Aufzunehmen wären weitere als die hier skizzierten Ambitionen der Arbeiter, die bereits im 19. Jahrhundert mit den Gewerkschaftsgründungen Flagge zeigten.[66] Und natürlich wären in einer regionalen Emanzipationsgeschichte immer wieder Ereignisse aufzugreifen, die im Rückblick wenig spektakulär erscheinen, im Moment ihres Geschehens jedoch signifikant für ein gewandeltes Bewusstsein waren. Dazu zählen zum Beispiel: die Einrichtung des Frauenbüros in Gelsenkirchen 1984 – das erste seiner Art im Ruhrgebiet und das zweite in Nordrhein-Westfalen –, zehn Jahre bevor das Land NRW eine solche Einrichtung als Pflichtaufgabe für alle Kommunen ab 10.000 EinwohnerInnen gesetzlich festgelegt hat.[67] Die Teilnahme der Frauenmannschaft von DJK Eintracht Erle aus Gelsenkirchen am Finale der ersten deutschen Frauenfußball-Meisterschaft am 8. Septem-

ber 1974.[68] Oder 1985 die Gründung von FOPA Dortmund, der feministischen Organisation von Planerinnen und Architektinnen.[69]

Emanzipationsbewegung ist nicht gleichbedeutend mit Emanzipation und bereits diese kleine Auflistung deutet an, dass auch das zukünftige große **E** im Ruhrgebiet vor allem weiblicher Natur sein wird – und dies vor dem Hintergrund der männlich dominierten Schwerindustrie und der männlich geprägten Seilschaften und Netzwerke der zurückliegenden Jahrzehnte stärker als andernorts. Frau wie man stelle sich nur einmal vor, die vielköpfigen Vorstände und Aufsichtsräte der Großkonzerne RWE, E.ON Ruhrgas oder ThyssenKrupp würden pari/pari von Männern und Frauen besetzt sein, dort, wo im Jahr 2010 von Geschlechtergerechtigkeit mit lediglich sieben weiblichen Mitgliedern nur schwerlich gesprochen werden kann. Erinnert sei daran, dass Gleichstellung nicht gewährt wird, sondern erkämpft werden muss!

Anmerkungen

1   Fischer-Eckert, Li: Die wirtschaftliche und soziale Lage der Frauen in dem modernen Industrieort Hamborn im Rheinland, neu herausgegeben von Elisabeth und Ludger Heid, Duisburg 1986, S. 134
2   Ebd.
3   Ebd., S. 147
4   Weis, Petra: „Menschenrechte haben (k)ein Geschlecht"?! Zur Geschichte der Frauenbewegung in Duisburg, in: Doris Freer (Konzept); Stadt Duisburg, Frauenbüro (Hg.): Von Griet zu Emma. Beiträge zur Geschichte von Frauen in Duisburg vom Mittelalter bis heute. 2. Duisburger Frauengeschichtsbuch, Duisburg 2000, S.11-20, S. 14. Bei August Bebel hieß es zwei Jahre später – 1879: „Die volle Emanzipation der Frau und ihre Gleichstellung mit dem Mann ist eines der Ziele unserer Kulturentwicklung, dessen Verwirklichung keine Macht der Erde zu verhindern vermag. Aber sie ist nur möglich auf Grund einer Umgestaltung, welche die Herrschaft des Menschen über den Menschen – also auch des Kapitalisten über den Arbeiter – aufhebt." Bebel, August: Die Frau und der Sozialismus, Hannover 1974, S. 343
5   Toepser-Ziegert, Gabriele: Von starken Damen und starken Frauen. Frauenstudium und Frauenwahlrecht im Spiegel der Dortmunder Presse, in: Heimat Dortmund. Stadtgeschichte in Bildern und Berichten, 1/2008, S. 36-41, S. 38

6 de Jong, Jutta (Hg.): Kinder, Küche, Kohle – und viel mehr. Bergarbeiterfrauen aus drei Generationen erinnern sich, Essen 1991, S. 110

7 www.uni-kassel.de/frau-bib/links/100_jahre_frauenpolitik.htm, zuletzt geprüft am 1.6.2010

8 Laufer, Ulrike: Besitz und Bildung. Bürgerliches Vereinsleben an der Wiege der Ruhrindustrie, in: Essener Beiträge. Beiträge zur Geschichte von Stadt und Stift Essen, Bd. 119, Essen 2006, S. 37-102, S. 81 ff.

9 Stremmel, Ralf: Unternehmensziel Bildung. Der Kruppsche Bildungsverein als Sonderfall?, in: Essener Beiträge. Beiträge zur Geschichte von Stadt und Stift Essen, Bd. 119, Essen 2006, S. 239-262, S. 249 f. Michaela Bachem-Rehm führt in ihrem lesenswerten Aufsatz über katholische Bildungsvereine in eben diesem Band keinerlei weibliche Vereinsmitglieder an. Bachem-Rehm, Michaela: „... Die sittliche und materielle Hebung der Arbeiter durch geeignete Mittel zu fördern". Katholische Arbeitervereine in Essen 1870-1914, in: Essener Beiträge. Beiträge zur Geschichte von Stadt und Stift Essen, Bd. 119, Essen 2006, S. 157-238

10 Bachem-Rehm, Michaela: Die katholischen Arbeitervereine im Ruhrgebiet 1870-1914. Katholisches Arbeitermilieu zwischen Tradition und Emanzipation, Stuttgart 2004, S. 237

11 Kurz erwähnt sei an dieser Stelle lediglich der Hinweis, dass die „Arbeiterschaft in Bergwerken und Hüttenbetrieben weit überdurchschnittlich, gemessen an der ortsanwesenden Bevölkerung, katholisch, während die Angestellten- und die Unternehmerschaft weit mehrheitlich evangelisch waren." Tenfelde, Klaus: Religion und Religiosität der Arbeiter im Ruhrgebiet, in: derselbe (Hg.): Religion in der Gesellschaft. Ende oder Wende?, Essen 2008, S. 9-38, S. 19

12 Bachem-Rehm, Michaela: „... Die sittliche und materielle Hebung der Arbeiter durch geeignete Mittel zu fördern", S. 169

13 Ebd., S. 236

14 Bachem-Rehm, Michaela: Die katholischen Arbeitervereine im Ruhrgebiet 1870-1914, S. 64 ff.

15 Siehe hierzu z. B. Barbian, Jan Pieter; Brocke, Michael (Hg.): Juden im Ruhrgebiet. Vom Zeitalter der Aufklärung bis in die Gegenwart, Essen 1999

16 www.zeno.org/Kategorien/T/Herder-1854?fr=Eman, zuletzt geprüft am 1.6.2010

17 Siehe hierzu ausführlich den Artikel „Emanzipation" in: Brunner, Otto; Conze, Werner; Koselleck, Reinhart (Hg.): Geschichtliche Grundbegriffe, Stuttgart 2004, S. 153-198, S. 154

18 Hieber, Hanne: Seit 1908: Mädchen machen Abitur! Studien- und Berufswege von Mädchen aus Dortmund, in: Heimat Dortmund. Stadtgeschichte in Bildern und Berichten, 1/2008, S. 7-13, S. 9

19 Aufruf des Rates der Volksbeauftragten an das deutsche Volk vom 12. November 1918

20 www.lwl.org/westfaelische-geschichte/portal/Internet/input_felder/langDatensatz_ebene4.php?urlID=600&url_tabelle=tab_websegmente, zuletzt geprüft am 1.6.2010

21 Prégardier, Elisabeth: Engagiert. Drei Frauen aus dem Ruhrgebiet. Albertine Badenberg. Helene Weber. Antonie Hopmann, Annweiler 2003, S. 29

22 www.dhm.de/lemo/html/biografien/WesselHelene/index.html, zuletzt geprüft am 1.6.2010

23 Denecke, Brigitte: „Wir hatten eine Kraft, das glaubt man nicht". Frauenalltag und Frauenpolitik der Nachkriegsjahre in Dortmund und Hamm, Dortmund 1997, S. 89 ff.

24 Schmidt, Uta C.: „Jahrhundertlang hieß es: Kinder – Küche – Kirche. Wir sagen: Das vierte „K" heißt Kampf."

Frauenkämpfe im Ruhrgebiet: Überlegungen, Beispiele, Perspektiven, in: Forum Industriedenkmalpflege und Geschichtskultur, 2/2006, S. 44-50, S. 45

25 Gleichberechtigungsgesetz in der im Bundesgesetzblatt Teil III, Gliederungsnummer 400-3, veröffentlichen bereinigten Fassung, geändert durch Artikel 127 des Gesetzes vom 19. April 2006, BGBl. I S. 866

26 http://www.frauennrw.de/nachrichtenarchiv/j2008/m07/pm080710.php, zuletzt geprüft am 1.6.2010

27 Herzog, Dagmar: Die Politisierung der Lust. Sexualität in der deutschen Geschichte des 20. Jahrhunderts, München 2005, S. 274

28 Die wissenschaftliche Aufarbeitung der Lesben- und Schwulenbewegung im Ruhrgebiet ist, anders als z. B. in Köln, ein Desiderat. www.kcr-dortmund.de/web/verein/index.html, zuletzt geprüft am 1.6.2010

29 KCR-Dortmund e.V. (Hg.): Eine himmlische Festschrift. 1972–2002. 30 Jahre KCR-Dortmund, Dortmund 2002. An dieser Stelle sei Stefan Nies gedankt, der mich auf diese Graue Literatur hingewiesen hat.

30 Aussage eines Gründungsmitglieds, ebd.

31 Siehe hierzu die Beiträge in der Broschüre, Anm. 29

32 www.derwesten.de/nachrichten/staedte/dortmund/2008/7/7/news-60906884/detail.html, zuletzt geprüft am 1.6.2010; wobei das sunrise nicht das erste seiner Art im Ruhrgebiet ist, sondern das enterpride in Mülheim an der Ruhr, das 2001 eröffnete; zuvor hatte es bereits in Gelsenkirchen ab 1996 eine Informationsstelle für homosexuelle Jugendliche gegeben.

33 Zwar gibt es noch deren Website, doch scheint diese nicht mehr gepflegt zu werden, sodass vermutet werden kann, dass sich die Gruppe inzwischen aufgelöst hat (Kontaktversuche blieben erfolglos), ebenso wie die 2004 in Essen gegründete Gruppe „Masallah" (dt. großartig), eine Beratungsstelle der Essener AIDS-Hilfe, die sich gezielt um die Probleme türkischstämmiger Homosexueller kümmerte; http://binats.lsvd.de/tuerk.html, zuletzt geprüft am 1.6.2010; siehe hierzu auch den Beitrag in der WAZ vom 12.05.2008: www.derwesten.de/nachrichten/staedte/essen/2008/5/12/news-45578696/detail.html, zuletzt geprüft am 1.6.2010

34 So der Hinweis an die Mütter, die zu einer Teilnahme am 1. Frauenforum aufgerufen wurden.

35 „Der Kampf um die Streichung des § 218 war sowohl in Bochum wie in der restlichen Republik ein Standardthema." frauenbewegungen in bochum? dokumentation der übung: zur soziologie der frauenbewegung, sommersemester 2003, Bochum 2003, S. 7. http://homepage.ruhr-uni-bochum.de/charlotte.ullrich/frauenbewegung_bochum.pdf, zuletzt geprüft am 1.6.2010. Siehe auch: Hieber, Hanne (Hg.): Rückblick nach Vorn. 25 Jahre Frauenbewegung in Dortmund, Dortmund 1995. Dieser Sammelband zeichnet gut die einzelnen Phasen, Akteurinnen und Aktionen der Frauenbewegung der 70er/80er Jahre nach, die hier nicht im Einzelnen genannt werden.

36 Gewerkschaftliche Monatshefte 11/72, http://library.fes.de/gmh/main/pdf-files/gmh/1972/1972-11-a-673.pdf, zuletzt geprüft am 1.6.2010

37 Lenz, Inge: Die neue Frauenbewegung in Deutschland. Abschied vom kleinen Unterschied. Eine Quellensammlung, Wiesbaden 2008, S. 210

38 Ebd., S. 215 und S. 222; hier wird gleichfalls nicht auf die Unterschiede zwischen der feministischen und der bürgerlichen Frauenbewegung eingegangen.

39 Metz-Göckel, Sigrid: Frauenbewegung an der Universität Dortmund. Und sie bewegt sich doch: Von unten nach oben wie von oben nach unten und nach allen Seiten, in:

Hieber, Hanne (Hg.): Rückblick nach Vorn, S. 60-71, S. 60 ff.

40 Janssen, Edda: „Frauen vor Ort melden sich zu Wort" – Ein Beispiel für politische Bildung mit Hausfrauen in Dortmund. Der andere Teil der Frauenbewegung – Frauengruppen in der Erwachsenenbildung, in: Hieber, Hanne (Hg.): Rückblick nach Vorn, S. 54-59, S. 55

41 Metz-Göckel, Sigrid: Frauenbewegung an der Universität Dortmund, S. 62 f.

42 Metz-Göckel, Sigrid: Bewegte Politik – fünfundzwanzig Jahre feministische Frauenhochschulpolitik des Arbeitskreises Wissenschaftlerinnen NRW, in: beiträge zur feministischen theorie und praxis, 66-67/2005, S. 87-102, S. 87

43 www.netzwerk-frauenforschung.de/index.php?lang=de, zuletzt geprüft am 1.6.2010

44 „International renommierte WissenschaftlerInnen, die die Theorieentwicklung und empirische Forschung in der Frauen- und Geschlechterforschung maßgeblich beeinflußt haben, werden für ein Semester auf die Gastprofessur eingeladen." www.ruhr-uni-bochum.de/jahoda/index.html, zuletzt geprüft am 1.6.2010

45 „Wissenschaftlich steht das Kolleg in der Tradition der Frauenforschung und macht sich die in den vergangenen 30 Jahren erarbeiteten Paradigmen und Ergebnisse zunutze. Es vertritt einen Ansatz, in dem Frauen- und Männerforschung nicht als bloße Addition gedacht werden, sondern betont das Gender-Verhältnis. Hierbei stehen die Konstitutionsbedingungen von Geschlecht, die Ungleichheiten zwischen den Geschlechtern sowie Differenzen innerhalb der Geschlechtergruppen im Zentrum." www.uni-duisburg-essen.de/ekfg/, zuletzt geprüft am 1.6.2010

46 Bruchhagen, Verena: Frauenstudien an der Universität – ein Schnittstellenprojekt. Studieren für eine emanzipatorische Praxis, in: Hieber, Hanne (Hg.): Rückblick nach Vorn, S. 80-82, S. 80. Daran hat sich bis heute nichts geändert: www.tu-dortmund.de/uni/Einstieg/lebensbegleitendes_lernen/frauenstudium/index.html, zuletzt geprüft am 1.6.2010

47 Redaktionsgruppe 1980: Das 1. Frauenforum im Revier. Was war denn das?, abgedruckt in: Lenz, Inge: Die neue Frauenbewegung in Deutschland, S. 222-226, S. 222 f.

48 Janssen, Edda: „Frauen vor Ort melden sich zu Wort", S. 57

49 frauenbewegungen in bochum?, S. 7

50 Freer, Doris: Das Private ist politisch. Über die Anfänge der autonomen Frauenbewegung in Duisburg, in: Von Griet zu Emma, S. 21-24, S. 24

51 Kommunalverband Ruhrgebiet (Hg.): Frauenatlas Ruhrgebiet. Analyse der Lebens- und Arbeitssituation von Frauen im Ruhrgebiet, Essen 2000, S. 50

52 Kommunalverband Ruhrgebiet (Hg.): Regionalinformation Ruhrgebiet. Sonderausgabe zum 8. Unternehmerinnentag Ruhrgebiet in Gelsenkirchen, Essen 2004, S. 3 f.

53 Siehe hierzu: www.gender-index.de/, zuletzt geprüft am 1.6.2010; für die Index-Erstellung wurden 19 Indikatoren aus den Bereichen Ausbildung, Erwerbsleben und Partizipation festgelegt.

54 Ebd.

55 So der Titel eines Theaterstücks des Mobilen Rhein-Main-Theaters, das anlässlich der Ruhrfestspiele und später auf dem Gewerkschaftstag der IG Druck und Papier und andernorts aufgeführt wurde; Dank für den Hinweis an Marianne Kaiser; www.weltderarbeit.de/Kessler.pdf, zuletzt geprüft am 1.6.2010

56 Lenz, Inge: Die neue Frauenbewegung in Deutschland, S. 152

57 Schneider, Brigitte: Frauen in der Essener Metallwirtschaft 1946-1996, in: Im Wandel gestalten. Zur Geschichte der Essener Metallindustrie 1946-1996, Essen 1996, S. 51-70, S. 68

58 Erst vor kurzem hat die Schweizer Politologin Gesine Fuchs diesen Arbeitskampf im europäischen Kontext untersucht und diagnostiziert, dass es der einzige mit hoher öffentlicher Mobilisierung gewesen sei. Fuchs, Gesine: Legal mobilization for workplace equality in four European countries, Paper presented at the annual meeting of the The Law and Society Association, Grand Hyatt, Denver, Colorado, May 25, 2009

59 Hierzu ausführlich: Kaiser, Marianne (Hg.): Wir wollen gleiche Löhne! Dokumentation zum Kampf der 29 „Heinze"-Frauen, Hamburg 1980, hier S. 105; und http://agenda21.gelsenkirchen.de/aGEnda21_frauen/g_heinzefrauen.htm, zuletzt geprüft am 1.6.2010

60 Die in Anm. 59 genannte Dokumentation hat die von der örtlichen AG „Arbeit und Leben (DGB/VHS) Gelsenkirchen" mit den Frauen geführten Gespräche aufgezeichnet, hier mit Bettina, damals 23 Jahre alt, ebd., S. 121

61 Kaiser, Marianne: Der Kampf der Heinze-Frauen um Lohngleichheit, in: Von Hexen, Engeln und anderen Kämpferinnen. Stadtrundgänge zur Frauengeschichte in Gelsenkirchen, Gelsenkirchen 2001, S. 55-59, S. 59

62 Kaminski, Anneliese u. a.: Die Fraueninitiative „Thyssen Schalker Verein muss weiterleben", in: Der Schalker Verein. Arbeit und Leben in Bulmke-Hüllen, Gelsenkirchen 2008, S. 219-231, S. 230

63 Tenfelde, Klaus: Arbeitskämpfe im Ruhrgebiet. Ein historischer Überblick, in: Forum Industriedenkmalpflege und Geschichtskultur, 2/2006, S. 15-26, S. 25. Dokumentationen dieser Fraueninitiativen finden sich zuletzt bei Kaminski, Anneliese u. a.: Die Fraueninitiative „Thyssen Schalker Verein muss weiterleben"; Fraueninitiative Rheinhausen KRUPP STAHL, in: Lenz, Inge (Hg.): Die Neue Frauenbewegung in Deutschland, S. 557 f.

64 Das im März 2010 vom LWL-Industriemuseum und dem Forum Geschichtskultur an Ruhr und Emscher freigeschaltete Internetportal www.frauenruhrgeschichte.de wird einen Teil dessen abzudecken versuchen.

65 Stefanski, Valentina-Maria: Zum Prozeß der Emanzipation und Integration von Außenseitern: Polnische Arbeitsmigranten im Ruhrgebiet, Dortmund 1991

66 Siehe z. B. hier: Feige, Ulrich: Bergarbeiterschaft zwischen Tradition und Emanzipation, Düsseldorf 1986

67 www.institut-fuer-stadtgeschichte.de/Stadtgeschichte/chronik.asp, zuletzt geprüft am 1.6.2010

68 www.bpb.de/themen/5SR0BV,0,Der_Deutsche_Fu%DFballBund_hebt_das_Frauenfu%DFballverbot_auf.html, zuletzt geprüft am 1.6.2010

69 www.fopa-dortmund.de/index.htm, zuletzt geprüft am 1.6.2010

Männerrevier
Politische Unterrepräsentanz von

Elke Wiechmann
Lars Holtkamp

Gerne wird behauptet, dass Bundes- und Landesparlamente hinsichtlich der Frauenrepräsentanz weit besser aufgestellt sind als die kommunalen Räte. Das trifft allerdings nicht auf die Großstädte Deutschlands zu, denn hier wie dort befindet sich unter den Delegierten ein knappes Drittel Parlamentarierinnen. Im Rahmen der bislang umfangreichsten Studie zur „Unterrepräsentanz von Frauen in der Kommunalpolitik"[1] ging es um die Ursachenanalyse einerseits und um Maßnahmen zum Abbau andererseits. Auch wenn die Studie bundesweit ansetzt und analysiert, können gleichwohl (Teil-)Befunde für die kommunalen Räte in Nordrhein-Westfalen und die Metropole Ruhr extrahiert und diskutiert werden.

Folgt man den gängigen Erklärungsfaktoren für politische Unterrepräsentanz von Frauen in den Parlamenten im Allgemeinen, dann wird diese vor allem mit der Situation der Frauen selbst und ihrer geschlechtsspezifischen Sozialisation und Arbeitsteilung begründet (etwa Kinzig 2007). Der Abbau der Unterrepräsentanz wird danach ein langfristiges Projekt, das zunächst auf gesellschaftliche Lern- und Wandlungsprozesse setzt, die mehr gleichberechtigte Teilhabe zunächst in jede Familie bzw. in jeden Haushalt bringen. Durchaus erklärungsbedürftig ist allerdings die Frage, wie es Bündnis 90 / Die Grünen bundesweit bei „nur" ca. 16.000 weiblichen Mitgliedern gelingt, ihre Mandate und Ämter weitgehend paritätisch zu besetzen, während es weder die SPD (ca. 170.000 weibliche Parteimitglieder) noch die CDU (ca. 140.000 weibliche Parteimitglieder) schaffen. Wenig Erklärungssubstanz liefern die Parteien selbst, wenn sie immer wieder auf unzureichend politisch interessierte und motivierte Frauen für die Räte in den Kommunen und für politische Führungsfunktionen verweisen.

Unsere Ausgangshypothese ist hingegen, dass die Parteien die zentralen Weichenstellerinnen für politische Karrieren sind. Wir suchen relevante Erklärungsfaktoren a) im Wahlrecht, aber vor allem mit Blick auf die Parteien selbst, b) im Nominierungsprozess und c) in der Quote in Verbindung mit einer hohen informellen Gleichstellungsnorm. Das heißt, wir richten den Blick vor allem auf die Quotenparteien SPD (40 %), Bündnis 90 / Die Grünen (50 %) und Die Linke (50 %) sowie die CDU mit ihrem empfohlenen Quorum von 33,3 %.

Im Folgenden soll zunächst das der Studie zugrunde gelegte Erklärungsmodell zur Unterrepräsentanz skizziert werden, das bewusst von bislang vorliegenden Erklärungsmustern abweicht (Holtkamp / Schnittke 2008,

Frauen im Ruhrgebiet

S. 53 ff.; Holtkamp / Wiechmann / Schnittke 2009, S. 7 ff.)[2]. Anschließend blicken wir auf das Ruhrgebiet mit der zentralen Frage, wie sich die Unterrepräsentanz von Frauen in den kommunalen Parlamenten zeigt. In einem dritten Schritt stehen die Parteien und ihre Nominierungsprozesse im Zentrum. Schließlich werden Ansätze vorgestellt, die zum Abbau der Unterrepräsentanz durchaus unterschiedlich wirken.

Erklärungsmodell für die politische Unterrepräsentanz von Frauen

In synthetisierter Form lassen sich vor allem folgende Erklärungsvariablen aus den vorliegenden Studien für Deutschland herausdestillieren:

- Sozialisationsthese: traditionelle Rollenzuweisung, geringes Politikinteresse etc.
- Abkömmlichkeitsthese: klassische Arbeitsteilung, mangelndes Zeitbudget
- Sozialstrukturthese: Frauen sind seltener in Führungspositionen und haben damit geringere Ausgangschancen
- Diskriminierungsthese: Männer bauen hohe Hürden für politisch motivierte Frauen auf (z. B. „Ochsentour")

- Quotenthese: hohe Quoten bedeuten mehr Frauen in der Politik
- Wahlrechtsthese: die Wählerschaft diskriminiert Frauen.

Die Thesen werden in Abbildung 1 dem Modell des Personalmarkts zugeordnet. Diese Zuordnung ermöglicht die klare Identifizierung von drei Adressaten – die Frauen als Kandidatenpool (Angebotsseite), die Parteien mit ihren Auswahlkriterien (Nachfrage- und Angebotsseite) und die Wählerschaft mit ihren Präferenzen (Nachfrageseite) – und bietet den Vorteil, dass Maßnahmen zielgruppenspezifisch ansetzen können. Mit diesem Modell ist insofern ein Perspektivenwechsel verbunden, als weniger die individuellen (Ver-)Hinderungsgründe, die zugeschriebenen Merkmale oder die sozialen Lagen von Frauen als Kernpunkt zur Erklärung der Unterrepräsentanz herangezogen werden, sondern vielmehr die Parteien und die Wählerschaft stärker in die Ursachenanalyse einbezogen werden.

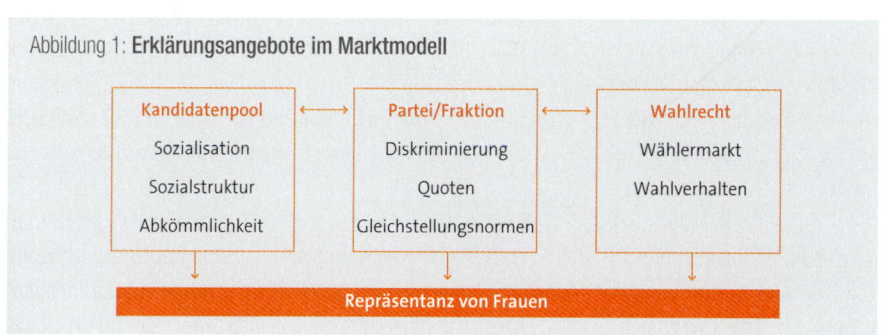

Abbildung 1: **Erklärungsangebote im Marktmodell**

Kandidatenpool	Partei/Fraktion	Wahlrecht
Sozialisation	Diskriminierung	Wählermarkt
Sozialstruktur	Quoten	Wahlverhalten
Abkömmlichkeit	Gleichstellungsnormen	

Repräsentanz von Frauen

Abbildung 2: **Politische Führungspositionen von Frauen im Vergleich** in Prozent

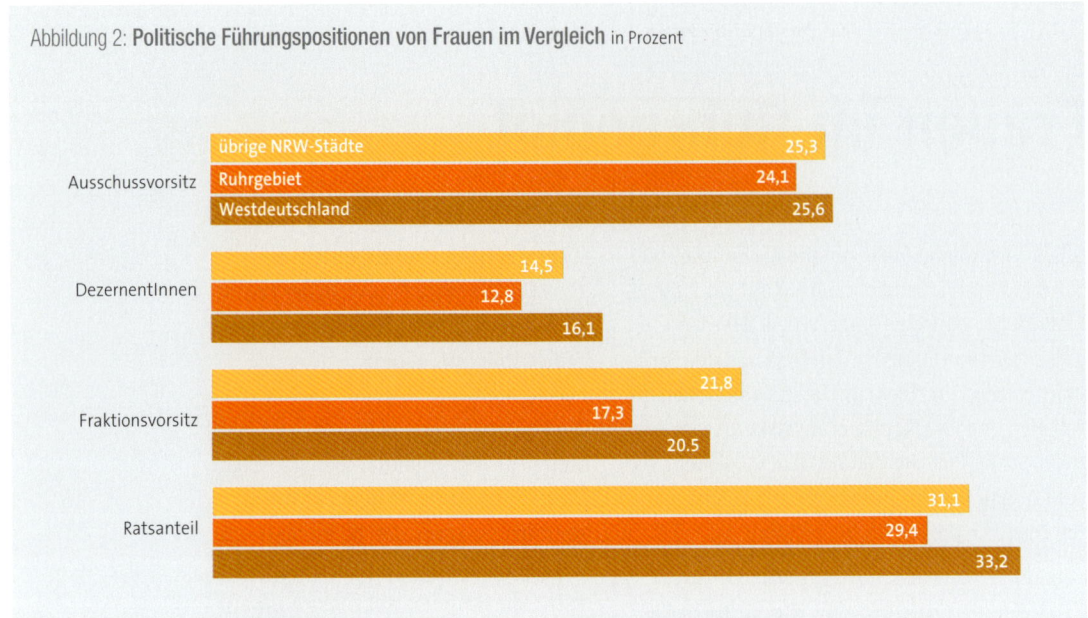

Ausschussvorsitz	übrige NRW-Städte 25,3 / Ruhrgebiet 24,1 / Westdeutschland 25,6
DezernentInnen	14,5 / 12,8 / 16,1
Fraktionsvorsitz	21,8 / 17,3 / 20.5
Ratsanteil	31,1 / 29,4 / 33,2

Ruhrpott – Männerpott

Die Großstädte des Ruhrgebiets

In allen Disziplinen unseres Rankings, das wir für die 79 deutschen Großstädte insgesamt durchgeführt haben (Holtkamp / Wiechmann / Schnittke 2009, S. 38 ff.), liegen die Ruhrgebiets-Großstädte im Durchschnitt hinter den übrigen Großstädten von NRW und hinter den Großstädten in Westdeutschland insgesamt. Das Ruhrgebiet hat also offensichtlich einen erheblichen Nachholbedarf in Sachen Gleichstellung. Das belegt auch die obige Abbildung, die die politischen Führungspositionen in den Vergleich stellt.

Sind die Anteile der politischen Führungspositionen in Deutschlands Großstädten ohnehin schon niedrig, dann fallen die Großstädte des Ruhrgebiets mit noch einmal niedrigeren Werten auf – deutlich zeigt sich der Rückstand bei Dezernentinnen und Fraktionsvorsitzenden mit durchschnittlich gut drei Prozentpunkten. Für den Anteil der weiblichen Ratsmitglieder zeigt sich gar ein Abstand von mehr als vier Prozentpunkten gegenüber westdeutschen Großkommunen insgesamt.

Allerdings ist die Unterrepräsentanz nicht gleich verteilt. So zeigen sich bei genauerem Hinsehen erhebliche lokale Unterschiede der Ratsanteile von Frauen. In den kleineren Großstädten sind die Frauen tendenziell stärker unterrepräsentiert. Unserer These zufolge ist es aber vor allem für Großstädte unwahrscheinlich, dass sich hier Frauen nicht in ausreichendem Maße für die Räte finden lassen. Die immer gleichbleibende Begründung seitens der Parteien lautet: „Es gibt keine Frauen" oder „Frauen lassen sich nicht motivieren".

Die 13 hier aufgeführten Großstädte des Ruhrgebiets erreichen insgesamt eine durchschnittliche Frauenrepräsentanz in ihren Räten von knapp 30 %. Damit liegen sie abgeschlagen etwa hinter den Großstädten Baden-Württembergs (mit durchschnittlich 34,4 %) oder Bayerns (mit durchschnittlich 40,0 %).

Der genauere Blick auf den Spitzenreiter und das Schlusslicht im Ruhrgebiet lassen vermuten, dass Quotentreue Quotentreue nach sich zieht und in dem Augenblick zum Wettbewerbsfaktor generiert. So geht ein einigermaßen respektables Ergebnis in Dortmund als Spitzenkommune im Ruhrgebiet hinsichtlich der Frauenrepräsentanz vor allem auf die Mandatsverteilung von SPD und Grünen zurück, die

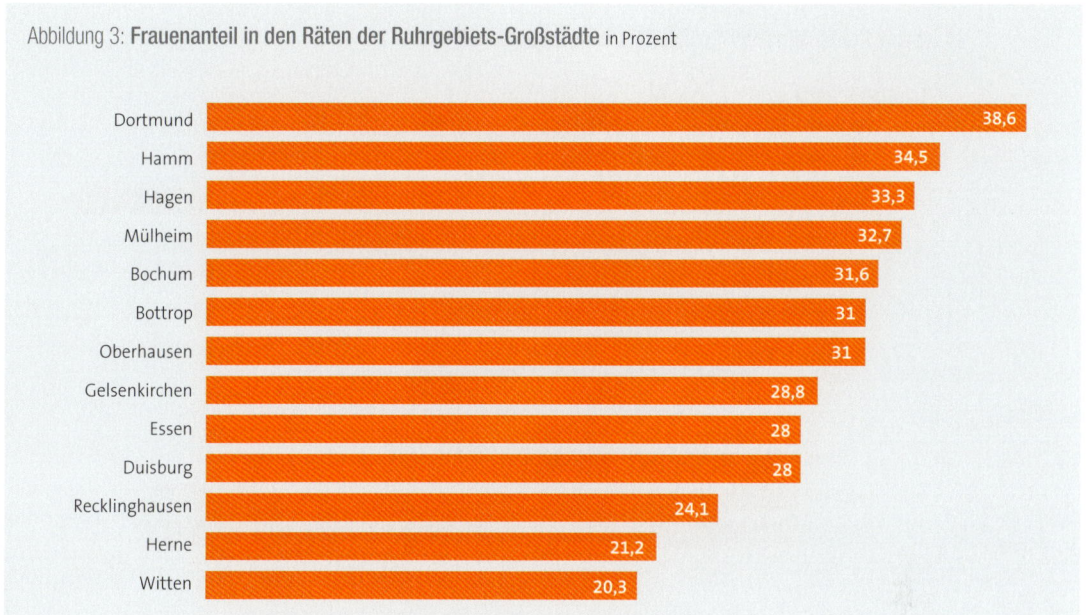

Abbildung 3: **Frauenanteil in den Räten der Ruhrgebiets-Großstädte** in Prozent

Stadt	Prozent
Dortmund	38,6
Hamm	34,5
Hagen	33,3
Mülheim	32,7
Bochum	31,6
Bottrop	31
Oberhausen	31
Gelsenkirchen	28,8
Essen	28
Duisburg	28
Recklinghausen	24,1
Herne	21,2
Witten	20,3

hier jeweils 50 % Frauen stellen, während die CDU auf 35 % Frauenrepräsentanz kommt und damit immerhin oberhalb ihres empfohlenen Quorums liegt. Ganz anders sieht das Bild für die Stadt Witten aus: Hier liegt der Frauenanteil der SPD bei 25 % (bei 24 Sitzen) und der CDU bei knapp 12 % (bei 17 Sitzen) in ihren Fraktionen. Die Grünen liegen dagegen oberhalb ihrer selbst gesetzten Quote bei zwei Dritteln (67 %), können aber natürlich als kleine Partei im Rahmen der Sitzverteilung am Gesamtbild von 20,3 % Frauenrepräsentanz in Witten als Schlusslicht in NRW und im Ruhrgebiet wenig korrigierend wirken. Hier bleibt die SPD weit unterhalb ihrer eigenen Quotennorm von 40 %, was offenbar auch die CDU nach unten zieht.

Wichtig ist also auch, die Mehrheitsverhältnisse in den Städten zu berücksichtigen. Dort, wo FDP und CDU besonders stark in den Kommunalparlamenten vertreten sind, ist die Frauenunterrepräsentanz insgesamt deutlich stärker ausgeprägt, weil diese Parteien nur niedrige Frauenanteile aufweisen. Lediglich Bündnis 90 / Die Grünen erreichen ihre 50 %-Quote, die PDS unterbietet deutlich ihre 50 %-Quote und auch die SPD unterbietet ihre 40 %-Quote, was Abbildung 4 belegt.

Selbst wenn Parteien wie die CDU und die FDP (die keinerlei Paritätsvorgabe oder Quote in ihren Parteiregularien setzen) ihre Frauenrepräsentanz an ihrer Mitgliederstruktur bzw. -zahl orientieren und rechtfertigen, scheint wenig einleuchtend, warum zumindest die CDU als Volkspartei mit einer vergleichsweise hohen Parteienbindung im Ruhrgebiet auf lediglich 25 % Frauenanteil in den Großstädten des Ruhrgebiets kommt. Wenn der CDU Frauen sowohl als Mitglieder als auch als Wählerinnen fehlen, dann stellt sich die Frage, warum die Partei nicht mehr Energie in die Rekrutierungspolitik für Frauen investiert, um hiermit ein Signal an ein für sie noch brach liegendes WählerInnenpotenzial zu senden.

Kreisangehörige Städte und Gemeinden im Ruhrgebiet[3]
In den vier Kreistagen des Ruhrgebiets (Ennepe-Ruhr-Kreis, Kreis Recklinghausen, Kreis Unna und Kreis Wesel) liegt der Frauenanteil im Schnitt bei über einem Drittel und ist damit im Vergleich zum Ruhrgebietsschnitt leicht überproportional. Ein Vergleich der Kommunalwahlergebnisse von 1989 und 2004 zeigt, dass sich in diesem Zeitraum die Zahl der Frauen fast verdoppelt hat: Waren 1989 nur 48 von 294 Kreistagsmitgliedern

Abbildung 4: **Frauenanteil der Ruhrgebiets-Großstädte nach Parteien** in Prozent

Die Linke	32,3
FDP	16,3
Die Grünen	51,8
SPD	33
CDU	25

Abbildung 5: **Frauenanteil in französischen Kommunalparlamenten** in Prozent

1995	25,7
2001	47,5
2008	48,5

Frauen (16,3 %), stieg ihre Zahl im Jahr 2004 auf 89 von 264 Abgeordneten (33,7 %). Mit fast 44 % ist der Frauenanteil im Kreistag des Kreises Unna besonders hoch, während der Kreis Wesel mit nur 24 % Frauen das Schlusslicht unter den Ruhrgebiets-Kreisen bildet.

Die Unterrepräsentanz von Frauen ist in den Räten der kreisangehörigen Kommunen wesentlich ausgeprägter als in den Großstädten. Die Spannbreite der Frauenanteile (Stand: 1.1.2007) reicht von 36,4 % in Kamen, 34,8 % in Unna und 34,1 % in Schwerte bis zu 13,2 % in Datteln, 13,0 % in Gevelsberg und 10,5 % in Xanten. Im Schnitt sind in den 42 Städten und Gemeinden der vier Ruhrgebiets-Kreise Männer zu über 75 % und entsprechend Frauen zu weniger als einem Viertel vertreten. Während sich in den elf kreisfreien Städten der Frauenanteil von 1989 (23 %) bis 2007 (30,5 %) deutlich erhöht hat, stieg in diesem Zeitraum der Frauenanteil in den Räten der kreisangehörigen Städte nur von 21 % auf 24,4 %. Ein schwacher Trost: Einstellige Quoten, wie Ratsfrauen sie 1989 mit 7,4 % in Breckerfeld (Ennepe-Ruhr-Kreis) und mit 5,1 % in Hamminkeln (Kreis Wesel) erzielt haben, kamen 2007 nicht mehr vor.

Dass trotz der eher großstädtisch geprägten Struktur des Ruhrgebiets Frauen im Vergleich zum übrigen NRW institutionell unterdurchschnittlich vertreten sind, zeigen auch die Frauenanteile in den Parlamenten der kreisangehörigen Großstädte wie Witten (20,3 %) oder Recklinghausen (24,1 %). Der Durchschnitt im eher mittelstädtisch geprägten NRW liegt demgegenüber bei 29,3 % (Kommunalwahl vom 26.9.2004). Obwohl sich der durchschnittliche Frauenanteil in allen 53 kommunalen Ruhrparlamenten auf 26,2 % (2007) erhöht hat, sind die Räte von einer geschlechterparitätischen Zusammensetzung noch weit entfernt.

Moderne Metropole Ruhr?

Mit Blick auf die internationalen Modernisierungsstandards, wozu unter anderem die angemessene politische Repräsentanz von Frauen in den Parlamenten als Indikator zählt, zeichnet sich das Ruhrgebiet durch einen deutlichen Modernisierungsrückstand aus. Der Befund für das Ruhrgebiet ist aus zwei Gründen überraschend und erklärungsbedürftig zugleich. Erstens: Das Ruhrgebiet stellt einen Ballungsraum großstädtischer Prägung dar, und diese Räume bzw. Kommunen fallen üblicherweise eher durch eine überdurchschnittliche politische Frauenrepräsentanz in Deutschland auf. Zweitens: Für die SPD als Quotenpartei ist das Ruhrgebiet eine politische Heimat mit hoher Parteienbindung. Gleichwohl tritt sie als Quotentaktgeber, wie etwa in Dortmund, offenbar zu selten in Erscheinung, sodass im Parteienwettbewerb dieser Faktor kaum eine Rolle spielt.

Unserer These zufolge sind an diesem Zustand die Parteien maßgeblich beteiligt. Der Einfluss der Parteien und ihrer Nominierungsprozesse auf die politische Repräsentanz von Frauen ist aber auch vor dem Hintergrund des jeweils geltenden kommunalen Wahlrechts zu analysieren.

Parteien und Nominierungsprozesse

Das Wahlrecht
Das Wahlrecht gilt in der internationalen Reformdiskussion (neben den Quoten) als zentraler Hebel zur Erhöhung der Frauenrepräsentanz.

In NRW gilt das personalisierte Verhältniswahlrecht mit festen Listen, im Unterschied zu den meisten anderen Bundesländern mit der Möglichkeit zum Kumulieren und Panaschieren als stärker personenorientiertes Verhältniswahlrecht mit freien Listen, wie etwa in Baden-Württemberg. Hiernach wird der Wählerschaft ein größeres Mitspracherecht bei den Kommunalwahlen eingeräumt als in NRW, wo die Hälfte der Ratsmandate über Direktmandate vergeben wird, die im Wesentlichen auf die beiden großen Volksparteien entfallen. Die restlichen Mandate werden über die zu wählenden geschlossenen Parteilisten bestimmt, womit die Wählerschaft keinen Einfluss auf einzelne Kandidaturen hat. Bei dem personalisierten Verhältniswahlrecht in NRW werden die KandidatInnen in kleinen Wahlkreisen bzw. Ortsvereinen in ebenso kleinen politischen Elitekreisen aufgestellt. Und das hat unserer These folgend Einfluss auf die Unterrepräsentanz von Frauen in den kommunalen Räten. Einerseits können die Quoten nur eingeschränkt oder gar nicht umgesetzt werden,

weil vergleichsweise nur sehr wenige Kandidaturen in den Ortsvereinen zu vergeben sind, während auf der gesamtstädtischen Ebene kaum noch zusätzliche Kandidatinnen nominiert werden (können). Auf den aussichtsreichen Plätzen der Reserveliste finden sich dann zunächst in der Regel die Direktkandidaturen. Andererseits gelten insbesondere die Ortsvereine als traditionelle Männerdomänen. Insofern hat das kommunale Wahlrecht in NRW einen entscheidenden Einfluss auf die Unterrepräsentanz von Frauen in den Räten.

Rolle der Ortsvereine
Hier sind knapp 91 % der Kreisvorsitze der CDU mit Männern besetzt. Bei den für die Ratsmandate zentralen Ortsvorsitzen sind es in der nordrhein-westfälischen CDU immerhin noch knapp 88 % Männer. Bei der SPD als Quotenpartei sind bei dieser Verteilung in Nordrhein-Westfalen im Übrigen keine gravierenden Unterschiede festzustellen: 85 % der Kreisvorsitze und 83 % der Ortsvorsitze sind männlich besetzt.

Als Keimzellen der lokalen Politik genießen die Ortsvereine verbreitet einen Ruf als „closed shop". Dafür sprechen keineswegs nur die von uns befragten weiblichen Ratsfrauen, wenn sie ihre ersten Kontakte bzw. Begegnungen mit der Ortspartei schildern. Auch Parteivorsitzende bestätigen einen traditionellen Parteistil in den Ortsvereinen, der gerade auf dieser Ebene oftmals alte Parteitugenden und neue Strukturnotwendigkeiten noch zu wenig miteinander vereinen kann. Sie zeichnen sich häufig durch ihre homogene und zugleich überalterte Struktur aus und zelebrieren dabei gerade aus Sicht jüngerer Frauen „ganz altmodische Rituale".

Das passt zur Einschätzung der meisten unserer Befragten, dass nämlich eine aktive Rekrutierungspolitik für mehr Frauen in den Räten nur sehr wenige Lokalparteien aus eigenem Antrieb

41

betreiben. Eher verweisen die befragten Parteivorsitzenden auf weitere Unterstützungsakteure wie die politischen Stiftungen, die kommunalen Gleichstellungsbeauftragten oder neue Programme (z. B. Mentoring). Am stärksten nütze die persönliche Ansprache. Das erstaunt deshalb, weil die Parteien auch in der Selbstwahrnehmung insgesamt an Attraktivität verlieren, wobei ihre Überalterung oder der Mitgliederschwund nur die auffälligsten Merkmale darstellen.

Wahlrechtsbedingt haben die Parteichefs in NRW auf die Nominierungsprozesse in den Ortsvereinen lediglich begrenzten Einfluss, da sie „nur" für die Reservelisten und ihre Kandidatenreihung zuständig sind, die Direktkandidaturen jedoch Sache der Ortsvereine sind. Somit ist die Parteispitze – selbst wenn sie wollte – nicht die „Quotenaufsicht". Anders kann sich die Parteispitze in Bundesländern wie Baden-Württemberg mit dem stärker personenorientierten Wahlrecht (Kumulieren und Panaschieren) einbringen und über Ortsvereinsvoten hinaus die Listenvorschläge zur Wahl deutlich stärker beeinflussen, korrigieren oder auch eigene Prioritäten setzen.

Für NRW und auch für das Ruhrgebiet bedeutet dies insgesamt, dass es selbst Quotenparteien schwer haben, weil die Ortsvereine eine deutlich stärkere, aber auch unauffälligere politische Eigenständigkeit genießen als in anderen Bundesländern mit einem transparenteren kommunalen Wahlrecht wie etwa in Baden-Württemberg.

Fazit: Wege aus der Unterrepräsentanz von Frauen in den Kommunalparlamenten

Die Quotenparteien stellen deutlich mehr Kandidatinnen als Parteien ohne Quote und auch als die CDU mit einer Quorumsempfehlung. Gleichwohl sind Quoten weder Selbstläufer noch Garantie für eine angemessene politische Frauenrepräsentanz, wie das Ruhrgebiet eindrucksvoll belegt. Denn für die kommunale Ebene ist die „Gewinnwarnung" aus der international vergleichenden Forschung mitzunehmen, was sich auch in

unseren Befunden bestätigt: dass Quoten nämlich nicht direkt wirken, sondern nur bei dementsprechender innerparteilicher Akzeptanz, bei zu erwartenden Sanktionen oder höheren informellen Gleichstellungsnormen auch tatsächlich durchgesetzt werden.

Das Wahlrecht ist im Allgemeinen politisch eher kurzfristig gestaltbar als die politische Kultur eines Landes und macht einen erheblichen Unterschied bei der Repräsentation von Frauen im Parlament. Hier erscheint das offenbar transparentere Wahlgesetz mit mehr Wahlentscheidungsmöglichkeiten für die Wählerschaft bei offenen Listen durch Kumulieren und Panaschieren für Frauen günstiger auszufallen als das deutlich intransparentere Wahlgesetz Nordrhein-Westfalens mit dem personalisierten Verhältniswahlrecht, den Direktkandidaturen und den Nominierungsprozessen vorrangig in kleinen Ortsvereinen. Letzteres begünstigt die lokalen männlichen Parteieliten, auf die auch die Parteivorsitzenden nur begrenzten Einfluss haben.

Eine durchaus schnelle und konsequente Lösung bietet dagegen das Paritätsgesetz nach französischem Vorbild. Hiernach müssen in Frankreich die Parteien zu den Kommunalwahlen 50 % Frauen auf den Wahllisten aufstellen. Können oder wollen die Parteien nicht die Kandidatinnenquote erfüllen, werden sie nicht zur Wahl zugelassen. Damit ist der Anreiz, Kandidatinnen aufzustellen, für die Parteien ungleich höher als in Deutschland. Geht es um das eigene politische Überleben, dann sind auch männlich dominierte Lokalparteien schlagartig bereit, genügend Plätze für Frauen in der ersten und zweiten Reihe zu reservieren. Entscheidend für den Erfolg des Paritätsgesetzes in den französischen Kommunen war neben der möglichen Verweigerung der Zulassung zur Kommunalwahl die Festlegung, dass sich diese Quotierung auch auf die oberen Listenplätze beziehen muss. Damit konnten die Parteien das Gesetz nicht etwa dadurch unterlaufen (wie anfangs in anderen Ländern mit gesetzlich vorgeschriebenen Kandidatinnenquoten wie Belgien oder Argentinien), dass sie die 50 % Kandidatinnen überwiegend am Ende der Liste platzieren.

Waren 1995 – vor dem Paritätsgesetz – in Kommunen mit mehr als 3.500 EinwohnerInnen nur 25,7 % der KommunalparlamentarierInnen weiblich, verdoppelte sich 2001 der Frauenanteil nahezu und blieb auch 2008 auf sehr hohem Niveau.

Bemerkenswert erscheint insbesondere, dass es in kürzester Zeit gelungen ist, auch in den relativ kleinen Kommunen zwischen 3.500 und 9.000 Einwohnern einen Frauenanteil von 47,4 % zu realisieren (Bird 2002, S. 13). Ebenso bemerkenswert sind die Befunde einer Studie, wonach 78 % der befragten Parteien angaben, „that it was ‚easy' to apply the parity law in selecting candidats for their lists" (Bird 2002, S. 11).

Bei einer Übertragung dieser Ergebnisse auf Deutschland ist vor allem wichtig festzuhalten, dass auch in kleineren und mittleren Kommunen wahrscheinlich eher genügend Kandidatinnen zur Verfügung stehen würden, wenn die Parteien einen starken Anreiz hätten, diese für die Ratsarbeit zu gewinnen. Für die Metropole Ruhr als einwohnerstarker Region dürfte es den Parteien demnach noch weniger Probleme bereiten, ausreichend Kandidatinnen für eine paritätische Besetzung der Kommunalparlamente zu rekrutieren und zu nominieren.

Es gibt also Modernisierungsvorbilder über die immer wieder herausgestellten nordeuropäischen Länder mit ihrer bereits fortschrittlicheren Gleichstellungspolitik hinaus, die richtungweisend für Deutschland sein können, ohne weitere 100 Jahre auf mehr politische Gleichberechtigung warten zu müssen.

Literatur

Bird, Karen (2002): "Who are the Women? Effects of Gender Parity in French Municipal Elections", Ms., teilveröffentlicht in: Bird, Karen (2003): "Who are the Women? Effects of Gender Parity in French Municipal Elections", in: French Politics 1/03, S. 5-38

Hoecker, Beate (1998): Handbuch Politische Partizipation von Frauen in Europa, Opladen

Holtkamp, Lars / Schnittke, Sonja (2008): Erklärungsmodelle für die Unterrepräsentation von Frauen, in: Femina Politica 2/08, S. 53-64

Holtkamp, Lars / Wiechmann, Elke / Schnittke, Sonja (2009): Unterrepräsentanz von Frauen in der Kommunalpolitik. Parteien machen den „feinen" Unterschied. Vorläufiger Abschlussbericht des von der Heinrich-Böll-Stiftung geförderten Forschungsprojektes „Unterrepräsentanz von Frauen in der Kommunalpolitik", Berlin

Kinzig, Silke (2007): Auf dem Weg zur Macht? Zur Unterrepräsentation von Frauen im deutschen und U.S.-amerikanischen Regierungssystem, Wiesbaden

Mielke, Gerd / Eith, Ulrich (1994): Honoratioren oder Parteisoldaten? Eine Untersuchung der Gemeinderatskandidaten bei der Kommunalwahl 1989 in Freiburg, Bochum

Anmerkungen

1 Die Studie wurde unter anderem von der Heinrich-Böll-Stiftung unterstützt. Grundlage der vorliegenden Analyse sind Daten aus dem Jahr 2008.
2 Empirisch kommen sowohl quantitative als auch qualitative Methoden zum Einsatz sowie der Vergleich von nationalen und internationalen Forschungsergebnissen zur Unterrepräsentanz von Frauen in der Politik. Quantitative Methoden: statistische Ämter, Web-Seiten der Großstädte, Umfragen in den Städten selbst; qualitative Methoden: ExpertInnenbefragungen in sechs ausgewählten Großstädten in drei Bundesländern: Ratsfrauen (CDU, SPD, Grüne, Linke im Osten), Parteivorsitz (CDU, SPD, Linke im Osten).
3 Die Angaben zu den Kreisen und den kreisangehörigen Kommunen im Ruhrgebiet hat Claudia Horch vom Regionalverband Ruhr zusammengestellt und kommentiert.

Politik – kein Thema
Drei Politikerinnen im Gespräch

Claudia Horch

Von kleinen Gemeinden bis Halbmillionenstädten – in den 53 Räten der Ruhrgebietskommunen haben Frauen weniger als ein Drittel der Mandate inne (Holtkamp / Wiechmann 2010). Frauen sind damit in der Kommunalpolitik der Metropole Ruhr stärker unterrepräsentiert als in den meisten anderen NRW-Städten, aber auch anderen deutschen Großstadt-Parlamenten.

Welche Gestaltungsmöglichkeiten ein stärkeres politisches Engagement den Frauen bietet, auf welche Widerstände sie aber auch treffen, zeigen die Gespräche mit drei „Vollblut"-Politikerinnen aus dem Ruhrgebiet. Martina Schmück-Glock, Vorsitzende der SPD-Fraktion in der RVR-Verbandsversammlung, Regina van Dinther, stellvertretende Vorsitzende der CDU Ruhr und sachkundige Bürgerin in der RVR-Verbandsversammlung, sowie Sabine von der Beck, Mitglied der Fraktion von Bündnis 90 / Die Grünen in der RVR-Verbandsversammlung erklärten, warum eine angemessene Mitwirkung von Frauen in der Politik gerade im Ruhrgebiet so schwierig ist.

für Frauen?

Martina Schmück-Glock

Welche Bilder haben Sie spontan im Kopf, wenn Sie an die Frauen und Männer im Ruhrgebiet denken?
Spontan fallen mir kontrastreiche Bilder ein: Meine Kindheitserinnerungen vermitteln mir ein Bild von hart arbeitenden Männern im Bergwerk und in der Stahlindustrie und von Frauen, die Wäsche aufhängen, sowie Spaziergängen, bei denen man durch rote Staubwolken ging und manchmal auch einen Blick auf glühendes Eisen erhaschen konnte. Kneipen und Tante-Emma-Läden an jeder Ecke, die Jungen pöhlten, die Mädchen spielten „Gummi-Twist". Dem stehen heutige Bilder gegenüber: Park- und Grünanlagen auf ehemaligen Zechen- und Industriestandorten, in denen junge Familien ihre Freizeit verbringen, lebendige Städte mit vielfältigem Kulturangebot, „sauberen, technisierten" Arbeitsplätzen, Hochschulen, aber auch Vororten, denen jede Lebendigkeit verloren ging, spielende Kinder als Störfaktor inbegriffen.

Wo sehen Sie die größten Unterschiede?
Früher galt die typische Rollenverteilung: Während die Männer vornehmlich auf Zechen oder in der Stahlindustrie arbeiteten, sorgten sich die Frauen um Kinder und Haushalt – ohne die heutigen technischen Hilfsmittel. Diese Rollenverteilung hat an Bedeutung verloren. Frauen kümmern sich zwar nach wie vor mehr um ihre Kinder als die Väter, allerdings sind sie neben der „Führung eines kleinen Familienunternehmens" zusätzlich berufstätig. Oftmals aus dem Selbstverständnis heraus, auch während der Erziehungszeit erwerbstätig bleiben zu wollen, oft aber auch aufgrund purer Notwendigkeit, die finanzielle Situation der Familie zu verbessern. Es gibt viele vorbildliche Väter, leider sind sie noch die Minderheit. Die Doppel- und Dreifachbelastungen liegen nach wie vor meist auf weiblichen Schultern.

Wie sehen Sie aktuell die Situation von Politikerinnen im Ruhrgebiet?
Diese Frage lässt sich so allgemein nicht beantworten. Feststellbar ist, dass auch in meiner Partei Gremien mehrheitlich mit Männern besetzt sind. Allerdings kann ich sagen, dass ich als Frau der SPD-Fraktion im RVR vorstehe, meine Stadt eine Oberbürgermeisterin hat, die von drei Bürgermeisterinnen vertreten wird, und meine Partei eine Landesvorsitzende hat. Auf Bundesebene hat die Partei Frauen in Spitzenpositionen, etwa Andrea Nahles als Generalsekretärin. Auch gehörten der bis Oktober 2009 amtierenden Bundesregierung immerhin sechs Ministerinnen an. Es trifft aber auch immer noch zu, dass es sehr schwierig ist, neben Beruf und Familie ein politisches Mandat wahrzunehmen.

Wenn Sie das Ruhrgebiet mit anderen Regionen vergleichen: Was ist das Spezifische am Ruhrgebiet?
Die Metropole Ruhr ist einzigartig und hat, verglichen mit anderen Regionen, einen ganz eigenen Charme. Es ist die Einheit in der Vielfalt, geprägt durch eine gemeinsame industrielle Entwicklung, die einen bestimmten Menschenschlag hervorgebracht hat: hart zupackend, verlässlich, aufrichtig, direkt, humorvoll, und auf eine besondere Art kommunikativ.

Die Besonderheit liegt für mich in dem Nebeneinander von Landschaften und Städten, stark verändert durch gewaltige Eingriffe infolge der rasanten industriellen Entwicklung einerseits, und idyllischen Waldlandschaften, durchgrünten Straßen und dorfähnlichen Strukturen außerhalb der Stadtkerne andererseits. Dieser spannende Kontrast sowie der stolze Umgang mit den Symbolen der Vergangenheit – ohne in Vergangenem zu verharren und Zukunftsthemen zu vernachlässigen – zeigen die Kraft der Region, mit Veränderungen umzugehen. Um Besucherinnen und Besuchern den Strukturwandel deutlich zu machen, gehe ich mit ihnen gerne zur Bochumer Jahrhunderthalle und in den Westpark: früher Arbeitsstätte für Tausende von Arbeitnehmern, heute Hauptspielort eines überregionalen Kulturereignisses und Park, der der Naherholung dient.

Was ist positiv, was negativ?
Positiv fällt mir auf, dass die Menschen in der Metropole Ruhr die Region als Ganzes wahrnehmen. Heimat ist für viele sehr kleinteilig, oft auf den Stadtteil bezogen. Die eigentlichen kommunalen Grenzen verlieren im Lebensalltag aber mehr und mehr an Bedeutung. Man wohnt hier, arbeitet dort, geht in einer dritten Stadt ins Theater und am Wochenende wandern in der Haard oder skaten am Stausee. Die Menschen sind da in Teilen schon weiter als die Politik.
Das Miteinander der Städte und Kreise bedarf jedoch der Verstärkung angesichts der finanziellen Probleme aller Kommunen. Kooperation anstelle ausschließlichen Eigeninteresses findet statt. Allerdings spielen Arbeitsplätze, Gewerbeentwicklung oder eine Kultureinrichtung in der eigenen Stadt nach wie vor eine größere Rolle als die Kooperation mit der

Nachbarstadt. Hier gilt es Systeme zu entwickeln, die Vor- und Nachteile ausgleichen und zu einer Win-win-Situation für alle führen. Nach wie vor lassen wir uns von anderen Metropolen beeindrucken, deren Namen Glanz versprechen, vor denen wir unsere eigenen kulturellen, wissenschaftlichen, freizeitorientierten Einrichtungen aber wahrlich nicht verstecken müssen. Wir können stolz sein auf unsere Region, aber wir müssen dies auch sagen und mit mehr Selbstbewusstsein nach außen transportieren. Grund dazu haben wir genug, vielleicht hilft ja die Kulturhauptstadt 2010, dieses Selbstbewusstsein zu stärken und die Klischees, die immer noch existieren, zu überwinden.

Was vermissen Sie im Hinblick auf die politische Landschaft, was wünschen Sie sich?
Die Benachteiligungen von Frauen in der Gesellschaft hat neben der noch in den Köpfen vorhandenen Rollenverteilung viel mit den nicht zufriedenstellenden Kinderbetreuungsmöglichkeiten zu tun. Da werden gut gemeinte Gesetze vom Bund und Land verabschiedet, die andere – nämlich die Kommunen – umzusetzen haben. Die fordern seit langem zu Recht, dass derjenige die Musik bezahlt, der sie bestellt, denn neue Aufgaben – seien sie auch noch so notwendig und sinnvoll – lassen sich bei den katastrophalen Finanzlagen der Städte nicht umsetzen.

Welche aktuellen Trends prägen gegenwärtig das Leben von Frauen und Männern im Ruhrgebiet? Was wirkt sich tendenziell stärker auf Frauen, was auf Männer aus?
Eine wesentliche Herausforderung im Alltag ist ein sehr viel höheres Maß an Flexibilität. Flexible Arbeitszeiten sind für viele Arbeitnehmerinnen und Arbeitnehmer ein hohes Gut, umgekehrt wird aber auch seitens der Arbeitgeber diese Flexibilität vorausgesetzt. Per Handy und Internet ist man quasi

46

immer und überall erreichbar, und es ist schon ein hohes Gut, wenn das beispielsweise im Urlaub nur bedingt so ist. Diese Entwicklung betrifft jedoch Männer und Frauen gleichermaßen, ist auch nicht auf die Region beschränkt. Hier erleben wir leider gerade so etwas wie „den Strukturwandel vom Strukturwandel" oder auch, modern formuliert, den „Strukturwandel 2.0". In meiner Heimatstadt Bochum galten beispielsweise Opel und ein finnischer Handyhersteller als Beispiele für einen erfolgreichen Strukturwandel, für ein neues Zeitalter der Industrie. Letzterer hat die Produktion inzwischen nach Rumänien verlagert, und die Zukunft von Opel in Bochum ist immer noch infrage gestellt. Zwischenzeitlich wurde die Zahl der Arbeitsplätze im Opelwerk von fast 20.000 im Jahr 1965 auf aktuell etwa 5.200 reduziert. Derartige Entwicklungen im produzierenden Gewerbe haben grundsätzlich Auswirkungen auf Mitarbeiterinnen und Mitarbeiter mit niedriger Ausbildung oder es trifft den „Zweitverdiener" in der Familie – darunter leider mehrheitlich Frauen.

Eine Studie der Fernuniversität Hagen zeigt, dass die Unterrepräsentanz von Frauen in Stadträten im Ruhrgebiet besonders ausgeprägt ist. Welche Ursachen hat das Ihrer Meinung nach?
Kommunalpolitik ist kein Feierabendgeschäft. Es ist kein Job zum Geldverdienen. Es kostet unendlich viel Zeit, sich auf Sitzungen vorzubereiten, den Berg von Beschlussvorlagen zu bewältigen, Sitzungen durchzuführen und die Ergebnisse im Wahlkreis oder in den Gremien der Parteien zu kommunizieren. Dies betrifft Männer und Frauen zunächst gleichermaßen. Und dann kommt das für Frauen hinzu, was schon beschrieben wurde: Beruf, Kinder, Haushalt, Pflege von Angehörigen etc. Da braucht man keine Studie, das ist die Lebenswirklichkeit. Ich glaube nicht, dass dies ruhrgebietsspezifisch ist.

Was könnte zur Steigerung der Partizipation von Frauen Ihres Erachtens beitragen a) in Ihrer Partei, b) allgemein in der Politik?
Stichwort Partei: Die Quote war erfolgreich, aber nach wie vor verhindern die Lebensbedingungen das für politische Arbeit nötige zeitintensive Engagement. In der Politik allgemein heißt das Stichwort Frauenquote.

Welche Ansätze sehen Sie, um im Ruhrgebiet Frauen stärker in Entscheidungspositionen zu bringen?
Die politischen Parteien sind weiter als die Wirtschaft. Führungspositionen werden dort nur selten von Frauen besetzt. Zumindest in großen Unternehmen sollte eine Quote für Frauen in Führungspositionen vorgeschrieben sein.

In welchen Lebensbereichen sehen Sie hinsichtlich Gleichstellungsfragen den größten Nachholbedarf?
In den Bereichen Gesundheit und demografische Entwicklung.

Regina van Dinther

Welche Bilder haben Sie spontan im Kopf, wenn Sie an die Frauen und Männer im Ruhrgebiet denken?
Ich denke an ein Bild der Vielfalt. Das Ruhrgebiet ist älter, bunter, aber auch weniger geteilt in Oben und Unten als andere Metropolen. Die Menschen begegnen sich, Nachbarschaften sind häufig noch intakt.

Wo sehen Sie die größten Unterschiede?
Ältere Frauen sind häufig noch einer typischen Frauenrolle verhaftet und eher strukturkonservativ. Jüngere Frauen sind zwar stärker im Aufbruch, aber mit gebremster Geschwindigkeit. Viele Männer können sich nur schwer mit dem Wandel anfreunden. Bei ihnen gibt es wenig Aufbruchstimmung, sie sind eher nostalgisch. Ein Beispiel dafür ist das noch immer männerdominierte Vereinsleben.

Wie sehen Sie aktuell die Situation von Politikerinnen im Ruhrgebiet, in den Kommunen, im Land und im Bund?
Es gibt im Ruhrgebiet einige sehr profilierte Politikerinnen, vor allem auf der kommunalen und der Landesebene. Politisch aktive Frauen sind auf oberer Ebene besser positioniert als auf kommunaler Ebene. Wegen der verkrusteten politischen Strukturen ist die politische Situation im Ruhrgebiet eher schwierig, Frauen müssen aktiv umworben werden. Im Vergleich zu bürgerlich geprägten Regionen, in denen Macht eher auch mal geteilt wird, ist die politische Landschaft im Ruhrgebiet weniger offen und unterschwellig auch geschlechtsspezifisch segmentiert. Autoritäre und hierarchische Strukturen schrecken Frauen ab, daher muss sich Kom-

munalpolitik öffnen und niedrigschwelliger werden. Frauen, die sich politisch engagieren, haben weitreichende Gestaltungsmöglichkeiten. Diese Gestaltungschancen sind stärker ins Bewusstsein zu rücken, man muss aktiv Frauen für die Politik akquirieren. Auf Bundesebene wird, wie überall sonst auch, die Luft für Frauen immer dünner. Frauen aus dem Ruhrgebiet nehmen auf Bundesebene keine Funktionen wahr und sind auf höheren Ebenen nicht vertreten. Gerade die Kommunalpolitik ist aber für politische Karrieren wichtig. Es gibt in der Regel keine Quereinsteigerinnen, nur von unten kommt man nach oben. Karrierechancen wären gegeben, aber das Interesse junger Frauen an politischem Engagement ist gering – aus vielfältigen Gründen: Politik ist sehr zeitaufwändig und steht in Konkurrenz zu anderen ehrenamtlichen Tätigkeiten, aber auch zu Familie, Freunden und Freizeit. Als Politikerin steht man zudem anders unter Beobachtung.

Wenn Sie das Ruhrgebiet mit anderen Regionen vergleichen: Was ist das Spezifische am Ruhrgebiet? Was ist positiv, was negativ?
Die Ruhrgebietler haben eine große Verbundenheit mit ihrer Region – auch ich lebe gern hier. Der Ballungsraum bietet viele Vorteile, wie eine hohe Wohnqualität und die gute Erreichbarkeit vielfältiger Einkaufs- und Kulturangebote. Durch den hohen Konkurrenzdruck sind die Angebote auch viel preiswerter als in vergleichbaren Ballungsräumen. Alle Bildungsangebote sind vorhanden, und sei es in der Nachbarstadt. Die Universitäten der Metropole Ruhr haben insgesamt eine positive Entwicklung genommen. Negativ ist, dass das Problem der Integration noch nicht zufriedenstellend gelöst ist. Die Ruhrgebietsbewohner und -bewohnerinnen haben eigentlich eine hohe Kompetenz im Umgang mit Zuwanderern, aber es gibt noch immer starke Segregationstendenzen.

Die Menschen müssen daher stärker in ihre Nachbarschaft, in Offenheit und Aufeinanderzugehen investieren. Eine Möglichkeit ist es, Menschen durch Patenschaften aus ihrer Anonymität zu holen.

Was vermissen Sie im Hinblick auf die politische Landschaft, was wünschen Sie sich?

Die politische Landschaft im Ruhrgebiet ist noch immer sehr starr. Durch die Vielzahl der kleinen Parteien in den Räten ändert sich das zwar, aber damit besteht auch die Gefahr der Unregierbarkeit. Gerade in schwieriger werdenden Zeiten wären gemeinsame Lösungen und weniger Zufälligkeiten notwendig. Meine Hoffnung ist, dass es durch den Wegfall der absoluten Mehrheiten zu mehr Bewegung kommt, zu einem besseren Miteinander und einer besseren Verständigung zwischen den politischen Akteuren.

Welche aktuellen Trends prägen gegenwärtig das Leben von Frauen und Männern im Ruhrgebiet?

Gerade hier ist der Arbeitsmarkt noch immer geschlechtsspezifisch aufgeteilt. Erwerbsquote und Selbstständigkeit entwickeln sich bei Frauen im Ruhrgebiet langsamer. Zwar gibt es einen Aufholprozess, doch ist noch mehr Mut nötig, sich neuen Herausforderungen zu stellen. Frauen sind tendenziell kreativer und stellen sich besser auf Veränderungen ein. Diese Chance sollten sie nutzen, um sich, aber auch die Region nach vorne zu bringen. Ein aktuelles Beispiel ist die Kulturhauptstadt. Welche Rolle spielen hier die Frauen? Ansonsten gleichen sich die Lebenswelten von Frauen und Männer immer weiter an, auch in männerdominierten Bereichen wie etwa dem Fußball. Noch sind die Vereine männerdominiert, aber immer mehr Frauen interessieren sich für Fußball und sind auch als Aktive erfolgreich. Ähnlich ist es mit Kleingartenvereinen, die sich für junge Familien öffnen.

Eine Studie der Fernuniversität Hagen zeigt, dass die Unterrepräsentanz von Frauen in Stadträten im Ruhr-
gebiet besonders ausgeprägt ist. Welche Ursachen hat das Ihrer Meinung nach?

Es muss zunächst ein ausreichendes Zeitbudget bei den Frauen vorhanden sein, um sich auch abends und am Wochenende zu engagieren. Zudem müssen sie anders angesprochen werden als Männer, sie begeistern sich eher für Inhalte und Themen. Sie betreiben Politik oft weniger ausschließlich und möchten die Möglichkeit haben, sich zeitlich befristet oder auch ohne Parteieintritt zu engagieren. In den Ortsvereinen sind die Schwellen dafür häufig zu hoch. Um Frauen für die Kommunalpolitik zu werben, benötigt man viel Überzeugungsarbeit und Geduld. Dabei ist ihr Einsatz wichtig: So resultierte das Defizit in der Kinderbetreuung auch daraus, dass sich Frauen in der Vergangenheit zu wenig für Betreuung eingesetzt haben, einfach weil sie nicht in den politischen Gremien vertreten waren.

In welchen Funktionen sind Frauen, in welchen sind Männer in Ihrer Partei?

Es gibt noch immer eine geschlechtsspezifische Zuweisung von Funktionen: Frauen kümmern sich um Soziales, Bildung und Familie, Männer sind im Hauptausschuss und in den Ausschüssen für Finanzen, Bauen und Stadtentwicklung; also dort, wo die wichtigen Entscheidungen fallen. Frauen müssen auch in diese Ausschüsse rein. Auch in der CDU ist die Situation noch nicht zufriedenstellend. Zwar wirkt in der Ruhr-CDU die Arbeit von Norbert Lammert nach – zwei stellvertretende Vorsitzende sind Frauen –, einige Kreisverbände achten aber noch zu wenig darauf, Frauen aktiv zu suchen und anzusprechen. Eine aktive Personalentwicklung ist zentral für die Zukunft der politischen Parteien. Sie wird derzeit noch zu sehr dem Zufall überlassen. Frauen sind Schlüsselpersonen und Multiplikatorinnen, gemischte Teams sind nachweislich erfolgreicher. Hier gibt es noch großen Aufholbedarf auf allen Ebenen.

Was könnte zur Steigerung der Partizipation von Frauen Ihres Erachtens beitragen?
Es müsste vor allem bei den Frauen selbst angesetzt werden. Zwar holen Mädchen bei Bildung und Ausbildung auf, aber schon bei ihrer geschlechtsspezifischen Berufswahl geraten sie ins Hintertreffen. Frauen sollten viel aktiver sein. Sie bringen sich selbst zu wenig in Macht- und Führungspositionen, zum Teil wegen noch wirksamer Rollenklischees, zum Teil wegen der Konzentration auf Berufe mit wenig aktiver Gestaltungsmöglichkeit. Politik, Wissenschaft und Wirtschaft sollten stärker an Mädchen appellieren, auch Führung zu übernehmen. Die Chance, Führung zu proben, bietet sich beispielsweise in Ehrenämtern – und das macht dann auch Spaß.

Welche Ansätze sehen Sie, um im Ruhrgebiet Frauen stärker in Entscheidungspositionen zu bringen?
Die besonderen Stärken von Frauen liegen im Umgang mit Menschen. Sie sind kompromissbereiter und kommunikativer, das eröffnet große Chancen eines anderen Umgangs miteinander – gerade in Zeiten der Krise. Im Ruhrgebiet sind die Frauen besonders gefragt, im strukturkonservativen Milieu muss sich eine neue Kultur entwickeln. Allerdings nehmen zu wenig Frauen ihre Chancen aktiv wahr.

Nennen Sie bitte die aus Ihrer Sicht drei wichtigsten frauenpolitischen Ziele für die Metropole Ruhr.
Die drei zentralen frauenpolitischen Ziele meiner Arbeit liegen in der politischen Gestaltung der Themenfelder Arbeitsplätze, Kultur und Integration.

In welchen Lebensbereichen sehen Sie hinsichtlich Gleichstellungsfragen den größten Nachholbedarf?
Das Thema Kinderbetreuung war lange Zeit sehr wichtig. Dort gibt es gerade einen Aufholprozess, wahrscheinlich wird das Problem in zehn Jahren gelöst sein. Im Bereich Bildung müssen wir Männer, die sich öffnen und Macht abgeben, mit aktiven Frauen zusammenbringen. Zur Zusammensetzung von guten Teams existieren jede Menge Untersuchungen, nur: Die Ergebnisse müssen auch umgesetzt werden. Überparteiliche Netzwerke funktionieren selten, weil es letztlich doch auf das jeweilige Parteibuch ankommt. Eventuell sind derzeit Wirtschafts- und Wissenschaftsnetzwerke wirkungsvoller und können Einfluss auf die Politik nehmen. Die Politik wird diese Netzwerke nicht initiieren.

Sind Ihnen weitere Aspekte zum Thema Gleichstellung im Ruhrgebiet wichtig?
Sehr wichtig ist es mir, dass sich Politik und Gesellschaft stärker um Migrantinnen in traditionellen Familienstrukturen kümmern. Es ist unerlässlich, ihre Abschottung zu durchbrechen, die Kommunikation zu verbessern und so Zugang zu den patriarchalisch organisierten Familien zu finden. Die jungen Frauen, aber auch junge Männer mit Einwanderungsgeschichte müssen die Chance haben, in der Mitte der Gesellschaft anzukommen.

Sabine von der Beck

Welche Bilder haben Sie spontan im Kopf, wenn Sie an die Frauen und Männer im Ruhrgebiet denken?
Die Bilder, die mir spontan in den Kopf kommen, zeigen einmal mehr, wie hartnäckig Klischees sind. Bei Männern und Ruhrgebiet fallen mir sofort Bergleute mit Helm und schwarzem Gesicht ein, wie sie auf Ruhrpott-Postkarten zu finden sind. Bei Frauen im Ruhrgebiet habe ich viel buntere, vielfältigere Bilder vor Augen. Meist Straßenszenen, aber auch die von mir gern eingesetzten Fotos vom Unternehmerinnentag im Wissenschaftspark Gelsenkirchen: Sie zeigen viele selbstbewusste Frauen in farbenfrohen Businessoutfits. Es sind ansprechende Bilder vom neuen Ruhrgebiet. Ganz anders bei Veranstaltungen mit überwiegend männlichem Publikum – etwa aus der Finanz- oder Energiebranche. Beim Blick vom Balkon meines Büros im Wissenschaftspark bietet sich dann stets das mehr oder weniger gleiche Bild: ein tristes Meer grau-schwarzer Anzüge. Ganz generell glaube ich, dass Männern die traditionelle Rolle eher zugeschrieben wird als Frauen, die sich in den neuen Dienstleistungsbranchen ohne traditionelle Bindungen freier und unkonventioneller verwirklichen können.

Wie sehen Sie aktuell die Situation von Politikerinnen im Ruhrgebiet?
Ich habe den Eindruck, dass sich vor Ort immer mehr Frauen trauen, in den Wettbewerb um Mandate zu ziehen, und sich auch mehr Frauen durchsetzen. Leider noch eher selten in Führungspositionen.
Das Ruhrgebietsparlament und die Ruhrgebietsverwaltung werden immer noch von Männern dominiert. Das spiegelt natürlich auch die Strukturen in den Kommunen wider, und da ist das traditionelle, männlich geprägte Ruhrgebiet, basierend auf Kohle und Stahl und den dazugehörigen Netzwerken, bisher immer noch stark veran-

kert. Auf Landesebene wirkt die Situation nicht ganz so eindeutig. Bei den Grünen sind Frauen sehr stark vertreten und werden auch öffentlich prominent wahrgenommen.

Wenn Sie das Ruhrgebiet mit anderen Regionen vergleichen: Was ist das Spezifische am Ruhrgebiet?
Die dezentrale Struktur des Ruhrgebiets. Es gibt kein Zentrum, aber dafür viele interessante Stadtteile mit eigener Geschichte und städtebaulich interessanten Mittelpunkten. Positiv ist die enorme Vielfalt mit kleinteiligen Strukturen, die noch aus einer Zeit stammen, bevor die automobile Gesellschaft die Stadtwelten in ewig gleiche „Schuhkarton-Schachtelarchitektur" an Ausfallstraßen auseinander riss. Es gibt jede Menge kleine Stadtteile, in denen man gern und gut zu Fuß seine Besorgungen erledigen kann. Die Voraussetzungen für eine Städteregion mit hoher Lebensqualität sind grundsätzlich da. Allerdings könnte die Stärke der Dezentralität, die Individualität der Stadtteile und ihre Bedeutung für die Lebensqualität noch mehr öffentlich beachtet und wahrgenommen werden.

Was vermissen Sie im Hinblick auf die politische Landschaft, was wünschen Sie sich?
Ich wünsche mir mehr Delegierung von Entscheidungen und damit mehr demokratische Partizipationsmöglichkeiten in den Stadtteilen. Die Stadtteile, das sind meist die Dörfer, aus denen das Ruhrgebiet vor wenigen Generationen erst zusammengewachsen ist. Mehr öffentliches Leben um die vielen Kirchtürme in den Stadtteilen würde ich mir auch wünschen. In Stadtteilen mit besonderem Erneuerungsbedarf gibt es schon gute Ansätze, bessere Voraussetzungen für öffentliches Leben, Partizipation und Bürgerengagement zu schaffen. Das müsste aber in allen Stadtteilen des Ruhrgebiets passieren. Da sich das Leben vieler Frauen vor allem in der Familienphase stark auf den Stadtteil konzentriert,

ließen sich möglicherweise so mehr Frauen für die Politik mobilisieren. Das Ruhrgebiet braucht zudem dringend zweierlei: eine Stärkung der basisdemokratischen Elemente und der regionalen Ebene (nicht zuletzt in Hinblick auf die Wettbewerbsfähigkeit der Region). Eine erstarkte, lebendige Stadtteildemokratie ist ein unerlässliches Gegengewicht für die gleichzeitig erforderliche Regionalisierung. Ein gestärktes, direkt gewähltes Ruhrgebietsparlament mit einer direkt gewählten Ruhrstadtbürgermeisterin beziehungsweise Landrätin fordern wir Grüne außerdem seit langem. Perspektivisch stelle ich mir das Ruhrgebiet als eine polyzentrische Metropole mit vielseitigen, starken, lebenswerten Stadtteilen vor, eine Art „Vereinigte Stadtteile zwischen Ruhr, Emscher und Lippe". Die Frage der Konkurrenz, in der die eine Stadt ihr Theater mit dem Schauspielhaus der anderen vergleicht, würde angesichts dieser Vielfalt verblassen: Die einen haben ein Theater, die anderen ein Fußballstadion, und alles ergänzt sich unterm Strich zu dem großen spannenden Ganzen, das heute schon von vielen Menschen – ob als „Ruhrstadt" oder „Metropole Ruhr" – geschätzt wird.

Eine Studie der Fernuniversität Hagen zeigt, dass die Unterrepräsentanz von Frauen in Stadträten im Ruhrgebiet besonders ausgeprägt ist. Welche Ursachen hat das Ihrer Meinung nach?
Traditionelle Rollenbilder ändern sich nur langsam. Noch sind Frauen in Ruhrgebietsräten bei den meisten Parteien eher die Ausnahme als die Regel, sodass auch die Vorbilder zur Beschleunigung des Wandels noch zu selten sind. Außerdem, ich wiederhole mich hier: Das traditionelle, männlich geprägte Ruhrgebiet, basierend auf Kohle und Stahl, mit den dazugehörigen Netzwerken, ist bisher immer noch stark verankert.

Wie ist die Situation in Ihrer Partei?
Kein Problem. Durch die Quotierung haben wir mittlerweile viele starke Frauen, die gute Vorbilder für nachrückende Politikerinnen sind.

In welchen Funktionen sind Frauen, in welchen sind Männer in Ihrer Partei?
Es gibt bei der Gremienbesetzung eine leichte Tendenz zu sozialpolitischen Themen bei Frauen und eine leichte Tendenz zu technisch-mathematischen Themen (Bau, Umwelt, Finanzen) bei den Männern.

Was könnte zur Steigerung der Partizipation von Frauen Ihres Erachtens beitragen?
In der Politik allgemein ist die Quotierung längst nicht überall akzeptiert. Dabei kann sie nachweislich Wandlungsprozesse beschleunigen. Bei den Bündnisgrünen steht die Hälfte aller Ämter und Mandate bekanntlich den Frauen zu. Angestrebt wird, über diese reservierten Plätze hinaus weitere Plätze mit qualifizierten Frauen zu besetzen. Um im Ruhrgebiet Frauen stärker in Entscheidungspositionen zu bringen, sind Quotierungen, gegenseitige Unterstützung und Netzwerke von Frauen auf allen Ebenen erforderlich.

Nennen Sie bitte die aus Ihrer Sicht drei wichtigsten frauenpolitischen Ziele für die Metropole Ruhr:
Gleicher Lohn für gleiche Arbeit, mehr Frauen in Führungspositionen und eine flächendeckende, zuverlässige, flexible Kinderbetreuung von der Kita bis zum Schulabschluss Klasse 10.

In welchen Lebensbereichen sehen Sie hinsichtlich Gleichstellungsfragen den größten Nachholbedarf?
Bei der sozialen Stellung, der Chancengleichheit in der Arbeitswelt und bei Familie und Betreuung.

Sind Ihnen weitere Aspekte zum Thema Gleichstellung von Frauen und Männern im Ruhrgebiet wichtig, die dieser Fragebogen nicht abdeckt?
Die Kürzungen des Landes bei den Frauenhäusern, bei der Prävention von Gewalt gegen Frauen und der Familienberatung müssen zurückgenommen werden.

Fazit

Alle drei Politikerinnen konstatieren, dass im Ruhrgebiet trotz des sozioökonomischen Wandels immer noch stark männlich geprägte Netzwerke existieren, die Frauen tendenziell ausschließen. Bedingt durch familiäre und berufliche Einbindung überlegen Frauen andererseits sehr gezielt, in welchen Bereichen sie sich in ihrer knappen Freizeit engagieren. Während viele freiwillige und gemeinnützige Aktivitäten zeitlich befristet durchgeführt werden können, benötigt politisches Engagement einen langen Atem und hohen zeitlichen Einsatz, vor allem abends und an Wochenenden.

Eine weitere hohe Hürde ist daher die „kommunalpolitische Ochsentour", die nach wie vor absolviert werden muss. Quereinstiege in hohe politische Positionen sind die große Ausnahme, der Aufstieg erfolgt über den jeweiligen Ortsverein und endet selten im Stadtrat. Sind die Frauen im Rat vertreten, folgt die nächste Hürde: Auch die Wahl in die Ausschüsse erfolgt geschlechtsspezifisch segmentiert. Während Frauen tendenziell stärker bei den sozialen Themen vertreten sind, besetzen eher Männer die einflussreichen Ausschüsse mit Finanz- und Technikschwerpunkt.

Bei der Frage, was sich in der politischen Landschaft ändern müsste, damit sich Frauen stärker einbringen (können), werden unterschiedliche Ansätze genannt: Zum einen wird für mehr BürgerInnennähe plädiert in der Hoffnung, dass durch die Verlagerung politischer Entscheidungen auf Stadtteilebene und durch mehr Partizipationsmöglichkeiten über politische Gremien hinaus mehr Interesse an politischen Entscheidungen geweckt wird. Hierzu gehört auch, stärker niedrigschwellige Angebote zu machen, die eher projektorientiertes Engagement ermöglichen und nicht unbedingt eine Parteizugehörigkeit voraussetzen. Auch können sich die Parteien nicht mehr auf eine feste Klientel verlassen, die über ihre soziale Zugehörigkeit den Weg in eine bestimmte Partei findet. Mit der Individualisierung der Gesellschaft und der Flexibilisierung der Arbeitswelt verlieren diese Rekrutierungsmechanismen an Bindungskraft – die Menschen müssen anders erreicht und persönlich angesprochen werden.

Die befragten Politikerinnen sind sich einig darin, dass das Ruhrgebiet eine hohe Wohn- und Lebensqualität hat. Die „Heimat" ist der Stadtteil, der in einer polyzentrischen Metropole auch als Ebene politischen und bürgerschaftlichen Engagements gestärkt werden sollte. Im Wohnquartier bietet sich zudem am ehesten die Chance, Menschen mit Einwanderungsgeschichte besser zu integrieren.

Immer noch zu wenig Betreuung, Mehrfachbelastung, männlich geprägte Strukturen und eine erst langsam entstehende Bürgergesellschaft mit „Einmischungskultur" – die Gründe für die Unterrepräsentanz sind vielfältig. Unstrittig ist jedoch: Die Pragmatik, Integrationskraft und Kreativität der Frauen an der Ruhr wird dringend gebraucht, mit Quotierung oder ohne.

Anmerkung

Im September 2009 hat das Redaktionsteam die Fraktionen des RVR-Regionalparlaments angeschrieben und um ein Interview für dieses Buch gebeten. Politikerinnen mit langer Politikerfahrung im und für das Ruhrgebiet haben auf die Fragen geantwortet.

Wie kommt Gender
Informelle regionale Frauennetzwerke

Ulla Greiwe
Sibylle Kelp-Siekmann

Informelle regionale Frauennetzwerke sind eine Antwort auf die fehlende Präsenz von Frauen und gleichstellungsrelevanten Themen in politischen Gremien und regionalen Institutionen. Sie mischen sich in regionale Entwicklungsprozesse ein und sind eine wichtige Plattform für Austausch und Weiterbildung. Vor allem aber geben sie neue Impulse und entwickeln Ideen für die sehr unterschiedlichen Arbeitsbereiche der Akteurinnen. „Regionale Frauennetzwerke stellen Bündnisse unterschiedlicher frauen- und geschlechterpolitischer Akteurinnen dar, die nach ,innen' als informelle Netzwerke sozial und unterstützend wirken und als Informationsquellen und Kontaktnetzwerke dienen. Nach ,außen' mischen sie sich aktiv auf der Grundlage eines feministischen Politikverständnisses in die regionalen Entwicklungs- und Politikprozesse ein. Ihre Ziele liegen einerseits in der Stärkung der öffentlichen Präsenz von Frauen in der Region sowie andererseits in der Umsetzung geschlechterpolitischer Inhalte in regionalpolitischen Handlungsfeldern." (Bock 2002)

Der IBA-Arbeitskreis Frauen und Planung – Ein Blick zurück

Der Arbeitskreis „Frauen und Planung" wurde im ersten Jahr der IBA Emscher Park von Planungs-Fachfrauen und Gleichstellungsbeauftragten der Region gegründet. Den Auftakt bildete 1989 der Workshop „Mehr Macht und Einfluss von Frauen in der Planung" an der Fakultät Raumplanung der TU Dortmund, in dem als Ziele formuliert wurden, frauenspezifische Anforderungen in allen Planungen und bei allen Projekten der IBA zu implementieren und Frauenprojekte gezielt zu unterstützen.

in den Mainstream?

Von Frauen für Frauen nach frauenspezifischen Anforderungen geplant und gebaut: 28 Wohnungen in der Bergkamener Innenstadt, Blick zwischen die Gebäudezeilen

Der Arbeitskreis erwirkte eine Beteiligung an den IBA-Prozessen, aus der Initiative wurde ein offizieller beratender Arbeitskreis der IBA Emscher Park. Mit dieser institutionellen Einbindung waren IBA-MitarbeiterInnen für die Organisation der Arbeitskreise verantwortlich. Die Geschäftsstelle der IBA Emscher Park übernahm 1989-98 die Organisation der Zusammenarbeit, jedoch ohne Personal- und Sachmittel. Ende der 80er und Anfang der 90er Jahre war das vordringliche Ziel, explizit frauenspezifische Projekte einzubringen. Mit großem ehrenamtlichen Engagement wurden gerade in der Anfangszeit wichtige Erfolge errungen – einschließlich der Umsetzung von Projekten. Hervorzuheben sind

insbesondere das Positionspapier „Frauen und IBA", die Frauenwohnprojekte und das Memorandum II der IBA Emscher Park.

Das Positionspapier „Frauen und IBA"

Das Papier war 1992 vom Arbeitskreis in den Lenkungsausschuss der IBA eingebracht worden, wo es im Herbst 92 verabschiedet und somit zum offiziellen Positionspapier wurde. Themen waren:
- Wettbewerbe und Gutachten (z. B. frauenrelevante Aspekte in den Wettbewerbsausschreibungen, paritätische Besetzung der Jurys)

55

- Qualitätsvereinbarungen, die projektbezogen zwischen den beteiligten AkteurInnen auf freiwilliger Basis vereinbart wurden (z. B. Einbeziehung frauenspezifischer Belange)
- projektbezogene Arbeitskreise (z. B. Einbeziehung der kommunalen Gleichstellungsbeauftragten)
- Formulierung frauenspezifischer Kriterien für alle Leitprojekte der IBA Emscher Park: Wiederaufbau von Landschaft, Arbeiten im Park, Stadterneuerung und neue Wohnformen, soziale und kulturelle Innovation.

Frauenwohnprojekte

Nach dem offenen Projektaufruf der IBA Emscher Park 1989 wurden zahlreiche Ideen und Vorschläge eingereicht. Einige Projekte schafften es relativ zügig bis in die Umsetzungsphase. Besondere Aufmerksamkeit in der Öffentlichkeit und beim Fachpublikum fanden die beiden Wohnprojekte „Frauen planen und bauen" in Bergkamen und „Alternatives Wohnen" in Recklinghausen-Süd.

Memorandum II

Im Laufe der 90er Jahre erweiterte sich der frauenpolitische zu einem geschlechterdifferenzierten Gender Mainstreaming-Ansatz. Gendersensitive Planung wurde als top-down- und bottom-up-Strategie diskutiert. 1996 wurde ins Memorandum II folgende Formulierung aufgenommen: „Die gleichberechtigte Teilhabe von Frau und Mann ist erklärtes Ziel der Landesregierung in allen Politikbereichen. Die regionale Entwicklung kann Voraussetzungen schaffen und Entwicklungen fördern, die das Erreichen dieses Ziels erleichtern. Die Internationale Bauausstellung Emscher Park hat sich sowohl in ihrer Gesamtkonzeption als auch in bundesweit beachteten Einzelkonzepten die-

sem Ziel verpflichtet." Gestärkt durch diesen wichtigen, zunächst auf die IBA gerichteten Grundsatz veranstaltete der Arbeitskreis „Frauen und Planung" Workshops und Tagungen, führte Gespräche auf der kommunalen Ebene sowie Exkursionen zu den Projekten durch.

Höhen und Tiefen des IBA-Arbeitskreises „Frauen und Planung"

Die vielfältigen Aktivitäten des Arbeitskreises wurden umfassend dokumentiert. Positiv bewertet wurden insbesondere die Umsetzung eigener IBA-Projekte und das Einbringen frauenspezifischer bis genderdifferenzierter Ansätze in die IBA-Programmatik. Zudem gelangten frauenspezifische Anforderungen stärker in die pla-

56

Touristische Weiterentwicklung und Erschließung unter Genderaspekten – im Ruhrtal wurde das umgesetzt und eine frauen- und familiengerechte Freizeitinfrastruktur geschaffen.

weg, die zuvor eng an die Projekte und Programmatik der IBA Emscher Park gekoppelt war. Insbesondere der hohe Grad ehrenamtlicher Arbeit behinderte zunächst die Neuorganisation und -ausrichtung, obwohl es durchaus externe Unterstützung gab. Ab 2000 endete die Netzwerkarbeit. Allerdings rissen die informellen Kontakte der regionalen Akteurinnen untereinander nicht ab.

Das Frauennetzwerk Ruhrgebiet

Initialzündung für die Gründung des Frauennetzwerks Ruhrgebiet war das Forschungsprojekt „Städteregion Ruhr 2030", mit dem sich acht Ruhrgebietsstädte am Bundeswettbewerb „Stadt 2030" beteiligten. Ein Jahr zuvor hatten die acht Städte Duisburg, Mülheim an der Ruhr, Oberhausen, Essen, Gelsenkirchen, Herne, Bochum und Dortmund zusammen mit der Fakultät Raumplanung der Dortmunder TU die

nende Verwaltung, was zumal die Arbeit der kommunalen Gleichstellungsbeauftragten aufwertete: Gleichstellungsthemen wurden zunehmend in Politik und Verwaltung verankert. In den Gremien der IBA, wie dem Lenkungsausschuss, fehlte den Frauen jedoch die Mitwirkungs- und Entscheidungskompetenz. Auch hatten die Arbeitskreise der IBA keine Ressourcen, z. B. für notwendige Dienstleistungen. Dies traf die Frauen, die mit großem Engagement in den Projekten viel unbezahlte Arbeit leisteten.

Mit dem Abschluss der IBA und der Auflösung ihrer Gremien fiel die organisatorische Anbindung und die thematische Ausrichtung der weiteren Netzwerkarbeit

Arbeit an einem gemeinsamen regionalen Leitbild aufgenommen. Doch es gab kaum Öffentlichkeit über Projektziele, Leitbildansätze und Strukturen. Frauen aus dem ehemaligen IBA-Arbeitskreis „Frauen und Planung" organisierten daher eine begleitende Veranstaltung zum Projekt Städteregion Ruhr 2030. Das Werkstattgespräch „Frauen entwerfen ein Leitbild für die Region" wurde im Juni 2002 gemeinsam vom damaligen KVR, AkteurInnen der Städteregion Ruhr sowie VertreterInnen der Universität Dortmund durchgeführt. Ergebnisse des Werkstattgesprächs waren: die Gründung des Frauennetzwerks Ruhrgebiet, Mitwirkung des Netzwerks an den weiteren Veranstaltungen der Städteregion Ruhr 2030 und die Planung von Aktivitäten über das Projekt hinaus.

57

Der Kommunalverband Ruhrgebiet, heute Regionalverband Ruhr, hat die Koordination und Organisation des Netzwerks übernommen. Dadurch konnte bis heute Kontinuität gewährleistet werden. Das Frauennetzwerk Ruhrgebiet agiert unabhängig und selbstbestimmt als ein offenes Netzwerk von und für Frauen der Region. Beteiligt sind Gleichstellungsbeauftragte, Planerinnen aus den Verwaltungen, Frauen aus wissenschaftlichen Einrichtungen, Frauen aus Initiativen oder auch Selbstständige. Die Aktivitäten konzentrierten sich von Anfang an auf die Umsetzung des Gender Mainstreaming. Der regionale Bezug der Netzwerkarbeit war bereits durch die IBA Emscher Park angelegt. Er ist nun auf die Metropolregion Ruhr gerichtet.

Gender-Aspekte in der Regionalentwicklung betreffen die Grundlagen, inhaltliche und strategische Ausrichtung und Wirkung von Planungen, die Gestaltung von Prozessen (Partizipation), die Umsetzung von Maßnahmen (Qualitäten, Wirkung auf Frauen und Männer bzw. Mädchen und Jungen) sowie Controlling. Beispiele für Netzwerk-Aktivitäten sind:
- Gender-Begleitung regionaler Prozesse (Projekt der Städteregion 2030)
- Implementierung des Gender Mainstreaming in das RVR-Gesetz
- Veranstaltung „Perspektivwechsel – Gender Mainstreaming in der Regionalentwicklung"
- Gender Mainstreaming bei Großprojekten und im Rahmen der Begleitforschung zum Städtebau, zur Stadterneuerung und zum demografischen Wandel
- Europäische Metropolregionen – Positionen regionaler Frauennetzwerke
- Beteiligung des Netzwerks an der Aufstellung des Regionalen Flächennutzungsplans.

Gender-Begleitung regionaler Prozesse: Städteregion 2030

Das Werkstattgespräch „Frauen entwerfen ein Leitbild für die Region" 2002 wurde zum Ausgangspunkt für den Dialog mit den AkteurInnen der „Städteregion Ruhr 2030". Das Frauennetzwerk veranstaltete im Rahmen des Leitbildprozesses einen Workshop zu verschiedenen Planungsthemen. Der Beitrag auf der abschließenden Leitbildmesse floss in die Projektdokumentation ein. Durch die Kooperation mit den Gleichstellungsbeauftragten der Städte gelang die Verankerung des Leitbildprinzips einer „nachhaltigen und geschlechtergerechten Entwicklung der Städteregion Ruhr" im „Stadtregionalen Kontrakt", der in den Räten der genannten acht Städte verabschiedet wurde. Er regelt über die Laufzeit des Forschungsvorhabens hinaus die weitere Zusammenarbeit bis heute. Die Verankerung fand auch Resonanz in Fachkreisen (Deutsches Institut für Urbanistik).

Im Sommer 2003 wurde das Thema „Tourismus und Gender Mainstreaming" am Beispiel des Projekts „Ruhrtal" von einer Arbeitsgruppe des Netzwerks bearbeitet. Die Dokumentation mit Vorschlägen für einen gendersensiblen Ausbau der Infrastruktur entlang der Ruhr wurde den beteiligten Städten, der Ruhrtal-Agentur und weiteren Akteuren als Impuls für den weiteren Planungsprozess an die Hand gegeben.

Gender Mainstreaming im RVR-Gesetz

Im Rahmen der Verwaltungsstrukturreform NRW erhielt der KVR (jetzt RVR) eine neue gesetzliche Grundlage. Diese Chance wurde genutzt, um den Gleichstellungsgrundsatz und das Gender Mainstreaming als eine wesentliche Handlungsleitlinie im neuen RVR-Gesetz zu verankern. Im Gesetz über den Regionalverband Ruhr vom 3. Februar 2004 heißt es: „Der Verbandsausschuss hat (...) die Steuerung und Führung des Verbandes nach geeigneten Managementtechniken unter Beachtung der Strategie des Gender-Mainstreaming zu veranlassen und zu überwachen sowie über die Umsetzung einen jährlichen Controllingbericht zu verfassen."

Der Implementierung des Gender Mainstreaming im § 13 des RVR-Gesetzes folgte die Konkretisierung im Frauenförderplan des RVR. Hier heißt es, Gender Mainstreaming soll sich in allen Aufgabenfeldern des Verbandes niederschlagen und durch Pilotprojekte in den Fachbereichen erprobt werden. Mit der neuen Verbandsspitze wurden neben Fragen der Umsetzung des Gender Mainstreaming im Verband auch Inhalte einer gendersensitiven Regionalentwicklung und -planung erörtert.

Gender Mainstreaming in der Regionalentwicklung

Ein Workshop von Frauennetzwerk und RVR-Gleichstellungsstelle mit dem Titel „Perspektivwechsel – Gender Mainstreaming in der Regionalentwicklung" Anfang 2007 lieferte gute Denkanstöße. So wurden unter anderem Praxisbeispiele aus der Region Stuttgart (Gender Mainstreaming als handlungsleitendes Prinzip für neue Qualitätsstandards bei Wohnen, Arbeiten, Freizeit, Infrastruktur und Mobilität) und dem Großraum München (Integration von Gender-Pilotprojekten in die Stadtentwicklung und den Planungsalltag der Verwaltung) vorgestellt. Elisabeth Aufhauser (Universität Wien) referierte ihren Ansatz einer geschlechterdifferenzierten regionalen Raumanalyse. Mit der Methode des Gender-Mapping lässt sich zeigen, inwieweit raumbezogene Politiken und Planungen männlich geprägte Strukturen aufweisen und Ungleichheiten reproduzieren. Der Workshop ist dokumentiert (RVR 2007).

Hält geschlechterdifferenzierte Analysen in sämtlichen Bereichen regionaler Planung für unerlässlich: RVR-Gleichstellungsbeauftragte Gudrun Kemmler-Lehr

Gender Mainstreaming im Städtebau, in der Stadterneuerung und Strukturpolitik

Das Frauennetzwerk hat für die Metropole Ruhr methodische Ansätze wie gendersensitive Projektdesigns, geschlechterdifferenzierte Datengrundlagen und empirische Methoden entwickelt. So erörterte es den aktuellen Stand von Forschung und Praxis in Städtebau und Stadterneuerung sowie die Ausgestaltung der Förderprogramme unter gleichstellungspolitischen Gesichtspunkten. Einen Schwerpunkt bildete das Modellprojekt „Gender Mainstreaming im Städtebau" im Rahmen des Experimentellen Wohnungs- und Städtebaus – ExWost. Es stützt sich auf Expertisen zu internationalen und kommunalen Fallbeispielen. Eine Arbeitsgruppe des Netzwerks wirkte an der Evaluierung des NRW-Landesprogramms „Soziale Stadt – Stadtteile mit besonderem Entwicklungsbedarf" mit. Struktur-

politisch bedeutsame, mit EU-Mitteln geförderte Schlüsselprojekte der Region wurden von Netzwerkerinnen begleitet. Beispiele sind das Kulturwerk auf dem Gelände der ehemaligen Zeche Lothringen in Bochum, das Phoenixgelände in Dortmund und die Zeche Zollverein in Essen. Es reflektierte die Erfahrungen des Zentrums Frau in Beruf und Technik (zfbt) in Castrop-Rauxel, das den Genderansatz der Großprojekte begleitet und deren Mitarbeiterinnen im Netzwerk mitwirken. Übertragbare Ergebnisse hat das zfbt in einem Handbuch für ProjektentwicklerInnen zusammengestellt. In einer Stellungnahme an die Entwicklungsgesellschaft Zollverein forderte das Netzwerk den gendergerechten Ausbau des Weltkulturerbe-Standorts und eine stärkere Einbindung der BewohnerInnen des Stadtteils in den Prozess. Im Forum „Frauen und Zollverein" arbeiten – neben dem zfbt mit seiner professionellen Genderbegleitung – einige Netzwerkfrauen kontinuierlich mit.

59

Politik für Metropolregionen – Kooperation regionaler Frauennetzwerke

Der Verband Region Stuttgart formulierte 2006 ein Positionspapier für die zukünftige Politik der europäischen Metropolregionen, das die Umsetzung des Gleichstellungs- und des Gender Mainstreaming-Grundsatzes auf europäischer Ebene einfordert. Das Papier wird vom (inzwischen aufgelösten) FrauenRatschlag Region Stuttgart, den PlanungsFachFrauen Region Hannover, den Planerinnen Braunschweig, Frauen Mit Plan e. V. Rhein Neckar, vom Frauennetzwerk Ruhrgebiet und der Fachgruppe „Frauen in der Planung" der Vereinigung für Stadt-, Regional- und Landesplanung e. V. (SRL) getragen. Die Anregungen wurden an die europäischen Arbeitsgremien weitergeleitet. 2008 wurde es in der Essener Sitzung des Initiativkreises Europäischer Metropolregionen in Deutschland (IMK) behandelt. Nun müssen weitere Umsetzungsschritte folgen.

Regionale Flächennutzungsplanung – das Netzwerk als Träger öffentlicher Belange

Eines der zwischenzeitlich umgesetzten Projekte des Forschungsvorhabens der Städteregion 2030 ist die Erarbeitung und Aufstellung eines Regionalen Flächennutzungsplanes (RFNP) der Planungsgemeinschaft der Städte Bochum, Essen, Gelsenkirchen, Herne, Mülheim an der Ruhr und Oberhausen. Mit dem Vorentwurf im Sommer 2007 begann die erste Beteiligung der Träger öffentlicher Belange (TÖB). Auch das Frauennetzwerk Ruhrgebiet wurde als einer der TÖB zu einer Stellungnahme zum RFNP-Entwurf aufgefordert. Dessen Funktion als Träger öffentlicher Belange resultiert aus der Zusammenarbeit mit dem Forschungsvorhaben Städteregion 2030.

In seiner Stellungnahme vom Januar 2008 begrüßt das Netzwerk, dass der Grundsatz der geschlechtergerechten Entwicklung der Region in den RFNP aufgenommen wurde. Es stellt aber gleichzeitig fest, dass der Entwurf seiner eigenen Zielsetzung nicht gerecht wird: Geschlechterdifferenzierte Daten, Ziele und Planungsan-

sätze fehlen großteils. Als zentralen Kritikpunkt benennt das Netzwerk die Verletzung des Abwägungsgebots nach dem Baugesetzbuch, wonach „die sozialen und kulturellen Bedürfnisse der Bevölkerung" und „unterschiedliche Auswirkungen auf Frauen und Männer" zu ermitteln, zu bewerten und durch Abwägungsmaterialien nachprüfbar in das Verfahren einzubringen sind (§§ 1 und 2 BauGB). Diese Bedenken wurden in der zweiten Stellungnahme des Frauennetzwerks im Rahmen der nochmaligen Offenlegung und TÖB-Beteiligung im Januar 2009 bestätigt.

Potenziale und Grenzen regionaler Frauennetzwerke – Blick nach vorn

Das Frauennetzwerk hat in den letzten Jahren vielfältige Impulse gegeben. Einige Ziele konnten erfolgreich umgesetzt werden. Vor allem die programmatische Einbindung von Genderzielen gelang, wie z. B. im Kontrakt der Ruhr 2030-Städte oder im RVR-Gesetz. Schwieriger wird es bei der Umsetzung. Hier werden die Grenzen der Netzwerkarbeit deutlich. Netzwerke wirken als Korrektiv von außen. Sie verfolgen eine bottom-up-Strategie, während das Prinzip des Gender Mainstreaming in den Organisationen und Institutionen als top-down-Strategie angelegt ist: Es kann nur wirksam werden, wenn es von den Führungsverantwortlichen aufgegriffen wird. Bislang setzen sich Führungskräfte aber nur an wenigen Stellen mit geschlechterdifferenzierten Fragestellungen auseinander, machen die Umsetzung von Genderansätzen zur Chefsache und so zur Handlungsleitlinie (Mainstream) ihrer Institution.

Auch nach Jahren ist das Engagement der Netzwerkfrauen noch hoch. Zwei wichtige Aspekte trugen zur Konstanz der Netzwerkarbeit bei: Anders als beim IBA Emscher Park-Engagement ist die Arbeit nicht an ein regionales Projekt gebunden (der Vorteil war allerdings, dass Projekte über Wettbewerbe durchgesetzt und anschauliche Ergebnisse erzielt wurden). Zudem haben Gleichstellungsfrauen ohne Projektbefristung beim RVR die Koordination und Organisation des Frauennetzwerks übernommen. Damit wird die Kontinuität gewährleistet. Beide Aspekte wurden zu Beginn der Netzwerkarbeit als strategisch entscheidend angesehen.

Zukünftig muss sicherlich die Frage diskutiert werden, wie Gender in den Mainstream des Planungsalltags der jeweiligen Institutionen kommt. Das heißt konkret: Wie werden AnsprechpartnerInnen und Führungskräfte gewonnen, die gleichstellungsrelevante Themen und Ziele als top-down-Strategie in Projekten umsetzen? Wie müssen Beteiligungsverfahren gestaltet sein? Wie werden Gremien besetzt? Wie kann Gleichstellung zu einem politischen Thema werden?

Derzeit erfolgt der Einstieg durch die Institutionalisierung von Genderbeauftragten in Projekten und Arbeitsfeldern. Hierzu gibt es bereits einige gute Erfahrungen. Eine stärker formelle Einbindung des Netzwerks in die Verwaltungsstrukturen der Metropolregion – im Sinne weiterer TÖB-Beteiligungen – ist wünschenswert. Ohne Verankerung in den Institutionen ist Gender Mainstreaming letztlich aber nicht machbar. Die Umsetzung geschlechterdifferenzierter Ansätze in der Regionalentwicklung der Metropole Ruhr, wie in der Veranstaltung „Perspektivwechsel ...“ angestoßen, gestaltet sich noch als langsamer Prozess. Er muss künftig stärker strukturell verankert werden.

Perspektiven

Mit Übernahme der staatlichen Regionalplanung im Herbst 2009 begann für den RVR eine neue Ära. Handlungsgrundlage für die Implementierung des Gender Mainstreaming-Prinzips in die Regionalplanung und -entwicklung sind nach wie vor die im Memorandum II der IBA formulierten Grundsätze: „Die gleichberechtigte Teilhabe von Frau und Mann ist erklärtes Ziel der Landesregierung in allen Politikbereichen. Die regionale Entwicklung kann Voraussetzungen schaffen und Entwicklungen fördern, die das Erreichen dieses Ziels erleichtert." Daher sind die Grundsätze regionalplanerischen Handelns an praxisorientierten Vorgaben im Sinne des Gender Mainstreamings zu orientieren. Konkrete Maßnahmen sowohl auf der Ebene der formellen

(Regionalplanung) als auch der informellen Planung sollen hierbei einen Umsetzungsrahmen bieten, der praxisorientierte Ergebnisse ermöglicht. Orientierung schaffen hier die Erfahrungen und Ergebnisse der Region Hannover.

Wünschenswert ist, auf der Grundlage interner Zielvereinbarungen innerhalb des RVR auf der Umsetzungsebene zu Ergebnissen zu gelangen, die auf regionaler Ebene Impulse setzen können. Die Unterstützung durch das Frauennetzwerk ist hier fachlich-inhaltlich, aber auch frauenpolitisch von großer Bedeutung. Die Netzwerkstruktur kann insbesondere durch den Transfer in den politischen Raum besonders wirksam werden. Die Zukunft des Netzwerks und der selbst gewählte Auftrag werden auch weiterhin in der Unterstützung von geschlechtergerechten Strukturen für das Ruhrgebiet liegen. Die Genderexpertise des Frauennetzwerks wird dabei auch zukünftig einen wichtigen Stellenwert haben.

Literatur

Becker, Ruth / Greiwe, Ulla (Hg.) (2007): Internationale Bauausstellung Emscher Park – eine Chance für Frauen? Eine feministische Analyse. Studien Netzwerk Frauenforschung NRW Nr. 4, Dortmund

Bock, Stephanie (2002): Regionale Frauennetzwerke: Frauenpolitische Bündnisse zwischen beruflichen Interessen und geschlechterpolitischen Zielen, Opladen

Deutsches Institut für Urbanistik (Hg.) (2005): Zukunft von Stadt und Region (Bd. 1), Integration und Ausgrenzung in der Stadtgesellschaft, Beiträge zum Forschungsverbund „Stadt 2030", Wiesbaden

Deutsches Institut für Urbanistik (Hg.) (2005): Zukunft von Stadt und Region (Bd. 2), Perspektiven der Regionalisierung, Beiträge zum Forschungsverbund „Stadt 2030", Wiesbaden

Pohlmann-Rohr, Birgit (2007): Chronologie der Arbeit des Arbeitskreises „Frauen und IBA", in: Becker, Ruth / Greiwe, Ulla (Hg.): Internationale Bauausstellung Emscher Park – eine Chance für Frauen? Eine feministische Analyse. Studien Netzwerk Frauenforschung NRW Nr. 4, Dortmund

RVR (Hg.) (2003): Auf Genderspuren im Ruhrtal. Erfahrungsberichte und Ergebnisse der Ruhrtal-Radtour, Essen

RVR, Gleichstellungsstelle / Frauennetzwerk Ruhrgebiet (Hg.) (2007): Perspektivwechsel – Gender Mainstreaming in der Regionalentwicklung, Essen

Bildung, Wissenschaft, Kreativität

Das Ruhrgebiet schafft den weiteren Wandel nur als Wissensregion. Was das für die Bildung an Schulen und Hochschulen heißt, warum hochqualifizierte Frauen maßgeblich zu Forschung, Entwicklung und Innovation beitragen und wie Innovation mit Kreativität und der viel beschworenen Kulturwirtschaft in Verbindung stehen, zeigt dieses Kapitel.

Bildungschancen von Jungen

**Klaus Peter Strohmeier
Volker Kersting**

Bildung steht zu Recht im Zentrum der öffentlichen Aufmerksamkeit: Die schulische, aber auch die außerschulische „Bildungskarriere" stellen wichtige Weichen für den künftigen Lebensweg. Der schulische Erfolg ist zum einen die Voraussetzung für einen gelungenen Berufsstart und damit mitbestimmend für den sozialen Status. Zum anderen ist ein funktionierendes Bildungssystem die zentrale Voraussetzung für eine leistungsfähige regionale Wirtschaft. Und zum Dritten wird von den Bildungssystemen zunehmend eine soziale und erzieherische Funktion erwartet, die kompensatorisch zur familiären Sozialisation wirkt, die in ihrem Einfluss auf die Alltagskultur in immer stärkerem Maß abnimmt.

Im Ruhrgebiet steht das Bildungssystem unter einem erhöhten Legitimations- und Handlungsdruck. Seine Stärken und Schwächen werden zunehmend Gegenstand politischer Debatten. Vor dem Hintergrund einer nach wie vor schwierigen wirtschaftlichen Entwicklung wer-

den vom Bildungssystem sowohl größere Integrationsleistungen erwartet als auch zentrale Impulse zur Transformation des Ruhrgebiets in eine Wissens- und Innovationsregion. An der Bildungspolitik in der Metropole Ruhr lässt sich ablesen, wie es mit ihren Integrationserfolgen und ihrer Modernisierungsdynamik bestellt ist.

Es geht hier deshalb nicht um die quantitative, sondern um die qualitative Reproduktion einer schrumpfenden Stadtgesellschaft. Wir untersuchen Disparitäten in den Übergängen zu weiterführenden Schulen und bei den Abschlüssen der SchulabgängerInnen zwischen den Kommunen im Ruhrgebiet und denen im übrigen NRW. Zudem fragen wir nach Unterschieden zwischen Jungen und Mädchen im Bildungsverhalten und im Bildungserfolg. Wir werden sehen, dass erhebliche Ungleichheiten der Geschlechter zwischen Jungen und Mädchen deutscher und nicht-deutscher Nationalität existieren und es nur bei den nicht-deutschen SchülerInnen nach wie vor erhebliche Geschlechterdisparitäten in den Bildungschancen gibt. Allerdings sind diese Disparitäten ortsspezifisch. Es gibt im Ruhrgebiet Städte und Gemeinden, in denen besonders viele nicht-deutsche Jungen, und andere, in denen mehr Mädchen als Jungen zu den Bildungsverlierern gehören.

Demografischer Wandel und Sozialstruktur

Der Geburtenrückgang, d. h. in Deutschland vor allem die zunehmende Kinderlosigkeit, ist kurz- bzw. mittelfristig kaum reversibel. Er ist, und darin liegt die besondere Herausforderung des Ruhrgebiets, hochgradig schichtspezifisch. In den mittleren und oberen Bildungsschichten bleiben besonders hohe Anteile von Frauen und Männern kinderlos. In den unteren Bildungsschich-

64

und Mädchen im Ruhrgebiet

ten hingegen gibt es eine nach wie vor ungebrochene Selbstverständlichkeit eines Lebens mit Kindern. Dabei beobachten wir allerdings eine zunehmende Überforderung der Familien im Armutsmilieu. Bildungsarmut, Einkommensarmut und gesundheitliche Probleme werden sozial vererbt. Die Kinder armer Eltern haben ein hohes Armutsrisiko und besonders schlechte Bildungschancen. Im Ruhrgebiet gibt es besonders viele arme Familien und arme Kinder (Strohmeier / Kersting 2009).

Die Region ist durch Industriearbeit und Industriearbeiter geprägt. Sie hat während der gesamten Industrialisierungsphase immer nur eine dünne Mittelschicht gehabt. Die Volkszählung von 1970 ergab für die Städte im Norden des Reviers, dass noch bis zu vier Fünftel der Bevölkerung in Arbeiterhaushalten lebten. Wirtschaftlicher Strukturwandel und Deindustrialisierung haben aus der ehemals arbeitergeprägten Region eines der am stärksten von Arbeitslosigkeit und Armut (und ihren Folgen) betroffenen Gebiete Westdeutschlands gemacht.

Die Bildungsexpansion ab Mitte der sechziger Jahre hat, so der Bochumer Historiker Klaus Tenfelde, dem Ruhrgebiet mit den Absolventen der Hoch- und Fachhochschulen zwar eine „neue soziale Mitte" beschert. Andererseits waren es dann vor allem die Mittelschichten, die dem Revier im „Suburbanisierungsprozess", der damals zeitgleich einsetzte, den Rücken gekehrt haben und – mit ihren Kindern – an seine Ränder oder in die angrenzenden Kreise gezogen sind (Strohmeier 2002). Über den Verbleib der zahlreichen HochschulabsolventInnen in der Region gibt es bis heute keine verlässlichen Zahlen.

Humanvermögen und Humankapital

Die Stadtgesellschaft des Ruhrgebiets braucht, damit sie fortbestehen kann, nicht nur hinreichend viel Nachwuchs, sondern auch eine nachwachsende Generation, die über hinreichendes Humankapital (das sind alle wirtschaftlich und beruflich verwertbaren Fähigkeiten der Menschen, schulische und berufliche Bildung) und über Humanvermögen verfügt. Im Unterschied zu Humankapital bezeichnet der Begriff Humanvermögen die Summe aller elementaren Daseinskompetenzen und sozialen Motive, die die Voraussetzung jeder Bildung von Humankapital in allgemeinen und beruflichen Bildungsprozessen sind. Dazu gehören Gesundheit, Solidarität, Empathie, Partizipations- und Bildungsbereitschaft. Humanvermögen wird in Familien und „kleinen Lebenskreisen" gebildet (Robert Bosch Stiftung 2009). Auf die Gefährdung des Humanvermögens durch Armut, zumal in ihrer segregierten Form als „segregierte Armut" in den früheren Arbeitervierteln des Ruhrgebiets, die heute in besonderem Maße durch Arbeitslosigkeit, Langzeitarbeitslosigkeit, Einkommens- und Bildungsarmut geprägt sind, sind wir in zahlreichen Veröffentlichungen eingegangen (u. a. Strohmeier 2006, Strohmeier / Kersting 2009). Resümieren wir diese Studien des Zentrums für interdisziplinäre Regionalforschung (ZEFIR) über den Zusammenhang von sozialer Lage, Bildung und Gesundheit im Ruhrgebiet, wird deutlich, dass wir eigentlich immer über dieselben Nachbarschaften und über dieselben Leute reden. Der beste „Schätzer", mit dem wir heute die (im Hinblick auf Armut, Bildung und Gesundheit von Kindern) besonders problematischen Stadtteile (nicht nur) in den Ruhrgebietsstädten finden können, ist der Anteil der ArbeiterInnen an der Erwerbsbevölkerung in den Jahren 1970 und 1987, in denen die letzten Volkszählungen stattgefunden haben

(Strohmeier / Kersting 2009). Mit dem Strukturwandel und dem Niedergang der Montanindustrie setzte eine Transformation der auch damals schon segregierten Arbeiterschicht im Revier zur neuen „Unterschicht der Dienstleistungsgesellschaft" ein (Dubet / Lapeyronnie 1994). Die größte Integrationsbarriere dieser neuen Unterschicht ist Bildungsarmut, die sozial vererbt wird.

Das Ruhrgebiet braucht Humanvermögen und Humankapital, um als moderne Industrie- und Dienstleistungsregion zukunftsfähig zu sein. Der Aufbau von Humanvermögen ist die Voraussetzung jeder Bildung von Humankapital. Deshalb sind örtliche Familienpolitik und kommunale Bildungspolitik untrennbar miteinander verbunden. In diesem Beitrag befassen wir uns explizit mit Disparitäten der Humankapitalbildung, also mit Bildungsdisparitäten in der Region. Vorgegeben war dabei die Geschlechterperspektive, d. h. es sollte besonderes Augenmerk auf die Unterschiede zwischen Jungen und Mädchen, jungen Männern und jungen Frauen gerichtet werden.

Die Bildungsexpansion der sechziger Jahre hat dem Ruhrgebiet, das bis dahin keine Hochschulen hatte, einen Ausbau des Schul- und Hochschulwesens beschert, der es heute zur Bildungsregion der Republik macht. Der Ausbau des Sekundarbereichs im allgemeinbildenden Schulsystem hat seitdem zwar die Bildungschancen von Arbeiterkindern verbessert, das allerdings ohne bemerkenswerte Auswirkungen etwa auf die Sozialstruktur der Studierenden an Universitäten, wie unser Studierendenmonitor der Ruhr-Universität zeigt. Die Gewinner der Bildungsexpansion in Deutschland aber waren eindeutig Mädchen und Frauen (nicht nur im Ruhrgebiet). Betrachtet man etwa Jubiläumsfestschriften höherer Schulen, wird das evident. Die im Jahr 2001 zum 100-jährigen Jubiläum des Städtischen Gymnasiums in Herten, einer ehemaligen Bergbaustadt im nördlichen Revier, erschienene Festschrift beispielsweise weist bis Ende der sechziger Jahre des vergangenen Jahrhunderts kleine Abiturklassen (z. T. weniger als 15 Abiturienten) mit nur wenigen Mädchen (manchmal nur ein oder zwei pro Jahrgang) aus. Ab Mitte der sieb-

ziger Jahre nehmen die Absolventinnenzahlen stark zu, und seit den achtziger Jahren gibt es immer wieder große Abschlussjahrgänge, in denen die jungen Frauen in der Mehrheit sind.

Bleibt man bei der – zweifellos nicht repräsentativen – Festschrift zum Schuljubiläum als Quelle, fällt auch auf, dass trotz der Bedeutung, die Zuwanderung seit den sechziger Jahren für die „Nachwuchssicherung" des Reviers bekommen hat, junge Menschen mit Namen aus den klassischen Herkunftskontexten der „Gastarbeiter" unter den Abiturienten (und erst recht den Abiturientinnen) dieser wahrlich nicht untypischen Ruhrgebietsstadt extrem unterrepräsentiert sind.

Die zunehmende Gleichheit der Bildungschancen trifft allerdings auf eine traditionelle Geschlechterordnung, die ein hohes Beharrungsvermögen aufweist. Der Anteil der nicht-erwerbstätigen Frauen unter den Frauen, die Kinder haben, ist im Ruhrgebiet heute noch trotz Bildungsexpansion und trotz gleicher Bildungschancen beider Geschlechter im regionalen Vergleich besonders hoch. In Gelsenkirchen wachsen (anders als z. B. im rheinischen Neuss) 2005 die meisten Kinder in Akademikerfamilien immer noch mit Eltern auf, die die klassische Arbeitsteilung pflegen, d. h. ihre Mütter sind nicht-erwerbstätige Hausfrauen (Strohmeier 2007). Möglicherweise spielen hier besonders traditionelle Formen des Familienlebens und der Lebensplanung bei jungen Migrantinnen eine Rolle.

Daraus ergeben sich folgende Fragen:
1. Wie unterscheiden sich die Bildungschancen der Kinder und Jugendlichen im Ruhrgebiet von denen im übrigen NRW? Dazu untersuchen wir die Übergangsquoten auf weiterführende Schulen und die Schulabschlüsse in den Städten und Gemeinden des Regionalverbands im Vergleich zum übrigen Nordrhein-Westfalen. Werden die größeren sozioökonomischen Probleme des Reviers tatsächlich durch besondere Bildungsarmut verstärkt?
2. Welche Unterschiede gibt es hinsichtlich der Bildungsbeteiligung (Übergangsquoten) und des Bildungser-

folgs (Schulabschlüsse) von Jungen und Mädchen innerhalb des Ruhrgebiets? Aus datentechnischen Gründen müssen wir uns hier auf Gemeindevergleiche beschränken und Stadtteilvergleiche, die bei den Übergangsquoten möglich und sinnvoll wären, ausblenden (dazu Terpoorten 2007).

3. Welche Unterschiede in der Bildungsbeteiligung und im Bildungserfolg zwischen deutschen und nicht-deutschen Jungen und Mädchen gibt es (wo) im Ruhrgebiet?

In den sechziger Jahren – vor der Bildungsexpansion – galt das katholische Arbeitermädchen vom Lande als Inbegriff von Bildungsbenachteiligung. Die Frage ist, welche Gruppen heute im Ruhrgebietskontext als besonders benachteiligt gelten können. Diese sollen abschließend (zumindest was die Kommunen angeht, in denen sie aufwachsen) lokalisiert werden. Das Ergebnis ist kein einfaches Ranking. Wir wissen natürlich, dass in Münster oder Haltern am See (gehört zum RVR-Gebiet) mehr junge Menschen Abitur machen als in Gelsenkirchen. Wir wissen aber nicht, welche Gruppen (unterschieden nach Geschlecht und Nationalität) wo in besonders hohem Maße keinen oder nur den Hauptschulabschluss schaffen. Wenn man, wovon wir überzeugt sind, Ungleiches ungleich behandeln will, dann sollte man wissen, wo (und bei wem) besondere Anstrengungen erforderlich sind.

Übergangsquoten auf weiterführende Schulen

Signifikante Unterschiede zwischen den Übergangsquoten in den Ruhrgebietskommunen und denen im übrigen Nordrhein-Westfalen finden wir lediglich für die Schulformen Haupt-, Real- und Gesamtschule. Im Revier gehen weniger Kinder auf Hauptschulen, weniger auf Realschulen und mehr auf die Gesamtschulen, aber nicht signifikant weniger als anderswo gehen aufs Gymnasium! Im Durchschnitt aller Kommunen in NRW beträgt die Übergangsquote zur Hauptschule knapp 18 %, im Ruhrgebiet liegt sie mit 11,6 % um die Hälfte unter dem Landesdurchschnitt.

Die Übergangsquoten zur Realschule sind im Ruhrgebiet deutlich niedriger als im Durchschnitt der Kommunen außerhalb des Regionalverbands.

Beim Gymnasium ergibt sich überraschenderweise kein signifikanter Unterschied. Im Durchschnitt der 53 Kommunen im Ruhrgebiet gehen unwesentlich weniger SchülerInnen als in den anderen Landesteilen nach der Grundschule zum Gymnasium. Die Standardabweichung (die Streuung der Übergangsquoten in den Städten und Gemeinden um den Mittelwert) ist im Ruhrgebiet dabei niedriger als im Durchschnitt der Kommunen in NRW. Die Spannweite ist in den Kommunen außerhalb des Regionalverbands (Minimum 16 %, Maximum 82 % der

Tabelle 1: **Durchschnittliche Übergangsquoten auf weiterführende Schulen in den Kommunen in NRW im Schuljahr 2007/2008** in Prozent

	nicht im RVR-Gebiet (336)				im RVR-Gebiet (53)				insgesamt (389)			
	Mittel	Abw.	Min.	Max.	Mittel	Abw.	Min.	Max.	Mittel	Abw.	Min.	Max.
Hauptschule	18,85	8,25	0	50,00	11,60	6,51	0,23	26,90	17,86	8,41	0	50,00
Realschule	32,79	9,04	0	62,38	27,58	8,50	7,45	49,80	32,08	9,14	0	62,38
Gesamtschule	10,33	12,06	0	74,65	23,72	12,37	0	62,73	12,16	12,93	0	74,65
Gymnasium	37,28	8,32	15,96	82,43	36,28	5,18	27,38	52,44	37,15	7,97	15,96	82,43
sonstige	0,74	0,76	0	4,52	0,82	0,71	0	3,98	0,75	0,76	0	4,52

Mittel = Mittelwert, Abw. = Standardabweichung, Min. = Minimum, Max. = Maximum

Grundschulabgänger gehen zum Gymnasium) deutlich höher als im Revier (Minimum 27 %, Maximum 52 %). D. h., bezogen auf die Gymnasialübergänge ist das Ruhrgebiet im Vergleich seiner 53 Kommunen homogener als der Rest der Städte und Gemeinden in NRW. Auf die Gesamtschule wechseln hier jedoch deutlich mehr Kinder als in den Kommunen anderswo im Land. Außerhalb des RVR-Gebiets wechselt im Durchschnitt nur jedes zehnte Kind nach der vierten Grundschulklasse auf diese Schulform, im Ruhrgebiet ist es beinahe jedes vierte.

Die maximale Übergangsquote einer Kommune (mit drei Viertel der Grundschulabgänger) finden wir hier allerdings nicht. Hier liegt das Maximum bei knapp 63 %. Besonders hohe Gesamtschulübergangsquoten finden wir in kleinen Gemeinden im ländlichen Raum (Hille, Rödinghausen). Der Spitzenreiter im Ruhrgebiet ist die gleichfalls kleine Randgemeinde Schermbeck im Kreis Wesel mit 62,73%. Die Werte der großen Städte im Ruhrgebiet liegen durchweg unter 40 %. In vielen kleinen Gemeinden in NRW ist die Gesamtschule in Zeiten des Geburtenrückgangs die bevorzugte (und immer häufiger auch die einzige) weiterführende Schule. Betrachten wir nur die SchülerInnen nicht-deutscher Nationalität, so finden wir signifikante Unterschiede zwischen dem Ruhrgebiet und den anderen Kommunen nur bei den Übergängen zur Hauptschule und zur Gesamtschule. Die Chancen, auf ein Gymnasium zu gehen, sind überall gleich schlecht.

Für nicht-deutsche SchülerInnen gilt: Gleich wo sie leben, ihre Chance, nach der Grundschule auf ein Gymnasium zu wechseln, liegt überall nahe 10 %. Leben sie nicht im Ruhrgebiet, werden im Mittel 45 von 100 nach der Grundschule an die Hauptschule überwiesen. Leben sie hier, gehen nach der Grundschule fast 33 von 100 (das sind dreimal so viele wie im Durchschnitt der übrigen Kommunen) auf eine Gesamtschule. Bei den deutschen SchulübergängerInnen liegt der Wert im Ruhrgebiet nur doppelt so hoch wie außerhalb.

Die Unterschiede zwischen den Städten und Gemeinden bezüglich der Bildungsentscheidungen, die für deutsche bzw. nicht-deutsche SchülerInnen getroffen werden, sind in der hier gewählten groben Betrachtungsweise (Kommunen im Regionalverband versus Rest) nicht geschlechtsspezifisch. Bezogen auf Bildungsarmut und Bildungsungleichheiten verläuft die „Demarkationslinie" in NRW heute insgesamt entlang der Unterscheidung, die durch die deutsche Staatsbürgerschaft (bzw. den Migrationshintergrund, über den die Schulstatistik bedauerlicherweise keine Auskunft gibt) definiert wird.

Schulwahl geschlechtsspezifisch

Es gibt geschlechtsspezifische Unterschiede, aber es gibt sie in erster Linie bei den Kindern nicht-deutscher Nationalität. Betrachtet man – zunächst noch für alle Kommunen in Nordrhein-Westfalen – die geschlechts-

Tabelle 2: **Durchschnittliche Übergangsquoten nicht-deutscher SchülerInnen auf weiterführende Schulen in den Kommunen in NRW im Schuljahr 2007/2008** in Prozent

	nicht im RVR-Gebiet				im RVR-Gebiet				insgesamt			
	Mittel	Abw.	Min.	Max.	Mittel	Abw.	Min.	Max.	Mittel	Abw.	Min.	Max.
Hauptschule	45,12	26,60	0	100	30,50	22,74	0	100	43,09	26,55	0	100
Realschule	28,33	20,34	0	100	25,28	13,99	0	60	27,91	19,59	0	100
Gesamtschule	11,70	19,94	0	100	32,80	25,59	0	100	14,64	22,03	0	100
Gymnasium	12,28	13,90	0	100	10,40	6,80	0	33,33	12,02	13,15	0	100
sonstige	2,56	6,62	0	50	1,01	1,54	0	7,41	2,34	6,19	0	50

Mittel = Mittelwert, Abw. = Standardabweichung, Min. = Minimum, Max. = Maximum

typischen Unterschiede bei den Schulübergängen, so zeigt sich, dass es bei allen weiterführenden Schulformen eine signifikante Übereinstimmung der Schulwahlen von deutschen Jungen und Mädchen gibt. Bei den Kindern ohne deutsche Staatsangehörigkeit sind hingegen unterschiedliche geschlechtsspezifische Muster anzutreffen, denn die Übergangsraten für nicht-deutsche Jungen und Mädchen hängen nur schwach zusammen. Tabelle 3 zeigt die Korrelationen der kommunalen Übergangsquoten von Jungen und Mädchen in den jeweiligen Gruppen.

Der Wertebereich der Koeffizienten in der Tabelle liegt zwischen -1 und +1. Je näher der Wert bei Null liegt, desto unabhängiger sind die beiden Merkmale. Eine Korrelation nahe Null zwischen den Übergangsquoten der nicht-deutschen Jungen und Mädchen auf das Gymnasium sagt, dass es in der Mehrzahl aller Gemeinden in NRW keine Übereinstimmungen in den Schulwahlen von Jungen und Mädchen gibt.

Lediglich bei den Übergangsquoten zur Gesamtschule gibt es eine recht hohe Übereinstimmung der Übergangsquoten von Jungen und Mädchen. Dagegen gibt es schwächere Zusammenhänge bei den anderen Schulformen. Am größten sind die Unterschiede zwischen Jungen und Mädchen über alle Schulformen bei den Kindern, die die Statistik als nicht-deutsch ausweist. Hier gibt es nur eine schwache nicht-signifikante Kor-

relation bei den Realschulübergängen, die Hauptschulübergangsquoten korrelieren nicht so stark wie in den anderen Gruppen. Bei den Übergängen zum Gymnasium schließlich gibt es bei den wenigen nicht-deutschen Schülern, die diesen Weg gehen, so gut wie keine Übereinstimmung bei den Jungen und Mädchen.

Bei den deutschen Kindern sehen wir eine große Übereinstimmung zwischen den Übergangsquoten von Jungen und Mädchen zum Gymnasium. Anders dagegen ist das bei den Kindern ohne deutsche Staatsbürgerschaft. Weder im Vergleich aller Kommunen in NRW noch bei Betrachtung nur der Städte und Gemeinden im Regionalverband finden wir signifikante Übereinstimmungen im Bildungsverhalten von Jungen und Mädchen nicht-deutscher Nationalität. Die Korrelation im Ruhrgebiet ist, wie die Trendlinie zeigt, sogar leicht negativ, d. h. je weniger Jungen, desto mehr Mädchen nicht-deutscher Nationalität gehen aufs Gymnasium.

Bildungsentscheidungen nach Nationalität und Geschlecht

Bezogen auf die Bildungswahlen bzw. die Übergänge auf weiterführende Schulen nach der Grundschule sehen wir im Ruhrgebiet also regionale Besonderheiten, die für Jungen und Mädchen in gleicher Weise gelten, weil weitaus mehr Kinder als im übrigen Nordrhein-Westfalen nach der Grundschule auf die Gesamtschule wechseln. Während anderswo in NRW nahezu jedes zweite Kind ohne deutschen Pass nach der Grundschule auf eine Hauptschule geht, ist für die Kinder der Zuwanderer im Ruhrgebiet die Gesamtschule erste Wahl. Je weniger Migrantenkinder auf eine Hauptschule gehen, desto mehr gehen zur Gesamtschule. In den Kommunen im Ruhrgebiet übernehmen also die Gesamtschulen einen großen Teil der nicht-deutschen Kinder, die anderswo auf die Hauptschule überwiesen werden.

Tabelle 3: **Korrelationen der Übergangsquoten auf weiterführende Schulen von Jungen und Mädchen in den Kommunen in NRW im Schuljahr 2007/2008**

	alle	deutsch	nicht-deutsch
Hauptschule	0,78	0,78	0,45
Realschule	0,73	0,73	0,18
Gesamtschule	0,95	0,94	0,71
Gymnasium	0,65	0,66	0,06

Einigermaßen überraschend ist, dass sich die Übergangsquoten zum Gymnasium im Ruhrgebiet nicht signifikant von denen im übrigen NRW unterscheiden. Allerdings haben wir bei dieser Schulform eine drastische Unter-

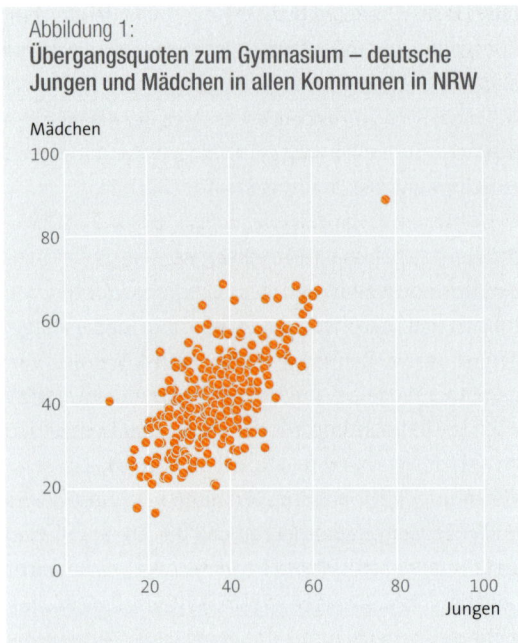

Abbildung 1:
Übergangsquoten zum Gymnasium – deutsche Jungen und Mädchen in allen Kommunen in NRW

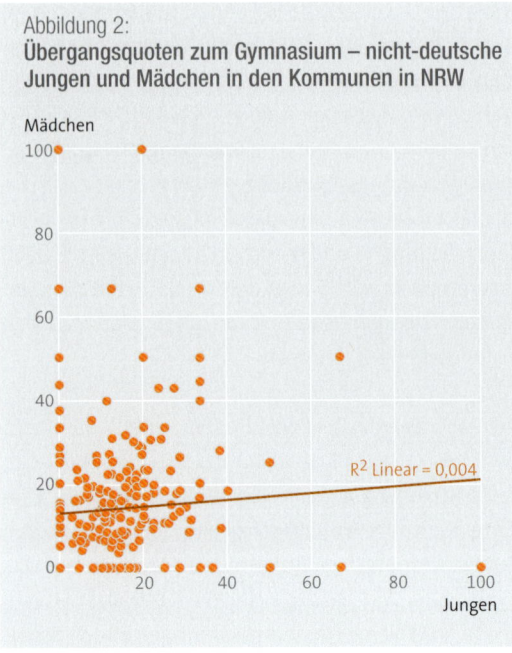

Abbildung 2:
Übergangsquoten zum Gymnasium – nicht-deutsche Jungen und Mädchen in den Kommunen in NRW

R^2 Linear = 0,004

repräsentanz von Kindern mit Migrationshintergrund festgestellt, die weit unter ihrem Bevölkerungsanteil liegt. Im Ruhrgebiet ist das Gymnasium in erster Linie die Schulform der deutschen Kinder. Bei den wenigen nicht-deutschen SchülerInnen, die hier nach der Grundschule diesen Weg gehen, finden wir im kommunalen Vergleich erhebliche Unterschiede in den Bildungsentscheidungen, die für Jungen und Mädchen getroffen werden. Dabei wechseln im Durchschnitt mehr Mädchen mit nicht-deutscher Nationalität (12 %) als Jungen (9 %) aufs Gymnasium. Der Spitzenwert bei den Mädchen liegt bei 50 % in einer Gemeinde im RVR-Gebiet, bei den Jungen nur bei 36 % (in einer anderen).

Schulabschlüsse

Vergleichen wir – quasi am anderen Ende der Bildungsbiografie – die Schulabschlüsse von Jungen und Mädchen mit und ohne deutschen Pass in den Ruhrgebietskommunen und im übrigen NRW, so stellt sich das Problem einer Verzerrung unserer Daten dahingehend, dass Schulabschlüsse am Ort der Schule gezählt werden. Im Falle von zwei kleinen Nachbargemeinden, die sich ein Gymnasium

teilen bedeutet das etwa, dass der einen Gemeinde alle Abschlüsse der SchülerInnen beider Gemeinden zugerechnet werden. Wir beschränken deshalb die Analysen in diesem Abschnitt auf solche Städte (kreisfreie Städte und große kreisangehörige Gemeinden), in denen wir die Existenz aller allgemeinbildenden Schulformen annehmen können und betrachten nur Großstädte (über 100.000 Einwohner) im RVR-Gebiet und im übrigen NRW.

Signifikante Unterschiede zwischen den Großstädten im Ruhrgebiet und den übrigen großen Städten finden wir bei den Anteilen der SchulabgängerInnen mit Fachoberschulreife. Das sind im Ruhrgebiet deutlich mehr. Bei den AbsolventInnen mit Fachabitur und Hochschulreife (in der Statistik zusammengefasst) sind es deutlich weniger als in den übrigen Großstädten in NRW. Ebenso wie bei den Übergängen auf weiterführende Schulen finden sich hier deutliche Unterschiede zwischen jungen Leuten deutscher und nicht-deutscher Staatsangehörigkeit.

Nicht signifikant hingegen sind die Unterschiede bei den SchulabgängerInnen mit Hauptschulabschluss und bei jenen ohne Abschluss. In beiden Fällen liegen die

70

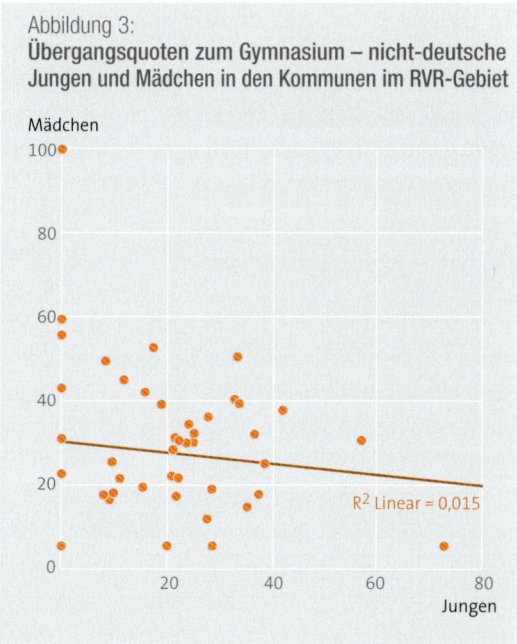

Abbildung 3:
Übergangsquoten zum Gymnasium – nicht-deutsche Jungen und Mädchen in den Kommunen im RVR-Gebiet

oder Hochschule. Deutlich überdurchschnittlich ist im Ruhrgebiet das Risiko der jungen MigrantInnen, die Schule ohne Abschluss zu verlassen. Der Anteil der nicht-deutschen Jugendlichen ohne Schulabschluss liegt im Ruhrgebiet über dem Abiturientenanteil!

Die Schulabschlüsse von jungen Männern und Frauen in den Großstädten des RVR-Gebiets und anderswo in NRW sind recht ähnlich, was aber in erster Linie auf die Abschlüsse der Deutschen zurückzuführen ist. Ähnlich wie bei der Schulwahl finden sich jedoch wiederum große Unterschiede bei den jungen Männern und Frauen nicht-deutscher Staatsangehörigkeit. Hier gibt es gleiche Muster nur bei den Hauptschulabschlüssen. Bei allen anderen höherwertigen Schulabschlüssen unterscheiden Jungen und Mädchen sich stark. Besonders groß sind die geschlechtsspezifischen Unterschiede bei denen ohne Schulabschluss. Wir betrachten im Folgenden nur die Verteilungen innerhalb der großen Städte im RVR-Gebiet, denn zwischen den Ruhrgebietsstädten und den anderen Großstädten gibt es hier keine signifikanten Unterschiede.

Werte im Ruhrgebiet nur geringfügig über dem Mittelwert aller Städte in NRW.

Mehr als jeder dritte Jugendliche nicht-deutscher Nationalität verlässt im Ruhrgebiet die Schule (nur) mit dem Hauptschulabschluss. Immerhin ein Drittel – kaum weniger als im übrigen NRW – schafft die Fachoberschulreife. Aber nur 14 % von ihnen, das sind weniger als in den übrigen großen Städten im Land, erreichen die Berechtigung zum Studium an einer Fachhochschule

Die Unterschiede zwischen den Städten im RVR-Gebiet sind beträchtlich: Während in Herne und Bochum jeweils etwa vier von zehn jungen Männern und Frauen ohne deutschen Pass die Fachoberschulreife erreichen (in Bochum mehr junge Männer als junge Frauen), sind es in Gelsenkirchen oder Duisburg deutlich weniger. In Moers erlangt weniger als ein Viertel beider Geschlechter die Fachoberschulreife. In Bottrop, Oberhausen, Reckling-

Tabelle 4: **Schulabschlüsse nach Schularten in den Großstädten im RVR-Gebiet und im übrigen NRW**

	im übrigen NRW (16)				im RVR-Gebiet (13)				insgesamt (29)			
	Mittel	Abw.	Min.	Max.	Mittel	Abw.	Min.	Max.	Mittel	Abw.	Min.	Max.
Hauptschule	19,57	4,31	11,98	27,51	21,57	2,87	17,97	26,06	20,47	3,80	11,98	27,51
Fachoberschulreife	36,40	2,76	30,42	40,44	39,56	2,40	36,66	43,20	37,82	3,02	30,42	43,20
Fachabitur und Hochschulreife	37,33	5,61	27,88	49,26	31,36	4,13	24,64	37,23	34,65	5,77	24,64	49,26
ohne Abschluss	6,70	1,65	4,07	9,21	7,44	1,10	5,69	10,06	7,03	1,45	4,07	10,06

Mittel = Mittelwert, Abw. = Standardabweichung, Min. = Minimum, Max. = Maximum

71

hausen, Mülheim und Essen sind die Abschlüsse der jungen Frauen deutlich besser als die der Männer.

Bei den Schulabgängern nicht-deutscher Staatsangehörigkeit mit Fachhochschulreife oder Abitur dreht sich das Bild. Spitzenreiter ist hier Dortmund mit den höchsten Anteilen bei beiden Geschlechtern. Schlusslicht ist Herne, das bei den mittleren Abschlüssen beider Geschlechter noch eine Spitzenposition hatte.

Bei den Verlierern des allgemeinbildenden Schulsystems, den Schulabgängern ohne einen Abschluss, ergibt sich wiederum eine gänzlich andere Reihung. In Bottrop verlässt beinahe ein Viertel der jungen Männer nicht-deutscher Nationalität die Schule ohne Abschluss, in Herne dagegen ist es nur etwa jeder siebte. In den meisten großen Städten im Ruhrgebiet sind die jungen Männer nicht-deutscher Nationalität unter den Schulabgängern ohne Abschluss stärker vertreten als die Frauen. In Herne etwa ist ihr Anteil doppelt so hoch.

Geschlechtertypische Unterschiede im Bildungsverhalten (Schulübergänge) und beim Schulerfolg (Abschlüsse) fanden sich besonders bei den SchülerInnen nicht-deutscher Nationalität. Sie sind die Problemgruppe, die im Vergleich mit den Deutschen beim Übergang zum Gymnasium und beim Erreichen des Abiturs deutlich benachteiligt ist und in der besonders viele junge Menschen beiderlei Geschlechts überhaupt keinen Schulabschluss erreichen. Diese Zahlen fielen vermutlich drastischer aus, wenn die

Schulstatistik eine Unterscheidung nach dem Migrationshintergrund statt lediglich nach der Nationalität ermöglichte. Sowohl die Schwierigkeit des Zugangs zum Gymnasium als auch die Wahrscheinlichkeit, im gegliederten Schulsystem zu scheitern, ist für Jungen mit Migrationsgeschichte im Ruhrgebiet größer als für Mädchen.

Bisherige Versuche, Bildungsungleichheiten in regionaler und kleinräumiger Differenzierung abzubilden (z. B. das Dokumentationssystem RUBS, www.statistikinformationssystem.de/rubs/) haben diese Geschlechterdifferenzierung durchweg übersehen. Zwar erklären PädagogInnen neuerdings die Jungen zu Verlierern des Bildungssystems, allerdings bleiben dabei regionale und lokale Unterschiede in der Regel unberücksichtigt. Bekannt hingegen sind räumliche und kleinräumige Unterschiede in der Bildungsbeteiligung und im Schulerfolg von Deutschen und AusländerInnen. Unsere Befunde deuten darauf hin, dass es geschlechtsspezifisch ungleiche Bildungschancen vor allem bei Letzteren gibt, während sich bei den Deutschen Bildungsentscheidungen und Bildungserfolg beider Geschlechter weitgehend ähneln.

Karte 1 (Seite 75) zeigt die Anteile der nicht-deutschen Bevölkerung im Alter von unter 18 Jahren an der altersgleichen Bevölkerung. Man sieht, dass in den kleineren Gemeinden an den Rändern des Ruhrgebiets die Anteile der ausländischen Kinder und Jugendlichen sehr gering sind, während wir im altindustriellen Kern deutlich größere Anteile finden.

Tabelle 5: **Schulabschlüsse nicht-deutscher SchulabgängerInnen in den Großstädten im RVR-Gebiet und im übrigen NRW nach Schularten**

	im übrigen NRW (16)				im RVR-Gebiet (13)				insgesamt (29)			
	Mittel	Abw.	Min.	Max.	Mittel	Abw.	Min.	Max.	Mittel	Abw.	Min.	Max.
Hauptschule	33,97	7,24	23,44	46,74	36,44	4,34	31,76	46,84	35,08	6,14	23,44	46,84
Fachoberschulreife	36,32	4,51	27,33	41,15	34,47	4,03	24,05	40,69	35,49	4,33	24,05	41,15
Fachabitur und Hochschulreife	16,97	4,75	10,07	26,04	14,20	3,01	9,07	19,86	15,73	4,23	9,07	26,04
ohne Abschluss	12,75	3,32	7,20	19,48	14,89	2,26	11,52	18,37	13,71	3,03	7,20	19,48

Mittel = Mittelwert, Abw. = Standardabweichung, Min. = Minimum, Max. = Maximum

Abbildung 4: **SchulabgängerInnen mit Fachhoch-**
schulreife in Großstädten im Ruhrgebiet in Prozent

Junge Frauen / Junge Männer. R^2 Linear = 0,081

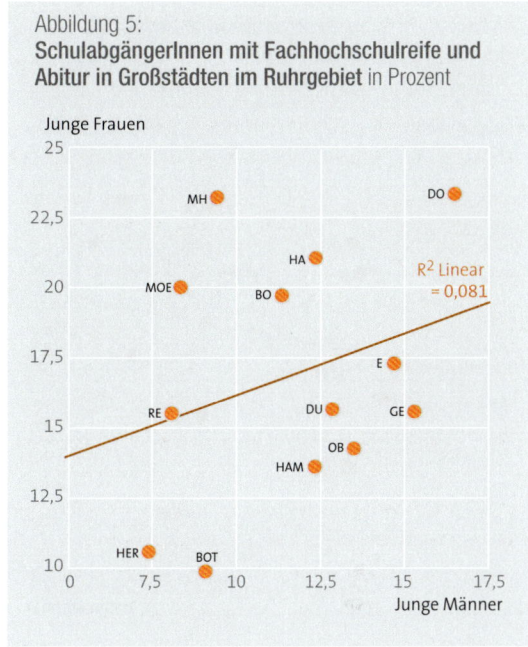

Abbildung 5:
SchulabgängerInnen mit Fachhochschulreife und
Abitur in Großstädten im Ruhrgebiet in Prozent

Junge Frauen / Junge Männer. R^2 Linear = 0,081

Karte 2 (Seite 76) bildet die Anteile aller SchulabgängerInnen ohne Abschluss in den Städten und Gemeinden des Regionalverbands Ruhr ab. Dabei fällt auf, dass
in den kleinen und mittleren Kommunen (etwa Wesel,
Datteln oder Bergkamen) die Anteile höher sind als in
den meisten Großstädten, wobei es keine erkennbaren
Zusammenhänge mit den Ausländeranteilen gibt.

Dagegen gibt es sehr wohl eine Beziehung zwischen
den Ausländeranteilen unter den Kindern und Jugendlichen in den Städten und Gemeinden und den Anteilen
nicht-deutscher Schulabgänger ohne Abschluss: Je weniger junge Leute nicht-deutscher Nationalität in der
Gemeinde leben bzw. dort die Schule besuchen, desto
höher ist ihr Risiko, die Schule ohne einen Abschluss zu
verlassen. In Selm im Kreis Unna etwa gab es 2007 nur
15 Schulabgänger nicht-deutscher Nationalität, von
ihnen erreichten etwa zwei Drittel keinen Abschluss.
Spitzenwerte bei den jungen AusländerInnen in Werne,
Hünxe oder Wesel basieren ebenso auf sehr geringen
absoluten Zahlen. D. h. eine Problemgruppe im Bildungssystem des Ruhrgebiets sind junge Leute nicht-deutscher
Nationalität bzw. mit Migrationshintergrund in kleinen

Gemeinden am Rande der Region, die in den letzten
Jahrzehnten bevorzugtes Zuzugsgebiet deutscher Mittelschichten aus den Kernstädten gewesen sind. In vielen dieser Gemeinden – etwa im Kreis Wesel – sind in
der Karte 3 (Seite 76) aufgrund der geringen Fallzahlen
keine Werte ausgewiesen. Die Karte enthält nur Daten
für Kommunen, in denen der Anteil der nicht-deutschen
Kinder und Jugendlichen in der jeweiligen Altersgruppe
7 % oder mehr beträgt.

Auf der anderen Seite gibt es an den Rändern des Reviers auch Gemeinden (Schwelm, Hattingen, Haltern
am See und andere), in denen trotz geringer Anteile der
ausländischen Bevölkerung nur wenige nicht-deutsche
AbsolventInnen die Schule ohne Abschluss verlassen.
Die Spannweite liegt zwischen knapp 4 % in Hattingen
und über 22 % in Essen oder Gelsenkirchen.

Abschließend sollen die Städte und Gemeinden im RVR-
Gebiet, in denen besonders viele und besonders wenige nicht-deutsche Jugendliche keinen Schulabschluss
erreichen, im Hinblick auf die Unterschiede zwischen
Jungen und Mädchen überprüft werden.

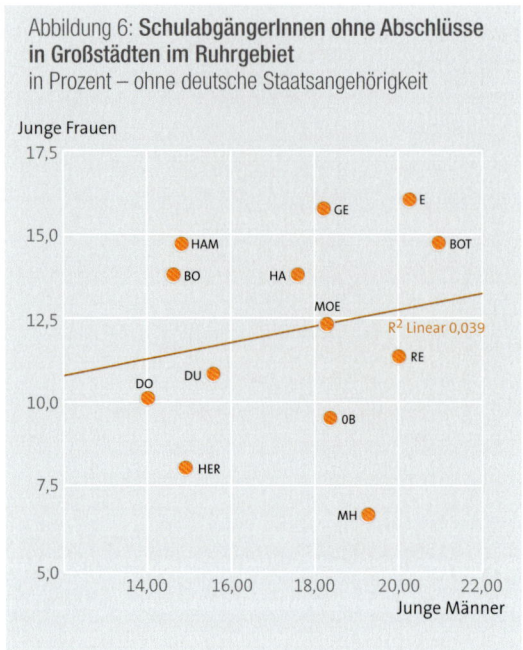

Abbildung 6: **SchulabgängerInnen ohne Abschlüsse in Großstädten im Ruhrgebiet**
in Prozent – ohne deutsche Staatsangehörigkeit

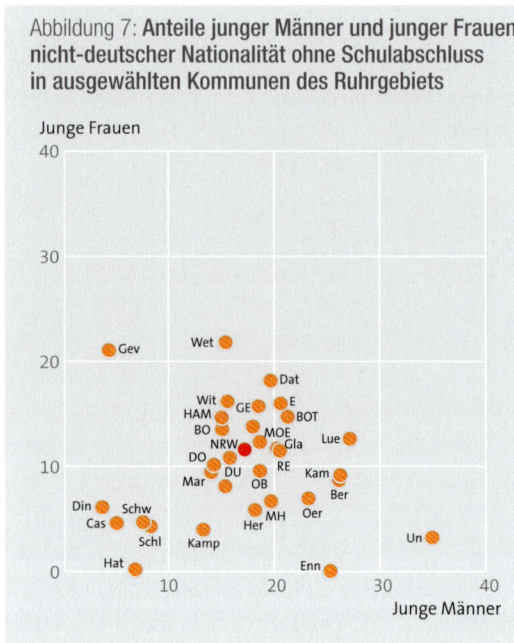

Abbildung 7: **Anteile junger Männer und junger Frauen nicht-deutscher Nationalität ohne Schulabschluss in ausgewählten Kommunen des Ruhrgebiets**

Die senkrechte und die waagerechte Linie in der Abbildung markieren jeweils die Medianwerte: In der Hälfte der Kommunen im Ruhrgebiet verlassen mehr als 10 % der weiblichen Schulabgänger nicht-deutscher Staatsangehörigkeit die Schule ohne Abschluss, in der anderen Hälfte sind es weniger als 10 %. Bei den jungen Männern, wo der Durchschnitt mit gut 17 % höher liegt, sind es entsprechend in der Hälfte der Kommunen mehr und in der anderen Hälfte weniger.

Die Namen sind abgekürzt, die kreisangehörigen Kommunen mit großem Anfangsbuchstaben und kleinen Lettern in der Fortsetzung (Schw bedeutet Schwerte, Schl ist Schwelm, Hat steht für Hattingen), die kreisfreien Städte mit den Kfz-Kennzeichen. In den Ruhrgebietsstädten im linken unteren Rechteck sind all die Kommunen mit deutlich unterdurchschnittlichen Werten für beide Geschlechter gezeigt. Im Rechteck oben rechts finden wir die Kommunen, in denen überdurchschnittlich viele Jungen und Mädchen keinen Schulabschluss erreichen. Rechts unten sind die Kommunen, in denen junge Männer mit Migrationshintergrund in besonderem Maße zu den Bildungsverlierern zählen,

links oben jene, in denen überdurchschnittlich viele junge Frauen keinen Schulabschluss erreichen. Links oben und rechts unten finden wir Gemeinden, in denen es bei jungen MigrantInnen jeweils maximale Ungleichheit der Geschlechter in Bezug auf ihre Bildungs- und damit auch auf ihre Lebenschancen gibt.

Die Unterschiede zwischen den Kommunen (etwa Gevelsberg links oben und Unna rechts unten) sind beträchtlich. In den Gemeinden rechts oben haben beide Geschlechter, d. h. alle MigrantInnen, annähernd gleich schlechte Bildungsperspektiven, links unten sind die Perspektiven beider Geschlechter deutlich besser. Dabei gibt es Gemeinden, in denen, wie etwa in Hattingen, die Anteile der nicht-deutschen jungen Männer und jungen Frauen ohne Schulabschluss deutlich unter ihrem Bevölkerungsanteil liegen dürften.

Resümee

Das Ziel dieser Untersuchungen war es zu zeigen, dass es neben der Diskriminierung von MigrantInnen im gegliederten Schulsystem im Ruhrgebiet in der Gruppe der

74

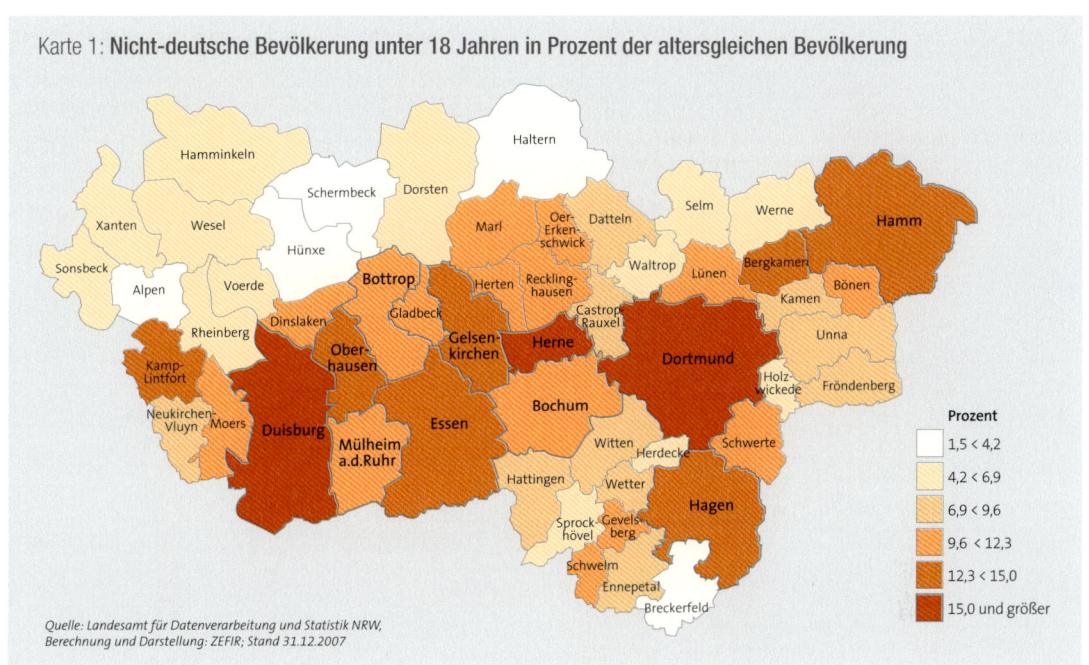

Karte 1: **Nicht-deutsche Bevölkerung unter 18 Jahren in Prozent der altersgleichen Bevölkerung**

Prozent
- 1,5 < 4,2
- 4,2 < 6,9
- 6,9 < 9,6
- 9,6 < 12,3
- 12,3 < 15,0
- 15,0 und größer

Quelle: Landesamt für Datenverarbeitung und Statistik NRW,
Berechnung und Darstellung: ZEFIR; Stand 31.12.2007

jungen Einwanderer nicht-deutscher Nationalität eine zusätzliche Diskriminierung beider Geschlechter gibt. Diese subtilere Form von Bildungsungleichheit erkennt man jedoch erst, wenn man die kommunalen Unterschiede betrachtet. Hier verbieten sich dann freilich pauschale Antworten. Es gibt (über die Diagnose der Benachteiligung von MigrantInnen insgesamt hinaus) keine einfache Faustregel für Geschlechterdiskriminierung bzw. -privilegierung. In einigen Städten schlägt das Pendel zu Ungunsten der jungen Männer aus, und in anderen sind die jungen Frauen deutlich benachteiligt. Im Durchschnitt sind zwar Jungen und junge Männer nicht-deutscher Nationalität häufiger Bildungsverlierer als Mädchen und junge Frauen, aber in einzelnen Kommunen ist eben auch das Gegenteil der Fall. Im Durchschnitt wird sich das aufheben, aber wenn man etwas verbessern will, wird man genauer hinschauen müssen.

Was lehren uns die vorgestellten Zahlen? Fußballfreunde würden Addi Preißler zitieren, der gesagt hat: „Grau is alle Theorie, entscheidend ist auf'm Platz." Geschlechtsspezifische Bildungsbenachteiligung bei jugendlichen MigrantInnen folgt keiner allgemeinen Regel, sondern ist abhängig von den örtlichen Verhältnissen. Die Kommunen sind damit die wichtigsten Akteure, wenn es um die Herstellung von Chancengleichheit geht. Eine wichtige Rolle spielen kulturelle Faktoren (Ethnizität, Bildungsaspirationen, Nationalität der MigrantInnen) und sozioökonomische Faktoren (Armut, Erwerbstätigkeit). Wichtig sind auch die Prioritäten und die „Bestimmer" in der lokalen Politik. Die Bildungsarmut der MigrantInnen ist am größten in den Randgemeinden, in denen sie kaum vorkommen. Abbau von Bildungsbenachteiligung verlangt den politischen Willen, das zu tun.

Von großer, im Detail allerdings weitgehend unerforschter Bedeutung sind institutionelle Faktoren. Damit ist nicht nur „institutionelle Diskriminierung" von MigrantInnen gemeint. Dazu gehören nicht zuletzt auch die Qualität des Schulangebots und seine Einbettung in die Lebenswelt der Kinder und Jugendlichen. Die Kinder von Einwanderern und auch die Kinder der einheimischen Unterschicht brauchen bessere, zumindest andere Schulen, als sie vielfach haben. Wir haben – auch das sagt uns die Schulstatistik, wenn man sie kleinräumig auswertet – in einem benachteiligten Stadtteil einer großen

75

Karte 2: **SchulabgängerInnen ohne Schulabschluss**

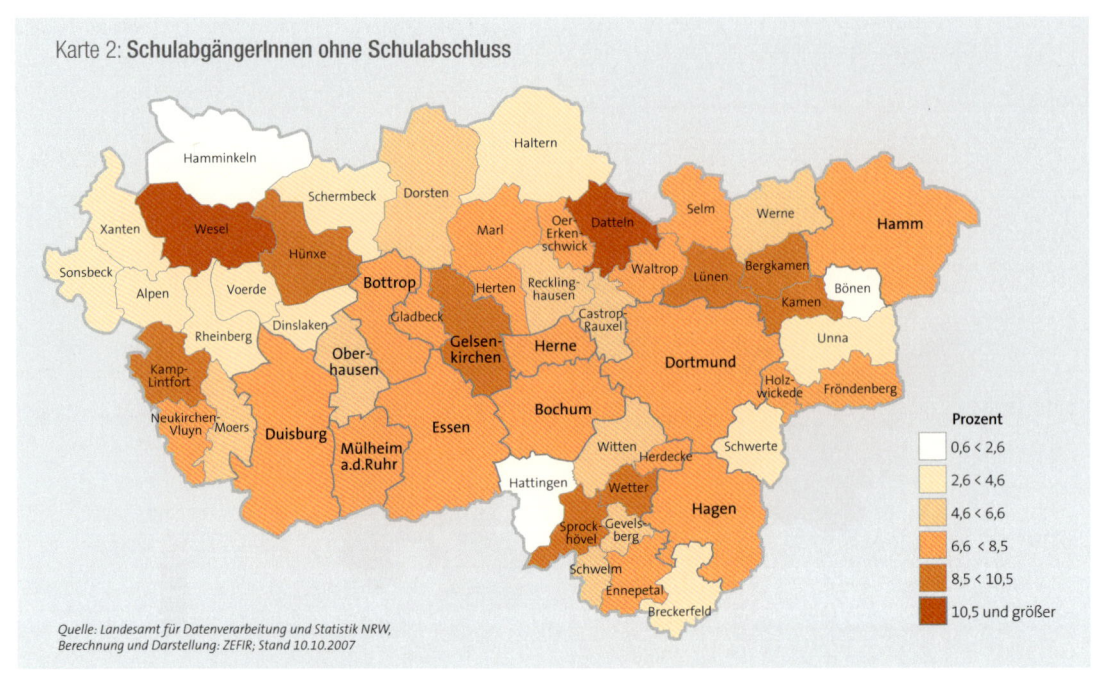

Prozent
- 0,6 < 2,6
- 2,6 < 4,6
- 4,6 < 6,6
- 6,6 < 8,5
- 8,5 < 10,5
- 10,5 und größer

Quelle: Landesamt für Datenverarbeitung und Statistik NRW,
Berechnung und Darstellung: ZEFIR; Stand 10.10.2007

Karte 3: **Nicht-deutsche SchulabgängerInnen ohne Schulabschluss**

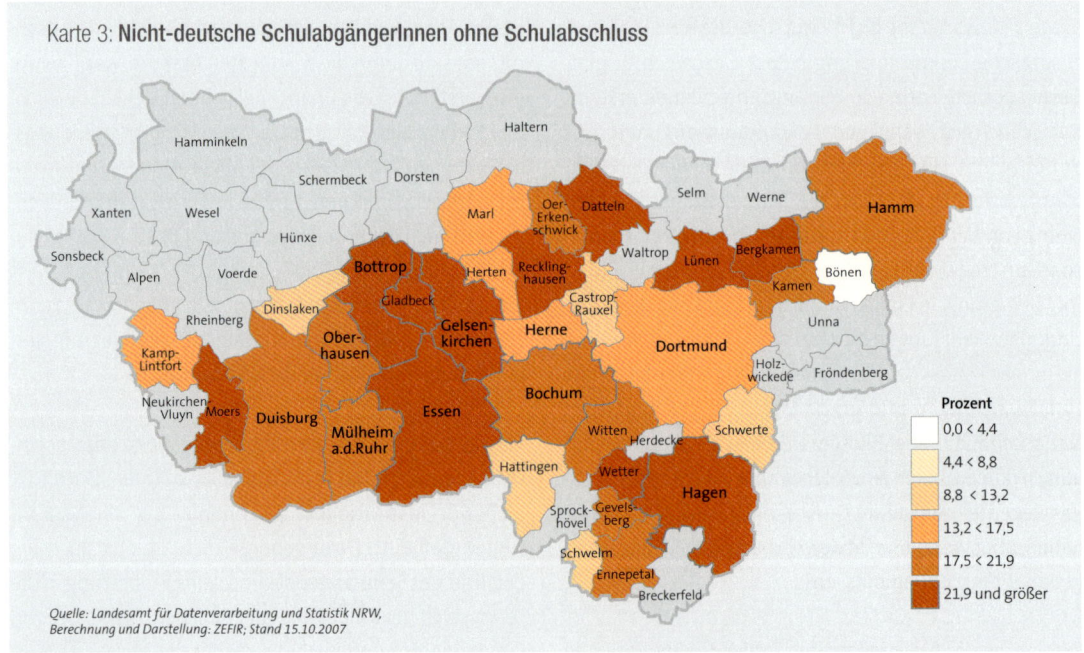

Prozent
- 0,0 < 4,4
- 4,4 < 8,8
- 8,8 < 13,2
- 13,2 < 17,5
- 17,5 < 21,9
- 21,9 und größer

Quelle: Landesamt für Datenverarbeitung und Statistik NRW,
Berechnung und Darstellung: ZEFIR; Stand 15.10.2007

Ruhrgebietsstadt zwei Hauptschulen in unmittelbarer Nähe zueinander gefunden, die sich im Schulerfolg (bei ähnlichem Einzugsbereich) diametral unterscheiden: In der einen gehen 40 % der SchulabgängerInnen (und beinahe zwei Drittel der AusländerInnen) ohne Abschluss ab, in der anderen sind es deutlich weniger und auch der Anteil der AusländerInnen ohne Abschluss liegt weit unter ihrem Anteil an den SchülerInnen. Es geht also nicht um die „Systemfrage", sondern um Schulqualität innerhalb der Grenzen, die das bestehende Schulsystem sicher noch einige Zeit setzen wird.

Dieser Beitrag liefert keine fertigen Ergebnisse und keine Rezepte. Er möchte lediglich dafür plädieren, genauer hinzuschauen. Bis vor kurzem waren solche kommunalen Vergleiche ausgesprochen unpopulär und besonders bei den BürgermeisterInnen äußerst unbeliebt. Inzwischen gibt es eine größere Offenheit im Hinblick auf Monitoring und die Dokumentation guter Praxis. Zu wünschen wäre allerdings viel mehr Offenheit im Hinblick auf Dokumentation und Diskussion auch der schlechteren Praxis.

Wir arbeiten gegenwärtig an einem Bildungsmonitor für das Ruhrgebiet, in dem wir auf der Grundlage einer kleinräumigen Sozialraumanalyse auf Stadtteilebene SchülerInnenströme sichtbar machen und die Absolventenquoten von Schulen mit den spezifischen Problemen der Standorte, an denen sie agieren, in Beziehung setzen können. Die vorangegangenen Analysen liefern gute Gründe, dieses Monitoring künftig durch Geschlechterdifferenzierungen über die Unterscheidung deutsch – nicht-deutsch hinaus zu schärfen. Solche Transparenz aber sollte Anlass sein, nicht nur gute und weniger gute Städte zu vergleichen, sondern von den Schulen zu lernen, die im Hinblick auf die Qualität der Förderung junger MigrantInnen in schwierigen sozialen Lagen besonders erfolgreich sind.

Das Ruhrgebiet steht als schrumpfende Region nicht nur vor einer demografischen Herausforderung, sondern zugleich vor einer „internationalen Herausforderung", wie es der Soziologe Franz-Xaver Kaufmann genannt hat. In schrumpfenden Gesellschaften stellt sich in besonderem Maße die Aufgabe der Integration von Einwanderern. Integration bedeutet soziologisch korrekt nicht nur, dass alle AusländerInnen Deutsch sprechen und verstehen, sondern dass sie keine schlechteren „Eintrittskarten" für Positionen in dieser Gesellschaft erhalten als Einheimische. Integration bedeutet auch, dass geschlechtsspezifische Bildungsungleichheit nicht

nur bei den deutschen Kindern abgebaut werden muss. Integration – und das ist das Spezifikum des Ruhrgebiets – betrifft nicht nur EinwanderInnen, sondern in zunehmendem Maße auch die Kinder der einheimischen Unterschicht, der der Strukturwandel die Perspektive genommen hat (Strohmeier 2002).

Wenn die großen Städte (und das Bild vom Ruhrgebiet als einer großen Stadt beschreibt die Realität treffend) „Integrationsmaschinen" der Gesellschaft sind, dann ist Bildung der Treibstoff für die Integration. In den Städten, in denen nach dem Geburtenrückgang der sechziger und siebziger Jahre die nachwachsende Generation besonders stark geschrumpft ist, hat Zuwanderung aus dem Ausland diesen Effekt bisher deutlich abgemildert. Den Kindern der EinwanderInnen – Jungen wie Mädchen – gleichwertige Zugänge zur Bildung zu ermöglichen, wird künftig keine Frage gutmenschlichen Helfens sein. Es geht dabei um nicht weniger als um notwendige Investitionen in eine knapper werdende und zunehmend benachteiligte nachwachsende Generation, die diese Gesellschaft fortsetzen soll, wenn sie erwachsen ist.

Literatur

Dubet, Francois / Lapeyronnie, Didier (1994): Im Aus der Vorstädte. Der Zerfall der demokratischen Gesellschaft, Stuttgart

Kaufmann, Franz-Xaver (2005): Schrumpfende Gesellschaft. Vom Bevölkerungsrückgang und seinen Folgen, Frankfurt / Main

Robert Bosch Stiftung (Hg.) (2009): Starke Familie – Solidarität, Subsidiarität und kleine Lebenskreise, Stuttgart

Strohmeier, Klaus Peter (2002): Bevölkerungsentwicklung und Sozialraumstruktur im Ruhrgebiet, in: Projekt Ruhr GmbH (Hg.), Reihe Demografischer Wandel, Essen

Strohmeier, Klaus Peter (2006): Segregation in den Städten. Arbeitskreis Migration und Integration der Friedrich-Ebert-Stiftung, Bonn

Strohmeier, Klaus Peter (2007): Familien heute. Gesellschaft im Wandel, in: Der Städtetag, Nr. 6, S. 10-13

Strohmeier, Klaus Peter / Kersting, Volker (2009): Segregation und Integration als die demografische Herausforderung des Ruhrgebiets. Schulbuchinformationsdienst des Regionalverbandes Ruhr, Nr. 65, Essen

Terpoorten, Tobias (2007): Geografie der Bildungschancen – Geografische Informationssysteme als Planungsinstrument für eine sozialraumorientierte Schulentwicklung, in: Die Deutsche Schule, Heft 4, S. 469-481

Hohe Schule
Best practice im Bildungsbereich

Claudia Heinrich

Ausbildung ist permanent im Wandel: Ständig neue Direktiven aus der Politik „würzen" den Schulalltag. Die Ergebnisse der PISA-Studien und Lernstandserhebungen haben auch im Ruhrgebiet die Schulen, Unis und Berufskollegs aufgescheucht. Mieses Ranking im Bundesvergleich, mangelhafte Deutschkenntnisse in den Klassen und eine Zunahme von Ausbildungsabbrüchen verlangen nach innovativen Konzepten und Optimierung der bewährten.

Viele Bildungsinstitutionen nehmen diese Herausforderung an und fördern und fordern erfolgreich. „Individuelle Förderung" steht seit 2006 als Grundprinzip im neuen NRW-Schulgesetz – und vielerorts im Mittelpunkt. Das gleichnamige Gütesiegel vom Schulministerium ist höchst begehrt.

Andere Institute verlegen sich auf die Unterstützung bestimmter Gruppen – Mädchen oder Jungen oder SchülerInnen mit Migrationshintergrund. Hier ist ein Wandel spürbar. Zwar ist man weiterhin bestrebt, Mädchen für Technik und Naturwissenschaften zu begeistern, doch auch Jungs brauchen Zuwendung. SchulsozialarbeiterInnen vermitteln „soft skills" und reflektiertes Rollenbewusstsein.

Fünf ausgewählte Best-practice-Beispiele stehen stellvertretend für ambitionierte Bildungsarbeit in der Region: eine architektonisch bemerkenswerte Gesamtschule in Gelsenkirchen, Schülerinnenprojekte an der Bochumer Ruhr-Universität, der bewährte Förderunterricht für junge MigrantInnen auf dem Essener Campus, Jungenarbeit an einer Dortmunder Schule sowie ein Berufskolleg in Herne mit ausgefeiltem Betreuungskonzept.

der Förderung

Schularchitektur besonderer Klasse: die Evangelische Gesamtschule Gelsenkirchen-Bismarck, ein IBA Emscher Park-Projekt.

„Lernstadt" EGG: architektonisch und pädagogisch wertvoll

Eine Gesamtschule im sozialen Brennpunkt mit hoher Arbeitslosigkeit, hohem MigrantInnenanteil – wer denkt da nicht gleich an graue 70er-Jahre-Zweckbauten und Asphaltschulhöfe, die nicht Baum noch Strauch, bestenfalls Graffiti zieren? Die Evangelische Gesamtschule Gelsenkirchen-Bismarck, kurz EGG, ist anders. Die Besucherin steht vor einer kleinen Stadt aus Holz, Glas und Beton in warmen Farben, gebettet in einen Park mit Wegen und Wasser. Kein Bau gleicht dem anderen. Die Bibliothek am Eingang des Geländes ruht auf einer Halbinsel inmitten eines Seerosenteichs. Drei kleine türkische Jungen füttern juchzend Enten mit ihrem Butterbrot ... Klischee ade! Wohlfühlarchitektur prägt. Links neben Bibliotheksbau und Elterncafé beginnt die „Schulstraßen"-Passage. Hinter der Eingangstür öffnet sich ein großzügiger Lichthof unter Glas – mit haushohen Bäumen, Wasserläufen, Tischen und Stühlen für Ruhepausen. Links geht es zur Schulkantine, rechts zur Kapelle, links hinten zur Straßenflucht mit Laborräumen zu beiden Seiten. Über eine Treppe auf die umlaufende Galerie gelangt man in die lichtdurchflutete Aula mit weinroten Wänden und goldbraunem Stäbchenparkett. „Architektur und Umfeld schaffen eine Atmosphäre, die zur Identifikation mit der Schule einlädt", so formuliert es Harald Lehmann. „Auf dieser Basis gelingen unsere Unterrichtsvorhaben deutlich leichter." Die EGG ist beliebt: „Über 350 Fünftklässler haben sich für das nächste Schuljahr angemeldet, nur 150 können wir aufnehmen", bedauert der Schulleiter. Auswahlkriterien sind u. a. Stadtteilnähe, eine ausgewogene Mischung an Schulempfehlungen und Mädchen und Jungen im 50:50-Verhältnis. Ungefähr ein Drittel der Kinder hat einen Migrationshintergrund, meist einen türkischen – interkulturelles Lernen wird großgeschrieben. In der

79

Evangelischen Gesamtschule steht Islam-Unterricht auf dem Stundenplan. Kopftuchtragen hingegen ist unerwünscht und nur geduldet, wenn ein Mädchen in religionsmündigem Alter ausdrücklich darauf besteht – und keine Diskriminierung spürbar wird.

„Wer die Differenz betont, verstärkt sie", lautet Lehmanns Grundsatz. Wer eine Gruppe fördert, schließt die andere aus. Aus diesem Grund hat die Schule auch das anfänglich ambitionierte Konzept, als zweite Fremdsprache Türkisch anzubieten, letztlich wieder eingestellt: „Es führte zu einer Ghettoisierung türkischer Schüler, die sich in ihrer Sprache einigelten" – ergo nicht das geeignete Mittel, die Integration zu fördern und gute Zeugnisse zu erlangen. Statistisch belegt ist, dass im Jahr 2000 etwa jede/r Drit-

te mit Migrationshintergrund die Gelsenkirchener Schulen ohne Abschluss verließ. Am EGG ist die Quote deutlich besser: „Fast alle unsere Kinder erreichen einen Abschluss", weiß Harald Lehmann, „rund ein Drittel mit Oberstufenqualifikation!" Um Sprachdefizite der Jüngsten auszugleichen, werden Lehrertandems eingesetzt. Bei Verständnisproblemen nimmt eine der beiden Lehrkräfte die fraglichen Schüler zur Seite und gibt Nachhilfe, punktuell und temporär. Jedem Zeugnis liegt ein ausführliches Feedback bei. Das Gütesiegel „Individuelle Förderung" des Schulministeriums NRW errang die Schule 2007 – neben etlichen Auszeichnungen für die Architektur.

Die Evangelische Landeskirche in Westfalen, Trägerin der Gesamtschule, hatte bei der Ausschreibung 1993

MINT für Mädchen an der RUB

MINT, das Schülerinnenprojekt der Studienberatungsstelle an der Bochumer Ruhr-Universität (RUB), begeistert seit 2002 junge Mädchen für **M**athematik, **I**ngenieur-, **N**aturwissenschaften und **T**echnik. Koordinatorin Dr. Heike Hunneshagen stellt die drei MINT-Schnupperangebote vor.

Wie entstand die Idee für MINT? Wer steht dahinter?

Das Gleichstellungsbüro initiierte MINT 2002 anlässlich des 1. Girls'Day an der RUB. Seit 2009 sind die MINT-Schülerinnenprojekte in der Zentralen Studienberatung angesiedelt. Im zweiten Jahr, 2003, entwickelten wir weitere fakultätsübergreifende Angebote: die Sommerprojektwoche und das Mentoring-Programm. Beteiligt sind acht Fakultäten aus Natur- und Ingenieurwissenschaften sowie Sport und Psychologie, da sich hier die Studieninhalte von den Erwartungen oft unterscheiden. Viele lernen unsere Uni erstmals am Girls'Day kennen.

Wie sieht ein Girls'Day an der Ruhruni aus?

Der Girls'Day richtet sich bundesweit an Mädchen der Klassen 8-10. Etwa 300 Schülerinnen kommen zu uns an die RUB, und wir organisieren eine Vielzahl von Veranstaltungen für sie. Uns ist wichtig, dass sich die Mädchen in Eigeninitiative anmelden und ihr Wunschfach nennen. Am Tag selbst werden die Schülerinnen – nach einer Einführung – in Gruppen aufgeteilt und können in ihr MINT-Fach vor Ort reinschnuppern.

Welche Projekte bietet MINT für Schülerinnen der Oberstufe?

Für etwa 80 Schülerinnen der Klassen 10-13 organisieren wir zu Ferienbeginn Sommerprojektwochen. Die jungen Frauen gewinnen anhand von praktischen Übungen in Seminarräumen und Versuchslabors einen vertiefenden Einblick in ihr Wunschfach. Es erleichtert die Studiengangwahl und minimiert

eine mutige Entscheidung getroffen: Sieger wurde der nur grob skizzierte Entwurf des Teams um Architekturprofessor Peter Hübner. Hübner vertrat den Plan eines „work in progress", an dem die erste SchülerInnengeneration beteiligt werden sollte. Motto: Was man nach eigenen Bedürfnissen selbst gestaltet, schätzt und pflegt man mehr als anonyme Funktionsbauten. 1997 wurde der Grundstein gelegt. Alle packten an, Eltern, Kinder, Architekten und Ingenieure – und zimmerten das Interieur der Klassenhäuser. In einer sechsjährigen Aufbauphase entstanden nach und nach sechs Gruppen mit je fünf Häusern, eines pro Klasse, das sie bis zum Abschluss innehat. Jedes Haus ist ein Unikat – mit eigenem Eingang, Garderobe, Toiletten, einer Terrasse mit Garten und über dem Klassenraum im Parterre eine

individuell gestaltete und genutzte hölzerne Galerie als zweite Ebene. Der Direktor führt den Besuch herum. Ein Schüler fegt den Eingangsbereich, der Rest der Klasse spielt ohne Pausenaufsicht im Raum. „Dürfen wir?" Na klar, Begehung erlaubt. Alles blitzblank! Die Übernahme bestimmter Pflichten, Erziehung zu eigenständigem, kritischem Denken und verantwortlichem Handeln gehört zu den Grundsätzen an der EGG – mit schönen Erfolgen. „Alle 64 SchülerInnen des Abiturjahrgangs 2008 haben ihr Abitur bestanden." Beeindruckt ist Harald Lehmann auch von einer Schülerin aus dem ehemaligen Jugoslawien: „Ihr durfte ich kürzlich zum besten Jahrgangsstufenzeugnis gratulieren, dabei war sie nur mit einer Hauptschulempfehlung zu uns gekommen." Sternstunden eines Schulleiters!

Fehlentscheidungen. Betreut werden sie von studentischen Mentorinnen aus den jeweiligen Fakultäten. Sie begleiten sie zu den Veranstaltungen, zeigen ihnen die Uni und stehen für Fragen rund um das Studium zur Verfügung.

Und wie funktioniert Schülerinnen-Mentoring?
Wir bieten zwei Formen: Zum einen gehen jeweils zwei Studentinnen aus unterschiedlichen MINT-Fakultäten an Schulen der Region und berichten interessierten Mädchen von ihren Studienerfahrungen. Zum anderen gibt es Mailmentoring⁺. Hier vermitteln wir Mailkontakte zwischen einer Schülerin und einer Studentin aus dem gewünschten Fachbereich. Es bilden sich Tandems: Ein halbes Jahr lang kann die Schülerin wöchentlich ihre Fragen mailen. Das + steht für das Angebot, ihre Mentorin ein-, zweimal an der Uni zu besuchen und Uni-Alltag hautnah zu erleben.

Wie messen Sie Ihren Erfolg?
Mittels Fragebögen im Anschluss an jedes Projekt. Die Resonanz ist durchweg positiv: Weit über 90 % der Teilnehmerinnen empfehlen MINT-Projekte weiter.

Für wie wichtig halten Sie Mädchenförderung à la MINT?
Förderung ist hier das falsche Wort: Mädchen wären in den MINT-Fächern mindestens genauso gut wie die Jungen. Es geht eher darum, mit praxisnahen Einblicken das Interesse an einem Studium zu wecken. Solange das Männer-Frauen-Verhältnis in MINT-Studiengängen noch unausgewogen ist, bleibt es nötig, gender-sensible Angebote zu machen. Übrigens: MINT entsprechend gibt es an der RUB auch Projekte für Jungs in Philosophie, Pädagogik, Philologie und Psychologie: JIPPPP.

Von null Deutsch bis zum Studium: 35 Jahre Förderunterricht auf dem Campus Essen

Bei Nieselregen gibt es kaum ein tristeres Areal als den Essener Campus. Dennoch kommen SchülerInnen mit Migrationshintergrund und schwachen Deutschkenntnissen gern hierher – bei Wind und Wetter, mitunter jahrelang. Sie fahren in den 5. Stock von Gebäude R09S, wo ein spezieller Förderunterricht lerneifrige Kids zu qualifizierten Schulabschlüssen führt. Hier warten ihre studentischen FörderlehrerInnen auf sie, um sie in Mangelfächern „aufzuschlauen". Zwischen 14 und 19 Uhr wird es unruhig vor Ort. Im größten der Uni-Seminarräume knubbeln sich bis zu acht Kleingruppen zeitgleich: je ein/e FörderlehrerIn mit zwei bis fünf Zöglingen. Mathematische Formeln schwirren durch die Luft, genetische Stammbäume, Englischvokabeln, eine Gedichtanalyse – die Geräuschkulisse ist erheblich, doch niemanden stört's. Alles lauscht und lernt. „Wer zu uns kommt, ist hoch motiviert", sagt Dr. Claudia Benholz. Die Leiterin des Förderunterrichts ist seit 1978 dabei, und damit fast von Beginn an: zunächst als Pädagogikstudentin und Förderlehrerin, dann als Mitglied im Förderteam. Gemeinsam mit zwei halbtags tätigen Sekretärinnen und Kollegin Anastasia Moraitis managt sie die bundesweit wohl älteste Einrichtung dieser Art. Eine organisatorische Herausforderung: Über 800 Essener SchülerInnen aus 46 Nationen sowie rund 100 studentische FörderlehrerInnen hat das kleine Team auf Räume und Lerngruppen zu verteilen, zu beraten und manchmal über Jahre zu betreuen. „Manche kommen eine Stunde in der Woche, andere bis zu acht, je nach Bedarf – und völlig kostenfrei." Offensiv für ihr Angebot zu werben braucht das Förderteam nicht. „Man kennt uns durch Mundpropaganda." Die SchülerInnen (6. Klasse aufwärts) unterschreiben zum Auftakt einen „Vertrag", der sie verpflichtet, pünktlich und regelmäßig zum Unterricht zu kommen, ihre aktuellen Zeugnisse vorzulegen, sich anständig zu verhalten und nichts zu beschädigen – und werden fachbezogen ihren LehrerInnen zugeteilt.

Anno 1974 initiierten UniversitätsmitarbeiterInnen das Projekt, um einerseits „Gastarbeiterkindern" Deutsch beizubringen und gute Schulabschlüsse zu ermöglichen und andererseits LehramtsstudentInnen Praxiserfahrung zu vermitteln. Daran hat sich bis heute nichts geändert. Didaktisch hingegen einiges. „So zeigte unsere Erfahrung, dass die Kinder über Fachunterricht z. B. in Mathematik oder Biologie schneller Deutsch lernen als in reinem Sprachunterricht", erläutert Claudia Benholz. „Fachliche Förderung steht heute im Vordergrund. Die Sprachkenntnisse verbessern sich ganz nebenbei." Und die jungen FörderlehrerInnen werden wichtige Bezugspersonen, manchmal sogar echte FreundInnen.

Der Erfolg ist messbar: „In Sek. I deutliche Verbesserung in allen Fächern", belegt eine aktuelle Studie der Mercator-Stiftung, die dafür sorgte, dass das Essener Projekt bundesweit Schule macht. 34 weitere Kommunen (im Ruhrgebiet noch Bochum, Bottrop, Dortmund, Duisburg und Gelsenkirchen) arbeiten nach Essener Vorbild, meist angebunden an die jeweiligen Hochschulen vor Ort. 26 davon konnten in den sog. Matching Fund überführt werden, d. h. sie werden weiter von der Stiftung Mercator gefördert, wenn sie einen Träger zur Kofinanzierung gewinnen konnten. In Städten ohne Hochschule findet der Unterricht nachmittags in Schulen statt. „Nicht so ganz im Sinne der Erfinder", bemängelt Claudia Benholz. Denn Unterricht in den Räumen der Uni nimmt die Schwellenangst vor der „hehren" Institution und stärkt das Selbstbewusstsein – besonders bei Mädchen.

Mehr junge Frauen als Männer erreichen dank Förderunterricht gute Schulabschlüsse. Doch das Vorurteil „faule Jungs" trifft nach Claudia Benholz' Beobachtung so nicht zu. Kaum 15 Jahre alt, müssen viele nach der Schule arbeiten, um die Familie zu unterstützen. Ihre knappe Freizeit verbringen sie dann oft lieber mit Sport. Mädchen, normalerweise in den Haushalt eingebunden, nutzen begeistert jede erlaubte Chance auf Freizeitgestaltung jenseits familiärer Verpflichtungen. Der Förderunterricht ist eine willkommene Möglichkeit, etwas zu unternehmen,

21 UNIVERSITÄT DUISBURG-ESSEN, DEUTSCH ALS ZWEITSPRACHE | DEUTSCH ALS FREMDSPRACHE

33 JAHRE FÖRDERUNTERRICHT FÜR KINDER UND JUGENDLICHE MIT MIGRATIONSHINTERGRUND

KURZDARSTELLUNG DES PROJEKTS

Das Projekt Förderunterricht wird am Fachbereich Geisteswissenschaften der Universität Duisburg-Essen am Campus Essen in Kooperation mit dem Schulverwaltungsamt der Stadt Essen sowie einer großen Zahl Essener Schulen durchgeführt.

ZIELE:
Die Ziele des Förderunterrichts liegen auf mehreren Ebenen:
- Förderung der Chancengleichheit auf dem Bildungssektor durch
  - Entfaltung von Begabungsreserven
  - Orientierung auf qualifizierte Bildungs-abschlüsse, Ausbildung oder Studium
  - Ausrichtung auf den Einzelnen
- Qualifizierung von Studierenden für die Vermittlung von Sprach- und Sachwissen und damit für ihre späteren Tätigkeiten als Lehrer oder Ausbilder
- Vertiefter Einblick in die besonderen Lern-bedingungen und Lernwege von Schülerinnen und Schülern aus Zuwandererfamilien für die an der Maßnahme beteiligten Wissenschaftler
- Verbesserung der Aus- und Fortbildung von Lehrern

PÄDAGOGISCHE GRUNDSÄTZE DES FÖRDER-UNTERRICHTS:
- Weitgehende Repressionsfreiheit
- Erziehung zur Toleranz
- Gleichberechtigung der Geschlechter
- Pädagogische Betreuung
- Unterstützung bei sozialen und schulischen Konflikten
- Beobachtung von schulischer Entwicklung und Noten
- Beratung und Begleitung bei Fragen der Schullaufbahn
- Fachliche Förderung
- Deutschförderung
- Einbeziehung der muttersprachlichen Fähigkeiten

WER WIRD GEFÖRDERT:
Schülerinnen und Schüler mit Migrationshinter-grund aus den Sekundarstufen I und II werden in möglichst homogenen Kleingruppen (ca. 2-5 Schüler) unterrichtet. Für die Familien der Schülerinnen und Schüler entstehen keine Kosten.

WER ERTEILT DEN UNTERRICHT:
Der Unterricht wird von Studierenden erteilt, die Supervision, wissenschaftliche Begleitung und spezifische Fortbildungsmaßnahmen erhalten.

FreundInnen kennenzulernen und erfolgreich zu sein. Wer das Abitur schafft, studiert meist vor Ort – und wechselt nicht selten die Seiten: um die nächste Migranten-Generation fachkundig zu unterstützen und so ihrer einstigen Förderinsti-tution „etwas zurückzugeben".

83

Jungenarbeit an der Dortmunder Heinrich-Böll-Gesamtschule

Jungenarbeit an Schulen etabliert sich. Hier lernen Jungen spielerisch Sozialkompetenz – und übernommene Verhaltensmuster zu reflektieren. Der Schulsozialarbeiter und zertifizierte Jungenarbeiter Thorsten Friedrich entwickelt Workshops für Jungen an der Heinrich-Böll-Gesamtschule in Dortmund.

Wie kamen Sie und Ihre Schule zur Jungenarbeit?
Unsere Schule im Dortmunder Westen mit rund 1.000 SchülerInnen suchte 2003 als ergänzende Verstärkung für die Schulsozialpädagogin einen Jungenarbeiter. Als Diplom-Sozialarbeiter habe ich mich in einer Fortbildung dafür qualifiziert. Vor fünf Jahren war Jungenarbeit noch ein neues Feld; ich hatte alle Freiheiten bei der Konzeption meiner Tätigkeit.

Warum Jungenarbeit? Was möchten Sie erreichen?
Vielen Jungen fehlen männliche Vorbilder. In ihrer Kindheit haben sie in erster Linie mit Frauen zu tun und in den höheren Klassen oft mit Lehrern, die als distanzierte Pädagogen auftreten und wenig Orientierung bieten. Vorbilder finden die Jungs nur in den Medien. Ergo wollen sie alle Helden sein und können Niederlagen kaum wegstecken. Meine Workshops bieten Jungen einen geschützten Raum, auch mal ohne Scham andere Rollen auszuprobieren.

Wie laufen die Workshops ab?
Alle Workshops finden in der Unterrichtszeit statt, die ein Fachlehrer der Klasse zur Verfügung stellt: in je 3-5 Doppelstunden über 2-3 Wochen (Mädchenkurse laufen parallel). Konzipiert

habe ich drei Themen-Workshops für drei Jahrgangsstufen. Ich beginne stets damit, dass ich mich sehr persönlich vorstelle. Das verblüfft die Jungs, schafft Vertrauen. Von ihren Pädagogen kennen sie so etwas nicht.

Sie beginnen mit Selbstbehauptungstraining in Klasse 6 …
Selbstbehauptungstraining greift Interessen und Rollenvorstellungen der Jungen auf und spielt mit ihnen. Ich initiiere u. a. Teamübungen und Geschicklichkeits„kampf"spiele nach festen Regeln und Ritualen. Wenn man sich vertrauen kann, kann Kräftemessen richtig Spaß machen. Kämpfen wird positiv besetzt und hat nichts mit Fertigmachen zu tun.

Statt Macho- und Imponiergehabe: In Jungengruppen lernen Jungen einen anderen Umgang miteinander.

84

Für Klasse 7 ein Pubertätsprojekt?

Ja, Übungen zum Thema Freundschaft, Sex & Co. Wie sollte ein Freund sein, wie möglichst nicht? Was ist der Unterschied von Freunden und Bekannten, von Liebe und Sexualität? Letzteres ist am spannendsten. Ich schreibe z. B. Vorurteile auf Karteikarten. Jeder Junge bekommt eine Karte, muss rumgehen und alle anderen fragen: Was stimmt? Und was nicht? In diesem Rahmen kann man viele Mythen geraderücken und vieles klären, was Jungen insgeheim bedrückt.

**Mit „Hey Man(n) – alles klar?"
haben Sie einen Preis gewonnen …**

Einen Sonderpreis im Rahmen des bundesweiten Projekts „Neue Wege für Jungs". Der Workshop ist für Jungs der 9. Klasse, die eine Berufsausbildung an-

streben. Wir reflektieren spielerisch, inwieweit Leben und Berufswunsch selbstbestimmt oder gesellschaftlich geprägt sind. Ich möchte Jungen ermutigen, alternative Berufs- und Lebensperspektiven für sich in Erwägung zu ziehen. Sie sollen sich zumindest trauen, Infos über Berufe wie Krankenpfleger oder Erzieher einzuholen, und nicht gleich abblocken.

**Ändert sich Denken und
Verhalten nach so kurzer Workshop-Zeit?**

Die in den Workshops vermittelte Stopp-Regel bei persönlichen Grenzüberschreitungen nutzen die Jungs z. B. auch auf dem Schulhof. Die kennen alle auf unserer Schule. Ansonsten müssen Erkenntnisprozesse halt reifen. Je mehr Trainings wir im Bereich Jungenarbeit anbieten, umso mehr Spuren wird es hinterlassen.

85

Gut erfasst und bestens betreut – am Berufskolleg Herne

Linkerhand vom Bahnhof Herne, verkehrstechnisch perfekt, erstreckt sich am Westring der monumentale Gebäudekomplex des städtischen Berufskollegs für Wirtschaft und Verwaltung. „Unsere Schüler und Schülerinnen kommen aus der ganzen Region", sagt Schulleiter Heribert Gathmann. 13 Bildungsgänge und eine Vielzahl an Berufsabschlüssen und Zusatzqualifikationen können Jugendliche hier absolvieren – begleitend zur Ausbildung im Betrieb oder als Vollzeitunterricht. Wer will, macht Hauptschulabschluss oder Fachoberschulreife oder Wirtschaftsabitur ... Für Uneingeweihte ein verwirrendes Labyrinth aus Begrifflichkeiten – wie nur mag sich da z. B. ein 16-Jähriger mit dürftigen Deutschkenntnissen zurechtfinden? Um SchülerInnen in spe die Orientierung zu erleichtern, entwickelte die Schule das Programm einer effizienten individuellen Beratung und Betreuung in mehreren Stufen: vor der Anmeldung, während der Anmeldungsphase und begleitend die ganze Schulzeit hindurch – mit dem erklärten Ziel, alle Jugendlichen bestmöglich auf die Ausbildung und die Arbeitswelt vorzubereiten und einem Abbruch rechtzeitig entgegenzuwirken. „Unmittelbar nach Bekanntgabe der ersten PISA-Ergebnisse entwickelten wir unser Betreuungskonzept nach schwedischem Vorbild", erläutert Heribert Gathmann, „seither wird es fortwährend verfeinert und erbrachte uns als erste Bildungsinstitution in Herne 2008 das NRW-Gütesiegel ‚Individuelle Förderung'."

Gute Vorbereitung ist alles: Berufskolleg-LehrerInnen gehen an die Schulen, erfragen die Berufswünsche und signalisieren, ob die SchülerInnen damit am Berufskolleg gut aufgehoben wären. Wer z. B. ein Handwerk erlernen möchte, kommt an einer kaufmännischen Schule gewiss nicht auf seine Kosten. Um Frust vorzubeugen, werden im Zuge der Anmeldung akribisch Details erfasst – mit Fragebögen, im Gespräch und Test. „Wir wollen so viel wie möglich von den SchülerInnen wissen, Ausbildungswunsch, schulischer Werdegang, Fachnoten, Sprachkenntnisse, Migrationshintergrund etc., um möglichst vor Beginn schon gut einschätzen zu können, wer sich wofür eignet", so Gathmann weiter. Am Traditionskolleg

schöpft man aus langjährigem Erfahrungsschatz. Einmal aufgenommen, führen angehende Bürokaufleute, Fachkräfte für Lagerlogistik, Steuerfachangestellte wie auch WirtschaftsgymnasiastInnen im Halbjahrestakt Schulentwicklungsgespräche mit KlassenlehrerInnen – ein 15-Minuten-Austausch: Was geht? Was geht gar nicht? Wo ist dringend Hilfe gefragt? „Zurzeit entwickeln wir eine elektronische Schülerakte, eine digitale Datenbank, die uns hilft, den Überblick über Entwicklungsprozesse zu wahren, selbst wenn SchülerInnen den Ausbildungsgang wechseln." Datenerhebungen, Auswertungen, Fragebögen – das klingt zunächst nach abstrakten Zahlenspielen, kommt aber unterm Strich dem Einzelnen zugute. Im Gästebuch auf der Website schwärmen die Ehemaligen: Hier interessiert man sich für uns! Für jede/n Einzelne/n! Man fühlt sich gut aufgehoben. Selbst für private Probleme haben BeratungslehrerInnen stets ein offenes Ohr. Bei einem Institut, das die Massen bewegt (zurzeit 2.137 Jugendliche – 1.269 weiblich, 868 männlich – plus 120 Lehrkräfte) ist dies keine Selbstverständlichkeit.

Man fördert gern, aber fordert auch: Wer sich im Unterricht danebenbenimmt, darf im Reflexionsraum schriftlich und im Dialog über sein Fehlverhalten nachdenken. Wer Unterrichtsstoff versäumt, ist angehalten, ihn im Selbstlernzentrum aufzuarbeiten. Neben Fachkompetenz ist Sozialkompetenz gefordert, mit Erziehung zu Selbstverantwortung und Selbstständigkeit möchte man SchülerInnen auf die Arbeitswelt vorbereiten und zu lebenslangem Lernen befähigen. Der Erfolg gibt dem Schulprogramm Recht. „An Berufskollegs in NRW liegt die Abbruchquote über 50 Prozent – bei uns liegt sie weit darunter!", sagt Schulleiter Gathmann. Stolz verweist er auf die Urkunden an der Wand: Gütesiegel „Individuelle Förderung", erste „Europaschule" in Herne, Schulentwicklungspreis „Gute gesunde Schule", Unterstützung der Initiative „Schule ohne Rassismus – Schule mit Courage"... Und hin und wieder kommen ehemalige SchülerInnen und heutige Bosse vorbei und erzählen ihren NachfolgerInnen, wie sie wurden, was sie sind.

Die **Hochschulen** der **Metropole Ruhr**
– Organisation, Migration und Geschlecht

Ruth Becker
Beate Kortendiek
A. Senganata Münst
Sabine Schäfer

Geprägt von Bergbau und Schwerindustrie war das Ruhrgebiet bis Mitte der 1960er Jahre eine fast hochschulfreie Region. Es gab lediglich die 1655 gegründete Universität in Duisburg, die 1816 gegründete private Technische Fachhochschule Georg Agricola zu Bochum und die 1927 gegründete Folkwang-Hochschule des Landes. Diese Situation änderte sich grundlegend im Zuge der Hochschulexpansion, die der im internationalen Vergleich viel zu geringen Studierendenquote in Deutschland entgegenwirken und bisher bildungsfernen Bevölkerungsgruppen zu einer akademischen Bildung verhelfen sollte.

Angefangen mit der Universität Bochum im Jahr 1965 wurden im Ruhrgebiet innerhalb der letzten 40 Jahre insgesamt sechs Universitäten und zehn Fachhochschulen gegründet. Dabei stellten insbesondere die Gesamthochschulen in Duisburg, Essen, Paderborn, Siegen, Wuppertal und Hagen, die ein Studium ohne Vollabitur ermöglichten, in den 1970er Jahren ein bildungsreformerisch bedeutsames Projekt dar, das allerdings in den Jahren 2002 und 2003 beendet wurde. Die Gesamthochschulen wurden zu Universitäten, und ein Studium setzt wieder das Vollabitur voraus. Die jüngste Hochschul-Neugründung im Ruhrgebiet erfolgte im Jahr 2005 mit der privaten Hochschule für Logistik und Wirtschaft Hamm.

Zusätzlich wurden vier neue Fachhochschulen in Trägerschaft des Landes NRW errichtet, die alle über Standorte im Ruhrgebiet verfügen: die FH Hamm-Lippstadt, die FH Westliches Ruhrgebiet (Mülheim und Bottrop), die FH Nördlicher Niederrhein (Kleve und Kamp-Lintfort) und der Gesundheitscampus Nordrhein-Westfalen in Bochum. Diese Neugründungen sind als eine landespolitische Antwort auf das wachsende Interesse an der Kombination von Ausbildungsberufen mit gleichzeitigem Studium zu verstehen, die zurzeit vor allem an privaten Fach- und Hochschulen angeboten wird. Zum großen Teil werden hier neue Studienplätze in den mathematisch-naturwissenschaftlichen Fächern entstehen, die bisher eher von Männern gewählt werden. Allerdings sieht der Gesundheitscampus in Bochum erstmals eine (Fach-)Hochschulausbildung für Gesundheitsberufe (z. B. Geburtshilfe, Krankenpflege oder Physiotherapie) vor, die vor allem von Frauen ergriffen werden.

Frauenanteile beim Personal

Wenn man die Anteile von Frauen und Männern auf verschiedenen Hierarchiestufen betrachtet, ergibt sich auf fast allen gesellschaftlichen Feldern das Bild einer sich öffnenden Schere: je niedriger die Hierarchiestufe, desto höher der Frauenanteil, und je weiter man die Karriereleiter hinaufblickt, desto weniger Frauen findet man. Die Hochschulen, auch die des Ruhrgebiets, sind da keine Ausnahmen, wie Untersuchungen zeigen. Im Gegenteil: Beim wissenschaftlich-künstlerischen Personal, insbesondere in der Gruppe der ProfessorInnen, sind Frauen weiterhin stark unterrepräsentiert, wie die folgende Abbildung eindrucksvoll veranschaulicht.

Im Jahr 2007 lag an den Ruhrgebietshochschulen der Frauenanteil beim wissenschaftlich-künstlerischen Personal ohne Professuren bei 36,8 % und bei den Professuren bei 15,6 %. Damit lässt sich zwar eine enorme Steigerung innerhalb der letzten zehn Jahre konstatieren, beim wissenschaftlich-künstlerischen Personal im Ruhrgebiet um etwa 42 %, bei den Professorinnen um beachtliche 77 %, eine gleiche Verteilung von Frauen und Männern ist aber noch längst nicht erreicht. Offensichtlich sind Frauen an den Hochschulen des Reviers mit einer „gläsernen Decke" aus männlich geprägten Organisationskulturen und informellen Machtstrukturen konfrontiert, die ihnen zwar die Aussicht auf die akademischen Spitzenpositionen gewährt, einen Aufstieg jedoch oft verhindert, obwohl die Wissenschaftlerinnen über die entsprechenden Qualifikationen verfügen.

Diese „gläserne Decke" scheint an den Hochschulen im Ruhrgebiet und in NRW trotz des weitreichenden Landesgleichstellungsgesetzes und politischer Maßnahmen wie dem Strukturfonds (Gleichstellung) des NRW-Wissenschaftsministeriums noch undurchlässiger zu sein als im Bundesdurchschnitt, ist doch der Frauenanteil bei den Professuren hier noch etwas niedriger. Der derzeit stattfindende Aufbau dreier neuer Fachhochschulen mit dem

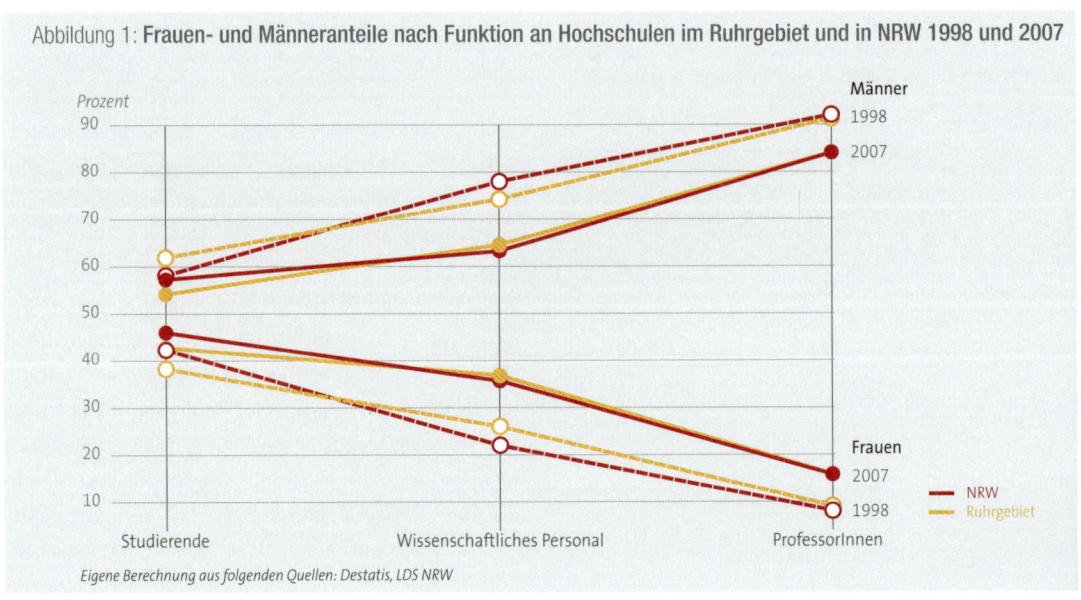

Abbildung 1: **Frauen- und Männeranteile nach Funktion an Hochschulen im Ruhrgebiet und in NRW 1998 und 2007**

Eigene Berechnung aus folgenden Quellen: Destatis, LDS NRW

88

Schwerpunkt auf mathematisch-naturwissenschaftlichen Fächern könnte dafür sorgen, dass dieser Trend weiter verstärkt wird – hier ist eine aktive Gleichstellungspolitik als Gegensteuerung von Anfang an unabdingbar.

Auch die Rektorate, Dekanate und Hochschulräte an den Hochschulen der Metropole Ruhr sind zurzeit noch weitgehend mit Männern besetzt. Ausnahme: die TU Dortmund, die von einer Rektorin geleitet wird. Dies ist aus der Perspektive der (Geschlechter-)Gerechtigkeit mehr als problematisch. Zwar bekunden viele Hochschulleitungen im Ruhrgebiet ihr Interesse an der Förderung von Gleichstellung in ihren Grundordnungen, Leitbildern, Zielvereinbarungen oder Frauenförderplänen. Allerdings geht man dort weitgehend davon aus, dass sich die Zahlenverhältnisse an den Spitzen der Organisation von selbst ändern, wenn der Frauenanteil steigt. Dieser Vermutung folgend werden in Frauenförderplänen, Zielvereinbarungen, Gleichstellungsberichten usw. überwiegend Maßnahmen formuliert, die die Situation einzelner Frauen erheblich verbessern und ihnen den Einstieg in die Wissenschaft ermöglichen sollen: durch Zuschüsse zu Reise- und Tagungskosten, Studienabschlussfinanzierung oder Stipendien. Eine Analyse der Fachbereiche (z. B. Germanistik, Rehabili-

tationswissenschaft), in denen Frauen in der Gruppe der Studierenden 70 % oder mehr ausmachen, zeigt allerdings, dass auch dort in den höheren Positionen Männer dominieren. Ein hoher Frauenanteil unter den Studierenden allein führt offensichtlich nicht zu einer grundsätzlichen Angleichung der Geschlechterverhältnisse in den oberen Etagen. Was bisher fehlt, sind Maßnahmen, die die Strukturen, die zum Phänomen der „gläsernen Decke" führen, systematisch ins Visier nehmen. Hier ist die Universität Duisburg-Essen, die ihre Gleichstellungsaktivitäten mit der Hochschulentwicklung koppelt, möglicherweise wegweisend.

Die Erhöhung des Anteils von Frauen an den Hochschulen der Metropole Ruhr ist Ziel einer aktiven Gleichstellungspolitik, die bisher fast ausschließlich von den Gleichstellungsbeauftragten initiiert und getragen wird. Hervorzuheben ist hier die Kooperation der Gleichstellungsbüros der „Universitätsallianz der Metropole Ruhr", die beispielsweise ein hochschulübergreifendes Mentoring-Programm für Nachwuchswissenschaftlerinnen an den Universitäten Duisburg-Essen, Dortmund und Bochum anbieten. Zu wünschen bleibt aber, dass die Spitzen der Organisation, d. h. die Rektorate und insbesondere die Fachbereiche, sich noch aktiver an den Prozessen beteiligen.

Tabelle 1: **Frauenanteile – Studierende, wissenschaftlich-künstlerisches Personal, Professuren 1998 und 2007** in Prozent

	WS 1997/98	Berichtsjahr 1998		WS 2007/08	Berichtsjahr 2007	
	Student-innen	Wiss. Personal*	Professor-innen	Student-innen	Wiss. Personal*	Professor-innen
Ruhrgebiet	38,2	25,9	8,8	42,6	36,8	15,6
Nordrhein-Westfalen	42,1	22,0	8,0	46,0	35,7	15,8
Bundes-republik	43,5	29,7	9,6	47,7	36,9	16,3

WS = Wintersemester; * ohne Professuren
Eigene Berechnung aus folgenden Quellen: Destatis 2008, Studierende; Destatis 2008, Personal; Destatis 2007, Personal; LDS NRW Referat 313, Studierende 1997/98; LDS NRW Referat 313, Studierende 2007/08

Tabelle 2: **Entwicklung der Studierenden-zahlen – Ruhrgebiet, NRW und Deutschland**

	WS 1997/98	WS 2007/08	Verände-rungen
Ruhrgebiet	171.153	158.580	-7,4 %
NRW ohne RG	345.892	310.167	-10,3 %
NRW gesamt	517.045	468.747	-9,3 %
Bund gesamt	1.822.898	1.932.355	+ 6,0 %

WS = Wintersemester
Eigene Berechnung aus folgenden Quellen: Destatis 2008, Studierende; LDS NRW Referat 313, Studierende 1997/98; LDS NRW Referat 313, Studierende 2007/08

Studium im Ruhrgebiet

Im Jahr 2008 studierte ein Drittel (33,1 %) aller nordrhein-westfälischen Studierenden an einer der 15 Hochschulen des Ruhrgebiets. Zwar hat die Region einen nicht unerheblichen Rückgang von mehr als 7 % der Studierenden zu verzeichnen, doch ist dieser Rückgang weniger drastisch als an den anderen Hochschulen des Landes. Damit konnte das Ruhrgebiet in den letzten Jahren im Landesvergleich – wenn auch nicht im Bundesvergleich – seine Stellung als Studienregion ausbauen. Zweifellos spielen für den Rückgang der Studierendenzahlen in NRW die seit dem Wintersemester (WS) 2006/07 an den meisten Hochschulen des Landes erhobenen Studiengebühren eine Rolle – andere Bundesländer mit Studiengebühren haben ebenfalls rückläufige Studierendenzahlen, während Bundesländer ohne solche Gebühren Zuwächse verzeichnen.

Neun der 15 Hochschulen des Ruhrgebiets befinden sich in Trägerschaft des Landes. Dort studierten im WS 2007/08 gut 90 % aller Studierenden der Region. Auf die private Universität Witten-Herdecke, die kirchliche und die privaten Fachhochschulen entfallen dagegen nur gut 9 % der Studierenden. Betrachtet man allerdings die Studierendenzahlen an den einzelnen Hochschulen im Zeitverlauf, zeigen sich beträchtliche Verschiebungen.

Während die Universitäten in Trägerschaft des Landes in den letzten zehn Jahren 23.900 Studierende verloren, gewannen die Fachhochschulen in Trägerschaft des Landes 4.239 Studierende hinzu. Einen vergleichsweise sprunghaften Zuwachs konnten die privaten Hochschulen des Ruhrgebiets verzeichnen: Ihre Studierendenzahlen stiegen von 5.287 auf 12.356, d. h. um mehr als 130 %. Damit haben die privaten Hochschulen die höchsten Zuwachsraten, wobei allerdings die Fachhochschulen in privater Trägerschaft

aufgrund ihrer vergleichsweise sehr hohen Studiengebühren von 295 bis 390 Euro pro Monat oder 4.500 Euro je Semester eine andere Zielgruppe ansprechen als die Fachhochschulen des Landes. Das Beispiel der privaten FH für Ökonomie und Management in Essen mit ihrem enormen Zuwachs an Studierenden zeigt die offenbar zunehmende Bedeutung dualer Studiengänge, die Studium und Berufstätigkeit gleichzeitig ermöglichen.

Studentinnen gewinnen an Terrain – relativ und absolut

Der Anteil der Frauen an den Studierenden steigt kontinuierlich und nähert sich auf Bundesebene der Parität. Nordrhein-Westfalen und insbesondere das Ruhrgebiet hinken dieser Entwicklung etwas hinterher – im Ruhrgebiet lag der Frauenanteil im WS 2007/08 mit 42,7 % um immerhin 5 Prozentpunkte unter dem Bundesdurchschnitt. Allerdings ist die Zuwachsrate des Frauenanteils im Ruhrgebiet in den letzten zehn Jahren deutlich höher als im restlichen NRW (siehe Tabelle 4). Denn hier ist die Zahl der Studentinnen tatsächlich um 3,7 % gestiegen, während sie an den anderen Hochschulen des Landes um 3 % abgenommen hat. Auch für das gesamte Bundesgebiet gilt, dass die Zahl der Studentinnen deutlich gestiegen ist. Bei den männlichen Studierenden ist dagegen ein stark rückläufiger Trend festzustellen, der in NRW ohne Ruhrgebiet mit 16 % am stärksten und auf Bundesebene mit rund 2 % am niedrigsten ausgeprägt ist.

Frauen holen zumindest an den Hochschulen des Ruhrgebiets auf. Dies ist aus Sicht der Gleichstellung eine positive Entwicklung, zu der vor allem Fachhochschulen beigetragen haben. Die Analyse der Entwicklung der Studentinnenzahlen in den Jahren von 1997/98 bis 2007/08 zeigt aber gleichzeitig, dass insbesondere die technisch ausgerichteten Fachhochschulen mit Frauenanteilen zwischen 11 % (Technische FH Bochum) und 32 % (FH Dortmund) immer noch viel zu wenige Studentinnen haben. Aktuell verzeichnen insbesondere die großen Universitäten Duisburg-Essen, Dortmund und Bochum einen Rückgang von Studentinnen.

Tabelle 3: **Studierende an den Hochschulen des Ruhrgebiets WS 1997/1998 und WS 2007/2008**

	WS 1997/98	WS 2007/08	Veränderung absolut	Veränderung in %
Ruhrgebiet: Universitäten in Trägerschaft des Landes				
U Duisburg-Essen	39.356	30.727	-8.629	-21,9
U Bochum	36.540	30.849	-5.691	-15,6
Fernuniversität Hagen	43.803	37.494	-6.309	-14,4
TU Dortmund	24.534	21.103	-3.431	-14,0
Folkwang-Hochschule, Essen	787	966	179	22,7
gesamt	**145.020**	**121.139**	**-23.881**	**-16,5**
Ruhrgebiet: Fachhochschulen in Trägerschaft des Landes				
FH Bochum	4.653	4.373	-280	-6,0
FH Dortmund	9.112	7.459	-1.653	-18,1
FH Südwestfalen	4.086	6.877	2.791	68,3
FH Gelsenkirchen	2.995	6.376	3.381	112,9
gesamt	**20.846**	**25.085**	**4.239**	**20,3**
Ruhrgebiet: Hochschulen in privater Trägerschaft				
Ev. FH Rheinland-Westfalen-Lippe, Bochum	1.942	2.058	116	6,0
FH für Ökonomie und Management, Essen	856	6.698	5.842	682,5
Techn. FH Bochum (DMT)	1.397	1.441	44	3,2
Universität Witten-Herdecke	763	1.050	287	37,6
FH Int. School of Management Dortmund	329	929	600	182,4
FH für Logistik und Wirtschaft, Hamm		180	180	0,0
gesamt	**5.287**	**12.356**	**7.069**	**133,7**
Gesamt				
Ruhrgebiet	171.153	158.580	-12.573	-7,4
NRW ohne Ruhrgebiet	345.892	310.167	-35.725	-10,3
NRW	517.045	468.747	-48.298	-9,3
Bundesrepublik	1.822.898	1.932.355	109.457	6,0

Eigene Berechnung aus folgenden Quellen: Destatis 2008, Studierende; LDS NRW Referat 313, Studierende 1997/98; LDS NRW Referat 313, Studierende 2007/08

Tabelle 4: **Studentinnen und Studenten WS 1997/1998 und WS 2007/2008**

	WS 1997/98			WS 2007/08			Veränderung absolut und in %			
	W	M	W in %	W	M	W in %	W	M	W in %	M in %
Ruhrgebiet	65.306	105.847	38,2	67.723	90.857	42,7	2.417	-14.990	3,7	-14,2
NRW ohne RG	152.344	193.548	44,0	147.841	162.326	47,7	-4.503	-31.222	-3,0	-16,1
NRW gesamt	217.650	299.395	42,1	215.564	253.183	46,0	-2.086	-46.212	-1,0	-15,4
Bund gesamt	793.768	1.029.130	43,5	922.167	1.010.188	47,7	128.399	-18.942	16,2	-1,8

Eigene Berechnung aus folgenden Quellen: Destatis 2008, Studierende; LDS NRW Referat 313, Studierende 1997/98; LDS NRW Referat 313, Studierende 2007/08

Studierende ohne deutschen Pass: zwei gegenläufige Entwicklungen

Für die Attraktivität einer Region als Hochschulstandort gilt der Anteil ausländischer Studierender als ein wichtiger Indikator. Nicht nur die einzelnen Hochschulen, sondern auch die Hochschulpolitik von Bund und Ländern haben in den letzten Jahren vermehrt Anstrengungen unternommen, um die Mobilität von Studierenden zu erhöhen und den „Hochschulstandort Deutschland" für Studierende aus dem Ausland attraktiv zu machen.

Zu den ausländischen Studierenden zählen in amtlichen Statistiken jedoch nicht nur solche, die ihre Hochschulzugangsberechtigung in ihren Heimatländern erworben haben und zum Studium nach Deutschland kommen (BildungsausländerInnen), zu ihnen zählen auch die in Deutschland aufgewachsenen und hier lebenden Studierenden mit Migrationshintergrund (BildungsinländerInnen).

In der bildungs- und sozialpolitischen Debatte ist die Anzahl ausländischer Bildungsinländer ein wichtiger Indikator für misslungene oder gelungene Integration bzw. dafür, inwieweit das deutsche Bildungssystem soziale Hierarchien reproduziert oder ausgleicht. Doch selbst wenn nach Bildungsausländern und ausländischen Bildungsinländern getrennt wird, sind Aussagen über die Beteiligung von Menschen mit Migrationshintergrund nur begrenzt möglich, da nur ein Teil der Menschen mit Migrationshintergrund in der Kategorie „ausländische Bildungsinländer" erfasst wird. Nicht erfasst werden zum einen SpätaussiedlerInnen und zum anderen eingebürgerte MigrantInnen.

Der Anteil ausländischer BildungsinländerInnen war Ende der 1990er Jahre an allen deutschen Hochschulen mit 3 bis 4 % schon wesentlich geringer als ihr Anteil an der (gleichaltrigen) Bevölkerung und hat seither sogar noch abgenommen. Angesichts einer gewissen Erleichterung der Einbürgerung von MigrantInnen könnte der Rückgang durch eine höhere Einbürgerungsrate gerade der jungen Menschen bedingt sein. Es ist jedoch nicht auszuschließen, dass dieser Rückgang ein Zeichen der auch in anderen Bereichen sichtbaren zunehmenden Marginalisierung erheblicher Teile der Migrationsbevölkerung ist. Festzuhalten bleibt jedoch, dass die Hochschulen im Ruhrgebiet einen etwas höheren Anteil ausländischer BildungsinländerInnen unter ihren Studierenden haben als die übrigen Hochschulen Nordrhein-Westfalens und einen deutlich höheren als das Bundesgebiet insgesamt. Dies ist sicherlich auf den überdurchschnittlichen Anteil von MigrantInnen im Ruhrgebiet und in NRW zurückzuführen.

Tabelle 5: **Anteil Deutsche, ausländische BildungsinländerInnen und BildungsausländerInnen an den Studierenden** in Prozent

	WS 1997/98			WS 2007/08		
	Deutsche	Ausländische Bildungs-inländerInnen	Bildungs-ausländerInnen	Deutsche	Ausländische Bildungs-inländerInnen	Bildungs-ausländerInnen
Ruhrgebiet	91,0	4,3	4,8	87,4	4,1	8,6
NRW ohne RG	90,8	4,0	5,3	87,8	3,5	8,7
NRW gesamt	90,9	4,1	5,1	87,6	3,7	8,7
Bund gesamt	88,6	3,0	5,6	83,3	2,8	9,0

Eigene Berechnung aus folgenden Quellen: Destatis 2008, Studierende; LDS NRW Referat 313, Studierende 1997/98; LDS NRW Referat 313, Studierende 2007/08

Eine völlig andere Entwicklung ist bei den Bildungs-ausländerInnen festzustellen. Hier gilt: Die Hochschulen im Revier sind, ebenso wie die Hochschulen in NRW und in der gesamten Bundesrepublik, internationaler geworden. Das gilt in besonderem Maß für das Ruhrgebiet. Denn während der Anteil der BildungsausländerInnen in NRW ohne Ruhrgebiet um rund 65 % und im Bundesgebiet um rund 60 % stieg, ist er im Ruhrgebiet um rund 80 % angestiegen. Allerdings ausgehend von einem im Vergleich zu NRW und der Bundesrepublik unterdurchschnittlichen Niveau. Durch diese Steigerung ist der Anteil der BildungsausländerInnen an den Ruhrgebietshochschulen inzwischen mehr als doppelt so hoch wie der Anteil der BildungsinländerInnen mit ausländischem Pass.

Geschlechterdifferenz bei ausländischen BildungsinländerInnen am höchsten

Im Wintersemester 1997/98 lag der Frauenanteil bei den ausländischen BildungsinländerInnen in allen Gebietseinheiten noch um rund 5 % unter dem Anteil bei allen Studierenden. Jedoch holten die Studentinnen mit ausländischem Pass, aber im Inland erworbener Hochschulzugangsberechtigung in den letzten Jahren deutlich auf, sodass sich der Abstand im Wintersemester 2007/08 auf rund 1,5 Prozentpunkte verringerte. Den mit 46 % höchsten Frauenanteil unter den BildungsinländerInnen haben der Bund und das Land NRW ohne

das Ruhrgebiet, während das Ruhrgebiet mit einem 42,5-prozentigen Anteil hinterher hinkt. Trotzdem kann aus Sicht der Gleichstellung im Ruhrgebiet von einer positiven Entwicklung gesprochen werden. Denn wie die Tabelle 6 zeigt, hat hier die absolute Zahl der ausländischen Bildungsinländerinnen im betrachteten 10-Jahres-Zeitraum um 212 Studentinnen zugenommen, während sie im übrigen NRW deutlich sank. Damit hebt sich das Land NRW in dieser Frage negativ vom Bundestrend (mit einer deutlichen Steigerung der ausländischen Bildungsinländerinnen) ab.

Im Gegensatz zur Entwicklung bei den weiblichen Studierenden nahm die Zahl der männlichen Studierenden mit ausländischem Pass und in Deutschland erworbener Zugangsberechtigung in allen untersuchten Gebietseinheiten drastisch ab (zwischen 10 % im Bund und knapp 30 % in NRW ohne Ruhrgebiet) – sodass die Steigerung des Frauenanteils zumindest teilweise dem Rückgang männlicher Studierender geschuldet ist. Die größten Verluste ausländischer Bildungsinländer weist NRW ohne Ruhrgebiet auf. Hier sinkt sowohl die Anzahl der männlichen als auch der weiblichen ausländischen BildungsinländerInnen, wenn auch in unterschiedlichem Ausmaß (30 % bzw. 11 %).

Tabelle 6: **Ausländische BildungsinländerInnen nach Geschlecht WS 1997/1998 und WS 2007/2008**

	WS 1997/98			WS 2007/08			Veränderung			
	W	M	W in %	W	M	W in %	W	M	W in %	M in %
Ruhrgebiet	2.618	4.648	36,0	2.830	3.827	42,5	212	-821	8,1	-17,7
NRW ohne RG	5.500	8.202	40,1	4.914	5.766	46,0	-586	-2.436	-10,7	-29,7
NRW gesamt	8.118	12.850	38,7	7.744	9.593	44,7	-374	-3.257	-4,6	-25,3
Bund gesamt	20.599	33.190	38,3	24.429	29.726	46,0	3.830	-3.464	18,6	-10,4

Eigene Berechnung aus folgenden Quellen: Destatis 2008, Studierende; LDS NRW Referat 313, Studierende 1997/98; LDS NRW Referat 313, Studierende 2007/08

Fast ausgeglichenes Geschlechterverhältnis bei BildungsausländerInnen

BildungsausländerInnen bilden die zweifellos heterogenste Gruppe der Studierenden, in der Frauen und Männer aus Ländern aller Kontinente zusammengefasst werden. Der Blick auf die einzelnen Herkunftsländer verdeutlicht, dass sich die Geschlechterverhältnisse je nach Herkunftsland stark unterscheiden: So lag beispielsweise in NRW der Frauenanteil der Studierenden aus Marokko im WS 2006/07 bei 16 % und der Studierenden aus China bei 48% (vgl. LDS NRW 2007 Hochschulen, S. 55-56).

Insgesamt ist jedoch in nahezu allen Gebietseinheiten und beiden betrachteten Zeiträumen (mit Ausnahme von NRW ohne Ruhrgebiet im WS 1997/98) der Frauenanteil bei den BildungsausländerInnen höher als bei allen anderen Gruppen (vgl. Tabellen 4 und 7). Er hat im WS 2007/08 auf Bundesebene die Parität knapp überschritten und in NRW ohne Ruhrgebiet immerhin erreicht. Das Revier bildet hier mit einem Frauenanteil von rund 46 % das Schlusslicht. Geschlechtergerechtigkeit gilt also sowohl an den Hochschulen des Bundes als auch des Landes vor allem für Bildungsausländerinnen.

Resümee

Die Frauen holen in allen Bereichen auf, nicht nur bei den deutschen und ausländischen Studierenden, sondern auch beim wissenschaftlich-künstlerischen Personal und insbesondere bei den Professuren – und dies trotz Studiengebühren und Stellenabbau an nordrhein-westfälischen Hochschulen. Dies sollte aber nicht darüber hinweg täuschen, dass es bei einer gleichbleibenden Steigerung des Professorinnenanteils von sieben Prozentpunkten innerhalb eines Jahrzehnts noch weitere 50 Jahre dauern würde, bis Frauen und Männer gleich viele Professuren besetzen.

Dabei haben die Arbeitsplätze an den Hochschulen ohne jeden Zweifel an Attraktivität verloren. Die Zahl der Teilzeitstellen beim wissenschaftlichen Personal nimmt bei gleichzeitiger Verkürzung der durchschnittlichen Laufzeiten der Verträge drastisch zu. Durch den von der Politik verordneten Stellenabbau und die Besoldungsreform, die Grundgehälter drastisch gesenkt hat und Zulagen zur Verhandlungssache macht, auf die keine Gleichstellungsbeauftragte Einfluss hat, wird die Geschlechterdifferenz bei der Besoldung der ProfessorInnen über das bisher gekannte Maß hinaus verstärkt. Schon bisher war der Anteil der Frauen bei den höchstdotierten C4-Professuren

Tabelle 7: **Ausländische BildungsausländerInnen nach Geschlecht WS 1997/1998 und WS 2007/2008**

	WS 1997/98			WS 2007/08			Veränderung			
	W	M	W in %	W	M	W in %	W	M	W in %	M in %
Ruhrgebiet	3.317	4.829	40,7	6.206	7.378	45,7	2.889	2.549	87,1	52,8
NRW ohne RG	7.823	10.398	42,9	13.536	13.482	50,1	5.713	3.084	73,0	29,7
NRW gesamt	11.140	15.227	42,2	19.742	20.860	48,6	8.602	5.633	77,2	37,0
Bund gesamt	46.718	55.493	45,7	89.055	84.062	51,4	42.337	28.569	90,6	51,5

Eigene Berechnung aus folgenden Quellen: Destatis 2008, Studierende; LDS NRW Referat 313, Studierende 1997/98; LDS NRW Referat 313, Studierende 2007/08

besonders gering. An Terrain gewonnen haben Frauen vor allem bei den niedriger dotierten C3- und C2- bzw. W2- und W1-Stellen. Dies sind ernst zu nehmende Indikatoren für eine Entwicklung, die bereits in vielen Berufsfeldern zu beobachten war: Frauen gelingt es erst dann, ein Terrain zu erobern, wenn es in seiner gesellschaftlichen Bedeutung und ökonomischen Attraktivität absinkt. Es ist zu hoffen, dass eine solche Entwicklung an den Hochschulen des Landes abgewendet werden kann. Wie groß die Gefahr ist, dass sich auch an den Hochschulen eine solche Entwicklung vollzieht, machen Annette Zimmer et al. in ihrer Studie über Frauen an Universitäten deutlich. Sie sehen Professorinnen an deutschen Hochschulen als „winners among losers".

Auch wenn die Anteile von Frauen auf allen Hierarchiestufen in den Hochschulen des Ruhrgebiets zunehmen, ist das Ziel der geschlechterparitätischen Beteiligung noch lange nicht erreicht. Denn trotz eines hohen gleichstellungspolitischen Engagements und Innovationspotenzials im Bereich der Gender Studies bilden die Hochschulen des Reviers immer noch die gleichstellungspolitischen Schlusslichter im Vergleich zu den anderen Hochschulen im Land NRW und zu Deutschland insgesamt. Hier besteht Handlungsbedarf. Geschlechtergerechtigkeit als Qualitätsmerkmal stünde den Hochschulen in der Metropole gut zu Gesicht – damit die Metropole Ruhr keine geschlechterpolitische Provinz bleibt.

Literatur

Destatis (2007): Bildung und Kultur. Personal an Hochschulen 2006, Fachserie 11 Reihe 4.4 (zitiert als: Destatis 2007, Personal)

Destatis (2008): Bildung und Kultur. Personal an Hochschulen – Vorläufige Ergebnisse – Berichtsjahr 2007. Wiesbaden (zitiert als: Destatis 2008, Personal)

Destatis (2008): Studierende an Hochschulen Wintersemester 2007/2008 – Vorbericht – Fachserie 11. Reihe 4.1, Wiesbaden (zitiert als: Destatis 2008, Studierende)

LDS NRW (2007) Hochschulen in Nordrhein-Westfalen 2006/2007, Düsseldorf (zitiert als: LDS NRW 2007 Hochschulen)

LDS NRW Referat 313, Amtliche Hochschulstatistik / Studierendenstatistik: Studierende und Studienanfänger/-innen an Hochschulen in NRW im Wintersemester 1997/98 nach Trägerschaft, Hochschulart, Hochschulen und Staatsangehörigkeit. Düsseldorf. Datensatz (zitiert als: LDS NRW Referat 313, Studierende 1997/98)

LDS NRW Referat 313, Amtliche Hochschulstatistik/Studierendenstatistik: Studierende und Studienanfänger/-innen an Hochschulen in NRW im Wintersemester 2007/08 nach Trägerschaft, Hochschulart, Hochschulen und Staatsangehörigkeit. Düsseldorf. Datensatz (zitiert als: LDS NRW Referat 313, Studierende 2007/08)

Zimmer, Annette et al. (2007): Frauen an Hochschulen: Winners among Losers. Zur Feminisierung der deutschen Universität, Leverkusen

Campus und Karriere

Stefan Laurin

Frauen? Hatten es immer schwer. Egal wo. Aber besonders schwer hatten sie es traditionell im Ruhrgebiet, denn das Revier ist Macho-Land. „Ein Junge aus dem Revier muss zwei Dinge können: hart arbeiten und hart trinken", weiß der Volksmund. Und auch wenn die meisten mittlerweile Bergleute nur noch aus dem Fernsehen kennen und bei dem Wort Zeche an Industriekultur denken, haben die Männerwelten von Kohle und Stahl hier das Bewusstsein geprägt. Arbeit war hart, gefährlich und brachte, wenn man Glück hatte, so viel Geld, dass die Ehefrau nicht arbeiten gehen musste. Die zu Hause die Kinder hütende Frau war der Stolz des Bergmanns und ihre Berufstätigkeit eher eine Schande. Frauen und Bildung? Unsinn. Über den Besuch einer höheren Schule, gar einer Universität, dachte man im Arbeitermilieu in der ersten Hälfte des 20. Jahrhunderts überhaupt nicht nach. Zum einen lag so etwas sowieso außerhalb jeder Vorstellung, zum anderen gab es im Ruhrgebiet bis in die 60er Jahre hinein keine einzige Hochschule. Eine akademische Ausbildung war nicht vorgesehen, und so wurde die Universität, die mit ihrer bergmännischen und technischen Ausrichtung eigentlich ins Ruhrgebiet gehört hätte und bis heute die einzige „Elitehochschule" Nordrhein-Westfalens ist, die Rheinisch-Westfälische Technische Hochschule, 1870 am Rande des eher kleinen Aachener Reviers gebaut – und nicht im Ruhrgebiet. Die einzige Universität der Region, 1655 in Duisburg gegründet, war 1818 geschlossen worden. Da hatte die Industrialisierung gerade an Fahrt aufgenommen.

Als schließlich in den 60er Jahren unter Ministerpräsident Franz Meyers die Universitäten in Dortmund und Bochum gegründet wurden, dachte wohl niemand daran, dass sie auch den Akademikerinnenanteil im Ruhrgebiet erhöhen würden. Sie galten als erster Schritt zur Revitalisierung des schon damals wirtschaftlich angeschlagenen Ruhrgebiets und sollten, so Meyers 1964 in einem Interview mit dem Magazin Der Spiegel, das Ruhrgebiet auch „allgemein vom Kulturellen her wieder attraktiv machen. Ich kann heute ein Gebiet einfach wirtschaftlich nicht mehr besiedeln, wenn es nicht auch die nötige kulturelle Struktur hat. Das sind nicht nur Theater und Kinos und Konzerte, sondern das heißt auch Ausbildungsstätten. Der Beamte oder der Angestellte verlangt einfach, wenn er in eine bestimmte Gegend gehen soll, dass für seine Kinder die notwendigen Ausbildungsstätten da sind. Sonst geht er eben nicht hin."

Die Bildungsmisere war damals kein spezielles Problem des Reviers. Ganz Deutschland war im Vergleich mit seinen europäischen Nachbarn weit abgeschlagen. Sowohl das Schul- als auch das Hochschulsystem galten als wenig leistungsfähig und als sozial ungerecht. Die Universitäten im Ruhrgebiet sollten die Lage abmildern. „Die Hochschulen im Revier waren von vornherein nicht als Forschungs-, sondern als Ausbildungsuniversitäten konzipiert, was man ja bis heute in den diversen Rankings spürt", so der Bochumer Historiker Klaus Tenfelde, „sie sollten das Bildungsniveau der Region anheben und für akademischen Nachwuchs sorgen." Die Gewinner dieser Entwicklung waren von den damaligen Bildungsplanern als solche gar nicht auserkoren: „Das waren", sagt Tenfelde, „die Frauen."

Vor allem sie profitierten vom Ausbau der weiterführenden Schulen und nutzten die Möglichkeiten, die sich ihnen boten. Waren in den 60er Jahren Mädchen auf den Gymnasien noch in der Minderheit, stellen sie heute die Mehrheit der Abiturienten und der Studienanfänger. Bildung allein, das belegen zahlreiche Studien, führt allerdings noch nicht zu Gleichstellung und gleichen Karrieremöglichkeiten. Eine Studie der Europäi-

schen Kommission über die Frauenanteile bei Professorenstellen im internationalen Vergleich Ende der 90er Jahre zeigte, dass Deutschland auf dem viertletzten Platz lag. Bei den gut dotierten Vollprofessuren lag er bei nur 5,9 Prozent. Zum gleichen Zeitpunkt waren in der Türkei 21,5 Prozent aller Vollprofessuren von Frauen besetzt, in Finnland 18,4 und in Portugal 17,0 Prozent.

Zahlen, die Eve Ding nicht wirklich wundern. Ding gehörte zu den hundert bestqualifizierten ChinesInnen ihres Jahrgangs – und wurde 1980 zum Studium nach Deutschland geschickt. Heute ist Eve Ding Professorin der Regelungs- und Prozesstechnik an der Fachhochschule Gelsenkirchen. Sie meint: „Sowohl in der Wirtschaft als auch an den Hochschulen ist der Wettbewerb sehr groß, wenn es um die attraktiven und lukrativen Positionen geht. Viele Frauen sind nicht bereit, an diesem Wettbewerb teilzunehmen. Das hat nichts mit der fachlichen Qualifikation zu tun, da sind Frauen auf keinem Feld schlechter als Männer. Es fehlt ihnen aber häufig die Bereitschaft, sich so auf die Karriere zu fixieren, wie es Männer tun."

Und eine akademische Karriere verlangt einen mindestens so hohen Einsatz wie in der freien Wirtschaft: „Wenn sie sich entschließen, im wissenschaftlichen Bereich Karriere zu machen, müssen sie bereit sein, dafür sehr viel Zeit zu opfern. Will man auch noch eine Familie haben, braucht man einen Partner, der einen voll unterstützt – und das ist, da wirken die tradierten Rollenbilder immer noch, eher die Frau, die ihren Mann unterstützt als andersherum. Ich hätte meinen Weg ohne die Unterstützung meiner Frau nie gehen können", räumt Klaus Tenfelde ein.

Es ist nicht nur die direkte Arbeit an der Hochschule, die Vorlesungen, die Forschungsarbeit und die Betreuung von Abschlussarbeiten und Promotionen, die den

Aufwand so hoch werden lässt: „Sie müssen veröffentlichen, um wahrgenommen zu werden, sich in wissenschaftlichen Verbänden und Beiräten engagieren, um den Kontakt zu ihren Kollegen zu wahren und auszubauen. Von 52 Wochenenden im Jahr bin ich über die Hälfte nicht zu Hause, sondern unterwegs. Das kann man mit einem Familienleben kaum zusammenbringen."

Und das steht bei vielen Frauen in der Lebensplanung noch immer sehr weit oben. Ihr besonderes Problem: In der Zeit, in der sie ohne allzu hohes statistisches Risiko für sich selbst und das Kind Mutter werden können, müssen mit besonders hohem Aufwand die Grundlagen für die spätere Karriere gelegt werden. In den Jahren bis 40 muss promoviert und habilitiert werden, muss geforscht und müssen die Forschungsergebnisse in möglichst wichtigen Publikationen veröffentlicht werden. Mit einer 40-Stunden-Woche ist das alles nicht zu leisten – eher liegt die zeitliche Arbeitsbelastung phasenweise jenseits von 80 Stunden.

Dazu sind viele Frauen nicht bereit. Susan Pinker hat in ihrem Buch „Das Geschlechterparadox. Über begabte Mädchen, schwierige Jungs und den wahren Unterschied zwischen Männern und Frauen" beschrieben, dass Frauen häufig eine ganz andere Vorstellung von ihrem Leben haben als Männer und sie damit in einer von männlichen Werten und Verhaltensweisen dominierten Gesellschaft eher auf eine Karriere als auf ein Leben nach eigenen Wertvorstellungen verzichten.

Masha Gerding
Gleichstellungsbeauftragte der Ruhr-Universität Bochum.

Masha Gerding sind die „Spielregeln" einer männlich dominierten Arbeitswelt zumal aus ihrer beruflichen Perspektive heraus vertraut. Ihr Arbeitsbereich ist sozusagen das Problemfeld Frauen, Campus und Karriere. Als langjährige Hochschulangehörige und jetzige Gleichstellungsbeauftragte der Ruhr-Universität Bochum weiß die promovierte Sozialwissenschaftlerin, dass über viele Karrieren nicht nur nach rein formalen Kriterien entschieden wird, sondern Netzwerke und Seilschaften eine nicht zu unterschätzende Rolle spielen. Frauen seien in ihrer wissenschaftlichen Arbeit nicht schlechter als Männer, aber wenn der Vortrag gehalten, die Ergebnisse präsentiert oder die Diskussion gelaufen ist, zeigten sie weniger Interesse daran, am „gemütlichen" Teil der Veranstaltungen teilzunehmen. „Wenn die Männer danach ein Bier trinken gehen, sind die Frauen oft nicht dabei", so Gerding, „entweder haben sie Familienpflichten oder werden auch nicht gefragt." Das wäre kein Problem, wenn nicht bei diesen Gelegenheiten die informellen Netzwerke geknüpft würden, die für die spätere Karriere so wichtig sind.

Im direkten Gespräch verdeutlicht Gerding ihr besonderes Interesse, die Geschlechterforschung an der RUB zu intensivieren, Nachwuchswissenschaftlerinnen noch gezielter zu fördern und die Vereinbarkeit von Familie und Beruf zu verbessern. Ihr ist klar, dass sich Kinderwunsch und wissenschaftliche Karriere nicht einfach zusammenbringen lassen. Aber da, ist sie sich sicher, kann deutlich mehr gemacht werden.

Sind die Frauen die Bildungsgewinnerinnen des 21. Jahrhunderts?

Ja und nein. Es ist so, dass Frauen die besseren Abiturientinnen sind. Lehrerverbände erklären, dass die Art und Weise der Wissensvermittlung Mädchen entgegenkommt. Entscheidend ist aber auch, welche Fächer gewählt werden und ob Frauen überhaupt an die Universität gehen. Es gibt Anzeichen dafür, dass die Einführung von Studiengebühren Frauen mit Migrationshintergrund davon abhält, an die Universitäten zu kommen. Wenn in einer Familie das Geld nicht für das Studium aller Kinder reicht, entscheiden sich gerade Migrantenfamilien in der Regel dazu, die Jungs studieren zu lassen.

Und es gibt eine typische Verteilung von Frauen auf die Fächer: Frauen studieren bevorzugt Geistes- und Gesellschaftswissenschaften und sind traditionell stark bei den Lehrämtern – dort dann aber auch in naturwissenschaftlichen Fächern wie Biologie und Chemie. In vielen natur- oder ingenieurwissenschaftlichen Fächern sind Frauen dagegen bis heute in der Minderzahl. Aber auch für diese Fächer gilt wie für alle: Frauen absolvieren ihr Studium insgesamt verlässlicher, sind erfolgreicher und brechen weniger ab. Spannend wird es aber an Punkten wie dem Wechsel vom B. A. (Bachelor of Arts) zum Master. Dort brechen viele Frauen ihr Studium ab. Dazu kann es die unterschiedlichsten Gründe geben: Vielleicht wollen sie erst einmal arbeiten und den Master später machen, vielleicht aber ist es ihnen auch zu teuer. Dann gibt es auch noch die These, dass es an den nur in einem geringen Maße formalisierten Zulassungsbestimmungen liegt. Frauen schneiden bei den Zulassungsverfahren, die standardisiert sind, wie die der ZVS, überproportional gut ab. Von B. A. bis Master will man aber die „Besten" haben, auch die, die nicht typisch sind, und es kommt auf Auswahlgespräche an. Dort schneiden Frauen, das zeigen erste Erfahrungen, auch besser ab – in allen Fakultäten.

Bei der Promotion dünnt es sich dann aber weiter aus. Doch es gibt interessante Ausnahmen: Nur acht bis neun Prozent der Studierenden der Elektrotechnik sind Frauen, bei den Maschinenbauern liegt die Quote höher, da sind es 15 Prozent, aber fast alle Frauen, die das Studium beginnen, schließen auch ab, es gibt kaum Abbrecherinnen. Bei den Promotionen sieht es so aus: Auf den Promotionsstellen sitzen dann auch noch viele Frauen, weil die Lehrstühle sagen: Wenn eine Frau einen guten Abschluss hat, bekommt sie auch eine Stelle. Da ist, zumindest bei einigen Fakultäten, ein großes Bewusstsein vorhanden. Bei den Geisteswissenschaften sieht das anders aus: Da verringert sich im Verhältnis zur hohen Zahl der Absolventinnen die Promotionsquote im Verhältnis zu anderen Fakultäten erheblich.

Woran liegt das? An den Lebensentwürfen oder an den Fächern? Wer Physik studiert, will Physiker werden, wer Germanistik studiert ...

... weiß oft nicht, was er sonst machen soll. Die Motivation in den ingenieur- oder naturwissenschaftlichen Fächern ist sicher höher, da es hier berufsqualifizierende Abschlüsse gibt. Aber da war ja auch die Frage nach den Lebensentwürfen. Es heißt ja immer, Frauen wollen irgendwann einmal Kinder kriegen. Ich kann diesem Argument nicht folgen. Wenn ich mir die Männer anschaue, die hier arbeiten: viele von ihnen haben auch Familie, und das ist typischerweise kein Problem. Bei den Männern geht man unbewusst davon aus, dass da eine Frau im Hintergrund ist, aber es ist erst einmal kein bewusstes Kriterium, das die Wissenschaftler daran hindert, Frauen zu fördern. Ich denke, es ist eher ein indirektes Ausschlusskriterium, da es auch in den Bereichen, in denen Frauen nicht so präsent sind, weil sie wenige sind, keine strukturelle Förderung junger Frauen gibt. Nach den „klassischen" Annahmen der Professionssoziologie müssten Frauen eigentlich in der Wissenschaft sehr stark vertreten sein, denn überall, wo das Gehalt vergleichsweise niedrig ist und das Prestige gering, finden sich mehr Frauen als Männer.

Gut, das Prestige, das mit einer Professur verbunden ist, ist sicherlich immer noch sehr hoch, aber das Einstiegsgehalt eines Professors liegt in der neuen Besoldungsform auf der Höhe eines Realschullehrers. Dennoch ist das nicht der Fall. Und geht man weiter, in den Bereich der Habilitation, dünnt sich die Zahl der Frauen noch weiter aus.

Warum?
Die ganze Struktur des Wissenschaftsbetriebs ist ein Hopp- oder Top-System. Zum einen ist es absolut unberechenbar. Auch wenn ich mich anstrenge und den formalen Kriterien meiner Fachkultur entspreche, mich weiterbilde und qualifiziere, heißt das noch lange nicht, dass ich jemals eine Professur erhalte. Unter Umständen ist man promoviert, habilitiert und kommt trotzdem nicht weiter. Gleichzeitig ist der Mittelbau an vielen Hochschulen systematisch abgebaut worden. Und auf dem Weg zur Professur muss man viele Jahre mit Zeitverträgen leben und seinem Professor bei jedem Umzug folgen. Im Mittelbau sind es sehr prekäre Lebensverhältnisse: Je weiter man nach oben kommt, umso weniger Stellen gibt es, zudem dominieren in vielen Fachkulturen Männernetzwerke. Wenn ich mir anschaue, wie die Besetzungsvorschläge aus den Fakultäten oft aussehen, sind das in der Regel – provokant formuliert – weiße junge Männer. Alles, was anders ist, taucht auf diesen Listen selten auf oder ist eher chancenlos. Der Wissenschaftsrat hat 2007 Empfehlungen zur Chancengleichheit von Frauen und Männern herausgegeben und spricht in diesem Zusammenhang von homosozialen Kooptationsverfahren bei den Berufungen. Wenn da eine Kommission ist, die nur aus Männern zusammengesetzt ist und die tragen alle einen Anzug, und dann gibt es eine Frau oder einen Mann, der auffällt, ist es schon aus psychologischen Gründen so, dass man das, was einem vertraut ist, besser bewertet.

Susan Pinker hat in ihrem Buch „Das Geschlechterparadox" beschrieben, dass Männer viel stärker als Frauen bereit wären, sich eventuell auch in unsinnige Aktivitäten mit einem großen Maß an Fanatismus zu stürzen und dann auch bei Bedarf 16 Stunden am Tag zu arbeiten. Frauen, so Pinker, seien da deutlich rationaler.

Kann es sein, dass Frauen bei dem Rennen um Professuren früher aussteigen, weil sie erkennen, dass die Chance, dass sich der ganze Aufwand irgendwann einmal lohnen könnte, gering ist?
Das kann durchaus so sein. Es könnte unterschiedliche Strategien geben, damit umzugehen. Man kann alle kritischen Punkte einer Wissenschaftskarriere ausblenden und am Ende auch bei geringen Chancen das Ziel erreichen. Ich habe einmal eine These von einer Mathematikerin gehört, die sehr schnell und sehr erfolgreich promovierte. Sie sagte, dass die Frauen, die in der Mathematik promoviert haben, das machen, weil sie das wollen und sich bewusst dafür entschieden hätten. Bei vielen Männern hingegen sei die Entscheidung für diesen Berufsweg eher aus Verlegenheit erfolgt, weil sie nicht genau wussten, was sie nach ihrem Abschluss überhaupt machen wollten. Wenn man das logisch weiter denken würde, tendierten Männer dazu, an der Hochschule zu bleiben, weil sie den Kontext der öffentlichen Bildungssituation seit der Kindheit kennen: erst die Schule, dann die Universität. Ich glaube, es wäre verkürzt, es nur so zu sehen. Dabei kommen sehr unterschiedliche Motivlagen oder Strategien zusammen. Es gibt sehr gute NachwuchswissenschaftlerInnen, und es ist auch vielen begleitenden Maßnahmen zu verdanken, dass sie besser lernen, sich durchzusetzen. Gleichzeitig müssen sich aber auch die Strukturen im deutschen Wissenschaftssystem ändern, damit die jungen Frauen schneller in die eigenständige Forschung kommen. Das ist hier ein Weg.

Haben Frauen andere Ansprüche an ihr Leben?

Ja, durchaus. Ich kenne Frauen, die nicht mehr in dieser Unsicherheit leben wollen, die sagen: Ich habe keine Lust mehr, ich will jetzt ein Kind. Die Laufbahn von WissenschaftlerInnen ist immer noch nicht planbar. Die Qualifikationsphase nach dem Studium unterliegt diesen Voraussetzungen. In der Phase zwischen der Entscheidung, eine Promotion zu beginnen, bis zum Erlangen der Professur lebt man in einer ziemlichen Hetze. Es gibt hohe Leistungsstandards in der Forschung, man soll Auslandserfahrung und Drittmittel eingeworben haben und zudem Engagement in der Selbstverwaltung der Hochschule zeigen. Man muss hervorragend in der Lehre sein, die Spielregeln der Fachkultur kennen, forschen und publizieren, am besten in Englisch – und das unter miserablen wirtschaftlichen Bedingungen, mit Zeitverträgen oder auch mal gar keiner Stelle. Das ist kein einfacher Weg.

Und diesen Weg muten sich Frauen nicht so häufig zu?

Frauen wollen sich dem nicht so häufig aussetzen. Aber das heißt für mich, dass sich das Verfahren ändern muss, dass die Zugangsvoraussetzungen transparenter werden und sich die Hochschulen Gedanken machen müssen, wie es ihnen gelingen kann, für Frauen attraktiver zu werden. Wenn man heute alles erfüllt, was die eigene Fachkultur verlangt, bedeutet das nicht, dass man automatisch die Laufbahn fortsetzen kann. Das muss sich ändern, das Willkürelement bei wissenschaftlichen Karrieren muss sich deutlich verringern.

Was machen die Frauen, die aus der Wissenschaft aussteigen?

Die gehen, je nach Fachbereich, in die freie Wirtschaft oder ergreifen andere Berufe, werden etwa Lehrerinnen. Es gibt aber auch einen Trend zur Retraditionalisierung: Frauen machen ihre Abschlüsse – und häufig sind es die besseren Abschlüsse – und entscheiden sich dann bewusst für die Familie und legen ihren Ehrgeiz in diesen Bereich. Das ist bildungsökonomisch eine unglaubliche Verlustrechnung, die sich keine Volkswirtschaft erlauben darf. Wir tun es aber!

Warum hat das wieder zugenommen? Die Jobaussichten für Akademiker sind doch so gut wie lange nicht.

Es ist schwierig, das pauschal zu erklären. Auf der einen Seite ist die Retraditionalisierung das Produkt einer weiterhin sehr konservativen Familienpolitik. Demnach kann es sich diese Gesellschaft ja erlauben, auf das Potenzial der hochqualifizierten Frauen zu verzichten, statt in eine vernünftige Kinderbetreuung zu investieren. Ich kann das nicht nachvollziehen, dass sich Frauen nach der Mühe, der Zeit und dem Geld, das sie in ihre Ausbildung investiert haben, von einem Mann und dessen Einkommen abhängig machen. Es mangelt aber an der Hochschule – auch an unserer – an ganz einfachen Sachen.

Und die wären?

Deutschland hat in der Kinderbetreuung große Defizite – die Universitäten sind da keine Ausnahmen. Wir brauchen mehr Krippenplätze an den Hochschulen, es gibt keine Campus-Kita. Es gibt eine Kita für Studierende, aber keine für MitarbeiterInnen der Hochschule. Es gibt ein Konzept, aber es ist noch nicht umgesetzt worden. Hätten wir eine Campus-Kita, die auch den Arbeitszeiten von WissenschaftlerInnen genügen würde, hätten wir ein geringeres Problem. Doch dieses Problem lässt sich, genug Geld und politischen Willen vorausgesetzt, lösen. Daran werde ich auch weiterarbeiten.

Innovationen in
Frauen in der Wissensgesellschaft

Tanya Draganinska-Yordanova
Alexander Knickmeier
Christina Lücke
Markus G. Schwering

Der tief greifende gesellschaftliche, ökonomische und technische Wandel hatte für die Unternehmen im Ruhrgebiet immer wieder gravierende Umbrüche zur Folge: Ehemals gesicherte Marktpositionen gingen verloren, wenn sich Nachfragestrukturen verschoben und traditionelle Branchengrenzen aufzulösen begannen. Durch die einschneidenden strukturellen – in weiten Teilen sprunghaft und unvorhersehbar eintretenden – Veränderungsprozesse nahmen die Herausforderungen zu, mit denen jedes einzelne Unternehmen konfrontiert war, und stellten deren Überleben infrage (Kriegesmann / Kerka 2007). Diejenigen Unternehmen, die sich nicht erfolgreich mit der Sicherung und Förderung ihrer Wettbewerbs- und Entwicklungsfähigkeit auseinandersetzten, gehörten über kurz oder lang zu den Verlierern. Es kam also darauf an, von der Defensive in die Offensive zu kommen und mit Sach-, Prozess- und Dienstleistungsinnovationen neue Geschäftsfelder und Märkte zu erschließen (Staudt et al. 2001).

Vor diesem Hintergrund entdeckte man auch im Ruhrgebiet Forschung, Bildung und Wissenschaft als Mittel zur Bewältigung des Strukturwandels. In den siebziger Jahren bekam im Revier fast jede Großstadt ihre (Gesamt-)Hochschule. Die Hochschulen mit ihren breiten und weitreichenden Orientierungen eröffneten vielen Menschen neue Perspektiven. Sie aktivierten Bildungsreserven, machten den Weg frei für individuelle Karrierewege, erhöhten das Ausbildungsniveau in einer durch alte Strukturen geprägten Region und schufen eine Basis für forschungsaktive Unternehmen.

Inzwischen bildet das Ruhrgebiet die dichteste Forschungs- und Bildungslandschaft Europas: Neben fünf Universitäten, einer Kunsthochschule und zehn Fachhochschulen haben sich zahlreiche renommierte Forschungseinrichtungen unterschiedlicher wissenschaftlicher Disziplinen angesiedelt, z. B. Max-Planck-, Fraunhofer- und Leibniz-Institute, wie das Rheinisch-Westfälische Institut für Wirtschaftsforschung sowie etliche Technologie- und Gründerzentren. Neue und moderne Kompetenzfelder wie Informationstechnologie, IT-Sicherheit, Mikrosystemtechnik, Nano- und Werkstofftechnologie, Logistik, Chemie, Energie- und Wasserwirtschaft sowie Gesundheitswirtschaft haben sich im Revier etabliert.

Allerdings wird es trotz dieser guten Ausgangsbedingungen für die hiesigen Unternehmen zunehmend schwieriger, die für Forschung und Entwicklung notwendigen Kompetenzen flexibel vorzuhalten. Gerade die jüngere Vergangenheit hat gezeigt, dass der Ingenieurmangel sich mehr und mehr zu einem Hemmschuh für den Innovationsstandort Ruhrgebiet entwickelt. Die sich weiter öffnende Schere zwischen der Nachfrage und dem Angebot von technisch hochqualifizierten HochschulabsolventInnen macht eine stärkere Berücksichtigung von Frauen in

Forschung und Entwicklung

diesen Bildungsgängen erforderlich. Allerdings verhindert nach wie vor eine Reihe von Barrieren die Aufwertung der Rolle von Frauen in der Wissensgesellschaft.

IngenieurInnenmangel verhindert Entfaltung von Innovationspotenzialen

In Wissenschaft und Praxis ist heute unbestritten, dass dem Humankapital eine Schlüsselrolle zur Bewältigung des Strukturwandels zukommt und Kompetenzen als Motor für technologische Entwicklung und wirtschaftliches Wachstum gelten können. Insbesondere die Kompetenzprofile von Fachkräften in ingenieurwissenschaftlichen Disziplinen bestimmen maßgeblich die Innovationsfähigkeit von Unternehmen, Branchen und ganzen Regionen (Staudt et al. 1998).

Anhand einer Reihe von gesamtwirtschaftlichen Indikatoren lässt sich indes belegen, dass in Deutschland das ehemals solide Fundament technischer Fachkräfte erodiert. Es zeichnet sich ein gravierender Mangel an AbsolventInnen ingenieurwissenschaftlicher Studiengänge ab. Deren Jahrgangsstärke hat im Gegensatz zum positiven Trend bei den AkademikerInnen allgemein in der letzten Dekade deutlich abgenommen (Kriegesmann et al. 2008). Während die Zahl der HochschulabsolventInnen zwischen 1995 und 2006 von 214.018 auf insgesamt 254.318 angestiegen ist, sank die Zahl der IngenieurabsolventInnen nach Angaben des Vereins Deutscher Ingenieure (VDI) innerhalb dieses Zeitraums von 50.613 auf 39.129, dies entspricht einem Anteil von 15 Prozent statt bisher 24 Prozent. Diese Entwicklung hat gravierende Folgen: Insgesamt gesehen übersteigt die Nachfrage nach IngenieurInnen schon seit einigen Jahren das Angebot (vgl. Abb. 1). Laut VDI hatten im Jahr 2006 gut 17 Prozent aller Unternehmen in Deutschland,

die IngenieurInnen beschäftigen, Probleme bei der Rekrutierung. Der Bereich Forschung und Entwicklung ist davon schon jetzt überproportional betroffen. Hier berichteten sogar 30 Prozent der Unternehmen über Probleme bei der Besetzung offener Stellen (VDI 2007). Obwohl im Zuge der Finanzkrise mit einem Abschwung der Konjunktur gerechnet werden kann, besteht keinesfalls Grund zum Aufatmen.

Fehlen den Unternehmen aufgrund des Fachkräftemangels wichtige Innovationsträger, sind Wertschöpfungsverluste die zwangsläufige Folge. Im Ruhrgebiet sind gerade Schlüsselbranchen wie etwa die Energie-, Informations- und Kommunikationstechnologie auf kompetente IngenieurInnen angewiesen, um ihre Forschungs- und Entwicklungsarbeiten voranzutreiben und neue Märkte zu erschließen. Selbst internationale Konzerne haben inzwischen einen IngenieurInnenmangel. Wegen ihrer überregional und international operierenden Geschäftseinheiten und ihres besseren Images fällt es ihnen allerdings leichter, technische Fach- und Führungskräfte zu rekrutieren. Kleine und mittelständische Unternehmen, aus denen sich die Wirtschaft des Ruhrgebiets vor allem zusammensetzt, suchen neue IngenieurInnen dagegen vorwiegend im regionalen Umfeld. Sie sind deshalb auf ein breites regionales Angebot an Fachkräften angewiesen (Kriegesmann et al. 2008).

Dieses Angebot bereitzustellen wird angesichts der sich abzeichnenden Entwicklungen im Zuge des demografischen Wandels immer schwieriger, da das Arbeitskräfteangebot insgesamt und somit auch das Erwerbspersonenpotenzial im Ingenieurbereich sinkt. So stellt z. B. die OECD-Studie „Bildung auf einen Blick 2007" fest, dass Deutschland selbst unabhängig von

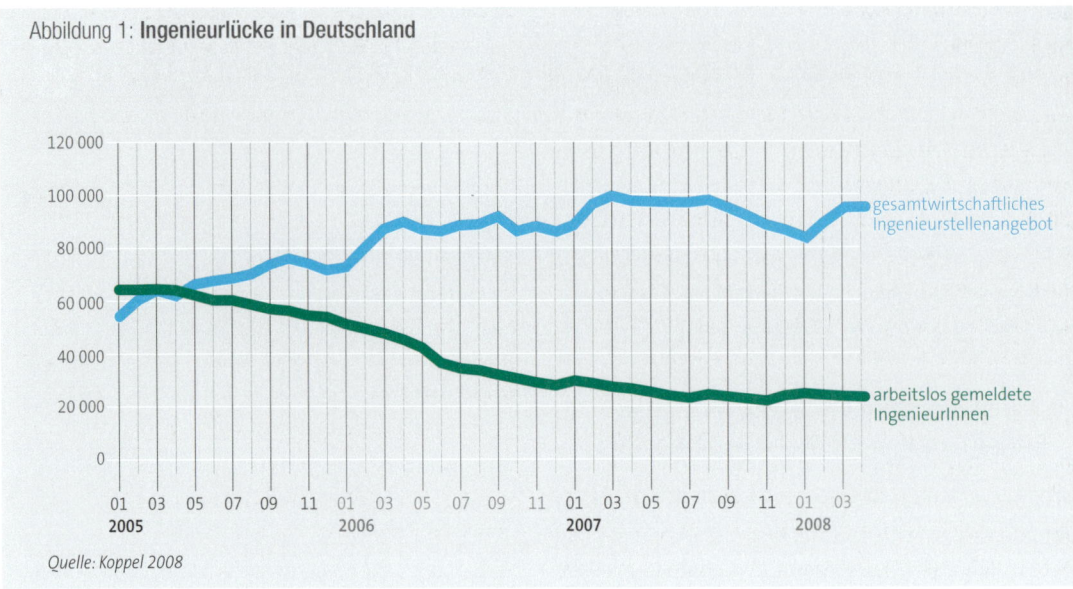

Abbildung 1: **Ingenieurlücke in Deutschland**

gesamtwirtschaftliches Ingenieurstellenangebot

arbeitslos gemeldete IngenieurInnen

Quelle: Koppel 2008

konjunkturellen Einflüssen nicht in der Lage ist, die IngenieurInnen, die in den kommenden Jahren altersbedingt aus dem Erwerbsleben ausscheiden werden, durch junge AbsolventInnen zu ersetzen. Die OECD schätzt, dass in der Bundesrepublik 100 IngenieurInnen in der Alterskohorte von 55 bis 64 Jahren lediglich 90 AbsolventInnen in der Altersgruppe von 25 bis 34 Jahren gegenüberstehen. Unabhängig von konjunkturellen Entwicklungen oder zunehmender Akademisierung des Arbeitsmarktes werden also allein altersbedingt mehr IngenieurInnen aus dem Erwerbsleben ausscheiden, als junge AbsolventInnen aus den Universitäten nachrücken.

Der demografische Wandel, der sich in diesen Zahlen ausdrückt, ist im Ruhrgebiet besonders deutlich ausgeprägt. Weniger, älter, bunter – dieser Prozess der sich in ganz Deutschland vollziehenden Bevölkerungsentwicklung verläuft im Ruhrgebiet schneller und intensiver. Hier geht man von einem Vorlauf von bis zu 25 Jahren gegenüber anderen Vergleichsregionen aus (Klemmer 2001). Anhand prognostizierter Schülerzahlen lassen sich diese Umbruchprozesse verdeutlichen. Das Landesamt für Datenverarbeitung und Statistik Nordrhein-Westfalen (LDS NRW) rechnet in einigen Kreisen des Ruhrgebiets mit einem Rückgang der Schü-

lerInnenzahlen von bis zu 30 Prozent (LDS 2008b). Berücksichtigt man weitere Faktoren, wie eine positive konjunkturelle Entwicklung oder die weitere Akademisierung der Arbeitswelt, wird klar, dass zusätzliche Anstrengungen unternommen werden müssen, um neue gesellschaftliche Gruppen für technische Berufe zu aktivieren. Als wichtiges Innovationspotenzial sollten Frauen hier mehr Beachtung finden.

Frauen: unverzichtbare Innovationskraft

Frauen haben in der Vergangenheit immer wieder bahnbrechende Forschungs- und Entwicklungsleistungen erbracht (Jaffé 2008). Vielen Forscherinnen gelang es, die Geschlechtergrenzen auf dem Gebiet der Ingenieur- und Naturwissenschaften zu überwinden. Sie waren am technischen Fortschritt in beträchtlichem Maße beteiligt. Einige der bekanntesten Beispiele dafür sind Marie Curie, die mit Nobelpreisen sowohl für Physik (1903) als auch für Chemie (1911) ausgezeichnet wurde, Mary Somerville, deren Algorithmus wesentlich zum Erfolg der ersten Programmiersprache ADA beitrug (1843), und Hedy Lamarr, ohne deren Erfindung einer Funkfernsteuerung für Torpedos (1942) heute weder Mobilfunkgeräte noch Notebooks denkbar wären.

104

Doch obwohl mittlerweile mehr junge Frauen als Männer die Hochschulreife erreichen und mehr Frauen als Männer ein Studium erfolgreich beenden, sind sie in den meisten ingenieurwissenschaftlichen Fächern unterrepräsentiert. Männer dominieren in den Hörsälen, Seminarräumen und Laboren der Hochschulen noch immer das Bild. 2007 waren an den Fachhochschulen und Universitäten im Ruhrgebiet insgesamt 25.337 Studierende für ein ingenieurwissenschaftliches Fach eingeschrieben, der Frauenanteil lag bei lediglich rund 19 Prozent (Information und Technik NRW 2009, eigene Berechnungen).

Nicht nur aufseiten der Studierenden, auch aufseiten der Lehrenden haben Frauen in den Ingenieurwissenschaften einen „Exotenstatus". In keiner anderen Fächergruppe ist der Frauenanteil am wissenschaftlichen Personal ähnlich gering. An den Hochschulen des Ruhrgebiets liegt er unter dem hauptberuflich beschäftigten wissenschaftlichen Personal bei nur 13 Prozent und damit sogar noch leicht unter dem Bundesdurchschnitt. Es zeigt sich zudem, dass die Frauenquote mit zunehmender hierarchischer Position sinkt. Während rund 15 Prozent der wissenschaftlichen Mitarbeiter weiblich sind, liegt ihr Anteil unter den Professoren nur noch bei gut sechs Prozent (LDS 2008a, Statistisches Bundesamt 2007, eigene Berechnungen). In der Industrie ist der Beschäftigtenanteil noch stärker zugunsten der Männer verschoben. Deutschlandweit sind Frauen in den Ingenieurberufen mit knapp elf Prozent vertreten, in der industriellen Forschung und Entwicklung dürfte ihr Anteil noch geringer sein (Revermann 2006, VDI 2007). In Führungspositionen bilden sie in diesem Bereich lediglich eine kleine Minderheit.

Doch nicht nur in quantitativer, auch in qualitativer Hinsicht sind Frauen im Ingenieurbereich unverzichtbar. Aus zahlreichen Befunden lässt sich ableiten, dass Frauen in technisch-naturwissenschaftlichen Berufsfeldern auch über die primär demografisch motivierte Diskussion des prognostizierten Nachwuchsmangels hinaus erwünscht sind. So kommt z. B. die aktuelle Catalyst-Studie des Wirtschaftsmagazins Forbes, die in den Top-500-Unternehmen den Zusammenhang zwischen Frauenanteil

und wirtschaftlichem Erfolg analysiert, zu dem Ergebnis, dass gemischte Führungsteams signifikant erfolgreicher sind und deutlich höhere wirtschaftliche Kennzahlen aufweisen als reine Männerteams (Catalyst 2008).

Obwohl Frauen also einen wesentlichen Beitrag zur Prosperität von Unternehmen leisten können, ist ihr Anteil unter den Beschäftigten in den Ingenieurwissenschaften sowie der Forschung und Entwicklung immer noch gering. Es stellt sich die Frage, warum dies trotz einer Vielzahl von programmatischen Bekundungen und Initiativen zur Aufwertung der Leistungen von Frauen in diesen Bereichen nach wie vor so ist. Auch wenn entsprechende regionalspezifische Daten nur begrenzt verfügbar sind, lassen sich aus bundesweiten Trends einige Hinweise ableiten.

Frauenkarrierenbarrieren

Um mögliche Barrieren für Frauen in der technologischen Wissensgesellschaft zu erfassen, muss man bereits im Kindesalter beginnen. Obwohl in modernen Gesellschaften das traditionelle bipolare Set von Rollenbildern zunehmend aufgelöst wurde und so wesentlich mehr Freiräume zur individuellen Entfaltung existieren, lassen sich deutliche Unterschiede im Aufwachsen von Jungen und Mädchen beobachten. Diese werden derzeit mehrheitlich damit erklärt, dass Kinder für ihre Entwicklung von der Gesellschaft ein bestimmtes Rollenset angeboten bekommen, aus dem sie sich bedienen müssen. Sie werden in geschlechterspezifischen Kontexten erzogen, die sie in ihrer Entfaltung oft massiv beeinflussen (Zimmermann 2006). Diese sozial konstruierten Strukturen beeinflussen auch die Fächerwahl in der Schule. Besonders die Naturwissenschaften sind davon betroffen. Noch immer gelten Mathematik, Physik, Chemie und Biologie eher als „Jungenfächer", während Sprachen, Kunst und Musik eher den Mädchen zugesprochen werden (Kessels 2004). Für die spätere Studienwahl bedeutet dies, dass die Wahlmöglichkeiten von Studiengängen bereits frühzeitig determiniert werden. Wählten Schüler in der Schule literarisch-sprachliche Fächerkombinationen, entscheiden sich anschließend 95 Prozent von ihnen nicht für einen ingeni-

Abbildung 2: **Barrieren, die Frauenkarrieren im Forschungs- und Entwicklungsbereich entgegenstehen**

Geschlechterspezifische Erziehung

Wenige Vorbilder in Gesellschaft und Elternhaus

„Gläserne Decke"

Barrieren für Frauenkarrieren in FuE

Vereinbarkeit von Familie und Beruf

Geringe Unterstützung in der Schule

Männliche Prägung der ingenieurwissenschaftlichen Disziplinen

eurwissenschaftlichen Studiengang. Wurden dagegen naturwissenschaftliche Fächer als Leistungskurse gewählt, beginnen anschließend immerhin zwei Drittel der Bewerber ein natur- oder ingenieurwissenschaftliches Studium (BMBF 2008).

Eine Veröffentlichung des Bayerischen Staatsinstituts für Hochschulforschung und Hochschulplanung betont darüber hinaus die Bedeutung von Vorbildern, besonders im engsten Familienkreis (Stewart 2003). Gerade im Ruhrgebiet sind für junge Frauen kaum weibliche Vorbilder in der Familie vorhanden, die in Ingenieurberufen tätig sind. Viele Mädchen kommen aus Arbeiterfamilien, in denen das klassische Bild der Mutter als Hausfrau stark ausgeprägt ist oder die Mutter einen „Zuverdienjob" ausübt.

Ein weiterer wichtiger Grund für den geringen Frauenanteil liegt in der männlichen Prägung der Ingenieurbranche. Ingenieurinnen müssen sich in ein rein männliches Netzwerk einklinken und zurechtfinden,

was die Positionierung innerhalb der betrieblichen Hierarchie in vielen Fällen schwer macht (Revermann 2006).

Besonders im Ingenieurbereich ist das Phänomen der „gläsernen Decke" zu beobachten: Trotz gleicher Leistung und Qualifikation bleiben Frauen beim Aufstieg innerhalb von Unternehmen häufig auf der Ebene des mittleren Managements „hängen". Ein Grund dafür ist nicht zuletzt die Familienplanung, die zeitlich oft mit wichtigen Karriereschritten zusammenfällt. Ein Wiedereinstieg in das Berufsleben unterliegt gerade in ingenieurwissenschaftlichen Berufen nach einem familiär bedingten Ausstieg besonderen Schwierigkeiten: Die Halbwertszeit des technischen Wissens ist heutzutage so kurz, dass Frauen sich eine Unterbrechung des Berufslebens kaum leisten können.

Schaffen sie die Rückkehr ins Arbeitsleben, müssen sie den Spagat zwischen Familie und Beruf meistern. Auch wenn die Kinderbetreuung während der gewöhnlichen Arbeitszeit sichergestellt ist, entstehen oft zusätzliche Probleme, z. B. bei Überstunden oder kurzfristig angesetzten Dienstreisen. Daher gelten Männer als flexibler, belastbarer sowie karriereambitionierter und werden deshalb bei der Stellenbesetzung ihren Kolleginnen gegenüber oftmals bevorzugt.

Kompetenz für Innovationen: Perspektiven fürs Revier

Innovationen spielen für das Ruhrgebiet eine Schlüsselrolle. Wichtigste Voraussetzung und kritischer Erfolgsfaktor für herausragende Forschungs- und Entwicklungsleistungen ist vor allem das Humankapital in ingenieur- und naturwissenschaftlichen Disziplinen. In diesem Zusammenhang stellt die Gruppe der Frauen ein Entwicklungspotenzial dar, das bislang noch weitgehend ungenutzt bleibt.

Will man dies ändern, muss man möglichst früh mit entsprechenden Maßnahmen zur Steigerung der Frauenpräsenz im Ingenieurbereich beginnen. Schon im schulpflichtigen Alter sollten Mädchen stärker an technische Disziplinen herangeführt werden. Hier sind die Schulen gefragt, neue Konzepte zu entwickeln und zu erproben, die eine Erhöhung des Schülerinnenanteils in mathematisch-naturwissenschaftlichen Fächern – besonders in der Oberstufe – zum Ziel haben. Wenn es gelingt, mehr Mädchen für technische Schulfächer zu begeistern, vergrößern sich auch die Chancen, dass mehr von ihnen ein ingenieurwissenschaftliches Studium aufnehmen. Hierzu bietet das Ruhrgebiet mit seiner dichten Bildungslandschaft beste Voraussetzungen.

Doch auch die Unternehmen, denen der Ingenieurnachwuchs fehlt, müssen verstärkt aktiv werden. Hier gilt es – insbesondere für die eher regional rekrutierenden klein- und mittelständischen Unternehmen – schon frühzeitig Kontakte zu Studierenden zu knüpfen und sich gerade gegenüber Frauen als attraktiver Arbeitgeber zu präsentieren. Flexible Arbeitszeitmodelle und Unterstützung bei der Kinderbetreuung sollen in diesem Zusammenhang nur als zwei Stichworte genannt werden.

Allerdings reichen isoliert dastehende Maßnahmen einzelner gesellschaftlicher Gruppen allein nicht aus. Entscheidend für die Gestaltung der Umbruchprozesse im Ruhrgebiet ist vielmehr die Erkenntnis, dass Frauen eine unverzichtbare Innovationskraft sind, deren Potenzial es zu entwickeln gilt. Auf dieser Basis Lösungsansätze für die stärkere Beteiligung und Chancengleichheit von Frauen in Forschung und Entwicklung zu finden, stellt eine Herausforderung für die verschiedensten Akteure in Politik, Wirtschaft und Verwaltung dar. Dieser muss nachgegangen werden, damit der Motor für den Strukturwandel nicht ins Stocken gerät.

Literatur

BMBF – Bundesministerium für Bildung und Forschung (Hg.) (2007): Bericht zur technologischen Leistungsfähigkeit Deutschlands 2007, Bonn, Berlin

BMBF – Bundesministerium für Bildung und Forschung (Hg.) (2008): Studiensituation und studentische Orientierungen, 10. Studierendensurvey an Universitäten und Fachhochschulen, Bonn, Berlin

Catalyst (Hg.) (2008): 2007 Census: Corporate Officers and Top Earners, Women Corporate Officers Hold Fewer Line Jobs in the Fortune 500, o. O.

Information und Technik Nordrhein-Westfalen (Hg.) (2009): Studierende an den Hochschulen in Nordrhein-Westfalen, Wintersemester 2007/2008, Düsseldorf

Jaffé, Deborah (2008): Geniale Frauen. Berühmte Erfinderinnen von Melitta Bentz bis Marie Curie, München

Kessels, Ursula (2004): Mädchenfächer – Jungenfächer? Geschlechtertrennung im Unterricht, in: Friedrich Jahresheft XXII, S. 90-94

Klemmer, Paul (2001): Steht das Ruhrgebiet vor einer demographischen Herausforderung?, in: Schriften und Materialien zur Regionalforschung, Heft 7

Koppel, Oliver (2008): Ingenieurarbeitsmarkt in Deutschland – gesamtwirtschaftliches Stellenangebot und regionale Fachkräftelücken, in: IW-Trends, Heft 2

Kriegesmann, Bernd / Kerka, Friedrich (Hg.) (2007): Innovationskulturen für den Aufbruch zu Neuem. Missverständnisse – praktische Erfahrungen – Handlungsfelder des Innovationsmanagements, Wiesbaden

Kriegesmann, Bernd / Schwering, Markus G. / Striewe, Frank / Knickmeier, Alexander (2008): Grundlagenentwicklung für eine branchenorientierte Beschäftigungsförderung in Bochum, unveröffentlichte Studie, Bochum

LDS – Landesamt für Datenverarbeitung und Statistik Nordrhein-Westfalen (Hg.) (2008a): Personal an Hochschulen in Nordrhein-Westfalen 2006, Düsseldorf

LDS – Landesamt für Datenverarbeitung und Statistik Nordrhein-Westfalen (Hg.) (2008b): Statistische Analysen und Studien Nordrhein-Westfalen, Band 54, Düsseldorf

OECD (Hg.) (2007): Bildung auf einen Blick 2007, Bielefeld

Revermann, Christa (Hg.) (2006): Forschende Frauen. Statistiken und Analysen, Essen

Statistisches Bundesamt (Hg.) (2007): Personal an Hochschulen 2006, Fachserie 11 Reihe 4.4, Wiesbaden

Staudt, Erich / Krause, Michael (1998): Kompetenz zur Innovation: Gerät die technisch-naturwissenschaftliche Elite ins Abseits?, in: Staudt, Erich (Hg.): Strukturwandel und Karriereplanung. Herausforderungen für Ingenieure und Naturwissenschaftler, Berlin, Heidelberg, S. 3-16

Staudt, Erich / Merker, Richard / Krause, Michael (2001): Entkopplung von Kompetenz- und Branchenentwicklung: Innovationsengpass im Strukturwandel – Das Beispiel der Ingenieure in der liberalisierten Versorgungswirtschaft, in: Bellmann, Lutz / Minssen, Heiner / Wagner, Petra (Hg.): Personalwirtschaft und Organisationskonzepte moderner Betriebe, Beiträge aus der Arbeitsmarkt- und Berufsforschung (BeitrAB) Band 252, Nürnberg, S. 51-83

Staudt, Erich et al. (2002): Kompetenzentwicklung und Innovation. Die Rolle der Kompetenz bei Organisations-, Unternehmens- und Regionalentwicklung, Münster

Stewart, Gerdi (2003): Die Motivation von Frauen für ein Studium der Ingenieur- und Naturwissenschaften, Bayerisches Staatsinstitut für Hochschulforschung und Hochschulplanung, Monographie: Neue Folge, Band 67, München

VDI – Verein Deutscher Ingenieure (Hg.) (2007): Ingenieurmangel in Deutschland – Ausmaß und gesamtwirtschaftliche Konsequenzen, Köln

Zimmermann, Peter (2006): Grundwissen Sozialisation. Einführung zur Sozialisation im Kindes- und Jugendalter, Wiesbaden

Flügel für die Kultur- und Kreativwirtschaft

Dunja Briese

Die schillernde Ausstrahlung der Kultur- und Kreativwirtschaft wird gerne angeführt, wenn in den bestehenden Verhältnissen die Krise regiert. Ob Zukunftsmarkt, Wachstumsbranche oder Jobmaschine, stets werden verlockende Zukunftsbilder ausgemalt, wenn von den Potenzialen der Kreativen die Rede ist. Mit Richard Floridas Diskurs über die „Kreative Klasse" und Charles Landrys Untersuchungen über die „Kreative Stadt" erhielt diese Debatte globale Bezüge sowie sozialwissenschaftliches Fundament. Florida schreibt im Dreiklang von Toleranz, Technologie und Talent schwungvoll gegen die Tristesse der geordneten Verhältnisse an. Als Beleg für die zunehmende Bedeutung des Kreativsektors werden auch die Ergebnisse der Kultur- und Kreativwirtschaftsberichte gerne herangezogen. Sie besagen, dass der Anteil der Kultur- und Kreativwirtschaft stetig wächst, längst über dem der Chemieindustrie liegt und bald an die Automobilindustrie heranreicht. Gerne „besiedeln" die Kreativen die Hinterlassenschaften der abgewirtschafteten Schwerindustrie, denn deren Territorien sind weit und die Mieten günstig. Im Ruhrgebiet heißen die neuen Kreativtempel U-Turm (Dortmund), Zollverein (Essen) oder Innenhafen (Duisburg). Und auch in Castrop-Rauxel und Gelsenkirchen fällt die Kreativeuphorie wohl beschwingter aus als in Arnsberg oder Xanten. Die Rekonstruktion des Vergangenen geht mit dem Projekt Zukunftsbewältigung eine fruchtbare Liaison ein: Perspektivenwechsel bringt Lustgewinn. Mit der kreativen Klasse im Visier propagiert die Kulturpolitik Richtungsangaben für Soziales wie Wirtschaftliches, und auch die Kulturhauptstadt 2010 soll den Kreativen weitere Felder ebnen.

Doch keine Lust ohne Frust. Während die Montanindustrie Generationen von Beschäftigen stabile Berufsbiografien bieten konnte, muss die neue Generation der Kreativen auch hohe Risiken in ungesicherten Verhältnissen in Kauf nehmen. Die freien Radikalen der Unis und Forschungszentren, Hinterhofgaragen, Computerclubs, Werbe- und IT-Branchen, die meist hoch qualifizierten SpezialistInnen, GrafikerInnen, DesignerInnen, TexterInnen und Multimediaprofis müssen sich oft aus der Not heraus in flexibel ausgerichteten Mikro-Unternehmen ökonomisch neu erfinden.

Welchen Stellenwert hat die Kreativwirtschaft im Ruhrgebiet? Welche Aufmerksamkeit und welche Unterstützung ist notwendig, um den weiteren Wandel zu beflügeln? Zu diesen und weiteren Fragen haben Jörg Stüdemann und Adrienne Goehler Stellung bezogen.

108

Dortmunder U: Zentrum für Kunst und Kreativität

Mit den Kreativen in die zweite Moderne

Ein Gespräch mit Jörg Stüdemann

Jörg Stüdemann hat das Potenzial der Kreativen in Essen und Dresden bereits in soziokulturellen Zusammenhängen beschleunigt. Nach der Tätigkeit als wissenschaftlicher Mitarbeiter an der Ruhr-Universität Bochum und der Mitarbeit im Soziokulturellen Zentrum Zeche Carl (1987-1992) leitete er bis 1994 das Pentacon in Dresden. Dort war er anschließend bis 2000 Bürgermeister und Beigeordneter für Kultur, Jugend und Sport. Darüber hinaus ist er seit 1992 Mitglied im Vorstand der Kulturpolitischen Gesellschaft. Seine Interessen sind die Kulturpolitik in den neuen Bundesländern, in der zweiten Moderne sowie Medienkunst und -kultur. Als Beigeordneter für Kultur, Sport und Freizeit der Stadt Dortmund seit 2000 hat er am Konzept des U-Turms maßgeblich mitgewirkt. Noch sind dem ehemaligen Brauerei-Turm die besseren Zeiten deutlich anzusehen. Doch für das eindrucksvolle Gebäude ist eine verheißungsvolle Zukunft vorgesehen. 2010 ist der U-Turm als Verstärker für die Kunst und die Kreativwirtschaft der Stadt in neuem Glanz auferstanden. Im Gespräch mit ihm ging es auch um Entstehungsgeschichte und Profil dieses so genannten Leuchtturms der Kreativen.

Die Debatte um die Kreativwirtschaft ist ja in aller Munde, was hat eigentlich für diesen Auftrieb gesorgt?

Der Übergang von der postindustriellen Ökonomie zu einer durch Informationswissen gestützten Ökonomie hat viel verändert. Damit ist die Notwendigkeit verbunden, auf durch ästhetische Produktionen gestützte Dienstleistungen zurückzugreifen. Der Übergang von anwendungsbezogenen, technischen Dienstleistungen zu Kunstnähe und Kunstbezogenheit ist ganz augenfällig. Die Künstlergeneration davor war eher technikfern und hatte eine klare Abkehr zur Kulturökonomie. Durch veränderte Ausbildungen und eine andere Sozialisation sind diese Übergänge viel durchlässiger geworden. Schließlich sind dann noch die veränderten Formen des Selbstmanagements entscheidend, die für die Lebenssituationen von Jüngeren ganz bestimmend geworden sind. Es gibt neue Formen des sozialen Austausches und des Miteinanderarbeitens, die sehr stark über Vernetzung und Netzwerksysteme funktionieren.

Wie drückt sich das wirtschaftlich aus? Welche Branchen der Kreativwirtschaft sind in Dortmund besonders erfolgreich?

Die kreativwirtschaftliche Szene in Dortmund wird stark durch die Hochschulen beeinflusst. Hier sind zu nennen: die Fachbereiche der Informatik, der Architektur, der Raumplanung und der Fachbereich Design mit seinen einzelnen Disziplinen. Insofern haben Softwareentwicklung, Webdesign, Fotografie, Filmlayout, Architektur, Stadtplanungsagenturen einen hohen Stellenwert in Dortmund. Daneben gibt es eine große Tradition der Pop- und Rockmusik mit vielen Zulieferern aus dem Bereich der Musiktechnologien. Weniger stark sind die Bereiche Mode, Produktdesign und Industriedesign. Wir sind also eher in den Kommunikationszusammenhängen präsent.

Welche Rolle spielen Frauen in der Kreativwirtschaft? Gelingt bei diesen neuen Selbstständigen ein modernerer, geschlechtergerechterer Zugang zur Erwerbsarbeit?

Einen stark nach Geschlechtern getrennten Zugang nehme ich hier überhaupt nicht mehr wahr. Da das kommunikationsbezogene Bereiche sind, sind Frauen stark präsent. Die selbst organisierten Büros und Agenturen werden von Frauen wie von Männern geführt. Hier in den kleinen und mittleren Wirtschaftsunternehmen scheint die Geschlechterparität allerdings vor allem in den eher schlechter bezahlten Arbeitsverhältnissen ausgeglichen zu sein. Aber auch in Schlüsselpositionen sind mittlerweile wesentlich mehr Frauen an der Spitze. Die Kinos werden von Frauen geführt, das Internationale Frauenfilmfestival NRW wird von engagierten Frauen geleitet. Im Wissenschafts- und Hochschulbereich ist jetzt Frau Prof. Ursula Gather die erste Rektorin der TU Dortmund. Die Lehrstühle für Fotografie sind mit Frauen besetzt. Es scheint einen allmählichen Wandel zu geben. In meiner Generation und noch älter ist das doch sehr männerdominiert.

Sind Frauen anders kreativ als Männer?

Davon gehe ich aus. Ich bin zwar kein Phänomenologe des Kreativen. Aber da Frauen in der Psychologie und im Kommunikationsverhalten anders auftreten, müsste sich das auch in der Form ihrer Kreativität niederschlagen.

Haben Frauen bei der ökonomischen Verwertung ihrer Kreativität eine andere Herangehensweise?

Die Netzwerksysteme und sozialen Stabilisierungszusammenhänge sind hier stärker. Es gibt Frauen, die sagen: „Wir wollen das als Frauen machen". Ein „Wir als Männer ..." gibt es so explizit nicht. Das sind selbst organisierte Zusammenhänge und Zusammenschlüsse wie Ladies Goal, ein Netzwerk von selbstständigen Frauen der Generation 40 plus, oder Frau und Wirtschaft, ein stabiler Zusammenschluss von mehr als 200 Frauen, der lange von Marianne Wenzinski als Bürgermeisterin geleitet wurde. Dort haben sich Akteurinnen unterschiedlicher Branchen zusammengeschlossen, um sich Zugänge am Markt zu organisieren. Als Bestandteil der Wirtschaftsförderung gab es die Regionalstelle Frau und Wirtschaft – heute Frau.Innovation.Wirtschaft. Insofern ist das unternehmerische Tun der Frauen durchaus im Fokus.

Welche innerstädtische Dynamik hat zu der Entwicklung der kreativen Szene in Dortmund beigetragen?
Zunächst ist die Uni mit ihren Ausbildungen sehr wertvoll gewesen. Dann die Ansiedlungen verschiedener Branchen im Kreuzviertel und entlang der Rheinischen Straße. In der Nordstadt, einem vitalen, wilden Gelände, wo man sich zu günstigen Preisen stadtzentrumsnah einquartieren kann, hat unsere Wirtschaftsförderung eine systematische Ansiedlungspolitik betrieben. Wir haben in der Stadtentwicklungspolitik mit dem Konzerthaus ein heruntergekommenes Innenstadtviertel systematisch aufgewertet. Dort wurde auf Musik im ganzen Umfang gesetzt. Es gibt das Orchesterzentrum NRW mit einem Kammermusiksaal und verschiedenen Proberäumen, dann die Chorakademie, in der 1.300 Kinder professionell vokalmusikalisch ausgebildet werden. Zudem zog der Jazzclub domizil in die Hansastraße um in ein ungenutztes Kino. Dieser Prozess, die Stadt über musik- und musikwirtschaftliche Themen weiterzuentwickeln, hat viel in den Köpfen bewegt. Die positive Erfahrung hat eine Aufgeschlossenheit erzeugt, auch andere kreative Bereiche fördern zu wollen und auf die Kreativwirtschaft insgesamt zu setzen.

Als Markenzeichen der Dortmunder Kreativszene sticht vor allem der U-Turm ins Auge. Wie ist das Konzept entstanden?
Im Vorfeld gab es eine sehr kontroverse Auseinandersetzung. Der U-Turm war zunächst als neues, reines Kunstmuseum geplant. Doch unter den Parametern der wirtschaftlichen Gesamtsituation gab es Kritik daran, erneut ein reines Kunstinstitut (wie beim Konzerthaus) mit vielen Millionen zu finanzieren, um es wieder nur für eine kleine Rezeptionsschicht verfügbar zu halten. Wir haben dann allmählich mit der Landesregierung, den Hochschulen, dem Museum

am Ostwall, dem Medienkunstverein hArtware und den Kulturbetrieben Dortmund ein dynamisches Nutzungsprofil entwickelt. Daraus ist schließlich das Konzept hervorgegangen, den U-Turm als Verstärker für die Kunst und Kreativwirtschaft der Stadt insgesamt zu begreifen.

Was soll in diesem „Leuchtturm von Kunst und Kreativität" konkret entstehen?
Zuerst zieht das Museum am Ostwall ein und belegt drei Etagen und die Depotflächen im Keller. In diesem Kontext wird unser Kunstmuseum wie ein Archiv der künstlerischen Bilderfindungen zum Einsatz kommen, das auch den angewandten Künsten als Anregungsmilieu zur Verfügung steht. Denn in kaum einem anderen Bereich wird mehr zitiert und mehr geklaut als in den Künsten und ihren anwendungsbezogenen Verwertungszusammenhängen. Außerdem werden die Technische Universität Dortmund und die Fachhochschule Dortmund gemeinsam eine Etage nutzen. Die FH möchte im Fachbereich Design das neue Ausbildungssegment Digitale Bewegtbildstudien, eine Ausbildung im digitalen Filmen, einrichten. Die TU wird sich dem Transfer zwischen Kunst, Wissenschaft und Wirtschaft am neuen Standort widmen und Ausbildungsprojekte für die Kreativwirtschaft einbringen. Schließlich ist ein Geschoss der kulturellen Bildung im digitalen Zeitalter vorbehalten. Dabei geht es nicht nur darum, Kindern und Jugendlichen digitale Kulturtechniken beizubringen, um ihre Medienkompetenz zu erhöhen, darüber hinaus sollen die Heranwachsenden zu einem kreativen Umgang mit ihrer Umwelt, folglich zu gekonntem Selbstmanagement, animiert werden. Es geht um ein umfassendes Verständnis von Kreativität als einer Herangehensweise, das eigene Leben selbsttätig und wirkungskräftig zu gestalten. Im Haus finden sich weiter Gastronomiebereiche, Ausstellungsinstallationen, ein Shop, ein Kino und an der Außenfassade eine LED-Installation für Bildprogramme. Der Wechselausstellungsbereich des sechsten Geschosses steht allen Partnern im Haus für Ausstellungsprojekte zur Verfügung.

112

Welche Rolle spielt die Kulturhauptstadt als Beschleuniger für die Kreativwirtschaft in diesem Prozess?

Die Kulturhauptstadt ist natürlich ein wesentlicher Verstärker gewesen. Einmal ist es gut, wenn es ein koordiniertes Vorgehen zur Entwicklung verschiedener Kreativquartiere gibt. Im Zusammenschluss von Wirtschaftsförderern, StadtplanerInnen, den Universitäten und natürlich den Leuten der Kreativwirtschaft wurden strategische Muster entwickelt, die in die Zukunft getragen werden. In Bochum ist es das Viktoriaviertel, hier ist es das Gelände rund um die Rheinische Straße, in Essen ist es Zollverein... Es ist ein klares Verdienst der Kulturhauptstadt RUHR.2010 mit ihrem künstlerischen Direktor Dieter Gorny, das Thema Kreativwirtschaft bei Politik und Wirtschaft verankert zu haben.

Welche Themen aus dem Pool der Kulturhauptstadt sind aus Ihrer Sicht für das Ruhrgebiet so interessant, dass längerfristig Spuren hinterlassen werden?

Das Bekenntnis zu kreativen Köpfen, von mir aus zur Kreativwirtschaft, das ist eine interessante Botschaft. Das hat ja Konnotationen wie Vitalität, Dynamik, Einfallsreichtum, durch die ein Imagetransfer dieser Region möglich wird. Die Botschaft „Wir sind ein Riesenlabor" wird bekannt. Das mobilisiert nach innen und nach außen. Dann der Bereich „Stadt der Kulturen", der von der künstlerischen Direktorin Aslı Sevindim verantwortet wird. Vor allem die Deutschen mit ursprünglich türkischer Herkunft, die mittlerweile in der dritten Generation hier leben, verankern sich hier in der Region deutlich selbstbewusster. Sie betrachten den deutsch-türkischen Lebenskontext als kulturelles Kapital und wollen damit nach außen treten. Aslı Sevindim hat klare Botschaften, und es gibt gute Akteure in Dortmund und in Essen. Rund um den Fachbereich Turkistik am Essener Uni-Standort hat sich eine spannende Szene entwickelt. Eine neue Generation von Deutsch-TürkInnen stellt mit dem soziokulturellen Zentrum Grend das deutsch-türkische Literaturfestival Literatürk auf die Beine. Es gibt eine türkische Buchmesse und das erste von türkischstämmigen Deutschen geleitete Katakomben-Theater. Dass sich hier auch kulturell Neues bewegt, muss rein in die Köpfe.

Was gelingt nicht so gut? Gerade in der Kreativwirtschaft arbeiten ja viele Menschen in prekären Beschäftigungsverhältnissen. Was muss hier noch getan werden?

Hier in Dortmund ist eine umfangreiche Erhebung zum Stand und Entwicklungspotenzial der einzelnen Zweige der Kreativwirtschaft erfolgt. In den zahlreichen Mikro-Unternehmen mit wenigen Beschäftigten, die in meist kleinen Büros oder Gewerbeflächen tätig sind, ist das eingebundene Kapital nicht sehr stark. Wenn sich diese Unternehmen verändern wollen, fehlt es oft an Entwicklungskapital. Wir brauchen daher eine Entwicklungsagentur für kreative Gründerzentren, also qualitätsentwickelnde Instanzen, die nach dem Muster der Technologieparks funktionieren. Daran mangelt es noch.

Haben Sie eine Lieblingsidee, die hier in Dortmund in den nächsten Jahren marktund salonfähig gemacht werden sollte?

Da hab ich vor allem zwei Ideen (lacht): Das wäre einmal ein Boulevard der Kreativität entlang der Rheinischen Straße mit dem Kraftzentrum U-Turm. Und dann sollte sich der Fachbereich Design der FH mit seinen tausend Studierenden neben dem U-Turm ansiedeln. Dafür möchte ich mich einsetzen.

Noch etwas. Sind sie ein Kreativer?

Ich hoffe es. Man kann nicht im Kulturbereich arbeiten, wenn nicht ein gewisser Hang dazu besteht. Aber wenn es zur künstlerischen Tätigkeit gereicht hätte, wäre ich wohl Künstler geworden.

Mehr Utopie!

Ein Gespräch mit Adrienne Goehler

„Neue Wege für Kreative" ist auch das Credo von Adrienne Goehler. Sie studierte Germanistik, Romanistik und machte 1986 ihr Diplom in Psychologie an der Universität Hamburg. Als Initiatorin der Grüne/GAL-Frauenliste war sie seit 1986 Abgeordnete der GAL-Frauenfraktion in der Hamburgischen Bürgerschaft. Von 1989 bis 2001 wirkte sie als Präsidentin der Hochschule für bildende Künste in Hamburg, danach als Senatorin für Wissenschaft, Forschung und Kultur der rot-grünen Übergangsregierung in Berlin. Seit 1991 ist sie parteilos. Von 2002 bis 2006 war sie als Kuratorin des Hauptstadtkulturfonds tätig. In ihrer Publikation „Verflüssigungen. Wege und Umwege vom Sozialstaat zur Kulturgesellschaft" hat sie die Brüche, Umbrüche und Potenziale der kreativen Klasse beschrieben. Sie fordert die „Verflüssigung" der Grenzen zwischen Kultur und Politik und sieht die Kreativen als ExpertInnen des so notwendigen Wandels. Adrienne Goehler lebt in Berlin als freie Kuratorin und Publizistin. Seit 2007 ist sie im Kuratorium der Europäischen Kulturhauptstadt Ruhr.2010. Wir haben sie um ihre Stellungnahme zu Kreativität, Wandel und Utopie hier im Ruhrgebiet und anderswo gebeten.

Was verstehen Sie unter Kreativität?

Schöpferische Fähigkeiten, Gestaltungswille, Gestaltungslust. Neue Fragen an alte Antworten.

Sind Frauen anders kreativ als Männer?

Ich kenne keine Untersuchung, die das belegt. Aber ihre Ideen- und Absichtswelten und ihre Interessen beziehen sich häufig auf andere gesellschaftliche Felder.

Wie schätzen Sie das Potenzial der Kultur ein, kreative Prozesse anzuregen?

Immens. Die Fähigkeit, immer wieder anfangen, experimentieren, ausprobieren, verwerfen und neu zusammensetzen zu können, ist den Künsten und Wissenschaften inhärent. Und diese elementaren Arbeits- und Denkweisen stehen jetzt zur Ausweitung auf weitere gesellschaftliche Felder an.

In Ihrem Buch „Verflüssigungen" fordern Sie mehr Durchlässigkeit und Vernetzung von kulturellen Initiativen, Politik und Wirtschaft. Welches Ziel soll dadurch erreicht werden?

Ein gesamtgesellschaftliches Nachdenken darüber, wie sich Lernen und Arbeit neu organisieren lassen; wie Erfahrungen, Wissen und Vermögen von Menschen einbezogen werden können, die aus unterschiedlichsten Gründen aus dem Arbeitsverwertungsprozess herausgefallen oder in diesen erst gar nicht hineingekommen sind. Da müssen sich alle Seiten bewegen.

Die Kreativwirtschaft wird gerne als Jobmotor der Zukunft angeführt. Was genau ist das Zukunftsträchtige daran?

Diese Sicht stimmt leider nur bis Oktober 2008, in der Zeitrechnung also bis „ante Weltfinanzdesaster", als jeder Politiker, der zeitgemäß wirken

wollte, das Wort Kreativwirtschaft im Munde führte. Nach dem Zusammenbruch der Spekulativ- und der Realwirtschaft taucht das Wort Kultur weder mit, geschweige denn ohne den Zusatz „Wirtschaft" in keiner einzigen Konjunkturpaket-Verkaufsrede mehr auf. Vorbei ist der politische Hype um die Kreativität. Statt in Ideen zu investieren, für die die Kulturberufe ja vor allem stehen, also in neue Arbeitsplätze, neue – kreative – Problemlösungen, kehren die Regierungen mit ihrem so genannten Konjunkturprogramm zur Betonpolitik zurück. Beton für die Straßen, Beton für die Wissenschaft, Beton für die Bildung. Zukunftsträchtig wäre, wenn die OPEL-Frage nicht nur den üblichen Akteuren überlassen würde, sondern gefragt wird, was dort anderes, gesellschaftlich und ökologisch Relevantes produziert werden könnte. Es geht also um kreative Fragen und Problemlösungen, die wir so dringend brauchen.

Kulturwirtschaftliche Betriebe sind viel kleinteiliger als andere Wirtschaftszweige. Bei diesen Mikro-Unternehmen handelt es sich häufig um Ein-Personen-Betriebe. Der Preis dieser Selbstständigkeit ist oft prekäre Beschäftigung und geringes Einkommen. Ist das nicht ein zu hoher Preis für Talent?

Leider ja. Wir müssen davon ausgehen, dass etwa 50 Prozent der KulturproduzentInnen prekär arbeiten, also am Existenzminimum leben, wie alle Untersuchungen belegen. Weshalb ich auch sage: Die nicht fest Angestellten in Kunst und Wissenschaft, die sich von Projekt zu Honorarvertrag zu Projekt hangeln, bilden die Avantgarde der prekären

Verhältnisse. Hier muss spätestens erwähnt werden, dass Frauen auch bei diesen geringen Verdiensten immer noch weniger nach Hause tragen als die Männer.

Haben Frauen bei der wirtschaftlichen Verwertung ihrer Kreativität eine andere Herangehensweise als Männer?
Ich beobachte, dass wir uns mehr dafür interessieren, ob etwas Sinn macht, was wir produzieren.

Das drückt sich ja nicht im Stellenwert von Frauen in kulturellen Schlüsselpositionen aus. Dort sind die Männer ja noch immer unter sich. Wie kann da Wandel erzeugt werden?
Es ist ein wirkliches Ärgernis, dass zunehmend Männer im pensionsreifen Alter die kulturell relevanten Positionen besetzen, weil von ihnen gewiss am wenigsten Innovationspotenzial ausgeht. Dagegen hilft nur deutlich wahrnehmbare Öffentlichkeit.

Sie kennen die kreativen Milieus in Berlin und im Ruhrgebiet. Was ist in Berlin anders als hier?
Vielleicht die hohe Internationalität des Milieus. 80 Prozent aller Menschen, die ein Stipendium des Deutschen Akademischen Austauschdiensts (DAAD) haben, bleiben in Berlin. Das hat seinen Grund vermutlich darin, dass die Menschen dort ihre Kenntnisse und Fähigkeiten selbstverständlicher zusammenbringen, um daraus etwas Neues zu schaffen.

Wo sehen Sie Gemeinsamkeiten?
Im Wissen, dass wir die überkommenen Industrien und das damit verbundene Denken nicht wiederbeleben können und wollen. Und vielleicht das Selbstverständnis aller, dass uns kein höheres Wesen rettet.

Was fällt Ihnen hier in dieser Region besonders auf?
Mit der IBA Emscher Park 1989/99 zog ein anderes Denken und Sehen in diese Region ein. Die Notwendigkeit, sich ökonomisch neu zu erfinden, war unübersehbar. Ehemalige Kohlereviere scheinen geradezu prädestiniert dafür zu sein, sich für kulturelle Umwälzungen zu öffnen, wie auch die Transformation der beiden englischen Städte Newcastle und Gateshead belegt. Dort ist der Postindustrialismus auch von der Politik nicht mehr zu leugnen. Die Region Ruhr hat die Chance, über die Aufmerksamkeit, die Kulturhauptstädte genießen, die notwendige Transformation von Arbeit als Modell für die Entwicklung vieler Regionen Europas zu behaupten.

Das Industriezeitalter hat das Ruhrgebiet geprägt, aber auch große Wunden hinterlassen. Wenn sichere Arbeitsplätze und geradlinige Biografien schwinden, sollen die Kreativen den Kitt für diese Brüche liefern. Das klingt oft eher verzweifelt als überzeugend.
Wir sollten erst einmal sagen, was ist: Die Zukunft der Erwerbsarbeit wird keine lebenslangen Arbeitsverhältnisse mehr kennen. Sie wird sich vielmehr den Strukturen annähern, die wir aus dem künstlerisch-wissenschaftlichen Feld kennen. Gearbeitet wird eher zu Hause als im Betrieb, mal im Team, mal alleine, mit wechselndem Umfang und wechselnder Vergütung. Und dann können wir darangehen, uns zu fragen, wie künftige Arbeit für alle aussehen müsste.

Was sollte im Ruhrgebiet getan werden, um mehr Kreativität und Bewegung anzuregen?
Den Eigenwert des Kulturellen, der Künste und Wissenschaften für kreative Problemlösungen unterzubewerten ist die größte Gefahr. Alle Kulturwirtschaftsberichte, das Standortgesäusel von Citymanagern und die Erwartung eines Return on Investment tragen das Risiko in sich, Kunst und Wissenschaft auf Verwertbarkeit zu trimmen, ohne sich für die Inhalte oder Qualität der Ideen und Produkte, ihre Entstehungsbedingungen und ihre Nachhaltigkeit zu interessieren.

Kunst und Wissenschaft sind die Felder, in denen experimentiert, ausprobiert, modellhaft entworfen und erforscht wird. Es sind gerade diese Fähigkeiten, auf die Politik im nötigen Steuern von sozialen, politischen und ökonomischen Prozessen ganz anders zurückgreifen müsste. Darum müssten WissenschaftlerInnen und KünstlerInnen nicht nur vereinzelt dann und wann die Politik beraten dürfen, sondern grundsätzlich und selbstverständlich an den politischen Prozessen beteiligt werden. Das verstehe ich unter Verflüssigung, sich in unterschiedlichem Wissen zu verbinden, gestaltende Verantwortung, Teilhabe an anderen Denk- und Handlungsweisen, um dadurch gesellschaftliche und ökonomische Produktivität mitzugestalten.

Sie sind Mitglied im Kuratorium der Europäischen Kulturhauptstadt RUHR.2010 und hatten dadurch die Gelegenheit, viele Projekte und Initiativen kennenzulernen. Haben Sie ein Lieblingsprojekt?
Oh, es gibt viele großartige Bündelungen und künstlerische Aufbrüche, aus denen hoffentlich dauerhafte Netzwerke entstehen. Also etwa: Wird das Dortmunder U über 2010 hinaus ein vitales, experimentelles Medienzentrum bleiben, in dem ein übergreifendes Wissen und neue Arbeit entsteht?
Sehr gespannt bin ich auf das Projekt „2–3 Straßen" von Jochen Gerz, der ganz unterschiedliche Menschen einlädt, drei Straßen in Dortmund, Duisburg und Mülheim an der Ruhr zu beleben, dort mietfrei zu wohnen und zu arbeiten. Dabei geht es um Orchestrierung von Kunst, Ausstellung, Gesellschaft, AutorIn, Straße, Werk, BetrachterIn, Arbeit, kulturell und gesellschaftlich relevanter Produktion.

Und die Gegenfrage: Was gefällt Ihnen nicht so gut?
Sehr, sehr schade finde ich, dass mein Lieblingsprojekt „Land for free" nicht realisiert wird, denn im experimentellen Zusammen-

wirken von Künsten, dem Standort und der Wirtschaft habe ich ein großes utopisches Potenzial gesehen, was seit dem Finanzdesaster eine noch größere und dringlichere Herausforderung wäre.

Bei der RUHR.2010 geht es auch darum, eine nachhaltige Entwicklung anzustoßen. Wie stehen die Chancen?
Wir werden dann von Nachhaltigkeit sprechen können, wenn durchgesickert ist, dass Kreativität in rohstoffarmen Hochpreisländern die nachwachsende Ressource ist – so man sie pflegt. Etwa wenn die Künste und die Wissenschaften durch andere Formen des Unterrichts die Schulen verändern werden, wenn wir Stadt und Zusammenleben anders denken, wenn verstanden wird, dass wir radikal neue Wege des Lebens und Arbeitens brauchen. Das behauptet ja das Motto „Wandel durch Kultur, Kultur durch Wandel".

Werden wir mal utopisch: Sie haben die Macht, Veränderungen herbeizuführen. Ihr Etat ist ungedeckelt, ein Kreativteam ist bereit. Wie lautet Ihr Signal?
Ausgehend von der These, dass eine Gesellschaft, die auf die Kreativität ihrer Mitglieder setzt, ökonomische und soziale Voraussetzungen braucht, die eine angstarme Existenz ermöglichen, um ein kreatives und wirtschaftliches Mehr überhaupt erst entfalten zu können, würde ich eine Stadt im Ruhrpott aussuchen, die eher zu den Verlierern der ökonomischen Entwicklung gehört. Dort würde ich das bedingungslose Grundeinkommen für zunächst fünf Jahre einführen, begleitet von interdisziplinären Forschungsteams, Verwaltungsfachleuten, MediatorInnen und unter einer gesicherten weltweiten Medienöffentlichkeit – samt Umwegrentabilität.

Metropole Ruhr kulturell in weiblicher Hand?!

Andrea Hamm

Metropole ist Hauptstadt, Kulturhauptstadt RUHR.2010: eine Auszeichnung für das ungeheure Potenzial hier vor Ort. Eine längst fällige, möchte man hinzufügen. In welchem Maße gestalten Kulturfrauen diese ausgezeichnete Region mit? Sitzen sie an den Schalthebeln der Macht? Welche Rolle spielen sie bei der Gestaltung der Kulturmetropole? An leitender Stelle noch immer keine entscheidende, wie Ursula Theißen vom Frauenkulturbüro NRW aus aktuellen Gender Mainstreaming-Daten für den Kulturbereich weiß: „In Stadtarchiven, Bibliotheken, Kulturdezernaten und auch in Musik- und Kunstschulen ist das Verhältnis von Männern zu Frauen in leitenden Positionen ungefähr 70/30. Im Museumsbereich sieht es etwas besser aus, aber 50/50 sicher auch da nicht." Dabei ist die Relation in Studium und Ausbildung doch genau umgekehrt, der Anteil weiblicher Studierender liegt bei 70 bis 80 Prozent. Unbestritten: Vor allem für Frauen in Spitzenpositionen gibt es einen Förderbedarf.

Dessen bedürfen die im Folgenden – stellvertretend für viele – porträtierten erfolgreichen Kulturfrauen in der Metropole Ruhr allerdings nicht mehr. Sie haben Platz genommen in den Chefsesseln, führen die Regie und haben das Heft in der Hand.

Thema Fotografie: Ute Eskildsen

Spannende Ausblicke: Im Kulturhauptstadtjahr hat in Essen ein Projekt mit dem beziehungsreichen Titel „next one" Premiere. KuratorInnen, KritikerInnen und FotografInnen bieten neuen Bildideen eine Plattform. Alle zwei Jahre soll das ambitionierte Projekt – ausgehend vom Start im neu eröffneten Museum Folkwang – neue fotografische Akzente setzen. Neben Folkwang mit dabei: die FH Dortmund, Galerien, Museen und Schulen. Entwickelt wurde das Projekt von Ute Eskildsen und ihrem Team, mit der Realisation beauftragten sie Kerstin Stremmel (Deutsche Gesellschaft für Photographie/DGPh). Eskildsen leitet die Fotografische Sammlung im Museum Folkwang seit 1991, im Jahr 1978 begann sie mit deren Aufbau. Die vergleichsweise junge Kunstform Fotografie steht für eine ganz spezielle Art, auf die Welt

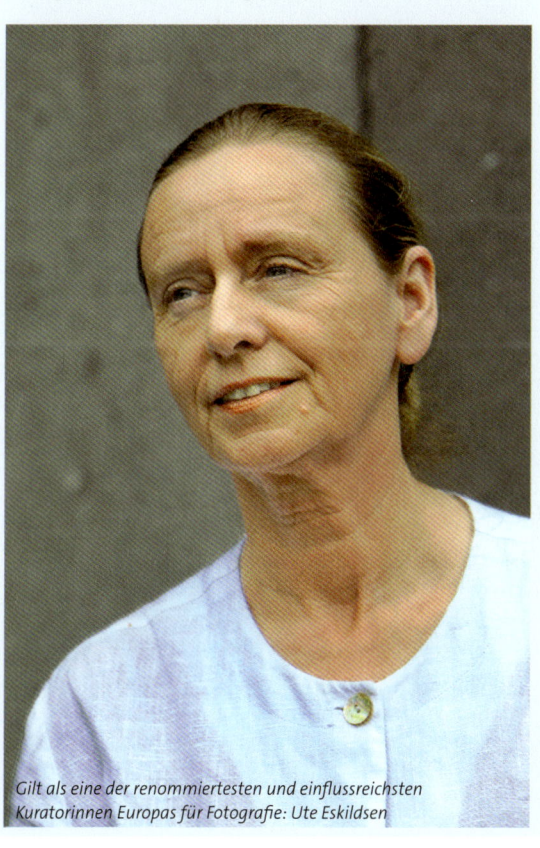

Gilt als eine der renommiertesten und einflussreichsten Kuratorinnen Europas für Fotografie: Ute Eskildsen

zu blicken, dem Betrachter andere Blickwinkel zu erschließen, mit anderen Augen zu sehen und eigene Möglichkeiten zu entwickeln, sich mit der Gegenwart auseinanderzusetzen. Ute Eskildsen kam nach fotografischer Lehre sowie Assistenz in Mode- und Porträtstudios ins Ruhrgebiet. Nach dem Studium der Fotografie und Fotogeschichte an der Folkwangschule für Gestaltung waren die Assistenz bei Otto Steinert und verschiedene Museen in den USA weitere Karrierestationen.

Die eigenständige Abteilung im Essener Museum ist ein Schatz, der auf Millionen Euro geschätzt wird, mehr als 50.000 nationale und internationale Fotografien bilden den Bestand. Er umfasst überwiegend Vintage Prints des 19. bis 21. Jahrhunderts, Einzelarbeiten und Werkgruppen, Archive sowie Nachlässe von BildautorInnen. Neben sechs jährlichen Ausstellungsprojekten sind die Konservierung der Bestände, der Neuerwerb, die wissenschaftliche Betreuung der Sammlung und der öffentliche Zugang Grundlagen der Arbeit. Der zeitliche Schwerpunkt liegt in den 20er und 30er sowie den 50er und 60er Jahren des 20. Jahrhunderts. Alle Sparten sind vertreten: künstlerische, dokumentarische und berichtende Fotografie, thematisch im Fokus steht die Darstellung des Menschen und der Architektur. Freude bei Ute Eskildsen und ihrem Team: Nach Neu- und Umbau des Museums 2010 erscheint diese nahezu einzigartige Sammlung in neuem Licht. Die einzelnen Abteilungen erhielten eigene Räume, so kann die Sammlung breiter präsentiert werden.

Neue Einblicke bei

Eskildsen gilt als eine der renommiertesten und einflussreichsten Kuratorinnen für Fotografie in Europa. Das Thema „Zeitgenössische Deutsche Fotografie" ist ihr ein Anliegen, das sie unter anderem auch in Vorlesungen an Universitäten in den Blickpunkt rückt. Zahlreiche Buch- und Katalogveröffentlichungen tragen ihren „point of view", so entstand beispielsweise 2003 zum 25-jährigen Bestehen der Sammlung unter ihrer Federführung ein umfassendes Werk mit dem schlichten Titel „Ein Bilderbuch". Das Buch macht einerseits die immensen Potenziale der Sammlung deutlich und lässt andererseits unterschiedliche Umgangsweisen mit Fotografie anschaulich werden. Beiträge verschiedener AutorInnen lassen unterschiedliche Blickweisen „zu Wort" kommen, vom historischen Rückblick, den Entwicklungen einzelner Epochen bis zum Wechselspiel zwischen Fotografie und Gesellschaft.

Mit der bislang besucherstärksten Ausstellung „A Star is Born. Fotografie und Rock seit Elvis" wurde dieser Dialog nach der Neueröffnung des Museums Folkwang, dessen stellvertretende Direktorin Ute Eskildsen ist, fortgeführt.

Von Aachen zog es Christine Vogt im Frühjahr 2008 nach Oberhausen, wo sie Bernhard Mensch in der Leitung der Ludwig Galerie nachfolgte. Ein Schritt, der ebenso konsequent wie ungewöhnlich anmutet. Nach einer Verwaltungsausbildung bei der Bezirksregierung Arnsberg arbeitete sie in Aachen und leitete dort ihren „Jobwechsel" ein: Sie holte das Abitur nach, studierte Kunst- und Baugeschichte, Geschichte und politische Wissenschaft. Nach der Magisterprüfung volontierte sie von 1998 bis 2000 beim Aachener Suermondt-Ludwig-Museum und begleitete im Anschluss als wissenschaftliche Mitarbeiterin zahlreiche Ausstellungen und Forschungsprojekte. Promoviert hat Christine Vogt über grafische Kopien nach Vorlagen Albrecht Dürers.

Die weltweiten Sammlungsbestände der mit Peter und Irene Ludwig verbundenen Museen bilden in Oberhausen künftig den Schwerpunkt der Ausstellungsarbeit. Diese Aufgabe unter thematischen Aspekten neu zu erfüllen wird spannende Nuancen setzen. Das Museum im Schloss Oberhausen, 1998 erweitert durch den Anbau der „Vitrine" zum Innenhof hin, präsentiert sich in drei Bereichen: der Ludwig Galerie mit dem Ausstellungskonzept Ludwig, der Populären Galerie mit Arbeiten von Plakat über Comic bis Fotografie und der Landmarkengalerie mit dem Fokus auf Strukturwandel und Ruhrrevier. Mit den Ausstellungen „Jim Rakete 1/8 sec.", „Zu[m] Tisch!" und „Janosch. Panama und andere Welten" ist der neuen Leiterin einmal mehr das gelungen, was sie sich für ihre Arbeit vorgenommen hat: neue (Ein-)Blicke in verschiedene Kunstbereiche und Epochen zu eröffnen.

Der berufliche Wechsel ins Ruhrgebiet kurz vor dem offiziellen Start der Kulturhauptstadt war gut getimt, weiß Vogt ein Jahr später: „Aus meiner Sicht

Ludwig: Christine Vogt

Will neue (Ein-)Blicke in verschiedene Kunstbereiche und Epochen eröffnen: Christine Vogt

steht als einer der Gewinner schon fest, aber warum sollten wohl Tausende mehr an BesucherInnen gerade zu uns kommen?" Schließlich sei bei aller Begeisterung das Potenzial an Kunst-Fans nicht unendlich. Nicht zuletzt gebe es die Mammutaufgabe der übersichtlichen und verständlichen Information noch zu schultern. Für die kunstinteressierten BewohnerInnen der Metropole Ruhr sei das oft schon schwierig, für Gäste von auswärts noch deutlich mehr, das erfahre sie schon in Gesprächen mit Freunden in Aachen. Mit dem Blick von außen weiß Vogt: „Für die Metropole Ruhr ist es dringend notwendig, dass die Region zusammenwächst. Da muss sich strukturell noch viel ändern, und ich sehe, dass wir erst am Anfang stehen. Die Kulturhauptstadt kann da einen wichtigen Anstoß geben."

Gibt es diesen Anstoß auch auf der „Chef-Etage", d. h. sind mehr Frauen an der Spitze von Kultureinrichtungen zu finden oder ist das nach wie vor Männersache? Wie hat sich das aus ihrer Sicht in den letzten Jahren verändert? Christine Vogt macht durchaus einen Trend aus, aber „das hat weniger mit der Kulturhauptstadt zu tun. Ich sehe da einen demografischen Wandel, dazu rechne ich mich selbst auch." Zwar sei das Verhältnis im Museumsbereich noch längst nicht 50/50, bei einer Studienausgangssituation von gut 80 Prozent Frauen und 20 Prozent Männern, aber mittlerweile gehe es auf Leitungsebene dann schon in Richtung 60/40.

ist das ein positiver Effekt, dass ich mit dem für die Kulturhauptstadt entstandenen Netzwerk der 17 Ruhr-Kunstmuseen starten konnte. Die Gelegenheit, auf einen Schlag alle KollegInnen kennenzulernen, zusammen zu planen – diese Chance und ein Netzwerk in dieser Breite gab es so noch nie." Wie das mittel- und langfristig genutzt werden kann, wie kontinuierlich dieses Netzwerk nach 2010 arbeiten kann, ist für Christine Vogt derzeit genauso schwer einzuschätzen wie die Nachhaltigkeit des Projekts Kulturhauptstadt. „Natürlich bringt uns die Kulturhauptstadt weniger als etwa den Essener Museen. Folkwang

Projekt Jazz: Angelika Niescier

„Nicht wahr?!" Zwei Worte, die der Meister des literarischen Kabaretts an fast jeden Satz seiner Texte hängte. Naheliegend, dass die Saxofonistin Angelika Niescier für ihren Kompositionsauftrag als erste „improviser in residence" der Stadt Moers 2008 diesen Titel wählte. Moers, das bei Jazz-Fans in aller Welt für sein einzigartiges Festival bekannt und die Geburtsstadt von Hanns Dieter Hüsch ist. Frühe, unbekannte Texte von ihm wählte Niescier für eine musikalische Bearbeitung mit Chor und Band aus. Das Ergebnis: eine spannende Neu-Interpretation von Hüsch-Texten, je nach Musikgeschmack erfreulich oder bedauerlich weit von der musikalischen Begleitung entfernt, die sich Hüsch an der Hammond-Orgel bei seinen Auftritten selbst zu gönnen pflegte.

„Nicht wahr?!" Diese Arbeit steht für das, was die Musikerin Niescier ausmacht: moderner Jazz mit virtuosen und lyrischen Momenten. Mit ihrer Musik sucht sie bewusst das Gespräch, führt Rede und Gegenrede mit Publikum und MusikerInnen gleichermaßen. Die in Polen geborene Saxofonistin lebt seit über 20 Jahren in Deutschland und zählt mit ihren spartenübergreifenden Projekten zu den innovativsten und gefragtesten Jazz-MusikerInnen im Land. In Moers hat sie während ihres einjährigen Gastspiels mit angeschlossenem Wohnsitz unter anderem Gesprächskonzerte und Workshops veranstaltet, Ausstellungseröffnungen musikalisch gestaltet und die Wartemusik der städtischen Telefonanlage aufgejazzt.

Der (Jazz-)Metropole Ruhr war sie schon früher nah. Von 1994 bis 1998 studierte Niescier an der Essener Folkwang Hochschule, unter anderem bei Hugo Read und Peter Herborn. Mit der Komposition Hellweg Suite der Pianistin Claudia Anthes begab sie sich auf regionale Spurensuche. Die Hellweg Suite wurde im Nicolai-Haus in Unna, der Internationalen Komponistinnen-Bibliothek, uraufgeführt und danach an sieben weiteren Orten des Hellwegs gespielt. Das ambitionierte Jazz-Projekt verband historische Orte mit modernen Klängen. Film ist ein weiteres Niescier-Projekt: Beim Internationalen FrauenFilmFestival, das abwechselnd in Dortmund und in Köln stattfindet, moderierte die Wahl-Kölnerin in Dortmund das Filmmusik-Pitching, die Kurzpräsentation von Filmmusik vor Fachpublikum. Die Crossover-Arbeitsweise von Angelika Niescier hat ihr den ECHO Jazzpreis 2010 als „Newcomer des Jahres national" eingebracht.

Initiatorin vieler innovativer jazzmusikalischer Projekte: Angelika Niescier

Neue Medien in Frauenhand:
Inke Arns und Susanne Ackers

Ein Kunst-Netzwerk besonderer Art: der Hartware MedienKunstVerein (HMKV), 1996 von Iris Dressler und Hans D. Christ in Dortmund gegründet. Das Ziel: eine offene Plattform für die Präsentation, Produktion und Vermittlung zeitgenössischer Medienkunstwerke (Netzkunst, Softwarekunst, locative media, wireless) zu schaffen. Die Mittel: Der Verein veranstaltet Ausstellungen, Film- und Videoprogramme, Workshops und Tagungen. Das Forum: Zweimal jährlich finden in der 2.000 Quadratmeter großen PhoenixHalle auf dem Gelände des stillgelegten Hüttenwerks in Dortmund Ausstellungen statt. Außerdem steht eine Ausstellungsfläche im Dortmunder Musik- und Kulturzentrum (MUK) zur Verfügung. Nationale und internationale Kooperationen ermöglichen weitere Präsentationen. Im Herbst 2010 organisierte der Verein beispielsweise das umfangreiche Projekt inter-cool 3.0: Jugend Bild Medien im Dortmunder U, dem Standort des HMKV.

Susanne Ackers (l.) und Inke Arns, Leiterinnen des Hartware MedienKunstVerein

Die beiden Initiatoren des HMKV wechselten nach knapp zehn Jahren zum Württembergischen Kunstverein nach Stuttgart. Seit 2005 gibt es eine neue Doppelspitze: Die Berliner Kuratorin Inke Arns hat die künstlerische Leitung und Susanne Ackers die Geschäftsführung übernommen. Inke Arns stammt aus Duisdorf und hat in Berlin und Amsterdam Politikwissenschaften, Kunstgeschichte, Osteuropastudien und Slawistik studiert. Neben zahlreichen Publikationen zur Netzkultur und Netzkunst hat sie u. a. als wissenschaftliche Mitarbeiterin am Institut für Slawistik, als Diplom-Gutachterin im Studienbereich Neue Medien und Mitglied zahlreicher Jurys gewirkt. Susanne Ackers kommt ebenfalls aus NRW, Goch war ihre „erste Adresse". Seit 1988 arbeitet sie als Assistentin, Projektleiterin und Wissenschaftlerin im Spannungsfeld der elektronischen Kunst. Philosophie und Kunstgeschichte studierte sie in Würzburg und Berlin. Zu ihren bisherigen beruflichen Stationen gehören wissenschaftliche Mitarbeit und stellvertretende Leitung des Instituts für Bildmedien am Zentrum für Kunst und Medientechnologie in Karlsruhe.

Zwischen und auf ganz vielen Stühlen:

„Man könnte eine Tendenz entdecken, dass mehr Frauen in Spitzenpositionen arbeiten, ich sehe da einen Lichtschimmer." Aber insgesamt seien die Chancen nach wie vor geringer. Als Leiterin des Bochumer Prinz Regent Theaters, die an ihrem Haus wie auch an anderen Bühnen Regie führt, andere bei sich Regie führen lässt und zudem den Theaterbetrieb managt, weiß Sibylle Broll-Pape die privilegierte Position der selbst geschaffenen Strukturen zu schätzen. Sie fühlt sich sehr wohl „zwischen und auf ganz vielen Stühlen". Dabei betont die erfolgreiche Kulturfrau – etwa beim Hearing „Standortbestimmung: Theaterfrauen in Spitzenpositionen", dass sie das Problem „Theaterkarriere als Frau" für sich nie als solches empfunden hat: „Ich habe nicht eine Sekunde überlegt, dass ich das, was ich tue, als Frau tue." Lässt es sich für ihren Arbeitsbereich beschreiben, was typisch männlich und was typisch weiblich ist? Eine spezifisch weibliche Ästhetik gibt es für Broll-Pape ebenso wenig – „ich kann nicht beurteilen, ob die Inszenierung ein Mann oder eine Frau gemacht hat" – wie einen explizit weiblichen Führungsstil. „Ich glaube aber an die Vorurteile darüber und daran, dass wir selbst, also die Frauen, immer wieder versuchen, diesen nachzukommen. Außerdem habe ich die Erfahrung gemacht, dass Frauen weniger dazu neigen, Seilschaften zu bilden."

Anstöße für Netzwerke oder nachhaltig positive Effekte infolge des Kulturhauptstadtjahrs sieht die Theaterleiterin nicht, da überwiegt Skepsis. Neben sicher beeindruckenden Großveranstaltungen werde die Kulturszene

Entwicklungshelferin freier Theaterschaffender: Sibylle Broll-Pape

124

Sibylle Broll-Pape

Das Off-Theater Prinz Regent hat sich unter ihrer Leitung als Musik- und Sprechtheater etabliert. Einen Schwerpunkt bilden aktuelle Stücke für Jugendliche mit Themen wie Jugendgewalt, Schulmassaker oder sexueller Missbrauch. Spannende Gegenüberstellungen: Seit 2007 steht jeweils ein Klassiker auf dem Spielplan, der die Themen der Saison kontrastierend aufgreift.

Ein eher ungewöhnlicher Kulturweg ging bei ihr voraus: Erste Berührungspunkte zum Theater knüpfte die in Iserlohn geborene Sibylle Broll-Pape während des Studiums. An der Universität Bonn studierte sie von 1979 bis 1985 Mathematik und Anglistik – letzteres mit den Schwerpunkten Drama der Shakespeare-Zeit sowie modernes englisches und amerikanisches Drama. Die Lehramtsausbildung absolvierte sie in Oberhausen und Dinslaken. Parallel wurde sie 1984 Mitglied beim Bochumer Nausea Theater. Der Bühnen-Einstieg war gemacht, Arbeiten als Regisseurin, Dramaturgin und Produzentin folgten. 1991 wurde das Bochumer Prinz Regent gegründet, dessen künstlerische und geschäftsführende Leitung Sibylle Broll-Pape seit 1995 innehat.

nach 2010 eher noch stärker ausgedünnt. Für kleinere Theater gebe es immer weniger Förderinteresse, auch Sponsoren setzten in Zeiten der Wirtschaftskrise zunehmend auf Events mit großen Namen. „Das trifft besonders die kleinen Theater, die in einer und für eine Stadt arbeiten – wie wir." Mit großer Besorgnis sieht Broll-Pape in diesem Zusammenhang die Entwicklung der Presselandschaft in der Metropole Ruhr. In den Redaktionen „wird so viel zusammengestrichen", dass gerade noch jemand zu den angesagten Riesen-Events geschickt wird, für Kultur außerhalb des Mainstreams werde es da künftig noch viel schwerer.

Lässt die Puppen tanzen: Annette Dabs

Was fällt vielen automatisch bei Puppen- oder Figurentheater ein? In Erinnerung an eigene Kindertage wohl am ehesten der Kasper und das Kasperletheater. Mit ihm, dem Titelhelden des letztjährigen Festivals des Bochumer Figurentheaters der Nationen, der FIDENA, war ein echter Europäer in den Fokus gestellt. Auf seinen Spuren fand eine spannende Suche nach den europäischen Wurzeln des Figurentheaters statt. Eine breit angelegte Suche, die gleichermaßen belegte, wie vielfältig diese Bühnenkunstform ist. Das zeigte besonders die 2010-Ausgabe mit ihrem musikalischen Schwerpunkt. Der Titel war Programm „Let's get loud!"

Die FIDENA ist seit langem schon als Treffpunkt innovativer Produktionen des Objekt-, Figuren- und Puppentheaters aus aller Welt etabliert. Annette Dabs, gelernte Opern- und Schauspielregisseurin, feierte 2008 mit dem großen 50-Jährigen des Festivals zugleich ihr persönliches „kleines Jubiläum": zehn Jahre FIDENA. Zumal in diesen Jahren hat sich das Festival als Forum für experimentierfreudige Theaterkunst etabliert. Seine Leiterin hat den VertreterInnen des klassischen Theaters gezeigt, welch großes Potenzial das Figuren- und Objekttheater in seinen Aufführungen birgt. Die Bandbreite reicht von der Puppenversion der „Zauberflöte" im Schauspielhaus bis zum gigantischen Metallinsekt mit futuristisch anmutender Choreografie in der Jahrhunderthalle. Es umfasst das Puppen- und Marionettentheater ebenso wie Material- oder visuelles Theater – die Grenzen zu Tanz, bildender Kunst und Performance werden dabei spielerisch und lustvoll überschritten.

Für die deutsche Szene der Figuren- und Objekttheater hat die FIDENA, dieser höchst erfolgreiche Bochumer Solitär, besonderes Gewicht. Die meisten der geschätzt 300 bis 500 Ensembles sind nicht fest an ein Theater gebunden. Für sie bedeutet das Bochumer Festival den Ort zum Austausch, Entdecken neuer Trends und Präsentieren eigener Produktionen.

Verschaffte dem Bochumer Figurentheater ein zeitgemäßes Image: Annette Dabs

Auf die Frage nach ihren Erwartungen an die Kulturhauptstadt erklärt Annette Dabs, die seien im Laufe der Planungszeit deutlich zurückgestutzt worden. Sie zeigt sich ernüchtert, bedauert „das schnelle Feuerwerk" anstelle einer „nachhaltigen Unterstützung der originären Projekte künstlerisch auf höchstem Niveau agierender Institutionen hier im Ruhrgebiet". Die würden die Region strahlen lassen und lange weiterwirken, meint sie, und: „Das wäre so viel günstiger zu haben gewesen als Mega-Events."

Künstlerische Direktorin der Kulturhauptstadt: Aslı Sevindim

„Ruhri" in kulturhauptstädtisch-direktorischer Mission: Aslı Sevindim

„Stadt der Kulturen" heißt ihr Bereich: Aslı Sevindim ist im Top-Management des Unternehmens Kulturhauptstadt RUHR.2010, als einzige Frau im Vierer-Gremium, künstlerische Direktorin. Geboren als Tochter türkischer Eltern 1973 in Duisburg-Marxloh, ist ihr die Vielfalt der Kulturen in der Metropole Ruhr nicht nur vertraut und gelebte Normalität, sondern auch beruflicher Ankerpunkt. Vor Ort engagiert sich die Journalistin, Radiomoderatorin und Schriftstellerin seit Jahren in der interkulturellen Kulturarbeit, etwa im Kulturzentrum Alte Feuerwache in Duisburg-Hochfeld, das engagierte Theaterproduktionen und spannende Weltmusik-Projekte auf die Beine stellt. Ihre Arbeit im Essener Kuratorium des Zentrums für Türkeistudien und im Integrationsbeirat des Landes NRW sind wichtige „Zusatzqualifikationen" für die künstlerische Direktorin der Kulturhauptstadt.

Aslı Sevindim studierte Politikwissenschaften an der Universität Duisburg-Essen. Erste Radioerfahrungen sammelte sie bereits zu Schulzeiten im Bürgerfunk, von 1993 bis 1998 dann bei Radio Duisburg während der Uni-Zeit. Seit 1999 ist sie für den Westdeutschen Rundfunk (WDR) tätig: mit Moderationen und Texten für Sendungen wie „Funkhaus Europa" und „Venus FM". Seit 2004 steht sie für die interkulturelle Magazinsendung „Cosmo TV" vor der Kamera, und seit 2006 moderiert sie die Nachrichten-sendung „Aktuelle Stunde". 2007 führte sie das TV- und Live-Publikum durch die Verleihung des 43. Adolf-Grimme-Preises in Marl und 2008 war Aslı Sevindim Patin der ExtraSchicht, der Langen Nacht der Industriekultur im Ruhrgebiet.

2005 zeigte sie, die mit deutschem Mann und Tochter in Duisburg lebt, mit dem Buch „Candlelight Döner: Geschichten über meine deutsch-türkische Familie" ebenso unterhaltsam wie humorvoll, dass der Alltag zwischen und mit verschiedenen Kulturen nicht in erster Linie als Problem wahrgenommen werden soll und darf, sondern als ein Stück Normalität im Einwanderungsland Deutschland. Im Spiegel-Interview brachte sie das auf den Nenner: „Ich kann nicht sagen, ich fühle mich deutsch oder türkisch. Ich bin einfach Ruhri."

127

„Nicht nur vom Himmel gefallen ...“
Eva Haustein-Bartsch

Hüterin einer einzigartigen, bedeutsamen Sammlung: Eva Haustein-Bartsch

Die Begeisterung für die „Himmelswesen" entstand ebenso irdisch wie zufällig: Zu Beginn ihres Studiums der Kunstgeschichte führte die Urlaubswahl Eva Haustein-Bartsch ins damalige Jugoslawien. „Die byzantinischen Fresken in den Klöstern haben mich in ihrer Darstellung und Farbigkeit fasziniert", der Weg zu ihrem Spezialgebiet war geebnet. 1953 in Stuttgart geboren, studierte sie in Tübingen und Wien, um dann bei einem Experten für Ikonen in Bonn zu promovieren. Thema: „Der Nemandjiden-Stammbaum. Studien zur mittelalterlichen serbischen Herrscherikonographie".

Haustein-Bartsch kam aus privaten Gründen nach Bochum und bewarb sich in Recklinghausen um eine Praktikumsstelle im Ikonenmuseum. Mit einem Bein in der Promotion, setzte sie das andere auf die Karriereleiter und trat 1983 die Nachfolge des scheidenden Museumsleiters als Kustodin an. Ein Arbeitsplatz nach Wunsch, wenn auch die Wertschätzung vor Ort oft hart erarbeitet werden muss.

International wird das Museum hoch geschätzt. Geschichten wie die von Recklinghäuser Reisenden in Australien, die erklären wollen, woher genau sie kommen, und von Menschen mit orthodox-kirchlichem oder künstlerischem Hintergrund zu hören bekommen, dass es doch in genau dieser Stadt ein einzigartiges Ikonenmuseum gebe, kennt die Leiterin zur Genüge. Auf den Tourismus-Effekt der Kulturhauptstadt RUHR.2010 angesprochen, meint sie: „Unsere Gäste kommen sowieso zu einem großen Teil aus dem Ausland, das wird sich durch das Kulturhauptstadtjahr nicht gravierend ändern." Wie sieht es mit weiteren Nebeneffekten aus, Netzwerken zum Beispiel oder Kooperationen? „Das ist schwierig, mit anderen Museen gibt es eher wenig Anknüpfungspunkte, da hat es die moderne Kunst leichter." 2010 steht allerdings eine solche Zusammenarbeit an, nicht innerhalb der Metropole Ruhr, sondern mit dem Museum für Lackkunst in Münster. „Die Ausstellung ‚Palech – Ikonen und Lackminiaturen' sollte unser Beitrag zur Kulturhauptstadt sein. Das hat nicht geklappt, aber wir haben das trotzdem gemacht."

Eine ganze Reihe von Ausstellungen geht jener voraus, u. a. ein Überblick über Ankäufe und Schenkungen unter dem Titel „Nicht nur vom Himmel gefallen ...". Zahlreiche Publikationen gehören ebenfalls zur Arbeit von Haustein-Bartsch. Dabei freut sie sich besonders über einen Bildband, der 2009 in einem russischen Verlag erschien. Er zeigt mit 345 Farbabbildungen so viel vom Ikonenmuseum wie kein anderes Buch zuvor. „Das hätten wir hier nicht machen können", ist sich die Kustodin sicher. Noch eine Besonderheit fiel ihr in Russland auf: Die Museen dort liegen mehrheitlich in Frauenhand, hierzulande sieht das anders aus: „Vom Gefühl her hat sich da nicht so viel verändert", ist ihre Einschätzung der Situation von Kulturfrauen in Spitzenpositionen.

128

Abfahrt auf einem anderen Gleis?
Die Freie Szene Ruhr und die Kulturhauptstadt

Sigrid Godau

Monika Ortmanns Atelier liegt im ersten Stock eines schmucklosen Altbaus unweit des Bochumer Hauptbahnhofs. Der Gesprächstermin am Morgen war ein Wunsch der Künstlerin, denn gegen 12 Uhr füllt sich das Haus. Im Erdgeschoss teilt die Stadt dann warme Mahlzeiten für Bedürftige aus. Über 100 Essen sind es mittlerweile. Inzwischen kommen nicht nur Obdachlose, sondern auch viele ältere Frauen. Verschämt und unsicher betreten sie beim ersten Mal das Haus. Monika Ortmann hat einen genauen Blick, registriert jede ihrer Veränderungen.

Die Strukturprobleme des Reviers, einst Hochburg der deutschen Kohle- und Stahlindustrie und heute gekennzeichnet durch sinkende EinwohnerInnenzahlen, hohe Arbeitslosigkeit, große Migrationsanteile und schleichende Altersarmut, sind eigentlich nicht unser Thema. Und doch sind wir mittendrin. „Wandel durch Kultur – Kultur durch Wandel". Wie groß war der Jubel, als am 11. April 2006 im bundesdeutschen Kopf-an-Kopf-Rennen die Nachbarstadt Essen und mit ihr die 52 weiteren Kommunen des Ruhrgebiets den Zuschlag auf den heiß begehrten Titel erhielten: Europäische Kulturhauptstadt 2010. Dicht gedrängt feierte das Kulturvolk auf der ehemaligen Zeche Zollverein bei Freibier und Feuerwerk die Nominierung. Das Motto der Bewerbung, einen urbanen Ballungsraum mit 5,3 Mio. EinwohnerInnen nach dem Rückzug der Schwerindustrie mit „Kunst als Motor" modellhaft in eine attraktive europäische Kulturmetropole zu verwandeln, hatte die Brüsseler Jury überzeugt.

„Auch ich war damals geradezu euphorisch, habe mich sofort ans Telefon gehängt, Briefe geschrieben und mir gemeinsam mit den Frauen in den Künstlerinnenbünden, Frauen-Kulturvereinen und der freien Kulturszene im Ruhrgebiet bis hin ins benachbarte Ausland ein spartenübergreifendes Projekt für das Kulturhauptstadtjahr ausgedacht. Der Kontakt war ja da", erzählt die seit Jahren international vernetzt arbeitende Künstlerin. Wichtigster europäischer Kooperationspartner war Fiftitu%, ein Verein zur Förderung von Frauen in Kunst und Kultur in Linz/Oberösterreich, der sein Projekt parallel bei der Landeshauptstadt, 2009 neben Vilnius europäische Kulturhauptstadt, eingereicht hat.

„Utopien und Zukunftsvisionen aus feministischer Perspektive, sinnlich und kreativ", heißt es selbstbewusst im Konzeptpapier der Linzer Kolleginnen. Dabei gehe es weder um eine Anklage der fortdauernden Asymmetrien zwischen den Geschlechtern noch um eine Flucht ins lebensferne Wolkenkuckucksheim. Ziel sei die Entwicklung fantasievoller, machtvoller Bilder, welche die Kraft haben, bestehende gesellschaftliche Bilder, Vorstellungen oder Zuschreibungen in Alltag, Wirtschaft, Politik, Wissenschaft, Religion, Kunst und Kultur kritisch

zu hinterfragen und neu zu besetzen. Wie wird Geschlecht – als Dichotomie zwischen Mann und Frau – gesellschaftlich bzw. sozial konstruiert, und wie sehen Rollenbilder der Zukunft aus? Welcher Begriff von Arbeit bestimmt unser gesellschaftliches Zusammenleben, und wie wird er aussehen, wenn die Grenzen des wirtschaftlichen Wachstums erreicht sind? Welches Menschenbild transportieren die heutige Medizin, Biotechnologie und Gentechnik, und was können Feministinnen dem entgegensetzen? Wie gehen wir mit der Tatsache um, dass europäische Staaten Einwanderungsländer sind, und was können Angehörige der Mehrheitsbevölkerung von MigrantInnen lernen?

„Unser Konzept für das Ruhrgebiet, heruntergebrochen auf die konkreten Fragen von Frauen hier vor Ort, war natürlich zunächst nur eine grobe Skizze", räumt Monika Ortmann ein. „Aber man hatte uns ja aufgefordert, schickt erst einmal eure Ideen. Die inhaltliche Abklärung der Projektvorschläge erfolgt, sobald mit der RUHR.2010 GmbH die erforderlichen künstlerischen Entscheidungs-

Schöpferin ungewöhnlicher Installationer und Artefakte: Monika Ortmann

strukturen aufgebaut sind." Danach hat sie nie mehr etwas aus Essen gehört. Trotz mehrfacher Anrufe und einer Aktualisierung des Antrags gemeinsam mit dem FrauenMuseum in Bonn. Als erste erhielten die Linzer Partnerinnen eine Absage, dann auch sie und ihre Mitstreiterinnen – formlos und ohne Begründung.

Starke Orte

Da war für die engagierte Künstlerin und Netzwerkerin, die mehr als 20 Jahre eine Produzentengalerie in Herne geführt hat, in gewisser Weise die Luft raus. „Ich hatte nicht die Kapazität, noch mehr Zeit unbezahlt in das Projekt zu investieren. Die Projekte laufen dann eben in anderen Zusammenhängen. Die Themen sind ja weiterhin aktuell und die Netzwerke da", so die gebürtige Bochumerin, die seit 2008 Mitglied des örtlichen Künstlerbundes ist. Dieser hatte im Sommer 2007 die Künstlerbünde des Ruhrgebiets aufgerufen, sich gemeinsam an der RUHR.2010 zu beteiligen. „Starke Orte" heißt das Verbundprojekt, mit dem 15 von 25 Künstlervereinigungen am offiziellen Kulturhauptstadt-Programm teilgenommen haben. Idee war das Zusammenspiel verschiedener Künste wie Musik, Tanz, Schauspiel und bildender Kunst an Orten, deren Architektur, Geschichte oder Funktion etwas Typisches über das Leben, die Arbeit und die Kultur des Ruhrgebiets aussagt und deren Eigenart selbst Teil des Kunstwerks wird. „Starker Ort" des Bochumer Künstlerbundes war die Turbinenhalle auf dem ehemaligen Gelände der Krupp Hüttenwerke unweit der Jahrhunderthalle. Während die Jahrhunderthalle bereits im Zuge der IBA Emscher Park aufwändig restauriert und als Ankerpunkt der Route der Industriekultur mit modernster Bühnen- und Veranstaltungstechnik ausgestattet wurde, blieb die Turbinenhalle, abgesehen von einigen Maßnahmen zur Sicherung der Bausubstanz, unverändert.

Die seit Jahren überwiegend installativ arbeitende Monika Ortmann, die mehrmals im Monat zwischen Bochum und Berlin pendelt, wo sie ein zweites Atelier hat, schätzt Orte mit besonderer Geschichte. Wie z. B. die katholische Christ-König-Kirche in Bochum, die im Kulturhauptstadt-

jahr in eine „Kunstkirche" umgewidmet wurde. Gemeinsam mit Rolf Dennemann von artscenico performing arts in Dortmund hat sie Ende 2008 hier eine poetische und zugleich verstörende Performance mit Tanz, Schauspiel und Installation über zerbrochene Träume und neue Hoffnungen zur Aufführung gebracht. Ob sie in der Turbinenhalle ausstellen soll, wägte sie lange ab: „Geld von der RUHR.2010 gab es so gut wie keines. Von dem wenigen wurde die Miete der Halle bezahlt, und die KünstlerInnen, ohne die es die Kulturhauptstadt gar nicht gegeben hätte, haben ohne Bezahlung mitgemacht." Um die eigenen Kosten möglichst gering zu halten, entschied sie sich für eine Videoinstallation – auf einem von ihr selbst mitgebrachten Fernseher. Und Klaus Nixdorf, erster Vorsitzender des Bochumer Künstlerbundes und einer der Väter des ruhrgebietsweiten Projekts? Fast drei Jahre lang hat er beinahe seine gesamte Freizeit in das Projekt investiert. Der Künstlertreff Recklinghausen, ein loser Verbund professioneller und semiprofessioneller KünstlerInnen, akzeptierte diese Bedingungen nicht. Schon früh hatte er aus finanziellen und zeitlichen Gründen seine Beteiligung an „Starke Orte" abgesagt.

Beispiel Designkiosk

Guido Röcken treffe ich in seinem Recklinghäuser Büro zur Mittagszeit. Der freischaffende Kulturmanager gehört zum vierköpfigen Autorenteam von Designkiosk RUHR.2010. Das europaweit angelegte Projekt unter Leitung des Vereins BochumDesign ist unter den Dachmarken „Stadt der Kreativität" und „Stadt der Kulturen" gleich zweimal Teil des offiziellen Programms. Seit knapp einer halben Stunde ist die wöchentliche Arbeitssitzung zu Ende. Doch ohne Pause geht es für den umtriebigen Kulturmanager und Matthias Reckert, freischaffender Designer und Vorsitzender des Vereins, mit den Vorbereitungen für die anstehende FORMART-Messe weiter. Konzentriert und routiniert gehen die beiden noch einmal die Standplätze der Aussteller

Ideenreicher Kultur- und Projektmanager: Guido Röcken

machen und zum anderen die gängigen Pfade der Designpräsentation zu verlassen. Dabei wurden alle Kioske nach dem Vorbild der Route der Industriekultur auf einer Karte zusammengefasst", beschreibt Röcken das Konzept.

Die RUHR.2010 steuerte einen Betrag von 115.000 Euro bei, 60.000 Euro gab es von der Stadt Bochum. Größter Sponsor mit 150.000 Euro war die Stiftung Kunst und Kultur der Sparda Bank. Das klingt in der Summe viel, dennoch musste beim Projekt Designkiosk mit spitzer Feder gerechnet werden. Jedes Mitglied des Leitungsteams erhielt eine geringe monatliche Vergütung. Ein Teil der Projektgelder kam den Designern zugute. Statt eines KünstlerInnenhonorars garantierten die Veranstalter die Abnahme der für die Kioske exklusiv entwickelten Produkte zum Herstellungspreis in einer Auflage von jeweils 50 Stück.

Geld zu verdienen war mit einer Beteiligung am Kulturhauptstadt-Programm also eher nicht. Weshalb dann der Wunsch, unbedingt mit dabei zu sein? Und woher die Enttäuschung vieler KünstlerInnen insbesondere der Freien Szene, nicht hinreichend berücksichtigt worden zu sein? Wurde tatsächlich, wie Johannes Brackmann vom Soziokulturellen Zentrum Grend in Essen vermutet, „mehr in Leuchttürme investiert und die breite Masse der Kulturschaffenden vor Ort ausgeklammert"?

Unklare Kriterien

Die tatsächliche Beteiligung der Freien Szene ist nur zu schätzen. Sabine von der Beck, Fraktionssprecherin der GRÜNEN im RVR und Mitglied im Aufsichtsrat der RUHR.2010 GmbH, kam nach erster Durchsicht des Programmbuchs auf einen Anteil freischaffender KünstlerInnen von rund 41%. Der Befund, Gegenstand ihres Referats in einem Workshop, zu dem die GRÜNEN Ende Februar 2009 VertreterInnen der Freien Szene zu einer ersten Bilanzierung noch vor Beginn des Kulturhauptstadtjahrs nach Essen eingeladen hatten, stieß bei vielen der Teilnehmenden eher auf Skepsis. So auch bei Johannes Brackmann.

durch. Seit 1994 richten sie jährlich in der Maschinenhalle der ehemaligen Zeche Friedlicher Nachbar in Bochum-Linden eine Messe für Kunsthandwerk aus, seit 1997 verbunden mit einem Werkpreis für die vorbildliche Entwicklung und Gestaltung eines Gebrauchsgegenstands.

2010 wurde der Bochumer Designpreis erstmals europaweit ausgeschrieben. Schwerpunktmäßig eingeladen wurden Designer aus den Städten des Ruhrgebiets und deren europäischen Partnerstädten. Aus den Bewerbungen wählte eine Fachjury 25 bis 30 DesignerInnen aus, ihre Produkte an ungewöhnlichen Orten zum Verkauf anzubieten. Anstelle der 1961 stillgelegten Maschinenhalle verwandelten sich für 100 Tage ausgesuchte Kioske quer durchs Revier in Verkaufsorte für anspruchsvolles Design. Die Umgestaltung der Kioske übernahmen Studierende der Folkwang Universität der Künste in Essen, doch ohne nennenswerte Eingriffe in deren Funktion. „Ursprungsidee war, zum einen den Bochumer Designpreis europaweit bekannt zu

Ich treffe den Geschäftsführer des Grend an seinem Arbeitsplatz in Essen-Steele. Für ihn, der sich als Vorsitzender des Essener Kulturbeirats schon früh mit der Kulturhauptstadt auseinandergesetzt hat, stellt sich die Frage nach der prozentualen Beteiligung der Freien Szene am Programm viel grundsätzlicher. Sein Befund: Entscheidende Fehler wurden bereits vor der eigentlichen Programmauswahl gemacht. Trotz wiederholter Mahnungen und Appelle vieler Kulturschaffender sei der Aufbau tragfähiger, transparenter Beteiligungsstrukturen für alle am Programm interessierten AkteurInnen sträflich versäumt worden. Außer drei Themenforen beim RVR und einigen wenigen ExpertInnentreffen habe es keine gemeinschaftlich organisierten Prozesse gegeben. Und das trotz Auflage der Brüsseler Kommission, bedeutende Anteile der Ruhrgebietsbevölkerung zu mobilisieren und einzubinden.

Kulturpolitisch und musikalisch ebenso umtriebig wie vielseitig: Johannes Brackmann

Hinzu kamen erhebliche Defizite in der Kommunikation, so Brackmann weiter. An keiner Stelle, weder in den vielen bunten Flyern des Organisationsbüros noch in der Presse, sei deutlich geworden, wie viel Ausführlichkeit und Vernetzungsgrade bereits in die Projektvorschläge hätten einfließen sollen. Das habe zu einer großen Verwirrung bei den Beteiligten geführt. Auch sei das Kriterium der regionalen Vernetzung anfangs kein explizites Bewerbungskriterium gewesen. „Es ging um Innovation, Nachhaltigkeit, europäischen Bezug und einen Bezug zum Ruhrgebiet. Das Kriterium der Vernetzung wurde erst Ende 2007 nach Ablauf der Bewerbungsfrist erstmals öffentlich kommuniziert mit der Konsequenz, dass viele Projekte aus dem seit 2006 laufenden Verfahren ausgeschlossen wurden, da sie nicht regional vernetzt waren", kritisiert der engagierte Kulturarbeiter.

Doch nicht den Vernetzungsgedanken als solchen trifft Brackmanns Kritik. Für ihn wie für viele seiner KollegInnen barg die Kulturhauptstadt die einmalige historische Chance, dass Menschen, KünstlerInnen und Kulturschaffende des Ruhrgebiets erstmals städteübergreifend zusammenarbeiten und zwar jenseits des üblichen kommunalen Kirchturmdenkens. Der damit verbundene Aufwand sei jedoch immens, gibt der neben seinem Hauptberuf freischaffende Musiker zu bedenken. „Jeder Kulturschaffende überlegt sich dreimal, wenn er eine Idee hat, 20 Leute in verschiedenen Städten anzurufen, sie zusammenzuführen, zu organisieren, unter einen Hut zu kriegen, gemeinsam eine Idee zu schnitzen und die zur Kulturhauptstadt zu kommunizieren mit einem höchst ungewissen Ausgang. Doch genau aufgrund dieser Erfahrung haben wir früh schon von der RUHR.2010 GmbH gefordert, diesen Prozess der Vernetzung von Kulturschaffenden in der Region zu organisieren, ihn entlang der kreativen Milieus und Potenziale zu moderieren mit dem Ziel, regionale, städteübergreifende Projekte zu entwickeln."

133

Wie eine solche Vernetzung auf der Basis größtmöglicher Beteiligung hätte aussehen können, zeigt nach Meinung Brackmanns der Workshop, der im Mai 2007 unter dem Motto „Kulturhauptstadt 2010 ist Teilhabe – Idee sucht Partner" in der Essener Zeche Carl stattgefunden hat. Initiatoren waren neben dem Grend-Geschäftsführer Gerd Spieckermann vom Soziokulturellen Zentrum Bahnhof Langendreer (Bochum) Susanne Abeck vom Forum Geschichtskultur an Ruhr und Emscher (Dortmund), Gerd Herholz vom Literaturbüro Ruhr e. V. (Gladbeck), Peter Liedtke vom Pixelprojekt_Ruhrgebiet (Gelsenkirchen), Rolf Dennemann von artscenico performing arts (Dortmund), Rainer Bode von der Landesarbeitsgemeinschaft Soziokultureller Zentren NRW (Münster) und der freischaffende Künstler Wolfram Lakaszus (Bochum). Idee war, bereits im Vorfeld konkreter Projekte Kulturschaffende der Region gemeinsam an einen Tisch zu bringen mit dem Ziel, Projektideen, die auf regionale Kooperation ausgelegt waren, über ein für jedermann offenes Forum breitenwirksam zu kommunizieren und weiter zu vernetzen.

Regionale Vernetzung

Rund 200 Kulturschaffende folgten dem Aufruf mit einem Ergebnis von rund 120 Projektideen. Diese wurden anschließend gebündelt ans Kulturhauptstadtbüro weitergeleitet. Doch trotz zwei bis drei durchaus wohlwollender Gespräche mit den EntscheiderInnen sei man zu keinem greifbaren Ergebnis gekommen, erinnert sich Mitstreiter Peter Liedtke an die Aktion. Eine Erklärung hat der Mitbegründer des renommierten Pixelprojekt_Ruhrgebiet, einem digitalen regionalen Bildarchiv freier FotografInnen, hierfür nicht. „Ich weiß nicht, ob da jemand Angst hatte, etwas Freies in eine wohl organisierte Organisation laufen zu lassen... Im Ergebnis war es jedoch ein klassisches Beispiel für

ausgebremst." Dass es auch anders geht, zeige das Beispiel der Stadt Herne. Hier habe sich die Verwaltung schon 2005 mit den KünstlerInnen an einen Tisch gesetzt, um gemeinsam Projekte für 2010 zu entwickeln. Daraus entstanden sei u. a. der KulturKanal, erstes kommunales, vertraglich geregeltes Verbundprojekt der zehn Anrainer-Städte des Rhein-Herne-Kanals.

Als Ende 2007 die Programmplanungen in die heiße Phase gingen, ergriffen die acht engagierten NetzwerkerInnen noch einmal die Initiative und luden die Verantwortlichen des Kulturhauptstadtbüros und die Presse zu einem Gespräch ins Grend. Die Botschaft an die RUHR.2010 GmbH war deutlich. Gefordert wurden 80.000 bis 100.000 Euro für moderierte Veranstaltungen mit Projektzusammenführung, Aufbereitung der Projekte sowie eine komplette Internetseite mit Projektpool. „Wir alle haben ja unsere Jobs, die wir tagtäglich völlig unterbezahlt machen", begründet Liedtke rückblickend den Schritt. „Allein die Tagung hat unendlich viel ehrenamtliche Zeit gefressen, was uns alle bis an den Rand der Belastung getrieben hat. Da gab es dann diesen Punkt, wo wir gesagt haben: Gut, bis hierher gehen wir in Vorleistung. Und jetzt wagt es noch einmal zu sagen, ihr seid die Freie Szene, also vernetzt euch gefälligst ..." Abgelehnt wurden die Forderungen mit der Begründung, keine weitere Entscheidungsinstanz neben der offiziellen schaffen zu wollen.

Konsequenz aus Sicht vieler der damaligen Akteure war das Bemühen der RUHR.2010 um Teilhabeprojekte, deren regionale Vernetzungsgrade mit dem Ziel möglichst hoher Beteiligungsquoten statt von der Basis größtenteils in einem Top-Down-Verfahren an den Schreibtischen der ProgrammmacherInnen entwickelt wurden. Besonders Großprojekte wie der ruhrgebietsweite Tag des Gesangs oder die Sperrung der Revier-Hauptverkehrsader A40 für eine 60 km

Ein wahrer Multikultureller: Schauspieler, Regisseur, Theatermann, Aussteller und Raucher Rolf Dennemann

lange Tafel mit 20.000 Tischen am 18. Juli 2010 hätten eine reine Alibifunktion gehabt, lautet das Urteil Brackmanns. „Das sind Massenspektakel mit der Suggestionskraft breiter Zustimmung der Menschen vor Ort, die nichts weiter sind als Fotofutter für schöne, imposante Bilder." Und was bedeutet dies für die anfangs hoch motivierten, nicht institutionell gebundenen KünstlerInnen? Brackmanns Fazit ist eher ernüchternd. „Mit ‚Idee sucht Partner' haben wir Partizipation modellhaft zu entwickeln versucht. Unser Ansatz war, man muss auf die Leute zugehen, ihnen Angebote zur Beteiligung machen. Das fördert Identifikation und Potenziale, die durch die massenhaften Absagen jetzt nicht mehr eingebunden werden können."

Bleiben die geschätzten 41%, die das Glück hatten, zumindest rein rechnerisch dabei gewesen zu sein. Was war deren Gewinn? Ist ein schlecht oder gar nicht bezahlter Job wirklich verlockend? Eine lebendige und attraktive europäische Kulturmetropole muss ihren kreativen Köpfen langfristig mehr bieten.

135

Arbeit und Soziales

Gerade im Ruhrgebiet sind Frauen noch immer geringer beschäftigt, bezahlt und sozial abgesichert. Das Kapitel zeigt, wie gute Arbeit für Männer und Frauen aussähe, wie Frauen sich als Unternehmerinnen betätigen und vernetzen, und wie – häufig von Frauen initiierte und getragene – Netzwerke in Kommunen und Stadtteilen gegen die zunehmende Prekarisierung angehen.

Frauen: geringer beschäftigt,

Petra Lessing

Die Lebenssituation von Männern und Frauen wird in erheblichem Maße durch Art und Umfang der beruflichen Tätigkeit bestimmt. Anhand amtlicher Statistiken zu den sozialversicherungspflichtig Beschäftigten, den Erwerbstätigen und Arbeitslosen sowie den Eckdaten zur Grundsicherung lassen sich Gemeinsamkeiten und Unterschiede der beruflichen Tätigkeiten und der finanziellen Situation von Männern und Frauen herausarbeiten. Vergleiche mit dem übrigen NRW zeigen, wie sich die Situation im Ruhrgebiet von der in den anderen Landesteilen Nordrhein-Westfalens unterscheidet.

Die Strukturdaten belegen, dass das Revier in den klassischen Betrieben des produzierenden Gewerbes in den letzten Jahrzehnten rekordverdächtige Stellenrückgänge hinzunehmen hatte, die weit über dem übrigen Landesdurchschnitt liegen. Andererseits hinkt auch das Dienstleistungswachstum im Revier dem im übrigen Land hinterher. Diese Abkopplungstendenzen führen dazu, dass im Ruhrgebiet rund 225.000 Arbeitsplätze fehlen, um die Region vergleichbar zum übrigen NRW mit Arbeitsplätzen zu versorgen.

Niedrigere Beschäftigungsquote im Revier

Im Ruhrgebiet kommen auf 1.000 Einwohner 284 Personen, die in einem sozialversicherungspflichtigen Arbeitsverhältnis stehen. Dieser so genannte Besatzwert liegt alarmierend unter dem Vergleichswert im übrigen Nordrhein-Westfalen mit 327 Beschäftigten. 1980 lag dieser Wert im Ruhrgebiet mit 321 nur um sechs Beschäftigte unter dem Vergleichswert. Der Abstand hat sich somit seitdem bedenklich erhöht.[1]

Mit einem Anteil von 55,4 % im Ruhrgebiet und im übrigen NRW von 52,8 % waren zu der Zeit noch mehr als die Hälfte aller Beschäftigten im produzierenden Sektor tätig. Der Anteil der Dienstleistungsbeschäftigten lag im Ruhrgebiet bei 44,4 %, im übrigen NRW bei 46,4 %. Über die Hälfte davon waren Frauen: im Ruhrgebiet 55 %, im übrigen NRW 53,3 %.

Rückgang des produzierenden Gewerbes: Männer besonders betroffen

Im Ruhrgebiet sind besonders dramatische Einbrüche im produzierenden Gewerbe zu verzeichnen. Zwischen 1980 und 2007 sank die Zahl der Beschäftigten in diesem Sektor um rund 550.000. Hauptbetroffene dieser Entwicklung waren die Männer, deren Anteil an den Beschäftigten im produzierenden Gewerbe mit dem Bergbau, dem verarbeitenden Gewerbe und dem Baugewerbe im Jahre 1980 bei 85 % lag. Im übrigen NRW waren es 77,4 %. Aufgrund der enormen Arbeitsplatzverluste

bezahlt und abgesichert

Frauen bügeln aus: mit Minijobs und in prekärer Beschäftigung.

lag das Beschäftigungsniveau der Männer im Jahr 2007 um rund 57 % unter dem von 1980, im übrigen NRW sank es dagegen nur um gut 33 %. Mehr als jeder zweite Arbeitsplatz im Ruhrgebiet war somit im besagten Zeitraum von den drastischen Beschäftigungsrückgängen im produzierenden Gewerbe betroffen. Im übrigen Nordrhein-Westfalen fielen die Rückgänge mit einem Minus von 34 % wesentlich moderater aus.

Frauen profitieren vom Dienstleistungsboom

Die positive Seite des Strukturwandels zeigt sich dagegen in den erheblichen Beschäftigungszuwächsen im Bereich der Dienstleistungen. Gegenüber 1980 konnten Frauen im Ruhrgebiet mit Zuwächsen von rund 139.000 Stellen stärker vom Dienstleistungsboom profitieren als Männer, bei denen der Stellenzuwachs mit rund 127.000 niedriger ausfiel. Diese Zuwächse lassen jedoch keine Rückschlüsse auf das tatsächliche Arbeitsvolumen zu.

Beim Dienstleistungswachstum hat das Ruhrgebiet einen kräftigen Schritt nach vorne gemacht. Heute liegt das Beschäftigungsniveau in dieser Branche um 34,2 % über dem von 1980. Der vergleichende Blick in die übrigen Landesteile Nordrhein-Westfalens zeigt jedoch, dass die Dienstleistungsbranche hier mit einem Plus von 54,6 % ein deutlich höheres Wachstum erzielen konnte. Betrachtet man die Beschäftigungsgewinne differenziert nach Geschlecht, liegt die Zuwachsrate der Frauen im Ruhrgebiet mit 32,6 % allerdings erheblich unter der im übrigen NRW mit 55,2 %. Die Zuwachsrate der Männer im Ruhrgebiet liegt mit 36,2 % ebenfalls weit unter der in den übrigen Landesteilen mit 54 %.

139

Hier Arbeitsplatzverluste, dort Beschäftigungsgewinne

Insgesamt gingen im Ruhrgebiet in den vergangenen 27 Jahren 545.576 Arbeitsplätze im produzierenden Gewerbe verloren, denen ein Gewinn von 266.295 Dienstleistungsarbeitsplätzen gegenübersteht. Unterm Strich verliert das Ruhrgebiet damit rund 280.000 Arbeitsplätze, während das übrige NRW Beschäftigungsgewinne von rund 295.000 verzeichnet.

Das Beschäftigungsniveau im Ruhrgebiet liegt heute um insgesamt 15,7 % unter dem Niveau von 1980, während es in den übrigen Landesteilen um 7,6 % darüber liegt. Bei den männlichen Beschäftigten fällt die Rückgangsrate mit 29,1 % erheblich schlechter aus als im übrigen NRW mit einem Rückgang von lediglich 2,7 %. Auch bei den Frauen liegt die Zuwachsrate von 11,8 % im Ruhrgebiet unter der im übrigen NRW mit 25,2 %. Bei den Frauen fällt der Abstand zum übrigen NRW jedoch deutlich geringer aus als bei den Männern.

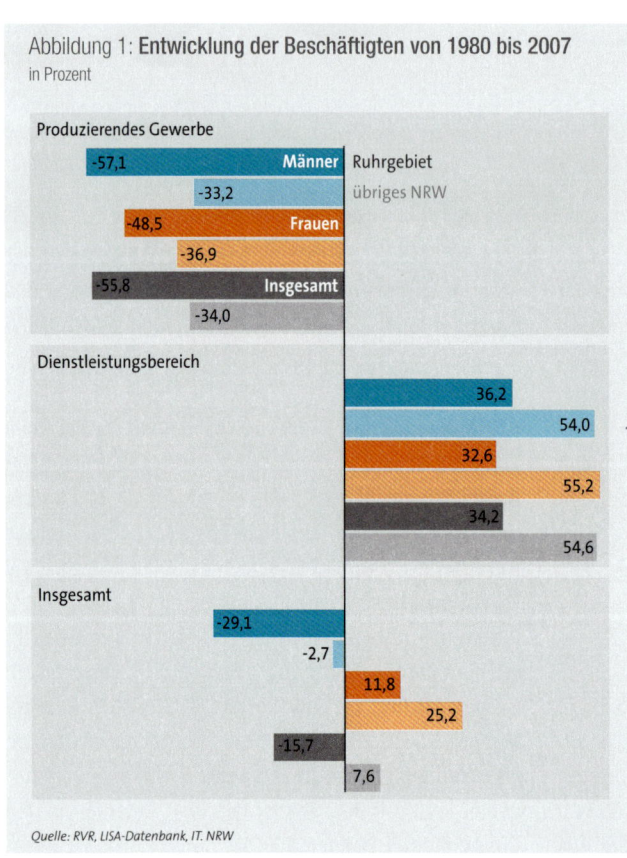

Abbildung 1: **Entwicklung der Beschäftigten von 1980 bis 2007**
in Prozent

Quelle: RVR, LISA-Datenbank, IT. NRW

Frauenbeschäftigung auf wenige Branchen konzentriert

Landesweit lässt sich eine Konzentration der versicherungspflichtig beschäftigten Frauen auf lediglich fünf Branchen feststellen. Diese Konzentration ist im Ruhrgebiet noch stärker ausgeprägt als im übrigen NRW. Gut jede vierte weibliche Beschäftigte ist im Ruhrgebiet im Gesundheitswesen, dem landesweit größten Beschäftigungssegment, tätig. Dagegen sind nur 4,9 % aller versicherungspflichtig beschäftigten Männer in diesem Bereich tätig. In der zweitwichtigsten Beschäftigungsdomäne der Frauen, dem Einzelhandel, sind im Ruhrgebiet 13,1 % aller Frauen und nur 4,4 % aller Männer beschäftigt. Die unternehmensnahen Dienstleistungen spielen dagegen für Männer und Frauen eine nahezu gleich wichtige Rolle. Hier haben knapp 12 % aller weiblichen und auch männlichen Beschäftigten ihren Arbeitsplatz. In der öffentlichen Verwaltung arbeiten 8,6 % der beschäftigten Frauen und nur 4,3 % der Männer, im Bereich Erziehung und Unterricht sind es 4,7 % der Frauen, von den Männern nur 2,4 %.

Knapp 64 % aller weiblichen Beschäftigten arbeiten in nur fünf Branchen, in den übrigen Landesteilen sind es 56,6 %. Bei den Männern ist keine so stark ausgeprägte Konzentration auf bestimmte Branchen auszumachen. Mit 11,7 % sind die meisten männlichen Beschäftigten des Reviers im zweitwichtigsten Beschäftigungssegment, den unternehmensnahen Dienstleistungen, tätig. Es folgt das Baugewerbe, in dem hier knapp jeder zehnte männliche Beschäftigte arbeitet, aber nur 1,6 % aller Frauen. In der Handelsvermittlung arbeiten 6,1 % aller beschäftigten Männer im Ruhrgebiet und nur 3,8 % aller Frauen.

140

Knapp ein Viertel älter als 50 Jahre

Im Zuge des demografischen Wandels ändert sich auch die Altersstruktur der Beschäftigten. 1980 lag deren Durchschnittsalter im Ruhrgebiet wie auch im übrigen NRW bei 37,2 Jahren, im Jahr 2007 hat es sich im Ruhrgebiet um rund vier Jahre auf 41,1 Jahre erhöht. Im übrigen NRW sind die Beschäftigten mit einem Durchschnittsalter von 40,7 Jahren etwas jünger. Vor allem die Zahl der Beschäftigten unter 20 Jahren ist in beiden Vergleichsregionen stark zurückgegangen. 1980 waren noch rund 9 % der Beschäftigten unter 20 Jahre alt, heute sind es nur noch 2 %. Im Jahr 2007 sind knapp 9 % der Beschäftigten zwischen 20 und 25 Jahre alt. Etwa ein Drittel von ihnen ist zwischen 25 und 40 Jahre alt, ein weiteres knappes Drittel zwischen 40 und 50 Jahre alt. Im Betrachtungszeitraum von 1999 bis 2007 verringerte sich der Anteil der Beschäftigten im Alter von 30 bis 50 Jahren von 58 % auf 55 %. Im gleichen Zeitraum erhöhte sich die Zahl der über 50-Jährigen im Ruhrgebiet von 18,6 % auf 24,3 %. Damit ist heute knapp ein Viertel der Beschäftigten über 50 Jahre alt. Die Altersstruktur ist in den beiden Vergleichsregionen nahezu identisch.

Betrachtet man die Beschäftigten nach Altergruppen, so liegen hier drei Branchen mit besonders hohen Anteilen an jungen Beschäftigten vorne. In der Branche Erbringung von sonstigen Dienstleistungen, wozu

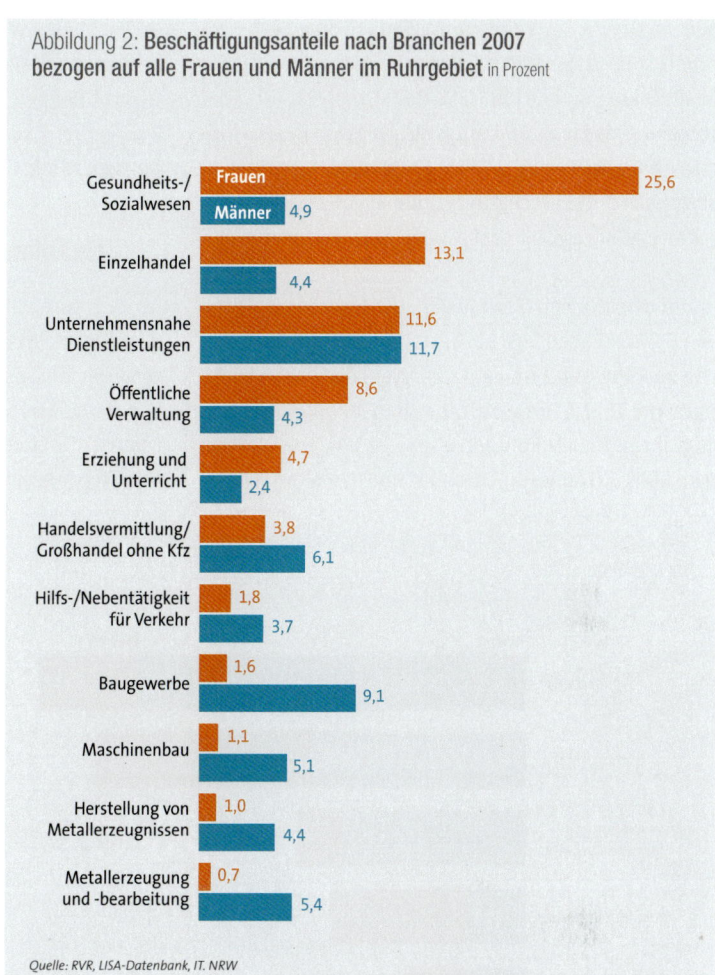

Abbildung 2: Beschäftigungsanteile nach Branchen 2007 bezogen auf alle Frauen und Männer im Ruhrgebiet in Prozent

Quelle: RVR, LISA-Datenbank, IT. NRW

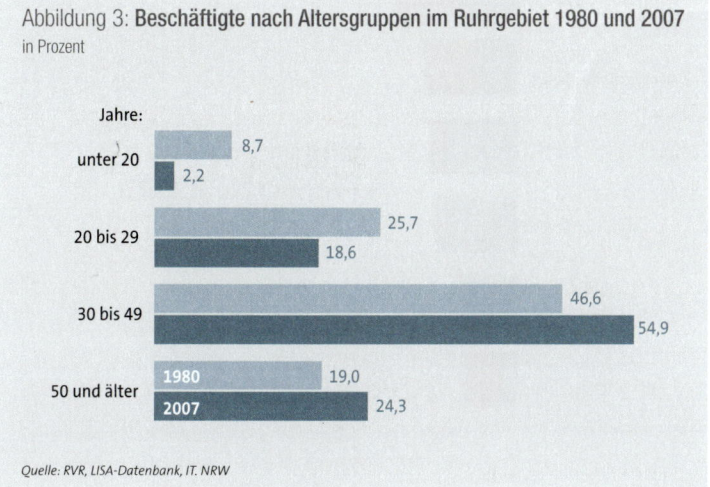

Abbildung 3: Beschäftigte nach Altersgruppen im Ruhrgebiet 1980 und 2007 in Prozent

Quelle: RVR, LISA-Datenbank, IT. NRW

beispielsweise das Reinigungs- und Frisörgewerbe gehören, sind knapp 40 % der Beschäftigten unter 30 Jahre alt. Diese Branche hat mit einem Durchschnittsalter von etwas mehr als 36 Jahren die jüngsten Beschäftigten. Im Gastgewerbe und im Kraftfahrzeughandel ist etwa jeder dritte Beschäftigte unter 30 Jahre. Das Durchschnittsalter liegt hier bei rund 37 bzw. 38 Jahren.

In der öffentlichen Verwaltung, die mit einem Anteil von 6,2 % an allen Beschäftigten die viertgrößte Branche im Ruhrgebiet ist, liegt der Anteil der über 55-Jährigen bei 15,8 %. Im gesamten Branchendurchschnitt liegt ihr Anteil im Ruhrgebiet bei 12,1 %, was in etwa dem übrigen Landesdurchschnitt mit 11,9 % entspricht.

In den beiden wichtigsten Beschäftigungssegmenten, den unternehmensnahen Dienstleistungen und dem Gesundheitswesen, ist jeder zehnte Beschäftigte im Ruhrgebiet 55 Jahre und älter, was auch in etwa dem übrigen Landestrend entspricht.

Gewinner- und Verliererbranchen

Im Zeitraum von 1999 bis 2007 sank die Zahl der Beschäftigten im Ruhrgebiet um insgesamt 5,2 %, während der Rückgang im übrigen NRW mit 1,4 % wesentlich moderater verlief. Im Ruhrgebiet waren vor allem Männerarbeitsplätze vom Abbau betroffen. Das Beschäftigungsniveau der Frauen bleibt hier mit einem Plus von nur 0,2 % nahezu auf dem Niveau von 1999, das der Männer sinkt dagegen um 9 %. Im übrigen Landesdurchschnitt fällt die Beschäftigungszunahme bei den Frauen mit 1,7 % höher aus, und auch der Beschäftigungsrückgang bei den Männern verläuft mit 3,6 % wesentlich glimpflicher.

Höchste Zuwächse im Dienstleistungsbereich

Die mit Abstand beschäftigungswirksamsten Impulse gehen sowohl im Ruhrgebiet als auch in den übrigen Landesteilen in den letzten acht Jahren von den unternehmensorientierten Dienstleistungen aus. Mehr als 42.000 neue Jobs entstanden im Ruhrgebiet in dieser Branche, zu der neben der Rechts- und Unternehmensberatung, der Werbung, den Reinigungsdiensten etc. auch die Überlassung von Arbeitskräften, die so genannte Zeitarbeit, gehört. Im Bericht zur Zeitarbeit von der Bundesagentur für Arbeit heißt es, die Zahl der Zeitarbeitskräfte habe

Abbildung 4: **Gewinnerberufe in den unternehmensnahen Dienstleistungen von 1999 bis 2007**

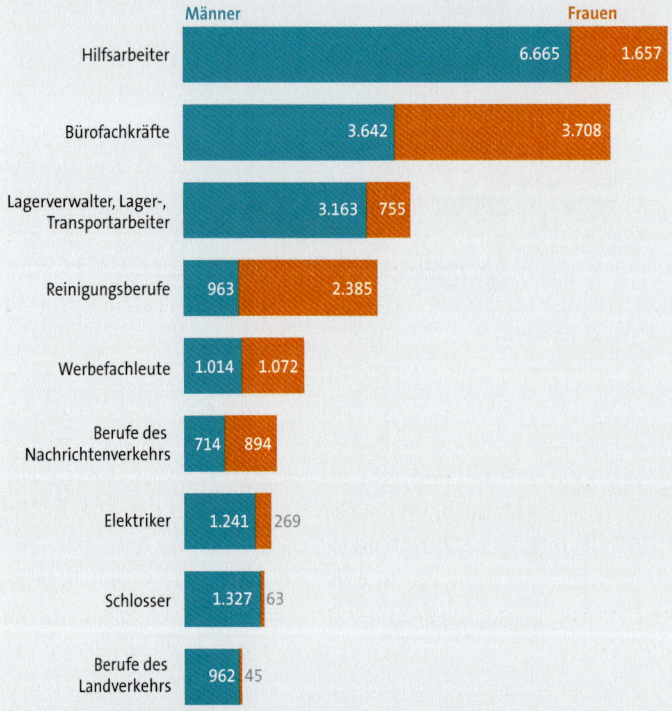

Beruf	Männer	Frauen
Hilfsarbeiter	6.665	1.657
Bürofachkräfte	3.642	3.708
Lagerverwalter, Lager-, Transportarbeiter	3.163	755
Reinigungsberufe	963	2.385
Werbefachleute	1.014	1.072
Berufe des Nachrichtenverkehrs	714	894
Elektriker	1.241	269
Schlosser	1.327	63
Berufe des Landverkehrs	962	45
Organisatoren, Wirtschaftsprüfer	251	645

Quelle: RVR, LISA-Datenbank, IT. NRW

sich im Zeitraum 2002 bis 2007 im gesamten Bundesgebiet deutlich mehr als verdoppelt. Der Anteil der Zeitarbeit an den sozialversicherungspflichtig Beschäftigten lag 2007 in Deutschland bei 2,4 %. Männer stellten danach fast drei Viertel aller Leiharbeiter, ein Drittel von ihnen war als Hilfspersonal tätig.

Entgegen der allgemeinen Entwicklung nahm die Beschäftigung im Bereich der Zeitarbeit auch schon in den Jahren 2003, 2004 und 2005 zu. Der allgemeine Beschäftigungsabbau in diesen Jahren wurde demnach durch die positive Entwicklung der Zeitarbeit gebremst.[2] Für das Ruhrgebiet liegen hierzu keine Daten vor. Durch die Expansion der unternehmensorientierten Dienstleistungen entstanden landesweit rund 165.300 neue Jobs, wobei jeder vierte auf das Ruhrgebiet entfiel. Die Wachstumsrate dieser Branche liegt hier mit 32,1 % dennoch unter der im übrigen NRW mit 39,2 %. Die Männer im Ruhrgebiet konnten – mit 65 % – in sehr viel höherem Maße von den Beschäftigungsgewinnen dieser Branche profitieren. Auf die Frauen entfielen entsprechend lediglich rund 35 %.

Nach Berufen betrachtet weist die zu den Fertigungsberufen gehörende Berufsgruppe der Hilfsarbeiter ohne nähere Tätigkeitsangabe die höchsten Beschäftigungszuwächse innerhalb der unternehmensorientierten Dienstleistungen aus. Hier profitieren die männlichen Hilfsarbeiter mit 6.665 neuen Jobs deutlich stärker als die weiblichen mit lediglich 1.657. An zweiter Stelle folgen die Bürofachkräfte mit 7.350 neuen Beschäftigungsmöglichkeiten, die zu etwa gleichen Teilen auf Männer und Frauen entfallen. Bei den Lagerverwaltern und Transportarbeitern liegen die Männer mit einem Plus von rund 3.900 Stellen wieder deutlich vorne, bei den Reinigungsberufen mit rund 3.300 neuen Stellen gewinnen dagegen die Frauen. Bei den Werbefachleuten und bei den Berufen des Nachrichtenverkehrs, denen die Expansion der unternehmensorientierten Dienstleistungen einen Stellenzuwachs von jeweils rund 2.100 bzw. etwa 1.600 neuen Jobs beschert, liegen die Frauen leicht vorne. Rund 3.900 fast ausschließlich männliche Elektriker, Schlosser sowie Personen in den

Berufen des Landverkehrs können vom Boom in dieser Branche profitieren. Den Unternehmern, Organisatoren und Wirtschaftprüfern bietet diese Branche rund 900 überwiegend weibliche neue Jobs. Die Beschäftigungsgewinne dieser zehn Berufe, die von den unternehmensorientierten Dienstleistungen profitieren, summieren sich auf rund 31.400 Stellen. Das sind 74,5 % der Beschäftigungsgewinne dieser Branche.

Eine Gewinnerbranche im Ruhrgebiet ist auch das Gesundheitswesen mit einem Stellenzuwachs von 11.321, der zu rund 90 % auf die Frauen entfällt. Die öffentliche Verwaltung gewinnt 7.376 neue Stellen hinzu, wobei auch in diesem Bereich fast ausschließlich Frauen eingestellt wurden. Beim Grundstücks- und Wohnungswesen mit einem Stellenzuwachs von rund 6.000 verteilen sich die Beschäftigungsgewinne nur geringfügig zugunsten der Frauen. Bei der Datenverarbeitung mit einem Plus von rund 5.000, der Nachrichtenübermittlung mit einem Plus von rund 3.400, den Hilfs- und Nebentätigkeiten für den Verkehr mit einem Plus von rund 3.100 Stellen haben dagegen die Männer mit rund 70 % einen deutlichen Vorsprung. Das Gastgewerbe gewinnt insgesamt rund 1.400 Stellen hinzu, wobei hier wieder die Frauen leicht vorne liegen. Insgesamt summieren sich die Beschäftigungsgewinne dieser acht Branchen im Ruhrgebiet auf rund 80.000 Stellen, die in etwa zur Hälfte auf Männer und Frauen entfallen.

Bei einem Rückgang von mehr als 34.000 Stellen im Zeitraum von 1999 bis 2007 hat das Baugewerbe im Ruhrgebiet die mit Abstand höchsten Verluste aller Branchen hinnehmen müssen. Hier wie auch im übrigen NRW schnitt sie mit 28,4 % bzw. 27,3 % am schlechtesten ab. Zu den Verliererbranchen im Ruhrgebiet zählen auch der Bergbau, die Metallerzeugung und -bearbeitung, der Einzelhandel, der Bereich der Herstellung von Metallerzeugnissen und Kraftwagen, das Ernährungs- sowie das Verlags- und Druckgewerbe. Die Beschäftigungsverluste in den genannten Branchen summieren sich im Ruhrgebiet auf rund 110.000 Stellen. Von diesem Stellenabbau sind zu mehr als vier Fünfteln die Männer betroffen.

Abbildung 5: **Gewinner- und Verliererbranchen im Ruhrgebiet von 1999 bis 2007**

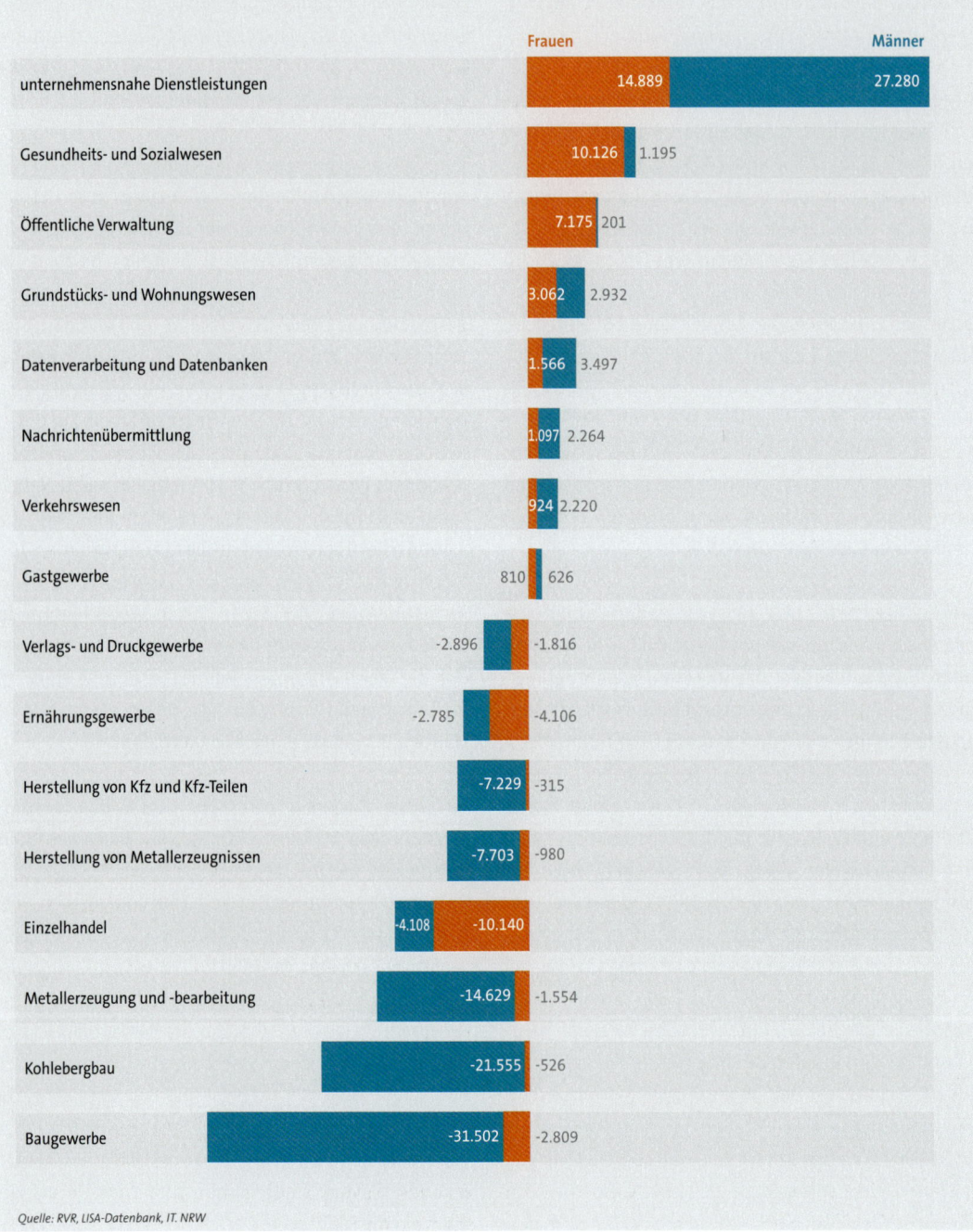

Branche	Frauen	Männer
unternehmensnahe Dienstleistungen	14.889	27.280
Gesundheits- und Sozialwesen	10.126	1.195
Öffentliche Verwaltung	7.175	201
Grundstücks- und Wohnungswesen	3.062	2.932
Datenverarbeitung und Datenbanken	1.566	3.497
Nachrichtenübermittlung	1.097	2.264
Verkehrswesen	924	2.220
Gastgewerbe	810	626
Verlags- und Druckgewerbe	-2.896	-1.816
Ernährungsgewerbe	-2.785	-4.106
Herstellung von Kfz und Kfz-Teilen	-7.229	-315
Herstellung von Metallerzeugnissen	-7.703	-980
Einzelhandel	-4.108	-10.140
Metallerzeugung und -bearbeitung	-14.629	-1.554
Kohlebergbau	-21.555	-526
Baugewerbe	-31.502	-2.809

Quelle: RVR, LISA-Datenbank, IT. NRW

144

Beschäftigte nach Bildung

Im Jahr 2007 verfügen zwei Drittel der Beschäftigten im Ruhrgebiet über den niedrigsten Bildungsabschluss, den Volks-, Haupt- bzw. Realschulabschluss. Rund 10 % der Frauen und rund 8 % der Männer haben das Abitur als höchsten Bildungsabschluss. Weitere 8,5 % der Beschäftigten können ein abgeschlossenes Fachhoch- bzw. Hochschulstudium nachweisen und zählen damit zu den Hochqualifizierten. Diese Anteile entsprechen in etwa denen im übrigen NRW, wobei die Anteile der Beschäftigten mit Abitur hier geringfügig niedriger, die der Hochqualifizierten dagegen etwas höher liegen als im Ruhrgebiet. Rund 18 % der Befragten (im übrigen NRW sind es rund 17 %) machten, bei den Männern wie bei den Frauen, keine Angaben zu ihrem Bildungsabschluss, 1980 waren es landesweit nur rund 7 %.

Im übrigen NRW liegt der Anteil der Hochqualifizierten mit 9,6 % um 1,1 Prozentpunkte über dem im Ruhrgebiet. 1980 zählten in beiden Vergleichsregionen nur knapp 4 % der Beschäftigten zu den Hochqualifizierten. Seitdem verdoppelte sich der Anteil hoch qualifizierter Frauen an allen Hochqualifizierten im Ruhrgebiet von 17,4 % auf heute 34,2 %. Im übrigen NRW erhöhten sich die entsprechenden Anteile von 21,7 % auf 35,6 %. Im Jahr 1980 zählten lediglich 2,1 % aller beschäftigten Frauen im Ruhrgebiet zu den Hochqualifizierten, bei den Männern waren es 4,7 %. 27 Jahre später sind 6,7 % der beschäftigten Frauen und 9,9 % der beschäftigten Männer hoch qualifiziert.

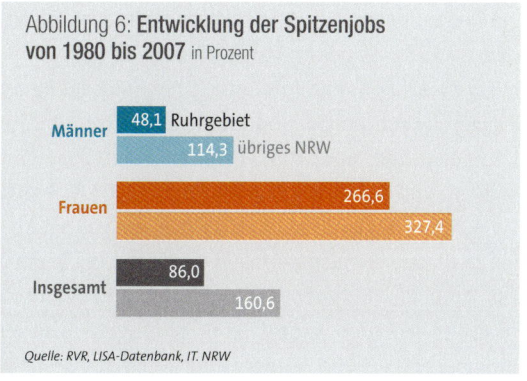

Abbildung 6: **Entwicklung der Spitzenjobs von 1980 bis 2007** in Prozent

Männer: 48,1 Ruhrgebiet / 114,3 übriges NRW
Frauen: 266,6 / 327,4
Insgesamt: 86,0 / 160,6

Quelle: RVR, LISA-Datenbank, IT. NRW

Bei den Spitzenjobs liegen die Männer im Ruhrgebiet heute noch deutlicher vor den Frauen als 1980. Obwohl Frauen bei der Qualifikation in erheblichem Maße aufgeholt haben, nehmen sie dennoch seltener Spitzenpositionen ein. Der Abstand der hoch qualifizierten Frauen zu dem der Männer hat sich von 2,6 im Jahr 1980 auf 3,2 Prozentpunkte im Jahr 2007 erhöht. Im übrigen NRW zählen heute 8 % aller beschäftigten Frauen und 10,8 % aller beschäftigten Männer zu den Hochqualifizierten.

Spitzenjobs nach Branchen und Geschlecht

Insgesamt erhöhte sich die Zahl der Spitzenjobs im Ruhrgebiet von 1980 bis 2007 um rund 59.000 Stellen, was einer Steigerungsrate von 86 % entspricht. Im übrigen NRW lag die Steigerungsrate der AkademikerInnen dagegen fast doppelt so hoch. Während die Akademiker im Ruhrgebiet lediglich eine Steigerungsrate von 48 % erzielen konnten, stieg die Zahl der Spitzenjobs für Frauen hier um knapp das vierfache. Im übrigen NRW fiel vor allem die Steigerungsrate bei den Akademikern mit einem Plus von 114 % mehr als doppelt so hoch aus wie im Ruhrgebiet. Die Akademikerinnen erzielten im übrigen NRW mit einem Plus von rund 330 % ebenfalls eine höhere Steigerungsrate.

Im Branchendurchschnitt liegt der Anteil der Frauen an allen Beschäftigten mit Hochschulabschluss im Ruhrgebiet bei 34,2 %. Die Anteile der hoch qualifizierten Frauen fallen je nach Branche sehr unterschiedlich aus. Im Dienstleistungsbereich ist er mit 41 % überdurchschnittlich hoch, im produzierenden Gewerbe sind dagegen nur 13,7 % aller hoch qualifizierten Beschäftigten Frauen. Nach Branchen betrachtet hat der Bereich Forschung und Entwicklung mit 35,4 % insgesamt die höchsten Akademikeranteile. Der Frauenanteil an allen Akademikern fällt hier mit nur 27,9 % jedoch unterdurchschnittlich aus.

Nur in drei Branchen, im Einzelhandel, im Gesundheitswesen und im Bereich Erziehung und Unterricht, liegen die Akademikerinnenanteile mit 59 %, 53 % bzw. 51 % über denen der Akademiker. Im Bereich der Datenverarbeitung

145

liegt der Anteil der Spitzenjobs für Frauen dagegen nur bei 16,2 %. In der öffentlichen Verwaltung ist knapp jede zweite hoch qualifizierte Beschäftigte eine Frau. Diese Trends lassen sich auch im übrigen NRW feststellen.

Jede dritte Beschäftigte in Teilzeitjobs

Von 1980 bis 2007 erhöhte sich für die Frauen im Ruhrgebiet das Stellenangebot im Dienstleistungsbereich insgesamt um rund 139.000 Stellen, was ihrem zunehmenden Interesse an Erwerbsarbeit entgegenkam. Diese relative Zunahme von 32,6 % fällt im Ruhrgebiet deutlich niedriger aus als im übrigen NRW mit einer Zuwachsrate von 55,2 %.

Die Teilzeitarbeitsverhältnisse entstanden mit einem Anteil von 95,4 % nahezu ausschließlich im Dienstleistungsbereich. Hier verteilen sich die neu entstandenen Teilzeitstellen zu 75 % auf Frauen und entsprechend zu 25 % auf Männer.

Die mit Abstand höchste Zunahme von Teilzeitjobs in den letzten acht Jahren ist mit einem Plus von 21.564 Stellen im Gesundheitswesen im Ruhrgebiet zu verzeichnen, gefolgt von den unternehmensnahen Dienstleistungen mit einem Plus von 10.892 Stellen sowie der öffentlichen Verwaltung mit 5.696 Stellen. Diese drei Branchen machen fast zwei Drittel aller neuen Teilzeitstellen aus.

Entwicklung der Vollzeitstellen

Das Niveau der Vollzeitarbeitsplätze im Ruhrgebiet ist zwischen 1999 und 2007 um 10,3 % gesunken. Im übrigen NRW ist der Rückgang der Vollzeitstellen mit 6,3 % deutlich geringer. Absolut betrachtet bedeutet das für das Ruhrgebiet einen Verlust von rund 140.000 Vollzeitarbeitsstellen. Landesweit gehen insgesamt rund 370.000 Vollzeitstellen verloren. Mit einem Anteil von 37,6 % fällt der Anteil des Ruhrgebiets am Gesamtverlust der Vollzeitstellen Nordrhein-Westfalens überproportional hoch aus. Der Anteil der Vollzeitarbeitsplätze sinkt im Ruhrgebiet im Zeitraum von 1999 bis 2007 von

86,9 % auf 82,2 % und im übrigen NRW von 87,6 % auf 83,2 %. Die Vollzeitstellen im produzierenden Gewerbe werden im Ruhrgebiet mit 24,2 % stärker abgebaut als im übrigen NRW mit 18 %.

Während die Vollzeitarbeitsplätze im Dienstleistungsbereich im Ruhrgebiet eine geringe Verlustrate von 0,9 % aufweisen, können sie im übrigen NRW noch eine Zuwachsrate von 2,2 % verzeichnen. Im Dienstleistungsbereich sind im Jahr 2007 im Ruhrgebiet 92,5 % aller Männer und 63 % aller Frauen vollzeitbeschäftigt. Im übrigen NRW fällt der Anteil der vollzeitbeschäftigten Frauen mit 64,5 % geringfügig höher aus, der der Männer entspricht dem im Ruhrgebiet. Der Anteil der vollzeitbeschäftigten Männer im produzierenden Gewerbe liegt in beiden Vergleichsregionen bei 98,4 %, der der Frauen bei rund 83 %.

Gesundheitswesen: hoher Abbau von Vollzeitstellen im Revier

In beiden Vergleichsregionen büßt das Baugewerbe im Zeitraum von 1999 bis 2007 die mit Abstand meisten Vollzeitjobs ein. Im Ruhrgebiet gehen hier knapp 35.000 Vollzeitarbeitsstellen, das ist knapp ein Drittel der landesweiten Verluste der Baubranche, verloren. Es folgen der Kohlebergbau und die Metallerzeugung mit Verlusten von jeweils rund 22.000 bzw. rund 16.600 Vollzeitstellen. Hier ist das Ruhrgebiet mit Anteilen von rund 80 % bzw. rund 70 % an den landesweiten Verlusten in beiden Branchen besonders hart getroffen. Der Einzelhandel verliert rund 15.700 Vollzeitstellen, was rund ein Drittel der landesweiten Verluste ausmacht. Besonders auffällig ist der im Vergleich zum übrigen Nordrhein-Westfalen außerordentlich hohe Rückgang an Vollzeitstellen im Gesundheitswesen. Während im Ruhrgebiet hier rund 10.200 Vollzeitstellen abgebaut werden, sind es im übrigen NRW nur rund 6.400. Knapp zwei Drittel des landesweiten Abbaus von Vollzeitstellen in diesem Bereich entfallen damit auf die Region. Der Anteil der Ruhrgebietsbeschäftigten im Gesundheitswesen an den landesweit Beschäftigten in dieser Branche beträgt 29,4 %. Insgesamt weist das Gesund-

146

heitswesen in den übrigen Landesteilen deutlich höhere Wachstumsraten auf. Der Zuwachs bleibt im Ruhrgebiet im Jahr 2007 mit 5,8 % gegenüber 1999 deutlich hinter dem des übrigen NRW mit 11,5 % zurück. Während die Zahl der Vollzeitarbeitsplätze im Ruhrgebiet im Gesundheitswesen um 6,9 % unter das Niveau von 1999 sinkt, liegt sie im übrigen NRW nur um 1,9 % darunter. Die Vollzeitstellen der Männer im Gesundheitswesen sind im Ruhrgebiet um 3 % rückläufig, während sie im übrigen NRW um 3 % steigen. Der Rückgang der Stellen für weibliche Vollzeitbeschäftigte ist im Ruhrgebiet mit 8,2 % weit höher als im übrigen NRW mit 3,6 %. Die Steigerungsrate bei den Teilzeitstellen im Gesundheitswesen liegt im übrigen NRW mit 51 % ebenfalls über der im Ruhrgebiet mit 47 %.

Erwerbstätige

Die Daten aus dem Mikrozensus, einer jährlich durchgeführten einprozentigen Stichprobenerhebung des Landesbetriebes für Information und Technik NRW, geben u. a. Auskunft über die Erwerbstätigenstruktur der Ruhrgebietsbevölkerung. Hier werden alle Erwerbstätigen einschließlich der Beamten, Selbstständigen sowie geringfügig Beschäftigten erfasst. Weitere Kriterien für die Erwerbstätigkeit sind ein Mindestalter von 15 Jahren und eine Beschäftigung von mindestens einer Stunde pro Woche. Diese Daten sagen jedoch nichts über den zeitlichen Umfang der Erwerbstätigkeit aus.

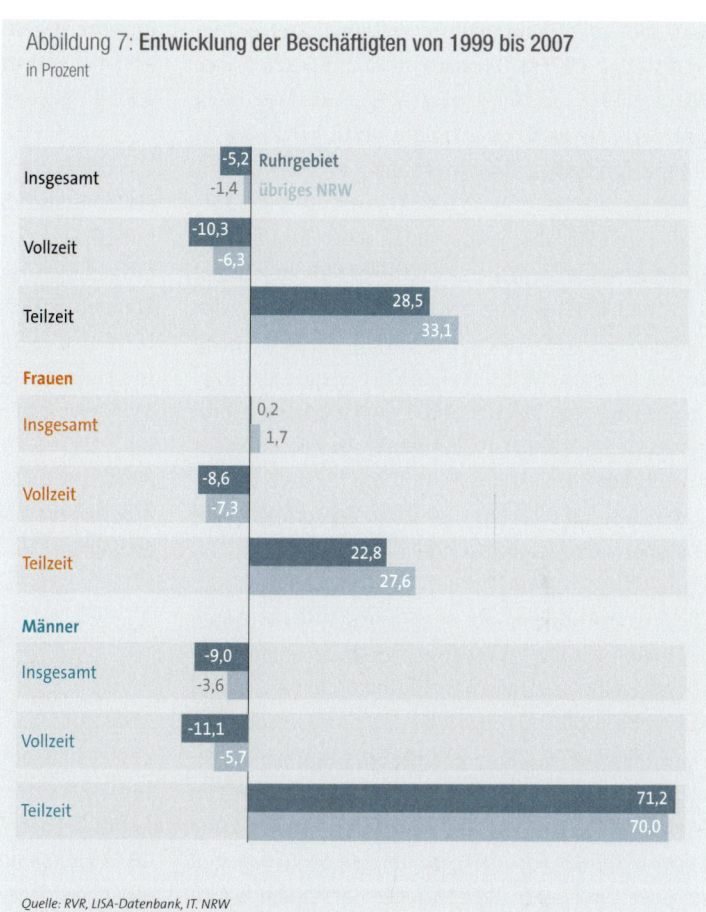

Abbildung 7: **Entwicklung der Beschäftigten von 1999 bis 2007**
in Prozent

Quelle: RVR, LISA-Datenbank, IT. NRW

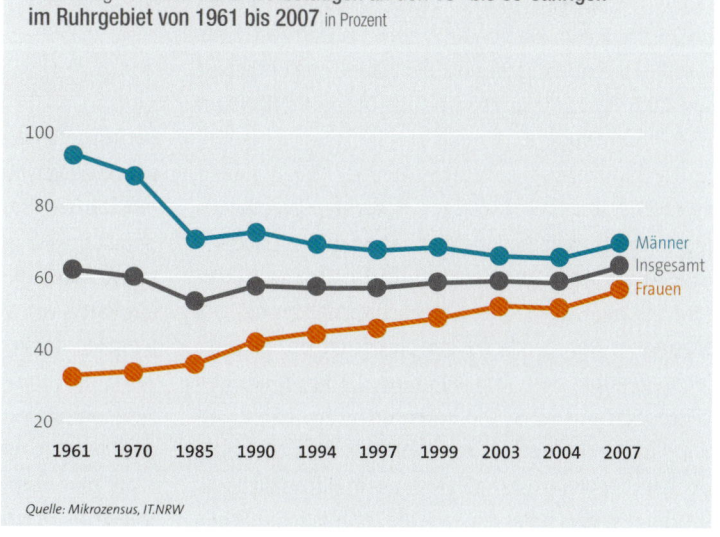

Abbildung 8: **Anteil der Erwerbstätigen an den 15- bis 65-Jährigen im Ruhrgebiet von 1961 bis 2007** in Prozent

Quelle: Mikrozensus, IT.NRW

147

2007 gibt es im Ruhrgebiet insgesamt 2.169.500 Erwerbstätige – 976.000 Frauen und 1.193.500 Männer. Während 1985 von allen Erwerbstätigen nur etwas mehr als jeder dritte weiblich war, ist es heute, genau wie im übrigen Landesdurchschnitt, knapp jeder zweite.

Die letzten 50 Jahre waren durch einen erheblichen Strukturwandel geprägt, der vor allem im Ruhrgebiet mit einem drastischen Schwund der Arbeitsplätze für männliche Erwerbstätige einherging. Die Beteiligung der Frauen am Erwerbsleben nahm dagegen stetig zu. Im Zeitraum von 1961 bis 2007 sank die Erwerbstätigenquote der Männer im Ruhrgebiet, gemessen an der männlichen Bevölkerung im Alter von 15 bis 65 Jahren, von 93,9 % auf 69,7 %. Im gleichen Zeitrum stieg die Frauenerwerbstätigkeit von 33 % auf 56,7 %.

Die Erwerbstätigenquote der Männer, also der Anteil der erwerbstätigen Männer gemessen an der männlichen Bevölkerung zwischen 15 und 65 Jahren, lag im Ruhrgebiet 2007 mit 69,7 % deutlich unter der im übrigen NRW mit 76,2 %. Im Jahr 1985 betrug die Erwerbstätigenquote der Männer noch 70,5 % und im übrigen NRW 75,7 %. Damit lag sie im Ruhrgebiet im Jahr 2007 leicht unter der von 1985, im übrigen NRW dagegen darüber. Die Erwerbstätigenquote der Frauen lag im Ruhrgebiet 2007 mit 56,7 % ebenfalls unter der im übrigen Landesdurchschnitt mit 61,9 %. 1985 lag sie noch bei 36,1 % und im übrigen NRW bei 43 %. Damit erhöhte sich die Erwerbstätigenquote der Frauen im Ruhrgebiet um 20,6 Prozentpunkte und im übrigen NRW um 18,9 Prozentpunkte.

Etwa 27 % der Erwerbstätigen Nordrhein-Westfalens leben im Ruhrgebiet. Von den knapp 2,2 Mio. Erwerbstätigen hier sind – genau wie im übrigen Landesdurchschnitt – rund 45 % Frauen und entsprechend rund 55 % Männer. Im Ruhrgebiet steigen die Erwerbstätigenzahlen gegenüber dem Jahr 2000 um 2,3 %, im übrigen NRW sogar um 5,7 %. Die unterdurchschnittliche Entwicklung im Ruhrgebiet resultiert aus dem Rückgang der Zahl der erwerbstätigen Männer in Höhe von 3,2 %. Im übrigen NRW steigt dagegen die Zahl der männlichen

Erwerbstätigen um 1,4 %. Die Steigerungsrate der weiblichen Erwerbstätigen liegt im Ruhrgebiet mit 10 % nur geringfügig unter der im übrigen NRW mit 11,5 %.

Dass die Erwerbstätigen nach Köpfen gezählt werden, erschwert den Blick auf das tatsächliche Arbeitszeitvolumen. Insgesamt beträgt der Rückgang der erwerbstätigen Männer, die mehr als 25 Stunden arbeiten, im Ruhrgebiet 10 % gegenüber dem Jahr 2000, im übrigen NRW sind es 5 %. Die Zahl der erwerbstätigen Frauen mit einer wöchentlichen Arbeitszeit von 25 und mehr Stunden bleibt mit 0,4 % im Ruhrgebiet gegenüber dem Jahr 2000 nahezu unverändert, während sie im übrigen NRW um 1,4 % steigt. In beiden Vergleichsregionen arbeiten rund 9 % der Männer und rund 37 % der Frauen weniger als 24 Sunden pro Woche.

Mehr Erwerbstätige ohne Sozialversicherungspflicht

1979 zählten noch 85,5 % aller Erwerbstätigen im Ruhrgebiet zu den sozialversicherungspflichtig Beschäftigten, 2007 verringerte sich ihr Anteil auf 68,6 %. Er liegt heute bei den Frauen niedriger als bei den Männern. 1979 gingen noch 84,3 % aller erwerbstätigen Frauen einer versicherungspflichtigen Beschäftigung nach, im Jahr 2007 lag der Anteil nur noch bei 66 %. Bei den Männern sank der Anteil von 86,2 % auf 70,7 %.

Erwerbstätige nach Berufsgruppen

Betrachtet man die Erwerbstätigen nach Berufsgruppen, so lassen sich Männer- und Frauendomänen identifizieren. Die Berufsgruppe der Bergleute und Mineralgewinner ist im Ruhrgebiet mit 100 % eine reine Männerdomäne. Auch die Fertigungsberufe werden mit 85,7 % eindeutig von Männern dominiert. Ausnahmen bilden lediglich vier Berufsgruppen, in denen der Frauenanteil zwischen rund 40 % und rund 70 % liegt. Die Textil- und Bekleidungsberufe heben sich hier mit einem Frauenanteil von rund 67 % am deutlichsten von den sonst stark männlich bestimmten Fertigungsberufen ab. Es folgen die Holzbearbeitung mit einem Frauenanteil von rund 48 %, die Ernährungsberufe mit einem Frauenanteil von rund 45 % und die Waren- und Versandfertigmacher mit rund 43 %. In der Berufsgruppe der Hilfsarbeiter ohne nähere Tätigkeitsangaben ist knapp jeder dritte der Erwerbstätigen weiblich. Innerhalb der Fertigungsberufe sind die Metall- und Maschinenbauer die mit Abstand beschäftigungsstärkste Gruppe. Mehr als jeder vierte männliche Fertigungsberufler übt diesen Beruf aus. Der Frauenanteil bei den Metall- und Maschinenbauern liegt nur bei 7,5 %. Insgesamt liegt der Frauenanteil bei den Fertigungsberufen im Ruhrgebiet mit 14,3 % unter dem im übrigen NRW mit 17,7 %. Vor allem bei den Warenprüfern und Versandfertigmachern fällt der Frauenanteil im übrigen NRW mit 56 % deutlich höher aus als im Revier mit 43 %. Bei den Hilfsarbeitern liegt hier der Frauenanteil um 7,4 Prozentpunkte unter dem im übrigen NRW. Sowohl im Ruhrgebiet als auch im übrigen NRW üben rund 20 % der Erwerbstätigen einen Fertigungsberuf aus.

Frauen in technischen Berufen stark unterrepräsentiert

In den technischen Berufen, zu denen die naturwissenschaftlichen Berufe und die der Informationstechnologien (u. a. Ingenieure, Mathematiker und technische Sonderfachkräfte) zählen, sind im Ruhrgebiet und im übrigen NRW rund 6,5 % bzw. 6,4 % aller Erwerbstätigen beschäftigt. Die Frauenanteile in den naturwissenschaftlichen und IT-Berufen fallen im Ruhrgebiet mit lediglich 13 % und auch im übrigen NRW mit 14 % stark unterdurchschnittlich aus. Auch der Anteil der Frauen an den technischen Sonderfachkräften liegt im Ruhrgebiet und im übrigen NRW bei nur 14 % bzw. 16 %. Während in beiden Vergleichsregionen etwa jeder zehnte männliche Erwerbstätige als Naturwissenschaftler oder IT-Spezialist tätig ist, üben nur rund 2 % aller weiblichen Erwerbstätigen in den beiden Vergleichsregionen einen naturwissenschaftlichen oder technischen Beruf aus.

Konzentration auf nur fünf Berufsfelder

Nach dem Mikrozensus 2007 konzentrieren sich 80 % der 976.000 erwerbstätigen Frauen im Ruhrgebiet auf nur fünf Berufsfelder. Ein Viertel von ihnen (rund 250.000) arbeitet in Büroberufen bzw. als kaufmännische Angestellte. Es folgen die Reinigungs- und Entsorgungsberufe mit rund 139.000 erwerbstätigen Frauen, die sozialen Berufe (wie Erzieherin, Altenpflegerin oder Sozialarbeiterin) mit rund 138.000, die Warenkaufleute (wie Verkäuferinnen) mit rund 131.000

Abbildung 9: **Erwerbstätige nach Berufsgruppen im Ruhrgebiet 2007**
in Prozent

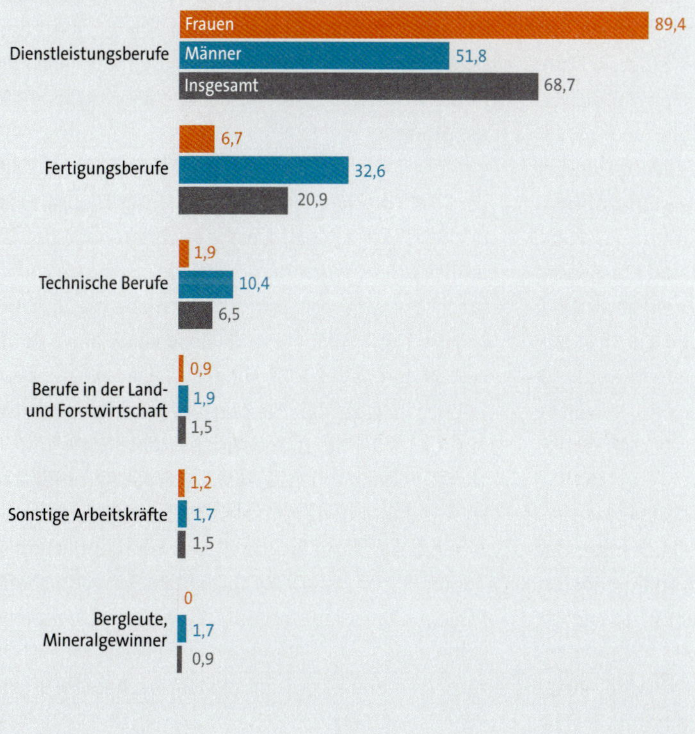

Dienstleistungsberufe	Frauen	89,4
	Männer	51,8
	Insgesamt	68,7
Fertigungsberufe	Frauen	6,7
	Männer	32,6
	Insgesamt	20,9
Technische Berufe	Frauen	1,9
	Männer	10,4
	Insgesamt	6,5
Berufe in der Land- und Forstwirtschaft	Frauen	0,9
	Männer	1,9
	Insgesamt	1,5
Sonstige Arbeitskräfte	Frauen	1,2
	Männer	1,7
	Insgesamt	1,5
Bergleute, Mineralgewinner	Frauen	0
	Männer	1,7
	Insgesamt	0,9

Quelle: Mikrozensus, IT. NRW

149

und die Gesundheitsdienstberufe (wie Krankenschwestern und Arzthelferinnen) mit rund 123.000 erwerbstätigen Frauen.

Das Berufsspektrum der Männer im Ruhrgebiet ist hingegen breiter. Rund 15 % (etwa 178.000) von ihnen arbeiten in Büroberufen und als kaufmännische Angestellte. Es folgen die Verkehrsberufe, wo jeder zehnte seinen Arbeitsplatz hat (rund 119.000), der Bereich des Metall- und Maschinenbaus mit 9 % (rund 105.000), die Techniker und technischen Sonderfachkräfte sowie die Verkäufer mit einem Anteil an allen männlichen Erwerbstätigen von jeweils 6 %.

Große Unterschiede beim Einkommen

Das monatliche Nettoeinkommen der knapp 1,9 Mio. Erwerbstätigen im Ruhrgebiet, die Angaben zu ihrem Einkommen machten, liegt im April 2007 bei rund 2,8 Mrd. Euro. Das Ruhrgebiet hat damit einen Anteil am landesweiten Nettoeinkommen in Höhe von 26,3 %. Hierbei muss allerdings berücksichtigt werden, dass 12,8 % der Befragten keine Einkommensangaben machten. Zur Berechnung des Durchschnittseinkommens wurden die Klassenmitten – als Untergrenze 150 Euro und als Obergrenze 3.300 Euro – gewählt. Hiernach errechnet sich ein durchschnittliches monatliches Nettoeinkommen aller voll- und teilzeitbeschäftigten Erwerbstätigen von 1.495 Euro.

Das Durchschnittseinkommen der Frauen liegt mit 1.119 Euro um rund 690 Euro unter dem der Männer mit 1.809 Euro und damit um rund 38 % niedriger. Es muss jedoch berücksichtigt werden, dass Frauen sehr viel häufiger teilzeitbeschäftigt sind und dass ihr Anteil an den ausschließlich geringfügig entlohnten Beschäftigten bei rund 80 % liegt.

Das monatliche Nettoeinkommen im übrigen NRW liegt mit insgesamt 1.540 Euro um 45 Euro über dem im Ruhrgebiet. Das Durchschnittsgehalt der Frauen liegt im übrigen NRW um 22 Euro höher, das der Männer um 59 Euro über dem Durchschnittsnettoeinkommen im Ruhrgebiet.

Einkommensunterschiede in Deutschland besonders hoch

In einer Presseinformation des Nürnberger Instituts für Arbeitsmarkt- und Berufsforschung (IAB) vom 19.3.2009 werden die wichtigsten Ergebnisse einer Studie des Instituts und der Universität Konstanz zum Thema Lohnunterschiede zwischen Frauen und Männern in Deutschland zusammengefasst. Danach verdienen Frauen bei gleicher Ausbildung, gleichem Alter und gleichem Beruf im gleichen Betrieb 12 % weniger als ihre männlichen Kollegen. Die Studie zeigt weiter, dass sich die Lohnungleichheit von Frauen und Männern gegenüber dem Stand von vor 15 Jahren kaum verändert hat und dass im Jahr 2006 die vollzeitangestellten Arbeitnehmerinnen in den alten Bundesländern durchschnittlich 24 % weniger verdienen als die Männer.

Laut IAB-Forscher Hermann Gartner konnten alle Länder der Europäischen Union, in denen nach der EU-Statistik 1995 die Lohnunterschiede überdurchschnittlich hoch waren, die Lohnunterschiede bis 2005 verringern, mit Ausnahme von Deutschland. Hier nahmen sie seit dem Jahr 2000 wieder zu. Gartner führt diese Entwicklung auf das Wachsen des Niedriglohnsektors zurück: „Da Frauen überdurchschnittlich häufig zu Niedriglöhnen arbeiten, wirkt sich das immer stärkere Auseinanderklaffen der Einkommensschere bei ihnen besonders stark aus." Zu einem ähnlichen Ergebnis kommt das Deutsche Institut für Wirtschaftsforschung: „Gerade in Deutschland ist der Verdienstunterschied im EU-Vergleich besonders hoch. Unter Angestellten bewegt sich der Unterschied im Bruttostundenverdienst zwischen Männern und Frauen seit Jahren bei 30 %."

Knapp drei Viertel der Geringverdiener sind Frauen

Die Auswertung des Mikrozenus für das Jahr 2007 ergab, dass Frauen in den unteren Gehaltsklassen über- und vor allem in den oberen Gehaltsgruppen unterproportional vertreten sind. „Legt man die Armutsdefinition der EU zugrunde, so trägt derjenige, der mit 60 % des mittleren Einkommens der Bevölkerung auskommen muss, das Risiko, in Armut zu stürzen. Für Deutschland wurde diese Grenze für Alleinstehende bei 856 Euro gezogen." [3] Nach den vorliegenden Daten liegt diese Grenze von 60 % des mittleren Einkommens im Ruhrgebiet bei rund 900 Euro. Rund 521.000 Erwerbstätige bezogen im Ruhrgebiet ein monatliches Nettogehalt unter 900 Euro. Das ist mehr als ein Viertel aller Erwerbstätigen, die Angaben zu ihrem Einkommen machten. Von diesen Geringverdienern sind knapp drei Viertel Frauen. Diese Einkommensstruktur zeigt sich auch im übrigen NRW. Da jedoch die Erwerbstätigen nur zu einem Teil in Single-Haushalten leben, kann nicht die ganze Gruppe der Erwerbstätigen, die landesweit weniger als 900 Euro netto monatlich bezieht, als armutsbedroht betrachtet werden. Der Anteil der RuhrgebietlerInnen an allen Erwerbstätigen mit einem Einkommen unter 900 Euro in NRW beträgt rund 28 %.

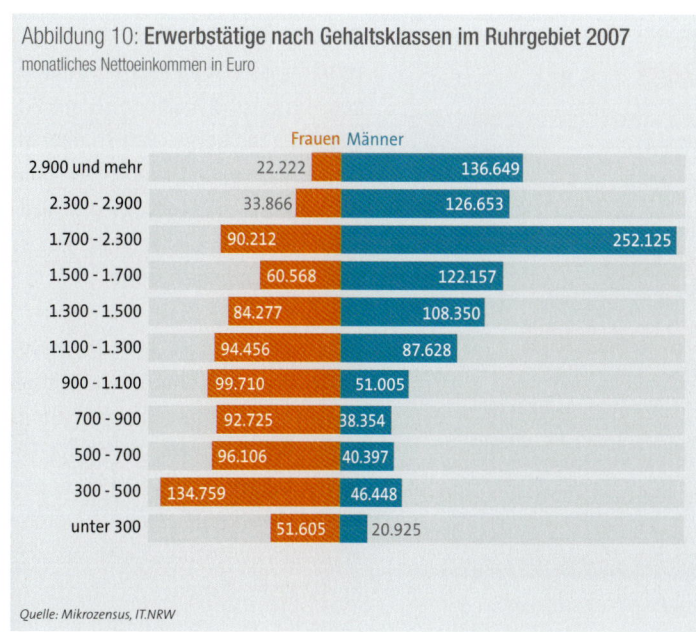

Abbildung 10: **Erwerbstätige nach Gehaltsklassen im Ruhrgebiet 2007**
monatliches Nettoeinkommen in Euro

Frauen Männer

Gehaltsklasse	Frauen	Männer
2.900 und mehr	22.222	136.649
2.300 - 2.900	33.866	126.653
1.700 - 2.300	90.212	252.125
1.500 - 1.700	60.568	122.157
1.300 - 1.500	84.277	108.350
1.100 - 1.300	94.456	87.628
900 - 1.100	99.710	51.005
700 - 900	92.725	38.354
500 - 700	96.106	40.397
300 - 500	134.759	46.448
unter 300	51.605	20.925

Quelle: Mikrozensus, IT.NRW

Kaum Frauen unter den Besserverdienenden

Rund 319.000 Erwerbstätige, das sind 16,9 % der Erwerbstätigen, die Einkommensangaben machten, verdienen im Ruhrgebiet 2007 mehr als 2.300 Euro netto monatlich. Von diesen Besserverdienenden sind nur 17,6 % Frauen. Betrachtet man nur die Spitzenverdiener mit einem Nettomonatseinkommen von über 2.900 Euro, so liegt der Frauenanteil hier nur noch bei 14 %. Nur 8 % der Erwerbstätigen, die Einkommensangaben machten, zählen im Ruhrgebiet zu den Spitzenverdienern, im übrigen NRW sind es 10,4 %.

Die Gehaltsklasse, in der die meisten Männer sind, liegt im Ruhrgebiet zwischen 1.700 und 2.300 Euro. In dieser Gehaltsklasse liegt ein Viertel aller erwerbstätigen Männer. Frauen dagegen sind – mit rund 16 % – am häufigsten in der Einkommensklasse zwischen 300 und 500 Euro zu finden.

Betrachtet man die Verteilung von Männern und Frauen auf die einzelnen Einkommensgruppen, so zeigt sich, dass lediglich 6,5 % aller erwerbstätigen Frauen, die Angaben zu ihrem Einkommen machten, über 2.300 Euro verdienen, während 25,5 % aller Männer dieses Einkommen erzielen. Im Ruhrgebiet verdienen 14,2 % von ihnen weniger als 900 Euro. Bei den Frauen sind es 43,6 %.

Nach Angaben des Statistischen Bundesamtes bildet Deutschland bei der Entwicklung der Bruttolöhne und -gehälter im Zeitraum von 2000 bis 2008 mit einem Plus von 15,2 % das Schlusslicht. Im EU-Durchschnitt stiegen sie um 31,4 %. Den größten Sprung verzeichneten die osteuropäischen Staaten. In Rumänien haben sich die Löhne und Gehälter in den letzten acht

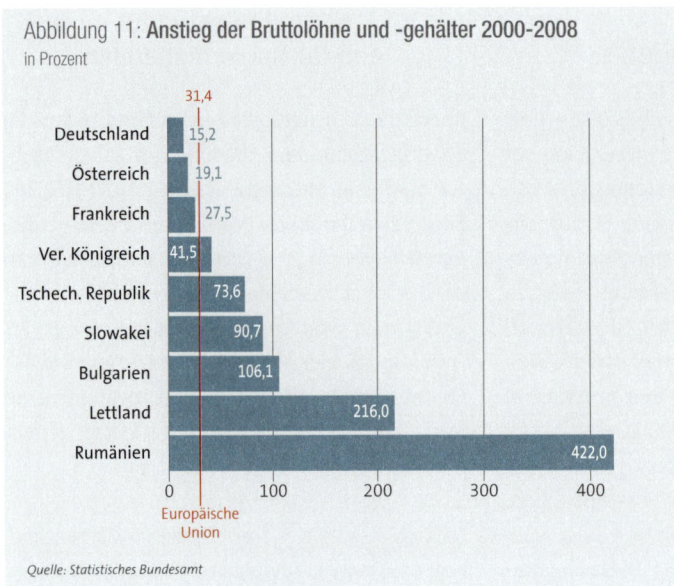

Abbildung 11: Anstieg der Bruttolöhne und -gehälter 2000-2008
in Prozent

Deutschland	15,2
Österreich	19,1
Frankreich	27,5
Ver. Königreich	41,5
Tschech. Republik	73,6
Slowakei	90,7
Bulgarien	106,1
Lettland	216,0
Rumänien	422,0

Europäische Union: 31,4

Quelle: Statistisches Bundesamt

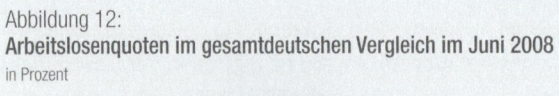

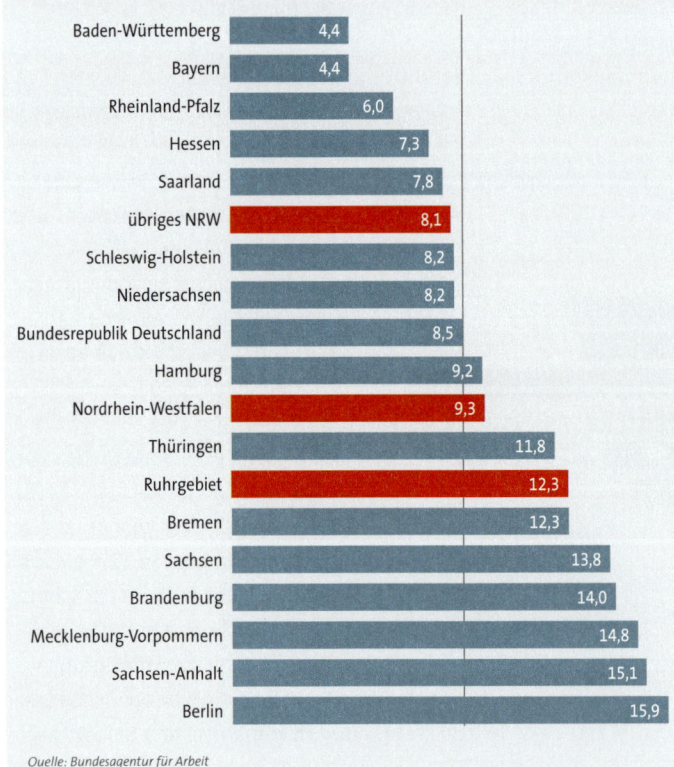

Abbildung 12:
Arbeitslosenquoten im gesamtdeutschen Vergleich im Juni 2008
in Prozent

Baden-Württemberg	4,4
Bayern	4,4
Rheinland-Pfalz	6,0
Hessen	7,3
Saarland	7,8
übriges NRW	8,1
Schleswig-Holstein	8,2
Niedersachsen	8,2
Bundesrepublik Deutschland	8,5
Hamburg	9,2
Nordrhein-Westfalen	9,3
Thüringen	11,8
Ruhrgebiet	12,3
Bremen	12,3
Sachsen	13,8
Brandenburg	14,0
Mecklenburg-Vorpommern	14,8
Sachsen-Anhalt	15,1
Berlin	15,9

Quelle: Bundesagentur für Arbeit

Jahren mehr als verfünffacht. Aber auch in Großbritannien erhielten die ArbeitnehmerInnen mit einem Plus von 41,5 % binnen acht Jahren deutlich höhere Gehaltssteigerungen als die Deutschen.

Geringfügig Beschäftigte zu drei Vierteln Frauen

Im Jahr 2007 gibt es im Ruhrgebiet rund 350.000 Erwerbstätige, die ausschließlich geringfügig entlohnt sind. Damit geht hier knapp ein Sechstel der Erwerbstätigen einer ausschließlich geringfügig entlohnten Tätigkeit nach, was in etwa dem übrigen Landesdurchschnitt entspricht. Rund 28 % aller landesweit ausschließlich geringfügig entlohnten Beschäftigten haben ihren Arbeitsplatz im Ruhrgebiet.

Geringfügige Beschäftigungen sind so genannte Minijobs, bei denen die monatliche Verdienstgrenze bis zu 400 Euro beträgt. Diese Beschäftigungsverhältnisse sind für ArbeitnehmerInnen steuer- und abgabenfrei, der Arbeitgeber zahlt einen Pauschalbetrag für die Renten- und Krankenversicherung ein, der für Privathaushalte niedriger liegt. Für Privathaushalte gibt es zudem steuerliche Anreize.

Im Mikrozensus 2004 geben deutschlandweit 2,7 Millionen Erwerbstätige an, in der Berichtswoche eine geringfügige Beschäftigung als einzige Tätigkeit ausgeübt zu haben. Über drei Viertel davon waren Frauen.[4] Gesetzliche Rahmenbedingungen wie das Splittingsteuermodell mit den Lohnsteuerklassen drei und fünf und die

Möglichkeit der Mitversicherung in der gesetzlichen Krankenversicherung über den Ehemann machen diese Form der zeitlich und finanziell begrenzten Frauenerwerbstätigkeit attraktiv. Die hierdurch gestiegene Frauenerwerbsquote verbirgt jedoch, dass Frauen sehr häufig vom Einkommen ihres Ehemannes abhängig sind.[5]

Die deutsche Steuergesetzgebung belastet das niedrigere Einkommen (i. d. R. das der Ehefrau) mit dem gleichen Grenzsteuersatz wie das in die Ehe eingebrachte höhere Einkommen. Somit begünstigt das Ehegattensplitting die traditionelle Arbeitsteilung. Da der Bruttostundenlohn der Ehefrau häufig niedriger ist als der des Ehemannes, werden traditionelle Familienrollen manifestiert, was sich im Trennungsfall umso gravierender auswirkt.[6]

Die Einführung des Sozialgesetzbuches II (SGB II), die so genannten Hartz-IV-Gesetze, führten zu grundlegenden Änderungen in der Arbeitsmarktstatistik in Deutschland. Neuere Zeitvergleiche sind somit erst ab dem 1.1.2005 möglich. Nach der Zusammenlegung von Arbeitslosen- und Sozialhilfe sind die Agenturen nur noch für einen Teil der Arbeitslosen zuständig. Im Zuge dieser Arbeitsmarktreform traten neben der Bundesagentur für Arbeit die Arbeitsgemeinschaften von Arbeitsagenturen (ARGEn) als Träger der neuen Grundsicherung für Arbeitsuchende nach dem SGB II, die Kommunen und die zugelassenen kommunalen Träger (optierenden Kommunen) als weitere Akteure auf den Arbeitsmarkt. Die Bundesagentur für Arbeit wurde beauftragt, die bisherige Arbeitsmarktstatistik unter Einbeziehung der Grundsicherung für Arbeitsuchende nach dem Rechtskreis SGB II weiterzuführen. Die Definition der Arbeitslosigkeit aus dem SGB III wurde beibehalten.[7]

Im Juni 2008 lag die Arbeitslosenquote, bezogen auf alle abhängigen Erwerbspersonen im gesamten Bundesgebiet, bei 8,5 %. Mit einem Abstand von 11,5 Prozentpunkten zeigen die Arbeitslosenquoten in den einzelnen Bundesländern und Stadtstaaten eine extrem hohe Spannweite. Die Bundesländer Baden-Württem-

berg und Bayern weisen mit jeweils 4,4 % die niedrigsten, Berlin und Sachsen-Anhalt mit 15,9 % bzw. 15,1 % die höchsten Arbeitslosenquoten aus. In den neuen Bundesländern, mit Ausnahme von Thüringen mit 11,8 %, liegen die Quoten am höchsten. Die Quote im Ruhrgebiet fällt mit 12,3 % genauso hoch aus wie die in Bremen. Es landet im bundesweiten Vergleich mit Bremen auf Platz 11 bzw. 12. Die Arbeitslosenquote im Ruhrgebiet liegt damit um 1,5 Prozentpunkte unter der in Sachsen, das mit 13,8 % auf Platz 13 liegt und um 0,5 Prozentpunkte über der in Thüringen (Platz 10).

Insgesamt liegt Nordrhein-Westfalen mit einer Quote von 9,3 % auf Platz 9. Rechnet man das Ruhrgebiet heraus, liegen die übrigen Landesteile mit einer Quote von 8,1 % auf Platz 6. Die Arbeitslosenquote der Frauen liegt im Ruhrgebiet mit 12,6 %, genau wie im bundesweiten Durchschnitt, um 0,3 Prozentpunkte über der Arbeitslosenquote insgesamt.

Überproportional hoch: Arbeitslosigkeit, Zahl der LeistungbezieherInnen und Bedarfsgemeinschaften

Rund 282.000 Personen waren im Juni 2008 im Ruhrgebiet arbeitslos gemeldet, das waren 37,4 % aller Arbeitslosen in NRW. Sowohl von den hier als auch von den im übrigen NRW arbeitslos Gemeldeten war knapp die Hälfte Frauen (rund 48 % bzw. rund 49 %).

Mehr als jede/r zehnte (11,6 % bzw. 12,7 %) Arbeitslose in der Region ist 55 Jahre und älter. Der Anteil der Frauen in dieser Gruppe liegt in beiden Vergleichsregionen bei knapp 50 %.

Langzeitarbeitslos sind hier 119.396 bzw. 42,4 % aller Erwerbslosen. Im übrigen NRW fällt der Anteil der Langzeitarbeitslosen mit 38,2 % niedriger aus. In beiden Vergleichsregionen sind knapp über die Hälfte von ihnen Frauen, und knapp jeder zehnte Arbeitslose ist jünger als 25 Jahre. Der Frauenanteil an den jüngeren Arbeitslosen fällt im Ruhrgebiet mit 44,2 % und im übrigen NRW mit 45,4 % unterdurchschnittlich aus.

Im Juni 2008 bezogen im Ruhrgebiet gut 57.000 Arbeitslose Lohnersatzleistungen nach dem SGB III und knapp 225.000 Arbeitslose Leistungen zur Sicherung des Lebensunterhalts nach dem SGB II. Mit 80 % gehörte der weitaus größte Teil der Arbeitslosen zum Rechtskreis SGB II und entsprechend nur 20 % zum Rechtskreis SGB III. Im übrigen NRW liegen die entsprechenden Anteile bei 72,5 % bzw. bei 27,5 %. Der Frauenanteil liegt in beiden Rechtskreisen, im Ruhrgebiet und im übrigen NRW, bei knapp 50 %.

30 % der Empfänger von Lohnersatzleistungen nach dem SGB III und 40 % der arbeitslosen Leistungsempfänger aus Nordrhein-Westfalen leben im Ruhrgebiet. Diese überproportional hohen Anteile des Ruhrgebiets an den landesweiten LeistungsempfängerInnen schlagen sich auch in der Relation der arbeitslosen LeistungsbezieherInnen zur Bevölkerung im Alter zwischen 18 und 65 Jahren nieder. Im Ruhrgebiet liegt sie mit 8,6 % deutlich höher als im übrigen NRW mit 5,8 %.

Mitte 2008 lebten im Ruhrgebiet knapp 623.000 Personen in rund 310.000 Bedarfsgemeinschaften. Davon waren gut 70 % erwerbsfähige und knapp 30 % nicht erwerbsfähige Hilfebedürftige. Zu den nicht erwerbsfähigen Hilfebedürftigen zählten mit 96 % fast ausschließlich Kinder unter 15 Jahren. Von allen Bedarfsgemeinschaften Nordrhein-Westfalens lebten 38 % im Ruhrgebiet. Der Anteil des Ruhrgebiets an allen erwerbsfähigen Hilfebedürftigen NRWs liegt bei 37,9 %, der der nicht erwerbsfähigen Hilfebedürftigen bei 37 %. Zum Erhebungszeitpunkt lebten in einer Bedarfsgemeinschaft im Ruhrgebiet durchschnittlich zwei Personen bzw. auch 171.222 nicht erwerbsfähige hilfebedürftige Kinder unter 15 Jahren. Bezogen auf die gleichaltrige Bevölkerung waren somit 24,1 % der unter 15-jährigen Kinder in der Grundsicherung. Im übrigen NRW fällt der entsprechende Anteil mit 15,5 % deutlich niedriger aus.

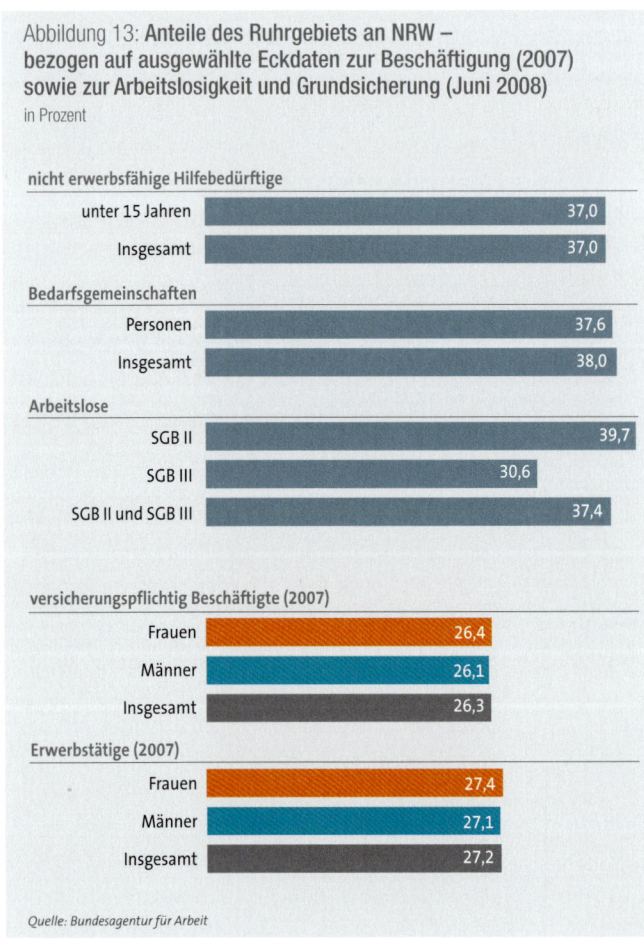

Abbildung 13: **Anteile des Ruhrgebiets an NRW –**
bezogen auf ausgewählte Eckdaten zur Beschäftigung (2007)
sowie zur Arbeitslosigkeit und Grundsicherung (Juni 2008)
in Prozent

nicht erwerbsfähige Hilfebedürftige
- unter 15 Jahren: 37,0
- Insgesamt: 37,0

Bedarfsgemeinschaften
- Personen: 37,6
- Insgesamt: 38,0

Arbeitslose
- SGB II: 39,7
- SGB III: 30,6
- SGB II und SGB III: 37,4

versicherungspflichtig Beschäftigte (2007)
- Frauen: 26,4
- Männer: 26,1
- Insgesamt: 26,3

Erwerbstätige (2007)
- Frauen: 27,4
- Männer: 27,1
- Insgesamt: 27,2

Quelle: Bundesagentur für Arbeit

Zusammenfassung

Analysiert man die Entwicklung der Branchen, Beschäftigten und der Arbeitslosigkeit über einen Zeitraum von 30 Jahren, wird erkennbar, wie tiefgreifend sich der Strukturwandel auf das Ruhrgebiet ausgewirkt hat. War es zu Beginn der 80er Jahre noch ein wichtiger Produktionsstandort, ist der Schwerpunkt heute im Dienstleistungsbereich zu finden. Das Beschäftigungsniveau liegt erheblich unter dem vor 27 Jahren, in den übrigen Landesteilen dagegen deutlich darüber. Der hohe Anteil an Dienstleistungen resultiert allerdings nicht aus hohen Wachstumsraten, sondern ist in Relation zum stark schrumpfenden produzierenden Sektor zu sehen. Die Rückgänge im produzierenden Gewerbe fallen im Ruhrgebiet sehr viel drastischer aus als im übrigen Land. Die Zahl der männlichen Beschäftigten geht hier dramatisch zurück. Frauen gewinnen Stellen hinzu, jedoch in weitaus geringerem Umfang als im übrigen NRW.

Die Betrachtung der aktuellen Trends – ab dem Jahr 2000 – zeigt, dass die Region nach wie vor nicht mit der Entwicklung im übrigen Land Schritt hält. Das Ruhrgebiet weist im Vergleich dazu aber noch weitere Besonderheiten auf. So ist knapp jede/r vierte Beschäftigte über 50 Jahre alt. Der Arbeitsmarkt ist zudem stärker geschlechtsspezifisch segmentiert. Die Branchen mit den höchsten Beschäftigungsverlusten wie das Baugewerbe, der Bergbau und die Metallerzeugung sind nahezu reine Männerdomänen. Beschäftigungsschwerpunkte der Frauen sind das Gesundheitswesen, der Einzelhandel und die unternehmensorientierten Dienstleistungen. Im Ruhrgebiet sind Frauenarbeitsplätze stärker auf wenige Branchen konzentriert, und es hat eine niedrigere Beschäftigungsquote als das übrige NRW. In den letzten acht Jahren nimmt die Zahl der männlichen Beschäftigten stärker ab als im übrigen NRW. Frauenbeschäftigung stagniert, im übrigen NRW gibt es dagegen noch leichte Zuwächse. Nicht nur Branchen des produzierenden Gewerbes, sondern auch der Einzelhandel streichen Stellen. Der Bereich der unternehmensorientierten Dienstleistungen hingegen verzeichnet die mit Abstand höchsten Beschäftigungsgewinne. Hiervon profitieren weniger die Hochqualifizierten, sondern insbesondere die HilfsarbeiterInnen. Das Gesundheitswesen hat die zweithöchsten Stellenzuwächse – es sind fast ausschließlich Frauenarbeitsplätze, die meisten davon Teilzeitjobs. Der Rückgang an Vollzeitstellen im Gesundheitswesen ist im Ruhrgebiet überproportional hoch.

Teilzeitbeschäftigung ist, besonders bei Frauen, auf dem Vormarsch. Jede dritte Beschäftigte übt einen Teilzeitjob aus. Der Trend „weg vom Normalarbeitsverhältnis" ist im Ruhrgebiet besonders ausgeprägt und zeigt sich gerade bei den Frauenarbeitsplätzen deutlich. Es ist daher kaum verwunderlich, dass hier besonders

viele Haushalte nicht von ihrem Einkommen leben können. Jede/r sechste Erwerbstätige geht ausschließlich einer geringfügig entlohnten Beschäftigung nach. Drei Viertel der Geringverdiener sind Frauen, 40 % aller arbeitslosen LeistungsbezieherInnen bzw. aller Bedarfsgemeinschaften Nordrhein-Westfalens leben im Ruhrgebiet. Fast jedes vierte Kind unter 15 Jahren bezieht Leistungen zur Grundsicherung.

Arbeitslosigkeit ist bei Männern ein noch größeres Problem als bei den Frauen. Bei der Arbeitslosenquote liegt das Ruhrgebiet im bundesweiten Vergleich zusammen mit Bremen auf den Plätzen 11 und 12 hinter Thüringen und vor Sachsen. NRW ohne das Ruhrgebiet liegt auf Platz 6. Aber auch die Durchschnittseinkommen der Frauen liegen deutlich unter denen der Männer. Im Gegensatz zu anderen Ländern der Europäischen Union verringern sich die Lohnunterschiede zwischen Männern und Frauen in Deutschland seit 1995 nicht. Bei der Entwicklung der Bruttolöhne und -gehälter von 2000 bis 2008 bildet Deutschland in der EU das Schlusslicht.

Anmerkungen

1 Bei der Besatzwertberechnung bleiben Pendlerströme unberücksichtigt. Die Daten zu den sozialversicherungspflichtig Beschäftigten resultieren – im Gegensatz zum Mikrozensus, der nur eine einprozentige Stichprobenerhebung ist – aus einer Totalerhebung. Selbstständige, Beamte und geringfügig Beschäftigte werden hier jedoch nicht erfasst.

2 vgl. Branchen und Berufe in Deutschland, Zeitarbeit, Entwicklung Dezember 1997 bis Dezember 2007, Bundesagentur für Arbeit, S.5

3 vgl. Karsten Polke-Majewski: Wem Armut droht, ZEIT online, 20.5.2008, www.zeit.de/online/2006/49/eu-armut-studie, zuletzt geprüft am 3.6.2010

4 Christian Dressel (2005): Erwerbstätigkeit – Arbeitsmarktintegration von Frauen und Männern, S. 99-158, hier: S. 127, in: Waltraud Cornelißen (Hg.): Gender-Datenreport, 1. Datenreport zur Gleichstellung von Frauen und Männern in der Bundesrepublik Deutschland, München

5 Christian Dressel, ebd., S. 128

6 Heide M. Pfarr: Frauenerwerbstätigkeit im europäischen Vergleich, in: Aus Politik und Zeitgeschichte B 46-47/2002, Hg. Bundeszentrale für politische Bildung, S. 5

7 vgl. Wichtige statistische Hinweise zur Interpretation der Bundesanstalt für Arbeit, Änderungen in der Arbeitsmarktstatistik durch die Einführung des SGB II, Stand: 11.11.2008

Führt der Strukturwandel

Klaus Boeckmann
Klaus Kock

Wenn vom Strukturwandel des Ruhrgebiets die Rede ist, sind in der Regel Veränderungen wirtschaftlicher Branchenstrukturen gemeint. Wo früher Fördertürme und Hochöfen standen, finden sich heute High-Tech- und Dienstleistungsunternehmen. Die Strukturpolitik des Landes und der Kommunen zielt im Wesentlichen darauf ab, neue Unternehmen anzusiedeln, Infrastrukturen zu erneuern, Forschungs- und Entwicklungskapazitäten auszubauen sowie junge und alteingesessene Unternehmen darin zu unterstützen, wettbewerbsfähig zu werden bzw. zu bleiben. Im Bewusstsein, dass neu entstehende Arbeitsplätze andere, nicht selten höhere Qualifikationsanforderungen an die Beschäftigten stellen, werden erhebliche Anstrengungen unternommen, um Qualifizierungsprozesse innerhalb und außerhalb der Betriebe zu fördern. Auch wenn die Arbeitslosenzahlen noch immer über dem Bundesdurchschnitt liegen, ist es im Ruhrgebiet in den letzten Jahrzehnten doch gelungen, Arbeitsplatzverluste zu begrenzen, neue Beschäftigung zu schaffen und einen Strukturbruch zu vermeiden.

Traditionell ist die Beschäftigung im Ruhrgebiet eingebunden in ein Regelwerk, das zugleich als Maßstab für das „Normalarbeitsverhältnis" wirkt. Inzwischen mehren sich die Hinweise darauf, dass dieses Regelwerk einer Erosion unterliegt, die schwerwiegende Folgen für das Beschäftigungssystem und die Lebensführung von ArbeitnehmerInnen haben kann, ein Aspekt, der unseres Erachtens in der Strukturpolitik noch zu wenig Aufmerksamkeit erfährt. Solche Veränderungen spiegeln sich in Beschäftigungsstatistiken nur unzureichend wider. Die Zunahme so genannter atypischer Beschäftigung, die im Folgenden anhand von Daten für die Stadt Dortmund analysiert wird, ist jedoch ein deutliches Zeichen für den Bedeutungsverlust des Normal-

zu Prekarität?

arbeitsverhältnisses in Form einer sozialversicherungspflichtigen Vollzeitbeschäftigung. Wichtiger noch ist die Frage, inwieweit der Abbau traditioneller Regelungen des Beschäftigungssystems Prekarität im Sinne einer Verunsicherung der Lebensverhältnisse bewirkt. Auf der Basis von Interviews mit Arbeitnehmerinnen werden darauf einige Antworten gegeben und schließlich Überlegungen angestellt, wie Prekarität vermieden werden kann.

Bedeutungsverlust des Normalarbeitsverhältnisses

Am Beispiel der Stadt Dortmund lässt sich der Bedeutungsverlust des Normalarbeitsverhältnisses anhand der Entwicklung verschiedener Beschäftigungsformen verdeutlichen. Hier sank die Zahl der sozialversicherungspflichtigen Vollzeitstellen (SV-Vollzeitstellen) von 2000 bis 2007 um 15 auf 153 Tausend. Zeitgleich stieg die Zahl der sozialversicherungspflichtigen Teilzeitstellen (SV-Teilzeitstellen) um 6,7 auf 35,8 Tausend und die Zahl der ausschließlich geringfügigen Beschäftigungs-

verhältnisse (Minijobs) um 13,6 auf 43,5 Tausend an. Die Anzahl dieser beiden atypischen Beschäftigungsformen ist innerhalb von nur sieben Jahren um mehr als ein Drittel gestiegen.

Zwischen dem produzierenden Gewerbe und dem Dienstleistungssektor lassen sich dabei erhebliche Entwicklungsunterschiede feststellen. Von 2000 bis 2007 sank die Zahl der SV-Vollzeitstellen im produzierenden Gewerbe um 14,9 auf 36 Tausend. Der Anteil der SV-Teilzeitstellen und Minijobs ist mit unter 15 % (2007) weniger bedeutend. Im Dienstleistungssektor hat sich die Zahl der SV-Vollzeitstellen (2007: 116,1 Tausend) im gleichen Zeitraum kaum verändert (+0,1 %). Die Zahl der SV-Teilzeitstellen hingegen stieg nahezu kontinuierlich um 6,9 auf 34 Tausend und die Zahl der Minijobs sogar um 13 auf 39,3 Tausend an.

Die Verluste an SV-Vollzeitstellen beschränken sich auf das produzierende Gewerbe, während die Zugewinne an SV-Teilzeitstellen und Minijobs fast ausschließlich im Dienstleistungssektor stattfanden. Der Dienstleis-

Tabelle 1: **Vollzeitstellen, Teilzeitstellen und Minijobs in Dortmund 2000-2007**

	Männer			Frauen		
	Vollzeit*	Teilzeit*	Minijobs**	Vollzeit*	Teilzeit*	Minijobs**
Arbeitsplätze absolut						
2000	108.297	4.686	9.132	59.748	24.438	20.786
2007	96.906	6.387	16.624	56.126	29.436	26.912
Anteile in Prozent						
2000	88,7	3,8	7,5	56,9	23,3	19,8
2007	80,8	5,3	13,9	49,9	26,2	23,9

* sozialversicherungspflichtig; ** ausschließlich; Quelle: Bundesagentur für Arbeit, eigene Berechnungen

tungsanteil ist in Dortmund auf über 80 % gestiegen. Diese Entwicklung wird durch eine deutliche Zunahme atypischer Beschäftigungsverhältnisse und einen deutlichen Abbau von Normalarbeitsverhältnissen begleitet und geprägt.

In einigen Dortmunder Wirtschaftsbereichen sind Umverteilungs- bzw. Substitutionseffekte zwischen den Beschäftigungsformen deutlich zu erkennen. In Kliniken, Pflegeheimen und in der freien Wohlfahrtspflege gab es von 2000 bis 2007 beispielsweise eine eindeutige Zunahme von SV-Teilzeitstellen bei gleichzeitigem Abbau von SV-Vollzeitstellen. Umverteilungseffekte vorwiegend von SV-Vollzeitstellen zu Minijobs sind in den Bereichen Verkehr/Logistik, Post-/Kurierdienste und im Getränke-orientierten Gastgewerbe festzustellen.

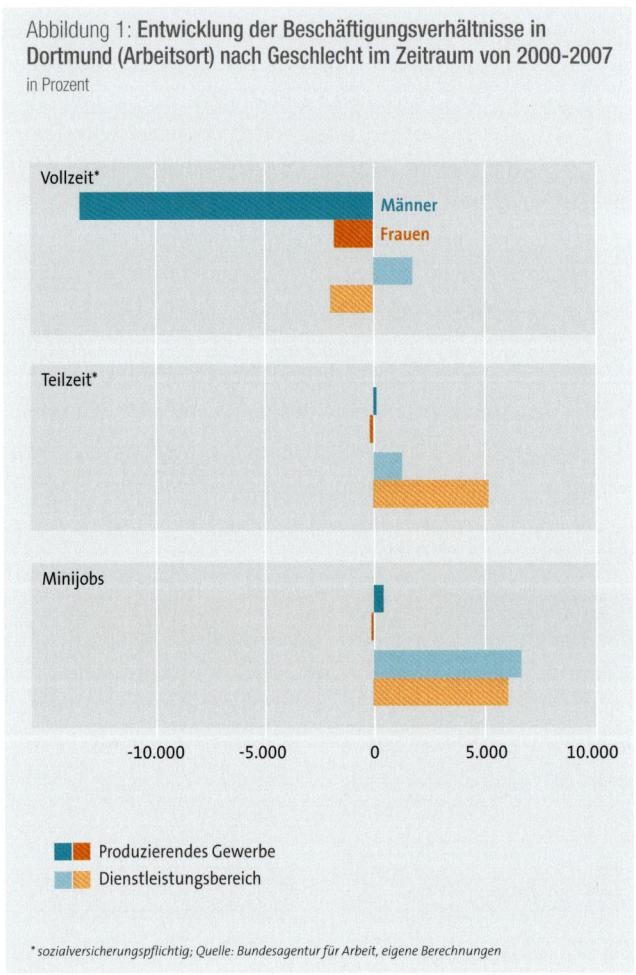

Abbildung 1: **Entwicklung der Beschäftigungsverhältnisse in Dortmund (Arbeitsort) nach Geschlecht im Zeitraum von 2000-2007** in Prozent

* sozialversicherungspflichtig; Quelle: Bundesagentur für Arbeit, eigene Berechnungen

Die Entwicklung hin zu atypischen Beschäftigungsverhältnissen (be)trifft Männer und Frauen nicht in gleichem Maße. Vom Abbau an SV-Vollzeitstellen waren im produzierenden Gewerbe hauptsächlich Männer betroffen, weil in diesem Sektor 75 % (2007) aller Stellen männlich besetzte SV-Vollzeitstellen sind. Der Anteil der Frauen an allen Beschäftigten im Dienstleistungsbereich war mit 54 % (2007) größer als der der Männer. Frauen arbeiteten jedoch mit erheblich steigender Tendenz mehrheitlich im Rahmen atypischer Beschäftigungsverhältnisse (SV-Teilzeit: 27,5 %, Minijobs: 24,5 %). Der Teilzeit- und Minijob-Anteil bei den Männern betrug im Dienstleistungsbereich demgegenüber 23,3 %. Sie konnten in diesem Bereich Vollzeitstellen hinzugewinnen, während Frauen auch in der Wachstumsphase von 2006 bis 2007 SV-Vollzeitstellen verloren.

Die Veränderungen lassen sich nicht nur durch die Entwicklung der drei genannten Beschäftigungsformen darstellen. Auch der Anteil an befristeten Beschäftigungsverhältnissen und Leiharbeit ist ein deutlicher Hinweis auf die Zunahme atypischer Beschäftigung. Zum Befristungsanteil liegen keine regionalen Daten vor, nach Angaben des Statistischen Bundesamtes (2008) beträgt der Anteil der Befristungen bundesweit etwa 9 % aller Beschäftigungsverhältnisse (Männer 8,4 %, Frauen 9,3 %). Eindeutig ist in Dortmund der Trend bei der Leiharbeit: Die Zahl der LeiharbeitnehmerInnen stieg von 2000 bis 2007 um 84 % an. 2007 waren in ca. 100 Verleihfirmen 5.780 ArbeitnehmerInnen beschäftigt. In der Aufschwungphase von 2006 bis 2007 hatte hier Leiharbeit mit über 50 % einen erheblichen Anteil an den Zuwächsen im Bereich der SV-Vollzeitstellen.

Prekarität und Unsicherheit

Im Folgenden werden einige Aspekte atypischer Beschäftigungsverhältnisse anhand von Interviews mit Arbeitnehmerinnen näher untersucht (ausführlicher dazu: Kock 2009). Der Abbau von Regelungen des Normalarbeitsverhältnisses – so kann gezeigt werden – ist für die betroffenen Frauen mit neuen Unsicherheiten verbunden.

Unfreiwillige Teilzeitarbeit

Was es bedeutet, mit einem geringen Einkommen zurechtzukommen, zeigt das Interview mit der in Teilzeit beschäftigten Frau A, 54, fest angestellte Kantinenhilfe bei einem Catering-Unternehmen: „Dann habe ich so um die 570 Euro. (...) Durch das Weihnachtsgeld sind es so 600. (...) Aber: Da kann ich meinen Lebensunterhalt nicht von bestreiten. Wenn mein Mann Unterhalt bezahlen würde, wäre das ja in Ordnung. Nur: Mal bezahlt er, jetzt hat er schon anderthalb Jahre nicht bezahlt. Und deshalb kriege ich seit letztes Jahr im Sommer Arbeitslosengeld II dazu, also Hilfe zum Lebensunterhalt. Und damit komme ich dann klar. (...) Ich habe auch schon nachgefragt, also ich müsste praktisch 'nen Sechsstunden-Job mindestens haben. Aber das ist hier nicht drin, die stellen dann eventuell, wenn's eben sein sollte, noch jemand mit vier Stunden ein, weil sie da besser wegkommen als mit der Vollzeitkraft. Das ist ja überall so."

Es ist schwer für sie, mit den ca. 950 Euro Gesamteinkommen zurechtzukommen. „Da muss ich ja alles von bestreiten. Fahrkarte, die kostet 80 Euro im Monat. Ich hab ein Telefon, du musst ja ein bisschen erreichbar sein. Dann haste das Telefon, da telefonierst du ja auch schon, dann haste 'nen Fernseher und ein Radio, du hörst ja nicht schwarz, da bezahlste ja die Gebühren und was eben so noch manchmal kommt. Strom muss ich bezahlen. (...) Aber ich komme zurecht, und es könnte eben ein bisschen mehr sein."

An ihrem Küchenherd ist seit einiger Zeit der Backofen defekt. Sie kann es sich jedoch nicht leisten, einen neuen Herd zu kaufen. Stattdessen verzichtet sie erst einmal auf das Backen.

Als Bezieherin von Alg II muss sie bei der ARGE ihre relativ hohen Mietkosten rechtfertigen. Sie wohnt seit der Trennung von ihrem Mann in einer 76-qm-Wohnung. Seit die beiden Kinder vor zwei Jahren ausgezogen sind, wohnt sie alleine dort. „Ich muss innerhalb des nächsten Jahres ... Ich hätte schon im Februar umziehen müssen. (...) Und meine Wohnung darf nicht mehr wie 270 Euro kosten, und was krieg ich für 270 Euro für 'ne Wohnung?"

Gefragt nach ihren Zukunftsperspektiven: „Wissen Sie was, mit meinem Ausbildungsding, was will ich mit der Zukunft? Ich bin froh, wenn ich hier weiter arbeiten kann. Ich würde gerne länger arbeiten, ich würde gerne. Meine Pläne waren ja schon von Anfang an acht Stunden, da hätte ich ja überhaupt keine ... Da hätte ich ja gar keine Probleme mit allem Möglichen. Da wär mein Leben, würde mein Leben ganz anders aussehen, ne. Aber ich muss mich jetzt eben so einrichten."

Eine andere Stelle mit längerer Arbeitszeit und entsprechend höherem Gehalt wird sie nach eigener Einschätzung kaum finden können. „Ich würde ihn [Vollzeitjob, Anm. der Autoren] gern hier nehmen, denn wenn ich jetzt hier aufhöre und gehe woanders hin – ich bin jetzt hier zehn Jahre angestellt – und gehe woanders hin und sag: ‚Okay, jetzt arbeite ich hier', fliege ich nach vier oder fünf Wochen da nicht raus, weiß ich, wie es dann ist? Das ist das, und deshalb mache ich hier die vier Stunden, und die mache ich schon so lange, und damit kann ich weiter leben. Nur ich muss – wenn mein Mann nicht zahlt – weiter Arbeitslosengeld II beantragen, was mir gegen den Strich geht." (Brockmann 2008)

Das Beispiel zeigt einerseits, wie das Unternehmen seinen Arbeitskräftebedarf offenbar stundenweise berechnet und mittels Teilzeitarbeit deckt. Es zeigt andererseits, wie aufseiten der Arbeitnehmerin mit unfreiwilliger Teilzeitarbeit die ganze Existenz unsicher werden kann. Angefangen bei der Wohnung über Kommunikationsmöglichkeiten, Mobilität, Haushalt bis hin zur Altersabsicherung muss alles genau kalkuliert werden, und dennoch reicht es nicht. Trotz Arbeit ist Frau A auf Sozialleistungen angewiesen. Sie bräuchte eine Vollzeitstelle, was der Arbeitgeber aber ablehnt.

Aushilfe auf Honorarbasis

Im Gastgewerbe ist es mittlerweile üblich, nur noch einen kleinen Stamm an ArbeitnehmerInnen fest einzustellen, das Gros jedoch als so genannte Aushilfen zu beschäftigen. Wie Honorarkräfte werden diese Aushilfen – oft Studierende – nur für geleistete Arbeit bezahlt, mit der Konsequenz, dass sie ihr Einkommen schwer kalkulieren können, wie etwa Frau B, Studentin und Servicekraft zur Aushilfe in einer Gaststätte:
„Das Problem ist natürlich, wenn immer weniger los ist, heißt das, dass viel weniger Stunden auch verteilt werden können, viele Schichten fallen komplett ins Wasser. Also ich hatte zum Beispiel vorher immer freitags, samstags und sonntags gearbeitet. Dadurch, dass aber freitags immer total wenig los war, habe ich freitags gar nicht mehr gearbeitet. Und sonntags dann auch nicht mehr. Was unter anderem dann auch ein Grund gewesen ist, warum ich dann [gekündigt und den Arbeitgeber, Anm. der Autoren] gewechselt habe, weil ich einfach nicht mehr genug verdient habe."
Da unterschiedliche hauseigene oder auch fremd veranstaltete Partys stattfinden, kann Frau B oft vor Schichtbeginn nicht abschätzen, wann sie wieder nach Hause gehen kann. Genauso unterschiedlich ist der Verdienst. Im Sommer kommt sie auf bis zu 800 Euro monatlich, im Winter auf ca. 300 Euro. „Oft, wenn Veranstaltungen stattfinden, die nicht so gut besucht werden, dann stehen teilweise viel zu viele Leute auf dem Plan. Dass man gar nicht weiß, wo man die überall hinpacken soll. Und dass dann wirklich Leute direkt wieder nach Hause gehen."
(Brockmann 2008)

Dass der Arbeitgeber auch dann das Gehalt weiter zu zahlen hat, wenn er die Arbeitskraft nicht nutzen kann, ist in einem Normalarbeitsverhältnis selbstverständlich und arbeitsrechtlich einklagbar. Bei dieser Art von Aushilfstätigkeiten gelten solche Regeln faktisch nicht. Eine Lohnfortzahlung bei Krankheit ist ebenfalls eher die Ausnahme. Ein unregelmäßiges Einkommen – sei es aufgrund von flexiblen Arbeitseinsätzen, selbstständiger Honorartätigkeit oder auch von befristeter Beschäftigung – kann die Lebensplanung der betreffenden Personen erheblich erschweren und verunsichern. Nicht wenige nehmen dies in Kauf, weil sie ihre unsichere Situation als Übergangszustand interpretieren.

Leiharbeit

LeiharbeitnehmerInnen akzeptieren die mit dieser Beschäftigungsform verbundenen Nachteile, wenn sie eine Perspektive sehen, über die Leiharbeit einen Einstieg in Beschäftigung zu finden, wie der Ausschnitt aus dem Interview mit Frau C, 25 Jahre, zeigt:
Als Kind mit ihrer Familie aus der Türkei nach Deutschland gekommen, hat Frau C nach Hauptschulabschluss und zunächst abgebrochener Lehre erst spät eine Ausbildung als Bürokauffrau zu Ende gebracht. Nun ist sie seit einem halben Jahr arbeitslos, hat sich etliche Male beworben und scheitert – so fasst sie die Reaktionen auf ihre Bewerbungen zusammen – meist daran, dass sie mit 25 noch keine Berufserfahrung außer ihrer Ausbildungszeit hat. „Wenn ich mich bewerbe, hör ich überall, ich hätt' ja keine Erfahrung, und die kann ich mir mit Zeitarbeit

holen, hab ich mir gedacht." Mit realistischem Blick für ihre Defizite bei gegebener Arbeitsmarktsituation sieht sie für sich in der Zeitarbeit die Möglichkeit, schnell die immer wieder geforderte Berufserfahrung zu sammeln. In relativ kurzer Zeit in mehreren Unternehmen eingesetzt zu werden, wo sie unterschiedliche Arbeitserfahrungen machen kann – darauf setzt sie ihre Hoffnungen, um so den Sprung in eine Festanstellung zu schaffen. „Ich brauche Arbeit, sei es unterbezahlt oder nicht unterbezahlt. (...) Mir geht's im Prinzip einfach nur um die Erfahrung, dass ich eventuell auch in mehreren Firmen eingesetzt werde, wo ich mehr Erfahrungen sammeln kann, damit ich hinterher, wenn ich mich bewerbe, sagen kann: So, ich hab jetzt meine Berufserfahrung." Mittel- oder längerfristig als Leiharbeiterin tätig zu sein, kann sie sich derzeit nicht vorstellen, diese Form der Beschäftigung soll ihr nur als Sprungbrett für eine „normale" Beschäftigung mit Festanstellung in einem Betrieb dienen. (Koch 2007, S. 12 f.)

Dauerhafte Leiharbeitseinsätze ebenso wie aufeinanderfolgende Praktika oder Ketten von befristeten Verträgen wecken bei den Betroffenen Hoffnungen auf Festeinstellung. Die Arbeitgeberseite hält sich dagegen alle Optionen offen. Die so Beschäftigten müssen sich dauerhaft und immer wieder aufs Neue bewähren, zeigen, dass sie für die nächste frei werdende Dauerstelle geeignet sind. Ihre Lage bleibt unsicher. Aus Sicht der Stammbelegschaft bilden LeiharbeitnehmerInnen und Befristete eine Art Beschäftigungsreserve, die je nach Bedarf engagiert und gekündigt werden kann. Zugleich entsteht jedoch immer auch die Furcht, sie könnten zur Konkurrenz im Kampf um die Arbeitsplätze werden. Beides trägt zur Entsolidarisierung bei.

Prekarität im Sinne von Unsicherheit – so lässt sich resümierend festhalten – ergibt sich dann, wenn ArbeitnehmerInnen erleben, dass ausge-

handelte Regeln und Vereinbarungen, die bislang für eine relative Sicherheit der Beschäftigung gesorgt haben, für sie nicht gelten. Ihre Beschäftigungsbedingungen werden mehr oder weniger abhängig von der Willkür des Arbeitgebers oder von sachzwanghaft wirkenden Marktprozessen, die ihnen weder vorhersehbar noch beeinflussbar erscheinen. Der Abbau von Standards und Regeln der Beschäftigung wird erlebt als Verlust einer Grundlage für Gestaltung und Planung des Erwerbslebens.

Dies gilt zunächst für den materiellen Lebensstandard. Prekär ist ein Beschäftigungsverhältnis, wenn kein existenzsicherndes Einkommen erzielt wird, das eine selbstbestimmte Lebensführung gewährleisten könnte. Zweitens ist die soziale Sicherung berührt. Prekarität zeigt sich in einem Mangel an Schutz vor den Auswirkungen von Arbeitsausfall, Krankheit und Alter. Schließlich betrifft Prekarität auch die Arbeitsbeziehungen. Prekär sind solche Beschäftigungsverhältnisse, die ausgrenzend wirken und die betreffenden ArbeitnehmerInnen zur „Randbelegschaft" machen, die weniger als andere vor Willkür und/oder ungebremster Flexibilisierung geschützt sind (vgl. Mayer-Ahuja 2003, Kremer 2008).

Politik zur Beschäftigungssicherung

Aus Sicht einer humanen und zugleich qualitätsorientierten Regionalwirtschaft können solche Entwicklungen nicht hingenommen werden. Um Prekarität und Armut entgegenzuwirken, wird es notwendig sein, regulierend in das Beschäftigungssystem einzugreifen. In erster Linie sind hier die Gewerkschaften gefordert. Sie führen heute an vielen Stellen aufreibende Auseinandersetzungen um humane Arbeitsbedingungen, angemessene Entgeltregelungen und sichere Beschäftigungsverhältnisse (Kock 2009). Aber auch jenseits der direkten Interessenvertretung scheint es aus gesamtgesellschaftlicher Sicht wünschenswert, dem Auseinanderdriften verschiedener Bevölkerungsgruppen und -schichten entgegenzuwirken und die Ausgrenzung eines Prekariats zu verhindern.

Zunächst scheint es von Bedeutung zu sein, den Betroffenen Hilfestellungen anzubieten, um ihre Rechte durchzusetzen. Eine wohnortnahe Beratung etwa kann dabei helfen, Fehler in Lohnabrechnungen zu erkennen, sozialversicherungsrechtliche Ansprüche geltend zu machen oder auch ergänzendes Arbeitslosengeld zu beantragen.

Darüber hinaus hat es sich als hilfreich erwiesen, den Erfahrungsaustausch unter den Betroffenen zu ermöglichen bzw. zu unterstützen. Gewerkschaften haben beispielsweise Arbeitskreise für LeiharbeitnehmerInnen gebildet. In Dortmund hat sich eine Gruppe von Selbstständigen und Honorarkräften in der Gewerkschaft ver.di zusammengefunden, um Erfahrungen auszutauschen und ihre Anliegen in die Öffentlichkeit zu tragen.

In den Betrieben setzen sich viele Betriebsräte für eine Gleichbehandlung der in Teilzeit, in Leiharbeit oder befristet Beschäftigten mit dem vollzeitbeschäftigten Stammpersonal ein. Gerade in der jetzigen Krise besteht die Gefahr von Entsolidarisierungsprozessen, wodurch diejenigen in atypischen Beschäftigungsverhältnissen als Erste aus dem Betrieb herausgedrängt werden.

In manchen Unternehmen ist es vor allem der IG Metall gelungen, eine tarifliche Gleichstellung der LeiharbeitnehmerInnen mit der Stammbelegschaft des Einsatzbetriebes zu erreichen. Sie erhalten während ihres Einsatzes das gleiche Entgelt wie die Stammbeschäftigten. Damit entfällt für den Arbeitgeber zumindest ein Kostenargument für den Einsatz von Leiharbeit, wodurch wiederum die Übernahme in ein festes Arbeitsverhältnis erleichtert wird.

Hilfreich wären schließlich gesetzliche Standards wie ein allgemeiner Mindestlohn, der einem Wettbewerb auf Kosten von Löhnen und Gehältern Grenzen setzt. Gleichstellungsregelungen bei der Leiharbeit und eine Sozialversicherungspflicht für alle Beschäftigungsverhältnisse würden ebenfalls wichtige Fortschritte bedeuten im Hinblick auf Vermeidung von Prekarität.

Eine einfache Rückkehr zum traditionellen Normalarbeitsverhältnis scheint aufgrund der geschilderten Entwicklungen unrealistisch. Umso mehr kommt es darauf an, neue humane Maßstäbe für das Normalarbeitsverhältnis von morgen zu entwickeln und entsprechende Regelungen zu vereinbaren. Dieser Prozess hat gerade erst begonnen. Eine dynamische Region wie das Ruhrgebiet sollte sich dieser Herausforderung stellen.

Literatur

Boeckmann, Klaus (2006): Ende der Talfahrt? Entwicklung der Beschäftigung im Östlichen Ruhrgebiet, in: Beiträge aus der Forschung, Schriftenreihe der Sozialforschungsstelle TU Dortmund, Band 152, Dortmund

Boeckmann, Klaus (2009): Geteilte Zeit – halbes Leid? Beschäftigungsverhältnisse von Frauen und Männern im Strukturwandel, in: Beiträge aus der Forschung, Schriftenreihe der Sozialforschungsstelle TU Dortmund, Band 170, Dortmund

Brockmann, Ursula (2008): Interviews mit Beschäftigten in der Gastronomie, unveröffentlichtes Manuskript für die Kooperationsstelle Wissenschaft – Arbeitswelt

Koch, Manfred (2007): Letzter Ausweg Leiharbeit? Die prekäre Wirklichkeit einer flexiblen Beschäftigungsform, in: Beiträge aus der Forschung, Schriftenreihe der Sozialforschungsstelle TU Dortmund, Band 154, Dortmund

Kock, Klaus (2009): Prekäre Beschäftigung und lokale Gewerkschaftsarbeit. Eine Fallstudie aus dem Ruhrgebiet, in: Beiträge aus der Forschung, Schriftenreihe der Sozialforschungsstelle TU Dortmund, Band 168, Dortmund

Kremer, Klaus (2008): Prekarität – Was ist das? in: Arbeit, Heft 2, S. 77-90

Mayer-Ahuja, Nicole (2003): Wieder dienen lernen? Vom westdeutschen „Normalarbeitsverhältnis" zu prekärer Beschäftigung seit 1973, Berlin

Statistisches Bundesamt (2008): Atypische Beschäftigung auf dem deutschen Arbeitsmarkt, Begleitmaterial zum Pressegespräch am 9. September 2008 in Frankfurt am Main, Wiesbaden

Rat und Tat versus
Arbeits- und wohnungslos in Bochum

Claudia Heinrich

Bochum, Mai 2009. Die Arbeitslosigkeit liegt bei 10,3 %. 18.834 Arbeitslose vermeldet die Statistik, darunter 10.722 Männer (56,9 %) und 8.112 Frauen (43,1 %); hinzu kommen 13.163 Kurzarbeiter. 37.171 Menschen, jung und alt, leben in Bedarfsgemeinschaften, jede/r sechste BürgerIn (16 % aller BochumerInnen) unter der Armutsgrenze – so weit die nackten Zahlen.

Doch wie ergeht es den Menschen in Bochum, wenn sie arbeitslos und wohnungslos werden? Gehen Frauen mit ihrer Lebenssituation vielleicht anders um als Männer? Wer ist besonders bedürftig? Wo hilft man wem in finanzieller Not? Gut vernetzte lokale Institutionen leisten Starthilfe für den Wiedereinstieg, bieten Ausstiege aus dem Notstand. Langjährige Mitarbeiterinnen der Bochumer Gleichstellungsstelle, ARGE, Agentur für Arbeit und Diakonie Ruhr berichten darüber aus ihrer Beratungs- und Gremienarbeit und zeichnen ein aktuelles Stimmungsbild.

Prekariat

Wieder einsteigen – Gespräch mit der Gleichstellungsstelle

Bärbel Weber ist seit 1994 Mitarbeiterin der Bochumer Gleichstellungsstelle – bis 2006 zuständig für die Regionalstelle „Frau und Beruf", jetzt Ansprechpartnerin zum „Schwerpunkt Erwerbsleben".

Frau Weber, was können Sie und die Gleichstellungsstelle unter beruflichen Aspekten tun für die Frauen in Bochum?
Ein Schwerpunkt meiner Arbeit ist die Unterstützung von beruflichen Wiedereinsteigerinnen, von Arbeitslosen und Frauen mit beruflichen Fragen. Die meisten kommen aus eigenem Antrieb. Ich vermittele allerdings keine Jobs, sondern führe Einzelgespräche – meist einmalige, ohne Verpflichtung und Druck und absolut vertraulich. Ich bin ja unabhängig, von mir hängen keine Unterhaltszahlungen ab. Leider erfahre ich nur selten, was daraus wird.

Welche Frauen kommen zu Ihnen in die Beratung?
Frauen aus allen Schichten mit jedem Bildungsniveau, von akutem finanziellen Notstand bis hin zu Gutgestellten, die sich gern verwirklichen wollen, aber nicht wissen, wie und wo. Allerdings fällt mir auf, dass in letzter Zeit vermehrt Frauen kommen, die gar nicht mehr „auf dem Plan" hatten, sich eine Arbeit zu suchen. Auch ältere, jenseits der 50. Sie kommen zu mir nach einer Trennung oder weil der Mann arbeitslos wird – manche mit enormem Tatendrang.

Fungieren die Frauen also als eine Art Puffer, die die Familie auffangen und die Rolle eines sozialen Netzes übernehmen, wenn der Mann „ausfällt"?
Viele werden dann aktiv. Das spüren wir in der Beratung oft verzögert nach gravierenden Schließungen und Entlassungswellen, wenn das Arbeitslosengeld

ausläuft und die Familie droht, zur Bedarfsgemeinschaft zu werden. Grad letzte Woche war eine ratlose, aufgescheuchte Frau bei mir: verheiratet, hatte erst ihre Kinder großgezogen, nahtlos dann jahrelang die Eltern gepflegt. Und jetzt ist ihr Mann seit Monaten arbeitslos, ARGE rückt näher ... Was tun? Am Ende unseres Gesprächs stand für sie fest, dass es jetzt an ihr ist, Arbeit zu suchen. Das hatte sie für sich selbst noch nicht so sortiert, weil sie sich bisher nur um die Familienarbeit gekümmert hatte. Natürlich gibt es auch die, die eigentlich gar nicht arbeiten wollen, denen nichts einfällt, die noch jung sind und der Meinung „mit ARGE komme ich eigentlich zurecht". Manche kommen aus irgendeinem Pflichtgefühl, teilweise aus Familien, wo eine Art Arbeitslosenkultur vorherrscht, Arbeitslosigkeit etwas völlig Normales ist und Arbeit etwas ganz, ganz Problematisches ... Die sind bei mir hier aber die Minderheit.

Welche Frauen machen Ihnen besondere Sorgen?
Alleinerziehende in finanziellen Nöten, Frauen in Trennung und Scheidung oder junge Mütter, die nicht wissen, wohin mit dem Kind während der Arbeitszeit. Viele haben keine Ausbildung, brüchige Lebensläufe. Die klassischen Wiedereinsteigerinnen, die wieder in den Beruf gehen, wenn die Kinder aus dem Gröbsten raus sind, sind heute die absolute Ausnahme. Auch das Selbstverständnis der Frauen ist in den letzten 20 Jahren ein weitgehend anderes geworden. Die Wiedereinsteigerin von heute ist eine völlig andere Generation.

Wie würden Sie die Veränderung im Selbstbild charakterisieren?

Als ich Ende der 80er Jahre im Rahmen meines Studiums anfing, mich mit Berufsrückkehrerinnen zu beschäftigen, war es gesellschaftlich akzeptiert, „nur" Hausfrau und Mutter zu sein. Mitte der 90er bröckelte das. Hausfrauen wurden schief angeguckt. „Was bist denn du? Was machst du denn sonst noch? Was hast du vor?" Damals war Scham ein Motiv für ihre Arbeitssuche. Heute ist für viele Frauen von Beginn an selbstverständlich, dass sie sobald wie möglich wieder arbeiten wollen. Die planen gar nicht mehr das klassische Drei-Phasenmodell: Arbeit – Kinder – Wiedereinstieg. Die wollen arbeiten UND Kinder haben. Ihr Problem ist der schwierigere Arbeitsmarkt und die Unvereinbarkeit von Arbeit und Familie.

Welche konkrete Hilfe bieten Sie in dieser schwierigen Lage?

Ich versuche im Gespräch herauszuhören, was die Frau will und kann, erläutere ihr dann den Behördenweg und informiere über Förder- und Weiterbildungsmöglichkeiten. Wenn sie die Voraussetzung erfüllt, kann sie von mir einen geldwerten Bildungsscheck bekommen.
Unter Federführung der Gleichstellungsstelle erschien 2008 die Broschüre „Wegweiser für den Wiedereinstieg" mit allen wichtigen Adressen – gemeinsam mit dem in Bochum rührigen „Netzwerk W" (W wie Wiedereinstieg). Keine Frau geht hier ohne neue Ideen und Kontakte aus einem Gespräch heraus.

Es scheint, als hätten sich nicht nur die Frauen, sondern auch Ihre Arbeit im Laufe der vergangenen 15 Jahre verändert …

Zwei Dinge haben sich erfreulich verbessert. Zum einen die Kooperation der lokalen Partner, wie auch der Bochumer Sozialbericht 2008 in Zusammenarbeit mit den hiesigen Wohlfahrtsverbänden belegt. Der zweite Schwerpunkt meiner Tätigkeit ist Gremienarbeit mit all den Institutionen vor Ort. Zurzeit im Fokus: Alleinerziehende. Jeder vierte Haushalt mit Kindern in Bochum ist ein Alleinerziehenden-Haushalt, etwa jeder zweite braucht Unterstützung. Über 90 % der Alleinerziehenden sind Frauen. Für sie und ihre Bedürfnisse planen wir gerade neue Projekte.
Zum anderen hat sich mit Inkrafttreten des Hartz-IV-Pakets die statistische Erfassung der Frauen in Not verbessert. Wie viele Frauen lebten zum Beispiel 1990 am Existenzminimum? Man weiß es nicht verlässlich, die Statistiken geben unbefriedigende Auskunft, da früher verschiedene Stellen nach unterschiedlichen Kriterien erfassten. Dadurch, dass die ARGE jetzt alle bedürftigen Erwerbsfähigen nach Geschlecht, Migrationshintergrund, Behinderung, Alter aufschlüsselt und zentral registriert, haben wir alle einen besseren Überblick.

Integration als Herausforderung – Die ARGE fördert und fordert

Die Arbeitsgemeinschaft für die Grundsicherung Arbeitsuchender erfasst und betreut alle Erwerbsfähigen zwischen 15 und 65 in Bochum. Andrea van den Höfel, langjähriges Mitglied des Arbeitskreises Gender der ARGE Bochum, ergänzt einen weiteren Vorteil: „Jetzt können auch die ehemaligen Sozialhilfeempfänger Nutznießer der beruflichen Qualifizierung werden und aktiv an Maßnahmen der Arbeitsmarktpolitik teilnehmen. Man wollte früher immer, dass sie sich beim Arbeitsamt melden, dort waren sie aber keine Leistungsempfänger. Und wer kein Leistungsempfänger war, erhielt auch keine Angebote für berufliche Qualifizierung. Ergo konnten Sozialhilfeempfänger nicht partizipieren – und das ist geändert worden."

Zu den ARGE-MitarbeiterInnen kommen die Bedürftigen unfreiwillig und deutlich weniger motiviert als in die Gleichstellungsstelle: „Es gibt speziell auch bei den jungen Frauen sehr viele, die noch das klassische Rollenverständnis im Kopf haben", sagt die Vermittlerin. Manche fühlten sich durchaus belästigt, wenn die ARGE nicht nur fördert, sondern auch fordert.

Damit Forderungen nicht ins Leere laufen, entwickelt die ARGE fortwährend zielgruppenspezifische Maßnahmen: von sehr gut angenommenen Berufsausbildungen in Teilzeit (BOQ BEAT), Wiedereinstiegsprogrammen im Zweiwochentakt (eine Woche Unterricht, in der zweiten Woche derselbe nochmals, falls eine Teilnehmerin in der Woche zuvor ausfiel) und Auffrischungsmaßnahmen zum Kennenlernen aktueller beruflicher Anforderungen über Sprachförderung und Integrationsprogramme für MigrantInnen bis hin zu Jobcoachings, Bewerbungstrainings und Gesundheitsmessen.

Besonders erfolgreich ist ein seit über einem Jahr laufendes Zuschussmodell: „Im Rahmen eines Beschäftigungszuschusses werden bis zu 75 % der tariflichen Bruttoentlohnung von uns übernommen, wenn ein Unternehmer eine Person mit so genannten ‚Multiplen Vermittlungshemmnissen' einstellt", erläutert Aneta Schikora, Pressesprecherin der ARGE Bochum. Unter den Sammelbegriff fällt, was für Arbeitgeber potenzielle Risiken birgt: Kinder, höheres Alter, keine Ausbildung, viele Jahre ohne Berufserfahrung, Behinderung, ungenügende Sprachkenntnisse etc. „Beschäftigungszuschuss gibt es allerdings ausschließlich für zusätzlich geschaffene Stellen, neue Aufgabenbereiche, die keinen regulären Arbeitsplatz verdrängen, z. B. eine Stelle nur für Mädchenarbeit im Kindergarten", berichtet Aneta Schikora. „So sponsern wir doppelt, den Kindergarten und indirekt die Frau. Für mindestens 24 Monate hat sie wieder einen sozialversicherungspflichtigen Job, sammelt Berufspraxis, ist gesellschaftlich und finanziell integriert." In erster Linie angesprochen sind Mütter mit älteren Kindern, doch kommt der Zuschuss auch langzeitarbeitslosen Männern über 50 zugute, es gebe viele Vermittlungserfolge. „Zurzeit beraten wir unser Engagement im Rahmen eines neuen bundesweiten Projekts ‚Gute Arbeit für Frauen'."

Wenn die Familienfalle zuschnappt… Analyse aus der Arbeitsagentur

„Gute Arbeit für Frauen" ist eine gesellschaftspolitische Frage. Brigitte Fuchs, Beauftragte für Chancengleichheit am Arbeitsmarkt der Agentur für Arbeit Bochum, redet Klartext: Kümmern sich beide Elternteile um Kinder und Beruf, läuft selbst in Krisenzeiten alles rund. Übernimmt die Frau allein die Verantwortung für Kinder, ist sie aufgeschmissen.

Frau Fuchs: Wie gehen Ihrer Erfahrung nach Frauen resp. Mütter auf Arbeitssuche – anders als Männer?

In der Tat anders. Ich schildere mal die klassische Situation. Wenn ich einen Mann frage: „Haben Sie Kinder?", sagen auch Väter: „Nein, ich bin geschieden." Frage ich eine gut ausgebildete Mutter unter 42, sagt sie: „Ja. Und ich würde gern zurück in meinen Beruf, muss aber für die Kinder sorgen und nehme alles an, was ich kriegen kann." Die Interessen der Kinder stehen ganz klar im Vordergrund, ihre eigenen beruflichen im Hintergrund, egal, wie qualifiziert sie ist. Fein raus ist nur, wer sich Kinderbetreuung leisten kann. Ab 45 gehen Frauen von der Pflege der Kinder nahtlos über in die Pflege der Eltern. Ich habe in meiner gesamten 25-jährigen Beratungstätigkeit nicht einen einzigen Mann erlebt, der von sich aus sagte: „Ich muss mir eine Teilzeitstelle suchen, um die Eltern pflegen zu können." Es mag sie geben, doch ich kenne keinen.

Was gibt es an dem Wunsch nach Teilzeitarbeit auszusetzen?

Um es deutlich und provokativ zu sagen: Die Frauen, die lange in Teilzeit arbeiten und sich nur auf die staatliche Rente verlassen – auch weil sie nicht das Geld haben, privat vorzusorgen –, gehen in die sichere Altersarmut. Die Benachteiligung der Frau fängt an, wenn sie familienbedingt ihre Arbeit einschränkt. Ein Blick in die Statistik zeigt: 95 % unserer Klienten

mit Teilzeitwunsch sind Frauen. Nur rund 7 % der Alleinerziehenden in Bochum sind Männer und etwa 5 % unserer männlichen Klienten wollen Teilzeit. Wobei man bei Letzteren noch nicht mal weiß, ob sie es aus familiären Gründen wollen. Ich bezweifele das.

Ändert sich die Lage nicht grade spürbar? Stichwort Elterngeld …

Nein, nach meinem Erleben nicht. Das ist ein gesellschaftspolitisches Grundproblem, daran kann die Agentur für Arbeit nichts ändern. Und auch Elterngeld ist, glaube ich, nicht die Lösung. Problem ist die noch vorherrschende traditionelle Rollenverteilung und das Image von Karriere: „Ich muss mobil sein, flexibel, aktiv, jederzeit einsatzbereit" – das ist gefordert. Jungakademiker planen um die 30/Mitte 30 herum ihre Karriere. Würden sie für fünf Jahre den Kindern zuliebe aussteigen, hätten sie gegenüber Kollegen einen absoluten Nachteil, Karriereknick inklusive. Schauen Sie mal nach Dänemark: Im Berufsverkehr morgens sieht man scharenweise adrette junge Businessmänner auf dem Fahrrad zur Arbeit fahren, hinten im Kindersitz ein Kleinkind, das sie beim Tagesmütterheim absetzen – in Deutschland unvorstellbar. Was wir als Arbeitsagentur tun können, ist, möglichst passgenaue Maßnahmen für Wiedereinsteigerinnen anbieten. Und Betreuungstipps und Anlaufstellen aus unseren Netzwerken weiterreichen, auf die sie von sich aus vielleicht nicht gekommen wären.

Statistiken belegen, dass Mädchen die besseren Abschlüsse machen, doch warum wählen sie oft von vornherein die schlechter bezahlten Berufe? Haben Sie Ideen, warum über zwei Drittel der Niedriglohnbeschäftigten in Nordrhein-Westfalen Frauen sind?

Am unteren Ende der Hierarchie Wohnungslosenhilfe in Bochum

Das ist ein weites Feld. Es gibt eine interessante These, die mich letztes Jahr auf einer Tagung in Herbede zum Thema Mädchen in Männerberufen sehr beeindruckte. Da ging es um Akademikerinnen, die klassische Männerstudiengänge wie Physik belegten. Alle anwesenden jungen Frauen sagten übereinstimmend, sie seien durch die Aufmerksamkeit ihrer Väter für diese Fachgebiete sensibilisiert worden. Offensichtlich gibt es einen Zusammenhang: Wenn ein Vater seine Tochter an seine Interessengebiete heranführt, wird er ganz selbstverständlich zu einem beruflichen Vorbild. Im Umkehrschluss heißt dies: Überall da, wo Mädchen allein von Frauen erzogen wurden, die halt ein anderes Rollenbild vermittelten, wird das Interesse entsprechend anders kanalisiert.

Studien belegen, dass es Töchter prägt, ob eine Mutter arbeitet oder nicht, ob Arbeit oder Arbeitslosigkeit als Normalität gewertet wird. Auch eine Kindheit in Notunterkünften stellt früh gewisse Weichen – manchmal fürs ganze Leben, weiß Gerlinde Fuisting, Leiterin der Wohnungslosenhilfe, zu berichten. Wohnungslosenhilfe obliegt in Bochum der Diakonie Ruhr, die zwei räumlich getrennte Beratungszentren eingerichtet hat: für wohnungslose Männer am Westring, für „Frauen in Not" in der Hans-Böckler-Straße. Gerlinde Fuisting, seit 18 Jahren dabei, berichtet über ihre Arbeit für die Ärmsten der Armen.

Frau Fuisting, im bundesweiten Trend sind die Wohnungslosenzahlen rückläufig. Wie ist die Situation in Bochum?
Bochum ist „Obdachlosenprovinz". Die bundesweite Entwicklung ist hier nicht so deutlich. Wir verzeichnen zurzeit keine Zunahme – weder bei Männern noch bei Frauen –, und absehbar ist auch nicht, dass es mehr werden könnten. Aber die Nöte verändern sich: Wohnungslosigkeit ist manchmal nur die Spitze des Eisberges.

Was macht den Eisberg aus? Konkret: Welche Frau ist warum gefährdet?
Die Klientinnen leben oft in einer fragwürdigen Beziehung. Für Außen-

stehende ist klar: Die hat nur wenig Bestand. Sie halten dennoch lang durch. Und dann zerbricht die Beziehung. Und dies „erwischt" die Frauen kalt, weil sie sich nicht spiegeln können. Es fehlt ihnen einfach die Fähigkeit, ihre Situation vorher zu reflektieren. Oft wird behauptet, dass alle Menschen – Frauen wie Männer – in diese Lebenslage geraten können. Das meine ich nicht. Wer z. B. aufgrund besserer Schulbildung zu intellektuellen Leistungen fähig ist, kommt auch schneller auf andere Lösungsmöglichkeiten, sucht eher Hilfe.

Wie vielen Menschen helfen Sie zurzeit?
Unsere Kartei erfasst die Klienten, die 2008 mindestens drei Monate lang regelmäßig kamen: 740 insgesamt, 578 Männer (78,1 %), 162 Frauen (21,9 %) – ein seit Jahren recht stabiles Zahlenverhältnis. Außerdem noch 125 Einmalberatungen. Nicht erfasst sind die Menschen in den städtischen Notunterkünften und Straßenkids unter 18, für die das Jugendamt zuständig ist. Von den 740 im System erfassten Personen sind 23 obdachlos, darunter eine Frau. 82 betreuen wir einige Zeit noch in ihren neuen eigenen Wohnungen. Alle Übrigen sind vorü-

169

bergehend bei ihrer Familie oder bei Freunden und Bekannten untergekommen, aber unangemeldet, haben keine Postadresse, kein Konto.

504 der 740 sind Bochumer Bürgerinnen und Bürger, ihre Situation trat also vor Ort ein. Und die 236, die von außerhalb kamen, haben in der Regel auch immer Vertraute vor Ort: sind in Bochum geboren oder aufgewachsen, haben Freunde, Verwandte oder einen neuen Partner vor Ort oder irgendeine andere Bindung an Bochum. Sie suchen ein Stück Heimat.

23 Obdachlose in einer Stadt mit rund 380.000 Einwohnern, das klingt überschaubar …

Die Zahl der Menschen, die tatsächlich auf der Straße leben, „Platte machen", sinkt in der Tat. Das ist ein sehr typischer Provinz-Schnitt. Metropolen wie Berlin, Frankfurt, Hamburg, Köln haben da ganz andere Probleme. Und auch ganz andere Strukturen. Die Bochumer Nachtschlafstätte mit 32 Männer- und acht Frauenbetten, beide jeweils um zehn aufzustocken, ist geradezu komfortabel dagegen. Es gibt Dauernutzer und spontane Gäste – zurzeit wenige, keine Frau. Viele überleben im Winter nur durch die Struktur dieses Systems, sie sind körperlich und gesundheitlich sehr stark geschädigt, haben meist eine Suchterkrankung.

Sie haben neun Jahre in der Frauenberatung gearbeitet, sind nun seit neun Jahren in der Männerbetreuung. Wie erklären Sie sich die Diskrepanz von 80:20? Sind tatsächlich so viel mehr Männer bedürftiger? Können Sie Unterschiede in der Verarbeitung der Situation benennen?

Der Schritt in die Hilfe unterscheidet sich: Frauen versuchen viel eher, zunächst private Lösungen zu finden und ihre Probleme so verdeckt wie möglich zu halten.

Die outen sich nicht oder höchst ungern in ihrer Rolle – und wenn, dann wesentlich später als Männer. Die machen das weniger heimlich, vielleicht auch, weil die Rolle als Penner gesellschaftlich bekannter ist. Den Penner gibt es, die Pennerin nicht. Frauen zweifeln an sich, schämen sich, schieben sich Schuld und Versagen zu. Männer zweifeln nicht an sich, sondern schieben alles ganz schnell nach außen und geben der Gesellschaft die Schuld an ihrer Situation. Das ist zwar ein Allgemeinplatz, aber aus meiner langjährigen Tätigkeit für beide Seiten kann ich es bestätigen.

Warum haben Sie die Seite gewechselt von den Frauen zu den Männern?

Rückblickend betrachtet aus einer gewissen Ernüchterung heraus. Konkret: Ich hatte von meinem eigenen Geschlecht mehr erwartet… Junge, idealistische Sozialarbeiter wollen das vielleicht gar nicht hören, aber die Geschichten wiederholen sich: Bei meiner Kollegin ist mittlerweile eine Enkelin in Betreuung. Ich habe die Großmutter betreut, die auch jetzt ab und zu noch mal kommt, danach bat die Mutter um Hilfe, und jetzt kommt deren Tochter – also Betreuung in der dritten Generation.

Wohnungslosigkeit als Normalität, als „Familienschicksal"? Das ist bitter: Man lernt also nicht von den vorherigen Generationen, es besser zu machen?

Nein, manche sind schlicht nicht in der Lage, Familienstrukturen zu reflektieren und Warnsignale zu deuten. Das ist einfach so, und für manche Familien ist es normal: Generation auf Generation lebt in den Notunterkünften. Damit müssen Sozialarbeiter fertig werden. Manchmal kommt unsere Hilfe an, manch-

170

mal klappt es einfach gar nicht. Wir setzen nun auf eher kurzfristige Erfolge in der akuten Notsituation und berücksichtigen, dass unsere Maßstäbe oft nicht die Maßstäbe unserer Klienten und Klientinnen sind.

Gibt es in Bochum spezielle Projekte für Wohnungslose?

In erster Linie sind die Menschen, die zu uns kommen, an Einzelkontakten interessiert und nicht sehr gruppentauglich. Wir hatten schon mal temporäre Projekte in Kleingruppen im Angebot, darunter Wochenendfreizeiten nur für Frauen. Momentan war das wieder in der Planung, aber das Interesse war so gering, dass wir es abgeblasen haben. Was gemeinsame Aktivitäten angeht, ist übrigens auch ein deutlicher Unterschied in der Arbeit mit Männern und Frauen festzustellen. Bietet man Männern eine Beschäftigung an, muss man sie „Arbeit" nennen. Männer, auch Wohnungslose, definieren sich sehr stark über die Arbeit, auch wenn es Jahrzehnte her ist, dass sie einen Arbeitsplatz hatten. Frauen hingegen wollen gestalten. Sie „springen an" auf Kreativangebote, z. B. Ostereier bemalen oder Adventsgestecke, Weihnachtsschmuck basteln. Gemischte Gruppen: Das ist ganz schwierig, eine gemeinsame Weihnachtsfeier z. B. fast unmöglich. Frauen kommen ungern, weil die meisten von ihnen Gewalterfahrungen haben und Männer meiden. Deshalb sind auch unsere Beratungsstellen räumlich getrennt, die Notschlafstellen bei Frauen eher unbeliebt, auch wenn sie Einzelzimmer hätten.

Womit können Sie Frauen in prekären Wohnverhältnissen konkret helfen?

Zunächst ihre Situation genau klären: Wo leben die? Sind sie wohnungslos? Dann organisieren wir ein Bett in der Notschlafstelle. Wir helfen bei Antragstellungen und Behördengängen, das ist oft ein wunder Punkt. Durch die Hartz-IV-Reform hat sich vieles verschärft. Einmalgeschenke für Bedürftige beim Einzug – Waschmaschine, Schrank, Herd etc. – entfallen. Jetzt ist es so: Wenn eine Frau aus einer Beziehung flieht, steht ihr ja noch die Hälfte der Waschmaschine zu... Da muss man heutzutage geschickt mit Sachbearbeitern verhandeln. Wenn die Frauen das wünschen, unterstützen wir sie hier.

Unser wichtigstes Angebot, weshalb sie kommen bzw. von ARGE oder Sozialamt hergeschickt werden, ist unser Postfach, die Postadresse, die wir anbieten. Hier können sie sicher sein, dass ihr Scheck ankommt. Auch bei Haushaltsplanung und Geldverwaltung bieten wir Hilfe an. Unser Zivi leistet Umzugshilfe. Eine unserer sechs Vollzeitstellen ist für „betreutes Wohnen". Wem richtig bange ist vor der eigenen Wohnung, bieten wir bis zu 18 Monate lang Hausbesuche an. Ansonsten vermitteln wir weiter. Für eine Stadt in der Größe von Bochum verfügen wir wirklich über gut gestrickte Netze. Wir kennen uns meist persönlich, es sind gewachsene Strukturen. Das kommt auch unserer Klientel zugute. Es ist wichtig für Menschen, die mit immer wechselnden Beziehungen zu tun haben, dass sie in uns eine stabile Größe haben und Betreuer, die über Jahre dieselben sind. Das ist etwas ganz Vertrautes, da entstehen auch Beziehungen, die einen positiven Einfluss ausüben.

Unternimm was,
Unternehmerinnen: dem Ruhrgebiet sein Schatz

Cornelia Sperling
Birgit Unger

Frau Koslowski schmiert nicht mehr die Stullen für den Kumpel, Frau Koslowski hat nämlich ein Unternehmen gegründet. Und mit ihr viele tausend andere. Es geht ständig bergauf mit den Unternehmerinnenzahlen im Ruhrgebiet. Sie haben sich in den vergangenen zehn Jahren um 17 % erhöht, innerhalb von 20 Jahren gar um 58 %.[1] Hohe Wachstumszahlen sind allerdings auch kein Wunder, wenn vor einigen Generationen in der Stahl- und Kohleregion die selbstständigen Frauen noch Exotinnen waren.

„Frauen soll man lieben, aber keine Geschäfte mit ihnen machen", erklärte der Präsident des Bundesverbandes der Industrie, Fritz Berg, 1954, als Frauen nach dem Zweiten Weltkrieg in die Rolle der tatkräftigen Unternehmerin schlüpften, um die Firmen der im Krieg gefallenen Männer weiterzuführen. Ideologischen Widerstand in dieser Form gibt es heute nicht mehr. Im schwierigen Prozess des Strukturwandels werden schließlich alle Potenziale gebraucht.

Frauen zählen zu den Gewinnerinnen des Strukturwandels im Ruhrgebiet. Die Erwerbstätigkeit ist gestiegen und auch die Zahl der Unternehmensgründungen durch Frauen. Besonders seit den 90er Jahren wird auch mit kleinen Ressourcen – wenig Kapital und ohne Familie im Hintergrund – der Weg in die Selbstständigkeit gewählt, meist im Dienstleistungsbereich. Trotzdem dümpelt der Frauenanteil bei 29 % herum. Nur 6 % aller erwerbstätigen Frauen wagen den Schritt in die Selbstständigkeit, bei Männern sind es 11 %.

Wenn man nicht an eine biologisch bedingte unternehmerische Dummheit von Frauen glaubt, muss man fragen, warum es nicht 40 oder 50 % Unternehmerinnen gibt. Das ist nur zum Teil eine ruhrgebietsspezifi-

172

Frau Koslowski!

Beim Unternehmerinnentag NRW gibt es Informationsangebote in jeder Form.

sche Frage, das hängt unserer Meinung nach sehr stark mit den Rollenstereotypen zusammen, die Männer wie Frauen in gesellschaftlich gewünschte Lebensmodelle drängen. Vorbilder für ungewöhnliche Frauenrollen gibt es natürlich, aber viel zu wenige. In Deutschland ist die traditionelle Rollenverteilung noch ausgeprägter als in anderen europäischen Ländern und wird durch den Staat belohnt, etwa durch das Ehegattensplitting.

Chefin sein bedeutet, eine neue Rolle auszufüllen

Die Frauen, die sich für die Rolle der Chefin entscheiden, müssen sich nicht nur mit betriebswirtschaftlichen Fragen auseinandersetzen (Finanzen, Marketing, Mitarbeiter, Controlling, Wachstumsschritte), sondern auch mit geschlechtsspezifischen: Wenn mein Kunde Frauen keine technische Kompetenz zutraut, wie muss ich vorgehen, um eine Chance für den Auftrag zu haben? Wenn ich wieder mal als Sekretärin angesprochen werde, reagiere ich freundlich, bissig oder humorvoll? Wie kann ich intelligent mit den Rollen spielen, die mir als Frau zugeschrieben werden?

173

In eine Rolle hineinzuwachsen, die ungewohnt ist und an die sich auch andere erst gewöhnen müssen, bedeutet zum einen mehr Anstrengung und auch Frust, zum anderen hat das aber auch einen großen Reiz. Und alle Unternehmerinnen, mit denen wir im Ruhrgebiet gesprochen haben, sagen: Wenn der Weg auch noch so holprig war – auf den Gewinn, als Chefin entscheiden und gestalten zu können, will ich nicht mehr verzichten.

Wer sind sie, die Unternehmerinnen des Ruhrgebiets? Da wir diese Frage konkret beantworten möchten, werden im Anschluss beispielhaft vier Chefinnen vorgestellt: Annette Kaltenbach, die in Ennepetal Scharniere produziert, Christina Antwerpen und Verena Breuckmann, die in Oberhausen ein Ruhrgebiets-Hostel betreiben, und Hülya Haack-Yol, die in Gladbeck einen Pflegedienst leitet.

Reger Erfahrungs- und Gedankenaustausch, Möglichkeiten zur Präsentation und zum Netzwerken beim jährlich stattfindenden Unternehmerinnentag NRW

Aktivitäten für mehr Unternehmerinnen

Arbeiten Chefinnen anders als Chefs? Nein, sie sind genauso individuell wie Männer, ihr unternehmerisches Talent entfaltet sich genauso unterschiedlich, ihr Führungsstil ist modern-kooperativ bis altmodisch-autoritär. Aber wir können aus unserer Erfahrung auch sagen: Ja, sie sind auch anders. Weil sie neues Terrain erobern und viel experimentieren müssen. Sie haben etwas zu gewinnen in der Rolle der Chefin, denn diese Rolle ist für viele Frauen neu. Sie versuchen, Lebensfreude in ihre Arbeit zu integrieren. Sie sind nicht grundsätzlich anders, aber aufgrund der gesellschaftlichen Bedingungen eben doch!

In den 90er Jahren wurden viele Unternehmen durch Frauen gegründet, und es haben sich auch viele Gründerinnen- und Unternehmerinnen-Netzwerke gebildet, im Ruhrgebiet insgesamt 30. Sich mit anderen auszutauschen, die in einer ähnlichen Situation sind, bringt einfach Gewinn. Vielleicht sind 10 % der Ruhrgebiets-Unternehmerinnen schon mit einem unternehmerischen Gen auf die Welt gekommen, die anderen 90 % müssen erst durch eine kulturelle Revolution: Ja, auch als Frau habe ich Spaß an Entscheidungen und an Macht; nein, Kinder sind kein Hindernis fürs Chefin-Sein; ja, ich weiche bewusst von der traditionellen Frauenrolle ab; nein, männlich geprägte Wirtschaft hindert mich nicht, meinen Weg zu gehen.

Inspirationen für
wirtschaftlichen Erfolg

Cornelia Sperling, Birgit Unger (Hg.)

10 Jahre
Unternehmerinnentag Ruhrgebiet
1996 - 2006

Es geht aufwärts, signalisiert der Titel einer Dokumentation über den Unternehmerinnentag, der Jahr für Jahr mehr Teilnehmerinnen und Besucherinnen anzieht und sich zu Deutschlands größtem Forum für Chefinnen entwickelt hat.

Die vielfältigen Netzwerke der Region sind so etwas wie Talentschmieden für weibliches Unternehmertum. Denn neben einer neuen Frauenrolle muss auch die Kultur des Unternehmertums gelernt und weiterentwickelt werden. Sprechen Freundinnen darüber, wo Geld am billigsten ist? Welche Regeln in Aufsichtsräten gelten? Wie man erfolgreich Akquise betreibt?

Was 1996 noch fehlte, war ein größeres Forum, auf dem sich die Unternehmerinnen, Freiberuf-

lerinnen und Frauen im Handwerk kennenlernen und sich über betriebswirtschaftliche Themen in Verbindung mit genderspezifischen Erfahrungen austauschen konnten. Das war die Ursprungsidee für den „Unternehmerinnentag Ruhrgebiet". Es sollte über die kleinen Treffen der Netzwerke hinaus ein öffentlichkeitswirksames Event stattfinden, das auch Anstöße für die Wirtschaft und die Politik bewirkt. Das ist gelungen. Jährlich treffen sich 500-700 selbstständige Frauen im Ruhrgebiet, 2010 schon im 14. Jahr. Der Unternehmerinnentag wurde zum größten Forum für Chefinnen in Deutschland.

175

Gründerinnen und Jungunternehmerinnen bekommen in der Mentoring Arena Unterstützung von erfahrenen Business-Coaches.

Was macht den Unternehmerinnentag so attraktiv?

Die Gruppe der erfolgreichen Unternehmerinnen im Ruhrgebiet wurde mobilisiert – zum Nutzen von Jungunternehmerinnen und Gründerinnen. Sie sind Vorbilder dafür, wie Frauen in der Wirtschaft ihre Ideen umsetzen. Auf der Tagung geht es um „harte" betriebswirtschaftliche Themen in Verbindung mit den geschlechtsspezifischen Zuschreibungen, die Chefinnen im Alltag erleben. Die gemeinsame Reflexion in Foren, Seminaren und an den Ständen der Informationsbörse ist für die unternehmerischen Strategien Gold wert.

Alle relevanten MultiplikatorInnen in der Region Ruhrgebiet wurden überzeugt, beim Unternehmerinnentag mitzumachen und am Aufbau einer unternehmerinnenfreundlicheren Infrastruktur mitzuwirken: die Industrie- und Handelskammern, die Handwerkskammern, die Wirtschafts-

förderungen, Institutionen wie der Regionalverband Ruhr und der Verein pro Ruhrgebiet sowie BeraterInnen, insgesamt 25 Kooperationspartner.

Es geht nicht nur um einen individuellen und betrieblichen Nutzen für tausende Chefinnen, sondern um die Weiterentwicklung einer Kultur der Selbstständigkeit in einer ehemaligen Kohle- und Stahlregion.

Die Öffentlichkeitsarbeit des Unternehmerinnentags Ruhrgebiet hat großes Medieninteresse bewirkt und die Vielfalt der Unternehmerinnen und ihrer Netzwerke sichtbarer gemacht.

Innovative Projekte

Der Unternehmerinnentag Ruhrgebiet ist darüber hinaus ein Ort, an dem politische Diskussionen geführt und neue Ideen geschmiedet werden. Es haben sich Unternehmerinnen und Beraterinnen gefunden, sind Coaches und Wirtschaftsförderer ins Gespräch gekommen, haben Netzwerke und Verbände sich besser kennengelernt.

Konkrete Projekte wurden in den letzten Jahren realisiert, wie zum Beispiel

- die Idee für das Mentoring-Projekt „TWIN – Two Women Win". Sie entstand durch Kontakte zwischen der G.I.B. – Gesellschaft für innovative Beschäftigungsförderung und dem Verband deutscher Unternehmerinnen. Hier wird jungen Unternehmerinnen ein Jahr lang eine erfahrene Chefin zur Seite gestellt.[2]
- der Unternehmerinnenbrief NRW, der von der Regionalstelle Frau und Wirtschaft in Münster entwickelt und vom Frauenministerium unterstützt wurde. Er bewertet und prämiert die wirtschaftlichen Chancen, die Ideen und die Unternehmerinnenpersönlichkeiten – eine tolle Referenz für das Bankgespräch.[3]
- Unternehmerinnen NRW – die Interessengemeinschaft der Netzwerke und Verbände. Hier werden in einem größeren Zusammenhang Erfahrungen

ausgetauscht, Themen verbandsübergreifend diskutiert und politische Lobbyarbeit geleistet.[4]
- dass selbstständige Frauen ermutigt wurden, in
Wirtschaftsgremien mitzuarbeiten, beispielsweise
im Kammerparlament der IHK Mülheim / Essen /
Oberhausen. 1996 gab es hier nur eine Unternehmerin neben 84 Unternehmern, 1997 schafften es
sechs und 2005 bereits elf Chefinnen ins Parlament.[5]
- dass Schülerinnenfirmen auf jedem Unternehmerinnentag präsent sind. Durch diese Kontakte beteiligten sich mehr und mehr Unternehmerinnen am
jährlichen Girls'Day und öffnen ihre Unternehmen
für interessierte Schülerinnen.[6]
- die Projekte des Vereins pro Ruhrgebiet: Gründer
Support Ruhr, Senior Consulting und BAAR – Business Angels Agentur Ruhr. Sie stellen auf dem Unternehmerinnentag gezieltes Know-how für Wachs-
tumsfragen zur Verfügung.[7]
- existenzielle, das Online-Magazin für Frauen in der
Wirtschaft. Es ist das bisher einzige Magazin für
Unternehmerinnen in seiner Art.[8]
- das petek – Business-Netzwerk Migrantinnen, das
2005 als erstes Netzwerk für Unternehmerinnen mit
Migrationshintergrund im Ruhrgebiet gegründet
wurde.[9]
- die Publikation „Unternehmenslust – So gestalten
Chefinnen die Wirtschaft" mit 35 Porträts. Vorbilder
spielen eine besondere Rolle – sie sind anschaulich
und ermutigen zur Selbstständigkeit.
- das Forum Führungsfrauen. Ziel der Veranstaltung ist
es, mehr Frauen den Weg in Top-Führungspositionen
frei zu machen. Das Forum, auf dem sich Unternehmerinnen und Managerinnen austauschen und Strategien entwickeln, findet seit 2007 jährlich statt.[10]

Das Public Private Partnership-Modell des Unternehme-
rinnentages wurde auf europäischer Ebene mehrfach
vorgestellt und 2002 als „Good Practices in the Promotion of Female Entrepreneurship" ausgezeichnet. Im
Rahmen des European Enterprise Awards wurde der Unternehmerinnentag „Ausgewähltes Deutsches Best Prac-
tice Beispiel 2007" in der Kategorie 1: „Preis für den unternehmerischen Wegbereiter".[11]

Nach dem Ende der öffentlichen Förderung
durch das Land Nordrhein-Westfalen und
die Europäische Union gelang es mit tat-
kräftiger Unterstützung aller Kooperationspartner, insbesondere der Wirtschaftsför-
derungen Bochum, Essen, Dortmund und
Herne, die Tagung 2009 privatwirtschaftlich
weiterzuführen und NRW-weit auszubauen.
Auch hinter diesem Schritt steht die unternehmerische Entscheidung von Frauen. Die
Initiatorinnen sind auch Unternehmerinnen
und stehen für das wirtschaftliche Risiko
gerade.

Wie geht's weiter?

Der Unternehmerinnentag Ruhrgebiet ist ein
Export-Artikel des Ruhrgebiets. Wir haben
eine gute Idee solide umgesetzt und viele
Regionen Deutschlands inspiriert. Jede Wirt-
schaftsregion bietet heute Unternehmerin-
nen-Veranstaltungen an, weil niemand mehr
auf das Potenzial verzichten kann und will.
So hatten wir uns das auch gedacht.

In den letzten 20 Jahren hat sich wirklich viel
verändert. Heute sagt kaum ein Wirtschafts-
vertreter mehr: „Die Wirtschaft ist geschlechtsneutral." Wirtschaftsgremien und
Vorstände werden langsam bunter. Mixed
Leadership ist das Ziel, denn es bringt mehr
Gewinn, sowohl gesellschaftlich als auch in
der Bilanz. Im Unterschied zur Generation
unserer Mütter lässt sich der Trend, wirtschaftlich unabhängig zu sein und eigene
Visionen in Beruf und Gesellschaft umsetzen
zu wollen, bei Frauen nicht mehr rückgängig
machen. Da drängt sich die Frage auf: Ist es
denn überhaupt notwendig, im Ruhrgebiet
weiter etwas dafür zu tun, die Potenziale von
Frauen für Unternehmertum und Führungskompetenz auszuschöpfen? Eine Antwort
lieferte die Zeitschrift Revier-Manager im

Oktober 2007. In der Titelgeschichte „Die 111 mächtigsten Manager im Ruhrgebiet" wurde nur eine einzige Spitzenmanagerin ins Blickfeld genommen.

Eine weitere Antwort: In den schon bestehenden Frauenbetrieben gibt es unausgeschöpftes Potenzial – das wollen wir etwas differenzierter verdeutlichen. Es existiert ein ziemlich großer Unterschied in der Beschäftigungswirkung der Firmen (siehe Grafik).

„Die durchschnittliche Beschäftigtenzahl in Frauenbetrieben liegt bei 7 gegenüber 15 Beschäftigten in den von Männern geführten Betrieben (...). Der durchschnittliche Umsatz von Frauenbetrieben beträgt weniger als ein Siebtel des entsprechenden Werts in Männerbetrieben."[12] „Pro Beschäftigtem wird in Frauenbetrieben jährlich nur halb so viel investiert wie in Männerbetrieben."[13]

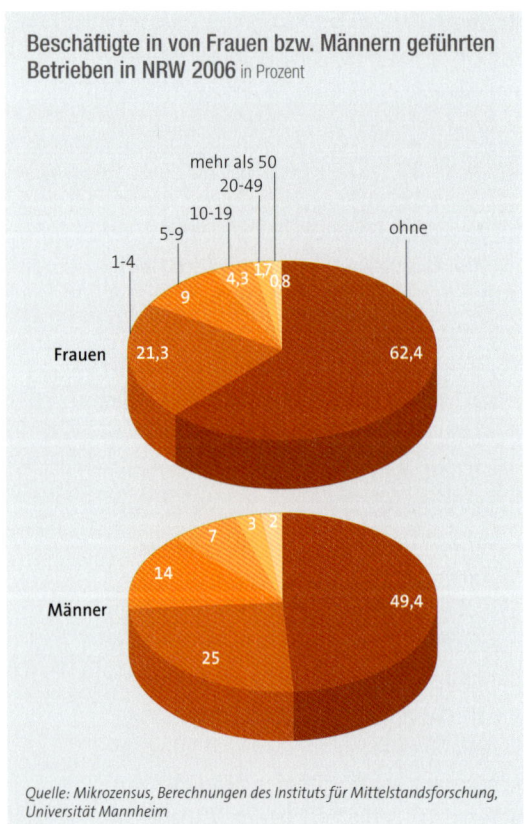

Beschäftigte in von Frauen bzw. Männern geführten Betrieben in NRW 2006 in Prozent

Quelle: Mikrozensus, Berechnungen des Instituts für Mittelstandsforschung, Universität Mannheim

Der Grund für die recht geringe Wirtschaftskraft wird dabei nicht als persönlicher Fehler der Betriebsführung der Unternehmerinnen gesehen, sondern als Ergebnis „gesellschaftlicher Rollenbilder sowie Unterschieden in den Chancen (...), die den Zugang und die Verfügung über soziale und materielle Ressourcen regeln. Zu diesen Ressourcen zählen insbesondere Bildung, Berufs- und Führungserfahrung, die Einbindung in Netzwerke sowie der Zugang zu Eigen- und Fremdkapital."[14]

Diese Analyse trifft auch auf die Frage des Unternehmenswachstums zu. Kulturell und gesellschaftlich passt es noch nicht in die Norm, wenn Frauen mit ihrem Unternehmen große Ambitionen verbinden. Viele wollen zwar ihre unternehmerischen Talente stärker entfalten, kommen aber aufgrund gesellschaftlicher Barrieren oder ungenügendem Zugang zu Ressourcen nur langsam voran. In den Netzwerken sind kleinere Firmen in der Mehrheit – die Themen Wachstum, Innovation, Führungskompetenz, Zugang zu Kapital und Risikobereitschaft stehen dort nur selten im Vordergrund. Ein gesellschaftliches Umfeld, das Frauen in puncto Kapital, Macht und Technik nicht viel zutraut, bringt Wettbewerbsnachteile mit sich, die durch individuelle Anstrengungen ausgeglichen werden müssen. Das bedeutet zusätzliche Kraft und Energien, die benötigt werden. Eine Konsequenz davon ist, dass sich zu viele auf ein kleines Unternehmen beschränken.

Im Ruhrgebiet gibt es natürlich auch frauengeführte Unternehmen, die erfolgreich wachsen – sie bilden den Pool für Vorbilder und Mentorinnen. Diese Gruppe könnte aber viel größer sein. Bei einer Umfrage auf dem Unternehmerinnentag 2004 erklärten 75% der Teilnehmerinnen, dass sie Wachstumsziele haben, nämlich MitarbeiterInnen einstellen und den Umsatz steigern wollen. In der Realität ist es dann aber oft so, dass nicht klar ist, wie Schritte zum Wachstum konsequent verfolgt werden sollten.

Wir denken, dass die Zahl und Wirtschaftskraft der Unternehmerinnen im Ruhrgebiet und die niedrige Zahl von Frauen in Führungspositionen durch intelligente Aktivitäten erhöht werden können.

Schwerpunkte für Veränderungen

Dem wirtschaftlichen Strukturwandel im Ruhrgebiet muss ein kultureller Wandel folgen, bei dem Geschlechterstereotypen hinterfragt werden und die gesellschaftliche Akzeptanz von Frauen in Entscheidungs- und Führungspositionen selbstverständlich wird. Politik und Wirtschaft müssen noch klarer Position beziehen, dass wirtschaftliche Potenziale und Führungskompetenz von Frauen erwünscht sind. Eine wertschätzende Kultur könnte sehr viel mehr Schätze heben!

Innovative Projekte zur Förderung der Wachstumsorientierung neu gegründeter und etablierter Unternehmen von Frauen halten wir für sinnvoll. Denn unternehmerisches Talent kann weiterentwickelt werden! Frauen in Führungspositionen kamen beim „Forum Führungsfrauen" 2008 zu dem Ergebnis, dass die vorrangigen Aufgaben sind, Vorbilder sichtbarer zu machen, in den Unternehmen einen Wandel der Unternehmenskultur anzustoßen und Frauen zu empfehlen, ein Karriere-Coaching zur Unterstützung zu nutzen.

In den letzten zehn Jahren haben sich zahlreiche Netzwerke entwickelt, die Unternehmerinnen und Führungskräfte stärken. Jetzt ist es an der Zeit, offensiver und öffentlichkeitswirksamer aufzutreten. Unserer Meinung nach sollten mehr Frauen in Wirtschaftsgremien wie den Parlamenten der Industrie- und Handels- sowie der Handwerkskammern aktiv werden oder an der Kampagne des Verbandes deutscher Unternehmerinnen für mehr Frauen in Aufsichtsräten mitwirken.

Auf internationaler Ebene ist es seit einigen Jahren Trend: Die Wirtschaftspotenziale der Frauen werden thematisiert und in Politik umgesetzt. Die Weltbank hat einen „Gender Aktionsplan" mit dem Titel „Gender Equality as Smart Economics" verabschiedet, der 2007-2010 umgesetzt wird. Weltweit tätige Wirtschaftsberater wie z. B. Accenture, Ernst & Young und McKinsey engagieren sich mit Studien, die nachweisen, dass Unternehmen mit mindestens drei Frauen im Vorstand bessere Ergebnisse und höhere Gewinne erzielen. Vonseiten der UNO und der EU wird von der Bundesregierung gefordert, dass mehr Aktivitäten zur Veränderung der männlich geprägten Wirtschaft initiiert werden.

Also: Wenn im Ruhrgebiet weiter daran gearbeitet wird, mehr Frauen als Unternehmerinnen und Führungskräfte zu gewinnen, dann liegt das absolut im Trend. In der Perspektive bedeutet dies mehr Arbeits- und Ausbildungsplätze für die Region. Was noch hinzukommt: Für Frau Koslowski und viele andere bedeutet diese neue Rolle individuellen Freiheitsgewinn. Unternehmertum steht jeder Frau – im Sinne des einstigen Kabarett-Duos Missfits: „Wennze weiß, watte willz, musse machen, datte hinkomms!"

Quellen / Literatur

1 Die Zahl der selbstständigen Unternehmerinnen stieg im Vergleichszeitraum 1987-2007 von 34.000 auf 53.600.

2 www.vdu.de
   www.gib.nrw.de,
   www.kaete-ahlmann-stiftung.de

3 www.unternehmerinnenbrief.de

4 www.unternehmerinnen-nrw.de

5 www.ihk.de

6 www.girls-day.de

7 www.proruhrgebiet.de
   www.gruendersupport.de
   www.baar-ev.de

8 www.existenzielle.de

9 www.petekweb.de

10 www.chefin-online.de

11 www.ifm-Bonn.org

12 Fehrenbach, Silke / Leicht, René (2002): Strukturmerkmale und Potentiale der von Frauen geführten Betriebe in Deutschland, Veröffentlichung vom Institut für Mittelstandsforschung, Universität Mannheim, Stuttgart, S. 66

13 ebd., S. 42

14 ebd., S. 13

Unternehmerinnen konkret

Gudrun Heyder

**Annette Kaltenbach, Ennepetal:
Kinderfilme gegen Scharniere getauscht**

Emil Kaltenbach GmbH: Produktion von Scharnieren und Verbindungselementen für den Maschinenbau und die Nutzfahrzeugindustrie, 70 Beschäftigte

Eine Pädagogin, Expertin für Kinderfilme, als Boss in der Metall verarbeitenden Industrie? Da waren die Kollegen an den Stanzen und Bohrmaschinen aber ziemlich skeptisch. Zumal es sich um die Tochter des bisherigen Chefs handelte. „Ich wurde richtig ausprobiert", blickt Annette Kaltenbach auf ihren hürdenreichen Start als geschäftsführende Gesellschafterin der Scharnierfabrik zurück. „Irgendwann haben aber alle gemerkt, dass ich es gar nicht schlecht mache, spätestens während der Krise in den 90ern."

Nicht schlecht bedeutet etwa, dass der Festredner, Ex-Wirtschaftsminister Harald Schartau, beim 150-jährigen Firmenjubiläum ihr im Grünen zwischen Ruhrgebiet und Sauerland gelegenes Unternehmen als „Musterbeispiel und Aushängeschild für die Region" pries. Annette Kaltenbach hat seit ihrer Firmenübernahme 1990 kontinuierlich investiert, ein Qualitätsmanagement-System eingeführt und den Betrieb seit 1995 regelmäßig zertifizieren lassen.

„Mit den Honorarverträgen beim Filmzentrum habe ich nicht genug verdient und deshalb halbtags in der Firma meines Vaters angefangen. Als er starb, habe ich mir zwei Jahre Zeit gegeben zu entscheiden, ob ich mir wirklich ohne Branchenkenntnis die Leitung des Unternehmens zutrauen kann. Aber es hat mich gefangen

genommen, und ich habe es dann bewusst gewollt." Mit Theorie in BWL und Praxis an den Maschinen arbeitete sich die Chefin ein. Die Familientradition über fünf Generationen sollte weitergeführt werden, und ihre Schwester kam als Fotografin nicht infrage.

Annette Kaltenbachs zentrale Bereiche sind Finanzen, strategische Ausrichtung und Personal. Mit modernen Managementmethoden hat Kaltenbach sie in wirtschaftlich flauen Zeiten als stabiles, zukunftsfähiges Unternehmen erhalten und ausgebaut. Ohne Coaching und Unternehmensberatung. „Ich bin aktiv und packe die Dinge an. Die Umstrukturierung geht ständig weiter." Ein Projekt folgt dem anderen im Jahrestakt: die Einführung eines neuen Softwaresystems zur Optimierung der Produktionsabläufe, die Neu-Organisation der Produktion in Arbeitsgruppen, die Vorbereitung der Gruppenleiter auf ihre Leitungsfunktion durch eine externe Trainerin, das TQM-KAIZEN-Verbundprojekt,

„Verantwortung und Gestaltungsmöglichkeit machen mir Spaß und halten sich die Waage mit der Belastung."

181

gefördert vom Land, das Projekt „Internationalisierung" im Vertrieb zur Erschließung des schwedischen Markts, gefördert von Land und EU, das Marketingprojekt „KUNDE PUR", ebenfalls vom Wirtschaftsministerium NRW unterstützt.

Bei ständigen Veränderungen müssen alle mitziehen: Von ihren Mitarbeitern erwartet die ebenso energische wie großzügige Chefin „absolute Loyalität, Identifikation und Offenheit". Autoritäre Personalführung ersetzt die studierte Pädagogin durch flache Hierarchien und flexible Lösungen. Ihren beiden Buchhalterinnen erlaubte Annette Kaltenbach, zeitweise ihre Babys mit zur Arbeit zu bringen, als die Kinderbetreuung außerhalb unzureichend war. „Wie etwas gemacht wird, ist mir egal, solange es termingerecht fertig ist."

„Ich habe den Schritt in die Unternehmensführung nie bereut", resümiert die 58-Jährige. „Die Kultur war auch ein Knochenjob." Ihr Faible für Filme lebt sie in der Freizeit aus, besucht Kinos und Festivals, liest und reist gerne.

Die anfänglichen Vorurteile sind längst passé, sowohl bei den Mitarbeitern als auch bei den Kunden. „Männerbranche" – sollte der Begriff je verschwinden, hat die Scharnierexpertin daran mitgefeilt. Um junge Unternehmerinnen zu motivieren, wirkt Annette Kaltenbach beim Mentoring-Programm der Landesregierung und in der Käte-Ahlmann-Stiftung mit.

Christina Antwerpen und Verena Breuckmann, Oberhausen: Im Hostel lebt das Revier
In Hostel Veritas: Hostel für Rucksackreisende mit Ruhrpott-Atmosphäre, 9 Beschäftigte

Die Freundinnen und Herbergsmütter Christina und Verena erinnern ein bisschen an die Missfits: Ein toughes Frauen-Duo aus Oberhausen mit viel Herz und Schnauze, das stolz auf seine Heimat ist.

Ein beliebtes Zitat des Kabarettduos prangt auch auf der Wand im „Ruhrpottzimmer": „Wennze weiß, watte willz, musse machen, datte hinkomms." Genau, sagten sich BWL-Studentin Christina und Restaurantfachfrau Verena vor acht Jahren. Ursprünglich wollten sie zwar eine Ruhrpottkneipe aufmachen, aber nach dem Besuch eines Hamburger Backpacker-Hostels war klar: „Das Ruhrgebiet braucht ein Hostel. Und zwar unseres!" „In Hostel Veritas" nannten sie es, „im Hostel liegt die Wahrheit", nicht wie anderswo im Wein.

Was bietet sich für ein gastliches Haus, das voll auf Revieratmosphäre setzt, mehr an als eine ehemalige Zeche? Nix. Im ehemaligen Verwaltungsgebäude der Zeche Oberhausen, direkt neben dem CentrO, fanden die Existenzgründerinnen den idealen Standort bei bezahlbarer Miete. Zuvor lebten hier Asylbewerber. Die Banken verweigerten den selbst ernannten Botschafterinnen des Ruhrgebiets Kredite für den Start – „zu jung, zu unerfahren" –, aber die Wirtschaftsförderung der Stadt Oberhausen war überzeugt vom Hostel-Konzept und stimmte eine Bank um.

42 Schlafstätten in neun Zimmern bedeutet: überwiegend Mehrbettzimmer, aber mit Schlüssel für jeden und Deko-Extras in Form von Putten oder Fußballaccessoires. Im Hostel wird der Gast geduzt, „gnadenlos auch Beamte", präzisiert Christina charmant. Arena-Konzertbesucher stellen einen Großteil der Gäste, die im Sommer für die ausreichenden 40 bis 50 % Auslastung sorgen. „Im Winter musste halt gucken", erklären die Chefinnen pragmatisch. Natürlich bekommen

182

sie dann Schiss, wie es weitergeht, aber „in Deutschland wird eh zu viel geheult", und sie wollen es packen. Christina stürmt vorwärts – „Ich hätte auch Motivationstrainerin werden können" –, Verena bremst sie, falls nötig.

„Das Hostel steht und fällt mit uns", wissen die beiden. Eine ist immer dort, die „penible" Finanz- und Buchhaltungschefin Christina vormittags und am Wochenende, damit Zeit für Tochter Leni bleibt. Die ordentliche Verena, die Küche und Biergarten schmeißt, übernimmt den Rest. „Wir telefonieren hundert Mal am Tag, aber wir sehen uns wenig." Vor allem am Wochenende helfen sieben MitarbeiterInnen dabei, Gäste zu empfangen, Zimmer zu putzen, Ausflugtipps zu geben und zu kellnern. FreundInnen und Familie müssen im Sommer auf die Jungunternehmerinnen verzichten, „aber das ham wir denen ja vorher gesagt!"

Die Küche bietet Reviertypisches wie „Zipo Schranke", also Zigeunerschnitzel mit Pommes, Ketchup und Majo. Bei den etwa 60 Feiern im Jahr wie Hochzeiten und Geburtstage für jene, die es locker mögen, beliefern Caterer das Hostel.

„Wir leisten eine Heidenarbeit für das Ruhrgebiet. Alle kommen zu uns, um preiswert zu pennen, und wir begeistern sie für das Lebensgefühl hier."

Die Gäste genießen die freundschaftliche, nette Atmosphäre und lassen sich bedienen, denn selber abräumen muss man hier trotz der günstigen Preise nicht. Sie packen aber gerne mal mit an, wenn die Inhaberinnen ausnahmsweise überfordert sind und es gilt, ein 50-Liter-Bierfass zu wuchten.

Christina und Verena, bei denen sich wirklich jeder Gast willkommen fühlen kann, stecken voller Pläne für ihr Unternehmen und sehen sich als Vorbilder für andere. „Je mehr Hostels es im Ruhrgebiet gibt, desto besser. Wir geben gerne Tipps." Ihre Herzen hängen am verblassenden Kohlenpott-Image. „Ich habe noch Zechen fallen sehen", seufzt die 32-jährige Christina pathetisch. Sogar Bayern würden schnell kapieren, wie toll es in Oberhausen ist. Die Hoteliers in der Umgebung haben ihr Naserümpfen längst gegen Anerkennung getauscht. Die Hostel-Chefinnen wünschen sich noch mehr Kooperation nach dem Prinzip: Wir schicken euch die Einzelzimmer-Anzugträger und ihr uns eure Globetrotter.

Hülya Haack-Yol, Gladbeck
„Schwester Lydia"
kennt jeden Patienten persönlich

Pflegezentrum Gladbeck und
Bottrop: ambulante und häusliche
Krankenpflege, 24 Voll- und
Teilzeitkräfte

„Die Idee kam uns plötzlich. Wir haben einen Abend überlegt. Nach drei Tagen hatten wir ein Ladenlokal und unsere zwei privaten PKWs, nach einer Woche die Zulassung." Auf Beratung oder eine Mentorin verzichteten Hülya Haack-Yol und ihre Kollegin. Kredite brauchten sie wegen der eher geringen Investitionen nicht.

Die beiden Krankenschwestern gründeten ihren häuslichen Pflegedienst zum richtigen Zeitpunkt: ein Jahr vor Beginn der Pflegeversicherung. Als Kunden wollten sie natürlich auch türkischstämmige GladbeckerInnen gewinnen. Hülya Haack-Yol ist im Ruhrgebiet geboren, ihre Eltern stammen aus der Türkei, sie ist zweisprachig aufgewachsen. Ihre Herkunft bescherte Haack-Yol anfangs aber auch bittere Erfahrungen. „Manche Patienten wollten nicht von einer Ausländerin gepflegt werden." Die blonde Unternehmerin änderte ihren Namen kurzerhand in „Schwester Lydia". „Wir hatten beide noch ein halbes Jahr lang eine volle Stelle und haben unsere Dienste so abgestimmt, dass immer eine von uns in der Firma sein konnte", blickt sie zurück. Die erste Mitarbeiterin stellten sie nach sechs Monaten ein, danach kontinuierlich weitere. Die größte Krise erlebte sie 2002. „Der Euro hat uns erschüttert. Viele Angehörige haben nach seiner Einführung selbst gepflegt, aber nicht lange durchgehalten". Im Herbst 2002 gab es wieder einen Ansturm. „Heute ist die Auslastung insgesamt gut, aber branchenbedingt ein ständiges Auf und Ab."

„Es ist schön,
ein Machtgefühl zu
haben, selbstbewusster
und finanziell unabhängiger zu sein."

Weiteres Wachstum soll seine Grenzen finden, wo Anonymität droht, denn es geht um hilfsbedürftige Menschen. „Ich kenne jeden unserer Patienten persönlich." Seelische Zuwendung zu den Alten und Kranken ist selbstverständlich. „Neulich hat eine alte Dame gesagt, sie sei noch nie so oft in den Arm genommen geworden wie bei uns im Pflegedienst." Brötchen mitbringen, Müll runterbringen, das gehört zum Service. Telefonische Erreichbarkeit an 365 Tagen auch.

Die Mitgründerin stieg 1997 aus. Seitdem ist Hülya Haack-Yol alleinige Geschäftsführerin. Eine Sekretärin entlastet sie im Büro, eine Krankenschwester leitet die Pflegeeinsätze. Die Urlaubsplanung stimmt das Team ein Jahr im Voraus ab. Interne Fortbildungen gibt's monatlich, einmal im Jahr bringt die bundesweite Altenpflege-Messe neue Anregungen. „Die Atmosphäre ist locker", erklärt Haack-Yol und besteht darauf: „Ich bin nicht die Chefin, sondern eine Kollegin." Ihr persönlicher Einsatz ist enorm. „Ich bin überall und nirgends. Noch am Tag der Entbindung war ich im Betrieb, zwei Tage später wieder mit dem Baby. Alles muss durchgeplant sein." Bis zum frühen Nachmittag sind Can und Melissa in der Schule und ihre Mutter in der Firma. Nachmittags ist sie „für Notfälle" da und ab 20 Uhr bei Bedarf für Gespräche.

„Der Druck ist groß, und Existenzängste hat natürlich jeder Selbstständige mal", sagt die Gladbeckerin. Ihr Zukunftswunsch ist dennoch: „Dass es weiter so läuft, wie es ist." Denn es „läuft". Seit Mai 2010 gibt es auch in Bottrop ein Pflegezentrum, dessen Chefin Hülya Haack-Yol ist. Ihr Tipp an Gründerinnen in ihrer Branche: „Der Schritt in die Selbstständigkeit sollte gut überlegt sein, denn Familie, Ehe und Firma unter einen Hut zu bekommen, ist sehr schwierig. Jeder Neugründer hat seine Vorstellungen, wie sein eigener Betrieb sein sollte bzw. laufen sollte. Leider werden viele Ideen durch die vorhandenen Gesetze, Kassen und Ärzte niedergemacht, sodass man oft gezwungen ist, Kompromisse einzugehen oder auf einige Sachen zu verzichten. Und dass man somit ungewollt in eine Bahn reingeschoben wird! Aber trotz all der Schwierigkeiten und Probleme ist es toll zu sehen, was man alles auf die Beine gestellt hat, irgendwie wäre es doch zu langweilig, wenn alles glatt laufen würde, oder?"

185

Wir sind Ruhris. Neun Lebenswege

Dana Savic

Vor fünfzig Jahren war der Ruhrgebiets-Malocher das Sinnbild für harte Arbeit. Eine Arbeitsbiografie umfasste bei Männern fünfzig Jahre als Kruppianer oder dreißig Jahre Arbeit unter Tage und dann noch fünfzehn Jahre bei der Post. Frauen arbeiteten vor ihrer Heirat als Haushalts- oder Ladenhilfe, nach der Heirat kümmerten sie sich um die Familie.

Die heutige Arbeitswelt ist stark segmentiert und ausdifferenziert, geprägt von Brüchen und Unsicherheiten. Sie erfordert von Frauen und Männern viel Flexibilität und Veränderungsbereitschaft. Folgende neun Porträts zeigen beispielhaft, wie Frauen und Männer ihr Leben meistern, wie unterschiedlich Arbeitsbiografien im Ruhrgebiet heute aussehen, aber auch, wie Frauen und Männer mit Brüchen in ihrer Biografie umgehen.

von Frauen und Männern

Da musst du kucken, wie du fertig wirst
Porträt Ella Steuer

Ella Steuer hatte heute Morgen gleich zweimal Pech. Zuerst entdeckte sie Schimmel am Brot, dann ging der Toaster kaputt. Eingefrorenes Brot als Ersatz war also nicht zu gebrauchen. Die Nachbarin half gerne mit ein paar Scheiben aus. Ella Steuer lacht: „So schnell werd' ich in diesem Viertel nicht verhungern."

In den 57 Jahren, in denen die 89-Jährige in Essen-Frohnhausen wohnt, hat sich einiges verändert. Viele der alten NachbarInnen sind gestorben, andere weggezogen. Doch all die, die hier blieben, sind füreinander da. Ella Steuer kennt es nicht anders. Sie ist zusammen mit acht Geschwistern in einer Bergmannssiedlung in Essen-Kray aufgewachsen. Der Vater war Bergmann auf der Zeche Bonifatius. „Negerdorf" nannte man die Arbeiterkolonie. Schwarz waren die Gesichter der Väter, schwarz war die Luft und schwarz die Fingernägel der Kinder. Die Mütter

187

schrubbten und schrubbten. Weiß war ein Glück von immer nur kurzer Dauer. „Ich sach, wir waren wohl arm, aber wir haben eine schöne Kindheit gehabt!" Die alte Frau strahlt und erzählt von der Zeit, als Kinderspiele noch „Ringel, Rangel, Rose" und „Bi-Ba-Butzemann" hießen. Es war eine Zeit, in der die „Playstation" einige Hektar maß und als heimischer Mechtenberg erklommen werden wollte. Sorglos war das Leben der Familie aber dennoch nicht. Die Zeche forderte ihren Tribut, Arbeitsunfälle gab es häufig, einer der Brüder kam unter Tage um. Ob sie als junges Mädchen von einem anderen Leben geträumt habe? Die Frage hat sich für Ella Steuer nie gestellt: Wirtschaftskrise, Krieg, Not, zum Träumen blieb da nicht viel Zeit.

Nach der Schulzeit arbeitete sie in der Druckerei Döllken. Verkäuferin hatte sie eigentlich gerne werden wollen, aber 1946 starb ihre Mutter, und sie musste dann zu Hause bleiben, um ihren Vater und den jüngsten Bruder zu versorgen.

Knapp war's immer, doch richtig hungern mussten sie erst nach dem Krieg. Zum Glück war Ella Steuer gut im „Organisieren". Auf einem der Hamsterzüge lernte Ella ihren späteren Mann Arthur kennen. Auch er stammte aus einer großen Arbeiterfamilie. Wie sein Vater sollte er im Bergwerk arbeiten, ging aber lieber zur Wehrmacht, weil er sich dort vor der Staublunge sicher glaubte.

Ab morgen geh' ich arbeiten!

1948 heirateten die beiden und zogen 1953 ins eigene Bergmannshäuschen in Essen-Frohnhausen. „Das Haus war immer voll!" Es waren beengte Verhältnisse, weil auch die Familie des Mannes kurzzeitig unterkommen musste, und es war zwischenzeitlich eine einzige Baustelle, die hochschwangere Ella Steuer mit der vierjährigen Tochter Helga mittendrin. Ihr Mann arbei-

tete bei AEG, zunächst als Fahrer, dann als Technischer Zeichner für Turbinenbau, zu dem er sich weitergebildet hatte. Das verdiente Geld war dennoch knapp.

Eines Tages stellte sie ihn vor vollendete Tatsachen: „Ab morgen geh' ich arbeiten!", verkündete sie. Das war 1963, zu einer Zeit also, als Frauen dem „Haushaltsvorstand" zwar nicht mehr in allen Belangen unterstanden, der Gatte aber bei solcherart Entscheidungen das letzte Wort hatte. Und das tat Ella Steuer dann auch, obwohl es ihrem Mann „gar nicht recht" war. Sie begann im Krankenhaus zu putzen. „Ich hab' auf den Knien die Böden sauber gemacht – mit dem Topfkratzer! Ich wollte, dass auch die Kanten sauber sind. Wenn ich daran denke!" Sie arbeitete sechs Stunden am Tag, kochte anschließend für Mann und Kinder, putzte, wusch. Sie ließ nichts liegen. „Wenn man einmal was auf die Seite legt, dann ist's zu spät, dann wird der Stapel immer größer."

Die ältere Tochter, Helga, ging aufs Gymnasium. Sie hatte es nicht leicht, Anfang der 60er Jahre gab es auf höheren Schulen gegenüber Arbeiterkindern einen gehörigen Standesdünkel. Zudem war es oft schwierig, das Geld für Schulbücher, Turnzeug und Schulausflüge aufzubringen. „Mein Mann kriegte immer freitags Geld, der Donnerstag war deshalb immer ein schlechter Tag. Da musste ich kucken, was auf den Tisch kommt. Entweder hab' ich Reibekuchen gemacht oder Bratkartoffeln." Ella Steuer hatte so ihre Rezepte, um die Familie satt zu kriegen. Gegen das Gefühl der Benachteiligung jedoch hatte sie keines. „Wenn die Schuldirektorin nicht gewesen wäre, hätte Helga es nicht geschafft." Auch die jüngere Tochter, Waltraut, besuchte später das Gymnasium. Steuers waren stolz, beide Töchter hatten einen Traum wahr gemacht: Sie studierten.

Die Frauen heute haben's nicht besser

Niemand konnte damals ahnen, dass eine Hochschulausbildung eines Tages keine Arbeitsplatzgarantie sein würde. „Meinen Sie, da ist noch 'ne Fabrik, wo ein Mensch 40 Jahre lang dabei war? Das gibt es doch nicht mehr! Da war Krupp. Da war Thyssen. Da war die Zeche. Ist doch alles nicht mehr. Ich möchte in der heutigen Zeit nicht mehr jung sein, ehrlich nicht! Nee, die Frauen heute haben's nicht besser!"

Beruf, Familie, Haushalt… Wie hat sie das alles geschafft, woher die Kraft genommen? Die Frage wehrt sie ab: „Wat denn für 'ne Kraft? Sicher – ich hab' auch mal in der Ecke gesessen und geweint, aber es musste ja weitergehen, ne. Man ist auf den Platz gestellt. Da musst du kucken, wie du fertig wirst."

Nachdem das Ehepaar Steuer in Rente war, hatte es viel Besuch, vor allem von der weit verzweigten Verwandtschaft. „Ich hab' mich um alle gekümmert. Wirklich. Ich war der reine Hausputz." Krankheit, Pflege und Tod ihres Mannes brachten sie später an die Grenzen ihrer Kraft. Jetzt, wo sie kaum noch Verpflichtungen hat, unternimmt sie mehr, lernt fremde Menschen kennen. Einmal im Monat geht sie ins Seniorenkino und einmal in der Woche zum Gemeindetreffen. Doch am liebsten sitzt sie in ihrem Wohnzimmer und liest, wie sie verschmitzt zugibt, Kitschromane.

Ihre Kinder und Enkel haben die Welt gesehen. Hat sie manchmal Fernweh? „Och, nee, ich möchte nirgendwo anders hin. Auch nicht ins Ausland. Es gibt aber einen Ort, wo ich auf gar keinen Fall hin möchte!" Sie macht eine bedeutungsschwere Pause –: „nach Kray!" Ella Steuer lacht los, und es blitzt diese spezielle Schalkhaftigkeit auf, die sie ihr ganzes Leben begleitet hat und ihr wohl dabei half, ihm trotz aller Mühsal eine komische Pointe abzutrotzen.

Der Mensch überschätzt sich
Porträt Onur Güntürkün

Für die Verständlichkeit seiner Vorlesung „Evolution und Emotion" geben ihm die StudentInnen die Note 1,5, für Fairness eine 2,0 und für den Spaß, den sie bei ihm haben, gar eine 1,1.

Prof. Dr. Dr. Onur Güntürkün lehrt Psychologie und Biopsychologie an der Ruhr-Universität Bochum und hat einen sehr guten Ruf, nicht nur bei seinen StudentInnen, sondern auch in der Welt der kognitiven Neurowissenschaften. Als junger Mann hat er mehrere Förderpreise gewonnen, er war an den Universitäten in Paris und San Diego, er trägt die Ehrendoktorwürde der Universitäten Istanbul und Izmir – und er ist Mitglied der altehrwürdigen Deutschen Akademie der Naturforscher Leopoldina. Das ist der Mann, dem gerade etwa 300 ErstsemestlerInnen lauschen. Es ist ihre erste Vorlesung bei Professor Güntürkün.

„Ist Kitzeln ein Reflex?", fragt eine Studentin. „Weiß ich nicht", sagt der Professor seelenruhig und erzählt die Anekdote von Joe, der einmal neben ihm im Flugzeug saß mit einer Flasche Whisky, aus der er reichlich trank. Und er erzählt von Joes Trunkenheitsschlaf und seinem Saugen an einer Franse seines Schals unterdessen. Die StudentInnen lachen, während der Professor, damit man ihn besser sehen kann, nach vorne rollt. Er lehnt sich etwas weiter aus seinem Rollstuhl und verkündet die gesicherte Erkenntnis: „Es gibt keine Reflexe, die wir verlieren."

Onurs Labyrinthe

Als Güntürküns Namen noch keine Titel zierten, saß der an Kinderlähmung erkrankte Junge in seiner Heimatstadt Izmir im Garten und beobachtete seine unmittelbare Umgebung. Während andere Kinder Fahrrad fuhren oder Fußball spielten, bastelte der kleine Onur aus leeren Kassettenschachteln kleine Labyrinthe. „Und dann habe ich Äpfelchen gehabt und habe Rüsselkäfern beigebracht, wie sie in diesem Labyrinth die Äpfel finden." Auch die Fische aus dem eigenen Aquarium wurden zu Forschungsobjekten. Onur untersuchte, ob sie Farben unterscheiden können oder nicht. Mit anderen Worten, Professor Güntürkün macht heute als 50-Jähriger nichts anderes als das, was er bereits als 10-Jähriger gemacht hat: „Seitdem ich denken

Die Bild-Zeitung und das Türkenkind

Deutschland ist für den Studenten Güntürkün nicht unbekannt. Als er sich an der Ruhr-Universität Bochum einschreibt, kennt er bereits Sprache und Kultur des Landes. Er war 1964 mit seinen Eltern nach Deutschland gekommen, weil die Eltern von einer neuen Polio-Behandlung gehört hatten. Der Vater, selbst Mediziner,

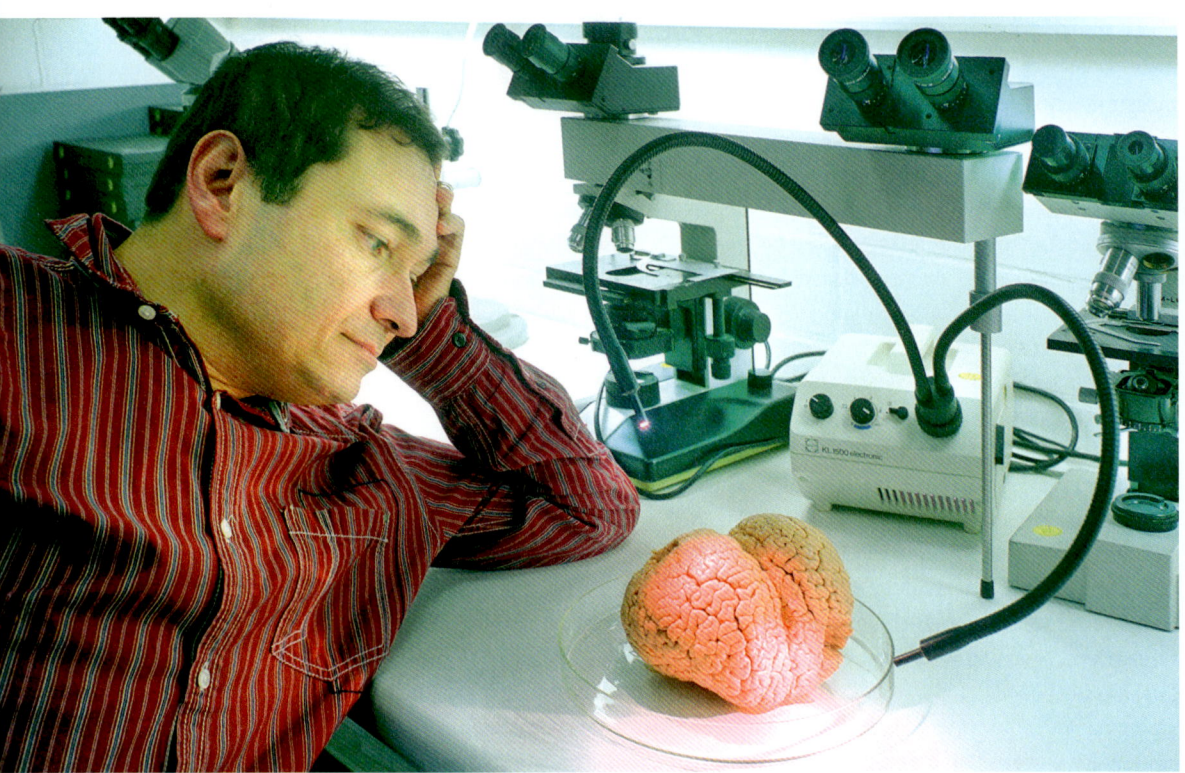

kann, interessiere ich mich für die Frage: Wie bewegen sich Tiere? Wie denken sie? Wie denken Menschen? Wie ist Verhalten organisiert?" Er macht bei mehreren „Jugend forscht"-Initiativen in der Türkei mit und entscheidet sich nach langem Überlegen für ein Psychologiestudium und für Deutschland. „Ich hatte mich erkundigt, es hieß, Medizin habe einen ganz guten Standard in der Türkei, aber Psychologie nicht so."

dachte, die Behandlung könnte in ein paar Wochen abgeschlossen sein. Als er erfuhr, dass dies Jahre dauern werde, war die Familie verzweifelt. Die Therapie war unbezahlbar. Sie mussten zurück in die Türkei. „Und das erzählte mein Onkel der Frau seines Chefs. Sie war darüber so empört, dass sie der Bild-Zeitung schrieb und um eine Spendenaktion bat, damit das Türkenkind eine Behandlung bekam. Damals hatten die Türken noch einen guten Ruf in Deutschland, zumindest war Türke zu sein kein Negativum. Ja, die machten dann ein süßes Bild von mir und starteten die Kampagne." In kürzester

Zeit gingen viele Spenden ein. So konnte die Polio-Behandlung in der Klinik in Höxter beginnen, später wurde sie an der Uniklinik Tübingen fortgesetzt, 1973 war sie abgeschlossen. „Als wir zurückgingen in die Türkei, war das zwar ein Land, das nicht fremd war, aber es war auch keine Heimat. Meine geläufige Sprache war Deutsch, nicht Türkisch. Vor allem das Schreiben fiel mir schwer."

Bochum und Izmir

Doch Onur Güntürkün bewältigte auch das türkische Schulsystem, ist heute noch von seinem türkischen Gymnasium angetan: „Es war besser als das in Deutschland. Anspruchsvoller." Was seine Studienzeit in Bochum betrifft: „Ich würde lieber heute studieren als damals. Das Studium ist jetzt schwieriger, aber besser."

Den Wandel des Ruhrgebiets betrachtet er mit Skepsis. Er freut sich darüber, wie sehr sich die Region verändert hat, aber: „Das Problem ist, dass sich andere Gegenden auch wandeln. Das Ruhrgebiet steht auf der Kippe: Menschen wandern eher ab als zu. Vor allem junge Menschen. Und wir brauchen junge Menschen, wir brauchen Investitionen in Kindergärten, in Grundschulen, überhaupt in Bildung. Man muss darauf achten, dass jetzt nicht neue Problemgenerationen heranwachsen." Er sagt, er fühle sich sehr wohl in dieser Landschaft, die so einzigartig ist, zwischen Stadt, Industriedenkmal und Bauernhof.

Er kennt auch die Hörsäle der Welt, ist Teil einer Weltgemeinschaft der Wissenschaftler. Wo aber fühlt er sich heimisch? „Ich glaube, wenn man die Heimat einmal richtig verlassen hat, dann hat man nie mehr dieses ganz ursprüngliche Heimatgefühl. Aber es gibt Orte, an die ich sehr warme Erinnerungen habe, Bochum gehört dazu, Izmir gehört auch dazu. Aber es ist nicht so, dass ich jetzt das Gefühl habe, da muss ich hin, da bin ich glücklich. Ich könnte mich, glaube ich, an vielen Orten glücklich fühlen."

Dumme Zellen und schlaue Zellen

Ob sein Herz eher an der Lehre oder an der Forschung hängt, ist eigentlich keine Frage. Natürlich an der Forschung. Und sofort wird wieder der kleine Junge Onur lebendig, diesmal werden Kaffeetassen, Zuckerdose und Milchkännchen zweckentfremdet, um eines seiner aktuellen Forschungsprojekte zu verdeutlichen. Er hält zwei Tassen hoch: „Wie werden Kategorien gebildet? Diese beiden Tassen sehen identisch aus, und man könnte sie unter dem Label Tasse vereinnahmen." Dann hebt er die Zuckerdose hoch: „Wir sind aber sicher beide der Meinung, dass das den gleichen Zweck erfüllt, aber keine Tasse ist." Stimmt. Der Professor ist in seinem Element: „Das heißt, wir können Objekte in Gruppen einteilen, die sehr verschieden aussehen, indem wir uns ihre Funktion vergegenwärtigen." Das ist für ihn aber nicht der entscheidende Punkt. Ihn interessiert vielmehr, wie das im Gehirn auf der Ebene einzelner Nervenzellen genau passiert. Es gibt nämlich hoch komplizierte Gehirnzellen und ziemlich primitive, führt er aus, nur um zur nächsten Frage überzuleiten: „Können primitive Systeme sehr schlaue Dinge machen? Gibt es einen Algorithmus, den wir noch gar nicht verstanden haben? Bei dem schon ganz primitive Nervenstrukturen in der Lage sind, herauszufinden, was eine Tasse ist?" Worauf will er bloß hinaus? Man beginnt es zu ahnen. „Dahinter steckt die eigentlich interessante Frage: Sind wir viel dümmer, als wir glauben, dass wir es sind?" Was bedeutet das für uns, wenn 90 Prozent dessen, was wir tun, denken und sagen mit ganz einfachen Verschaltungsgesetzen realisiert werden können? Der Professor lächelt zufrieden: „Das sind die Experimente, die im Moment laufen, von denen ich nicht weiß, wie sie enden. Aber ich glaube, dass wir uns immer spektakulär überschätzen."

Wir haben es ja schon immer geahnt, dass wir nicht die Krönung der Schöpfung sind. Aber wenn man Professor Güntürkün zuhört, kann man nicht glauben, dass hinter seinen Gedankengängen eine simple neuronale Gebrauchsanweisung stecken soll.

Fotografieren –
dat mach ich sonntags
Porträt Karlheinz Jardner

Als Karlheinz Jardner das erste Mal am Arbeitsplatz seines Vaters steht, wagt er es nicht, den Fotoapparat auszupacken, geschweige denn, auf den Auslöser zu drücken. Das archaische Bild, das sich ihm bietet, ist überwältigend. Der angehende Fotograf steht am Rande der Löschgleishalle der Kokerei Zollverein in Essen und sieht, wie sich sein Vater mit der Löschlok glühendem Koks nähert und vorsichtig eine Ladung nach der anderen in den Löschturm kippt, wo gewaltige Mengen Wasser die Glut löschen. Es

zischt, es dampft, Tag für Tag, Schicht für Schicht, acht Stunden lang. Pro Ladung 20 Tonnen glühender Koks, 40 Chargen Hitze und Staub. So macht er das seit 30 Jahren, und jetzt ist es genug. In ein paar Tagen wird er in Rente gehen.

„Ich war sprachlos – unter welchen Bedingungen mein Vater arbeitet, wie teuer er seine Haut zu Markte trägt." Karlheinz Jardners Augen glänzen, wenn er von diesem Ereignis spricht, das bereits 25 Jahre zurückliegt. Der Vater, Otto Jardner, lebt nicht mehr. Die Kokerei wurde 1993 stillgelegt, die Zeche Zollverein zwischenzeitlich zum Weltkulturerbe. Der Sohn hat dem Vater ein Denkmal gesetzt – mit einer Nikon F2.

Immer rein in den Ball

Heute ist Karlheinz Jardner 57 Jahre alt und immer noch neugierig. Er ist stets auf dem Sprung, denn es kann ja immer etwas passieren. Er verfolgt mehrere Spuren, mehrere Geschichten, mehrere Projekte. Gerade jetzt macht er Luftaufnahmen von der Landschaft Mittelhessens. Und wenn er von seiner Fotoreportage erzählt, dann hält ihn nichts mehr auf dem Stuhl, dann springt er hoch, beugt sich vor und verbiegt seinen Körper eindrucksvoll, um zu demonstrieren, wie artistisch das Halten einer Kamera in einer Cessna ist.

Eigentlich war Jardner, den Freunde Kalle nennen, ein anderer Weg vorbestimmt. Der Arbeitersohn, der mit seiner Schwester und seinen Eltern jahrzehntelang in einer 32-Quadratmeter-Mansardenwohnung im Essener Amüsierviertel lebte, sollte es mal besser haben. Damals, 1967, schien eine Lehre bei der Post erstrebenswert. „Es gab eine Eignungsprüfung. Da waren 250 Leute, die eine Lehrstelle haben wollten. Für mich war das irgendwie eine Herausforderung, ich dachte, ach, kuck mal, ob du's schaffst." Der 14-jährige Kalle schafft es – und hält zweieinhalb Jahre durch.

Man schreibt das Jahr 1969, und Kalles Haare werden länger und länger. „Ich ging ins Pop-In, da waren ganz andere Leute, und ich dachte: Was is'n jetzt los? Die sahen anders aus, die hörten ganz andere Musik. Da ging für mich eine Tür auf. Ich merkte, das mit der Post, das sind nicht meine Werte, das ist irgendwie 'ne andere Baustelle. Ich wollte mir die Haare nicht abschneiden lassen, und das führte dann zu Konflikten. Am Ende

wurde ich nur als Springer eingesetzt. Ich musste am Bahnhof diese schweren Postsäcke entladen, das war wirklich eine Höllenmaloche." Jardner gibt seine Stelle als Postbeamter auf, was zu Hause auf großes Unverständnis stößt. „Zwei Kollegen von mir machten Maschinenschlosser, der eine bei Siemens, der andere bei AEG. Da dachte ich, okay, probier's mal damit." Jardner bringt die Ausbildung zum Maschinenschlosser zu Ende. Bevor er sich überlegen kann, was er mit seinem Facharbeiterbrief anfangen will, meldet sich die Bundeswehr. Seine Freunde sind alle beim Bund, so geht Kalle auch dorthin. Er ist bei der Artillerie, lernt Funker und spielt erfolgreich Handball, wird sogar Regimentsmeister. „Egal, was war – ich bin immer rein in den Ball."

Wieder ging 'ne Tür auf

Mit Anfang 20 hat Karlheinz Jardner zwei Ausbildungen, mehrere Handballpokale und den Soldatendrill hinter sich, aber er weiß eigentlich immer noch nicht, was seine Berufung ist. „Da hab' ich zwei Kumpels kennengelernt, die sagten: „Mensch, Kalle, mach doch weiter! Du hast doch was drauf, mach dein Abi nach, und sieh zu, dass du was studierst!" Ja, das waren auch so Türöffner, die beiden." Zurück in Essen macht er sein Fachabitur, und dort auf der Fachoberschule werden Erinnerungen aus der Kindheit wach: An seiner Hauptschule damals, da gab es auch eine Foto-AG. Nur diese hier, die ist besonders. „Die hatten ein Labor, da wollte ich vor Ehrfurcht erst gar nicht reingehen: alles Leica-Geräte, Leitz-Vergrößerer, Zeiss-Objektive. Boah!" Er traut sich und lernt das Handwerkszeug. Beim Landesschulwettbewerb macht er den zweiten Platz.

Und diese Tür scheint diesmal besonders weit offen zu sein. Er liebt das Fotografieren, liebt die Technik, denkt immer noch, er müsse ir-

193

gendetwas wie Foto-Ingenieur werden. Doch der Numerus Clausus für die neu geschaffene Fachrichtung ist extrem hoch. Er hat keine Chance. So jobbt er im renommierten Fotofachgeschäft Frankenberg in Essen. Dort trifft sich das Studentenvolk der Folkwang Hochschule, und man diskutiert nicht nur über Blenden und Verschlusszeiten, sondern auch über Otto Steinert, Alfred Eisenstaedt, Lee Friedlander und viele andere Vorbilder. Eisenstaedt hat 1933 ein Foto von Goebbels gemacht. Es zeigt ihn angespannt auf einem Stuhl sitzend, mit durchdringendem Blick zum Fotografen herüber schauend. Bei diesem Foto „klickte" es bei Karlheinz Jardner. Er wird die Sonderbegabtenprüfung an der Folkwang Hochschule bestehen, er wird selbstverständlich seine Ausbildung als Foto-Designer abschließen, er wird Ausstellungen machen, berühmte Menschen kennenlernen, viele Länder bereisen. Und doch wird es für seinen Vater lange Zeit eine fremde Welt bleiben. „Fotografieren, dat mach ich sonntags", hatte er einmal die Arbeit seines Sohnes kommentiert.

Die persönliche Mondlandung

Noch während des Studiums bekommen Jardner und sein Kommilitone Michael Jostmeier die Aufgabe, ein Ereignis neben dem Ereignis fotografisch zu dokumentieren. Die beiden beschließen, Johannes Rau auf einer Wahlkampfreise zu beobachten. Sie fragen nicht, sie folgen ihm einfach überall hin und fotografieren munter drauflos. „Das wäre heute undenkbar!", erinnert sich Jardner lachend. Die Fotos gefallen nicht nur den Dozenten, sondern auch Rau und seinem Wahlkampfbüro. So entstehen weitere Porträts des Politikers, die von jeder Plakatwand der Republik für die SPD werben. Jardner ist immer noch begeistert, wenn er an diesen Clou denkt: „Das war meine persönliche Mondlandung." Und er weiß noch wie heute, wie es sich anfühlt, die erste Rechnung zu schreiben. Oder einen Auftrag vom „Stern" zu bekommen. Oder vom „Spiegel". Oder von der „Süddeutschen". Die 80er und 90er waren noch die Zeiten der „kurzen Dienstwege", so Jardner. Heute begegnen ihm 28-jährige Art-Direktoren, deren Lebensmodelle ihm ungefähr so fern sind wie die seinen einst seinem Vater. Die Konkurrenz unter den Fotografen ist enorm, man muss gute Nerven haben, um auf dem Markt zu bestehen. Seine Ruhezone ist die Musik, seine Band „Brooklyn". Wenn er auf seinem Schlagzeug lostrommelt, ist das für ihn Meditation, wie er sagt. Die Gewissheit, etwas mit seiner Arbeit hinterlassen zu haben, macht ihn glücklich. „Ich brauche nur in mein Archiv zu greifen. Dann seh' ich Rau, dann seh ich Brandt, dann seh ich den Stahlarbeiterstreik in Rheinhausen – das ist Geschichte, Mensch!"

Auf Zollverein engagiert er sich mit anderen freien Fotografen beim Pixelprojekt Ruhrgebiet, einer digitalen Sammlung unterschiedlichster fotografischer Positionen, mit der man das regionale Gedächtnis stärken will. Dann sieht man das Bild des Vaters, Otto Jardner auf seiner Löschlok, und versteht plötzlich, was Vater und Sohn in ihrem Arbeitsverständnis eint. Der Fotograf kommentiert es mit einer Malocherweisheit: „Wir kannten keine Schleppschicht."

Tabaluga, Sissy und Hartz IV
Porträt Heike Roebers

Im Café des Grillo-Theaters in Essen herrscht eine gewisse nachmittägliche Trägheit. Ein paar Theaterleute sitzen über ihre Lektüre gebeugt, es ist die Zeit nach den Proben und vor der Vorstellung. Zu kurz, um andere Dinge zu erledigen, und zu lang, um nichts zu tun. Ab und zu klopft die Kellnerin – tock, tock – den Kaffeesatz aus dem Portionierer, immer zweimal, dann zischt die Kaffeemaschine hoch, und man hört das dumpfe Röhren der Aufschäumdüse.

An einem der Tische sitzt Heike Roebers. Sie hat vor drei Jahren ihre Magisterarbeit über „Arthur Schnitzlers medizinische Schriften und der Psychologie-Diskurs um 1900" geschrieben und erzählt von ihren Erfahrungen als Akademikerin auf dem Arbeitsmarkt. „Ich habe Leute gesehen, die mit Mitte 30 einen Hörsturz kriegten, mit einem Herzanfall zusammenbrachen, die einfach völlig fertig waren, dass ich dachte, ich bin im falschen Film." Sie macht dabei nicht den Eindruck, selbst in jenem „Film" Schaden genommen zu haben.

Im Gegenteil, Heike Roebers wirkt souverän und amüsiert, als wäre sie jederzeit bereit, neue Rollen in welchen Filmen auch immer zu übernehmen. Doch das täuscht. Die 36-Jährige hat allen Grund, an den hohen Erwartungen zu zweifeln, die in die Kreativwirtschaft und deren Hoffnungsträger gesetzt werden.

Ich war da noch auf der Enthusiasmuswelle

1996, da war sie 23 Jahre alt, feierten die Menschen im Ruhrgebiet ganz groß „50 Jahre NRW" und etwas weniger groß 38 Jahre Strukturwandel. Eine neue Imagekampagne trommelte für die Zukunft der Region: „Der Pott kocht" – und zwar nicht mehr Stahl, sondern Kultur. Auf Plakatwänden sah man junge DJs in hundertjährigen Fabrikhallen und las Slogans wie „Im Ruhrgebiet findet jeder seine eigene Traumfabrik". Heike Roebers studierte derweil Germanistik und Psychologie und hatte wenig Vorstellung von ihrer Zukunft. Da traf es sich gut, per Praktikum ins Berufsleben einzusteigen. Sie bewarb sich auf eines im Pressebüro des Essener Colosseum Theaters. Wo einst 2.000 Arbeiter Lokomotivrahmen und Kurbelwellen produzierten, sollten nun 2.000 Menschen ins Musical gehen. „Man wurde regelrecht ins kalte Wasser geschmissen. Machen Sie das, dann das und morgen die Presseführung! Ich fand das toll. Aufregend!"

Die Musical-Branche sollte für die nächsten Jahre Heike Roebers Schicksal werden. Sie arbeitete nach ihren Praktika als Aushilfe und hoffte auf eine Festanstellung. Doch das Musical „Joseph" lief nicht gut, und sie musste sich nach einem halben Jahr neu orientieren. Sie hörte, dass im Oberhausener Teatro Centro – heute Metronom Theater – jemand für die Pressestelle gesucht wurde.

195

„Da kriegte ich einen Angestelltenvertrag als Assistentin der Pressesprecherin. Das lief zwar auf Teilzeitbasis, aber es war dann doch die 60-Stunden-Woche. Ich fand die Arbeit aber so interessant, dass ich das Studium habe schleifen lassen." „Tabaluga und Lilli" hatte schließlich nicht den erwarteten Erfolg. Das Musical-Theater ging nach einem Jahr pleite. „Anspruch auf Arbeitslosengeld hatte ich nicht, weil ich als Studentin geführt wurde, aber ich habe die Konsequenzen alle nicht so realisiert." Sie wurde wieder im Colosseum Theater vorstellig, als dort das Musical „Elisabeth" startete. Roebers arbeitete wieder als Pressereferentin auf Teilzeitbasis. „Und wieder war eine 50-Stunden-Woche der Schnitt, aber da war ich noch auf der Enthusiasmuswelle."

Die ebbte aber ab, als sie merkte, dass es kein berufliches Fortkommen gab und sich ihr Engagement nicht auszahlte. Plötzlich wurde ihr klar: „Wenn das hier schief geht, stehst du da und hast keinen Abschluss. Und der zählt nun mal, egal, wie viel Berufserfahrung du hast." Nach zwei Jahren kündigte sie, nahm 2002 ihr Studium wieder auf und betrat zum ersten Mal das Arbeitsamt. Dort wurde sie als ungelernte Kraft geführt. Sie hielt sich mit Nebenjobs über Wasser und machte ihr Examen. Danach musste sie feststellen, dass sich der Arbeitsmarkt in der Branche dramatisch verändert hatte. Roebers verschickte mehr als 200 Bewerbungen und wurde dreimal zum Vorstellungsgespräch gebeten. „Es wurde eigentlich die eierlegende Wollmilchsau gesucht. Das heißt, ich sollte neben der PR-Arbeit auch noch Marketing machen, Sponsoren akquirieren, grafische Arbeiten übernehmen und das für erheblich weniger Geld als drei Jahre zuvor." Um Hartz IV zu entgehen, hätte sie die Stelle dennoch angenommen, bekam sie aber nicht.

Nie mehr PR

Es folgten höchst unerfreuliche Erfahrungen mit dem JobCenter. „Man wurde behandelt wie der letzte Dreck. Wenn man mal den Fallberater zu Gesicht bekam, wusste der nichts mit einem anzufangen. Er schaute in seine Datenbank und fand nichts unter dem Stichwort ‚Pressereferent', geschweige denn unter ‚Theater' oder ‚Dramaturgie'. Er war völlig überfordert und kam immer mit Stellen, die nicht mal ansatzweise etwas mit meiner Qualifikation zu tun hatten. Als Hartz-IV-Empfängerin müsse ich sie aber annehmen, drohte er."

Dann erhielt Heike Roebers das Angebot einer gefragten Essener PR-Agentur. Sie könne sofort anfangen, aber erstmal zur Probe. Die Agentur hatte viel zu tun, es ging um die Bewerbung Essens als Kulturhauptstadt, um Schulprojekte und anderes mehr. Roebers holt tief Luft: „PR-Agentur! Da setze ich nie wieder einen Fuß rein. Musical-Business war dagegen Kinderkram. Die nehmen Leute, die frisch von der Uni kommen, die kosten wenig, die lutscht man aus, und wenn sie nicht mehr genug bringen, dürfen sie gehen." Roebers erzählt vom Stress der Kollegen bis zum Herzinfarkt, vom rüden Ton, von Nachtschichten und Zusammenbrüchen. „Ich hab' mir vorher geschworen: Du wirst nie mehr arbeitslos, aber ich konnte nicht mehr. Man kann sich doch nicht alles gefallen lassen."

Im Arbeitsamt hatte man Verständnis für ihre Kündigung, die Firma war für ihre Arbeitsmethoden bekannt. Heike Roebers versuchte danach etwas vollkommen anderes und arbeitete noch fast zwei Jahre bei einer Security-Firma der Messe Essen als Bereichsleiterin, bis sie erneut arbeitslos wurde. Sie nimmt das heute gelassener, lässt sich nicht mehr so leicht unter Druck setzen, wie sie sagt. Und dass sie gelernt hat, mit wenig auszukommen, sie flexibel und ungebunden ist, aber dass es auch Grenzen gibt. Sie nimmt derzeit an einer Weiterbildungsmaßnahme der Arbeitsagentur teil und hofft auf eine Praktikantenstelle im Regieassistenzbereich. Es soll danach auch eine Festanstellung geben, habe man versprochen. Heike Roebers trinkt den letzten Schluck ihres „Latte" und lächelt vielsagend. Es ist Schichtwechsel, die Kellnerin will kassieren. Nein, eine Rechnung braucht Heike Roebers nicht. Sie kann sie sowieso nicht absetzen.

Ich find's gut, so wie es ist
Porträt Heike Schliesske

Miro, der Hund, ist misstrauisch und braucht etwas Gewöhnungszeit. Heike Schliesske, sein „Frauchen", hält ihn noch von der Besucherin fern. Erst als Mantel und Tasche abgelegt sind und die Besucherin Platz genommen hat, beendet er seinen lautstarken Protest. Es folgen beruhigende Worte. Schließlich geht der kleine Mischling auf eine Schnuppertour rund um den Stuhl des Gastes. Es scheint alles in Ordnung zu sein. Heike Schliesske wohnt mit ihrem Mann Kai und den beiden Kindern Celine und Robin in Moers-Asberg, einem Randgebiet, wie sie sagt. Aber was ist im Ruhrgebiet eigentlich Randgebiet? Die Innenstadt von Moers ist in wenigen Minuten mit dem Auto zu erreichen, ihr Arbeitsplatz in Duisburg-Homberg sechs Kilometer entfernt. In Homberg, einem Randgebiet von Duisburg, wie sie wiederum bemerkt, ist sie aufgewachsen. Nun sitzt sie mit ihrem Mann und dem Gast im Esszimmer und wartet, dass die Kinder von der Schule nach Hause kommen. Das Haus, das ihre Schwiegereltern gebaut haben, war eines der ersten in der Siedlung. Kai Schliesske erinnert sich noch an ringsum grüne Felder in seiner Kindheit und daran, wie nach und nach alles zugebaut wurde.

Alle waren Fliesenleger

Hier, in seinem Elternhaus, hatte er sich vor sieben Jahren mit einem Fliesenlegerbetrieb selbstständig gemacht. Doch der Betrieb musste schließen, weil einige Großkunden nicht zahlten. Das Ehepaar blieb auf den Rechnungen sitzen, die Schulden tragen sie noch heute ab. Seine Frau, groß, blond und von eher sonnigem Gemüt, wirkt ernst und ein wenig bitter, wenn sie von dem erzählt, was sie „Fiasko" nennt: „Ich wollte das nicht unbedingt. Aber in der Familie meines Mannes waren alle Fliesenleger: der Großvater, der Vater, der Bruder. Ich weiß nicht, ob es eher der Traum meines Mannes war oder der vom Schwiegervater. Wir haben uns jedenfalls 2001 selbstständig gemacht." Sie ist froh, dass sie den Betrieb aufgegeben haben. „Das war wirklich eine schwere Zeit. Das hat sehr, sehr viel Arbeit gekostet und sehr viel Geld." Die 38-jährige gelernte Bürokauffrau hat im Büro ihres Mannes gearbeitet. „Praktisch war, dass das Büro direkt im Haus war, da konnte ich die Kinder schnell in den Kindergarten bringen und alles noch mit meinem Haushalt verbinden." Weniger schön war, dass sie von da an kaum mehr Ruhe hatte, weil das Geschäftliche und das Private kaum zu trennen waren. „Wenn ein Anruf kam, dann wollte ich

197

das auch immer sofort geklärt und erledigt haben. Manche Kunden haben sogar am Wochenende angerufen. Ja, dann kam eins zum anderen, also – es war mitunter nicht leicht."

Projekt ZukunftsInitiative Frauen

Nach fünf turbulenten Geschäftsjahren gibt das Ehepaar auf und fängt von vorne an. Heike Schliesske will wieder arbeiten, aber – so wird ihr plötzlich klar: Sie ist seit elf Jahren raus aus dem Angestellten-Berufsleben. Zwar hatte sie bei ihrem Mann eine 400-Euro-Stelle, „aber natürlich nichts in die Rentenkasse eingezahlt". Ein Schicksal, das sie mit vielen Unternehmerfrauen teilt, wie sie erfahren wird.

„Ich bin von der Handwerkerschaft angeschrieben worden, dass es einen Kurs für Berufsrückkehrerinnen, für Unternehmerfrauen, gibt. Das fand ich sehr interessant, aber ich glaubte nicht, dass ich da noch reinrutschen könnte, schließlich hatten sich 40 Frauen auf die zehn Kursplätze beworben." Doch sie hat Glück, belegt den Fachkauffraukurs und lernt aktuelle Computer-Programme für den kaufmännischen Bereich. Und hat noch mal Glück: „Ich brauchte nichts zu zahlen, das Projekt wurde gefördert. Erstaunlich war zu sehen, wie sich die Lebensläufe ähnelten: Fast überall waren Männer die Betriebsinhaber, und Frauen machten die Büroarbeit und versorgten noch die Familie nebenbei." Dass Heike Schliesske das kostenlose Angebot der „ZukunftsInitiative Frauen" im „Duisburger Zentrum Frauen – Beruf – Wirtschaft" wahrnehmen konnte, ist der NRW-Landesinitiative „Regionen stärken Frauen" und der Europäischen Union zu verdanken.

Anknüpfung an die Anfänge

Während sie mit jedem Kurs neuen Mut fasst, sucht auch ihr Mann neue Arbeit. Er findet sie da, wo er angefangen hat: in seinem alten Ausbildungsbetrieb. Bei Heike Schliesske fügt es sich in gleicher Weise. „Mein früherer Chef rief überraschend an, fragte, ob ich nicht Lust hätte, wieder für ihn zu arbeiten. Ich war total aus dem Häuschen. Das war der Treffer!" Im Dachdeckerbetrieb

in Duisburg-Homberg, der sie einst ausgebildet hatte, ist eine Halbtagsstelle frei. Ein Kindheitstraum erfüllt sich. „Immer schon wollte ich gerne einen eigenen Schreibtisch haben." Jetzt findet sie in der Arbeit einen Gegenpol zum Familienleben. „Mein Alltag? Der fängt morgens um halb sieben an, dann werden die Kinder geweckt und fertig gemacht, ja dann wird der Hund versorgt, dann geht's zur Arbeit. Da bin ich bis 12 Uhr." Es folgt: Essen kochen, Wäsche waschen, das ganze Haushaltsprogramm, einschließlich Hausaufgabenhilfe.

Miro bellt los, läuft schwanzwedelnd zur Tür. Celine, ein hübsches elfjähriges Mädchen, kommt gerade von ihrer Töpfer-AG. Kai und Heike bewundern das selbst getöpferte Stövchen. Für Heike Schliesske ist die Familie das Wichtigste. „Wir sind eine große Familie, meine Eltern haben viele Geschwister. Ich finde das schön, wir treffen uns oft, ich genieße das. Wir haben auch schon Urlaube miteinander verbracht." Robin trudelt herein. Er kommt vom Konfirmandenunterricht und fläzt sich an den Tisch: „Es war laaangweilig!" Seine Mutter verzieht ihr Gesicht: „Alles andere hätte mich auch gewundert." Robin ist 14 und macht das, was fast alle Jungen in seinem Alter machen, er spielt „World of Warcraft" und hat wenig Lust auf die Schule. Die Eltern sorgen sich um seine Zukunft. Mutter Heike sagt: „Ich bin neugierig, ob er die gleiche Schiene fährt wie mein Mann. Also, eine Fliesenlegerdynastie muss es nicht werden." Ihr Mann blickt belustigt drein: „Ich hätte mir auch was mit Computern vorstellen können." Und Heike Schliesske? Würde sie etwas ändern wollen an ihrem Leben? Sie sieht das zwiespältig: „Einerseits finde ich es gut, wie es im Moment ist, man hat so seine Sicherheit. Andererseits darf gerne auch mal 'ne Veränderung kommen. Die muss ich aber nicht heute und auch nicht morgen haben."

Erst mal so richtig ins Leben reinkommen
Porträt Marcel Laudage

„Was macht eine Entscheidung aus?" Herr Ringmeyer schaut fragend in die Runde. Etwa 50 junge Gesichter, alle so um die 16 Jahre alt, überwiegend männlich, überwiegend mit Migrationshintergrund, blicken ratlos zurück. „Worauf kommt's an?", hakt der Mann im grauen Anzug nach. Zögernd gehen ein paar Hände hoch. „Ja, bitte?" Herr Ringmeyer klingt erwartungsvoll. „Na, es kommt drauf an, die richtige Entscheidung zu treffen", sagt ein Junge mit Stoppelfrisur. Ein anderer gibt zu bedenken, dass es schwer sei, die richtige Entscheidung in der Gruppe zu treffen. Schließlich habe ja jeder eine andere Meinung. Genau. Allgemeine Zustimmung in der Menge. Und ganz kompliziert wird es, wenn man auch noch an die Konsequenzen seiner Entscheidung denken müsse, überlegt ein anderer Junge, dessen fast liegender Haltung man alles, nur nicht die Sorge um Konsequenzen abnehmen möchte. „Man muss denken: Was ist Vorteil, was Nachteil", bringt jemand im Rap-Slang das Problem auf den Punkt. „Ja", sagt Herr Ringmeyer erfreut, „man muss abwägen".

Was wie ein kurioses Philosophieseminar für Erstsemester aussieht, ist ein Projekt der Firma ThyssenKrupp Xervon für Duisburger Hauptschüler, die sich im kommenden Jahr auf eine Ausbildungsstelle bewerben. Man will ihnen helfen, das Stigma der Verlierer loszuwerden. Man will ihnen eine Chance geben, sie fit machen für den Arbeitsmarkt. Sie sollen ein Schulsportfest für das nächste Jahr planen, ausführen und bewerten. Projektmanagement heißt das in der Businesswelt. Ein paar Papp-Weihnachtsbäume auf der Bühne weisen auf Vorbereitungen für eine Schulaufführung hin, sonst

199

lässt wenig darauf schließen, dass in diesen heruntergekommenen Räumen Zukunft geplant wird. Lehrer wie Schüler bleiben davon offenbar unbeeindruckt.

Zeigen können, was man drauf hat

Es ist kalt, es ist Mittag. Einige gähnen, denn sie haben schon den regulären Unterricht hinter sich und sind weit angereist. Marcel Laudage hat eine Stunde gebraucht, um von der Alfred-Hitz-Schule in Duisburg-Rheinhausen nach Duisburg-Meiderich zu kommen. Er ist stolz, dabei zu sein: „Ich find' das gut von ThyssenKrupp, dass die an uns Hauptschüler denken. Dass auch wir zeigen können, was wir drauf haben." Marcel sieht jünger aus als 16 und hat eigentlich erst vor einem halben Jahr begriffen, dass er was tun muss, wenn er eine Lehrstelle bekommen möchte. Der Junge tritt ruhig und offen auf. „Ich mach gerade meinen Hauptschulabschluss. Ich möchte einen handwerklichen Beruf machen, weil ich denke, so im Büro rumsitzen liegt mir nicht. Mein Traumberuf ist Fliesenleger. Da habe ich auch schon ein Praktikum gemacht." Ob er meint, dass Fliesenleger besonders gebraucht werden? „Ja, die werden schon gebraucht. Vielleicht nicht so viele. Aber man ist meist in einem Familienbetrieb. Das find' ich gut. Und das Praktikum hat mir Spaß gemacht."

Hauptschüler – der kann bestimmt nix

Wir sitzen bei Marcel zu Hause in der Küche. Er wohnt mit seiner Mutter und den drei Geschwistern in einer ehemaligen Eisenbahnersiedlung. Marcel zeigt seine erste Bewerbungsmappe, er hat viel Mühe hineingesteckt. Das sieht alles sehr gut aus, auch das Zeugnis. „Notendurchschnitt 2,8", sagt er stolz. „Das hat aber auch lange gedauert", dämpft Mutter Tanja, „aber ich bin froh, dass er die Kurve gekriegt hat." „Ich bin ganz zufrieden", sagt Marcel, „nur die 4 in Biologie ärgert mich, aber das hab' ich mir selbst vermasselt. Ich hatte eine faule Phase. Dabei liegen mir Naturwissenschaften sehr." Er hat auch gute Kopfnoten: Verantwortungsbereitschaft 2, Zuverlässigkeit 3, und er hat mal als Mediator gewirkt, Streit unter Mitschülern geschlichtet.

Kopfnoten mag Marcel nicht besonders: „Schule ist ja was anderes als Arbeit, weil die macht einem ja Spaß. Schule macht keinen Spaß, weil es ja Pflicht ist." Aber am Zeugnis führt kein Weg vorbei. Wer beispielsweise Fliesenleger lernen will, sollte in Mathe mindestens eine 3 vorweisen können, im kaufmännischen Beruf sollte es schon eine 2 sein. Doch manchmal hilft das alles nichts, weil man „nur" einen Hauptschulabschluss hat.

„Ein Hauptschüler? Der kann nix", das hat Tanja Laudage schon oft gehört. Deshalb hat Marcels Onkel bei der Suche nach einem Praktikumsplatz geholfen. Für Marcel war es wie eine Offenbarung: „Plötzlich war mir klar, dass ich die Schule brauche. Ich lass mich von denen, die auf die Hauptschüler runterblicken, nicht runtermachen. Wenn ich meinen Beruf machen kann, bin ich zufrieden." Seine Mutter gerät ins Nachdenken: „Ich habe noch nicht einmal den Hauptschulabschluss. Und auch keine Berufsausbildung, deshalb weiß ich, was das bedeutet. Deshalb bin ich so hinterher, dass sie lernen."

Häufige Schulwechsel

Das war nicht immer einfach. Marcel hat häufig die Schulen wechseln müssen, weil sie oft umgezogen sind. Seine Mutter fühlt sich deswegen schuldig: „Darunter haben die Leistungen bestimmt auch gelitten. Die Jungs haben es wirklich schwer. Weil ich alleinerziehend bin, fehlt die Vaterfigur." Dass sich der Vater von Marcel und Marco um die beiden Teenager-Söhne nicht kümmert, macht der Mutter zu schaffen. Marcel angeblich weniger. Die Mutter meint: „Er ist ein Einzelgänger. Er kümmert sich nicht so um die jüngeren Geschwister, geht in sein Zimmer, liest. Er interessiert sich nicht so für die Familie." Marcel widerspricht: „Ich hab halt den Schwarzen Peter, weil ich der Älteste bin." Zum Glück gibt es noch den Vater der beiden anderen Geschwister. Der kümmert sich ein bisschen mehr, aber er lebt auch nicht bei ihnen. Die Kinder haben sich arrangiert mit zwei Vätern, zwei unterschiedlichen Nachnamen und einer Mutter, die häufig umzieht.

Ich kann mein Kind nicht an die Garderobe hängen
Porträt Melanie Schwärsky

Heute ist ein schlechter Tag für das Image des Uni-Centers. Der 70er-Jahre-Gebäudekomplex in Bochum-Querenburg schottet sich mit seinen Betonfassaden gegen jeden Sonnenstrahl ab und scheint in eine nassgraue Winterdepression zu versinken. Daran ändern auch die bunten Leuchtreklamen der Geschäfte nichts, durch die sich StudentInnen, Mütter und RentnerInnen wie im Zeitlupentempo schieben.

Wenn Melanie Schwärsky ihr Fenster im vierten Stock öffnen würde, könnte sie „White Christmas" hören. Aber das tut sie nicht, denn dann würde sie auch die Gerüche von Bratwurst, Glühwein und Waffeln in ihre Wohnung hineinlassen. Von ihrem Fenster aus sieht sie Vordächer des Centers und Fenster der umgebenden Hochhäuser. „Das ist nicht meine bevorzugte Wohngegend", sagt die 32-Jährige und gibt ihrer fünfjährigen Tochter einen Block zum Malen. „Als ich Fabienne bekam, hab' ich noch bei meiner Mama gewohnt, in meinem 12-Quadratmeter-Zimmer. Fabienne wurde von allen verwöhnt, schließlich lebten neben meiner Mama noch meine Schwester und mein Bruder mit in der Vierzimmerwohnung." Fabienne strahlt und kritzelt weiter. „Ich kann meinen Namen auf dem Kopf schreiben."

Wir sind wie die Türken

Melanie Schwärsky ist gelernte Kinderpflegerin. Aber seit Jahren schon auf der Suche nach Arbeit. Zu Hause herumsitzen will sie nicht. Deshalb nimmt die alleinerziehende Mutter immer wieder Kurzzeitbeschäftigungen an, und auch Ein-Euro-Jobs. Ohne den Rückhalt ihrer Familie könnte sie das nicht durchstehen. „Die ganze Familie hält zusammen. Wenn ich Hilfe brauche, sind alle sofort da, auch meine Tante, mein Onkel, meine Cousine. Da sind wir wie die Türken. Das ist nicht selbstverständlich in Deutschland." Melanie Schwärsky erzählt von einer glücklichen Kindheit in Querenburg. Als sie 13 Jahre alt ist, lassen sich die Eltern scheiden und die finanziellen Sorgen beginnen. „Meine Mama mit drei Kindern alleine – sie hat das super hingekriegt, und wir mussten auch nie auf etwas verzichten. Sie hat immer aufgepasst, dass wir nicht ausgegrenzt werden."

Melanie Schwärsky macht ihren Realschulabschluss und beginnt eine Ausbildung zur Erzieherin. Das ist ihr Kindheitstraum: Sie will denselben Beruf wie ihre Mutter und ihre Tante erlernen. „Jedes Kind hat ein Recht auf einen Kindergartenplatz!" ist eine familienpolitische Forderung in den 90er Jahren, und Melanie denkt sich: „Prima! Dann brauchen sie mich." Die Ausbildung bricht sie wegen Konflikten mit der Ausbilderin ab, sattelt um und lernt Kinderpflegerin. 1998 ist sie damit fertig. Doch inzwischen hat sich die Arbeitsmarktlage verschlechtert. Trotz vieler Bewerbungen findet sie keine Stelle.

Ich möchte arbeiten!

Melanie Schwärsky schaut sich nach Alternativen um. 1999 fängt sie bei Nokia an. „Ich hatte einen befristeten Vertrag als Montiererin, erst einmal für ein Jahr. Dann wurde der Vertrag verlängert. Als fast zwei Jahre um waren, hätten sie mir einen Festvertrag geben müssen, haben sie aber nicht", beklagt sie, und dass die Schwierigkeiten in ihrem Arbeitsleben damit erst beginnen. „An dem Tag, an dem ich gegangen bin, sind fast 300 Leute entlassen worden." Sie erzählt, wie traurig sie war, den Nokia-Job verloren zu haben, wie gut sie damals verdient habe, wie schön es war, sich das erste kleine Auto zu leisten. „Dann hab' ich im Oktober 2001 bei 'nem Postservice angefangen. War zwar ein Scheiß-Job, aber ich hab' ihn gemacht." Sie trägt Post aus, bewirbt sich währenddessen weiter als Kinderpflegerin und bekommt schließlich das Angebot, halbtags in einem Kindergarten zu arbeiten. „Ich wäre da zwar finanziell schlechter gestellt gewesen als beim Postservice, aber es war das, was ich machen wollte."

Melanie Schwärsky freut sich, endlich einen Fuß in der Tür zu haben. Dann passiert etwas Ungeplantes: Im Juni 2002 wird sie schwanger. Über den Vater will sie nicht reden. Die Konsequenzen sind klar: „Meine Oma ist zu alt, meine Mutter und die anderen arbeiten. Zur Arbeit mitnehmen kann ich das Kind nicht. Also wohin mit dem Kind? Es war klar, wenn es geboren ist, bin ich raus aus dem Beruf." Im Dezember 2004 zieht sie ins Uni-Center, in die günstigen Sozialwohnungen. „Ich hatte das Glück, dass in einem Kindergarten gerade eine neue ‚Zweieinhalb-Gruppe' aufgebaut wurde, sonst hätte ich noch ein Jahr warten müssen. Dann bin ich zur ARGE und hab' gesagt: ‚Meine Tochter ist jetzt untergebracht. Ich möchte arbeiten'."

Dann müssen Sie eben Abstriche machen

Die Sachbearbeiterin ist beeindruckt. Sie fragt Melanie Schwärsky, ob sie auch einen Ein-Euro-Job annehmen würde. Die stimmt zu und arbeitet neun Monate lang halbtags, dann ist auch dieser Job zu Ende. Sie lässt sich in eine Vertretungsliste bei der AWO einschreiben. „Wenn jemand krank wurde, musste man von heute auf morgen einspringen. Es war ein organisatorisches Kunststück, aber mithilfe der Familie ging's." Melanie Schwärsky nimmt auch den hohen bürokratischen Aufwand auf sich, den ein solcher Vertretungsjob mit sich bringt. „Ständig bin ich zur ARGE gerannt: neuer Vertrag, neue Hartz-IV-Abrechnung, Auszahlung, Rückzahlung, Nachweise." Es gab „Horrormonate", da war weder Geld vom Amt noch vom Arbeitgeber da. Dennoch ist sie glücklich, wenn sie wenigstens kurzzeitig unabhängig ist. „Es war so schön, 600 Euro mehr zu haben." Doch diese zusätzliche Verdienstmöglichkeit fiel weg, als das neue Kinderbildungsgesetz in Kraft trat.

Melanie Schwärsky weiß, dass sie mit ihrer Ausbildung und Berufserfahrung kaum mehr eine Chance auf dem Arbeitsmarkt hat. Sie will umschulen, besucht diverse Maßnahmen, hofft auf alternative Vorschläge. Doch alles, was man ihr anbietet, ist: Altenpflegerin oder Verkäuferin. Berufe, die entweder Schichtarbeit oder besondere Flexibilität erfordern. Des Kindes wegen lehnt sie ab und stößt damit auf wenig Verständnis. „Mir wurde gesagt: Dann müssen Sie eben Abstriche machen! Da ist mir der Kragen geplatzt: Ich mache viele Abstriche, aber nicht bei meiner Tochter! Dann wurde mir noch nahegelegt, eine Tagesmutter zu nehmen. Ich bin ausgeflippt: Mein Kind hat einen Ganztagsplatz von 8 Uhr 30 bis 16 Uhr 30. Und ich finde, das ist schon verdammt lang für so ein kleines Kind. Es muss doch möglich sein, für diesen Zeitraum einen Job zu finden!" Melanie Schwärsky ist immer noch empört, zieht eine bittere Bilanz über ihre Chancen auf dem Arbeitsmarkt: „Ich bin als alleinerziehende Mutter die Letzte in der Schlange."

Rückkehr ins normale Leben
Porträt Wilhelm Wiedenbusch

Die Stadt Herten liegt im Norden des Ruhrgebiets und hält einige Rekorde: Sie hat die größte Haldenlandschaft, besitzt die größten Wassertürme Deutschlands und war einstmals sogar – gemessen an der Fördermenge – die größte Bergbaustadt Europas. Die Zeit der alten Industrien ist vorbei. Noch immer liegt die Arbeitslosenquote in Herten über dem NRW-Durchschnitt. Das alles kann man im Internet erfahren. Was man nicht erfährt, ist, was eigentlich aus den einstigen „Helden der Arbeit", den Bergarbeitern, im Zuge des Strukturwandels geworden ist.

Auf der Suche nach einem solchen „Helden der Arbeit" begegne ich Wilhelm Wiedenbusch, 50 Jahre alt. In Herten-Westerholt aufgewachsen, elf Jahre unter Tage, sieben Jahre obdachlos, zehn Jahre in Freiburg, seit sieben Jahren trockener Alkoholiker, seit kurzem wieder zurück in seiner Heimatstadt. Jetzt arbeitet er als Staplerfahrer bei einer Zeitarbeitsfirma in Gelsenkirchen. Wilhelm Wiedenbusch sitzt in seiner frisch renovierten Wohnung in der Küche, entschuldigt sich für den Hausmantel, den er noch anhat, und fragt, ob er rauchen darf. Der massige Mann zieht kräftig an seiner Zigarette: „Keine Arbeit ist ganz fürchterlich! Ich war zwei Monate und eine Woche arbeitslos, das hat mir schon gereicht. Ich habe ALG I bezogen, musste aber, weil ich vorher zu wenig verdient hatte, Aufstockung beantragen. Das ist ätzend. Dass die nicht auch noch wissen wollten, wie oft man am Tag auf Toilette geht, bevor man Geld kriegt, das ist alles." Wiedenbusch ist ein Mann deutlicher Worte. Das hat ihm schon viel Ärger eingebrockt: „Ich hab' eine zu große Klappe. Weiß ich. Kann ich aber nicht ändern."

Bilanz

Bei der Frage nach seiner Familiengeschichte gerät seine Schlagfertigkeit ins Stocken. „Mein Vater war Kriegsversehrter und hat bei der AOK gearbeitet, die Mutter hat auch immer gearbeitet. Meine Eltern haben den Fehler gemacht zu bauen. Sie haben sich abgerackert für das Haus. Sechs Kinder waren wir.

Zwei meiner Brüder sind schon tot, mein Zwillingsbruder ist mit 36 Jahren gestorben. Daran war er aber selber schuld, weil er Drogen genommen hat. Dann hab' ich noch zwei Schwestern." Wiedenbusch will seine Familienbilanz beenden, fügt dann aber noch hinzu: „Wir Jungs haben immer viel Dresche gekriegt. Aber richtig. Die Eltern haben ihre Wut über ihre Lage an uns ausgelassen. Sie waren total überfordert, aber sie wussten es halt nicht besser."

Er ging in Westerholt auf die Hauptschule. Zusammen mit seinem Zwillingsbruder fühlte er sich stark. Die Kinder hatten Respekt. Mit den Lehrern gab es immer Stress. „Aus heutiger Sicht muss ich sagen:

203

Das waren keine fähigen Pädagogen. Man wurde in der Klasse vor allen anderen bloßgestellt. So was tut man nicht." Nach der Hauptschule bemüht er sich sofort um eine Lehrstelle. Er ist 14 Jahre alt und auf sich allein gestellt. „Ich erinnere mich genau. Ich bin ganz alleine los, mit der Straßenbahn nach Buer, hab' alles abgeklappert und bin nicht eher nach Haus gegangen, bis ich eine Lehrstelle gefunden hab'." Er lernt Konditor und modelliert Marzipan-Röschen auf Torten.

Gute Zeiten

Nach der Gesellenzeit geht Wilhelm Wiedenbusch zur Bundeswehr. „Während der Zeit hab' ich meine Frau kennengelernt, und wir haben geheiratet. Da hat mich der Hauptmann gefragt, ob ich in Uniform heiraten wollte, ich würd' auch Geld kriegen. Da hab' ich gesagt: Wissen Sie wat, ich möchte auf meiner Hochzeit nicht aussehen wie ein Straßenbahnschaffner. Ja, damit hatten sich auch Beförderungen erübrigt." Wiedenbusch ist 19 und will vor allem schnell weg von zu Hause. In seiner Frau findet er eine Leidensgenossin. Das junge Ehepaar bekommt eine Tochter, wohnt in Alt Westerholt, er arbeitet als Hauer unter Tage. „Vor Ort. Vor Stein. Wir wurden nach Meterleistung bezahlt. Ich habe sehr, sehr gut verdient, im Schnitt 3.000 Mark netto." Wiedenbusch zieht an seiner nächsten Zigarette, hustet und blickt versonnen dem treibenden Qualm nach. „Was man hier oben nicht mehr findet, ist der Zusammenhalt unter Tage. Das war eine gute Zeit. Die beste." Acht Jahre waren sie eine ganz normale Familie, dann bemerkt er, dass seine Frau trinkt. Es folgen drei „Horrorjahre". Während er arbeitet, geht seine Frau aus, lernt einen Saufkumpanen kennen. Die Scheidung steht an.

Unterwegs

Die Narben an seinem Handgelenk zeugen von seiner Verzweiflung in jenen Tagen, an deren Ende

er einen weiteren radikalen Schnitt macht: „Ich habe meinen Job gekündigt, unter Tage. Und dann hab' ich mich obdachlos gemeldet." Er ist wütend und verletzt, will nach der Scheidung keinen Unterhalt für seine Frau zahlen. Dass auch seine Tochter all die Jahre darunter gelitten hat, tut ihm heute leid, aber, versichert er, er habe immer Kontakt gehalten und verstehe sich gut mit ihr. „Ich habe nie wie ein Obdachloser ausgesehen, ich habe mich gewaschen und immer wieder – das klingt vielleicht angeberisch – eine Bleibe bei einer Frau gefunden. Bis ich nicht mehr bleiben wollte. Dann bin ich wieder los." Doch oft genug fand er keine Frau und lungerte auf Bahnhöfen herum.

In Hamburg geriet er an eine Drückerkolonne. Man erkannte seine prekäre Lage, versprach Arbeit und Unterkunft. „Wir mussten Postkarten verkaufen von angeblichen Behinderten. Das war überteuerter Schrott und nur schwer los zu werden. Wer sein Soll nicht schaffte, dem wurde der Lohn abgezogen oder er kriegte nichts zu essen. Das waren Kriminelle." Nach vier Wochen gelingt ihm die Flucht. Er hatte aber auch angenehmere Jobs, sogar welche, bei denen ihm seine Konditorlehre zugute kam. Auf der Kirmes am Dom zum Beispiel, da buk er eine ganze Saison über Krapfen. Seine Odyssee treibt ihn vom Norden in den Süden.

Wichtig ist der Wille

Er trinkt, er arbeitet meist bei Zeitarbeitsfirmen, und er findet eine feste Beziehung. „Eines Tages, ich war sogar nüchtern, da bin ich einfach so umgekippt. Ich bin zum Arzt, und der hat gesagt: Entweder Sie hören auf zu trinken oder Sie sterben in absehbarer Zeit. Da hab' ich mir eine Therapie gesucht. Ich war drei Monate in einer Klinik. Seitdem trinke ich nicht mehr. Ich bin seit sieben Jahren trocken", erzählt Wilhelm Wiedenbusch sichtlich stolz, und weiter: „Das sind alles Sachen, die finden im Kopf statt. Wenn es da nicht ‚klick' macht, dann hört man auch nicht auf, da braucht man sich nichts vorzumachen." Zwei Jahre verbringt er noch mit seiner weiterhin alkoholabhängigen Freundin, dann droht er, sie zu verlassen, wenn sie nicht aufhört. Sie schafft den Ausstieg. „Wir haben uns gegenseitig gestützt", sagt er und fügt hinzu: „Aber es hat mit uns nach dem Entzug nicht mehr so geklappt. Wir haben uns im Guten getrennt und sind noch heute befreundet."

Er knüpft die alten Familienbande neu, erfährt von einem Jobangebot bei einem Discounter. Seine Erfahrungen in diversen Lagern, seine gute Ausbildung als Staplerfahrer, sein selbstbewusstes Auftreten – all das verschafft ihm schnell eine gute Position. Aber immer nur auf Zeit. „Arbeit, wie ich sie kenne", sagt er, „ist ein notwendiges Übel. Ich kriege jetzt acht Euro brutto in der Stunde. Und das für konzentrierte Arbeit, Paletten in sieben Meter Höhe zu stapeln." Wilhelm Wiedenbusch will durchhalten. Er will, das hat er gelernt, ehrlich zu sich selbst sein. „Schreiben Sie ruhig alles, was ich gesagt habe."

Meine Selbständigkeit ist wie mein Garten
Porträt Birnur Öztürk

Wo sich zwischen Oberhausens „Neuer Mitte" und Schloss Oberhausen die Essener mit der Mülheimer Straße kreuzt, strahlt in postmodernem Fabrik-Charme ein silberner Gebäudekomplex: das Technologiezentrum Oberhausen. Hier haben diverse Unternehmen ihre Büros unter einem Dach. Sie heißen „Access Systems" oder „ECM Solutions", bieten IT-Consulting an, Büromöbel oder Versicherungen.

EG, S2, Raum 028 – „VZO Trade & Business e. K.": Eine schmale Frau öffnet hustend die Tür. Sie stellt sich als Birnur Öztürk vor, Firmeninhaberin. „VZO" steht für „Vertrieb von Zubehör und Organisationsmitteln". Das erklärt sich nicht von selbst. Birnur Öztürk greift in eine Tüte und holt schwarze, kleine Plastikringe heraus: „Sehen Sie, da steht S, M, L drauf. Die kommen auf die Bügel, damit der Kunde die Größen der Bekleidung unterscheiden kann." Sie vertreibt diese Plastikringe und andere Auszeichnungssysteme, daneben auch Bonrollen und Etiketten für den Einzelhandel.

Seit gut sechs Jahren ist Birnur Öztürk nun selbstständig, anfangs mit einer Geschäftspartnerin an der Seite, die aber ausstieg, als Nachwuchs kam. Morgens steht Büroarbeit an, nachmittags Kundenbesuche. Das geht in der Regel von 8 bis 18 Uhr, „plus Überstunden", wie die leidenschaftliche Unternehmerin betont. Sie könne sich in ihrer Arbeit verwirklichen, ja „austoben", sagt sie. „Ich kann in viele Rollen schlüpfen: als Kreative, die etwas herstellt, etwas entwirft, Visitenkarten zum Beispiel, dann als Einkäuferin und Verkäuferin, die um jeden Cent feilschen muss. Ich muss auch schon mal die eigene Sekretärin spielen, Kaffee kochen und zur Not auch Staub saugen." Birnur Öztürk

redet schnell und hinter jedem Satz blinkt ein Ausrufezeichen. Zudem unterstreicht sie das Gesagte mit lebhafter Gestik. Das hat wenig mit ihrer türkischen Herkunft zu tun, aber viel mit ihrem zielstrebigen Charakter.

Wir waren Exoten

Kurz nachdem sie in der türkischen Hafenstadt Samsun am Schwarzen Meer geboren wurde, verließ ihr Vater die Familie, um in Deutschland Geld zu verdienen. Das war 1963, und Begriffe wie „Migration" oder „Bürger mit Migrationshintergrund" waren den Deutschen so fremd wie den Neuankömmlingen die Sprache, das Essen und das Wohlstandsklima der noch jungen Bundesrepublik. Der Gastarbeiter Öztürk arbeitete auf Baustellen im Ruhrgebiet und merkte schnell, wie sehr ihm seine Frau und die drei Kinder fehlten. Doch Bir-

nur Öztürks Mutter wollte nicht mit in die Fremde. Sieben Jahre lang wuchsen die Kinder vaterlos auf, und für Birnur wurde ihr drei Jahre älterer Bruder zum Vorbild: „Wenn er Hausaufgaben machte, stand ich daneben und wollte auch immer schreiben. Ich konnte das Alphabet, noch bevor ich richtig sprechen konnte." Mit drei Jahren ließ sich das Mädchen partout nicht abwimmeln und ging mit dem Bruder als Erstklässlerin in die Schule. Bis zur regulären Einschulung ließen Mutter und Lehrer das lern- und wissbegierige Kind gewähren.

1970 schließlich hatte der Vater die Mutter überredet. Bei einem ersten Sommerurlaub in Deutschland willigte sie schweren Herzens ein, und Duisburg-Meiderich zählte vier türkische Einwohner mehr.
„Mein älterer Bruder und ich wurden wieder gemeinsam eingeschult, wir konnten ja kein Deutsch. Und damals gab es nicht so viele Ausländer in den Schulklassen. Wir waren totale Exoten! Was ist mit denen los, haben die anderen bestimmt gedacht, die sehen aus wie wir, aber die reden nicht." Ein halbes Jahr lang

206

ging das so, und Rechnen wurde für die Geschwister zum Lieblingsfach – es ging ja um Zahlen und nicht um Wörter. Danach wurden sie, wieder für ein halbes Jahr, mit anderen Gastarbeiterkindern zusammengewürfelt: zum Deutschlernen. Da saßen dann Erstklässler mit Viertklässlern zusammen und paukten deutsche Vokabeln. Doch es dauerte nicht lange, und Birnur Öztürk startete durch: Grundschule, Realschule, Höhere Handelsschule, Fachabitur, Fernstudium BWL.

Die Familie ist immer da

Sie war ehrgeizig und zielstrebig. „Ohne Schweiß kein Preis", so hat sie es vom Vater gelernt. Die Frage, ob ihre Karriere für ein türkisches Mädchen nicht ungewöhnlich sei, kontert sie resolut: „Ja – es gab und gibt diese konservativen, traditionellen Familien! Und ja – diese Erziehungsmethoden sind vielleicht nicht die besten, und ja – dabei werden auch Mädchen benachteiligt." Aber es gebe eben auch andere türkische Familien, wie etwa ihre, die sie immer unterstützt habe. Damals seien die Zeiten auch anders gewesen. Als sie nach Duisburg-Meiderich kam, lebten dort nicht so viele Türken, es gab nur einen türkischen Laden. Sie hatten deutsche Nachbarn, und mit denen mussten sie klarkommen. Mal eben spontan auf einen Tee vorbeikommen hieß, eine Grenze zu überschreiten. Man war deutsch oder man war Ausländer, auf beiden Seiten wahrte man Abstand. Und so spielte sich das Leben eher im Familienkreis ab. Der Vater ging arbeiten, die Mutter organisierte den Haushalt, und die Kinder gingen in die Schule. Viel Ablenkung hatten sie nicht, außer eben die Bildung. Die Familie war immer präsent und ist es heute noch. Dass sie beispielsweise gerade erkältet sei, würde sie ihrer Mutter auf keinen Fall erzählen, denn sie käme sofort und würde ihr eine heiße Suppe kochen. „Manchmal ist zu viel Liebe auch nicht gut", schließt Birnur Öztürk das Thema „türkische Familientradition" ab. Entscheidend für ihre berufliche Entwicklung

sei ohnehin der richtige Mann gewesen. „Den ich mir selbst ausgesucht habe", betont sie. „Meine Eltern waren gegen die Heirat, weil ich noch so jung war. Ich hab' ja mit 19 schon geheiratet, direkt nach dem Abi, dann habe ich studiert und nebenbei als Immobilienkauffrau gearbeitet." Das Paar schlägt nicht den üblichen Weg ein, will die Zeit miteinander verbringen und keine Kinder. Dies, räumt Birnur Öztürk ein, sei in der Tat ungewöhnlich für ein türkisches Ehepaar. „Wir leben bewusster. Wenn Sie uns sehen würden, würden Sie nicht denken, ach, die sind schon 25 Jahre zusammen, ein altes Ehepaar. Nein, wir sind kein altes Ehepaar."

Blick nach vorn

Vorurteile will sie gerne widerlegen. Sie engagiert sich ehrenamtlich, nicht nur als Mentorin für junge Frauen auf dem Weg ins Berufsleben, sondern auch als Vorstandsvorsitzende von „Petek", einem Business-Netzwerk überwiegend türkischstämmiger Unternehmerinnen, das aber auch anderen Migrantinnen offen steht. Birnur Öztürk will mit ihrem Engagement das vorherrschende Bild der unterdrückten Kopftuch-Türkin zurechtrücken. „Uns gibt es auch. Wir wollen den Leuten die Augen öffnen und den Frauen Mut machen. Die Frauen, die sich selbstständig machen, können sich bei uns informieren und vernetzen." Sie setzt noch einen Kaffee auf. „Frauen sind bedachter als Männer, wenn sie sich selbstständig machen. Sie planen besser und sind besser organisiert." Ob sie zufrieden ist mit ihrem Leben, wenn sie zurückblickt? „Muss ich zurückblicken? Was gelebt ist, ist gelebt. Ich blicke nach vorn. Ich könnte mir mehr Umsatz wünschen. Wär' auch schön, wenn ich mich vergrößern könnte und ein paar Angestellte hätte, natürlich. Ich vergleiche meine Selbstständigkeit mit meinem Garten. Ob da nun Unkraut wächst oder schöne Blumen – es ist mein Garten."

Starke Nachbarschaften
Mit- und Füreinander in

Regina Völz

Neue Nachbarschaften in Dinslaken-Lohberg

Vahide Ergün (35) geht erst mal eine rauchen. Die hochgewachsene schlanke Frau mit hellblauem Seidenkopftuch, Pullover und dunkler Hose hat in den vergangenen zwei Stunden bestimmt schon 80 Tassen Tee und ebensoviel Kaffee ausgeschenkt und zig Käsebrötchen belegt. Heute ist Markttreff. In gemütlicher Runde sitzen die Frauen aus der Lohberg-Siedlung zusammen. Munter wird geplaudert. Türkische und deutsche Sprachfetzen mischen sich. Was die Frauen verbindet? Ihre Ehemänner haben fast alle auf der Zeche Lohberg-Osterfeld gearbeitet. Sie wurde Ende 2005 stillgelegt.

Die Zechensiedlung Lohberg ist Idylle pur – von außen betrachtet. Sie entstand vor hundert Jahren im Stil einer Gartenstadt. Große Platanen prägen das Bild. Stollenstraße, Steigerstraße, Koksstraße, Haldenstraße – die Straßennamen zeugen von der nicht allzu fernen Montanvergangenheit. Die einstöckigen Häuser sind liebevoll gepflegt und individuell gestaltet. Auf dem großen, zentralen Platz ist zweimal in der Woche Markt. 3.000 Menschen haben zuletzt auf dem Bergwerk gearbeitet. Ins Eingangsgebäude der Zeche ist ein Gesundheitszentrum eingezogen, die Kneipe gegenüber ist geschlossen. Mehr als die Hälfte der Lohberger EinwohnerInnen kommt ursprünglich aus der Türkei.

Lohberg gilt seit 1999 als „Stadtteil mit besonderem Erneuerungsbedarf", was im Förderprogramm des Landes mittlerweile unter dem Begriff „Soziale Stadt NRW" läuft. Die sozialen Schwierigkeiten voraussehend, wurde das Stadtteilbüro eingerichtet und das Forum Lohberg e. V. gegründet. Stadtteilbüro und Verein kümmern sich um die neue Nachbarschaft. Dazu gehört der Markttreff.

drei beispielhaften Stadtteilen

Die meisten der älteren Frauen beim Treff sind Witwen. Wie Senta Jasinski (67), die mit dem Fahrrad oder zu Fuß aus dem benachbarten Stadtteil Bruckhausen hierher kommt, weil sie sonst allein zu Hause wäre. So ist es auch bei den Frauen am Nachbartisch. Die älteren tragen Kopftücher, bunte, seidig glänzende. Etwas gelangweilt dazwischen baumelt Sarah mit den Beinen, mit ihren fünf Jahren die jüngste in der Runde. Begleitet ist sie von ihrer Tante Cansu Kalebi. Die 18-Jährige ist zurzeit arbeitslos und hätte gerne einen Ausbildungsplatz als Friseurin oder Verkäuferin. Vahide kommt noch mal mit der Teekanne vorbei und bedient ebenso den Nachbartisch. Ehrenamtlich. In dieser fröhlichen Plauderrunde sitzt auch ein Mann. „Ich bin hier Hahn im Korb", freut sich Bergwerksrentner Erwin Pehlke (70). Mit am runden Tisch sitzt seine Frau Hannelore. Neulich haben sie zwei Flaschen Sekt mitgebracht – zur Nachfeier ihrer Goldenen Hochzeit. Ein Markthändler kommt herein, füllt für 50 Cent seine Tasse mit heißem Tee und geht wieder. „Die Männer sind eigentlich die Benachteiligten", sagt Lale Arslanbenzer. Sie ist die Leiterin des Stadtteilbüros und hat den Markttreff 2001 ins Leben gerufen. „Die Frauen kommen. Und das ist neu: Die älteren Frauen werden sichtbar", freut sich die 47-jährige Sozialwissenschaftlerin. „Sie gehen alleine raus und kommen regelmäßig hierher." Und sie stellt fest: „Für die älteren Männer gibt es wenig." Die Frauen engagieren sich bei den Stadtteilfesten, beim Frühlingsfest oder Nikolausmarkt. Sie organisieren gemeinsam das Osterfest und den Ramadan. Sie kommen zusammen zum Kochen oder treffen sich in der Bücherstube.

Das Ledigenheim als alter und neuer Mittelpunkt

Eine silbergraue Mercedes-Karosse aus Düsseldorf, eine schwarze Audi-Limousine aus Essen – vor dem Ledigenheim parken Autos der Nobelklasse. Eine Fachtagung zum Strukturwandel wird im Saal veranstaltet. „Die Region lebt" ist der Titel. Das Ledigenheim war tatsächlich mal ein Heim für Ledige. Es wurde 1914 für die unverheirateten Bergmänner der Zeche gebaut; bis zu 540 konnten darin untergebracht werden. „Bullenkloster" nannten es die Ruhris. Ein zweigeschossiger mächtiger Backsteinbau von 5.600 Quadratmetern. Im Erdgeschoss war ein großer Speisesaal, in dem auch Feste und Kulturveranstaltungen stattfanden. Nach einer Umbau- und Restaurierungszeit von drei Jahren wurde das Ledigenheim 2007 als neues Zentrum wiedereröffnet, ein Ort für Kultur, Dienstleistung und Gewerbe. Seitdem treten hier KünstlerInnen auf, spielen Orchester, gastieren Theater und Kabarett, es wird gefeiert und getagt. Das zieht Menschen aus Dinslaken, der Kernstadt, aber auch aus dem ganzen Ruhrgebiet in den Stadtteil.

„Lohberg hat ein schlechtes Image, wir arbeiten daran, das zu verändern", sagt Sabine Weiss. Sie ist Nachbarin hier. Die gebürtige Duisburgerin, Rechtsanwältin und CDU-Frau sammelte in Duisburg-Marxloh politische Erfahrung, bevor sie in Dinslaken für den BürgermeisterInnenposten kandidierte und gewählt wurde. Die Politikerin zog in den wegen seiner hohen Arbeitslosenzahl als problematisch geltenden Stadtteil, weil sie es mag, den Menschen nahe zu sein, und das in Lohberg so ist. Da kann schon mal nachts jemand an der Tür klingeln, um seine Sozialhilfe zu erbitten, oder Kinder fragen tagsüber nach, ob sie wieder ein Eis spendiere. Für Sabine

Weiss funktioniert das in Lohberg so: „Wir arbeiten zusammen, wir feiern zusammen, man lernt sich kennen und freundet sich an." So einfach kann das gehen, wenn man auf ein Netzwerk von engagierten Menschen zurückgreifen kann. Und das gibt es in Lohberg mit dem Stadtteilbüro, dem Forum Lohberg e. V. und der Stiftung Ledigenheim. Im Markttreff kennen die mittlerweile auf bundespolitischer Ebene Tätige fast alle.

Doch es gibt auch Probleme: Jugendliche, die sich nachts auf dem Marktplatz treffen, oder den Mann, der sein Haus über und über mit Deutschlandfahnen schmückt und aus Lautsprechern die deutsche Nationalhymne über den Platz schallen lässt. Auch Anhänger der Grauen Wölfe, der rechtsextremen türkischen Nationalisten-Organisation, gibt es in Lohberg. Und natürlich Kurden. „Wir binden alle ein", erklärt Sabine Weiss, sodass sich aufgeheizte Stimmungen rasch wieder abkühlen. Die Vorsitzenden vom Forum Lohberg pflichten ihr bei. Heinz Brandt und Kemal Karaman teilen sich den Vorsitz. Deutsche und Türken sind im neunköpfigen – bis auf zwei Ausnahmen männlichen – Vorstand paritätisch vertreten. Beim großen Sommerfest sind alle dabei. Nicht mit Infoständen, statt dessen mit kulinarischem Angebot und Folklore-Vorführungen.

Lale Arslanbenzer: „Bei mir ist es schon zu 99 Prozent egal, dass ich türkischer Herkunft bin, mein Wesen zählt. Zu mir kommen Deutsche genauso wie Türken. Allerdings hilft es vielen meiner Landsleute, zumal den Älteren, dass ich ihre Sprache spreche. Und ich kann, auch wenn ich Atheistin bin, in die Moschee gehen, ich kenne die Kultur", erklärt die im türkischen Kars aufgewachsene Frau. „Wir machen uns nichts vor. Natürlich gibt es Unterschiede, aber wenn es uns gelingt, miteinander zu leben in gegenseitigem Respekt und friedlich, dann haben wir viel geschafft." Vahide kommt und verabschiedet sich. Sie muss nach Hause. Ihre Kinder, 14 und 9 Jahre alt, haben Schulschluss. Zum Abschied gibt sie ihrer Bürgermeisterin Sabine Weiss einen Kuss auf die linke und einen auf die rechte Wange. „Das ist der Unterschied", bemerkt die eben Geküsste, „die Türken geben zwei Küsse, die Deutschen nur einen".

Das Forum Lohberg e. V. wurde im Jahr 2000 gegründet, um den „Stadtteil mit besonderem Erneuerungsbedarf" in einen lebens- und liebenswerten Wohnort rückzuverwandeln. Der Verein hat die Aufgabe, in Kooperation mit dem Projektbüro der Stadt Dinslaken und mit Beteiligung der EinwohnerInnen Lohbergs den Erneuerungsprozess mitzubestimmen und beschlossene Maßnahmen umzusetzen.

Der Verein ist Träger des Stadtteilbüros am Markt, der zentralen Anlauf- und Kontaktstelle für alle LohbergerInnen. Vor Ort können sie sich über die Belange des Stadtteils informieren und ihre Wünsche an die Verwaltung der Stadt Dinslaken übermitteln. Das Team des Stadtteilbüros sorgt für kurze Dienstwege.

Bürgerinitiativen, ehrenamtliche MitarbeiterInnen und Stadtteil-Gruppen nutzen die Räumlichkeiten als Treffpunkt. Auch die BürgerInnen sind gern gesehen. Tradition hat der „Markttreff", organisiert von ehrenamtlich engagierten Bürgerinnen. Seit Januar 2001 sind die LohbergerInnen jeden Mittwoch und jeden Samstag zum Austausch bei Kaffee, Tee und belegten Brötchen eingeladen. Der Markttreff ist Kommunikationsbörse für Jung und Alt, Männer und Frauen, türkische wie deutsche.

Entstanden ist das Forum Lohberg aus einer aktiven Stadtteilgruppe, die sich 1998 aus den Insti-

Ehemalige Lohnhalle Zeche Lohberg

tutionen, Vereinen, Sozialverbänden, Kirchen und Moscheen, Stadtteileinrichtungen und engagierten Einzelpersonen formierte. 2000 beschloss man die Eröffnung eines zentralen Büros sowie die Gründung eines Vereins, der die Trägerschaft übernimmt – und auf ein gewachsenes Miteinander und große Bereitschaft zur Zusammenarbeit bauen kann. Vier hauptamtliche Mitarbeiterinnen managen das Stadtteilbüro, unterstützt von zahlreichen ehrenamtlich Tätigen und dem multiethnisch besetzten Vereinsvorstand.

Schon im ersten Jahr realisierten Verein und Stadtteilbüro Projekte zur Sprachförderung, organisierten Stadtteilfeste, Theater- und Musikveranstaltungen, Frauenabende und publizierten eine Stadtteilzeitung. Zahlreiche Aktivitäten folgten: jahreszeitliche Feste, Gesundheitstage, Frühjahrs- und Herbstputz und Veranstaltungen für spezielle Zielgruppen, darunter das Internationale Frauenkulturfest oder eine Mädchenparty für Teenies.

Zu den Aufgabenbereichen des Forums zählen die Förderung der lokalen ökonomischen Situation, die Neugestaltung von Freiflächen wie den Schulhöfen, der Freizeitanlage und des Johannesplatzes. Es gilt, das Image Lohbergs zu verbessern, Arbeitsplätze vor Ort zu sichern, die Integration ausländischer EinwohnerInnen voranzutreiben. Sprachförderung

für Kinder steht auf dem Programm und der Ausbau des Kultur- und Bildungsangebotes.

Ein Vorzeigeprojekt war die Entwicklung und Revitalisierung des Ledigenheims zu einem „Zentrum für Dienstleistung, Gewerbe und Stadtteilkultur". Das 1914 nah der einstigen Zeche Lohberg errichtete Ledigenheim wurde Anfang 2004 in die selbstständige Stiftung Ledigenheim Dinslaken-Lohberg eingebracht, die es zu einem Zentrum für Stadtteilkultur, Dienstleistung und Gewerbe ausbaute. Im Frühjahr 2007 wurden die Sanierungsarbeiten an dem denkmalgeschützten Gebäude abgeschlossen.

Die Zeche Lohberg / Osterfeld wurde Ende 2005 stillgelegt; ein weiträumiges Areal liegt seitdem brach. Seit 2009 haben die BürgerInnen die Möglichkeit, sich aktiv an der Entwicklung des Zechengeländes zu beteiligen.

Forum Lohberg e. V. / Stadtteilbüro
Johannesplatz 4-6
46537 Dinslaken
Tel.: 02064 / 47 78 82
www.forum-lohberg.de

Claudia Heinrich

211

Bochum:
Migrantinnen, alleinerziehend

Auf dem Herd köchelt Rindfleisch, Selbi Dogru setzt Tee auf. Gleich kommt Ayse. Die 34-jährige Sozialpädagogin besucht sie regelmäßig einmal in der Woche. Ambulante Familienhilfe nennt sich das. Selbi Dogru (45) ist alleinerziehend. Ihre Kinder Sezer (8) und Soner (5) sind bis 16 Uhr in der Schule beziehungsweise im Kindergarten. Wie eine Tochter nimmt sie die Familienhelferin in den Arm, Küsschen rechts und Küsschen links, dann sprudelt es aus ihr heraus. Die beiden setzen sich an den Küchentisch, alles ist piccobello sauber und aufgeräumt in der großzügigen Drei-Zimmer-Wohnung. An den Wänden über der Sitzecke in der Küche hängen Fotos von ihren Schätzen – den Kindern. Die beiden Kleinen sind allerdings nicht die einzigen, sie hat noch die zwei Großen: Die 19-jährige Tochter und der 18-jährige Sohn sind schwerbehindert und leben in einem Pflegeheim. Selbi Dogru ist geschieden und verwitwet. Und sie ist froh, ohne Mann zu leben. Die fröhlich wirkende, temperamentvolle Frau hat sehr schwere Zeiten hinter sich, und die haben sie krank gemacht. Nachdem der erste Redeschwall heraus ist, reicht sie Ayse Balyemez den Beipackzettel für ein Medikament. „Ja, das taube Gefühl in den Beinen kann von dem Medikament ausgelöst sein", erklärt die Familienhelferin. Sie weiß, dass Angstzustände und Depressionen damit in Schach gehalten werden.

Selbi Dogru kam mit 25 Jahren aus einem kleinen Ort in der Nähe von Izmir nach Deutschland. Sie wurde mit ihrem Cousin verheiratet, lebte mit ihm in Dortmund. Ihr erstes Kind wurde behindert geboren. Als sie bald darauf wieder schwanger war und ihr dieselbe Prognose für das zweite Kind unterbreitet wurde, traktierte ihr Mann sie, trat ihr in den Bauch,

um zu verhindern, dass es auf die Welt kommt. Sie musste für mehrere Monate ins Krankenhaus, das Kind wurde gerettet, sie mehrfach operiert. Der Mann verließ sie nach neun qualvollen Jahren. Mit ihren beiden Kindern zog sie in eine größere Wohnung. Sie bekam Hilfe und Unterstützung von allen Seiten bis hin zu einem Pflegedienst für die Kinder. Ihre Augen blitzen, wenn sie erzählt, wie sie ihren zweiten Mann kennenlernte: „Das war ein Bekannter von der Pflegeschwester meiner Kinder." Wie passend. Selbi Dogru war glücklich. Der Mann war zwar mehr als 20 Jahre älter als sie, aber er war gut zu den Kindern. Sie fühlte sich geborgen und auch ohne Eltern, Geschwister und Verwandte gut aufgehoben in Deutschland. Das änderte sich mit dem Moment, als ihr Wunsch erfüllt wurde, auch ein gesundes Kind zu haben. Der Mann beschimpfte und misshandelte die behinderten Kinder, und ebenso seine leiblichen. Selbi wollte ihn verlassen, mehrmals. Er schlug sie zusammen, drohte ihr, sie umzubringen. Mithilfe der Behörden schaffte sie es, sich zu befreien. Sie zog mit den Kindern nach Bochum. Der Vater ihrer beiden jüngeren Kinder starb 2005 an Krebs. „Wenn er nicht gestorben wäre, hätte er mich umgebracht", ist Selbi heute noch überzeugt.

Es klingelt, Tamara steht vor der Tür. Die junge Frau aus Polen wohnt eine Etage tiefer. Was heute Nacht los war, will sie wissen. Eine Nachbarin wurde mit dem Notarztwagen ins Krankenhaus gebracht. Selbi Dogru erzählt es ihr kurz, bittet die Nachbarin aber nicht hinein, denn die Zeit mit der Familienhelferin ist kostbar. Verschiedene Briefe will sie noch mit Ayse durchgehen. Zuerst ein Behördenschreiben vom Jugendamt. Die Familienhelferin übersetzt und erklärt es. Dann gibt es von der Schule eine Einladung zu einer Informationsveranstaltung über Qualitätssicherung. „Da musst du nicht hin", entscheidet Ayse Balyemez. Was sollte das bringen? So gut sei das Deutsch von Selbi nicht, dass sie sich qualifiziert in eine Diskussion einbringen könnte. In dem Papierstapel steckt auch eine bunte Einladungskarte. Soner hat sie aus dem Kindergarten mitgebracht. Alex, der Junge mit den russischen Eltern, lädt ihn zu seiner Geburtstagsparty ein. Selbi will ihren Sohn nicht hinschicken, denn sie habe ja ihrerseits auch nicht eingeladen. Ayse überredet sie zuzusagen: Man darf eine Einladung auch ohne Gegeneinladung annehmen, und außerdem könne sie das ja noch nachholen.

Selbi freut sich für ihren Sohn über die Kontakte. Beide Kinder sprechen besser Deutsch als Türkisch. Das ist fast schon ein Problem, denn ihrer Mutter können sie gar nicht so richtig erzählen, was sie bewegt. Da vermittelt die Familienhelferin. Sie spricht mit den Kindern Türkisch, damit die das nicht ganz verlernen. Selbi hat es mit einem Deutschkurs versucht. Das war ihre erste Schule. Sie kann ihren Namen und den ihrer Kinder schreiben, aber das Lernen fällt der 45-Jährigen sehr schwer. Sie kann sich die neuen Wörter und Regeln nicht merken. Den Elterntreff, den Ayse leitet, besucht sie regelmäßig. Einsam ist sie nicht. Die Nachbarinnen besuchen sich, und sie hat Kontakte zur Familie ihres Ex-Mannes. Das ist nicht üblich. Alleinerziehende Migrantinnen bleiben unsichtbar, obschon es immer mehr werden. Selbi Dogru ist eine von ihnen. Ihre Geschichte ist nicht typisch. Jede Frau hat ihre eigene.

Das wissen Ayse Balyemez und ihre Kolleginnen bei der IFAK in Bochum. Der Internationale Verein für ausländische Kinder und deren Familien besteht bereits seit 1986. Die ambulante Erziehungshilfe ist ein kleiner Teil seiner Aufgaben. In dem bunten Haus, dem Hauptsitz des Vereins, gibt es Hausaufgabenhilfe, Kindergarten und Elternkreise. Hier treffen sich Menschen aller Nationalitäten, und Büroarbeit vermischt sich mit Kinderlachen. Hier werden Feste gefeiert, finden erste Beratungsgespräche statt und Vertragsabsprachen mit der Stadtverwaltung, für die der Verein IFAK einen Teil der sozialen Aufgaben übernimmt. Hier sitzen auch Ayse Balyemez und ihre Kolleginnen zusammen. Dazu gehören die 42-jährige Sozialarbeiterin Yurdasen Eroglu-Aygünes und Gülseren Celebi (46), Sozialpädagogin und Familientherapeutin. Sie ist die Fachbereichsleiterin, eine elegante, zierliche Erscheinung. Neben ihren Familienbetreuungen leiten beide auch jeweils eine Frauengruppe. Gut, eigentlich sind es Elterngruppen, aber es kommen die Frauen.

Die Zahl der Alleinerziehenden nimmt hier stetig zu, beobachten sie. Konkrete Zahlen gibt es aber nicht, sie werden statistisch nicht erfasst. Eine Expertise stammt aus dem Jahre 2002. Sie bezieht sich auf Zahlen des 6. Familienberichtes der Bundesregierung aus dem Jahre 2000. Darin werden bundesweit 183.000 alleinerziehende ausländische Bürger (!) genannt. Sicher sind es deutlich mehr. Zwei Tatsachen, die die Zahl verschleiern: Als „ausländisch" zählen nur BürgerInnen ohne deutschen Pass. Und: Ehen, die nicht in Deutschland geschieden wurden, werden nicht registriert.

2008 wurden bei der IFAK 80 Familien betreut, so Gülseren Celebi. Davon waren 60 % so genannte Einelternfamilien. Diese sind besonders stark auf Hilfe von außen angewiesen. Denn die Trennung vom Ehemann bedeutet meistens auch die Trennung vom sozialen Umfeld. Sehr oft kommen die Frauen aus der Türkei, um hier einen türkischen Mann zu heiraten. Sie sprechen Türkisch, sind in der Türkei zur Schule gegangen. Es trifft nicht auf alle zu, doch es gibt Unterschiede je nach Herkunftsort. Da gibt es ein Stadt-Land-Gefälle, das ausgeprägter ist als in Deutschland. Wenn die Frauen aber aus den Städten kommen, sind sie enttäuscht. Sie erwarten hier Bildung und Berufstätigkeit für sich. Ihre Vorstellungen sind andere als die Erwartungen, die hier an sie gerichtet werden, beobachten die Familienhelferinnen. Häufig wünschen sich auch Eltern, die schon in der zweiten Generation hier leben, eine türkische Frau für ihren Sohn. Sie hoffen, dadurch ihre Kultur erhalten zu können, das Band zur Heimat zu verfestigen. Und sie erwarten auch schon mal eine Frau, „die ihren Sohn wieder auf die richtige Spur bringt". Abgekommen vom geraden Lebensweg sind junge Männer durch Drogen. Oft haben sie keinen ordentlichen Schulabschluss und sind sogar psychisch krank. „Die Frau soll alles sein: Sozialarbeiterin, Psychologin, Lehrerin, Ehefrau und Mutter", so die Fachbereichsleiterin der ambulanten Familienhilfe. Die Frauen können diesen Erwartungen nicht gerecht werden. Sie können sich nicht daran anpassen, sind in der Türkei anders sozialisiert. „Wenn sie sich dann aus der Ehe lösen und sich selbstständig machen, treffen sie auch noch auf wütende Behörden", beobachten die Betreuerinnen der IFAK. Anlaufstellen wie die IFAK sind da ein Rettungsanker. Wie die Frauen dorthin finden? „Das spricht sich rum in der Community", weiß Yurdasen Erolgu-Aygünes.

Aber nicht alle schätzen die Unterstützung für die Frauen. „Schwiegermütter sind sauer auf uns, denn sie denken, sie können von der Schwiegertochter nix mehr erwarten, wenn sie erst mal auf dem Weg ist", sagt Ayse Balyemez. „Und die Männer denken, wir wollen ihnen die Frauen wegnehmen", ergänzt Gülseren Celebi. Auch sie ist alleinerziehend, mit zwei mittlerweile erwachsenen Töchtern.

Dass es vermehrt zu Trennungen kommt und Frauen auch allein ihre Kinder großziehen, hängt mit vielen Dingen zusammen. Für viele ist die Trennung auch eine echte Chance – eine zur Eigenständigkeit. „Da stecken oft viel Kraft und viele Ressourcen hinter, wenn die Frauen beginnen, sich zu entfalten", beobachten die Familienhelferinnen. Für etliche bringt die Eigenständigkeit sogar finanzielle Verbesserungen, wenn sie schließlich erstmals selbst über Geld verfügen können. „Ein Bedarf an Beratung und Vernetzung ist da, aber die Lobby für diese Frauen fehlt", meint Gülseren Celebi. Ausgewiesene Anlaufstellen gibt es nicht, nur vereinzelte, ehrenamtliche Angebote. Einen zaghaften Versuch von Vernetzung gab es in Bochum, als die Studie zur Situation alleinerziehender Migrantinnen 2002 erstellt wurde. Doch vom Netzwerk ist nichts geblieben.

Der Bochumer Verein IFAK e. V., vor rund 35 Jahren von Zuwanderern und Einheimischen initiiert, engagiert sich in den Bereichen multikulturelle Kinder- und Jugendhilfe sowie in der Sozialarbeit für MigrantInnen. IFAK steht für „Initiative für ausländische Kinder", wobei der Vereinszweck seither erheblich ausgeweitet wurde.

Gegründet wurde der Verein 1974 auf Betreiben von LehrerInnen und SchülerInnen eines Bochumer Gymnasiums. Hintergrund war damals der einsetzende Familiennachzug von Angehörigen ausländischer Arbeitnehmer nach dem Anwerbestopp. Zu Beginn stand mit Sprachkursen und Hausaufgabenhilfe die schulische Förderung der Migrantenkinder im Vordergrund. Mittlerweile fungiert die IFAK als Trägerin mehrerer Einrichtungen, als Initiatorin und Organisatorin von Projekten für MigrantInnen und Maßnahmen zur Förderung der Kommunikation zwischen den Kulturen. Seit 1975 ist der Verein staatlich anerkannter Träger der freien Jugendhilfe. Zwischenzeitlich

Stadtteilzentrum Bochum-Dahlhausen, Mehrgenerationenhaus

214

entstanden zwei weitere Vereine: der IFAK-Kindergarten, gegründet 1996 als Trägerverein zweier multikultureller Kinder-Tageseinrichtungen, und 2005 der IFAK-Förderverein, der alle Aktivitäten bündelt. Aus ehrenamtlicher Selbstorganisation entwickelte sich eine Institution mit vielen Aufgaben, MitarbeiterInnen und multiethnisch besetzten Teams.

Ein Hauptarbeitsbereich ist die multikulturelle Kinder- und Jugendhilfe. Die IFAK betreibt in vier Stadtteilen offene Treffpunkte für Kinder und Jugendliche aller Nationalitäten. Etwa 220 kommen täglich und nutzen die vielfältigen Freizeitangebote. Schulprojekte spielen nach wie vor eine große Rolle. Pädagogische Fachkräfte sowie ehren- und hauptamtliche Ergänzungskräfte organisieren offene Ganztagsschulen, Schülerclubs und -betreuung, Mädchenarbeit und Elterngespräche in Kooperation mit sieben Bochumer Schulen. Weiterer Schwer-

punkt ist Straßensozialarbeit: Seit 1994 unterstützen drei Vollzeit-Fachkräfte mit Migrationshintergrund das städtische Streetworker-Team. Die MitarbeiterInnen betreuen Jugendgruppen in Wohnquartieren, koordinieren Freizeitangebote, Elternarbeit, Hausbesuche, helfen bei Behördengängen und entschärfen auf der Straße ausgetragene Auseinandersetzungen.

Die Geschäftsstelle der IFAK ist zugleich Sitz des Familienhilfezentrums für Migrantenfamilien. Für überforderte Eltern organisiert das Team so genannte „Hilfen zur Erziehung" in Absprache mit dem Bochumer Jugendamt. Im Rahmen der ambulanten Familienhilfe gehen SozialpädagogInnen in die Familien, beraten und betreuen Eltern und Alleinerziehende.

Der zweite Hauptarbeitsbereich ist die Migrationssozialarbeit, die alle migrationsspezifischen Aufgabenfelder der IFAK bündelt. Seit 1996 betreibt der Verein das Aktionsbüro Einbürgerung im Auftrag des Paritätischen Wohlfahrtsverbandes NRW. Gemeinsam mit anderen Institutionen fördert das Aktionsbüro die Diskussion rund um Fragen des Einbürgerungsrechts. In Einzelberatungen und Vorträgen werden Einbürgerungswillige umfassend informiert und unterstützt. Erstberatung sowie weiterführende Hilfestellungen und Stadtteilarbeit leisten dezentrale IFAK-Fachdienste und Integrationsagenturen.

Ein Großteil der Angebote aus der Bildungs- und Kulturarbeit richtet sich gezielt an Frauen mit Migrationshintergrund: Sie haben die Möglichkeit, u. a. an Gesprächskreisen, Alphabetisierungs- oder Deutschseminaren, Gymnastik- oder Computerkursen teilzunehmen. Die Zielgruppe der SeniorInnen wächst dabei stetig: Viele ArbeitsmigrantInnen haben das Rentenalter erreicht. Für sie organisiert die IFAK ein buntes Veranstaltungsprogramm, Vorträge (auch in Türkisch), Kulturabende und religiöse Feste.

**IFAK e. V. Verein für multikulturelle
Kinder- und Jugendhilfe und Migrationssozialarbeit**
Engelsburger Straße 168, 44793 Bochum
Tel.: 0234 / 6 72 21
www.ifak-bochum.de

Claudia Heinrich

215

Weltkulturerbe, von sozialen Brennpunkten umgeben

Eine neue Nachbarin im Stadtteil ist das Weltkulturerbe Zollverein im Norden von Essen. Früher war das riesige Gelände mit hohen Mauern abgeschottet, hinter denen sich eine der modernsten Kohle-Förderanlagen Europas befand. Zeche und Kokerei waren Arbeitgeber für mehrere tausend Männer. Heute ist es offen für alle und hat Millionen Gäste im Jahr. Im ehemaligen Kesselhaus wird ausgezeichnetes Design ausgestellt. Das Designzentrum Nordrhein-Westfalen war bereits Anfang der 90er Jahre erster neuer Nutzer. Und lockt seitdem nicht nur BesucherInnen, sondern auch DesignerInnen aus aller Welt. Das Ruhr Museum hat die ehemalige Kohlenwäsche bezogen. In den gigantischen Trichtern vor den rußgeschwärzten Betonwänden bilden die Schätze der Vergangenheit einen beeindruckenden Kontrast. In der ehemaligen Kaue trifft sich die internationale Tanz-Avantgarde. Im Restaurant „Casino" kann man teuer und vornehm zwischen patinierten Wänden und Maschinen essen. Männer in feinem Zwirn, Frauen in eleganten Kostümen eilen über das Gelände, das Handy am Ohr, den Laptop unter dem Arm. BesucherInnengruppen bestaunen den Förderturm. Aber es gibt kaum Berührungspunkte mit den BewohnerInnen des umgebenden Stadtteils. Bis 1986 war Zollverein für viele ein konstanter Arbeitgeber. Inzwischen entwickelte sich der Essener Norden im Dreieck der Stadtteile Schonnebeck, Stoppenberg und Katernberg zu einem „sozialen Brennpunkt" mit einem hohen Anteil von Menschen, die von Hartz IV und Grundsicherung leben und nicht selten auf eine Migrationsgeschichte zurückblicken. Im Stadtviertel wirkt Zollverein jetzt wie ein UFO.

„Die Jugendlichen schämen sich fast, wenn sie mitbekommen, dass die Leute hier sogar aus Japan anreisen und sie, die hier wohnen, noch nicht dort waren", beobachtet Macide Serpemen. Ihr und der Arbeit ihrer KollegInnen ist es zu verdanken, dass es in Katernberg „gar nicht so schlimm" ist. Die engagierte Sozialpädagogin und gebürtige Türkin arbeitet mit im Jugendhilfe-Netzwerk Katernberg. Dort treffen sich die Vorbeter der Moscheen, VertreterInnen von Polizei, Schulen, Kindergärten, Ordnungsamt, Justiz, Politik und Jugendhilfe-Einrichtungen. Sechsmal im Jahr sitzen alle zusammen. Ihr Chef, Thomas Rüth, ist Initiator dieser präventiven Zusammenarbeit und sorgte damit bundesweit schon mehrfach für Schlagzeilen. 180 Familien betreut die Arbeiterwohlfahrt. Neben der Familienhilfe gibt es offene Angebote, beispielsweise Kochkurse für Frauen, Elternarbeit und den Jugendarbeitskreis mit meist muslimischen Jugendlichen, Mädchen und Jungen. Einmal in der Woche geht es um Wertevermittlung und Kommunikation: „Politische Bildung gegen die radikale Islamisierung", fasst Macide Serpemen das Anliegen kurz zusammen. Dazu gehört auch ein Besuch in Berlin oder im Konzentrationslager Dachau. Die Arbeit des Netzwerks Katernberg hat dazu beigetragen, dass die für Jugendliche typische Straßenkriminalität messbar zurückgegangen ist. Macide Serpemen freut sich über das neue Leben auf der Zeche Zollverein. Industriegeschichte und Kultur interessieren die 51-Jährige, aber als Sozialpädagogin sieht sie für die Menschen in Essen-Katernberg bisher keinen Nutzen. Auch der Leiter der Polizeiwache Katernberg, Frank Matuschek, ist überzeugt: „Das Weltkulturerbe ist für den Stadtteil eine Exklave, der Stadtteil lebt sein Leben. Designzentrum und Kultur – das ist nicht die Attraktion für die Leute hier, die gehen lieber zum Fußball oder in die Kneipe."

Rund 90 Millionen Euro wurden in die Neugestaltung des Weltkulturerbes investiert und nach den Plänen des Architekten und Stadtplaners Rem Koolhaas verbaut. Nun prallen Welten aufeinander. Und doch gibt es Berührungspunkte: im Sommer. Da tummeln sich die Jugendlichen und Kinder aus dem Stadtteil im „Werksschwimmbad". Eigentlich ist es ein Kunstwerk. Das Freibad der Frankfurter Künstler Dirk Paschke und Daniel Milohnic war 2001 im Rahmen der Ausstellung

„Kunst und Kritik" entstanden. Auch Tamy, Ali, Cher und Khodor treffen sich im Sommer hier und finden es toll, vor der Industriekulisse zu schwimmen. Im Winter ist es die Eisbahn, die auch Jugendliche aus dem Stadtteil hierher lockt. Allerdings schon weniger, denn das Laufen kostet Geld. Meistens hängen die vier doch auf dem Katernberger Markt ab oder im Jugendzentrum. Das Jugendzentrum Stoppenberg grenzt direkt an das Gelände von Zollverein. Eine breite Treppe führt in das rote Backsteinhaus. Es ist etwa zeitgleich mit dem berühmten Nachbarn entstanden und passt in seiner Architektur zur Bauweise von Zollverein. Seit der Eröffnung als Jugendzentrum 1978 arbeitet Peter Lemancyk hier. Der 63-Jährige ist eine Autoritätsperson. Die braucht es auch, denn für viele der Kinder und Jugendlichen, die das Zentrum besuchen, ist es der einzige Ort, wo klare Regeln angesagt sind. Der Sozialpädagoge ist auf Zollverein nicht gut zu sprechen. „Die wollen mit uns doch nix zu tun haben", meint er. „Da ging es ja um viele Millionen, und die wollten sie für sich alleine haben", vermutet er. Früher war das Gelände abgeschottet, heute schafft etwas anderes Distanz zwischen dem Jugendzentrum und dem neuen Ort für Kultur und Design. Auch die neue Jugendzentrumsleiterin bemängelt den Kontakt. „Dann kommen die hier mal eingeflogen und brauchen schnell für eine Kunstaktion ein paar Jugendliche", klagt Martina Reichert. Statt zusammen etwas zu erarbeiten, komme nur kurzfristig die Anfrage: „Schickt uns mal die Kinder vorbei – und dann sind die wieder weg", stellt sie fest. Ansonsten gibt's manchmal Ärger mit den „Nachbarn", weil einige Jugendliche mit ihren Mofas auf dem großen neuen Parkplatz ihre Runden drehen.

Im Jugendzentrum Stoppenberg ist Planungssitzung. Etwa 30 Jungen und Mädchen finden sich ein. Sie wollen überlegen, was in nächster Zeit angeboten werden soll. Die beiden 14-jährigen Freundinnen Melodi – mit großen Silberohrringen – und Devran – mit kesser Schiebermütze – wollen einen Ausflug nach Holland unternehmen, der jüngere Dustin wünscht sich einen Besuch im Freizeitzentrum Kettelerhof. Alle finden Ausflüge gut, vor allem, wenn sie nicht so teuer sind. Esra wünscht

sich Fußball für Mädchen, und die großen Jungs in der hinteren Reihe wollen „Party", „aber nur für die ab 14", schlägt Ali vor. Semih stimmt ihm zu. Auch Khodor, ein Jugendlicher mit feinen Gesichtszügen, pflichtet den beiden zurückhaltend bei. Semih spricht neben Deutsch auch Türkisch, Ali (15) und Khodor (15) haben libanesische Eltern. Im Jugendzentrum neben dem Weltkulturerbe Zollverein kommen alle zusammen: Türken, Libanesen, Russen. Jugendliche, deren Eltern und Großeltern nur in Deutschland gelebt haben, sind auch dabei. Meist bleiben die Nationalitäten unter sich. Alle verständigen sich hauptsächlich auf Deutsch. Für die Jungen, die mit dem Strukturwandel-Gelände aufwachsen, ist ganz Zollverein ein Anziehungspunkt, nicht nur das Werksschwimmbad oder die Eislaufbahn. Sie finden auch die spektakulär lange, orange leuchtende Außenrolltreppe zur Kohlenwäsche „cool". Genauso wie „die vielen interessanten Leute, die dorthin kommen", sagt Khodor, „wir sind oft auf dem Gelände". Auch das Ruhr Museum habe er sich schon angeschaut, mischt sich Ali ein. Ob sie sich vorstellen können, damit einmal mehr zu tun zu haben. „Naja, erst mal den Schulabschluss schaffen", heißt die realistische Antwort einstimmig. Und die kommt von den Jungen ebenso wie von den Mädchen.

Einige Übernachtungsmöglichleiten sind im Stadtteil entstanden. Ein paar Kneipen gibt es, aber da gehen die BesucherInnen von Zollverein eher selten hin. Umgekehrt besuchen die Stoppen- und KaternbergerInnen das Zollverein-Gelände mit all seinen Angeboten auch eher selten, obwohl die Hinweisschilder überall an den Straßen stehen. Etwas anders ist das nun schon bei den Jüngeren. Denen eröffnet das „Ufo Zollverein" im Essener Norden vielleicht wirklich eine andere Welt, und das lässt für die Zukunft auf eine gute neue Nachbarschaft hoffen.

Das Jugendhilfe-Netzwerk der Arbeiterwohlfahrt (AWO) Kreisverband Essen engagiert sich im Stadtteil Katernberg in den Bereichen Prävention und Hilfen zur Erziehung. Ziel ist es, mit flexiblen, unbürokratischen und kostengünstigen Interventionen die Jugendkriminalität einzudämmen bzw. zu verhindern.

Die Arbeiterwohlfahrt Essen initiierte das Jugendhilfe-Netzwerk 1997 als Modellprojekt in Katernberg, einem „Stadtteil mit besonderem Erneuerungsbedarf". Die Anschubfinanzierung in den ersten beiden Jahren leistete das Ministerium für Arbeit, Gesundheit und Soziales. Der Netzwerkgründung vorausgegangen waren Fachdiskussionen, wie man Kinder und Jugendliche effektiv vor Ort betreuen und kostenbewusste ambulante Erziehungshilfe leisten könnte. Man entschied sich gegen zusätzliche stationäre Lösungen und für einen fundamentalen Umbau der Jugendhilfe vor Ort, basierend auf aktiver Vernetzung der im Stadtteil vorhandenen Ressourcen und Institutionen.

Die innovative Idee bestand darin, die drei Bereiche Prävention, Hilfen zur Erziehung und Vernetzungen zu verbinden. Diese Bereiche sind üblicherweise voneinander getrennt, indem sie verschiedenen Abschnitten des Kinder- und Jugendhilfegesetzes (KJHG) zugeordnet sind, aus unterschiedlichen Töpfen finanziert werden und an unterschiedliche Institutionen gebunden sind. Ihre Verknüpfung unter dem Dach des Netzwerks erzielte Erfolge und Einsparungen. Nach Auslaufen der Modellphase wurde das Konzept nach 1998 auf kommunaler Ebene weiterfinanziert.

Erstes Ziel ist, möglichst frühzeitig und flexibel auf Probleme und Bedürfnisse der Jugendlichen im Stadtteil reagieren zu können. Jährlich initiiert und organisiert das Netzwerk etwa zehn bis 15 Präventionsprojekte, offeriert Informations- und Beratungsgespräche, leistet Street-

work und organisiert vielfältige Sport- und Freizeitangebote für unterschiedliche Zielgruppen, u. a. Mädchenturnen, Fußballgruppen, Bodybuilding und Kletter-AGs. Neben Anti-Aggressionstraining stehen Treffs für türkische und libanesische Frauengruppen und Alleinerziehende auf dem Programm. 50 themenbezogene Projektgruppen sind aktiv.

Wenn Prävention allein nicht mehr greift, darf das Jugendhilfe-Netzwerk die gesetzlichen Hilfen zur Erziehung durchführen – maßgeschneidert für den Einzelfall. Ein oder zwei SozialarbeiterInnen betreuen durchgehend eine/n Jugendliche/n, sodass eine enge Bindung entsteht und der junge Mensch im gewohnten Umfeld bleiben kann. Einzelbetreuungskapazitäten bestehen pro Jahr für etwa 16 Kinder oder Jugendliche und ihre Familien, weiteren 15 Kindern oder Jugendlichen kommen gruppenpädagogische Maßnahmen zugute. Alle Beteiligten profitieren von den vielfältigen Kontakten und Anlaufstellen vor Ort.

Bei Präventionsarbeit und Erziehungshilfen kooperiert das Netzwerk mit über 100 professionell tätigen PartnernInnen vor Ort – Institutionen wie Einzelpersonen, die die Mitarbeiter persönlich kennen und im Bedarfsfall einschalten, darunter Angestellte des Ju-

gendamts, der Kindergärten, Jugendzen-
tren, Schulen, Ausbildungsträger, Polizis-
ten, Jugendrichter, Politiker, Bewährungs-
helfer sowie Vereine und BürgerInnen. Ein-
malig ist, dass MitarbeiterInnen der freien
und des öffentlichen Trägers gemeinsam
in einem Team arbeiten. Die Kooperationspartner treffen sich regelmäßig zur „Sozi-
alraumkonferenz", um auf Stadtteilebene
Aspekte der Jugendhilfe zu diskutieren.
Das Netzwerk führt diese Praktiker zusammen und moderiert den Kommunika-
tionsprozess mit der Absicht, abgestimm-
tes, gemeinsames Handeln zu ermöglichen und sich wechselseitig zu unterstützen.

Jugendhilfe-Netzwerk Katernberg
Schniedtkamp 24-26
45327 Essen
Tel.: 0201 / 21 76 03 22
http://awo-essen.de/jugendhilfenetzwerk

Mit Unterstützung des Jugendamts und des AWO-
Jugendhilfe-Netzwerks Katernberg wurde 2005 eine
Gruppe für türkische Frauen in schwierigen Trennungs-
situationen gegründet. Dies war die Keimzelle des
Frauenvereins Ana-Tolia. War sein Angebot zunächst
auf alleinerziehende türkische und muslimische Frau-
en beschränkt, ist der Verein mittlerweile offen für alle Frauen: verheiratet oder nicht, alleinerziehend, mit
Trennungsabsichten oder schon getrennt, egal welcher
Nationalität oder Religion. Ana-Tolia will vertrauens-
volle Begegnungen zwischen Frauen ermöglichen, bei
Gewalt in der Familie Hilfe vermitteln, bei Job- und
Wohnungssuche helfen, Rechtsschutz bieten, Frauen
auffangen, die in Trennung leben und keine eigene
Aufenthaltserlaubnis besitzen. Aber auch Theater-
und Kinobesuche gehören zum Programm. Künftig
will der Verein verstärkt Sprachkurse durchführen.

Ana-Tolia e. V. (im Stadtteilzentrum Kon-Takt)
Katernberger Markt 4
45327 Essen
E-Mail: ana-tolia@web.de

Claudia Heinrich   *Claudia Horch*

Wohnen, Freiraum, Mobilität

Welche Bedeutung Wohnen, Freizeit, Sport und Mobilität für Frauen, Männer, Mädchen und Jungen in der Metropole Ruhr haben und wie das Ruhrgebiet auch unter geänderten demografischen Bedingungen attraktiv bleibt, machen zukunftsweisende Ansätze integrierter Stadterneuerung und Regionalentwicklung deutlich.

Ins Grüne! Ans Wasser!
Lieblingsort von Mann und Frau im Revier: die Ruhraue.

Christine Andrae

Was ist Ihr Lieblingsort im Ruhrgebiet? Wo halten Sie sich am liebsten auf? Diese Fragen wurden 1.012 BewohnerInnen des Ruhrgebiets im Frühjahr 2009 gestellt.

Die Umfrage wurde von Academic Data im Auftrag des Regionalverbands Ruhr durchgeführt (s. Beitrag Lange, Seite 16). 516 Frauen und 496 Männer aus den Städten und Gemeinden des Ruhrgebiets wurden befragt. Die Umfrage war für die Region repräsentativ bezüglich der Alters- und Geschlechterverteilung und der Wohnorte der Befragten.

Manche – etwa 20 % – konnten keinen speziellen Lieblingsort nennen. Für viele – mehr als 10 % – ist es zu Hause einfach am schönsten. So weit zur beidergeschlechtlichen Häuslichkeit. Aber gibt es auch gemeinsame Lieblingsziele? Wenn ja, sind es für Männer und Frauen dieselben? Kann man sie charakterisieren?

Die folgende Auswertung bezieht sich auf Lieblingsorte, die nicht der Wohnort der Befragten waren. Das waren 387 Lieblingsorte von Frauen und 353 Lieblingsorte von Männern. Es stellte sich heraus, dass Erholung in der grünen Natur und am Wasser bei Frauen und Männern genauso beliebt sind wie Bummeln und Shoppen. Die Fußballstadien und Kulturorte spielen dagegen eine kleinere Rolle. So unterschiedlich die Menschen sind, so verschiedenartig sind auch ihre Lieblingsorte. Und doch gibt es

Lieblingsorte im Ruhrgebiet
Shoppen, Stadtbummel und Fußball kommen erst danach

Bei Männern und Frauen gleichermaßen beliebt: die Erholung im Grünen und am Wasser

223

Lieblingsorte von Männern und Jungen im Ruhrgebiet. Die Symbolgröße richtet sich nach der Anzahl der Nennungen.

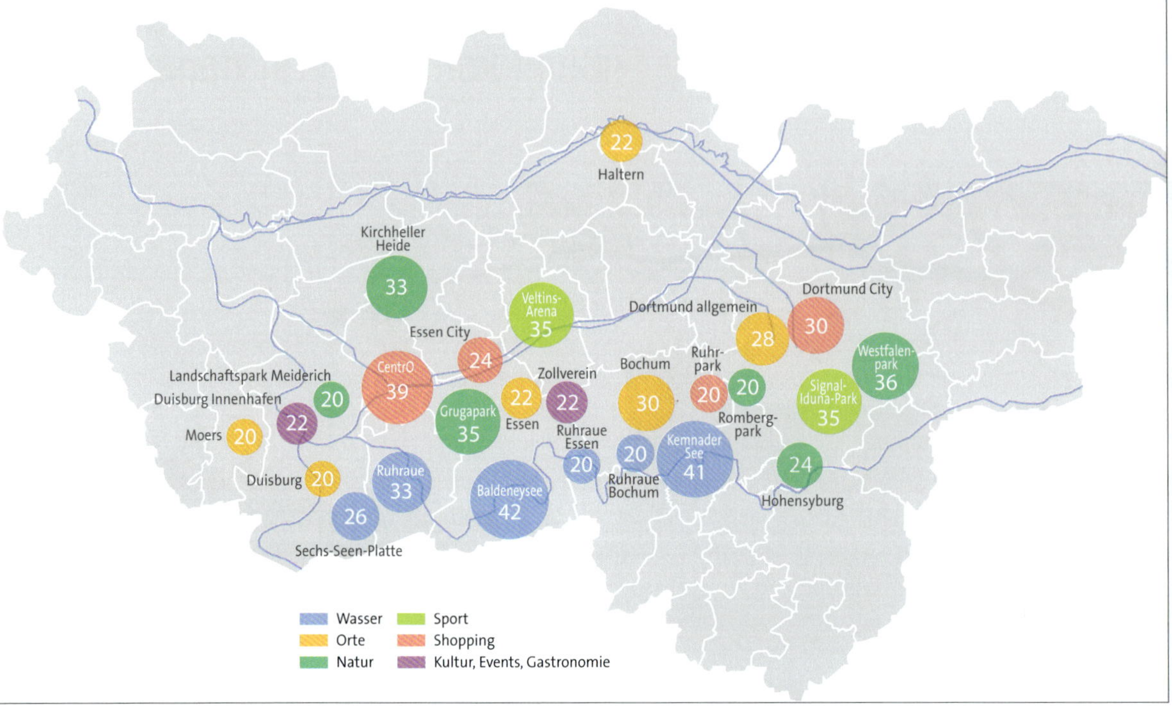

Haltern 22

Kirchheller Heide 33

Veltins-Arena 35

Essen City

Dortmund allgemein 28

Dortmund City 30

Westfalen-park 36

Landschaftspark Meiderich
Duisburg Innenhafen 22

CentrO 39

Zollverein

Bochum 30

Ruhr-park 20

20

Signal-Iduna-Park 35

20

Moers 20

Grugapark 35

Essen

22

Ruhraue Essen 22

Rombergpark

Duisburg 20

Ruhraue 33

Baldeneysee 42

Kemnader See 41

Ruhraue Bochum 20

Hohensyburg 24

26

Sechs-Seen-Platte

Legende:
- Wasser (blau)
- Orte (gelb)
- Natur (grün)
- Sport (hellgrün)
- Shopping (orange)
- Kultur, Events, Gastronomie (violett)

Orte von deutlicher Beliebtheit. Bei beiden Geschlechtern ist der Baldeneysee „Gewinner" der Umfrage. Auch der Kemnader See und die Ruhraue bei Bochum sind für viele Menschen aus dem zentralen und westlichen Ruhrgebiet Lieblingsorte. Ganz deutlich zeigen die Karten die große Bedeutung der Ruhraue für die Erholung. Wasserflächen ziehen Menschen an. Auch die Sechs-Seen-Platte in Duisburg-Wedau ist sehr gefragt. Die Ruhrseen im östlichen Ruhrgebiet sind dagegen kaum im Blickfeld.

Fern von der Ruhr fallen die Antworten nicht so klar aus. Noch scheinen die attraktiven Orte am Wasser in der Emscher- und Lipperegion unentdeckt. Allein der Halterner See kann — vorwiegend bei Frauen — punkten. Erholung im Grünen suchen die Menschen im nördlichen Ruhrgebiet am liebsten in der Kirchheller Heide. Oder in den Revier- und Landschaftsparks. Die großen Halden stehen noch nicht auf der Liste der Lieblingsorte der Metropole Ruhr. Magneten sind die großen Parks mit

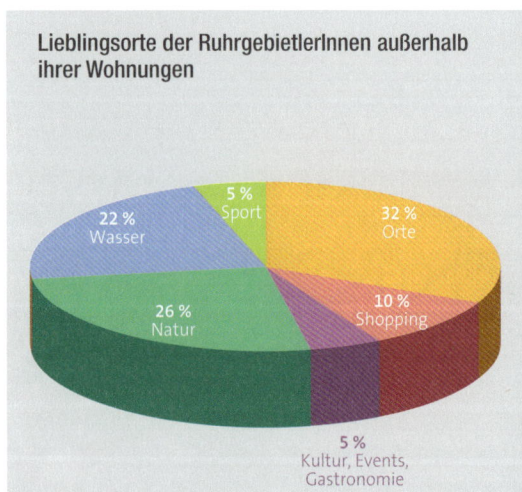

Lieblingsorte der RuhrgebietlerInnen außerhalb ihrer Wohnungen

- 22 % Wasser
- 5 % Sport
- 32 % Orte
- 10 % Shopping
- 5 % Kultur, Events, Gastronomie
- 26 % Natur

reichhaltigem Angebot für Jung und Alt: der Westfalenpark in Dortmund und der Grugapark in Essen. Auch die Blütenmeere des Rombergparks sind weit über Dortmund hinaus beliebt. In Gelsenkirchen ist der Gysenbergpark gefragt, in Duisburg der Landschaftspark Duisburg-Nord.

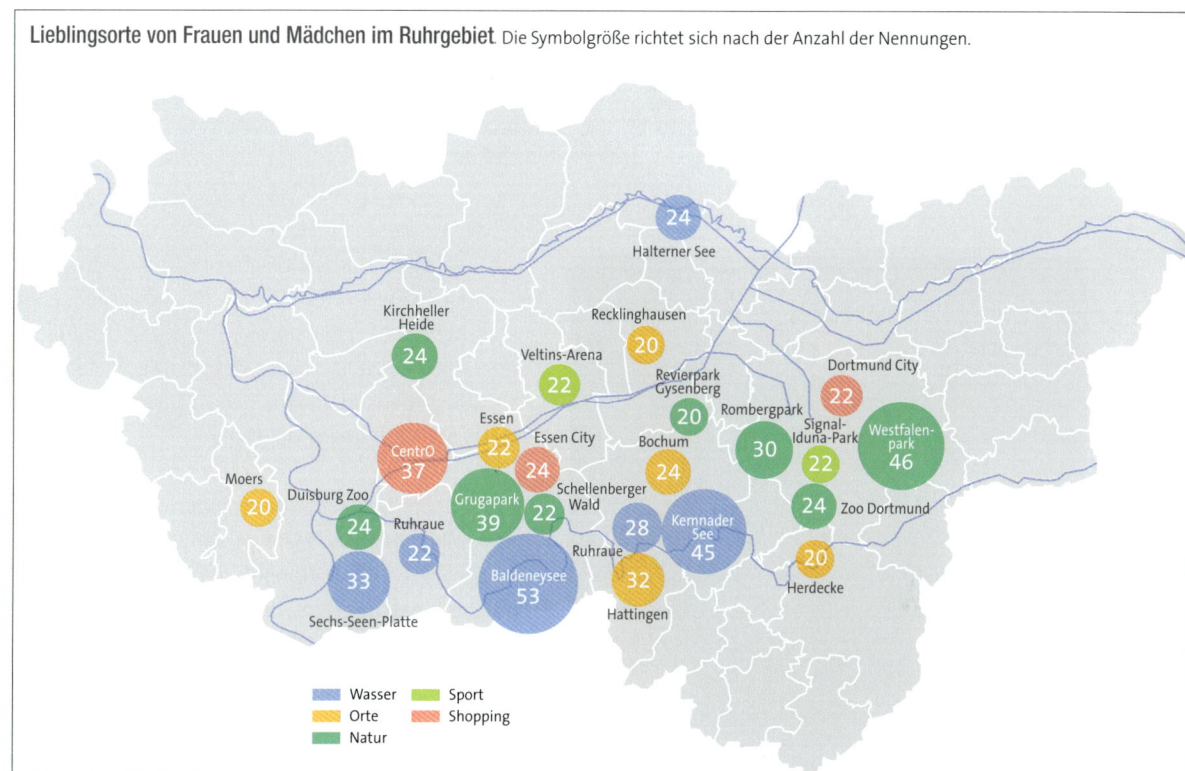

Lieblingsorte von Frauen und Mädchen im Ruhrgebiet. Die Symbolgröße richtet sich nach der Anzahl der Nennungen.

Halterner See — 24

Kirchheller Heide — 24

Recklinghausen — 20

Veltins-Arena — 22

Dortmund City — 22

Revierpark Gysenberg — 20

Rombergpark — 30

Signal-Iduna-Park — 22

Westfalen-park — 46

Essen — 22

Essen City — 24

Bochum — 24

CentrO — 37

Moers — 20

Duisburg Zoo

Grugapark — 39 — 22

Schellenberger Wald

Zoo Dortmund — 24

24

Ruhraue — 24

22

Ruhraue — 28

Kemnader See — 45

33

Baldeneysee — 53

32

20

Herdecke

Sechs-Seen-Platte

Hattingen

Legende: Wasser, Orte, Natur, Sport, Shopping

Auffällig und unerwartet: Vor allem Frauen zieht es immer wieder in die Zoos nach Dortmund und Duisburg, nicht hingegen nach Gelsenkirchen. Vielleicht hat das mit den Eintrittspreisen zu tun. Kultur- und Szeneorte spielen in den Antworten nur eine kleine Rolle. Neuer Anziehungspunkt ist der Duisburger Innenhafen. Als einziges Industriedenkmal wird das Weltkulturerbe Zollverein von mehreren Männern genannt. Klar, dass auch die Fußballstadien von Schalke 04 und Borussia Dortmund Lieblingsorte besonders von Männern sind.

Nur Frauen gehen gerne shoppen? Von wegen! Das CentrO in Oberhausen ist gleichermaßen favorisierter Ort von Männern wie von Frauen aus dem ganzen Ruhrgebiet. Bochumer Männer kaufen allerdings auch gerne im Bochumer Ruhrpark ein.

Beliebt bei beiden Geschlechtern sind die großen Städte Essen, Dortmund und Bochum. Besonders die Innenstädte von Dortmund und Essen laden offenbar zum

Bummeln und Flanieren ein. Frauen lieben die historische Altstadt von Hattingen. Attraktiv sind auch die Ortsbilder von Haltern, Herdecke, Moers und Recklinghausen.

Resümee? Weibliche und männliche Ruhrgebietsbewohner lieben das Shoppen und Bummeln in Städten oder großen Einkaufszentren. Lieblingsorte sind auch die großen Parks. Aber vor allem ist man gerne in der Ruhraue. Im Grünen. Am liebsten am Wasser. Die ruhrnahen Orte bieten eine attraktive Erholungslandschaft vor der Haustür.

Die Umfrage bestätigt, dass sich die traditionellen Ausflugsziele etabliert haben. Im Norden und Osten des Ruhrgebiets sind die Oasen der Ruhe noch nicht entdeckt. Auch die Landmarken im Emscher Landschaftspark sind noch nicht in den „Top 20" angekommen. Es wird sich zeigen, ob sich nach dem Emscherumbau auch die neue Emscheraue in einen Lieblingsort verwandelt.

Freiraum ist für alle da!

Petra Hüging
Regina Mann-Krysik

Erholung, Sport und Freizeit haben für die Menschen einen hohen Stellenwert. Viele der damit verbundenen Aktivitäten spielen sich draußen ab. Somit beeinflusst die Freiraumausstattung der Metropole Ruhr entscheidend die Lebensqualität der Bevölkerung und nicht zuletzt auch das Image der Region.

Derzeit finden tief greifende Veränderungen statt, nicht nur infolge des ökonomischen, sondern insbesondere des demografischen Wandels, der sich im Rückgang und Älterwerden der EinwohnerInnen, der Ausdifferenzierung der Gesellschaft und der Pluralisierung der Freizeit und Freizeittätigkeiten zeigt. Umfragen im Ruhrgebiet (Blotevogel / Jeschke 2003) machen deutlich, dass eine mangelhafte Umwelt- und Freiraumqualität ein Motivationsgrund für einen Umzug oder sogar die Abwanderung sein kann. Daher sind Strategien zur Steigerung der Lebensqualität in der Metropole Ruhr gefordert.

Neben der Herstellung eines ausreichend dimensionierten Freiraumsystems ist es für die Region eines der Ziele, Freiräume zu entwickeln, die möglichst allen Ansprüchen gerecht werden (Freiraum ist für alle da!). Daher werden in diesem Beitrag nicht nur die unterschiedlichen Nutzungsanforderungen von Frauen und Männern betrachtet, sondern auch die Anforderungen, die von den unterschiedlichen Bevölkerungsgruppen insgesamt gestellt werden.

Funktionen und Wertigkeiten in der Metropole Ruhr

Das Ruhrgebiet umfasst eine Fläche von 4.435 qkm, davon sind circa 19 % besiedelt und 71 % der Flächen sind unbebaut (Land-, Forstwirtschaft, Grün-, Wasserflächen). Es

Freizeit, Erholung und Entspannung haben einen hohen Stellenwert.

gibt große Unterschiede zwischen den Kernstädten und den Ballungsrandzonen. Während der Kernraum dicht besiedelt ist und einen hohen Nutzungsdruck und steigenden Bedarf nach Naherholungsräumen aufweist, sind die Randzonen weniger dicht besiedelt und besitzen größtenteils noch großflächige Landschaftsräume (www.naturschutz-fachinformationssysteme-nrw.de), die jedoch dem Nutzungsdruck der Urbanisierung unterliegen. So hat die Stadt Herne mit 3.307 EinwohnerInnen/qkm eine hohe EinwohnerInnendichte, und der Anteil an Siedlungs- und Verkehrsflächen liegt mit gerundet 76 % sehr hoch. Im Kreis Wesel hingegen leben 456 EinwohnerInnen/qkm. Hier dominieren die Freiflächen mit 79 % an der Gesamtfläche.

Die vielfältigen Funktionen von Freiräumen (ökologische, soziale, ökonomische sowie gestalterische und stadtstrukturelle Funktionen) und

227

Unterschiedliche Gruppen haben sehr vielfältige Ansprüche an den Freiraum.

ihre Bedeutung sind intensiv erforscht und dokumentiert[1]. Die Einbeziehung von Freiraum zur Steigerung der Lebensqualität ist Teil von Konzepten, die die Erneuerung der ehemaligen Industrieregion zum Ziel haben – eines der bekanntesten ist der Emscher Landschaftspark.

Erholung, Freizeitverhalten und -trends

In der Metropole Ruhr leben 2,7 Millionen (51,4 %) Frauen und 2,6 Millionen (48,6 %) Männer. Der Ausländeranteil liegt bei rund 10,5 %. Jeder fünfte Bürger ist älter als 65 Jahre, die Altersstruktur unterscheidet sich im Landesvergleich durch einen überdurchschnittlichen Anteil an Älteren und einen unterdurchschnittlichen Anteil an Kindern und Jugendlichen (alle Daten: Regionalverband Ruhr 2007). Die Menschen der Region prägen mit ihrem Freizeitverhalten ihre Umwelt. Die Ansprüche der Bevölkerung an die Freiraumnutzung unterscheiden sich nach Alter, Geschlecht, sozialem Hintergrund etc. und sind zusätzlich einem zeitlichen Wandel unterworfen.

Geprägt werden die Freiraumansprüche und der sich daraus ergebende Freiraumbedarf durch die Kenntnisse und Gewohnheiten der Menschen (Spitthöver 2006). Sie ergeben sich aus der Lebenssituation des Individu-

ums, der Familie und der sozialen Gruppe. Ein zusätzlicher Einfluss auf den Einzelnen geht von der im Wohnumfeld ansässigen Gesamtbevölkerung aus. Zum anderen ist der räumliche Zusammenhang, in dem der Nutzungsanspruch entsteht, von erheblicher Bedeutung. Oft kann nur ein Teil der Ansprüche an einem Ort erfüllt werden. Für alle weiteren Ansprüche muss ein abgestuftes Freiraumsystem für unterschiedliche Nutzungen entwickelt werden (Weckwerth 2000).

NutzerInnenansprüche

Um festzustellen, wie Freiraum zu gestalten ist, müssen die unterschiedlichen NutzerInnenansprüche bekannt sein. Zu Fragen der Erholungsmotive, -ansprüche und des Freizeitverhaltens gab es verschiedene Untersuchungen, die jedoch oft nicht repräsentativ waren oder teilweise punktuell für bestimmte Grünflächen durchgeführt wurden. Besonders viele Informationen liegen über die NutzerInnenwünsche bezüglich der wohnungsnahen Grünflächen vor, die für die tägliche Freizeit von besonderer Bedeutung sind. Es handelt sich hierbei im Wesentlichen um die privat, gemeinschaftlich und öffentlich nutzbaren Grünflächen im unmittelbaren Wohnumfeld. Beispielhaft werden hier die Ergebnisse zusammengefasst. Aber auch die differenzierte Betrach-

228

tung nach unterschiedlichen Nutzergruppen allein reicht nicht aus, da Alltagsabläufe, Einstellungen und Lebensstile sowie Wohn- und Konsumpräferenzen innerhalb von Nutzergruppen heterogen sind.

Geschlecht

Mädchen halten sich seltener draußen auf als Jungen. Der Rückzug aus dem Freiraum gilt dabei vor allem für bestimmte Mädchengruppen und räumliche Bedin-

gungen. Während sich Präsenz und Aktionsräume von Jungen ab dem zehnten Lebensjahr erheblich erweitern, findet bei Mädchen in diesem Alter ein Rückzug aus dem Freiraum statt. Besonders in verdichteten urbanen Wohngebieten mit geringer Freiraumausstattung sind Mädchen deutlich unterrepräsentiert. Trotzdem wurde festgestellt, dass Frauen z. B. in Parkanlagen überrepräsentiert sind.

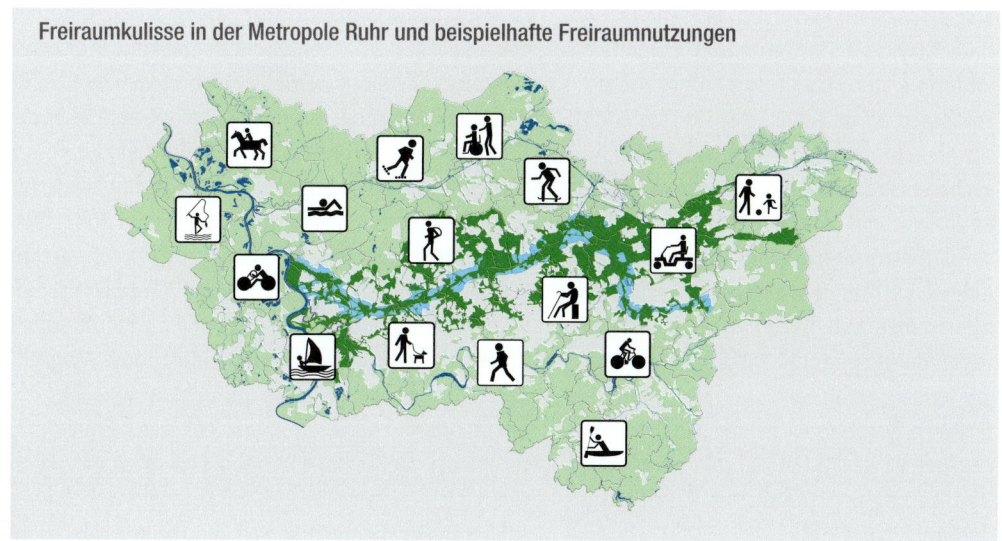

Freiraumkulisse in der Metropole Ruhr und beispielhafte Freiraumnutzungen

Sie sind jedoch seltener in solchen Parks anzutreffen, die von den Wohngebieten vergleichsweise weit entfernt liegen und sozial nicht als sicher gelten (Spitthöver 2006). Als ein möglicher Grund für die weibliche Dominanz in öffentlichen Grün- und Parkanlagen wird genannt, dass Frauen im Alltag eher darauf angewiesen sind, mit Kindern Spielräume außerhalb der Wohnung aufzusuchen, und dass ein stärkeres Interesse an sozialen Kontakten besteht. Frauen sind eher bereit, Stadtgrün zur Gesundheitsförderung zu nutzen (nach Frohn, zitiert in Smaniotto et al. 2006 sowie Tessin 2005). Untersuchungen geschlechtsspezifischen Verhaltens zeigen, dass Mädchen und Frauen zunehmend „männliche Freiräume" und Verhaltensformen erobern, während die von Jungen und Männern weitgehend rollenkonform bleiben. Männliche Parkbesucher bevorzugen demgegenüber Parks, die den raumgreifenden, spielsportlichen Bewegungsinteressen entgegenkommen. Auch zeitlich gesehen ist der Aufenthalt der männlichen Bevölkerung im öffentlichen Raum ausgedehnter (Harth 2005).

Alter

Die geringe Mobilität führt dazu, dass ältere Menschen auf Erholungsräume in ihrer unmittelbaren Nähe angewiesen sind (Smaniotto et al. 2006, Zeitz 2007, Steidle-Schwahn / Hoffmann 2005, Spitthöver 2006). Ältere Menschen legen die Hälfte ihrer Wege zu Fuß zurück. Sie suchen eher gepflegte, ästhetisch attraktive und ruhige Parkanlagen, die ungestört und fußläufig zu erreichen sind (Nohl 2002). Daher besteht Handlungsbedarf im unmittelbaren Wohnumfeld: bei der Gestaltung von Fußwegen und Plätzen, Hauseingängen, Straßenüberquerungen, Oberflächenbeschaffenheit und Breite von Fußwegen. Benötigt werden unter anderem mehr Fußgängerampeln, längere Ampelphasen, bessere Beleuchtung, präzisere Farbgestaltung öffentlicher Räume zur Verbesserung der Orientierung und Erkennbarkeit, öffentliche Toiletten (Voskamp 2007, Schmidt 2003). Das Wohnumfeld sollte barrierefrei sein und zudem direkte Wegeverbindungen bieten. Gerade Ältere wünschen sich ein vielfältiges Angebot an privat und öffentlich nutzbaren Freiflächen im Wohnumfeld sowie Möglichkeiten für Aufenthalt, Begegnung und sinnvolle Tätigkeiten im öffentlichen Raum. Dazu gehören nicht zuletzt funktionsungebundene Freiräume für spontane Aktivitäten (Neumüllers et al. 2007). Bevorzugt werden eher ruhige und gepflegte Parkanlagen. So konnte Nohl (Nohl

1990) nachweisen, dass gepflegte Freiräume mit zunehmendem Alter besser gefallen und als „interessanter" angesehen werden. Viele Studien belegen, dass Parks und städtische Grünflächen von Älteren auch häufiger aufgesucht werden. Alte Menschen beobachten gerne und dies aus einer gesicherten und geschützten Perspektive heraus (Spitthöver 2006). Aufgrund des gesteigerten Sicherheitsbedürfnisses werden ungepflegte und unruhige Anlagen gemieden (Voskamp 2007, Schmidt 2003, Spitthöver 2006). Daher halten sich ältere Menschen überproportional häufig in Parkanlagen auf, die den Charakter eines öffentlichen Gartens haben (gepflegt, bunt).

Ältere, meist Finanzkräftige, ziehen vermehrt aus dem suburbanen Raum in die Kernstädte zurück, um eine gut erreichbare Infrastruktur zu haben. Für viele ältere (aktive) Menschen sind vor allem kleinräumige Angebote und die zentrale Lage des Quartiers von Bedeutung. Auch ist es für diese Altersgruppe wichtig, Freizeit- und Begegnungsmöglichkeiten mit Versorgungs- und Pflegeeinrichtungen zu verbinden. Den Älteren und eingeschränkt Mobilen steht die große Gruppe der gesundheitsbewussten „Best-Ager" – die Gruppe ab 50 Jahren aufwärts – gegenüber (Schick / Kirig 2008). Diese Gruppe entdeckt das prophylaktische

Gesundheitspotenzial des Sports für sich. Hier sind Ausdaueraktivitäten wie Wandern, Radfahren und Walken ein beliebtes Mittel, um sich gesund und fit zu halten.

Junge Erwachsene, gut ausgebildete und ökonomisch starke Singles, die verstärkt in den Kernstädten zu finden sind, verlangen nach Freiräumen für aktive ausgedehnte Bewegung, für Selbst-Inszenierung, für Events, Fitness, Trendsportarten und Wohlbefinden (Nohl 2002). Somit bevorzugen jüngere Menschen belebte Orte. Je besser die Freiraumversorgung und -qualität, desto häufiger und länger halten sich auch Kinder draußen auf (Harth 2005). Harth stellt jedoch einen Trend zur „Verhäuslichung" von Kindern und Jugendlichen fest. Kinder brauchen Möglichkeiten, sich elternunabhängige Bewegungsspielräume zu eröffnen. Dazu ist ein Wohnumfeld mit vielfach nutzbaren und sicheren privaten, halböffentlichen und öffentlichen Freiflächen notwendig.

Schicht
Wer aufgrund seines sozialen und ökonomischen Status über die notwendigen Mittel verfügt, kann sich sowohl mit öffentlichem als auch mit privat nutzbarem Freiraum gut versorgen (Spitthöver 2006). Menschen in so genannten Armutsgebieten geben eine größere zumutbare Entfernung zum nächsten Park an als Menschen in Wohngebieten mit höherem Sozialstatus.

231

Ethnie

Generell mangelt es an Kenntnissen über die Freiraumansprüche und das Freiraumverhalten von MigrantInnen. Eine wissenschaftliche Studie mit diesbezüglich abgesicherten Aussagen steht noch aus. Bisher ist aber festzustellen, dass sich die Anforderungen, die MigrantInnen an das Wohnumfeld und den öffentlichen Raum haben, nicht von den Wünschen anderer QuartiersbewohnerInnen unterscheiden. Unterschiedlich sind lediglich die Ideen für die Nutzung des Freiraums wie z. B. Mini-Garküchen in einem Berliner Park (Spitthöver 2006). Ältere Studien zeigten, dass die deutsche Bevölkerung in verdichteten gründerzeitlichen Quartieren öffentlich nutzbare Freiräume mieden, die stark von MigrantInnen besucht wurden.

Behinderung

Eine barrierefreie Umwelt ist für Menschen mit Behinderungen, für Kranke, Alte und Menschen mit Gepäck oder einem Kinderwagen wichtig. Aufgrund der demografischen Entwicklung werden Freiräume und Erholungsgebiete zunehmend barrierefrei gestaltet werden müssen. Beispiele, die dem Rechnung tragen, sind der RuhrtalRadweg, der mehrere barrierefreie Abschnitte aufweist, oder das Naturerlebnisgebiet Üfter Mark im Grenzbereich der Kreise Recklinghausen,

Wesel und Borken. Mangelnde Angebote im Rahmen des barrierefreien „Natur erleben" haben den Regionalverband Ruhr bewogen, die Potenziale dieses Gebietes zu nutzen, um hier ein Angebot für Menschen mit und ohne Behinderungen aufzubauen. Ein insgesamt circa 6,6 km langer Rundweg, unterteilt in verschiedene Abschnitte, ermöglicht Menschen mit Behinderungen, die Natur zu erleben. Der barrierefreie Weg weist unterschiedliche Schwierigkeitsgrade auf. Dank eines Spezialgemisches aus Sand, Ton und Kies bietet er einen idealen Untergrund für Rollstühle. Tast- und Sicherungskanten entlang des Weges ermöglichen Menschen mit Sehbehinderungen die Orientierung. Mehrere Infotafeln mit Bildern, leicht erfassbaren Texten – auch in Blindenschrift – und Handlungsaufforderungen geben Informationen zum Gebiet der Üfter Mark (siehe Flyer RVR „Natur erleben" in der Üfter Mark). Eine Studie über das Freizeitverhalten und -erleben von Jugendlichen mit geistiger Behinderung zeigt, dass die sportlich-aktiven und passiv-rezeptiven Freizeitbeschäftigungen vorwiegend alleine und im unmittelbaren Umfeld der elterlichen Wohnung ausgeübt werden. Der Freiraum hat demnach wenig Einfluss auf das Freizeitverhalten der Jugendlichen mit geistiger Behinderung (Schröder 2006).

Trends

Die dargestellten Freiraumansprüche der unterschiedlichen Bevölkerungsgruppen sind im Laufe der Zeit Veränderungen unterworfen. Infolge der Pluralisierung der Gesellschaft entstehen vielfältige Lebensstile und Lebensformen und damit einhergehend neue Freizeittätigkeiten. Neben den bekannten Freiraumnutzern treten vermehrt neue Gruppierungen mit spezifischen Freiraumbedürfnissen auf (Nohl 2002). Die Freiraumnutzung wird immer differenzierter und spezifischer. Über Freizeitverhalten und -trends wurde gerade in den 1980er und frühen 1990er Jahren rege geforscht und diskutiert. Bekannt sind die Studien von Opaschowski (Mönnecke et al. 2006).

In der Trendforschung werden allgemeine Tendenzen der Gesellschaft abgeleitet, die heute schon auf viele Lebensbereiche zutreffen und wie folgt charakterisiert werden können (Mönnecke et al. 2006):
• Vielfalt, Multioptionalität
• Beschleunigung
• Mobilität
• Individualisierung
• Erlebnisorientierung
• Virtualisierung („Rückzug aus der Fläche")
• Trend zur Natur
• Qualitätserwartung.

Aus diesen übergeordneten Tendenzen lassen sich Freizeittrends ableiten, die unterschiedlich starke Auswirkungen auf die Freiräume haben. Diejenigen, die sich besonders auswirken, werden im Folgenden kurz charakterisiert.

Sport

Das Sport- und Bewegungsverhalten hat sich in den vergangenen Jahren deutlich verändert. Als wesentliche Gründe werden hierfür der Trend zum nicht organisierten Sport, das stark gewachsene Gesundheitsbewusstsein und die Alterung der Gesellschaft genannt (Klos et al. 2008). Aktuelle Untersuchungen zu Sportnachfragen in den Städten belegen, dass die Zahl der SportlerInnen, die nicht organisiert Sport treiben, die Zahl der VereinssportlerInnen mittlerweile übersteigt und die Nachfrage nach nicht anlagengebundenen Aktivitäten wächst (Radfahren, Spazierengehen/Wandern, Joggen, Inline-Skating, Reiten). Hierfür werden informelle Bewegungsräume bevorzugt aufgesucht. Rund ein Drittel aller Sport- und Bewegungsaktiven nutzt öffentliche Grünflächen. Für eine stetig steigende, aber nur schwer zu erfassende NutzerInnenzahl spielt dabei vor allem

die kurzfristige Erreichbarkeit solcher Räume eine entscheidende Rolle. Die Zahl der kommerziellen Sportanbieter wächst, doch wird die Sportausübung in zunehmendem Maße selbst organisiert (Klos et al. 2008).

Freizeit und Sport in der freien Natur
Befragungen zeigen, dass klassische Freizeittätigkeiten wie Spazierengehen, Radfahren, Walken, Natur beobachten, Hund ausführen etc. nach wie vor innerhalb der täglichen Freizeitaktivitäten sehr gefragt sind (Degenhardt 2008). Dies betrifft besonders das Freizeitverhalten im Naherholungsbereich. Das Deutsche Wanderinstitut Marburg, das seit 1998 regelmäßig repräsentative Umfragen zum Thema Wandern durchführt, fand heraus, dass sich die Bevölkerung – speziell die Jugendlichen – mehrmals pro Woche im Grünen aufhalten: 68 % in Gärten, 47 % in Feld und Flur, 38 % im Wald. Immerhin 61 % der befragten Jugendlichen erreichen den nächsten Wald in fünf Minuten (Brämer o. J.).
Laut einer Online-Umfrage der kommunalen Gemeinschaftsstelle für Verwaltungsmanagement (KGST) 2008 nutzen die meisten Menschen Grünanlagen zur Erholung bzw., um an der „frischen Luft" zu sein. Bei den Wünschen gibt es Unterschiede je nach Altersgruppen. Jugendliche unter 18 Jahren sehen den Park eher als Stätte der sportlichen Betätigung und als Ort, um mit anderen Menschen zusammen zu sein. Die Teilnahme an Festen oder Veranstaltungen im Freien werden stärker gewichtet als bei den anderen Altersgruppen. Ähnlich verhält sich dies bei den Altersgruppen unter 40 Jahren. Sportliche Aktivitäten und Kommunikation haben bei diesen einen höheren Stellenwert (KGST 2008, vergleiche B.A.T. Studie, in: Mönnecke et al. 2006).

Nach einer Studie von BBE Retail Experts (Schick / Kirig 2008)[2] steigen die regelmäßigen Sportaktivitäten von Frauen im Vergleich zu Männern besonders im Alter von 40 bis 69 an, während die Frauen in jüngeren Jahren (bis 39) im Vergleich zu den Männern eher weniger Sport treiben. Die über 64-Jährigen bewerten stärker die Gelegenheit, an der frischen Luft zu sein. Bevorzugt genutzt werden die Spaziermöglichkeiten in Grünanlagen sowie die Möglichkeit, der Natur nahe zu sein.

Trendsportarten
Durch neue Lebensstile und zeitweilige Trends entstehen neue Sportarten, die sich von den traditionellen Sportarten (Breitensport) abgrenzen. Bei diesen Trendsportarten sind die Übergänge zum Fun- oder Extremsport fließend. „Trends im Feld des Sports sind ferner dadurch gekennzeichnet, dass sie unsere ein-

234

gewöhnten Sportvorstellungen überschreiten und zuvor unbekannte oder vernachlässigte Auslegungen des menschlichen Sich-Bewegens in unseren Horizont rücken. Ein wesentliches Merkmal von Trendsportarten ist, dass sie nicht nur eine Bedeutung als Sportaktivität haben, sondern ‚kulturelle Ausdrucksformen, deren Code von Außenstehenden nicht vollständig zu dechiffrieren ist', darstellen. Im Rahmen eines Trendsports entwickelt sich zumeist eine dazugehörige Szene inklusive spezieller Kleidung, Markenprodukten und eigenem Vokabular" (Schwier 2002). Ein weiteres Merkmal von Trendsportarten ist meist ihre zeitliche Beschränkung. Die Bewegungen werden zudem in einem bedeutend höheren Tempo als in klassischen Sportarten ausgeführt. Viele Trendsportarten sind hyperaktiv und haben einen Hang zur Extremisierung.

Verstärktes Gesundheitsbewusstsein

Die Individualisierung und ein gewachsenes Gesundheitsbewusstsein erhöhen die Nachfrage nach Erholung, Sport und Bewegung in der Natur und in den siedlungsnahen Grünflächen (Klos et al. 2008). Dabei gibt es jedoch unterschiedliche Trends: Durch die Alterung der Gesellschaft und das gestiegene Gesundheitsbewusstsein werden sanfte und ausdauerorien-

tierte Bewegungsangebote nachgefragt – Natur als Entschleunigungsraum, Kontrast- und Erholungswelt (Schick / Kirig 2008). Die Nachfrage nach natur- und landschaftsbezogener Erholung ist durch das wachsende Gesundheitsbewusstsein besonders der alternden Gesellschaft und durch die höher werdenden Erwartungen an die Lebensqualität des Wohn- und Arbeitsplatzes gestiegen (Klos et al. 2008). Dass das Stadtgrün positive Wirkung auf die Gesundheit hat, ist herrschende Lehrmeinung und Konsens innerhalb der Fachwelt (Finke 2009). Die aktuelle Diskussion in der Humanwissenschaft über die positiven Einflüsse von Grün- und Freiflächen in physischer und psychischer Hinsicht zeigt die Aktualität des Themas und die Wichtigkeit alltäglicher Erholungsmöglichkeiten auf. Freiräume können durch ihr Relief, ihre Struktur, klimatische Qualität, Lage, Abschirmung und ihre Ausstattung mit natürlichen räumlichen Ressourcen zur Erholung und Genesung, zum körperlichen, seelischen und sozialen Wohlbefinden beitragen. Freiräume können auch die psychische Verarbeitung der städtischen Umweltbelastungen fördern (Weckwerth 2000).

In einer schwedischen Studie wurde dargelegt, dass es einen signifikanten Zusammenhang zwischen städtischen Grünflächen und dem Grad des Alltags-

stresses gibt – ungeachtet von Alter, Geschlecht und sozialem Status (Sick Nielsen / Bruun Hansen 2007). Das Zukunftsinstitut Kelkheim bezeichnet in seiner Studie Neo-Nature (2008) das steigende Gesundheitsbewusstsein als „Megatrend" mit großen Potenzialen besonders für die Outdoorsportbranche. Auffällig ist hier, dass der Frauenanteil unter den Wanderern und Walkern bei über 60 % liegt. Immer mehr Frauen suchen als Ausgleich zum Alltag Entspannung in der Natur.

Erlebnis-Shopping/-Parks, Freizeiteinrichtungen

Künstliche Erlebniswelten und die Kombination aus Wellness, Einkaufen, Kultur und Sportangeboten über imageträchtige Großprojekte sind eine Antwort auf die neuen gesellschaftlichen Lebensstile und Konsummuster. Das Ruhrgebiet wird als eine der Schwerpunktregionen für Freizeitgroßeinrichtungen angesehen. Dazu zählen zum Beispiel Urban Entertainmentcenter, Großveranstaltungshallen/-arenen, Multiplex-Kinos, Erlebnis-/Spaßbäder, Indoor-Skianlagen, Freizeitparks und Zoos, aber auch großflächige Freizeiteinrichtungen wie der Landschaftspark Duisburg-Nord oder die Revierparks. Im Vergleich zu anderen Metropolregionen hat das Ruhrgebiet durch seine montanindustrielle

Geschichte ein Alleinstellungsmerkmal. Die Industriekultur bildet einen einzigartigen Rahmen für den Aufbau einer postindustriellen Freizeitlandschaft, die durch die Route der Industriekultur erfolgreich vernetzt wird. Ergebnisse einer BesucherInnenbefragung an ausgewählten Standorten von Freizeitanlagen zeigen, dass das Image der Metropole Ruhr als „Freizeitregion" in der Wahrnehmung der Bevölkerung präsent ist (Krajewski et al. 2006).

Brachen – urbane Wildnis – Stadtnatur
Neben den traditionellen Parkanlagen, Grünflächen und den landschaftlich geprägten Freiräumen hat das Ruhrgebiet eine Vielzahl von Brachflächen und informellen Freiräumen. Diesen kommt eine immer größere Bedeutung als Potenzialflächen für die Freiraumentwicklung und damit als Erholungsraum zu. Eine Studie von Keil (Keil 2002) zur Bedeutung und Wahrnehmung von Industriebrachen in der Emscherregion hatte folgendes Ergebnis: Die Industriebrachen haben große Bedeutung als wertvolle Erholungsräume und als Ergänzung des Freiraumsystems, besonders für Kinder und Jugendliche und als „Nischen" für Randgruppen. Sie bieten besonderes Potenzial für freiraumbezogene Zwischennutzungen wie z. B. (Bundesministerium für Verkehr, Bau und Stadtentwicklung et al. 2008):

236

- Gärten und Grabeland (interkulturelle Gärten, Mietergärten)
- Öffentliche Grünflächen (Parks, Naturerlebnisräume, Spielplätze)
- Sportanlagen (Ballsportanlagen, Skateareas)
- Kunst und Kultur (Ausstellungen, Galerien, Theater, Installationen)
- Gastronomie (Biergärten, Cafés, Restaurants, Strandbars, Diskotheken)
- Soziale Einrichtungen (Jugendclubs, Kindergruppen, Altentreffs)
- Temporäres Wohnen (Studentenwohnheime, soziale Wohnprojekte, Zeltplätze).

Die Untersuchungen haben gezeigt, dass der Wunsch nach naturnahen, unkontrollierten Freiräumen bei Kindern und Jugendlichen in der Region besonders groß ist. Diese Flächen tragen zu ihrer psychischen und physischen Entwicklung bei.

Erwachsene nutzen die neu gestalteten Industrieflächen insbesondere zur alltäglichen, kurzfristigen Erholung. Bevorzugte Nutzungen sind: Hund ausführen, Spaziergehen, Fahrradfahren. Weitere Nutzungskriterien sind Freizügigkeit, strukturelle Vielfalt und Wildnischarakter des Geländes in Verbindung mit den Relikten aus industrieller Vergangenheit. Es gibt aber auch Gründe, diesen Freiraumtypus nicht zu nutzen. Angegeben werden die größere Unsicherheit und die Bevorzugung gepflegter Anlagen (Hannig 2006). Das zeigt, dass große, saubere und gepflegte Grünanlagen bei Erholungssuchenden nach wie vor einen hohen Stellenwert haben (Hannig 2006, Tauchnitz 1994). Befragungen belegen, dass Wildnis in der Stadt häufig nicht dem bevorzugten tradierten Bild von Parks und Gärten entspricht (Rink 2004).

Ansprüche an die Freiraumausstattung in der Metropole Ruhr

In der Praxis gibt es bereits einige Beispiele, die den festgestellten Freizeittrends und -bedürfnissen Rechnung tragen. Dies sind Generationenspielplätze im Wohnumfeld, Fitness-Parcours als eine Antwort auf das steigende Gesundheitsbewusstsein oder Natur-Erfahrungsräume, um ein nicht reglementiertes und unbeobachtetes Spiel von Kindern in der Natur zu ermöglichen. Aktuelle Beispiele aus der Metropole Ruhr sind die „interkulturellen Gärten" in Bochum, Essen-Katernberg und Oberhausen, das Projekt „Wildnis für Kinder" der Biologischen Station östliches Ruhrgebiet in Herne, das Projekt nachhaltiger Stadtpark in Dortmund oder der RuhrtalRadweg.

Verallgemeinert lassen sich aus den NutzerInnenansprüchen folgende Überlegungen für die Freiraumgestaltung ableiten:

- Generell ist es wichtig, flexible, multifunktionale Lösungen zu schaffen, die sowohl von Alt und Jung aufgesucht und genutzt werden. Das Wissen um die Veränderung und Diversifikation von Freiraumnutzungen und Freizeitverhalten bedingt, Räume offen zu lassen für Nutzungen und Trends, die wir heute noch nicht kennen.
- Räumliche, bauliche und gestalterische Lösungen sollten so entwickelt werden, dass die gemeinsamen Ansprüche der Generationen und NutzerInnengruppen im Freiraum berücksichtigt werden. Folgende Aspekte sind wichtig (Bundesministerium für Verkehr, Bau und Stadtentwicklung et al. 2008): soziale und funktionale Einbindung der Freiräume, Zugänglichkeit, nutzungsoffene Räume, Belebung und Sicherheit, technische Ausstattung, Nachhaltigkeit in der Gestaltung, Pflege und Unterhaltung.
- Ein Nebeneinander von konkurrierenden Nutzungen und unterschiedlichen NutzerInnen gelingt nur, wenn diese räumlich voneinander getrennt werden. Das bedeutet z. B., dass schnelle und langsame NutzerInnen auf unterschiedlichen Wegen geführt oder Aktivitäts- und Ruhezonen gegenseitig abgeschirmt werden.
- Für die Nutzung spielt das Bild der Grünfläche eine bedeutende Rolle. Das Wissen, dass insbesondere Ältere nach wie vor eine Vorliebe für gepflegte Grünflächen haben, erfordert differenzierte Gestaltungs- und Pflegekonzepte. Trotz problematischer Haushaltslagen sind Strategien zu entwickeln, die alle Freiraumbilder von wild bis gepflegt berücksichtigen.
- Neben den Nachfragestrukturen der NutzerInnen an die Freiräume sollte jedoch auch die Frage der Verträglichkeit der Nutzungen mit den ökologischen Bedingungen gelöst werden.
- Um eine möglichst große Akzeptanz zu erreichen, sollten Projekte in Zusammenarbeit mit den BürgerInnen realisiert werden. Somit kann Identifikation geschaffen werden.

Freiraumkonzept Metropole Ruhr

Der Regionalverband Ruhr erarbeitet aktuell für sein Verbandsgebiet ein regionales Freiraumkonzept (Freiraumkonzept Metropole Ruhr). Ziel ist die Schaffung eines durchgängigen, abgestuften Grünzugsystems

mit regionalen Grünzügen und örtlichen Grünverbindungen, das die Vernetzung von den land-
schaftsbezogenen Freiräumen am Siedlungsrand
bis in die Wohngebiete herstellt. Für die BewohnerInnen und Gäste der Region soll dieses Frei-
raumnetz über ein durchgängiges Wegesystem
erschlossen werden.

Nach wie vor haben Wandern, Radfahren, Spazierengehen und Naturbeobachtung die höchste
Bedeutung bei den Freizeitaktivitäten im Freiraum.
Daher soll das Wegesystem diesen Aktivitäten
breiten Raum geben. Die umgebenden Freiräume
sind so zu gestalten, dass sie flexibel und multi-
funktional genutzt werden können. Spezielle oder
intensive Freizeitangebote (z. B. Badestellen, Boots-
häfen, Trendsportanlagen) sind funktional sinnvoll
und umweltverträglich zu integrieren. Siedlungsnahe Grün- und Naherholungsflächen sind in der
Metropole Ruhr die Orte, wo die Menschen Natur
und Landschaft unmittelbar erleben und genießen
können. Infolge der demografischen Entwicklung

werden sich vor allem viele ältere Menschen
bevorzugt im Grünen aufhalten. Wohnortnahes
Grün gewinnt an Bedeutung.

Das Ruhrgebiet besitzt mit seinen landschaftlich geprägten (z. B. Rhein, Ruhrtal, Lippe, ausgedehnte Waldflächen im Süden und Norden)
und speziellen Freiräumen (z. B. Kanäle, Industrienatur und Halden) eine einzigartige Freiraumkulisse, die der Region ein eigenes Gesicht
gibt. Die Landschaft kann somit identitätsstif-
tend für die Metropole Ruhr sein. Die konkreten
Nutzungsansprüche der Bevölkerung für diese
Freiräume sind bisher wenig untersucht. Geschlossen werden kann diese Lücke mit einer
regionalen Befragung, nach der auf die speziellen Bedürfnisse der Bevölkerung eingegangen
werden kann. Ein geschlossenes Freiraumsystem, dessen Gestaltung die Nutzungsansprüche
der Bevölkerung berücksichtigt, bietet die
Chance, die Lebensqualität und das Image der
Metropole Ruhr wesentlich zu steigern.

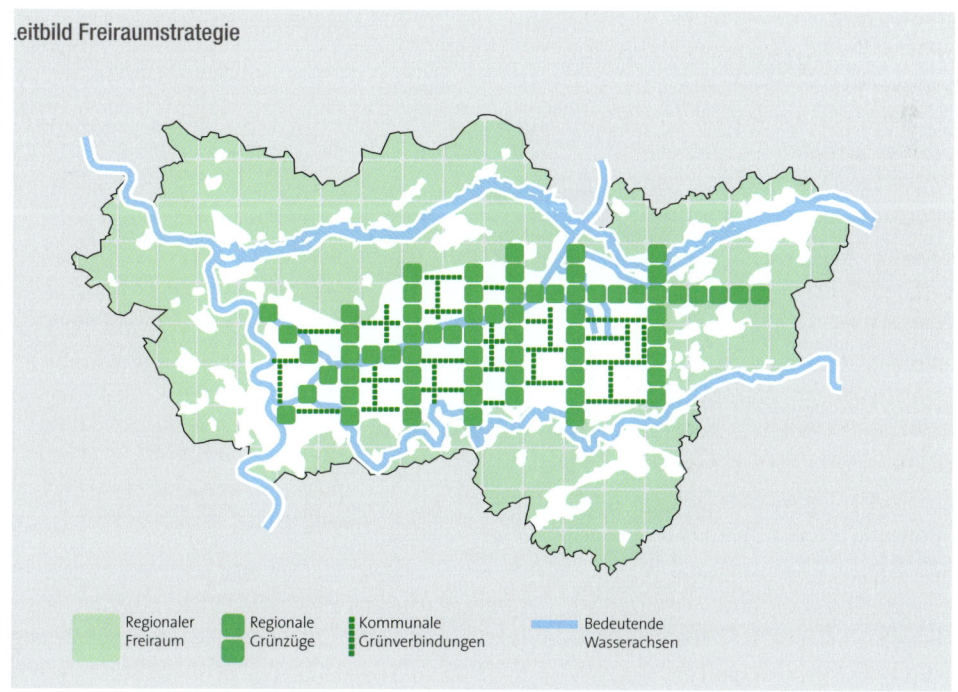

Leitbild Freiraumstrategie

Regionaler Freiraum · Regionale Grünzüge · Kommunale Grünverbindungen · Bedeutende Wasserachsen

Literatur

Blotevogel, Hans Heinrich / Jeschke, Markus Andreas (2003): Abschlussbericht zu dem Forschungsprojekt Stadt-Umland-Wanderungen im Ruhrgebiet, Duisburg

Brämer, Rainer (o. J.): Deutsches Wanderinstitut, Marburg, www.deutscheswanderinstitut.de

Bundesministerium für Verkehr, Bau und Stadtentwicklung (BMVBS) / Bundesamt für Bauwesen und Raumordnung (BBR) (Hg.) (2008): Gestaltung urbaner Freiräume. Dokumentation der Fallstudien im Forschungsfeld „Innovationen für familien- und altengerechte Stadtquartiere", Werkstatt: Praxis, Heft 61, Bonn

Bundesministerium für Verkehr, Bau und Stadtentwicklung (BMVBS) / Bundesamt für Bauwesen und Raumordnung (BBR) (2008): Zwischennutzungen und Nischen im Städtebau als Beitrag für eine nachhaltige Stadtentwicklung. Ein Projekt des Forschungsprogramms „Experimenteller Wohnungs- und Städtebau (ExWoSt)", Bonn

Degenhardt, Barbara (2008): Anforderungen an Naherholungsräume, Vortrag innerhalb KOMPAZ Forum Zürichsee vom 12.09.2008, Wädenswil

Finke, Roland (2009): Grünflächen und Gesundheit. Erkenntnisse über Zusammenhänge aus internationaler empirischer Forschung, in: Stadt+Grün, Heft 2, Berlin

Gälzer, Ralph (2001): Grünplanung für Städte. Planung, Entwurf, Bau, Erhaltung, Stuttgart

Hannig, Michaela (2006): Wieviel „Wildnis" ist erwünscht? Zur Akzeptanz von Sukzession auf städtischen und stadtnahen Flächen, in: Stadt+Grün, Heft 1, Berlin, S. 36-42

Harth, Annette (2005): Freiraum und Geschlecht. Aktuelle Trends und Kriterien einer „gendersensitiven" Freiraumplanung, in: PlanerIn, Heft 2, Berlin, S. 46-47

Keil, Andreas (2002): Industriebrachen – Innerstädtische Freiräume für die Bevölkerung. Mikrogeographische Studien zur Ermittlung der Nutzung und Wahrnehmung der neuen Industrienatur in der Emscherregion, Dortmund

Klos, Gregor / Kretschmer, Holger / Roth, Ralf / Türk, Stefan (2008): Siedlungsnahe Flächen für Erholung, Natursport und Naturerlebnis. Ergebnisse des F+E-Vorhabens 805 87 001 des Bundesamtes für Naturschutz, Bonn-Bad Godesberg

Kommunale Gemeinschaftsstelle für Verwaltungsmanagement KGSt (2008): Bundesweite Internetbefragung zur Messung der Bürgerzufriedenheit mit den kommunalen Grünflächen, Abschlussbericht, Köln

Krajewski, Christian / Reuber, Paul / Wolkersdorfer, Günter (2006): Das Ruhrgebiet als postmoderner Freizeitraum, in: Geografische Rundschau, Heft 1, Braunschweig, S. 20-27

Maier, Jörg (1983): Wünsche und Erwartungen der erholungssuchenden Menschen oder: Haben die „veränderten gesellschaftlichen Rahmenbedingungen" auch zu einer

„Trendwende" im Freizeitbereich beigetragen?, in: European Journal of Forest Research, Heft 1, Berlin-Heidelberg, S. 239-251

Mönnecke, Margit / Wasem, Karin / Spiess, Harry / Kümin, David (2006): Ansprüche von Naherholungssuchenden und deren Berücksichtigung in verschiedenen Arten von Planungsinstrumenten, Projekt im Rahmen des WSL-Programmes ‚Landschaft im Ballungsraum', Rapperswil-Winterthur

Neumüllers, Marie / Klenke, Mathias / Langenbrinck, Gregor / Willinger, Stephan / Uhlig, Lars-Christian (2007): Stadtquartiere für Jung und Alt. Das ExWoSt-Forschungsfeld „Innovationen für familien- und altengerechte Stadtquartiere", Bonn

Nohl, Werner (1990): Städtischer Freiraum und Reproduktion der Arbeitskraft. Einführung in eine arbeitnehmerorientierte Freiraumplanung, München

Nohl, Werner (2002): Freiraumplanung zu Beginn des 21. Jahrhunderts. Gesellschaftliche Entwicklungen und ihr Einfluss, in: Stadt+Grün, Heft 8, Berlin, S. 9-16

Regionalverband Ruhr (Hg.) (2007): Kleiner Zahlenspiegel der Metropole Ruhr 2007, Essen

Rink, Dieter (2004): Ist wild schön?, in: Garten+Landschaft, Heft 2, München, S. 16-18

Roth, Ralf / Türk, Stefan / Kretschmer, Holger / Armbruster, Frank / Klos, Gregor (2008): Menschen bewegen – Grünflächen entwickeln. Ein Handlungskonzept für das Management von Bewegungsräumen in der Stadt, Bonn

Schick, Ingrid / Kirig, Anja (2008): Neo-Nature. Der große Sehnsuchtsmarkt Natur, Kelkheim

Schmidt, Albert (2003): Garten der Generationen. Freiflächenumbau in der Wohnsiedlung Dortmund-Wambel, in: Stadt+Grün, Heft 1, Berlin, S. 25-28

Schröder, Katja (2006): Freizeitverhalten und Freizeiterleben von Jugendlichen mit geistiger Behinderung. Eine empirische Studie aus personenzentrierter und subjektbezogener Forschungsperspektive, Dissertation, Dortmund

Schwier, Jürgen (2002). Was ist Trendsport? In: Breuer, Christoph / Michels, Harald (Hg.). Modelle, Orientierungen und Konsequenzen, Aachen, S. 18-32; hier S. 18

Sick Nielsen, Thomas / Bruun Hansen, Karsten (2007): Do green areas effect health? Results from a Danish survey on the use of green areas and health indicators, in: Health & Place, Heft 4, S. 826-838

Smaniotto Costa, Carlos / Scherzer, Cornelius / Sutter-Schurr, Heidi (2006): Tage im Grün. Nutzerwünsche und Nutzungsverhalten im öffentlichen Freiraum – eine Untersuchung in Dresden, in: Stadt+Grün, Heft 11, Berlin, S. 12-19

Spitthöver, Maria (2006): Bedeutung städtischer Freiräume aus soziokultureller Sicht, in: Schriftenreihe des deutschen Rates für Landespflege, Heft 78, Freiraumqualitäten in der zukünftigen Stadtentwicklung, Meckenheim, S. 55-60

Steidle-Schwahn, Anna / Hoffmann, Martina (2005): Erholung in öffentlichen Freiräumen. Kriterien für die Entwicklung und Erhaltung von Qualität, in: Stadt+Grün, Heft 1, Berlin

Tauchnitz, Hartmut (1994): Bürgerwünsche zu Parkanlagen, in: Das Gartenamt, Heft 1, Berlin, S. 20-23

Tessin, Wulf (2005): Stadtteilplätze im Urteil von Nutzern und Nicht-Nutzern, in: Stadt+Grün, Heft 1, Berlin, S. 18-23

Voskamp, Beate (2007): Silberne Landschaften – Goldene Aussichten. Auf dem Weg zu einer Freiraumplanung für die alternde Gesellschaft, in: Stadt+Grün, Heft 4, Berlin, S. 9-11

Weckwerth, Helmut (2000): Aufenthalt im Freien. Bedürfnis und Erlebnis – ein Beitrag zur kommunalen Freiraumplanung, in: Gruehn, Dietwald / Herberg, Alfred / Roesrath, Christoph (Hg.): Naturschutz und Landschaftsplanung. Moderne Technologien, Methoden und Verfahrensweisen, Berlin, S. 269-288

Zeitz, Anna (2007): Grünräume für Senioren. Freianlagen an der Seniorenanlage Manching, in: Stadt+Grün, Heft 4, Berlin, S. 12-14

Anmerkungen

1   Dass gut erreichbare, attraktive Freiräume heute wie früher für die Bevölkerung eine hohe Wertigkeit haben, zeigt sich beispielsweise darin, dass die Bodenrichtwerte bei Vorhandensein von benachbarten Freiräumen deutlich steigen können. Die Immobilienwirtschaft hat längst erkannt, dass durch Freiraumentwicklung ein Image- und Wertgewinn bis hin zu einem Spill-over-Effekt auf benachbarte Areale von Stadtquartieren auftreten kann. Grünflächen werden als Standortfaktor zu immer härteren Argumenten im Standortwettbewerb der Städte und Regionen angesehen. Versuche, den sozialen und gesundheitlichen Nutzen von Grün- und Parkanlagen monetär zu berechnen, verdeutlichen weiter den Stellenwert von Freiflächen (Gälzer 2001). Dass die Menschen gerne in grünen Städten wohnen, belegt weiterhin eine Online-Umfrage der Kommunalen Gemeinschaftsstelle für Verwaltungsmanagement. Demnach sind für 98 % der Befragten Grün- und Parkanlagen sehr wichtig, und 91 % der Befragten halten „Feld, Flur und Wald am Stadtrand" für sehr wichtig. Die Ergebnisse einer Motivforschung zu Ansprüchen der Bevölkerung bei Wohnentscheidungen hat ergeben, dass der Wunsch nach „mehr Grün, weniger Lärm und besserer Luft" als wichtiger Grund bei den Umzugsentscheidungen genannt wird.

2   BBE RETAIL EXPERTS betreibt Marktforschung und veröffentlicht jährlich Publikationen in mehr als 40 Konsumgütermärkten.

Gestern im Abseits –
Frauen-WM 2011 in Bochum ist vorläufiger Höhepunkt

Alexandra Becker

Als 1974 die Fußball-Weltmeisterschaft in Deutschland ausgetragen wurde und Dortmund WM-Spielort war, da war Fußball bis auf wenige Ausnahmen noch Männersache. Das Frauenfußball-Verbot hatte der Deutsche Fußball-Bund (DFB) gerade mal vier Jahre zuvor aufgehoben, und damals wäre die Idee einer Weltmeisterschaft für Fußballerinnen wohl von der überwiegenden Mehrheit als „Spinnerei" belächelt und als unvorstellbar abgelehnt worden. Seitdem ist der Ball jedoch unaufhörlich weitergerollt, und dabei ist er bekanntlich immer häufiger von Mädchen- und Frauenfüßen getreten und ins Tor geschossen worden. Was früher nahezu undenkbar erschien, ist heute völlig normal: Fünf Jahre nach der FIFA Fußball-Weltmeisterschaft 2006™ der Männer ist Deutschland erneut WM-Gastgeber und zwar für die FIFA Frauen-Weltmeisterschaft 2011™. Im Jahr 2006 gehörten mit Dortmund und Gelsenkirchen gleich zwei Städte mit großer Fußballtradition zu den WM-Spielorten, 2011 geht die Fußballparty in der sportbegeisterten Metropole Ruhr weiter – in Bochum!

Birgitt Collisi lädt Fans aus aller Welt zur großen Fußballparty nach Bochum ein

Riesengroß war die Freude der BochumerInnen, als sie im September 2008 in Berlin den Zuschlag als WM-Austragungsort erhielten. Maßgeblichen Anteil an diesem Erfolg hatte ein Damen-Duo, das an der Spitze des Bochumer WM-Teams steht: Oberbürgermeisterin Ottilie Scholz und Bochums Sportdezernentin Birgitt Collisi. Beide sehen die Ausrichtung von insgesamt vier WM-Vorrundenspielen gleichermaßen als Chance und Herausforderung für ihre Stadt. Birgitt Collisi verspricht sich von der WM 2011 einen deutlichen Imagegewinn, wenn die Bilder von Bochum um die Welt gehen. Dass die deutsche Nationalmannschaft nicht in Bochum,

heute ein Volltreffer:
einer wechselhaften Fußballgeschichte

sondern in Städten mit größeren Stadien wie Berlin, Frankfurt und Mönchengladbach aufläuft, schmälert die Vorfreude in keiner Weise. Die Organisatoren hoffen, dass das Bochumer WM-Stadion, sportliche Heimat der Bundesliga-Profis des VfL Bochum mit einer Zuschauerkapazität von 23.000 Plätzen, auch gut gefüllt ist, wenn andere internationale Teams am 27. und 30. Juni sowie am 3. und 6. Juli 2011 um den Einzug ins WM-Viertelfinale kämpfen. Für Birgitt Collisi geht von den Mannschaften aus anderen, teils exotischen Ländern der Erde eine ganz besondere Faszination aus, und sie ist davon überzeugt, dass sich alle BochumerInnen während der Weltmeisterschaft als gute GastgeberInnen präsentieren werden. Die Sportdezernentin verspricht auch außerhalb des Stadions „eine große Fußballparty in der ganzen Stadt". Ebenso wie bei der WM 2006 in Dortmund und Gelsenkirchen gibt es nämlich auch in Bochum eine Fanmeile, die Treffpunkt für einheimische Fußballfans und Anhänger aus aller Welt ist.

Hier lädt ein buntes Rahmenprogramm zum gemeinsamen Feiern ein. Birgitt Collisi ist sich sicher: „Die ganze Stadt muss mitziehen – und das wird sie auch!" Schließlich hat der Mädchen- und Frauenfußball in Bochum Gewicht und das nicht erst seit heute. Etwa 1.500 Fußballerinnen in 48 Mädchen- und 25 Frauenmannschaften jagen in Bochumer Vereinen mittlerweile dem runden Leder hinterher, Tendenz steigend. Die SG Wattenscheid 09 ist im deutschen Frauenfußball eine feste Größe, und auch um den weiblichen Nachwuchs ist es gut bestellt. Wie groß das spielerische Potenzial ist, zeigt sich bei den Streetsoccer- und Hallenfußballturnieren für Schülerinnen, und wie gut die kleinen und großen Kickerinnen mit dem Ball umgehen können, demonstrieren sie alljährlich beim „Bochumer Ballzauber". Zeitgleich mit der Premiere dieses Turniers im Jahr 2007 wurde in Bochum übrigens die Ausstellung „Verlacht, verboten und gefeiert – Zur Geschichte des Frauenfußballs in Deutschland" gezeigt. Darüber hinaus

EM-Vorbereitungsspiel Deutschland - Russland am 6.8.2009, Annike Krahn (Nr. 5) voll im Einsatz, Endstand 3:1 für die deutschen Fußballfrauen

243

haben in Bochum zwei Frauen-Länderspiele stattgefunden: 2007 das Qualifikationsspiel für die Europameisterschaft zwischen Deutschland und den Niederlanden im Wattenscheider Lohrheidestadion und im August 2009 das EM-Vorbereitungsspiel zwischen Deutschland und Russland im rewirpowerStadion an der Castroper Straße, dem WM-Austragungsort 2011. Bei den Vorbereitungen, die seit dem Frühjahr 2009 im Gange sind, können die Bochumer OrganisatorInnen also auf ihre bisherigen Erfahrungen zurückgreifen.

Bochum macht sich fit für den „WM-Doppelpack"

Sportdezernentin Collisi sieht ihre Stadt für die WM 2011 gut aufgestellt. Auf die Verpflichtung eines externen Eventmanagers wurde verzichtet, stattdessen will man die Veranstaltung aus eigenen Kräften stemmen. Deshalb wurde ein WM-Büro mit bewährten MitarbeiterInnen des Bochumer Sport- und Bäderamtes eingerichtet. Ganz oben auf dem Aufgabenzettel steht die Modernisierung des Bochumer WM-Stadions, das die Auflagen des Fußball-Weltverbandes FIFA für Länderspiele erfüllen muss. Die Arbeiten haben nach der Bundesliga-Saison 2008/2009 begonnen und kosten die Stadt Bochum rund 2,5 Millionen Euro. Neben der bereits vollzogenen Aufrüstung der Flutlichtanlage müssen auch die Toilettenanlagen saniert und erweitert werden – wovon insbesondere die weiblichen Zuschauer profitieren, die in der Vergangenheit den Gang zum WC lieber vermieden haben. Darüber freut sich auch

der Zweitligist VfL Bochum, mit dem die Stadt eng und erfolgreich zusammenarbeitet. Die SG Wattenscheid 09 gehört ebenfalls zum „Bochumer WM-Team", denn mit ihrem heimischen Lohrheidestadion steht ein hervorragender Trainingsstandort für die in Bochum antretenden Nationalmannschaften zur Verfügung. Als vorbildlich lobt Birgitt Collisi auch die Kooperation mit dem Deutschen Fußball-Bund, allen voran mit der Präsidentin des WM-Organisationskomitees Steffi Jones. Der DFB leiste eine gute Hilfestellung, und alle Gespräche seien sehr konstruktiv und vertrauensvoll. Dabei hat die erfahrene Sportexpertin stets den Eindruck, dass der DFB die Frauen-WM 2011 zu einem genauso großen Erfolg führen will wie seinerzeit die Männer-WM 2006. Ein weiterer wichtiger Kooperationspartner ist für Birgitt Collisi die RUHR.2010 GmbH mit ihrem Geschäftsführer Fritz Pleitgen, denn im Kulturhauptstadtjahr 2010 war Bochum auch Spielort der U-20-Frauen-Weltmeisterschaft. Das WM-Eröffnungsspiel wurde am 13. Juli 2010 im Bochumer Stadion angepfiffen, und dort standen anschließend noch fünf weitere Vorrundenbegegnungen sowie ein Viertel- und ein Halbfinale auf dem Programm. Für die OrganisatorInnen vor Ort war die WM der Juniorinnen nicht nur ein Vorgeschmack auf die „große" WM 2011, sondern auch ein willkommener Testlauf und eine wichtige Standortbestimmung. Dabei wurde der sportliche Teil mit dem Rahmenprogramm von RUHR.2010 verbunden. Und das bedeutete auch, dass schon mal kräftig gefeiert wurde – z. B. bei „Bochum total". Angesichts der Tatsache, dass Bochum innerhalb eines Jahres gleich zweimal Austragungsort für Top-Veranstaltungen des internationalen Frauenfußballs ist, empfindet die ehemalige Volleyballspielerin Birgitt Collisi neben Freude und Begeisterung auch ein gehöriges Maß an Stolz. Und sie ist davon überzeugt, dass die „Marke Bochum" danach in der Welt um einiges bekannter sein wird.

Vorfreude auf die Frauenfußball-WM 2011 bei Bochums Oberbürgermeisterin Ottilie Scholz, Sportdezernentin Birgitt Collisi und der Präsidentin des Organisationskomitees, Steffi Jones (von rechts)

Annike Krahn:
Titelgewinn als Karrierekrönung

Dazu beitragen will auch Fußballnationalspielerin Annike Krahn aus Bochum, die sich ihrer Heimatstadt sehr verbunden fühlt. Die 25-Jährige hat immer in Bochum gewohnt und in ihrer Jugend ausschließlich für Bochumer Fußballvereine gespielt. Bereits im Alter von vier Jahren wurde der Grundstein für ihre erfolgreiche Karriere gelegt, als sie einen Nachbarsjungen zum Training begleitete und den Spaß am Fußballspielen entdeckte. Bis zu ihrem 13. Lebensjahr kickte sie beim SV Weitmar 09 und beim SV Waldesrand Linden gemeinsam mit den Jungs. In dieser Zeit musste sie sich auch so manchen dummen Spruch anhören. Wenn sich ein fremder Junge darüber lustig machte, dass sie als Mädchen Fußball spielte, dann folgte prompt der Konter: „Ich habe zu ihm gesagt, lass uns doch mal nach draußen gehen und mit dem Ball spielen. Da hat sich das Thema dann von selbst erledigt..." Nach ihrem Wechsel zum TuS Harpen lief Annike Krahn in Mädchen- und Frauenmannschaften auf, und bei der SG Wattenscheid 09 schaffte sie später auf Anhieb den Sprung in die Stammelf. Im Jahr 2004 wechselte die zweikampf- und kopfballstarke Spielerin auf der Suche nach neuen Herausforderungen zum Erstligaverein FCR 2001 Duisburg, für den sie als Abwehrchefin auch heute noch am Ball ist. Seitdem eilt Annike Krahn von einem internationalen Erfolg zum nächsten: Kurz nach ihrem Wechsel von Bochum nach Duisburg wurde sie U-19-Weltmeisterin. Anfang 2005 gab sie ihr Debüt in der A-Nationalmannschaft, mit der sie 2007 in China den Weltmeistertitel holte. Ein Jahr später gewann sie ebenfalls im Reich der Mitte die Bronzemedaille bei den Olympischen Spielen, und im Jahr darauf wurde sie in Finnland Europameisterin. Kurz zuvor hatten die Innenverteidigerin und ihre Duisburger Mannschaftskameradinnen mit dem Gewinn des Uefa-Pokals außerdem für den bislang größten Triumph in der Vereinsgeschichte des FCR gesorgt. Aber Annike Krahns Erfolgshunger ist noch lange nicht gestillt. Bei der Weltmeisterschaft 2011 im eigenen Lande gibt es für sie nur ein Ziel, und das heißt: Titelverteidigung. „Wenn wir in ein solches Turnier gehen, dann wollen wir gewinnen. Das ist ganz klar", sagt die Bochumerin selbstbewusst. Ihre Gegnerinnen unterschätzt sie dabei allerdings nicht. Es ist noch nicht allzu lange her, da dominierten ein paar gute Nationalmannschaften den internationalen Frauenfußball. Heute ist die Weltspitze enger zusammengerückt, und viele Spielerinnen aus anderen Ländern haben leistungsmäßig enorm aufgeholt. Deshalb tröstet Annike Krahn alle enttäuschten Fußballfans aus der Metropole Ruhr, die das deutsche Nationalteam gerne im Bochumer WM-Stadion angefeuert hätten. Sie weist darauf hin, dass man auch bei den Spielen der Brasilianerinnen, US-Amerikanerinnen, Asiatinnen und Skandinavierinnen attraktiven Fußball sehen könne und dass es sich ebenfalls lohne, diese Mannschaften zu unterstützen. Egal, welche WM-Gäste letztendlich nach Bochum kommen werden, die Spielerinnen und ihre Fans werden auf jeden Fall für internationales Flair und ausgelassene Stimmung in der Stadt sorgen. Die weitgereiste Bochumerin prophezeit viele nette Begegnungen während der WM-Zeit, und sie ist sich sicher, dass die zahlreichen Landsleute aus dem multikulturell geprägten Ruhrgebiet mit ihren Mannschaften mitfiebern werden.

Doppelpass zwischen Fußballplatz und Hörsaal

Für ihre Heimatstadt wünscht sich Annike Krahn ein großes Fußball- und Familienfest mit vier interessanten Vorrundenspielen. Sie selbst will sich 2011 natürlich ebenfalls in WM-Form präsentieren – aber ehrgeizige Ziele verfolgt die 61-fache Nationalspielerin auch außerhalb des Fußballplatzes. Sie setzt zwar klare Prioritäten und sagt: „Im Moment ist alles auf Fußball ausgerichtet. Fast alles andere im Leben wird dem untergeordnet, dabei müssen Familie und Freunde leider zurückstecken", dennoch gibt es eine Ausnahme. So ganz „nebenbei" studiert die ehemalige Gymnasiastin der Bochumer Schiller-Schule nämlich an der Ruhr-Universität Bochum Sportwissenschaften mit dem Schwerpunkt Management. Trotz der Doppelbelastung von Studium und Fußball, mit bis zu sieben Trainingseinheiten pro Woche, befindet sie sich an der Uni bereits auf der Zielgeraden. Zu verdanken hat sie das ihrem Fleiß sowie der Unterstützung und dem Verständnis ihrer DozentInnen und KommilitonInnen. Für ihre Prüfungen bekam die populäre Studentin bei Bedarf Sondertermine, und StudienkollegInnen halfen ihr bei den Klausurvorbereitungen. Im WM-Vorjahr will Annike Krahn mit ihrer Diplomarbeit fertig sein. Thema ist – das bietet sich ja auch irgendwie an – die FIFA Frauen-Weltmeisterschaft 2011™. Zugute kommen dürften ihr dabei auch die Kenntnisse und Erfahrungen, die sie bei ihrer Tätigkeit im Bochumer WM-Büro gesammelt hat. Zuvor hatte die Anhängerin des VfL Bochum im Rahmen ihres Studiums auch schon ein mehrmonatiges Praktikum in der Marketingabteilung des Bundesligaclubs absolviert. Wie es nach ihrer Fußballkarriere beruflich weitergehen soll, darüber hat sie sich noch keine konkreten Gedanken gemacht. Bis dahin kommt sie mit ihren Einnahmen als Nationalspielerin aber gut über die Runden. Ein Luxusleben wie ihre „Kollegen" aus der Männer-Nationalmannschaft kann sie sich zwar nicht leisten, mit einer gewissen Genugtuung stellt sie allerdings fest: „Auch im Finanziellen spiegelt sich wider, dass der Frauenfußball aufgeholt hat." Mindestens genauso wichtig ist ihr aber auch die wachsende Anerkennung. Sie freut sich über die steigende Zahl von Fans ebenso wie über positive Bemerkungen von vormals kritischen Männern, die nun zugeben, dass sich der Frauenfußball zu einer attraktiven Sportart gemausert hat. Die Weltmeisterschaft 2011 wird diese Entwicklung sicherlich weiter vorantreiben, und deshalb birgt das WM-Turnier nach Ansicht von Annike Krahn eine „Riesenchance für den deutschen Frauenfußball".

von oben nach unten:

Jubel beim 3:1-Treffer der deutschen Kickerinnen im Spiel gegen Russland im August 2009

Freundschaftsspiel Deutschland-Brasilien vor Rekordkulisse: Fast 45.000 ZuschauerInnen sahen im April 2009 das Spiel der Weltmeisterinnen gegen die Vizeweltmeisterinnen.

Lira Bajramaj (re.) im Laufduell. Freundschaftsländerspiel Deutschland gegen Nordkorea am 17.2.2010 in der Duisburger MSV-Arena. Ergebnis: 3:0 für Deutschland

Begegnung zweier Weltmeister bei den Olympischen Sommerspielen 2008 in China: die amtierende Titelträgerin Lira Bajramaj (li.) und Ex-Champion Ronaldinho

246

Lira Bajramaj:
vom Flüchtlingskind zum Fußballstar

Wenn alles nach Plan läuft, dann gibt es für Annike Krahn bei der WM 2011 ein Wiedersehen mit ihrer früheren Duisburger Vereinskameradin Fatmire Bajramaj. Die 40-fache deutsche Nationalspielerin, die lieber auf ihren Spitznamen „Lira" hört, wechselte zur Saison 2009/2010 vom FCR 2001 Duisburg zum Deutschen Meister 1. FFC Turbine Potsdam. Bis dahin hatten die beiden Kickerinnen viele gemeinsame Erfolge gefeiert. Im Jahr 2009 wurden sie Europameisterinnen und holten sowohl den Uefa-Cup als auch den DFB-Pokal. Zusammen gewannen sie außerdem den WM-Titel 2007 und die Bronzemedaille bei den Olympischen Spielen 2008, wo Lira Bajramaj im Spiel um Platz drei gegen Japan die beiden entscheidenden Tore zum 2:0-Erfolg für Deutschland erzielte. Der Abschied aus Duisburg fiel der 22-Jährigen nach fünf Jahren, in denen sie zur Nationalspielerin gereift war, sichtbar schwer. „Ich bin traurig, dass ich so weit weg gehe, und ich werde den Verein und die Mädels vermissen", gab die Mönchengladbacherin zu. Sie weiß, was sie dem Club und ihren ehemaligen Duisburger TrainerInnen zu verdanken hat. Vieles hat sich Lira Bajramaj aber auch selbst erarbeitet, mit eisernem Willen und einer gehörigen Portion Kampfgeist. Denn der Weg bis zur erfolgreichen und populären Fußballspielerin war streckenweise sehr steinig, wie sich auch in ihrem Buch „Mein Tor ins Leben" nachlesen lässt. Geboren wurde Lira Bajramaj 1988 im Kosovo, im Alter von fünf Jahren flüchtete sie mit ihrer Familie nach Deutschland. Die Eingewöhnung in dem unbekannten Land mit den fremden Menschen und der schwierigen Sprache war nicht leicht, auch wenn die gebürtige Kosovo-Albanerin heute akzentfrei Deutsch spricht und nur noch die deutsche Staatsbürgerschaft hat. Bei einem Schulturnier wurde die Fußball-Leidenschaft der Zweitklässlerin geweckt, fortan kickte sie mit den Jungs auf der Straße. Das sah ihr Vater aber gar nicht gern, und auch vom Mädchenfußball wollte er nichts hören, als sie in einem Verein spielen wollte. Nicht zuletzt wegen der Verletzungsgefahr erteilte er seiner einzigen Tochter Fußballverbot. Die mochte seinem Rat, lieber zu tanzen oder zum Ballett zu gehen, allerdings nicht folgen. Nachdem weder die Lehrerin noch ein Trainer den Vater davon überzeugen konnten, seine talentierte Tochter auf den Fußballplatz zu lassen, ergriff diese kurzerhand selbst die Initiative. Unter den Spielerpass setzte sie anstelle des Vaters ihre eigene Unterschrift, und die Spiele im Verein absolvierte sie heimlich. Dabei war sie immer darauf bedacht, nicht am gleichen Tag aufzulaufen wie ihr jüngerer Bruder, dem der Vater regelmäßig beim Kicken zuschaute. Einmal war ihr die parallele Spielansetzung allerdings entgangen, und prompt wurde sie von ihrem Vater auf dem Fußballplatz erwischt. Der war völlig überrascht, aber gleichzeitig auch beeindruckt, als er sah, wie technisch versiert seine Tochter mit dem Ball umging. Von da an war das Versteckspiel zu Ende, und heute ist der stolze Vater Lira Bajramajs größter Fan. Auch bei anderen leistete die Migrantin Überzeugungsarbeit. Am Anfang ihrer Karriere musste sie sich unverschämte Beleidigungen wie „Scheiß Ausländerin. Geh zurück, wo Du herkommst" anhören. Aber mit jedem Tor, das die U-19-Europameisterin von 2006 erzielte, wuchsen Akzeptanz und Anerkennung. Heute ist ihre Herkunft kein Thema mehr, schon gar nicht in der deutschen Nationalmannschaft, wo sie die erste Muslimin war. Streng gläubig ist Lira Bajramaj aber nicht, ganz im Gegensatz zu einigen ihrer Verwandten, die im Kosovo leben. Auch aus religiösen Gründen lehnen diese Fußball spielende Frauen ab, während kickende Männer kein Problem sind. Aber auch hier sorgt die deutsche Verwandte langsam, aber sicher für ein Umdenken, denn wenn „ihre Lira" erfolgreich auf Torejagd geht, dann sind auch die Onkel und Tanten im Kosovo ganz begeistert. Beim Deutschen Fußball-Bund gilt Lira Bajramaj als Paradebeispiel für die gelungene Integration von Menschen mit Migrationshintergrund durch den Sport. Gemeinsam mit DFB-Präsident Theo Zwanziger hat sie Schulen besucht und ihre Geschichte erzählt, um junge Migrantinnen zum Sporttreiben und zum Deutschreden zu motivieren.

Verwandlungskünstlerin mit Kampfgeist, Showtalent und Familiensinn

Mit dem bekennenden Frauenfußball-Fan verbindet sie ein besonders herzliches Verhältnis: „Was Theo Zwanziger für den Frauenfußball in Deutschland leistet, ist der Wahnsinn", findet sein Schützling. Aber auch die offensivstarke Mittelfeldspielerin trägt ihren Teil zur wachsenden Popularität des Frauenfußballs bei und zwar nicht nur wegen ihrer zahlreichen Tore. Im WM-Bewerbungsvideo des DFB spielte sie eine Hauptrolle. Durchgestylt und im kleinen Schwarzen jonglierte die Shopping-Freundin vor der Kamera gekonnt mit dem Fußball. Legendär auch ihr Auftritt im ZDF-Sportstudio, als die Super-Technikerin an der Torwand auf Stöckelschuhen gleich zwei Treffer erzielte. Trotz dieser Showeinlagen gilt Lira Bajramajs volle Konzentration jedoch ihrer Fußballkarriere und der Vorbereitung auf die WM 2011. „Ich habe immer gekämpft, weil ich mich als Flüchtlingskind stets durchsetzen musste. Deshalb bin ich auch ein ehrgeiziger Typ und will noch viel, viel mehr erreichen", hat sich die kampfstarke und schnelle Nationalspielerin vorgenommen. Für sie gibt es nichts Schöneres, als bei einer Weltmeisterschaft in der Heimat zu spielen und das Gefühl zu haben, dass das ganze Land hinter ihr und ihrem Team steht. Lira Bajramajs großer Traum ist es, 2011 den WM-Titel zu verteidigen und von den heimischen Fans so bejubelt zu werden, wie sie es 2006 bei der Männer-WM im Fernsehen gesehen hat. Die Zeitsoldatin der Sportförderkompanie der Bundeswehr ist bereit, für dieses Ziel hart zu arbeiten. Ohnehin ist die Trainingsintensität bei den Fußballfrauen stark angestiegen, zwei Übungseinheiten pro Tag sind für Nationalspielerinnen nichts Außergewöhnliches mehr. Auch das Tempo ist nach Ansicht von Lira Bajramaj deutlich schneller geworden. „Das ist kein Mädchenfußball mehr, sondern ein echtes Kampfspiel", stellt sie unmissverständlich klar. Bis zu ihrem 28., vielleicht bis zum 30. Lebensjahr will Lira Bajramaj noch auf hohem Niveau spielen, auch ein Engagement im Ausland kann sie sich später durchaus vorstellen. Von ihrem Leben nach dem Fußball hat sie schon ganz genaue Vorstellungen: Als Visagistin oder Kosmetikerin

will sich die lebhafte junge Frau irgendwann einmal selbstständig machen, und Mutter möchte sie werden – am liebsten von drei Kindern. Zunächst aber richtet sich der Blick von Lira Bajramaj auf die Frauenfußball-WM 2011 in Deutschland und die wird, davon ist die Ex-Spielerin des FCR Duisburg überzeugt, für sie ein unvergesslicher Lebensabschnitt.

Willi Wißing: Frauenfußball-Fan der ersten Stunde

Auch im Leben des Esseners Willi Wißing spielt der Fußball eine wichtige Rolle – der Frauenfußball wohlgemerkt! Seit dem Erstliga-Aufstieg der SG Essen-Schönebeck in der Saison 2004/2005 ist der 58-Jährige für die Sportgemeinschaft hauptberuflich als Geschäftsführer und Manager tätig. Mitglied im Verein ist er bereits seit 1968, und als das Schönebecker Frauenteam in den 80er Jahren noch in der Kreisliga kickte, da war er als aufmerksamer Beobachter am Spielfeldrand einer der wenigen Zuschauer. Willi Wißing kann sich noch gut daran erinnern, dass der Frauenfußball damals belächelt und niedergemacht wurde. Machosprüche wie „Was wollen die hier? Die sollen lieber an den Herd" waren an der Tagesordnung. Willi Wißing hat sie einfach überhört und die Entwicklung des Frauenfußballs unbeirrt weiterverfolgt. Deshalb war er auch dabei, als Mitte der 90er Jahre eine Essener Jugendmannschaft mit 15- und 16-jährigen Spielerinnen aufgebaut wurde. Für den Schönebecker Verein war damals die Sportlehrerin Bärbel Dittrich, heute Vizepräsidentin des Landessportbundes Nordrhein-Westfalen, tätig. Sie erteilte an weiterführenden Schulen Fußball-Unterricht für Mädchen und entdeckte dabei so manches

Willi Wißing (re.), Frauenfußball-Förderer mit „gutem Riecher" für große Talente, hier bei der Ehrung der langjährigen SGS-Stammspielerin und Co-Trainerin Kirsten Schlosser

Linda Bresonik, Annike Krahn, Simone Laudehr (von links) vor dem Sieg über die Russinnen im August 2009

Der „Motor" der SG Schönebeck will mit neuen Ideen durchstarten

Mit seinem unermüdlichen Engagement hat Willi Wißing in all den Jahren viel erreicht, zufriedengeben will er sich damit allerdings noch lange nicht. Eines seiner Hauptziele ist die Erweiterung des Sponsorenpools. Mit einem Saisonetat von insgesamt 360.000 Euro, genau die Hälfte davon macht der jährliche DFB-Zuschuss aus, liegt die SG Schönebeck im unteren Grenzbereich der Frauenbundesliga. Trotzdem haben sich die Schönebeckerinnen sportlich gesehen im Tabellenmittelfeld der Bundesliga etabliert. „Um dauerhaft mithalten zu können, müssten wir unseren Etat aber auf eine Million Euro schrauben", weiß der rührige Manager. „Dann könnten wir auch einige gestandene Spielerinnen verpflichten, die uns hauptberuflich zur Verfügung stünden. Aber davon sind wir leider noch weit entfernt", bedauert Willi Wißing. Trotzdem hofft er, dass es den Bundesliga-Spielerinnen eines Tages einmal möglich sein wird, sich bis zu ihrem 30. Lebensjahr voll auf den Fußball konzentrieren und davon leben zu können. Auch das Traineramt soll bei dem Erstligisten dauerhaft hauptberuflich ausgeübt werden. Damit kommt der Geschäftsführer einer Vorgabe des DFB nach, der auch im Frauenfußball hauptamtliche Strukturen fordert und seine Zuschüsse entsprechend angehoben hat. In anderen Bereichen treibt Willi Wißing die Professionalisierung ebenfalls weiter voran. Durch die Zusammenarbeit mit einer Marketingagentur sollen weitere Sponsoren akquiriert werden, und positive Effekte verspricht er sich auch von einer engeren Kooperation mit der Sportwissenschaft. Bei einem gemeinsamen Pilotprojekt mit der Universität Wuppertal wird mithilfe einer Leistungsdiagnostik ein individuelles Trai-

Talent. Die daraus hervorgegangene U-17-Mannschaft entwickelte sich zum besten Mädchenteam am Niederrhein, und damit war der Grundstein für die Erfolgsstory der SG Schönebeck gelegt. Die jungen Kickerinnen etablierten sich später auch bei den Frauen und schafften mit der ersten Mannschaft den Sprung bis in die 1. Bundesliga. „Was die Spielerinnen heute technisch drauf haben, ist fantastisch und nicht mehr mit dem Stand von vor zehn Jahren vergleichbar. Es macht richtig Spaß, sich interessante Frauenspiele anzugucken", bricht Willi Wißing eine Lanze für den Frauenfußball. Und auch auf die tatkräftige Unterstützung ihres Befürworters können sich die Schönebecker Fußballerinnen stets verlassen. Der „Macher im Hintergrund" leistet wertvolle Überzeugungsarbeit in sämtlichen Bereichen. Er ist ständig auf Sponsorensuche, kämpft um jede Zeile in den Zeitungen und nutzt jede Gelegenheit, um bei seinen Mitmenschen das Interesse und die Begeisterung für den Frauenfußball zu entfachen.

ningsprogramm erstellt, mit dem einzelne Spielerinnen gezielt gefördert werden können. Ähnliches kann sich der ehemalige Mitarbeiter des Essener Sportbundes auch auf dem Gebiet der Ernährungswissenschaft vorstellen. Sein Hauptanliegen ist jedoch der Aufbau eines Leistungszentrums für Mädchen- und Frauenfußball an der Schönebecker Ardelhütte. Dazu gehören die Einrichtung eines Fußball-Internats für Mädchen, der Bau eines zweiten Kunststoffrasenplatzes und die weitere Verbesserung der Infrastruktur, beispielsweise mit einer Physiotherapie-Praxis. So will der ideenreiche Manager optimale Bedingungen für die Kickerinnen schaffen: „Die Wege sind oft zu weit, weil es nicht an jeder Ecke einen Verein gibt, in dem Mädchen leistungsorientiert Fußball spielen können. Deshalb schlummern hier noch viele unentdeckte Talente", stellt Willi Wißing fest. „Ein Leistungszentrum wäre ideal, um diese Nachwuchsspielerinnen gezielt zusammenzufassen und von Grund auf zu schulen." Hilfe bei der Realisierung dieses Projektes erhofft er sich auch von der Stadt Essen, deren Interesse und Unterstützung in den vergangenen Jahren stetig gestiegen sind. Dafür ist der frühere „Einzelkämpfer" dankbar. Und sein größter Wunschtraum? – „Ich möchte mal erleben, dass das neue Essener Stadion bei einem Frauenfußballspiel eines Tages bis zum Rand ausverkauft ist!" Bis es so weit ist, würde sich Willi Wißing aber auch schon damit zufrieden geben, wenn noch mehr Leute ihr „Herz für den Frauenfußball" entdecken würden. Einen weiteren Schub erhofft er sich von der FIFA Frauen-Weltmeisterschaft 2011™, die mit ihren vier Vorrundenbegegnungen am WM-Spielort Bochum seiner Meinung nach auch in der Metropole Ruhr einen neuen „Hype" auslösen wird. Was ein erfolgreiches Abschneiden der deutschen Nationalmannschaft bewirken kann, das hat Willi Wißing bereits nach dem ersten WM-Titelgewinn im Jahr 2003 erlebt: „Seitdem ist der Frauenfußball förmlich explodiert. Es gibt kaum Vergleichbares in einer anderen Sportart, wenn man die Leistungssteigerung und den Mitgliederzuwachs betrachtet. Die Entwicklung ist wirklich enorm!"

Fußballfrauen kämpften gegen Vorurteile, Vertreibung und DFB-Verbot

Eine derartige Entwicklung des Frauenfußballs war viele Jahrzehnte lang allerdings völlig undenkbar. In der Weimarer Republik galt Fußball als männlicher Kampfsport, und Fußball spielende „Weiber" waren verpönt. Aber es gab sie – auch im Ruhrgebiet. So zählten zu den Mitgliedern des sozialistischen Arbeiter-Turn- und Sportbundes im Jahr 1927 zwei Fußballspielerinnen in Essen-Borbeck und drei bei der FSV 07 Herne. In der Zeit des Nationalsozialismus traten Fußballfrauen in Deutschland nicht mehr in Erscheinung. Das änderte sich erst nach Gründung der Bundesrepublik. Aber auch wenn die Gleichberechtigung von Mann und Frau 1949 im Grundgesetz verankert wurde, auf dem Fußballplatz galt sie deshalb noch lange nicht. Dennoch trainierten einige mutige Frauen 1951 regelmäßig beim FC Blau-Weiß Oberhausen, was einerseits für Aufmerksamkeit und andererseits für spöttische Kommentare in der Presse sorgte. Nachdem die deutsche Männer-Nationalmannschaft 1954 Weltmeister geworden war, ergriff die Fußballeuphorie auch immer mehr Frauen. Bei der Ausübung ihres Hobbys wurde ihnen allerdings nicht selten ein Beinchen gestellt. So untersagte der Fußballverband Niederrhein (FVN) seinen Vereinen im Juli 1955 unter Androhung von Strafe, Damen-Fußballabteilungen zu bilden oder den Frauen ihre Plätze zur Verfügung zu stellen. Erste Opfer wurden kurz darauf die Kickerinnen des DFC Duisburg-Hamborn und von Gruga Essen, die auf dem Fußballplatz der Spielvereinigung Hamborn 90 trotz eines Mietvertrages Platzverbot erhielten. Als die Akteurinnen daraufhin zum Sportplatz von Hertha Hamborn umzogen, wurden sie dort 20 Minuten nach Spielbeginn vom 2. Vorsitzenden mithilfe eines Schutzmannes ebenfalls vertrieben. Zwei Tage nach dem FVN erteilte der Deutsche Fußball-Bund am 30. Juli 1955 in seinen Reihen ein bundesweites Damenfußball-Verbot. Die DFB-Herren vertraten die Meinung, dass beim Frauenfußball die Anmut der weiblichen Bewegung verschwinde, Körper und Seele der Frau unweigerlich Schaden erlitten und ihre wahre Weiblichkeit in Gefahr sei. Trotzdem wurde am 23.9.1956 im Essener Mathias-Stinnes-Stadion das erste (inoffizielle) Länderspiel einer deutschen Damen-Fußballmannschaft gegen die Niederlande ausgetragen. Vor 18.000 (!) ZuschauerInnen siegten die Gastgeberinnen mit 2:1, und die erste deutsche Torschützin Lotti Beckmann aus Essen schrieb mit ihrem Premieren-Treffer Fußballgeschichte. Auch in den Folgejahren blieb das Ruhrgebiet die „Hochburg des Widerstandes" gegen das DFB-Verbot. Ebenfalls in Essen wurde 1956 der „Westdeutsche Damen-Fußball-Verband e. V." gegründet, ein Jahr später folgte die Gründung des „Deutschen Damen-Fußball-Verbandes e. V.". Immer mehr fußballbegeisterte Frauen taten sich in Bochum, Essen, Dortmund, Duisburg und Oberhausen zu Teams zusammen und trugen mit dazu bei, dass der DFB nach 15-jähriger Ignoranz sein Frauenfußball-Verbot am 31. Oktober 1970 endlich aufhob. Die weit verbreiteten Vorurteile sollten sich zwar noch hartnäckig halten, aber der erste wichtige Schritt zur Akzeptanz des Mädchen- und Frauenfußballs war getan.

Kickerinnen aus der Metropole Ruhr schreiben mit an Erfolgsstory des Frauenfußballs

Den endgültigen Durchbruch schaffte der Frauenfußball in Deutschland mit dem Titelgewinn bei der Europameisterschaft 1989 im eigenen Lande. Als junge Spielerin mit dabei war die Duisburgerin Martina Voss, die insgesamt 125 Mal das Nationaltrikot trug und heute Trainerin des Bundesligisten FCR 2001 Duisburg ist. Als „hausfrauengerechte Prämie" erhielten sie und ihre Teamkolleginnen damals vom DFB ein Kaffee- und Tafelservice – zu allem Überfluss handelte es sich dabei

auch noch um 1b-Ware. Trotzdem waren die deutschen Fußballfrauen weiterhin topmotiviert und eilten von Erfolg zu Erfolg: Mittlerweile bringen sie es auf insgesamt sieben EM-Titel, davon holten sie zuletzt fünf in Folge. Zweimal wurden sie Weltmeisterinnen, ihren ersten Titel aus dem Jahr 2003 verteidigten sie 2007. Außerdem gewannen sie drei Bronzemedaillen bei Olympischen Spielen. Daran hatten stets auch Nationalspielerinnen aus der Metropole Ruhr ihren Anteil. So standen beim jüngsten Triumph bei der Europameisterschaft 2009 in Finnland Linda Bresonik, Inka Grings, Annike Krahn und Simone Laudehr vom FCR Duisburg sowie als Torhüterinnen ihre Vereinskameradin Ursula Holl und Lisa Weiß von der SG Essen-Schönebeck im DFB-Aufgebot. Und als Verbandsprämie gab es diesmal auch Bares – immerhin 15.000 Euro. Der Deutsche Fußball-Bund hat das Potenzial, das im Mädchen- und Frauenfußball steckt, längst erkannt und seine Förderung immer weiter verbessert. Waren im Jahr 1972 nur etwas mehr als 100.000 weibliche Mitglieder in knapp 1.800 Mannschaften beim DFB am Ball, so stieg die Zahl kontinuierlich an, und im Jahr 2008 wurde mit insgesamt 1.002.605 Mädchen und Frauen in mehr als 12.000 Mannschaften erstmals die Millionengrenze überschritten. Etwa 170 von ihnen kicken in den sieben Mädchen- und drei Frauenmannschaften der SG Schönebeck. Rund 140 spielen in den fünf Mädchen- und zwei Frauenteams des aus dem FC Rumeln-Kaldenhausen hervorgegangenen FCR Duisburg, der mit seinem Uefa-Cup-Gewinn 2009 sowie drei DFB-Pokal-Siegen, einer Deutschen Meisterschaft und acht Vizemeistertiteln der erfolgreichste Frauenfußball-Verein in der Metropole Ruhr ist. Trotzdem pilgern die meisten Fußballfans im Jahr 2011 weder nach Duisburg noch nach Essen. Denn mit der FIFA Frauen-Weltmeisterschaft 2011™ rückt Bochum als einer von neun WM-Spielorten in den Blickpunkt der Fußball-Welt.

Nur noch vorm Bildschirm?
Jugendliche in der Metropole Ruhr

Birgit Keller-Reddemann

Die Kneipe heißt Wurstkessel und liegt im Zentrum von Oer-Erkenschwick, der kleinen, unscheinbaren Stadt am Rande des Ruhrgebiets. Hier haben sich früher die Bergleute nach der Schicht auf der nahe gelegenen Zeche Ewald auf ein Bier getroffen. Die heutigen Besucher sind wesentlich jünger. Denn der Wurstkessel ist jetzt Treffpunkt von „JOE e. V. – Jugend in Oer-Erkenschwick" und fungiert als Jugendzentrum. Innen hat es noch viel von einer typischen Bergmannskneipe, viel dunkles Holz, eine wuchtige Theke mit Hockern davor. Die Details wie zum Beispiel die zahlreichen aufgespannten Regenschirme unter der Decke sieht man erst auf den zweiten Blick. Darunter tagt gerade der Vorstand von JOE. Wichtigstes Thema: die Tagesordnung der nächsten Sitzung des Stadtrats. Der Rat entscheidet nämlich über die weitere Nutzung des brachliegenden Zechengeländes. JOE möch-

te dort einen Teil einer riesigen leer stehenden Halle – dem Magazin – anmieten und für seine Zwecke ausbau- en. Gespräche mit der Stadt sind schon gelaufen, der JOE-Vorstand hat die Finanzierung durchkalkuliert: Mit einem 100.000-Euro-Zuschuss der Stadt könnte der Ausbau gelingen. Eigenleistungen in Höhe von 25.000 Euro wie ehrenamtliche Arbeit beim Umbau sowie Spen- den sind schon abgerechnet. Dass der Betrag für die Stadt kein Pappenstiel ist, wissen die Jugendlichen. Wie so viele Ruhrgebietsstädte ist Oer-Erkenschwick eine Haushaltssicherungsgemeinde und verfügt nur über einen Nothaushalt. Alle Etat-Entscheidungen muss die Bezirksregierung genehmigen.

„Das wäre so super, wenn das klappt. Im Magazin hätten wir endlich mehr Platz. Und wir könnten noch viel mehr

anbieten als jetzt", schwärmt Eva Jostarndt. Sie ist 25, frisch diplomierte Pädagogin und Gründungsmitglied von JOE. „Jugendzentrum statt Pferdezentrum" – mit dieser Forderung fing es damals an. „Erst sollte ja auf dem Zechengelände ein Pferdezentrum und / oder ein Golfplatz entstehen", erzählt sie. „Wir sind auf die Straße gegangen und haben Aktionen gemacht. Wir wollten für uns einen unabhängigen Freiraum. ‚Was wir wollen – Freizeit ohne Kontrollen', das war unser Slogan." 2001 wurde dann der Verein JOE gegründet. Er ist jetzt Pächter vom Wurstkessel und inzwischen anerkannter Träger der freien Jugendhilfe. Jostarndt vertritt die Interessen von JOE im Jugendhilfe- und Sozialausschuss der Stadt. Auch während des Studiums in Bochum hat sie den engen Kontakt zur Heimatstadt gepflegt. „Ich finde das hier wichtig. Ich bin gern in Oer-Erkenschwick."

JOE hat etwa 200 Mitglieder – die jüngsten sind 14 Jahre alt, und über 40-Jährige sind auch dabei. Die Vorstandssitzung verläuft ruhig und diszipliniert. Acht Mäd- chen und sechs Jungen vom er- weiterten Vorstand sprechen noch einmal den Antrag durch und ver- abreden sich für den Tag der Rats- sitzung. Die meisten hier gehen zum örtlichen Gymnasium und finden es „gut, wenn man auch mal was Sinnvolles macht". „Bei JOE sind alle willkommen", sagt

253

Eva Jostarndt. Was man bei JOE nicht sein darf, ist „sexistisch, homophob oder rassistisch". JOE versteht sich auch als Kulturverein für Jugendliche und organisiert Bildungs- und Infoveranstaltungen, mal einen Länderabend, einen Ukulele-Workshop und auch schon mal einen Single-Abend. „Am besten laufen unsere Konzerte mit Live-Bands, dann kommen über hundert Leute. Dann platzt der Wurstkessel aus allen Nähten, und wir bekommen Stress mit den Nachbarn und dem Verpächter, der wohnt genau hier drüber. Auf dem Zechengelände wäre alles anders: mehr Platz und keine Nachbarn, die sich gestört fühlen." Direkt nebenan ist ein Internetcafé. Hier treffen sich meist türkische Jugendliche. „Wenn wir Hip-Hop-Angebote machen, dann kommen auch schon mal türkische Jugendliche rüber", sagt Jostarndt. Andere Begegnungen kämen nur selten vor. Die Freizeitmöglichkeiten in der kleinen Ruhrgebietsstadt sind überschaubar. Außer JOE und dem Wurstkessel gibt es noch vier andere offizielle Jugendtreffs: vom Schwimmverein, vom Fußballverein, vom Stadtsportbund und von der Gewerkschaft IG BCE. „Die Jugendarbeit bei uns steht auf ehrenamtlichen Füßen", sagt Jugendpfleger Michael Hess. Für die knapp 5.330 Jugendlichen (6 bis 21 Jahre alt) in der rund 31.000 EinwohnerInnen zählenden Stadt ist in Zeiten leerer Kassen kaum etwas da. Jeder dritte Einwohner lebt von Transferleistungen. Der 100.000-Euro-Zuschuss für JOE ist da die große Ausnahme.

In Oer-Erkenschwick trifft man sich dann eben im Einkaufszentrum, in der Eisdiele oder am Rande der Stadt auf einem großen Parkplatz, neben einem Bolzplatz oder auf einem Spielplatz. „Das bringt schon mal Ärger. Nachbarn fühlen sich von Hoch- und Schnellstarts der Jugendlichen gestört, bei den Spielplätzen muss ich schon mal darauf achten, dass die Kinder nicht von Jugendlichen verdrängt werden", erzählt Michael Hess. Aber das sind auch saisonale Probleme: „Im Winter ist auf Park- oder Spielplätzen ganz wenig los."

Rein zahlenmäßig ist die Gruppe der Jugendlichen im Ruhrgebiet keine starke Bevölkerungsgruppe: 17 Prozent der Gesamtbevölkerung sind im Jahr 2007 unter 18

Jahre alt. 21,1 Prozent dagegen schon über 65 Jahre, das sind 1,7 Punkte mehr als im Landesdurchschnitt. Auch in den anderen Altersgruppen zeigt sich: Das Ruhrgebiet ist älter als der Rest von NRW.
Die Stadt Bochum hat den niedrigsten Anteil an den unter 18-Jährigen: gerade mal 14,9 Prozent, aber 33 Jugend- und Freizeithäuser in der Stadt. Eines davon ist das Inpoint in Langendreer. Ein ganz normaler Stadtteil. Durchschnittlicher Anteil von AusländerInnen, Arbeitslosen und Sozialhilfe-EmpfängerInnen, so die Statistik der Stadt. „Der beste Stadtteil", sagen Hardis, Marcel, Daniel, Daniel und Dino. Sie sind die „Block Buster Records", rappen unten im Keller vom Inpoint. Ihnen steht ein ziemlich professionelles Tonstudio zur Verfügung. Einer ihrer aktuellen Texte handelt von Langendreer – und ist fast schon eine Liebeserklärung. Marcel, 20, genannt Mercy, hat den Text geschrieben. Die Beats, also die Musik, basteln sie am Computer – ein Instrument muss man nicht spielen können. Der fertige Song hört sich superprofessionell an. Auf „YouTube" haben sie ihn

254

auch schon eingestellt. „Wir machen dazu auch ein Video und zeigen alles, was uns an Langendreer am Herzen liegt, von oben, vom Förderturm der Zeche." Was finden sie toll an ihrem Stadtteil? „Hier gibt es alles, was man braucht", sagt Daniel. „Wir sind hier aufgewachsen und wollen hier auch nicht weg!" „Man kennt sich eben hier." Drei der fünf Rapper gehen zur Hauptschule, zwei haben schon einen Job. Daniel ist 17 und hat einen Ausbildungsplatz als Dachdecker in Aussicht. Der andere Daniel, auch 17, will Dreher werden. Nach der Schule „chillen" sie am liebsten. Hausarbeiten? „Machen wir in der Schule." Ein bisschen rumhängen, mal gucken, was in „el Äi" (für LAngendreer) so geht. „Wir haben da eben so unsere Treffpunkte." Ab und zu mal Sport. Nur Daniel erzählt, dass er regelmäßig im Verein Fußball spielt. Die fünf „Block Buster Records" treffen sich täglich im Inpoint zum Rappen. „Wir leben für die Rap-Musik, und ich werde den Jungs mal ein richtig fettes Studio geben, dann machen wir das als Beruf!" Jonny ist 19 und selbst ernannter Manager der Band. Er hat keinen Schulabschluss und keinen Ausbildungsplatz. „Aber ich will nix vom Staat, Geld verdiene ich mir." Womit, will er nicht verraten, nur so viel: Es sind meistens „nicht legale Geschäfte". Er sieht aus wie die bekannten amerikanischen Rapper: weiße Kappe, weißes T-Shirt, dicke Goldkette am Hals, das passende Armband. Während die anderen an ihren Texten feilen und lernen, die Texte schnell zu performen – wie richtige Rapper eben –, erklärt Jonny die Inpoint-Welt: „Ey, wir sind hier eine big family. Ob einer Serbe ist wie Daniel oder Portugiese wie Mercy, das spielt hier keine Rolle. Und Langendreer ist unser Stadtteil. Wenn die aus Hustadt rüberkommen, dann sag ich denen: ‚Verpisst Euch!' Die haben hier nix zu suchen."

So viel Heimatliebe? Manfred Grundig, seit 30 Jahren Sozialarbeiter und Leiter vom Inpoint, findet, dass „seine" Jugendlichen aus Langendreer ziemlich mobil sind und lange nicht mehr so dem Stadtteil verhaftet wie noch vor einigen Jahren. „Das Freizeitverhalten hat sich schon sehr geändert", sagt er. „Medien spielen eine sehr viel größere Rolle. Wir merken es daran, dass wir heute die Jugendlichen nicht mehr so für kreative Angebote begeistern können. Entweder man ist in 15 bis 20 Minuten mit einer

Sache fertig, oder sie verlieren die Lust. Ein Filmprojekt, wo einige 14- bis 18-Jährige ein ganzes Jahr mitgemacht haben, kriegen wir nicht mehr hin. So ein Rap-Song ist dann eben auch mal in einer Stunde fertig." Spezielle Angebote dagegen werden gern wahrgenommen, wie Bewerbungstraining und Beratung bei der Jobsuche. Täglich sind zwischen 40 und 60 Jugendliche da. Die Tür steht nachmittags offen. Wer will, kommt einfach auf eine Runde Billard, Kicker oder Dart vorbei. Unverzichtbar für die jugendlichen Besucher: das Internetcafé. Sieben Computer stehen zur Verfügung, eine halbe Stunde online kostet 25 Cent. Man muss sich allerdings anmelden. „Die Kleineren dürfen nur eine halbe Stunde surfen, wir kontrollieren aber auch die Größeren", sagt Manfred Grundig. Es kommen deutlich mehr Jungen als Mädchen, nur etwa ein Drittel der BesucherInnen sind Mädchen. „Mädchen werden zu Hause wohl eher geduldet als Jungen – und dürfen sich dort mit ihren Freundinnen treffen", vermutet er.

Da ist das Inpoint keine Ausnahme: Überdurchschnittlich viele männliche Jugendliche zwischen 14 und 17 Jahren gehen in ihrer Freizeit in ein Jugendzentrum, das ist das Ergebnis einer Umfrage der Stadt Essen, die ihre jugendlichen EinwohnerInnen von 14 bis 21 Jahren im Jahr 2007 befragt hat. Musik hören, im Internet surfen oder chatten, Freundinnen oder Freunde treffen – das sind die drei Lieblingsbeschäftigungen der befragten Jugendlichen.

Charlotte, Sarah, Nadine und Nina aus Dortmund treffen sich gerne „in der Stadt". Sie sind zwischen 14 und 15 Jahre alt. Ihre Lieblingsbeschäftigung: shoppen. Ihr Modegeschmack ist derselbe: enge Jeans, Ballerinas, Sweatshirt. Alle sind sorgfältig geschminkt. Die Kosmetik-Abteilungen der großen Drogerieketten sind ihr bevorzugtes Ziel. „Da können wir auch etwas ausprobieren, das macht Spaß, sich da zu informieren", sagt Sarah. Alle vier, die gerade eine kleine Shopping-Pause in einem Fast-Food-Restaurant einlegen, haben einen eigenen MP3-Player und „natürlich!" ein eigenes Handy. Charlotte spielt außerdem noch Tennis, Sarah war mal in einem Schwimmverein, „aber da hab' ich jetzt gar keine Lust mehr zu". Klar, sie besu-

chen sich gegenseitig zum „Chillen" und gucken DVDs. Und manchmal gehen sie zum Eislaufen. Sie besuchen die 9. Klasse einer Dortmunder Gesamtschule. „Meistens bin ich ja erst um vier Uhr zu Hause, die Schule geht bis 15 Uhr 30. Entweder gucke ich dann fern oder gehe ins Internet zum Chatten." Jedes der Mädchen hat einen eigenen PC im eigenen Zimmer und ungehinderten Zugang zum Netz. „MSN oder ICQ, da sind doch alle, oder bei my space", erzählt Nina. „Oder bei SchülerVZ", ergänzt Charlotte: „Das ist ja auch wie Freunde treffen, man zeigt, wie man selber ist, und bekommt dann auch neue

Freunde dazu." Nur dass diese Treffen bei den Internetforen virtuell, im Netz eben, stattfinden. „Wenn ich zu Hause bin, ist der PC fast immer an", sind sie sich einig. Bei den anderen ja auch. „Man sieht ja immer, wer gerade on (online) ist, und kann dann chatten." Worüber? „Na ja, was man gerade so erlebt hat in der Schule, oder was die anderen so machen." Der „normale Klatsch" eben, wer gerade in wen verknallt ist, was es Neues bei H&M gibt. „Die Dinge, die da im Internet ausgetauscht werden, sind aus Er-

Neben dem Chatten ist der Sport für Mädchen eine wichtige Freizeitbeschäftigung.

wachsenensicht völlig profan, aber für Jugendliche ist das eben wichtig", sagt Thorsten Friedrich. Er ist Sozialarbeiter an der Heinrich-Böll-Gesamtschule in Dortmund und zusammen mit einer Kollegin Ansprechpartner für die über 1.000 SchülerInnen. Aus seiner Sicht hat sich das Leben von Jugendlichen in den vergangenen fünf Jahren durch die neuen Medien massiv verändert. Mit dem Computer spielen, arbeiten, surfen oder chatten – das ist inzwischen bei allen Jugendlichen die Hauptbeschäftigung in der Freizeit. Die JIM-Studie 2008 (Jugend, Information und Multi-Media), der Forschungsbericht des Medienpädagogischen Forschungsverbunds Südwest, stellt fest, dass in bundesdeutschen Haushalten, in denen Jugendliche leben, inzwischen eine Vollversorgung mit Mobiltelefonen, Computern und Fernsehgeräten herrscht. 96 Prozent haben einen Internetzugang. „Das hat Einfluss, das hat Folgen", hat Friedrich erfahren.

„Das Internet ist die Kommunikationsplattform für Jugendliche. Selbst fast alle Fünftklässler bei uns sind schon bei Knuddels (einem Chatroom für Jüngere)", so Friedrich. „Aber die Jugendlichen sind dabei allein, diese Medien oder Kommunikationsformen sind für die meisten Eltern wie ein fremder Planet. Den meisten Kindern fehlt die moralische Urteilsfähigkeit, sie stehen allein und im Regen, sie wissen gar nicht, was sie falsch machen." In Seminaren und Projektstunden versucht er, die Jugendlichen zu sensibilisieren. „Ein Beispiel: Da knutscht auf einer Party ein Mädchen einen Jungen, der eigentlich mit einer anderen zusammen ist. Dieses betrogene Mädchen fährt im Netz harte Geschütze auf. Die andere wird als Betrügerin und blöde Schlampe bezeichnet, Fotos werden verunstaltet, das Mädchen wird von anderen beschimpft. Die Reaktionen in der 8. Klasse: Die ist doch selber schuld, das hat sie verdient. Es hat etwas gedauert, ihnen klar zu machen, dass das Internet ein öffentlicher Raum ist, das die Folgen eines so drastischen ‚Dissens' (Fertigmachen) gar nicht absehbar sind. Zum Radfahren geben wir unseren Kindern Helme und Protektoren, aber im Internet lassen wir sie alleine."

Während Mädchen am Computer am liebsten chatten, spielen Jungen gerne Spiele. Dienstagnachmittag im Jugendzentrum Papestraße in Essen. Vor dem Computerraum drängeln sich zehn Jungen und vier Mädchen. Jetzt sind zwei Stunden Internetspiele angesagt.

Dieses Angebot für 8- bis 14-Jährige ist heiß begehrt. Die Mädchen mögen die Barbie-Spiele, die Jungen Strategie-Spiele wie „Age of Empires" oder Online-Rollenspiele wie „World of Warcraft". „Wir bringen hier Jugendlichen aus eher problematischen Familien das Medium nahe", so Erzieher Helmut Oppenberg – unter Aufsicht und mit Anleitung. Das Jugendzentrum liegt in einem sozialen Brennpunkt. Von außen sieht es eher aus wie eine Schule, von innen hat es den Charme der 70er Jahre. Eine dringend notwendige Sanierung ist aber so teuer, dass die Stadt eher an einen Umzug in die Weststadthalle denkt. Noch gibt es Billard, Tischtennis, Kicker, einen kreativen Raum und einen Tanzraum mit einem großen Spiegel – ein offenes Angebot für alle 8- bis 14-Jährigen, die einfach vorbeikommen können. Und eine kostenlose Übermittag-Betreuung. Das Essen wird von der Essener Tafel geliefert. „Viele essen hier zum ersten Mal Obst", so Andreas Ruff, Sozialpädagoge im Jugendzentrum und Medienbeauftragter des Essener Jugendamts. „Jugend hat kaum eine Lobby. Kinder und Schule ja, aber was Freizeit von Jugendlichen betrifft, wird sie nicht wahrgenommen. Und Freizeit von Jugendlichen spielt sich heute vorwiegend im Medienbereich ab", ist seine Erfahrung. „Diese Medien werden aber viel zu wenig beachtet, bei LehrerInnen und Eltern herrscht Unkenntnis." Und Geld für Schulungen oder Fortbildungen sei nun mal nicht da. Auch die Stadt Essen unterliegt dem Haushaltssicherungsgesetz. „Im Jugendamtsbereich muss an den Sach-Etats gespart werden, und das nicht das erste Mal."

Im Jugendzentrum an der Papestraße trifft sich auch einmal in der Woche das Redaktions-Team von „www.townload-essen.de ". Mit diesem Portal wird gerade eine Community für und mit Jugendlichen in Essen aufgebaut. Es ist Teil von „mitWirkung" – einem Konzept des Jugendamts zur Jugendbeteiligung. Alle Infos, die Ju-

gendliche interessieren, werden hier gesammelt und veröffentlicht. Tim, Tobias, Robin und Mirko vom Alfred-Krupp-Gymnasium sind für die Infos im Stadtteil Frohnhausen zuständig. Die 15- und 16-Jährigen suchen die interessanten Orte in ihrem Stadtteil heraus und stellen sie ins Netz. „Wir haben die Bolzplätze getestet und fotografiert. Wenn man z. B. die Rubrik ‚Sport' anklickt, dann sieht man sofort auf dem Stadtplan, wo welcher Platz ist", demonstriert Robin direkt am PC. „Wir sagen, wo man sich trifft, in welcher Eisdiele z. B., oder wo man eine gute Pizza bekommt", sagt Tim. Software und Bearbeitung stellt das Jugendzentrum, Andreas Ruff unterstützt sie bei ihrer Arbeit. Mehr Sportmöglichkeiten in der Stadt ohne Vereinszugehörigkeit – das wünschen laut Essener Umfrage viele Jugendliche. In Frohnhausen gibt es doch einige? „Ja, da gehen wir auch schon mal hin, aber da sind oft viele Leute, auf die man dann keinen Bock hat." Robin guckt vielsagend an die Decke. „Ich sag' nur Asi-Magnet ..." Und sonst? „Ja, Frohnhausen ist schon okay, die City ist ja auch nicht weit." Andere Stadtteile kennen sie kaum. „Katernberg – bin ich noch nie gewesen." Am liebsten spielen sie am PC, alle möglichen Spiele, manchmal mit anderen Freunden zusammen. Jeder hat einen eigenen Computer mit Internetzugang im Zimmer. „So drei Stunden am Tag kommen da schon zusammen", überschlägt Robin.

„Und Musik hören, laute Musik, die gute Laune macht. Musik – das ist ein ganz wichtiges Thema für junge Leute, darüber identifizieren sie sich, eine Musikrichtung steht für eine Szene, eine Mode, ein Gruppengefühl", so beschreibt Verena Waldhoff, Redakteurin von „Scenario", die Themenwünsche ihrer AutorInnen. Die Seite, die täglich in den Regionalzeitungsausgaben des Bauer Verlags (Marl) erscheint, wird von den jungen LeserInnen selbst mit Inhalten gefüllt. „Sehr erfolgreich lief unsere Serie ‚Meine Hood', in der Jugendliche ihre Stadt bzw. ihren Stadtteil vorgestellt haben. Übers Ruhrgebiet wird ja immer so viel gemeckert, aber die Beschreibungen waren sehr liebevoll und teilweise witzig. Die meisten mögen ihre Gegend und unternehmen viel. ‚Hier ist ja nix' – stimmt so nicht", erklärt Waldhoff.

Ihr Bruder Julius geht zum Ricarda-Huch-Gymnasium – einer Unesco-Schule. Dahin wird er gebracht und von dort wieder abgeholt. „Im Sommer fahre ich aber auch mit dem Rad." Montags und mittwochs hat er bis 15 Uhr 30 Unterricht. Nachmittags spielt er mit der Playstation oder guckt fern. Einfach mal so vor die Tür gehen und mit anderen Ball spielen? „Nö, das habe ich früher mal in der Grundschule gemacht." Er spielt Fußball und Tennis im Verein. Beim Tennis hat er es bis zum Stadtmeister im Doppel gebracht. Julius gehört damit zu einer Mehrheit unter den Jugendlichen, denn deutlich mehr Jungen als Mädchen sind in Sportvereinen organisiert, auch deutlich mehr Gymnasiasten, ergab die Essener Umfrage. Der Sportpädagoge Werner Schmidt von der Universität Essen stellt in seinem Kindersport-Sozialbericht des Ruhrgebiets 2006 fest, dass die Sportvereinsmitgliedschaft im Alter von 11 bis 14 Jahren kontinuierlich sinkt. „Das gilt besonders für Kinder mit niederer Schulkarriere und weiblichem Geschlecht." Zwar bleibe die Dauer der Vereinszugehörigkeit in den letzten Jahren mit ca. acht Jahren konstant, bei Vereinseintritt seien die Kinder jedoch immer jünger geworden, ebenso beim Vereinsaustritt.

Wie Jugendliche im Ruhrgebiet ihre Freizeit verbringen, hängt davon ab, wie alt sie sind und welche Schule sie besuchen. Antonia aus Gelsenkirchen ist gerade neun Jahre alt geworden. Zum Geburtstag hat sie ihren ersten MP3-Player bekommen. Zur Geburtstagsfeier waren sie und ihre Freundinnen Schlittschuhlaufen und haben dann bei Antonia übernachtet. Sie geht in die 3. Klasse der Grundschule und danach in den Hort bis 15 Uhr. „Entweder holt die Mama mich ab oder mein Bruder." Einmal in der Woche ist sie auf dem nahe gelegenen Reiterhof, einmal die Woche spielt sie Tennis. „Weil da die Mama auch Tennis spielt." Mit ihrem Bruder Julius, 12 Jahre, teilt sie sich einen Computer. „Manchmal spielen wir zusammen, und manchmal spiele ich auch allein am Computer ‚Abenteuer auf dem Ponyhof'. Da muss ich ein Pferd pflegen oder Aufgaben lösen." Mindestens einmal in der Woche verabredet sie sich mit einer Freundin. „Dann hören wir Musik oder gucken fern oder quatschen."

Bei der Vollversorgung mit Mobiltelefonen, Computern, Internet und MP3-Playern in den Zimmern von Jugendlichen verwundert es nicht, wenn der Essener Jugendbericht 2008 zu dem Ergebnis kommt, dass der weitaus größte Teil der Freizeit von Jugendlichen zu Hause verbracht wird. Auch Treffen mit FreundInnen finden „bei mir zu Hause" oder bei den FreundInnen statt. Ab 14 Jahren bekommt der feste Freundeskreis, die Clique, eine ganz besondere Bedeutung. „Das Zusammensein erzeugt ein Zugehörigkeitsgefühl, stärkt das Vertrauen und dient über die Orientierung an der Gruppe der Gleichaltrigen der Identifikationsfindung", bilanziert der Bericht. Ob die Treffen in Oer-Erkenschwick auf einem Parkplatz, in einem Dortmunder Einkaufszentrum oder im Bochumer Jugendzentrum stattfinden – wichtig ist, dass sie stattfinden (können).

Wie möchten Frauen und Männer

Doris Reich

„Wie groß ist mein Keller?" – oft eine entscheidende Frage für Männer bei der Wohnungswahl. Frauen haben andere Kriterien für die Wohnungswahl: „Wo ist der Sportverein, wo eine Schule für meine Kinder?"

In der Metropole Ruhr bündeln sich zentrale Trends der Entwicklung von Wohnungsmärkten. Auf der Angebotsseite hat es eine große Privatisierungswelle gegeben, die sich in weiteren Verkäufen von Teilbeständen fortsetzt. Auf der Nachfrageseite ergeben sich durch den ökonomischen, sozialen und demografischen Wandel neue Herausforderungen. Schwierige Bestände sind zunehmend schlecht zu vermieten. Es kommt zu sichtbarem Leerstand, der ganze Quartiere negativ beeinflusst. Aus dem sozialen Wohnungsbau hat sich der Staat weitgehend zurückgezogen.

Im Rahmen öffentlicher Programme wie „Soziale Stadt" und „Stadtumbau West" werden Anreize zur Bestandserneuerung oder zum Abriss von Beständen gegeben. Der

Männer interessiert: Wie groß ist mein Keller? Was passt in meine Garage?

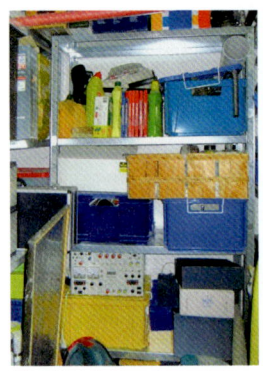

260

im Ruhrgebiet wohnen?

Ausdifferenzierung von Wohnwünschen steht auf dem Wohnungsmarkt erst in Ansätzen ein entsprechendes Angebot gegenüber. Neue Wohnformen wie gemeinschaftliches, generationenübergreifendes Wohnen oder die aktive Förderung altersgerechter, unterstützender Wohnformen jenseits von Pflegeheimen werden nur zögerlich realisiert. Erst langsam entdecken die größeren Wohnungsgesellschaften die Chancen, die im Eingehen auf die Wohnbedarfe bestimmter Zielgruppen liegen. Das wichtigste Ziel städtischer Wohnungspolitik ist es, kaufkräftige Mittelschichtsfamilien in den Städten zu halten oder zum Zuzug zu bewegen. Aber reicht das aus, um als Wohnstandort attraktiv zu bleiben? Müsste eine gezielte regionale Wohnungspolitik nicht stärker auf die Bedürfnisse verschiedener sozialer Gruppen und damit auch auf Männer und Frauen eingehen?

Neben dem Arbeitsmarkt ist der Wohnungsmarkt ein zentraler Faktor für die Attraktivität einer Stadt beziehungsweise einer Region. Lage und Ausstattung einer Wohnung bestimmen die tägliche Lebensqualität entscheidend mit. Um die wichtigsten Herausforderungen für Wohnungsmarktakteure in der Metropole Ruhr zu identifizieren und Auswirkungen auf das Wohnen und Leben von Frauen und Männern abschätzen zu können, hat der Regionalverband Ruhr im Oktober 2008 ein moderiertes Fachgespräch mit WohnungsmarktexpertInnen organisiert. Im Rahmen dieser Gesprächsrunde wurden die aktuellen und künftigen Herausforderungen regionaler Wohnungspolitik diskutiert. Teilnehmende waren:

Torsten Bölting, InWIS GmbH – Institut für Wohnungswesen, Immobilienwirtschaft, Stadt- und Regionalentwicklung GmbH an der Ruhr-Universität Bochum (Leiter der Geschäftsstelle der Kooperation neun kommunal-(nah)er Wohnungsunternehmen WIR e. V. – Wohnen im Revier),
Reinhard Hachenberger, Leiter des Amts für Bauverwaltung und Wohnungswesen, Stadt Bochum,
Wolfgang Loke, Amt für Bauverwaltung, Stadt Bochum,
Kerstin Jochimsen, Team regionale Wohnungsmarktbeobachtung bei der Wohnungsbauförderungsanstalt NRW (Wfa), Anstalt der NRW.BANK, Düsseldorf,
Brigitte Karhoff, WohnBund-Beratung NRW, Bochum,
Dr. Sebastian Müller, Institut für soziale und ökologische Planung e. V., Dortmund,
Birgit Theis, Geschäftsführung der Wohnungsbaugenossenschaft GWG in Schwerte,
Gudrun Kemmler-Lehr, Gleichstellungsbeauftragte beim Regionalverband Ruhr.

Die Moderation und Dokumentation des Fachgesprächs übernahm **Doris Reich**, Büro Raum Planung, Dortmund.

Frauen interessiert das Umfeld: Welche Vereine, Schulen, Einkaufsmöglichkeiten gibt es?

261

Doris Reich: Anlass unseres Fachgesprächs ist die spezifische Wohnsituation von Frauen und Männern hier in der Region. Bislang gibt es keine empirische Untersuchung, die sich speziell dieser Frage widmet. Aus unterschiedlichen Blickwinkeln, aus den Bereichen Wissenschaft und Forschung, kommunales Wohnungswesen, Wohnungsbaugesellschaften, Projektentwicklung und Begleitung von Wohnprojekten wollen wir unterschiedliche Zugänge zum Thema finden. Welche aktuellen Trends sehen Sie? Wie wird die Wohnsituation momentan beeinflusst? Wie oder wo zeigen sich Unterschiede in der Wohnsituation von Frauen und Männern?

Torsten Bölting: Es gibt zurzeit einige wichtige Trends im Ruhrgebiet und darüber hinaus. Viele Wohnungsunternehmen versuchen, die „kreative Klasse" beziehungsweise neue, kreative Entrepreneurs anzusprechen. Die gibt es – auch im Ruhrgebiet – schon vereinzelt, und sie stehen für Veränderung und Urbanität. Allerdings haben sie sehr spezielle Anforderungen an Wohnung und Wohnumfeld. Ein weiterer Trend war zuletzt die Privatisierung größerer Bestände. Jetzt beobachten wir eine zweite Stufe. Viele kleinere Wohnungsbestände werden von den Unternehmen weiter veräußert. Dadurch ergeben sich sehr stark lokale Probleme, die teilweise aus dem Blick der Öffentlichkeit verschwinden. Die Folgen für einzelne Wohnstandorte sind oft noch gar nicht abzusehen. Weiterhin bleibt aber – gerade für die kommunalen Wohnungsunternehmen – die Bereitstellung kostengünstigen Wohnraums ein wichtiges Thema in der Region. Weite Teile der Bevölkerung sind nach wie vor darauf angewiesen und brauchen Wohnungsanbieter, die gute, günstige Wohnungen offerieren.

Doris Reich: **Frau Jochimsen, wo sehen Sie zentrale Trends?**

Kerstin Jochimsen: Ich betreue bei der WfA das Projekt „Regionale Wohnungsmarktbeobachtung in der Städteregion Ruhr" und arbeite viel mit Daten. Ich habe einen intensiven Eindruck von der Gemengelage in einzelnen Kommunen bekommen. Bevölkerungsrückgang beziehungsweise -schrumpfung sind wichtige Faktoren. Von Duisburg bis Hamm gehen Verwaltung und Politik sehr unterschiedlich damit um. Aus der Schrumpfung resultiert die Bestandsentwicklung. Schrumpfung ist kein neues Thema in der Städteregion. Trotz zurückgehender Bevölkerung und Haushaltszahlen steigt die Zahl von Baufertigstellungen. Ein Gleichgewicht zwischen Bestandsentwicklung und qualitativem Wohnungsneubau ist gefragt. Leerstände gibt es in vielen Städten, eine qualitative Anpassung der Wohnungsbestände aus den 60er Jahren ist zentral. Wir müssen jetzt investieren. Gleichzeitig wird es in Zukunft mehr Leerstände geben. Der Umgang damit ist strategisch und konzeptionell nicht geklärt.

Doris Reich: **Frau Theis, Sie sind aus Schwerte und Vertreterin eines Wohnungsanbieters mit Miet- und Eigentumsobjekten. Wo sehen Sie in Schwerte und darüber hinaus aktuelle Trends?**

Birgit Theis: Wir liegen am südlichen Rand des Ruhrgebiets und nicht im Ballungskern. Schwerte ist von der Lage her schön und sehr vorteilhaft. Der Wohnungsmarkt bedient bestimmte Nachfrager. Was wir feststellen, ist eine starke Differenzierung, zum Beispiel Wohnen mit Generationen, wie wir es im Schwerter Beginenhof realisiert haben, ein Wohnprojekt für Frauen unterschiedlichen Alters. Ein weiterer Punkt ist die Frage der regenerativen Energien, für die Zukunft mit Sicherheit ein sehr wichtiger Schwerpunkt. Da haben wir eine ganze Menge umgesetzt.

Dr. Sebastian Müller: Ich würde Angebot und Nachfrage gerne differenzieren. Es gibt nicht den Markt, sondern nur die Märkte. Einerseits gibt es eine große Einkommensspreizung. Darauf ist bei der Beobachtung von Wohnungsmärkten zu reagieren. Unterschiedliche Sozialräume haben unterschiedliche Nachfragende. Zwischen Schwerte am südlichen Rand und dem Dortmunder Borsigplatz ist ein Riesenunterschied. Die jeweilige Einkommenssituation erfordert entsprechende Angebote.

Doris Reich: **Diese Frage, wie sich die soziale und ökonomische Situation auswirkt, werden wir später aufgreifen. Herr Hachenberger, was sind Schwerpunkte und Trends im sozial geförderten Wohnungsbau? Welche Wohnlagen sind besonders attraktiv in Bochum? Was macht Wohnlagen überhaupt attraktiv?**

Reinhard Hachenberger: Ich sehe die Schwierigkeiten der Kommunen mit dem sozialen Wohnungsbau in den rasant fallenden Zahlen der Bestände. In Bochum sind derzeit circa 20.000 von insgesamt etwa 190.000 Wohnungen Sozialwohnungen. Der Anteil liegt heute bei gut 10 %, früher waren es 60 oder 70 %. Dieser Wohnungsbau stammt aus der Wiederaufbauphase der 1950er/60er-Jahre. Er ist sprichwörtlich in die Jahre gekommen. Eine energetische Erneuerung ist schwierig. Wir haben in Bochum nicht die „großen Player" auf dem Wohnungsmarkt. Der Verkauf der LEG zum Beispiel betraf in Bochum nur circa 1.400 Wohnungen der Ruhr-Lippe-Wohnungsbaugesellschaft. Probleme sehe ich in der geringen Zahl an Investoren. Die Wohnungswirtschaft und -genossenschaften halten sich merklich zurück, sodass ich jedes Jahr Fördergelder in Millionenhöhe dem Land wieder zur Verfügung stellen muss. Bochum versucht nun, über eine Reduzierung der Grundstückspreise oder eine Zuschusszahlung beim Erwerb städtischer Grundstücke eine Lösung zu finden.

Zu den attraktiven Wohnlagen: Auch Bochum hat lukrative und bevorzugte Wohngegenden wie fast alle Städte. Hier ist es vor allem der Süden – wie in Dortmund und Essen. Es gibt Bereiche im Bochumer Norden oder im Osten, die preislich sehr attraktiv sind. Der Bochumer Norden geht über in den Herner Süden, der wunderschön grün ist. Im Ruhrgebiet liegt alles dicht beieinander.

Doris Reich: Das sind zwei Aspekte: einerseits der Preis, andererseits das viele Grün. Herr Bölting: Was sind aus Ihrer Sicht attraktive Lagen? Im WIR Verein[1] haben sich neun Wohnungsbaugesellschaften zusammengeschlossen. Gibt es attraktive Wohnlagen und vor allen Dingen, was macht sie attraktiv? Welche Gesichtspunkte spielen eine Rolle?

Torsten Bölting: Alle neun Unternehmen sind kommunale Wohnungsunternehmen, die auch Zielgruppen mit einer geringeren Wohnkaufkraft bedienen. Zudem liegt ein großer Teil der 80.000 Wohnungen dieser Gruppe nicht gerade an den „Top-Standorten" im Ruhrgebiet. Viele der Unternehmen in kommunalem Auftrag haben sich im Gegenteil gerade an schwierigeren Standorten als Pioniere der Stadtentwicklung betätigt. Dennoch gibt es unbestritten auch

im Ruhrgebiet „Top-Standorte". Es sind besonders die begehrten und teuren Lagen in den urbanen, gründerzeitlichen Vierteln von Essen (Rüttenscheid), Dortmund (Kreuzviertel) und südlich der Bochumer Innenstadt. Dorthin zieht es die modernen, urbanen Lebensstile. Gleichermaßen begehrt, wenn auch bei anderen Zielgruppen, sind natürlich die idyllischen Lagen im Ruhrtal – zum Beispiel im Essener Süden – mit oft gut erhaltenen alten Dorfkernen. Dort gibt es Top-Standorte, die fast mit einigen Lagen im Rhein- oder Moseltal mithalten können. Letztlich entscheidet immer die Mikrolage über die Standortqualität. Städtebaulich ansprechende Lagen mit einer geringen Lärmbelastung und guter Sozialstruktur erzielen höhere Preise. Besonders für die urbanen Lebensstile sind die Verkehrsanbindung, die Nähe zu Lifestyle-Orten und kultureller Infrastruktur wichtig.

Kerstin Jochimsen: Wir haben Wohnungsbauexperten im Ruhrgebiet nach den Stärken und Schwächen des Ruhrgebiets befragt. Als Stärken wurden von fast allen Befragten genannt: Verkehrsanbindung, soziale und kulturelle Freizeitinfrastruktur, Bildungseinrichtungen, Grünflächen. Es gibt attraktive Wohnlagen mitten in der Metropolregion. Bemängelt wurden allerdings das Arbeitsplatzangebot und der Anteil von Bevölkerung mit Migrationshintergrund.

Doris Reich: Herr Loke, was sind aus Ihrer Sicht attraktive Standorte? Kann es für Frauen und Männer Unterschiedliches heißen? Hängt es mit Lebenslagen zusammen?

Wolfgang Loke: Ich bin in Bochum für die Wohnungsmarktbeobachtung zuständig. Eine geschlechtsspezifische Analyse von Wohnqualität ist ein spannendes Thema und wäre eine interessante Herausforderung. In Bochum ist der Wohnungsmarkt beispielsweise quantitativ gedeckt, qualitativ besteht jedoch Nachholbedarf. Ich vermag nicht zu beurteilen, ob man diesen qualitativen Nachholbedarf geschlechtsspezifisch konkretisieren kann. Für

Frauen wohnen nach eigenen Vorstellungen und gestalten ihr Umfeld entsprechend. Beispiel: Garten des Beginenhofs in Dortmund

die Frage, ob attraktive Wohnlagen aus weiblicher oder männlicher Sicht unterschiedlich ausfallen, möchte ich folgende These aufstellen: Frauen legen bei ihrer Wohnortwahl mehr Wert auf Sicherheitsaspekte als Männer. Sie achten auf „Wohlfühlfaktoren". Bei den „harten" Daten schauen sie, abhängig von der persönlichen Lebenssituation, eher danach, ob beispielsweise ein Kindergarten oder eine Schule in der Nähe ist. Männer legen vermutlich – ein eher traditionelles Rollenbild unterstellt – Wert auf eine verkehrsgünstige Anbindung zum Arbeitsplatz oder eine Garage für das Auto. Zugegeben eine persönliche These, die ich hiermit zur Diskussion stellen möchte.

Doris Reich: Frau Karhoff, neben dem genannten Wohlfühlfaktor oder der verkehrlichen Anbindung: Fallen Ihnen andere Aspekte ein?

Brigitte Karhoff: Die Wohnstandortwahl einzelner Bevölkerungs- und Zielgruppen ist sehr stark von deren sozialer Situation und räumlicher Mobilität abhängig. Das gilt für beide Geschlechter. Es gibt jedoch Unterschiede. Eine Untersuchung zur HafenCity in Hamburg untersuchte geschlechtsspezifisch: Wie fühlen sich Frauen, wie fühlen sich Männer in der HafenCity? Deutliche Unterschiede wurden innerhalb der Familien sichtbar. Kriterien bei der Wohnstandortwahl und die Zufriedenheit mit diesem Standort differieren bei Frauen und Männern. Männer bevorzugen eine möglichst direkte Nähe zwischen Auto und Wohnung. Frauen kümmern sich größtenteils immer noch stärker um Familienarbeit und Kinder. Sie bemängeln die geringen Aufenthaltsqualitäten im direkten Freiraum am Wohnstandort. Das lässt sich auf viele Standorte übertragen.

Im Rahmen unserer Projekte und Beratung wird der Blick sehr differenziert auf die Wohnwünsche und Bedarfe einzelner Zielgruppen gerichtet. Dieser Blick fehlt nach wie vor häufig in der Planung und Wohnungswirtschaft. Stadtpolitik hat nach wie vor eine starke Ausrichtung auf die Wohnbedarfe einkommensstärkerer Bevölkerungsgruppen und von Familien, obwohl diese gerade innerhalb der deutschen

Bevölkerung an Bedeutung verlieren. Potenziale für neue Wohnangebote zum Beispiel für jüngere und ältere Migrantenhaushalte im Bereich der Eigentumsbildung werden bislang unzureichend wahrgenommen. Dieses Potenzial wird von vielen Kommunen nicht gesehen. Ein hoher Migrantenanteil wird eher als negativer Standortfaktor gesehen. Auch eine einseitige Orientierung an traditionellen Familienstrukturen ist sehr wackelig. Die Beschleunigung durch veränderte Familienverhältnisse aufgrund von Scheidung, Trennung und neuer Wohnortsuche ist entscheidend für die Standortwahl.

Die soziale Lage als Faktor für die Wahl der Wohnmöglichkeit lässt sich beim Wohnen im Alter belegen. Die WohnBund-Beratung NRW berät schon lange zur Förderung des selbstbestimmten Wohnens im Alter und erarbeitet Handlungsansätze. Ältere Frauen sind häufig die ärmeren. Sie haben spezifische Anforderungen an ihre Wohnung und ihr Wohnumfeld. Das sind einige Beispiele für die Notwendigkeit, Wohnstandorte zielgruppenspezifisch zu entwickeln. Die „neuen Hoffnungsträger" der Kommunen, die so genannte kreative Klasse besteht vielfach aus Menschen in eher prekären Lebenslagen. KünstlerInnen sind nicht unbedingt Großverdiener. Sie suchen oft interessante Wohnstandorte, die nicht hochpreisig sind. Ich plädiere dafür, klein- und sozialräumlich zu schauen. In welcher Situation leben die jeweiligen Zielgruppen zum Beispiel aufgrund ihrer Einkommenssituation, Geschlechtssituation?

Doris Reich: Wie wirkt sich die sozioökonomische Lage beziehungsweise die Verschlechterung dieser Lage auf Wohnsituationen von Frauen und Männern aus? Frau Theis, Sie hatten das Beginen-Projekt angesprochen. Spielen dort ökonomische Aspekte und Attraktivitätsaspekte eine Rolle?

Birgit Theis: Frauen haben je nach finanziellem Hintergrund andere Fragen an eine Wohnung: Wo ist ein Sportverein für meine Kinder, wo die Schule, ein Reitstall? Die soziale Anbindung im Wohngebiet, Infrastruktur und so weiter spielen eine größere Rolle bei Frauen. Es ist am Rollenbild festzumachen. Dies ist

auch für ältere Menschen ein wichtiger Punkt. Das Beginen-Projekt wurde von zwei bis drei Frauen initiiert, die in Schwerte einen Investor suchten. Wir fanden die Idee toll. Das Frauenwohnprojekt knüpft an die mittelalterlichen Beginen an. Ältere Frauen wohnen mit jüngeren, weil sie in der Mehrheit im Alter übrig bleiben. Heute sind Alleinerziehende mit Kindern im Projekt. Sie organisieren bewusst ihr Zusammenleben in der eigenen Wohnung und gemeinschaftliche Unternehmungen. Die finanziellen Hintergründe sind unterschiedlich, von der Sozialhilfeempfängerin bis zur ehemaligen Schuldirektorin. Da ist keine Monostruktur.

Doris Reich: Herr Müller, wie wirkt sich eine Verschlechterung der sozioökonomischen Lage auf das Wohnen von Frauen und Männern aus?

Dr. Sebastian Müller: Ich beschäftige mich mit der Privatisierung des Arbeiterwohnungsbestands. Die erste Frage ist daher: Was sind die Folgen der Privatisierung? Die Verschlechterung der ökonomischen Lage führt zu verändertem Standort- oder Wahlverhalten. Menschen versuchen, ihre Wohnung zu halten. Sie wollen bleiben. Sie ziehen nicht mehr um. Menschen, die den Wunsch hatten, woanders hinzuziehen, können das nicht mehr.
Zweitens: Was macht die Attraktivität der Wohnung, des Wohnumfeldes aus? Man kriegt einen nichtideologischen Blick. Die Attraktivität ist nicht das, was wir – die Mittelklasse – denken. Die Attraktivität eines Wohngebiets oder einer Wohnung für einen Hartz-IV-Bezieher ist, dass er hineinpasst. Dass andere Personen da sind, die das gleiche Schicksal haben und dass Netzwerke existieren. Bei der Kreativklasse ist es im Grunde ähnlich. Man sucht sich eine Gruppe von Menschen, die zu einem passt. Ökonomisch können wir es stemmen. Auf der anderen Seite haben wir gemeinsame Lebenseinstellungen oder -probleme. Das ist einfach positiv zu würdigen. Attraktivität ist kein Maßstab, der über alle sozialen Klassen und Schichten existiert. Attraktivität heißt Unterschiedliches je nach sozialer Lage, Lebenslage und Milieu.
Für Frauen ist die Nutzbarkeit der Wohnung selbst

wichtig: dass alles in Ordnung ist, dass man sich nicht dauernd kümmern muss, dass der Wasserhahn nicht tropft. Männer interessiert eher die Höhe der Miete, der Kabelanschluss, der Stellplatz für das Auto. Mieter, die aktiv werden, sind vor allen Dingen Frauen. Die Frauen bilden den Kern der Initiativen in Mieterversammlungen. Meine Hypothese ist, die unmittelbare Wohnlage und der Zustand der Wohnung sind ein entscheidendes Kriterium. Verschlechtert es sich, wird es noch prekärer. Die ökonomischen Mittel stehen nicht mehr zur Verfügung. Wenn du alleinerziehend bist, dann ist es doppelt schwierig.

Torsten Bölting: Ich möchte an die Qualität von Standorten anknüpfen. In zahlreichen Befragungen, die InWIS zum Beispiel bei BewohnerInnen in Quartieren durchgeführt hat, kommt heraus, dass man zwischen der intrinsischen und extrinsischen Sicht auf einen Standort stark unterscheiden muss. Der Standort kann einen sehr schlechten Ruf haben, aber trotzdem sind die Menschen, die dort leben, erstaunlich zufrieden mit ihm. Man kann also nicht so einfach entscheiden, dieser Standort ist gut und der ist schlecht. Bei der Bewertung der Befragungsergebnisse ist aber entscheidend, dass die Einheiten, die die Wohnungsnachfrage bilden, zunächst einmal Haushalte sind – unabhängig vom Geschlecht. In vielen Erhebungen und Befragungen wird kaum nach dem Geschlecht unterschieden, da es sich um Haushaltsbefragungen handelt. Ich denke, dass zunächst einmal die soziale Lage der Haushalte entscheidenden Einfluss auf die Wohnungsnachfrage nimmt. Die Zugehörigkeit zu einer Lebensstilgruppe mit ganz speziellen Werthaltungen und die persönlichen Lebensumstände sind zunächst einmal entscheidend – egal, ob Frauen oder Männer. Dennoch möchte ich nicht in Abrede stellen, dass besondere Konstellationen häufiger bei Frauen als bei Männern vorkommen. Dies wird zum Beispiel beim Wohnen von Frauen im Alter deutlich. Zumindest gibt es deutlich mehr alte Frauen als Männer. Diese Frauen sind häufig in tradierten Lebensumständen aufgewachsen und waren auf das Quartier fixiert – umso mehr, wenn sie nicht

Für die Umsetzung von frauenspezifischen Wünschen beim Wohnen stehen Beginenhöfe im Ruhrgebiet, wie hier in Essen (l.) und Dortmund.

berufstätig waren. Sie hatten also über weite Zeiträume ihres Lebens kaum Möglichkeiten, Netzwerke außerhalb der direkten Nachbarschaft zu knüpfen. Daher sind für Frauen im Alter solche Netzwerke im Wohnumfeld besonders wichtig.

Wolfgang Loke: Mit der amtlichen Statistik lässt sich das für Bochum illustrieren. Haushalte sind Nachfrager einer Wohnung und nicht einzelne Personen. Knapp 50 % aller Haushalte in Bochum sind allerdings Einpersonenhaushalte. Etwas mehr als die Hälfte der Bevölkerung ist weiblich. Dann sind rechnerisch knapp 50.000 dieser Single-Haushalte rein weiblich. Vermutlich dürfte diese Zahl noch höher ausfallen. Überschlägig bedeutet dies, dass mehr als ein Viertel des Bochumer Wohnungsbestandes ausschließlich von Frauen nachgefragt oder belegt wird. Dies unterstützt Ihre Absicht, ver-

stärkt an diesem Thema zu arbeiten. Eigentlich überraschend, dass dies – soweit mir bekannt – bislang niemand getan hat.

Doris Reich: Was geben die Daten her? Müssen wir in Zukunft sorgfältiger auswerten?

Kerstin Jochimsen: Wir reden über die Frauen, sollten aber Frauen nach Lebensphasen differenzieren. In welchem Lebenszyklus befindet sie sich? Hat die Frau Kinder? Eine Frau, die keine Kinder hat, voll berufstätig ist, verdient ein Drittel weniger als ein Mann mit der gleichen Qualifikation. Sie hat ein geringeres Einkommen und eine höhere Wohnkostenbelastung bei einer vergleichbaren Wohnung. Sobald Kinder im Spiel sind, ändert sich die Situation dramatisch. Dann

269

sinkt das Pro-Kopf-Einkommen. Eine alleinerziehende Frau mit Kindern ist in einer schwierigen Lage. Unsere MieterInnenbefragungen werten Alleinerziehende mit Kindern als eine Gruppe. 90 % der Alleinerziehenden sind Frauen mit unterdurchschnittlichem Pro-Kopf-Einkommen. Spontan fällt mir das sozioökonomische Panel ein. Den Mikrozensus könnte man systematisch auswerten zur Wohnsituation. Es gibt eine Reihe empirischer Befragungen mit sozioökonomischen Daten der Haushaltsvorstände. InWIS steht theoretisch ein riesiger Datenpool zur Verfügung.

Gudrun Kemmler-Lehr: Wir reden über das Produkt Wohnung. Auf anderen Feldern, zum Beispiel in der Automobilindustrie, werden Frauen zunehmend als spezifische Zielgruppe gesehen mit besonderen Vorlieben oder Wünschen. Sie sind als Entscheiderinnen in Familien identifiziert worden. Wenn ich es jetzt übertrage: Es gibt Haushaltsbefragungen darüber, wer in Haushalten Entscheidungen trifft. Gerade in schrumpfenden Regionen ist der Haushalt heiß umkämpft. Wie kann ich also Wohnungen gut an die Frau oder den Mann bringen? Wie kann ich dieses Produkt so qualifizieren, dass es sowohl bei Frauen als bei Männern ankommt? Über die Männer haben wir noch nicht gesprochen. Was sind ihre Vorstellungen vom Wohnen? Auch die Wünsche der Männer sind differenzierter auszuwerten.

Birgit Theis: Wir haben in den letzten fünf Jahren Hunderte von Wohnungen grundlegend modernisiert, zum Teil abgebrochen und neu gebaut. Bei der Gelegenheit haben wir mit jedem Mieter intensive Gespräche geführt. Wie soll Ihre zukünftige Wohnung aussehen? Wollt ihr den Grundriss verändert haben? Wollt ihr eine Zusammenlegung? Es waren in der Regel die Frauen, die sich äußerten. Die Männer saßen stumm daneben. Für Männer spielte noch eine Rolle: Wie groß

ist mein Keller? Das war für die Männer die entscheidendste Frage. Wie die Wohnung aussah, war eher unerheblich.

Brigitte Karhoff: Unsere Erfahrungen mit selbst organisierten Wohnprojekten zeigen, dass sowohl Männer als auch Frauen engagierte VerfechterInnen ihrer individuellen Wohnwünsche sind. Sie machen sich Gedanken über ihre Grundrisse und über die Qualitäten des Freiraums. Hier kann ich ein mangelndes Interesse der Männer an ihrem Wohnungsgrundriss und Wohnumfeld nicht bestätigen. Sie denken über ihre Wohnsituation im Alter nach. Es sind häufig Leute zwischen 40 und 50 Jahren. Sie überlegen, wie sie mit 60 oder 70 Jahren wohnen wollen. Die Qualitäten in diesen Wohnprojekten sind leicht zu realisieren. Gleich große Räume, gute Aneignungsmöglichkeiten im Freiraum, gute Infrastruktur sind wichtig, ebenso die Anpassung der Wohnungsgröße an veränderte Haushaltsstrukturen. Kinder ziehen aus oder die Schwiegermutter kommt ins Haus, eine Ehe wird geschieden, und dennoch möchten beide im Wohnprojekt verbleiben. Diese simplen Wahrheiten werden oft zu wenig bei der Planung von Grundrissen beachtet. Große Zustimmung findet eine nach Zielgruppen differenzierte Betrachtungsweise.
Außerhalb des Wohngruppenbereichs, zum Beispiel im Rahmen von Stadtumbauprozessen, werden nicht einmal die sozialräumlichen Daten, geschweige denn eine geschlechtsspezifische Differenzierung vorgenommen. Im Bereich Soziale Stadt sind diese Indikatoren längst festgelegt. Da muss man die Daten geschlechtsspezifisch erheben. Wie gehen wir mit den Kenntnissen um? Werden Wohnbedarfe für unterschiedliche Einkommensgruppen und Situationen berücksichtigt?

Kerstin Jochimsen: Aus meinen Gesprächen im Ruhrgebiet weiß ich, dass die wenigsten Kommunen wohnungspolitische Konzepte haben. Wie finde ich ein Gleichgewicht zwischen notwendigem Wohnungsabriss und Bestandsanpassung? Welche spezifischen Angebote für unterschiedliche Lebensphasen und Zielgruppen sind bereitzustellen? Diese Konzepte gibt es nicht.

Torsten Bölting: Das kann ich nur unterstreichen. Vor vier Wochen habe ich Vertretern einer größeren Ruhrgebietsstadt erklären müssen, dass ein quantitativer Wohnungsüberhang allein nicht bedeuten kann, den Wohnungsneubau einzustellen. Ohne Neubau kann kaum ausreichend auf die Ausdifferenzierung der Wohnwünsche in der Gesellschaft reagiert werden. Das hat für Erstaunen gesorgt. Eine Vermutung hätte ich, wie sich die Nachfrage nach Wohnungen bei Frauen und Männern hinsichtlich der „Smart-home-Techniken" und sonstiger technischer Unterstützungsdienste in der Wohnung bei Krankheit und Alter unterscheiden könnte, die ich aber empirisch nicht wirklich belegen kann. Es gibt eine leichte Tendenz, dass gerade bei älteren Frauen das Thema Sicherheit noch mehr im Vordergrund steht. Insgesamt liegt der Schwerpunkt eher auf Komfort.

Doris Reich: Welche spezifischen Wohnwünsche von Frauen werden wahrgenommen? Die Bedeutung der technischen Ausstattung, sozialer Unterstützung, Netzwerken im wohnungsnahen Umfeld sollten wir gewichten. Bei Smart Living wird ausschließlich auf technische Unterstützung gesetzt. Wichtig ist, unter Gleichgesinnten zu leben, die persönliche Lebenssituation zu reflektieren. Welches Gewicht im Alltag zählt mehr: die technische Ausrüstung oder Menschen, die ich im Notfall erreichen kann?

Birgit Theis: Das ist kein Gegensatz. Die technische Ausstattung ist enorm wichtig. Dieses Projekt in Hattingen ist für heutige Nachfrager zu hoch gegriffen, es ist ein Pilotprojekt. Sicherheitsaspekte und Multimedia erfordern im Bestand Flexibilität wie zum Beispiel Leerrohre. Ein anderer Aspekt beim Wohnen im Alter ist zu überlegen:

Will ich mich auf meine Kinder verlassen? Brauche ich andere Netzwerke? Ich überlege heute: Wie will ich in zehn, in 20 Jahren oder später leben? Dies gilt für Männer und Frauen gleichermaßen. Viele überlegen, wie sie ihren Lebensabend verbringen wollen und in welchen Netzwerken.

Dr. Sebastian Müller: Ich möchte auf die sozialen Unterschiede im Ruhrgebiet zurückkommen. Wo wird gebaut, wo werden Wohnungen errichtet? Mir fallen Dortmunder Beispiele ein. Auf der Stadtkrone Ost sieht der Neubau völlig anders aus als in Ergänzungsmaßnahmen in Dortmund-Eving „Über den Teichen". Nach Lebenslagen betrachtet leben in der Stadtkrone Ost gut betuchte Menschen. Die bauen faktisch eine Villa auf kleinem Grundstück. Das sind Zielgruppen, auf die sich die Wohnungspolitik der Stadt Dortmund konzentriert, um viele zahlungskräftige Menschen zurück in die Stadt zu holen. Die Wohnungspolitik der Städte ist nicht von den Überlegungen geprägt, die wir hier ausbreiten. Je größer die Investition ist, umso besser. Wenn ein Investor dabei ist, der Hunderte Wohnungen baut, ist das für sie in Ordnung. Das ist Teil der Realität. Die andere Realität ist, was in den Beständen passiert. Für Personen, die am unteren Ende des Einkommensspektrums leben, stellt sich Technik viel einfacher dar. Da muss das Türschloss in Ordnung sein und nicht Smart Living. Einfache Bedürfnisse müssen befriedigt sein. Nachbarschaftsnetzwerke spielen eine große Rolle. Hier ist institutionelle Hilfe notwendig. Bei vielen alleinerziehenden Frauen mit äußerst geringem Einkommen, mit schwierigen Familiensituationen ist die Familien- und Jugendhilfe präsent. Das kann die Schule nicht ausputzen. Eine institutionelle Seite ist wichtig, damit sich die Politik interessiert. Ich beobachte ein neues Interesse an Sozialpolitik, um Mieter in schwierigen Beständen zu halten. Das neue Dortmund war das schnelle Dortmund, die Stadtkrone Ost und nicht Eving. Jetzt entdeckt man Westerfilde oder andere Stadtteile, in denen es große Leerstände gibt. Was ist zu tun, um dort Mieterinnen und Mieter zu halten?

Doris Reich: Wie können MieterInnen oder KäuferInnen aktiv im Bestand gehalten werden?

Torsten Bölting: Ich knüpfe gerne an das an, was Dr. Müller sagt. Der Sozialraum ist ein entscheidender Faktor – das wissen auch die neun kooperierenden Wohnungsunternehmen. An schwierigen Standorten ist ein Vor-Ort-Service zum Beispiel im Quartiersmanagement oder mit Quartiershausmeistern besonders wichtig. Diese Angebote werden angenommen – gerade von Frauen. Ich habe selbst in einem Quartiersbüro gearbeitet, wo die Ansprache von MieterInnen – Mieterhaushalten muss ich sagen – intensiv versucht wurde. Reagiert haben darauf vor allem Frauen. Ihr Anteil lag gefühlt bei 60 oder 70%. Sie sagten: „Ich muss hier täglich leben, meine Kinder gehen hier in die Schule. Ich muss sehen, dass alles läuft." Das mündete in landestypischen Koch- und Sportkursen, bei denen die Frauen sich ihre eigenen Netzwerke innerhalb des Sozialraums geschaffen haben.

Reinhard Hachenberger: Dies kann ich für die Bochumer Stadtumbaugebiete bestätigen. Es sind überwiegend Frauen, die an den Veranstaltungen und Versammlungen teilnehmen. Sie kommen schon morgens. Vielleicht oft aus dem Rollenverständnis heraus, weil die Männer arbeiten. Aber auch nachmittags und am frühen Abend ist es auffällig, dass fast immer nur die Frauen – vor allem bei Personen mit Migrationshintergrund – kommen. Sie hören zu, die Männer sitzen in der Teestube oder zu Hause und lassen sich dann berichten.

Doris Reich: Welche Trends beobachten Sie bei alternativen Wohnformen?

Brigitte Karhoff: Ich will ein Beispiel aus Oberhausen vorstellen, ein Projekt für ältere Migranten und Migrantinnen. In diesem Gebiet sind keine barrierefreien Wohnungen, keine Versorgungs- und Pflegeangebote vorhanden. Wir erreichen vor Ort sowohl Männer als auch die Frauen, weil wir Multiplikatoren in dem Stadtteil angestellt haben, die in die Männer-Community hineinwirken. Wir erreichen beide Geschlechtsgruppen. Wir erfahren die Vorstellungen von Männern über ihr Wohnen im Alter. Die

Quartiersarbeit vor Ort ist dann erfolgreich, wenn es gelingt, die jeweiligen Zielgruppen zu erreichen, zu ihnen einen Zugang zu entwickeln, und dies geschieht am besten über die Ermittlung der so genannten „Brückenköpfe", die bereits vor Ort Vertrauen genießen und anerkannt sind. Das gilt für sämtliche zielgruppenorientierten Handlungsansätze im Quartier. Mein Plädoyer ist, die Differenziertheit von Zielgruppen und ihrer Wohnbedarfe durch entsprechende Methoden aufzuspüren. Was kann ich für unterschiedliche Zielgruppen tun? Ich plädiere für Differenziertheit auch für diejenigen mit geringerem Einkommen. Diese Zielgruppen sorgen dafür, dass Leerstände vermieden werden.

Doris Reich: Wie erreichen Sie die Männer? Haben sie andere Wohnwünsche als die Frauen, zum Beispiel im Oberhausener Projekt?

Brigitte Karhoff: Bei den älteren Männern und Frauen kann ich nicht viele Unterschiede bemerken. Traditionelle Familienstrukturen innerhalb der Migrantenhaushalte funktionieren nicht mehr so, wie die Älteren es gerne möchten. Jüngere Familien möchten nicht unbedingt mehr die Schwiegermutter mit in der eigenen Wohnung haben. Sie kann gerne in der Nachbarschaft wohnen. Man will seine Tür zu lassen und nicht von morgens bis abends in der Großfamilie leben. Wie können zukünftige Wohnmodelle, wie kann nachbarschaftliches Zusammenwohnen mit Familienmitgliedern in Zukunft aussehen? Bei Grundrisswünschen von älteren Menschen haben wir keine spezifischen Unterschiede zwischen Männern und Frauen feststellen können.

Wichtige Zukunftsaufgabe: energetische Modernisierung im Bestand. Reduzierung der Nebenkosten durch Solarthermie, Fotovoltaik, Wärmedämmung und Isolierverglasung

272

Doris Reich: Über Entscheidungsstrukturen haben wir noch nichts gehört. Wir stoßen an die Grenzen von den Daten, weil es Haushaltsentscheidungen sind. Es macht Sinn, in Zukunft hier genauer hinzuschauen.

Dr. Sebastian Müller: Wir haben noch nicht über die Menschen geredet, die ihren Familienmittelpunkt in der Phase der Suburbanisierung an den Ballungsrand gelegt haben. Für sie stellt sich jetzt die Frage, ob sie bleiben oder wieder zurück in die Stadt ziehen. Können wir das Haus verkaufen oder nicht? Es ist von der Menge her ein bedeutendes Segment, eine neue Form der Altersmigration. Was sind die Folgen? Viele Familien sind an den Ballungsrand gezogen. Das ist auch im Ruhrgebiet so, doch dieser Trend ist vorbei. Ein gegenläufiger Trend ist die Altersmigration. Die Kinder lösen sich aus dem Familienzusammenhang. Sie ziehen in andere Quartiere oder kaufen etwas in der Innenstadt. Dann ist die Frage, wer trifft die Entscheidung? Die Machtverhältnisse zwischen Mann und Frau sind in unserer Gesellschaft klar. Das Patriarchat ist existent. Es gibt ein paar Ausnahmen. Beim Wohnen wird die Entscheidung durch die Frauen getroffen. Männer schweigen bis auf wenige Ausnahmen. Die Männer schließen sich ihren Frauen an.

Birgit Theis: Die Frage der Altersmigration spielt in Einfamilienhäusern der 60er und 70er Jahre aufgrund des demografischen Wandels eine Rolle. Durch Klimawandel und den Zwang zur Energieeinsparung werden wir zukünftig größere Problem haben. Diese Häuser sind nicht mehr verkäuflich, zumindest nicht zu Preisen, die sich die Menschen vorstellen. Ich fühle mich wohl, es ist mein Haus, hier bin ich alt geworden. Dann stelle ich fest, ich möchte zentral wohnen, mich kleiner setzen mit einer barrierefreien Wohnung. Für das Haus wird aber nicht der Preis erzielt. Das wird ein großes Problem.

Torsten Bölting: Den vermeintlichen Trend der Reurbanisierung sehe ich sehr ambivalent. Reurbanisierung beschreibt eine kleine Nische, die in

Ansätzen stattfindet – vor allem, wenn man im Umland ausreichend Geld für ein Haus bekommt. Im Frankfurter Raum beispielsweise, wo man in den Taunusgemeinden locker 480.000 Euro für das Einfamilienhaus aus den 1970er Jahren bekommt, reicht der Betrag aus, um sich eine vernünftige Wohnung an einem angesagten Standort in Frankfurt zu leisten. Wanderungsmotivanalysen aus nordrhein-westfälischen Großstädten zeigen jedoch klar, dass die Leute im Alter nicht in die Stadt ziehen, weil es dort die Oper gibt. Zu einer Reurbanisierung kommt es perspektivisch erst, wenn die Leute sich in ihrem Haus nicht mehr bewegen können. Und dann sind es meist die Frauen, die das entscheiden müssen, wo sie leben wollen, solange es den „Altersvorsprung" noch gibt.

Doris Reich: Welche Gesichtspunkte machen das Wohnen in innerstädtischen Lagen wieder attraktiv?

Kerstin Jochimsen: Wir haben vor zwei Jahren diese Reurbanisierung für Bielefeld und Umland, Duisburg und den Kreis Wesel ausgewertet. Wir konnten den Trend nicht bestätigen. Die Duisburger haben mir selbst gesagt, dass altengerechte Wohnungen gehen wie geschnittenes Brot. Diese Wohnungen werden sofort vermarktet. Nach Einschätzung des Amts für Wohnungswesen scheint etwas in Bewegung zu sein. Es hat zum Beispiel in der Kleinstadt Werne im Kreis Unna zielgerichtet Zuwanderung von 60-Jährigen und älteren Menschen gegeben, weil es eine optimale Infrastruktur gibt, etwa eine Sole-Therme. Dort sind viele Investoren aktiv. Jedes Haus, das innerstädtisch altengerecht umgebaut wird, ist bewohnt. Da gibt es einen Markt. Werne ist natürlich auch ein nettes Städtchen.

Torsten Bölting: Die Infrastruktur ist sicher entscheidend. Ärztliche Versorgung, Nahversorgungseinrichtungen wie Bäcker, Drogerie, Apotheke müssen am besten im Haus sein oder mindestens um die Ecke. Aus unserer Erfahrung bei InWIS sehen wir es ähnlich wie Frau Jochimsen. Altengerechte Wohnungen gehen sehr gut. Betreutes Wohnen ist begehrt, wenn es an integrierten Standorten liegt – und nicht unbedingt „betreutes Wohnen" heißt. Das gilt sogar für Eigentumsprojekte, wenn ältere Menschen, die sich für ein betreutes Wohnprojekt entschieden haben, ihr Haus verkaufen und eine betreute Wohnung kaufen. Dafür wandern sie sogar ganz bewusst, wenn es am Zielort das passende Angebot gibt. Manchmal passiert es dann, dass Kinder mit ihren Familien in die Nähe des betreuten Wohnprojekts ziehen. Es gibt dann eine Verkettung von Kaufentscheidungen. Das sind Einzelfälle, die wir beispielsweise in Hessen beobachten konnten, aber wenn die Faktoren stimmen, kann es hier ähnlich sein. Im Ruhrgebiet ist man mit betreuten Eigentumswohnungen deutlich vorsichtiger. Zumindest nördlich der A 40 sind solche Vorhaben schwer zu realisieren.

Brigitte Karhoff: Im Alter ist wichtig: Wie kann ich einkommensorientierte und differenzierte Wohnangebote machen? Die gemeinschaftlichen Wohnprojekte lassen sich als Angebote von Wohnungsunternehmen realisieren, ohne dass eine selbst organisierte Wohngruppe aktiv werden muss. Zahlreiche Beispiele zeigen dies. Viele ältere Menschen sagen inzwischen: Ich will umziehen und nachbarschaftlich wohnen. Liebes Wohnungsunternehmen, Kirchengemeinde oder anderer Träger, kümmere dich bitte darum, ohne dass ich selbst erst fünf Jahre lang eine organisierte Wohngruppe aktiv begleiten muss. Das ist eine große Chance für Wohnungsunternehmen. Betreutes Wohnen ist bei einigen Menschen verpönt. Oft ist nicht drin, was drauf steht. Betreutes Wohnen ist ein bunter Sammelbegriff, zum Teil ohne Betreuung, aber sehr teuer. Gerade für Einkommensschwächere ist es notwendig, entsprechende Wohn- und Versorgungsangebote zu finden, die jenseits von Altenheimen liegen. Aus kommunaler Sicht gibt es keine andere Alternative als wohnortnahe Versor-

gungsmöglichkeiten zu entwickeln. Altenheime werden zu teuer. Sie werden für hoch Pflegebedürftige notwendig. Ab wann ist man alt? Ich bin wahrscheinlich schon alt. Bis ich 80 werde, also noch 30 Jahre lang, bin ich alt. Ich will nicht ins Heim. In diesen Phasen werde ich unterschiedliche Wohnsituationen durchlaufen. Diese Differenziertheit muss über Wohnangebote mit integrierten Lagen abgedeckt werden. Wir haben in Oberhausen eine Studie dazu gemacht, wohin es die Älteren treibt. Das ist nicht immer die urbane Innenstadt. Es sind integrierte Lagen, die hohe Grünanteile und Versorgungsvielfalt bieten, auch im Fall von Pflege. Das zu wissen ist wichtig, um Wohnstandorte zu entwickeln.

Doris Reich: **Meine Schlussfrage an alle: Wenn man das Thema Wohnungsversorgung für Frauen und Männer im Ruhrgebiet in der Zukunft näher beleuchtet, auf welche Gesichtspunkte sollte man achten?**

Dr. Sebastian Müller: Das ist klar nach dem Gespräch. Einerseits darf es nicht ein abstraktes Developer-Angebot geben, das sich an alle, sondern an Zielgruppen mit ihren differenzierten Wohnwünschen für eine zukünftige Wohnungspolitik richtet. Zweitens muss darauf geachtet werden, dass nicht mehr der Haushalt der Nachfrager ist. Es gibt einen großen Anteil von Frauen als Nachfragende. „Differenzierte Wohnwünsche" werden circa zwei Drittel sein. Frauen als Alleinerziehende oder alte Frauen fragen nach. Darauf kann man unter Gender-Gesichtspunkten achten. Es entsteht ein neues Bewusstsein für Zielgruppen.

Kerstin Jochimsen: Ich nehme heute als Aufgabe der kommunalen Wohnungspolitik mit, dass sie sich verstärkt um alleinerziehende Frauen mit Kindern und ältere Frauen kümmert. Sie haben häufig wenig Einkommen. Adäquater preiswerter Wohnraum ist wichtig. Dieser wird weniger in der Städteregion Ruhr, vor allem an Standorten mit guter Infrastruktur. Für Familien mit Kindern, für Alleinerziehende oder ältere Menschen ist preiswerter Wohnraum zentral. Mit dem Wegbrechen der Bindung schaffen wir neue Standorte, die aber oft nicht gut ausgestattet sind.

Reinhard Hachenberger: Ich lege den Schwerpunkt auf die Weiterentwicklung der Wohnstandorte. Wir planen in Bochum keine neuen Stadtteile – dies wird mit Sicherheit auch in Zukunft nicht passieren. Ich rede über den Bestand in Bochum. Wir haben einen kleinteiligen Eigentümermarkt. Finanzielle Probleme stellen sich immer dann ein, wenn die Eigentümer von der Immobilie leben müssen und deshalb nicht in der Lage sind zu investieren. Anders ist es bei den Wohnungsbaugesellschaften und -genossenschaften. Sie brechen ihre nicht mehr zeitgemäßen Gebäude ab und bebauen die Grundstücke neu, um Wohnraum für Frauen und Männer mit einer passenden Infrastruktur anbieten zu können. Wohnprojekte wie zum Beispiel ein Beginenhof, altengerechte Wohnungen oder ein Mehrgenerationenhaus werden – öffentlich gefördert oder frei finanziert – errichtet und decken so aktuelle Bedarfe ab. In einigen Quartieren, in denen viele Hartz-IV-Empfänger leben, fragen besorgte Bürger auf Versammlungen: Warum leben gerade hier so viele? Antwort: Weil es von der Miete her passt! Ich erlebe dies in den Stadtumbaugebieten. Dort wird in der Regel der Stadt die Schuld an beginnenden „Ghettobildungen" gegeben. Deshalb sind alle aufgerufen, am Image der Quartiere zu arbeiten, hier kann beispielsweise ein Quartiersmanagement eine Menge positiver Impulse setzen.

Birgit Theis: Ich kann an unsere Praxis anknüpfen. Das Sozial- und Quartiersmanagement betrifft nur Bezirke, in denen viele Hartz-IV-Empfänger leben. Die Attraktivität eines Wohnquartiers steht und fällt damit, welche Menschen dort wohnen. Es gibt Multiplikatoren. Wir arbeiten mit Hausmeistern. Das sind keine Blockwar-

te, sie haben soziale Kompetenzen. Das ist wichtig. Sie haben die Miethöhen angesprochen: Das wird schwierig, die zweite Miete ist heute schon hoch. Sie wird weiter steigen. Wenn wir es nicht schaffen, Energie einzusparen, dann hilft das alles nicht. Das Wohnen wird teuer, das können viele nicht mehr bezahlen. Die Kommunen stehen dafür ein. Heizkosten für Hartz-IV-Empfänger zu bezahlen, wird auf Dauer nicht funktionieren.

Torsten Bölting: Ich möchte dennoch eine Lanze brechen für die Zielgruppenbetrachtung. Unabhängig vom Geschlecht ist es wichtig, Bestandsstandorte im Ruhrgebiet mit zielgruppenspezifischen Angeboten weiterzuentwickeln. Das muss nicht heißen „ein Standort = eine Zielgruppe", sondern kann bedeuten, Angebote für verschiedene Zielgruppen an einem Standort bereitzuhalten. Dies lässt sich über eine preisliche Diversifikation der Angebote an einem Standort erreichen. In Zukunft wird es zwar viele Frauen geben, die besonders im Alter stärker von Armut betroffen sind. Zudem gibt es alleinerziehende Frauen, die ebenfalls mit eingeschränkten finanziellen Möglichkeiten auskommen. Die kommunalen Wohnungsunternehmen sehen es als ihre Aufgabe an, solchen Gruppen Wohnungen mit einem guten Standard und einer vernünftigen Ausstattung anzubieten. Und das nicht nur an wenigen ausgewählten Standorten! Der Fokus liegt dennoch auf der Zielgruppe und ihren Werthaltungen und Möglichkeiten und weniger auf dem Geschlecht.

Brigitte Karhoff: Ich möchte eine Bresche dafür schlagen, dass Frauen und Männer selbstbestimmt ihr Wohnen, Leben, Arbeiten organisieren können. Dies kann über eine entsprechende Wohnstandort- und Stadtteilentwicklung erreicht werden. Die Unterschiede zwischen und innerhalb der Geschlechtergrup-

276

pen müssen wahrgenommen werden. Wir haben über die prekäre Situation von ärmeren Frauen im Alter gesprochen. Das ist eine Situation, die keiner gutheißen kann. Was kann ich tun, um über Standortpolitik zu versuchen, diese prekären Situationen zu vermindern? Einerseits durch preiswerten Wohnraum oder durch preisgünstigere Grundstücke der Stadt an zentralen Standorten. Das ist ein Grund, warum Menschen an den Rand ziehen. Später ärgern sie sich, dass sie ständig hin und her pendeln müssen. Spätestens wenn die Kinder 13 sind, wird es nervig. In Zukunft sollten sich Wohnstandort- und Stadtteilentwicklung daran ausrichten, wie die unterschiedlichsten Wohnbedarfe von Frauen und Männern wahrgenommen und unterstützt werden können.

Wolfgang Loke: Was nehme ich aus diesem Gespräch mit für meine Aufgaben als Wohnungsmarktbeobachter? Zunächst einmal, sich Gedanken zu machen, inwieweit die Analysemöglichkeiten künftig Ihrem Anliegen gerechter werden. Es gibt einige Indikatoren, die dies sicherlich leisten könnten. Andererseits habe ich Bedenken, ob eine solche Differenzierung wirklich zielführend ist. Es ist zwar wichtig, verschiedene Zielgruppen zu betrachten. Allerdings halte ich eine Matrixbildung, in der verschiedene Zielgruppen zusätzlich nach dem Geschlecht zu differenzieren sind, für schwierig und unverhältnismäßig. Ich glaube nämlich nicht, dass dies die wichtigste „Baustelle" im Rahmen der Wohnungsmarktbeobachtung ist. Was Wohnungsnachfrager unterscheidet, wird meines Erachtens in erster Linie durch sozioökonomische Faktoren, Bildung, den kulturellen Hintergrund und so weiter bestimmt und weniger durch das Geschlecht.

Doris Reich: Unser Gespräch möchte ich so resümieren: Es geht uns erstmal darum, sensibel zu machen und den Blick zu schärfen. Wir haben einen kleinen Einblick bekommen, aktuelle Trends hinsichtlich Zielgruppen und der Geschlechterfrage beleuchtet. Genderdifferenziert zu fra-

gen heißt: Was brauchen Frauen und Männer für die Zukunft? Dies haben wir sicher nicht abschließend beantwortet. Beim Thema Wohnen bedeutet es, mehr an die Frauen zu denken. Bei den spezifischen Wohnwünschen von Männern gibt es Forschungslücken. Wie stellen sie sich die Zukunft vor? Die Publikation und das heutige Gespräch regen an, sich konkreter mit den Lebenssituationen von Frauen und Männern in der Metropole Ruhr zu beschäftigen. Ich wünsche mir, dass das für die Zukunft Früchte trägt.

1) WIR – Wohnen im Revier
www.wir-wohnen-im-revier.de

Lebenswelten von Frauen

Torsten Bölting
Katrin Schneiders

Aktuelle Zeitbudgetstudien zeigen, dass Frauen, verglichen mit Männern, wesentlich mehr Zeit mit Tätigkeiten verbringen, die in der Wohnung oder im Wohnumfeld stattfinden (Engstler 2004). Dies hängt mit der immer noch weit verbreiteten traditionellen Arbeitsteilung zusammen, die sich insbesondere in Deutschland auch in den Arbeitszeitarrangements verfestigt hat. Angesichts der unterschiedlichen Zeiträume, die Frauen und Männer in der Wohnung verbringen, und auch im Hinblick auf unterschiedliche Tätigkeiten, denen sie in der Wohnung oder im Wohnumfeld nachgehen, lassen sich deutliche Differenzierungen herausarbeiten. Während mehrheitlich noch immer die Männer einer Vollbeschäftigung nachgehen, sind es überwiegend die Frauen, die Teilzeitbeschäftigungen ausüben, darüber hinaus den Großteil der Hausarbeit erledigen und die Infrastruktur im Quartier nutzen – zumindest dann, wenn Kinder im Haushalt leben.

Die Individualisierung und Pluralisierung der Lebensstile führt dazu, dass mehr und mehr Singles verschiedener Altersgruppen in unserer Gesellschaft leben, die eine Trennung außerhäusiger und häuslicher Tätigkeiten in die Verantwortungsbereiche unterschiedlicher Personen nicht erleben.

Entscheidend bleibt, dass Männer und Frauen je nach Lebensumständen eine unterschiedliche Sicht auf Wohnung und Wohnumfeld entwickeln, schon weil sie aufgrund der divergierenden Handlungsräume unterschiedliche Bedürfnisse und Ansprüche in Bezug auf Wohnung und Wohnumfeld haben. Diese Anforderungen sind zudem abhängig vom Lebenszyklus. Kinder und Jugendliche haben andere Wünsche an die Qualität und Quantität von Infrastrukturen als die mittlere Generation oder ältere Menschen jenseits der Familienphase. Für

und Männern im Quartier

sie ist das Quartier neben der Wohnung ein wichtiger Ort für die primäre Sozialisation. Frauen in der Familienphase verbringen mit ihren Kindern hier – soweit entsprechende Angebote vorhanden sind – einen erheblichen Teil des Tages. Innerhalb des Wohnquartiers erfolgt ein großer Teil des kommunikativen und sozialen Austauschs. Von den in der Familienphase geknüpften nachbarschaftlichen Netzwerken profitieren Menschen häufig bis ins hohe Alter.

Raumordnung (BBR), z. B. deren „gender Index". Auf Grundlage der Auswertung vorhandener statistischer Quellen wie dem Sozio-oekonomischen Panel (SOEP) und der Einkommens- und Verbrauchsstichprobe (EVS) hat das BBR eigene Recherchen und eine Befragung durchgeführt und die Ergebnisse 2007 im Band „Frauen–

Der Kenntnisstand der empirischen Forschung bezüglich frauenspezifischer Anforderungen an Wohnung und Wohnumfeld ist bislang noch sehr dürftig. Oftmals werden Befragungen nur auf Haushaltebene gemacht, sodass eine geschlechtsspezifische Differenzierung nicht möglich ist. Genderaspekte sind auch in Raumplanung und Stadtentwicklung bislang nicht ausführlich berücksichtigt worden. Ausnahmen stellen die ExWoSt-Projekte zu Wohnungsgenossenschaften und Gender dar sowie die Aktivitäten des Bundesamtes für Bauwesen und

Gerade Frauen in der Familienphase und Ältere legen Wert auf ein gutes Wohnumfeld.

Männer–Räume" veröffentlicht. Aus diesen Untersuchungen geht hervor, dass vor allem gut ausgebildete Frauen mittlerweile häufiger bzw. früher eine eigene Wohnung beziehen als junge Männer (Amman / Demuth 2007, S. 138). Dieses Phänomen zeigt sich insbesondere in Ostdeutschland, das seit der Wende von fast einer Million junger Frauen gen Westen verlassen wurde. Im Gegensatz zu Männern leben Frauen zudem viel häufiger als Alleinerziehende in einem Haushalt. Dies führt dazu, dass es vor allem die Frauen sind, die hohe Ansprüche an die Ausstattung des Wohnumfelds mit Spiel- und Freizeitmöglichkeiten, Betreuungs- und Unterstützungsangeboten stellen. Sie benötigen diese Infrastruktur nicht, weil sie Frauen sind, sondern in erster Linie, weil sie als Alleinerziehende mit besonderen Herausforderungen zu kämpfen haben – ebenso wie alleinerziehende Männer, die es nur deutlich seltener gibt. Wegen der steigenden Erwerbsbeteiligung von Frauen ist gute wohnortnahe Betreuung für alle Haushalte mit Kindern unverzichtbar.

Unterschiede zwischen den Geschlechtern lassen sich aber auch an den Eigentumsquoten erkennen. Dort zeigt sich zwar, dass Frauen grundsätzlich nicht weniger häufig oder „erfolgreich" Wohnungseigentümerinnen werden als Männer. Bei weiblichen Singles liegt die Eigentumsquote sogar leicht über der von Männern (26 zu 25 %). Doch im Zuge der Familienbildung bei Paaren mit Kindern und vor allem bei Alleinerziehenden schlägt dieser leichte Überschuss ins Gegenteil um – in allen anderen Haushaltsformen liegen die Eigentumsquoten der Männer deutlich über denen der Frauen. Eine Ausnahme bilden lediglich die (ggf. doppelt verdienenden) kinderlosen Paare. Hinzu kommt, dass aufgrund der höheren Lebenserwartung von Frauen häufig weibliche Singles im Eigentum verbleiben, wenn der Partner stirbt. Diese These wird durch die Altersverteilung der Eigentumsquoten – erst ab einem Alter von etwa 50 Jahren übertrifft der Anteil weiblicher Eigentümerinnen den der männlichen bei den Alleinlebenden – unterstützt (vgl. EVS sowie Amman / Demuth 2007, S. 140 f.).

Ein ähnliches Bild zeigt sich bei der durchschnittlichen Wohnfläche pro Kopf. Im Eigentum steht alleinstehenden jüngeren Frauen tendenziell weniger Wohnfläche als gleichaltrigen Männern zur Verfügung, im Mietsegment verhält es sich umgekehrt. Diesbezüglich gibt es auch noch deutliche Unterschiede zwischen Ost und West. Insgesamt geben Frauen – besonders Alleinerziehende – häufiger an, dass sie gerne mehr Wohnfläche zur Verfügung hätten (Amman / Demuth 2007, S. 143 f.). Hinzu kommt, dass Frauen als Singles und Alleinerziehende tendenziell eine höhere Mietbelastungsquote als Männer haben – was vor allem auf die geringeren Einkommen zurückzuführen sein dürfte. In anderen Haushaltsformen gleicht sich das Verhältnis aus (vgl. SOEP sowie Amman / Demuth 2007, S. 146).

Hinsichtlich der Wohnzufriedenheit gibt es dennoch nur geringfügige Unterschiede in der Wahrnehmung zwischen Frauen und Männern. Eine detaillierte Auswertung von Wohnzufriedenheitsstudien zeigt jedoch durchaus Unterschiede in der Bewertung bestimmter sozialer und infrastruktureller Bedingungen des Wohnumfelds. Die Wichtigkeit bestimmter Aspekte korreliert dabei im Wesentlichen mit der Zufriedenheit bezogen auf den einzelnen Aspekt – mit der Einschränkung, dass die Zufriedenheit meist hinter die Einschätzung der Bedeutsamkeit zurückfällt. Die Bewertung der einzelnen Aspekte von Frauen und Männern fällt ähnlich aus – mit einer klaren Tendenz: Frauen in Ostdeutschland stellen offenbar insgesamt höhere Ansprüche an ihr Wohnumfeld, zu erkennen an ihrer Bewertung der „Wichtigkeit" zahlreicher Merkmale zur Ausstattung des Wohnumfelds. Denkbar ist prinzipiell, dass Frauen im Osten bezüglich der Ausstattung des Wohnumfelds einen größeren Nachholbedarf haben. Die Zufriedenheit mit den entsprechenden Verhältnissen liegt zwar gleichauf mit der von Männern, dies wäre jedoch dadurch erklärbar, dass Frauen sich tendenziell leichter mit der vorgefundenen

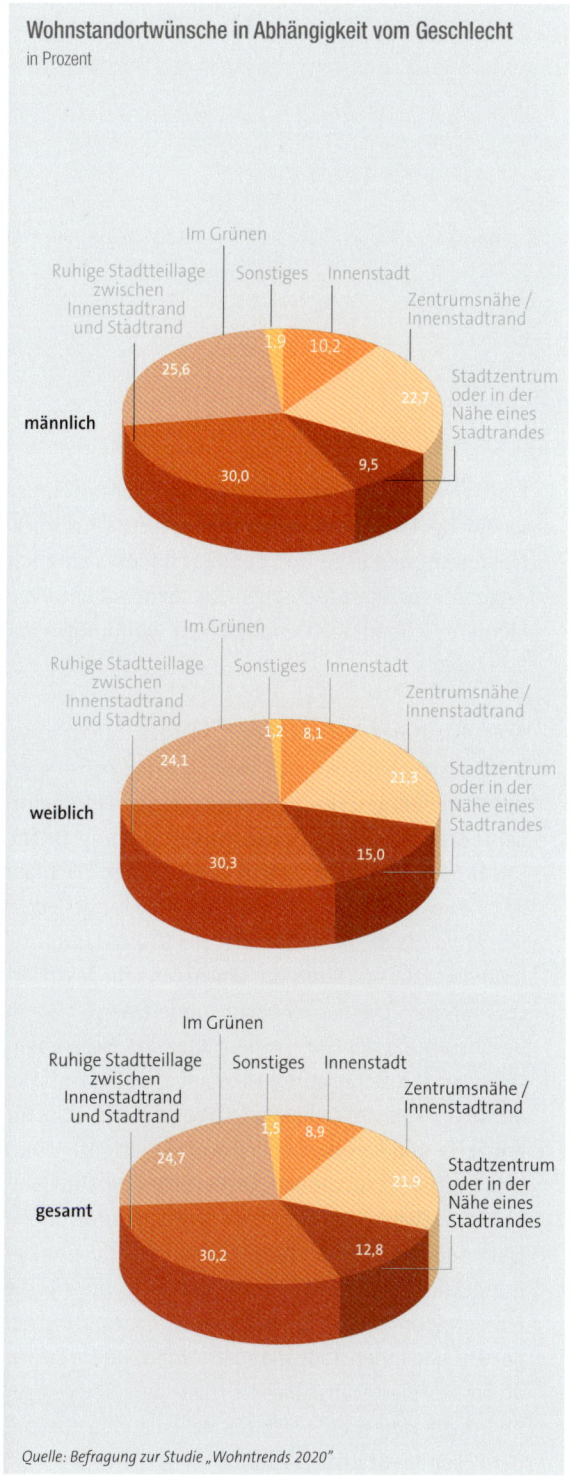

Wohnstandortwünsche in Abhängigkeit vom Geschlecht
in Prozent

männlich

Im Grünen
Ruhige Stadtteillage zwischen Innenstadtrand und Stadtrand
Sonstiges
Innenstadt
Zentrumsnähe / Innenstadtrand
Stadtzentrum oder in der Nähe eines Stadtrandes

25,6 — 1,9 — 10,2 — 22,7 — 30,0 — 9,5

weiblich

Im Grünen
Ruhige Stadtteillage zwischen Innenstadtrand und Stadtrand
Sonstiges
Innenstadt
Zentrumsnähe / Innenstadtrand
Stadtzentrum oder in der Nähe eines Stadtrandes

24,1 — 1,2 — 8,1 — 21,3 — 30,3 — 15,0

gesamt

Im Grünen
Ruhige Stadtteillage zwischen Innenstadtrand und Stadtrand
Sonstiges
Innenstadt
Zentrumsnähe / Innenstadtrand
Stadtzentrum oder in der Nähe eines Stadtrandes

24,7 — 1,5 — 8,9 — 21,9 — 30,2 — 12,8

Quelle: Befragung zur Studie „Wohntrends 2020"

Situation arrangieren und daher gewisse Nachteile in Kauf nehmen. Ein Unterschied ergibt sich jedoch in der Intensität nachbarschaftlicher Kontakte. Hier zeigt sich erneut, dass – besonders in Agglomerationen – Single-Frauen deutlich stärker den Kontakt ins nachbarschaftliche Umfeld suchen als Männer (Amman / Demuth 2007, S. 154).

Unterschiedlich bewerten Frauen und Männer beispielsweise die Bedeutung von Ausstattungsmerkmalen. Auch äußern sie andere Wohnwünsche. Diese geschlechtsspezifischen Differenzen werden jedoch durch andere Lebenslagefaktoren wie Einkommen, Bildung und Position im Lebenszyklus überlagert. Multivariate Analysen dieser Merkmale zeigen, dass sozioökonomische Faktoren in Bezug auf die Wohnwünsche eine höhere Aussagekraft aufweisen als das Geschlecht. In Bezug auf die räumliche Lage sind jedoch geschlechtsspezifische Unterschiede erkennbar. Frauen präferieren – wie Männer – eine ruhige Stadtteillage (30,3%) bzw. eine Wohnung am Innenstadtrand (21,3 %). Frauen wünschen sich wesentlich stärker als Männer eine Lage in der Nähe eines Stadtteilzentrums, während sie weniger gern als Männer in der Innenstadt oder im Grünen wohnen. Letztlich finden aber alle Wohnlagen ihre „LiebhaberInnen".

Im Folgenden stellen wir anhand von beispielhaften Quartieren im Ruhrgebiet vor, wie Männer und Frauen im Ruhrgebiet wohnen. Die Quartiere sind unterschiedlichen Siedlungstypologien zugeordnet. Wir möchten die jeweiligen Qualitäten dieser Quartiere zeigen und – wo möglich – warum Frauen und Männer sich dort zu Hause fühlen.

281

Duisburg – Dellviertel

Das Dellviertel in Duisburg gehört zu den wenigen Quartieren im Ruhrgebiet, die einen urbanen Charakter aufweisen.

Im Zweiten Weltkrieg wurde ein Großteil seiner spätklassizistischen Gebäude stark beschädigt oder zerstört und nur zum geringen Teil wieder aufgebaut. Das Bild des Stadtteils wird seitdem durch sehr verschiedene Architekturstile geprägt: Zum einen befinden sich hier zahlreiche attraktive Altbauten, die die Zerstörungen überstanden hatten und in den Nachkriegsjahren und der Folgezeit sorgfältig saniert wurden, wie etwa die 1906/07 im englischen Landhausstil entstandene Siedlung Akazienhof. Zum anderen finden sich viele – architektonisch interessante – Neubauten, die sich gut in die Struktur des Quartiers einfügen und ihm ein modernes Gesicht geben, beispielsweise das Stadthausensemble, erbaut Mitte der 1980er Jahre. 2007 wurde für einen Teilbereich des Dellviertels ein städtebaulicher Wettbewerb ausgeschrieben, der die konzeptionelle Überplanung einer zwei Hektar großen Fläche am südlichen Rand des Viertels zur Aufgabe hatte.

Insgesamt bewohnen das Viertel zurzeit circa 14.000 EinwohnerInnen. Insbesondere Studierende schätzen es. Die Altbauten eignen sich aufgrund ihrer großzügigen Grundrisse in besonderer Weise für studentische Wohngemeinschaften. Doch auch auf andere Bevölkerungsgruppen übt das Dellviertel eine hohe Anziehungskraft aus. Die Urbanität des Quartiers kommt in der Vielfalt des infrastrukturellen Angebots zum Ausdruck. Neben Kindergärten und Schulen finden sich auch Angebote für ältere Menschen. Der Kantpark und viele kleinere Grünanlagen ermöglichen wohnungsnahe Erholung.

Auch in kultureller Hinsicht ist das Dellviertel attraktiv. Im Stadtteil befinden sich zahlreiche Einrichtungen der so genannten Hochkultur wie Museen (Wilhelm-Lehmbruck-Museum, Museum der Stiftung DKM), Theater und Galerien. Zumal rund um den Dellplatz ist eine Reihe von kulturellen Einrichtungen angesiedelt, wie etwa das Kleinkunsttheater Die Säule, das Künstleratelierhaus sowie das von Cineasten sehr geschätzte Filmforum. Das benachbarte HundertMeister ist ein Veranstaltungszentrum, in dem Kabarett, Experimentelles und Außergewöhnliches angeboten wird. Die Kulturzentrale am Dellplatz ist aber nicht nur Ort für Konzerte und Partys, sondern auch Stadtteilzentrum und Treffpunkt für die örtliche Bevölkerung. Gute Einkaufsmöglichkeiten und eine abwechslungsreiche Gastronomie kommen hinzu und erhöhen die Anziehungskraft des lebendigen Viertels nicht nur für die EinwohnerInnen. Die unmittelbare Nähe zur Duisburger Alt- und Innenstadt, die sich nördlich und westlich an das Dellviertel anschließen, sowie der nahe gelegene Innenhafen wirken sich zusätzlich auf das besondere Flair des Stadtteils aus.

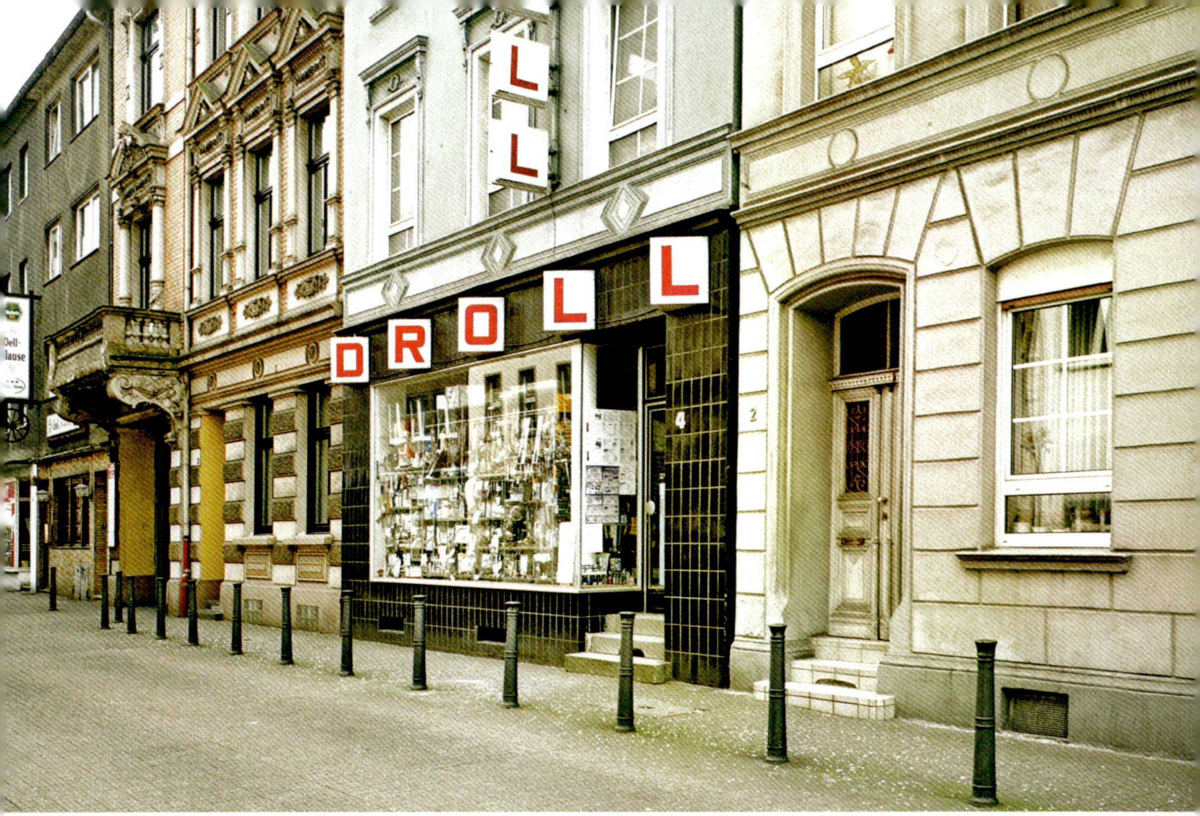
DROLL

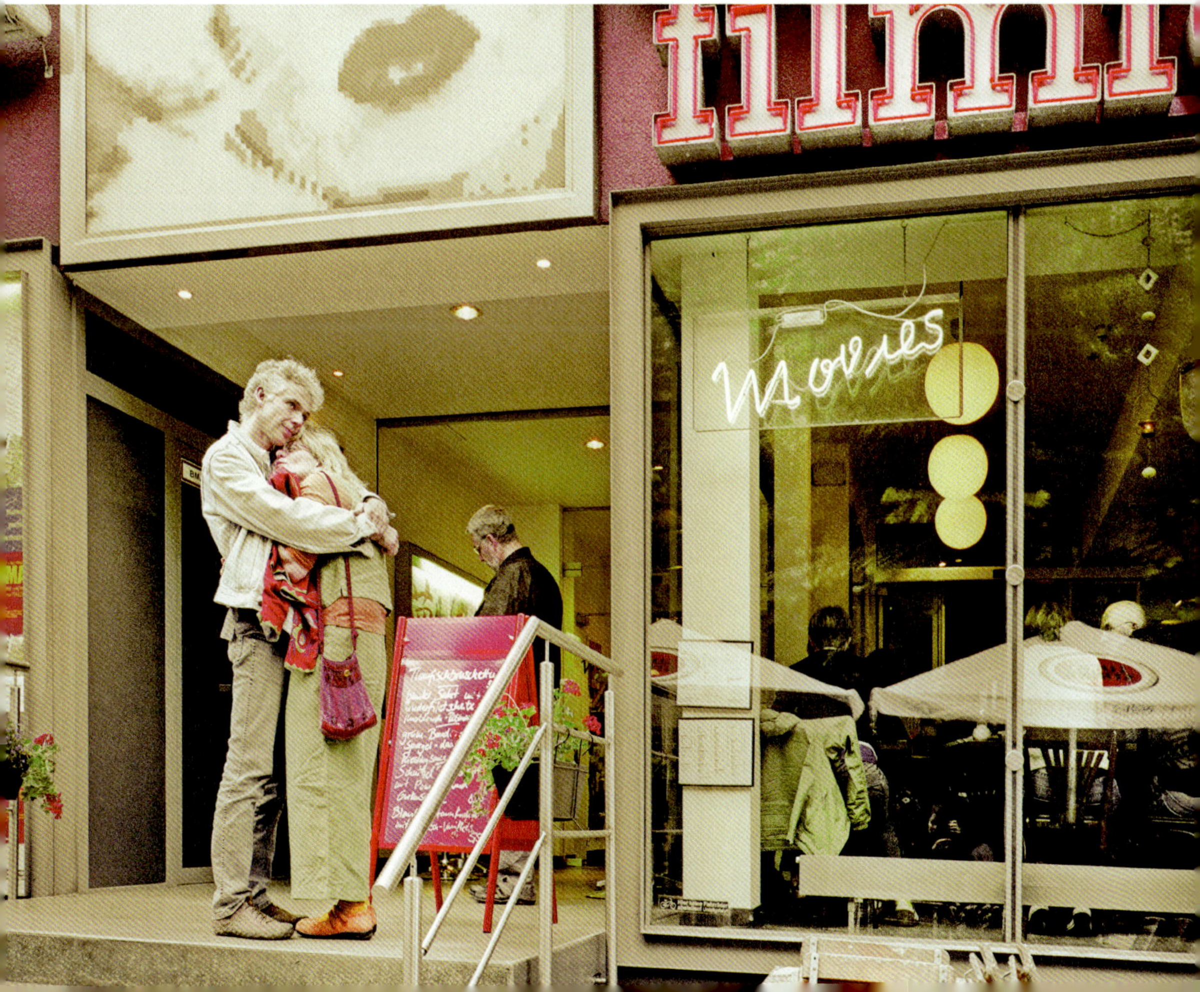
movies

Gelsenkirchen – Schievenfeld-Siedlung

In Gelsenkirchen-Erle, direkt nördlich der A 2 zwischen Buer im Westen und Resse im Osten, liegt die Schievenfeld-Siedlung. Die 325 Wohnungen in 96 Häusern an der Middelicher-, der Schieven- und der Alleestraße wurden 1912 bis 1914 nach einem einheitlichen Entwurf für Bergleute der Schachtanlage Graf Bismarck III/V errichtet. Nördlich der Siedlung liegt der großzügige Hauptfriedhof. Im Osten grenzt das Gebiet an weitläufige Grün- und Freiflächen münsterländischen Charakters.

Heute ist die Siedlung mehrheitlich im Besitz des kommunalen Wohnungsunternehmens ggw: gelsenkirchener gemeinnützige wohnungsbaugesellschaft mbH. Die Gebäude wurden Ende der 1980er Jahre aufwändig restauriert. Für das gesamte Areal gilt eine Denkmalbereichssatzung mit restriktiven Vorgaben, die das Quartier in seinem äußeren Erscheinungsbild langfristig erhalten und schützen sollen. Die Schievenfeld-Siedlung ist in mehrfacher Hinsicht ein städtebaulich-architektonisches Juwel. Zum einen hielt man sich bereits in der Planungsphase an einen strikten, fast mittelalterlich anmutenden Historismus. Besonders die Torhäuser beeindrucken mit dem märchenhaften Charme ihrer Türmchen und Gesimse. Auch die städtebauliche Planung des Areals zitiert hochmittelalter-

284

liche Verhältnisse, wie die großzügige Anordnung der Bauten um einen gemeinsamen Anger.

Die Wahl eines solch ungewöhnlichen Stils hatte nicht nur ästhetische Gründe. Mit diesem Stilelement knüpften die Erbauer bewusst an die städtebaulichen Traditionen Ostdeutschlands und Ostpreußens an, denn aus diesen Gegenden stammten viele der Zechenarbeiter. Die fränkisch-mittelalterlichen Stilelemente bildeten einen lebendigen Kontrast zur industriell-funktionalen Arbeitswelt. Sie heben sich von den prägenden Bebauungstypen des Ruhrgebiets deutlich ab. Lange blieb die Siedlung geprägt durch die Familien mit ostdeutschen

und polnischen Wurzeln. Erst seit den 1980er Jahren ändert sich die Bewohnerstruktur merklich, es leben immer mehr Familien dort, die nicht (mehr) unmittelbar mit dem Bergbau bzw. der Montanindustrie verbunden sind.

Das Quartier hat eine gute Verkehrsanbindung. Die weitläufigen Freiflächen in der Umgebung werden von den BewohnerInnen gerne zur Erholung genutzt. In der Siedlung selbst und der direkten Umgebung gibt es allerdings kaum Einkaufsmöglichkeiten. Das stellt gerade die älteren BewohnerInnen und vor allem die ohne Führerschein vor wachsende Herausforderungen.

285

Lünen – Neue Kolonie am Wevelsbacher Weg

Nördlich der Lünener Innenstadt entstand in den Jahren 1914 bis 1921 an Wevelsbacher Weg, Stein- und Grenzstraße die Neue Kolonie für damalige Arbeiter und Angestellte der Zeche Victoria. Damit ist diese Siedlung eine der wenigen Bergarbeitersiedlungen, deren Bau während des Ersten Weltkriegs begann. Wegen Rohstoffknappheit und anderer Verzögerungen dauerte die Fertigstellung allerdings bis 1921. Das Quartier gehörte zu der Zeit zu Altlünen und erlangte seine heutige politische und verwaltungsrechtliche Zugehörigkeit erst mit der Gebietsreform 1975. Aus der Verzögerung beim Bau ergibt sich eine gewisse Eigenart des Quartiers. Es handelt sich bei der Neuen Kolonie zwar um eine Zechensiedlung im klassischen Gartenstadtstil, sie wurde allerdings erst fertig, als dieser Stil bereits als überholt galt. Man wandte sich in Deutschland für kurze Zeit dem heute als Klassische Moderne oder Bauhausstil bezeichneten Neuen Bauen zu, wenngleich es dafür im Ruhrgebiet nur wenige erhaltene Beispiele gibt.

Dennoch wurde in Lünen am ursprünglichen Konzept festgehalten. Die fast ausschließlich als Doppelhäuser realisierten ein- bis zweigeschossigen Wohngebäude gruppieren sich um eine großzügige Freifläche, die für Gartennutzungen vorgesehen war. Die Konzentration auf Wohnnutzungen und die damalige Lage am Rand des Siedlungsbereichs, separiert von Gewerbe- und Industrienutzungen, erinnert an Ebenezer Howards Gartenstadtkonzeptionen. Die städtebauliche Figur des flachen Bogens am Wevelsbacher Weg sowie die Gebäude selbst mit ihren vielfältigen Sattel-, Mansarden- und Walmdachkonstruktionen zeigen deutliche Anklänge an den verspielten Jugendstil. Auf die Ausgestaltung von Details wurde Wert gelegt. Noch heute fallen die aufwändigen Eingangstüren, Holzsprossenfenster mit Schlagläden, vielfältige Gesimse und Applikationen auf. Ein prägendes Element der Siedlung ist der Bogen – vielfach realisiert etwa an den Durch-

gängen zwischen Häusern und Zwischenbauten und nicht zuletzt im Siedlungsgrundriss selbst. Deutlich sichtbar wird der Bogen auch am zentralen Platz mit großzügigem Torgebäude. Der baumbestandene Platz vereint die Ideale neuzeitlicher Platzarchitektur mit dem Anspruch, der Nachbarschaft einen Treffpunkt zu geben.

Einige der rund 40 Häuser sind privatisiert. Ein großer Teil befindet sich aber noch im Besitz der EVONIK Wohnen GmbH, einem Wohnungsunternehmen, das aus der ehemaligen Ruhrkohle AG hervorging. Seit 1995 besteht für die Siedlung eine Denkmalbereichssatzung. Darin eingeschlossen sind neben der äußeren Gestaltung der Gebäude auch der Siedlungsgrundriss, die Baumpflanzungen und die Anordnung der Bäume im Straßenraum. Ausdrücklich wurden das Garten- und Grabeland sowie dazugehörige Wirtschaftswege aufgenommen, sodass es langfristig geschützt ist.

Die Siedlung ist sehr beliebt – gerade bei jüngeren Haushalten und Familien, die die großzügigen Gartenflächen schätzen – und durch eine lebendige Nachbarschaft und die sehr lange Wohndauer ihrer BewohnerInnen geprägt. Die Gebäude sind heute weitgehend mit Belegungsbindungen versehen, die Haushalte benötigen einen Wohnberechtigungsschein. Das Quartier bietet – außer dem zentralen Platz als Treffpunkt – keine weitere Infrastruktur. Die Neue Kolonie ist aber gut in die Umgebung eingebunden. In der Nähe gibt es mehrere Schulen, Kindergärten und Einkaufsmöglichkeiten.

Duisburg – Ratingsee-Siedlung

Etwa einen Kilometer nordöstlich des Duisburger Binnenhafens liegt ein Kleinod der Siedlungsgeschichte des Ruhrgebiets. Am Westufer des 1914 vollendeten Rhein-Herne-Kanals entstand 1927 eine Wohnsiedlung für 215 Familien im Stil des Neuen Bauens.

Wie in vielen anderen Städten litt auch die Duisburger Bevölkerung in der Zeit nach dem Ersten Weltkrieg unter Wohnungsnot. Bekannte Vordenker des Neuen Bauens wie Ernst May, Bruno Taut oder Walter Gropius setzten auf die Industrialisierung des Bauens. In der massenhaften Realisierung gleicher oder ähnlicher Wohnungs- und Haustypen mit industriell vorgefertigten Teilen sahen sie eine Möglichkeit, schnell viele Wohnungen zu errichten. Der weitgehende Verzicht auf schmückendes Beiwerk an Fassaden und in den Räumen sollte jedoch auch den Bruch mit dem Historismus („Gründerzeit") deutlich

machen. Bei den Siedlungsbauten stand – anders als in den berüchtigten Vorkriegs-„Mietskasernen" und in den Nachkriegs-Schlichtwohnungen – die Lebensqualität der Familien im Vordergrund. Noch heute zeichnen sich viele der Siedlungsbauten aus jener Zeit durch großzügige Grundrisse und fast modern anmutende Raumkonzepte aus. Gleichzeitig legte man viel Wert auf eine geordnete städtebauliche Figur sowie auf die (farbliche) Außengestaltung der Siedlungen.

In Duisburg wurde in den 1920er Jahren ein eigenes Typenhaus entwickelt, um der Wohnungsnot zu begegnen. In Zeilen kombiniert wurde dieses Haus in mehreren Wohnungsbauprojekten eingesetzt, so auch in dieser Siedlung. Die Stadtverwaltung bekämpfte zusammen mit Industrieunternehmen, gemeinnützigen Wohnungsbaugesellschaften und -genossenschaften

die Wohnungsnot. In Meiderich entstand auf dem Gelände eines zugeschütteten Sees die Ratingsee-Siedlung. Anders als bei vielen Berliner oder Frankfurter Siedlungen des Neuen Bauens wurden keine bunten Farben, sondern Backsteine verwendet, die gegen die Luftverschmutzung im Ruhrgebiet unempfindlicher waren.

Die Siedlung verfügte über Versorgungseinrichtungen in eigens errichteten Ladenzeilen; teilweise sind diese heute noch erhalten. Auch das nahe Umfeld, das durch Siedlungserweiterungen aus den 1950er bis 70er Jahren geprägt ist, bietet verschiedene Versorgungsmöglichkeiten. Eine Besonderheit der Siedlung ist das Angebot privater Gärten für die Häuser sowie die großzügig gestalteten Freiraumanlagen („Soziales Grün" im Sinne des Neuen Bauens). Mit dieser klaren Trennung in öffentliche und private Flächen nimmt die Ratingsee-

Siedlung – wie auch andere Quartiere des Neuen Bauens – die Lösung eines zentralen Problems der Siedlungen aus den 1950er Jahren vorweg.

Das Quartier erlitt einige Kriegsbeschädigungen. Die meisten Gebäude sind jedoch noch im Original erhalten und stehen mit dem gesamten Ensemble seit 1998 unter Denkmalschutz. Die GEBAG als kommunales Wohnungsunternehmen hat viele der Gebäude behutsam modernisiert und instand gesetzt, sodass der Originalcharakter gut erkennbar ist. Bis heute ist die Siedlung bei den DuisburgerInnen beliebt. Dies liegt nicht zuletzt an den privaten Gärten. Boten sie früher die Möglichkeit, eigenes Gemüse anzubauen, um die Haushaltskasse zu entlasten, so sind diese Oasen in der Großstadt heute beliebte Orte zum Entspannen.

Haltern – Lippramsdorf

Haltern am See, das „Tor zum Münsterland", ist eine mittelgroße Stadt im nördlichen Ruhrgebiet. Sie ist wegen des Stausees bekannt und der landschaftlich reizvollen Lage inmitten großer Waldgebiete. Im südlichen und südwestlichen Teil der Flächenstadt liegen einzelne Ortsteile, die aus ursprünglich bäuerlichen Weilern hervorgegangen sind. Neben Lippramsdorf mit seinen knapp 3.700 Einwohnern zählen dazu Hagelkreuz, Freiheit, Mersch und Bergbossendorf. Zwar steht insbesondere Mersch bereits unter dem Eindruck der großen Marler Industrieanlagen im Chemiepark, doch in Lippramsdorf haben sich trotz der Nähe zum Schacht VIII der Zeche Auguste Viktoria die dörflichen Strukturen weitgehend erhalten. Die bekannte Geschichte des Haltern'schen Lippeabschnitts reicht zurück bis in die Römerzeit. Das Dorf erlangte jedoch insbesondere nach dem Zweiten Weltkrieg im Zuge der verstärkten Suburbanisierung und der Nordwanderung des Bergbaus neue Bedeutung als Wohnort.

Der alte dörfliche Kern ist dennoch erhalten, mit St. Lambertus-Kirche und Dorfbrunnen als Mittelpunkt. Ansonsten ist der gesamte Ortsteil weitgehend von Ein- und Zweifamilienhäusern aus verschiedenen Epochen nach 1950 geprägt. Die seinerzeit erschlossenen neuen Baugebiete im östlichen und südlichen Teil des Dorfes sind in ihrer Maßstäbigkeit überschaubar geblieben. Die ehemals bäuerliche Bevölkerung geht seit Jahrzehnten zurück. Im Wesentlichen ist das Dorf Wohnort für Beschäftigte und ihre Familien aus Haltern und den umgebenden Städten. Der Chemiepark Marl ist nur wenige Minuten entfernt, auch die Schachtanlage ist mit dem Fahrrad erreichbar. Das Fortbewegungsmittel Fahrrad hat in Lippramsdorf wie in weiten Teilen des Münsterlands eine wichtige Bedeutung, sei es für tägliche Besorgungen oder ausgedehnte Touren in die nahen Lippeauen und die weitläufigen Waldgebiete. Die „Dörfler" sehen auch in den zahlreiche Vereinen und dem dörflichen Zusammenhalt einen wichtigen Aspekt ihrer Wohnqualität.

291

Herne – Dichterviertel

Fast jede Stadt in Deutschland hat eines: Neben den bekannten „Komponistenvierteln" oder „Jungfrauen-vierteln" und „Flüssesiedlungen" gibt es meist auch ein „Dichterviertel". Das Herner Dichterviertel liegt etwa 500 Meter östlich der Innenstadt auf halbem Weg zum Stadtpark. Das Dichterstraßen-Quartier gilt als beliebte Wohnlage. Das kommunale Wohnungs-unternehmen HGW besitzt einen Block im Zentrum des Quartiers, dort wurde Schiller, Klopstock und Möri-ke durch große Fassadengemälde der Blick auf „ihre" Straßen gewährt. Das Viertel entstand weitgehend

Mitte der 1950er Jahre. Trotz der damals typischen kleinen Wohnungen in schlichten (Zeilen-) Bauten auf großem Abstandsgrün entwickelte es sich zu einem beliebten Wohnstandort. Die HGW verfügt dort ledig-lich über 26 Wohnungen, die 2005 aufwändig moder-nisiert wurden. An den teils mit Holz verkleideten Außenfassaden prangen jetzt die großen gelockten

Dichterköpfe. Andere Gebäude sind bislang nicht modernisiert, auch der Freiraum wurde nicht überall neu gestaltet. Daraus ergibt sich ein Nebeneinander von Alt und Neu, wobei die Terrakotta- und Sandfar-ben der neuen, energetisch optimier-ten Fassaden dominieren.

Das Quartier zeichnet sich durch alten Baumbestand und großzügige Freiflächen mitten in Herne aus. Im Unterschied zu vielen anderen Sied-lungen aus dieser Zeit orientieren sich die Gebäude hier deutlicher am Straßenraum. Dennoch entsteht – auch aufgrund des hohen Grünan-teils – nicht der Eindruck eines in-nerstädtischen Quartiers. Das Dich-terviertel ist eine Oase in der am dichtesten besiedelten Großstadt Deutschlands. Schon zu Beginn galt es als eines für die „besseren Leute". Höhere Angestellte oder Ingenieure und ihre Familien zog es in den ru-higen Stadtteil nahe der Innenstadt. Heute ist Herne durch die demogra-fischen Veränderungen geprägt und präsentiert sich als bunte Mischung aus verschiedenen Generationen und Ethnien. Eine Erzählung aus einem typischen Ruhrgebiets-Dich-terviertel ist Sebastian Orlacs Auf-satz „Dichter-Viertel". Darin erzählt er aus der Perspektive eines kleinen Jungen das Leben in einem solchen „Dichterviertel" der 1970er Jahre – inklusive Besuch bei „Oma Herne".

Mülheim – Dümpten-Heidkamp

Die Siedlung am Heidkamp in Mülheim an der Ruhr liegt im südöstlichen Teil des Stadtteils Dümpten direkt nördlich der A 40 an der Stadtgrenze zu Essen. In knapp 40 Gebäuden besitzt und bewirtschaftet die swb – Service-Wohnungsvermietungs- und -baugesellschaft mbH Mülheim an der Ruhr rund 220 Wohnungen. Das Quartier ist von Grünanlagen und Sportplätzen umgeben. Zwischen dem Siedlungsbereich und dem nahen Essen-Bedingrade haben einige Landwirtschaftsflächen die Urbanisierungwelle der vergangenen Jahrhunderte überstanden.

Das gesamte Quartier wurde 1958 als zusammenhängende Siedlung geplant und gebaut. Fast alle Wohnungen unterliegen als öffentlich geförderte Wohnungen bis heute der Belegungsbindung. 2007 fanden im Quartier umfangreiche Modernisierungen statt. Die komplette Ver- und Entsorgungstechnik in allen Gebäuden wurde erneuert und die Heizung auf moderne, energiesparende Brennwerttechnik umgestellt. Die Wohnungen erhielten neue Bäder, Türen, Oberböden, Heizkörper und Elektroinstallationen. Die Balkone wurden saniert, Fassaden und Außenanlagen neu gestaltet. Im Zuge der Modernisierung wurden 72 seniorengerechte Wohnungen

eingerichtet, die ebenerdig oder nur über wenige Stufen erreichbar sind und über ein großzügigeres Badezimmer mit ausreichend Bewegungsflächen verfügen.

Die städtebauliche und architektonische Gestaltung orientiert sich am damaligen Zeitgeist; man errichtete zwei- bis dreispännige, dreigeschossige Gebäude mit flachen Satteldächern. Die Gebäudezeilen wurden fächerförmig angeordnet, angelehnt an das damals viel beachtete Leitbild der „gegliederten und aufgelockerten Stadt" und an Hans Bernhard Reichows Idee einer „organischen Stadtlandschaft". Infolge dieser Planung gibt es keine privaten Gärten. Stattdessen stehen die Gebäude inmitten groß-

zügiger öffentlicher Freiflächen. Wurden diese früher von spielenden Kindern und zum Wäschetrocknen gerne genutzt, zeigt sich heute, dass eine wirkliche Aneignung durch die Bewohner nicht stattgefunden hat. Die 2,5- und 3,5-Zimmer-Wohnungen waren für eine Zeilenbausiedlung aber großzügig geschnitten, die Balkone zeigen, dass nach dem Schlichtwohnungsbau der frühen 1950er Jahre nun mehr Wert auf Komfort und Lebensqualität gelegt wurde.

Mittlerweile hat der Generationenwechsel eingesetzt. Die QuartiersbewohnerInnen sind überwiegend mittleren Alters. Rund 20 Prozent der BewohnerInnen sind nicht-deutscher Herkunft. Viele kommen aus der Türkei oder dem ehemaligen Jugoslawien. Das durchschnittliche Einkommen ist – wie im gesamten Mülheimer Norden – eher gering. Fast 40 Prozent aller Mietparteien sind inzwischen Einpersonenhaushalte – Tendenz steigend. Die meisten BewohnerInnen fühlen sich nach wie vor sehr verbunden mit ihrem Quartier. Dies zeigt sich beispielsweise in der Reaktion auf die Modernisierung 2007. Weil die Mieten nur geringfügig stiegen und wegen des umfangreichen Umzugsmanagements sind 85 Prozent der MieterInnen nach der Modernisierung in ihre alte oder eine vergleichbare Wohnung im Quartier zurückgezogen.

Voerde – Friedrichsfeld

Die Aufgabe eines großen Truppenübungsplatzes ermöglichte nach dem Ende des Ersten Weltkriegs die Entstehung des heutigen Friedrichsfeld. Bis 1922 gehörte es zur Gemeinde Spellen, dann wurde Friedrichsfeld ein Ortsteil der Stadt Voerde, die 1975 in den Kreis Wesel integriert wurde. Derzeit leben hier circa 12.000 Menschen. Ein erheblicher Teil des Wohnungsbestandes wurde von der kommunalen Wohnungsbaugesellschaft Wohnbau Dinslaken GmbH errichtet. Viele Mehrfamilienhäuser befinden sich weiterhin in ihrem Besitz.

1920 wurden von der eigens gegründeten Siedlungsgesellschaft die ersten Wohnungen und Eigenheime, damals Siedlerstellen genannt, errichtet. Durch Bombardierungen im Zweiten Weltkrieg wurde Friedrichsfeld weitgehend zerstört. In der Wiederaufbauphase wurde vor allem Wohnraum für Flüchtlinge aus den ehemaligen deutschen Ostgebieten geschaffen. Einen

wesentlichen Meilenstein in der Entwicklung von Friedrichsfeld stellt ein Demonstrativ-Bauprogramm dar, in dessen Rahmen zwischen 1961 und 1971 mit Fördermitteln des Bundes 240 Mietwohnungen und 163 Eigenheime errichtet wurden.

Mit den Eigenheimen knüpfte die Wohnbau Dinslaken an die Aktivitäten der Siedlungsgesellschaft der 1920er Jahre an. Waren es seinerzeit relativ bescheidene Siedlerstellen, die mit viel Eigenarbeit errichtet wurden, weisen die in den 1960er Jahren errichteten Einfamilienhäuser einige für die damalige Zeit zukunftsweisende Aspekte wie den Verzicht auf eine komplette Unterkellerung auf. Die Einfamilienhäuser wurden teilweise als Reihenhäuser in Zickzack- und Kettenbauweise (zweigeschossige Häuser mit eingeschossigem Zwischentrakt), teils als eingeschossige Bungalows in Gruppen von zwei oder drei Häusern gebaut. Das Demonstrativprogramm

wurde dem damaligen Trend entsprechend mit dem Bau eines 12-geschossigen Punkthochhauses abgeschlossen.

In den letzten Jahren stand insbesondere die Modernisierung und Sanierung bestehender Wohnungen im Fokus, wobei Barrierefreiheit für die älter werdende Bevölkerung eine zentrale Rolle spielte. Die Integrität des Stadtteils über den Städtebau hinaus zeigt sich im aktiven Vereinsleben. Die Friedrichsfelder sind eng mit ihrem Ortsteil und seiner bewegten Geschichte verbunden. So wurde unter der Ägide des Heimatvereins „Förderverein Bürgerhaus Friedrichsfeld" Mitte der 1990er Jahre eine Offiziersbaracke detailgetreu wieder aufgebaut, die nun als Bürgerhaus dient.

297

Dortmund – Scharnhorst-Ost

Scharnhorst-Ost oder auch Neu-Scharnhorst ist eine der wenigen in dieser Größe realisierten Plattenbausiedlungen des Ruhrgebiets. Die Siedlung entstand ab 1965 auf der „grünen Wiese" direkt neben dem dörflichen Alt-Scharnhorst im Nordosten Dortmunds. Verschiedene Wohnungsbaugesellschaften unter Führung des später grandios gescheiterten Unternehmens „Neue Heimat" bauten insgesamt fast 5.300 Wohnungen für bis zu 20.000 EinwohnerInnen. Heute besitzen neben der städtischen DOGEWO21 vor allem noch die LEG sowie die Gagfah Wohnungen für rund 13.000 ScharnhorsterInnen.

Neben der Hustadt in Bochum wurde Scharnhorst damals als eine der größten Baustellen Deutschlands bekannt. Anders als die Bochumer „Universitätsrahmenstadt" wurde Scharnhorst jedoch nicht speziell für akademische Zielgruppen errichtet, sondern um die Wohnungsnot im stark kriegszerstörten Dortmund zu mildern. Die Wohnungen entstanden in großen Gebäuden aus industriell vorgefertigten Bauteilen. Die Gebäude in Scharnhorst orientieren sich – wie andere Plattenbausiedlungen dieser Zeit – an den ursprünglich durch Architekten wie Le Corbusier definierten städtebaulichen Leitbildern. Wenngleich die Gebäude in Scharnhorst in ihrer Dimensionierung und funktionalen Vielfalt weit hinter Le Corbusiers „Wohnmaschinen" in „vertikalen Städten" zurückblieben, nehmen sie dennoch die brutalistische Architektursprache dieser Zeit auf. Bis das „EKS – Einkaufszentrum Scharnhorst", mehrere Schulen und öffentliche Einrichtungen das Wohnen ergänzten, bestanden deutliche Defizite in der Nahversorgung.

Nachdem sich soziale Problemlagen häuften, wurde Scharnhorst Mitte der 1990er Jahre in das Landesprogramm „Stadtteile mit besonderem Erneuerungsbedarf" aufgenommen. Aufwändige

Umbauten und Modernisierungen folgten. So modernisierte die DOGEWO21 340 Wohnungen, andere Wohnungsunternehmen zogen mit. Mit teils aufwändiger Gestaltung wurden Fassaden und das äußere Erscheinungsbild aufgewertet. Grün- und Freiflächen und die Spielplätze wurden erneuert. Der ganze Stadtteil ist mit Grünflächen durchzogen. An einigen Stellen wurden Regenwasser-Projekte umgesetzt. Ein Spielparcours für Kinder zieht sich durch das Gebiet und bietet zahlreiche Möglichkeiten zur Freizeitgestaltung.

Scharnhorst ist heute der jüngste Stadtteil Dortmunds. Die großen, öffentlich geförderten Wohnungen sind attraktiv für junge Familien mit niedrigem Einkommen. Rund 14 Prozent der ScharnhorsterInnen sind nicht-deutsch. Zudem leben viele so genannte Russlanddeutsche dort. Sie brachten ihre Kultur und Lebensweise mit, zu sehen an russischen Läden mit entsprechenden Produkten. Es gibt mehrere Jugendclubs und -zentren sowie – in dieser Form einzigartig – ein durch die Wohnungsunternehmen initiiertes und getragenes Quartiersmanagement. Diese Einrichtungen und die Schulen bieten verschiedenste Aktivitäten im Stadtteil an.

Scharnhorst-Ost hatte lange über Dortmund hinaus ein eher schlechtes Image. Der Stadtteil war – spätestens seit den so genannten „Silvesterkrawallen" in den 1990er Jahren – stigmatisiert. Auch wenn die damaligen Ausschreitungen einiger Jugendlicher längst nicht so umfangreich und gewalttätig wie an anderen Orten waren, gilt Scharnhorst noch immer als ein Stadtteil mit marodierenden Jugendbanden. Viele BewohnerInnen empfinden jedoch völlig anders. Sie wohnen oft gerne (und lange) dort – insbesondere wegen der großen, günstigen Wohnungen, wegen des grünen Wohnumfelds und der vielfältigen Angebote für Kinder.

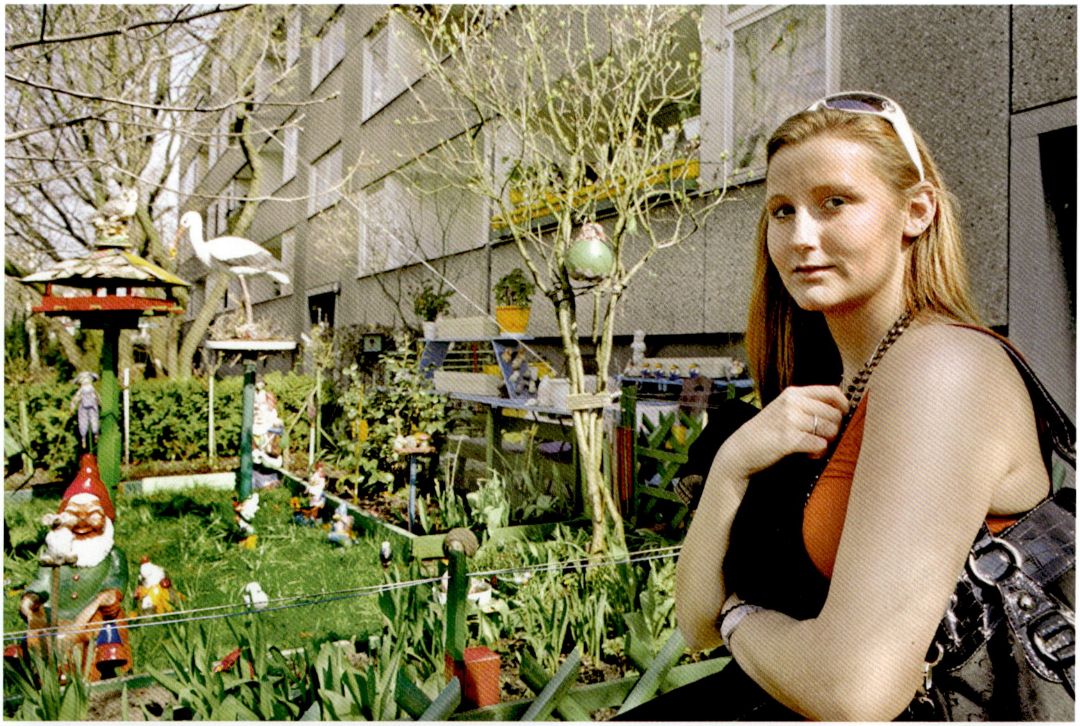

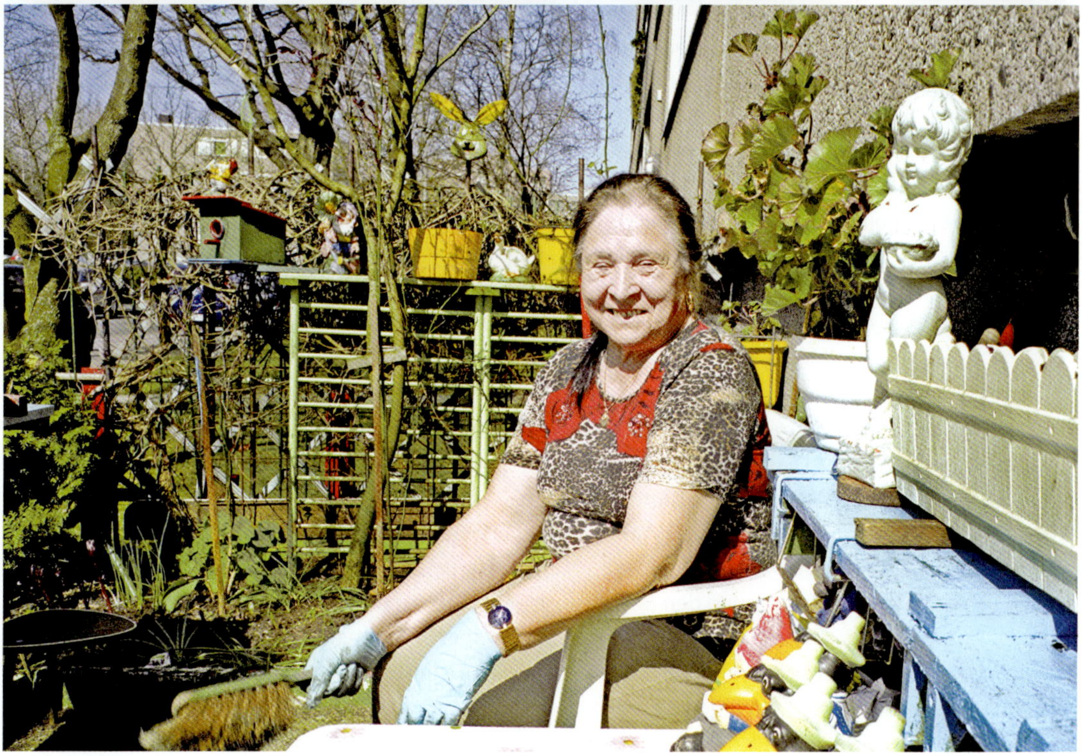

Essen – Dilldorfer Höhe

Mit der Dilldorfer Höhe wurde seit Ende der 1990er Jahre eines der größten zusammenhängenden Neubauquartiere im Ruhrgebiet geschaffen. In landschaftlich reizvoller Lage oberhalb des Baldeneysees errichtete die Essener Allbau AG 339 Wohneinheiten. Jahrzehntelang wurde im Essener Süden Neubau fast ausschließlich im Rahmen von Nachverdichtung realisiert. Mit der Aufgabe des Bundeswehrstandorts Kupferdreh und dem Abriss der Ruhrlandkasernen eröffnete sich die Chance, ein großes, zusammenhängendes Quartier „aus einem Guss" zu entwickeln. Nach dem Rückkauf des Grundstücks, das die Allbau Ende der 30er Jahre an die Luftwaffe abgetreten hatte, wurde ein städtebaulicher Wettbewerb ausgeschrieben mit dem Ziel, eine Siedlung mit hoher ökologischer und städtebaulicher Qualität zu errichten.

Die Bebauung des Grundstücks erfolgte in mehreren Bauabschnitten. Am östlichen Rand wurden zunächst Mehrfamilienhäuser errichtet. In den letzten Jahren stehen Einfamilienhäuser im Zentrum der Bautätigkeit. Die Haustypen weisen ein großes Spektrum an Grundrissen auf. Die Allbau AG hat ihre ursprünglichen Planungen im Laufe der nunmehr zehnjährigen Bauzeit immer wieder den aktuellen Nachfrageentwicklungen angepasst und den unterschiedlichen ökonomischen Potenzialen der Zielgruppen Rechnung getragen. Neben Geschosswohnungen und unterschiedlichen Einfamilienhäusern

werden zurzeit Reihenhäuser errichtet, bei denen die InteressentInnen zwischen dem Erwerb des Grundstücks oder Erbpacht wählen können. Um das über 17 Hektar große Grundstück zu untergliedern, ist das Baugebiet in mehrere Quartiere mit jeweils eigenem architektonischen Stil unterteilt. Die Gebäudetypen, die von fünf unterschiedlichen Architekten entworfen wurden, repräsentieren mit kompakten Formen und geraden Linien die aktuelle Architektur. Jedem Quartier sind Grün- und Freiflächen zugeordnet, die Gesamtverbindung erfolgt durch den zentralen Frei- und Spielbereich.

Aufgrund seiner Lage und der Vielzahl von Gebäude- und Grundrisstypologien ist die BewohnerInnenstruktur sehr durchmischt. Der Standort wird insbesondere von Familien mit Kindern angenommen, nicht zuletzt wegen des zentralen Spielplatzes, der für den gesamten Stadtteil sehr attraktiv ist. Die Spielplatzgestaltung resultiert aus einem Ideenwettbewerb. In der gesamten Siedlung wurden 22 verschiedene Spielplätze errichtet. Ergänzt werden sie durch einen circa fünf Hektar großen Spielpark, der aufgrund seiner beispielhaften Verbindung von Wohnen, Spielen und Natur mit dem Deutschen Spielraumpreis 2004 ausgezeichnet wurde.

Bochum – Hammer Park

Nur einen Steinwurf von der Bochumer In-
nenstadt entfernt liegt das Quartier Hammer
Park an der Dorstener Straße. Diese wichtige
Ausfallstraße durchzieht den Bochumer Nor-
den und bietet allerlei Versorgungs- und In-
frastruktur. Straßenabgewandt grenzt das
Gelände an den Hammer Park, mehrere
Kleingärten und Fußballplätze.

Die VBW Bauen und Wohnen GmbH, das
kommunale Bochumer Wohnungsunternehmen, hat hier in den vergangenen Jahren ein
ehrgeiziges Projekt entwickelt. Ein alter Wohnstandort wurde zu einem neuen. Ursprünglich
standen dort 90 Wohnungen in stark vernachlässigten Gebäuden aus den 1950er Jahren.

In den 1990er Jahren hat die VBW das Gelände erworben
und 2001 einen richtungsweisenden Beschluss gefasst.
Sie entschied sich, das gesamte Quartier abzureißen
und mit neuen, modernen Wohnungen zu bebauen. Die
Struktur der kammartig angelegten Zeilen wurde dabei
aufgegeben. Aus Gründen des Lärmschutzes und um
die Urbanität an der Dorstener Straße zu unterstreichen,
entstand eine Blockrandbebauung mit Einzelhandels-
flächen im Erdgeschoss. Im rückwärtigen Bereich des
Quartiers wurden hochwertige Wohnungen in Stadt-
villen um einen begrünten, ruhigen Innenhof gebaut.

Neben frei finanzierten Wohnungen wurden auch
öffentlich geförderte Mietwohnungen errichtet. Es
gibt 24 hochwertig ausgestattete Wohnungen für
SeniorInnen. Mit dem Konzept „Sorglos Wohnen am

Hammer Park" stehen ihnen zahlreiche persönliche und technische Dienstleistungen auf dem hochwertigen Standard des betreuten Wohnens zur Verfügung. Erst vor kurzem wurde das Projekt mit dem „Qualitätssiegel Betreutes Wohnen NRW" ausgezeichnet. Mit dem umfangreichen Quartiersumbau reagierte das Unternehmen einerseits auf den baulichen Handlungsbedarf in den Gebäuden. Gleichzeitig – und langfristig bedeutsam – erfolgte mit diesen durchaus radikalen Maßnahmen eine Anpassung des Quartiers an aktuelle und zukünftige Wohnwünsche. Damals noch als klassisches Arbeiterquartier für die Angehörigen des nahe gelegenen „Bochumer

Vereins" geplant, wohnen jetzt sehr unterschiedliche Bevölkerungsgruppen im Viertel.

Auch die Rollenverteilung zwischen den Geschlechtern hat sich gewandelt. Waren es ursprünglich vor allem die Frauen und Kinder, die das Quartier tagsüber belebten, so prägen heute auch Männer das Bild. Hinzu kommt das Zusammenleben unterschiedlicher Generationen und Kulturen. Den gestiegenen Anforderungen an das Leben in der Gemeinschaft wurde Rechnung getragen. Die heute großzügigeren Wohnungen und die großen Gemeinschaftsräume im Souterrain bieten den BewohnerInnen vielfältige Möglichkeiten, ihr Zusammenleben im Stadtteil zu gestalten.

Fazit

Die beschriebenen Siedlungen zeigen nur eine kleine Auswahl der vielfältigen Siedlungstypologien des Ruhrgebiets, anhand derer jedoch deutlich wird, dass alle ihre besonderen Qualitäten haben. Die beliebten Wohnquartiere sind ein wesentlicher Faktor für die Attraktivität der Metropole Ruhr, aber es werden auch die Herausforderungen deutlich, vor denen die Wohnungswirtschaft infolge des wirtschaftlichen und demografischen Wandels steht.

Zwar prägen die frühen Arbeitersiedlungen mit ihren großen Gärten das Bild vom typischen Ruhrgebietsquartier, tatsächlich bilden aber die Bestände aus den 1950er und 60er Jahren den größten Teil des Wohnungsbestands. Wie die Beispiele zeigen, haben diese Quartiere – wie auch viele Großwohnsiedlungen aus den 1960er und 70er Jahren – großen Sanierungs- und Modernisierungsbedarf. Wichtig ist sowohl die Anpassung an aktuelle Wohnstandards (Bäder, Balkone) als auch die energetische Sanierung. Die demografische Entwicklung der Metropole Ruhr führt zu einem Mietermarkt, der bereits durch Leerstände sichtbar wird. Eine Daueraufgabe wird für die Vermieter in den nächsten Jahren sein, ihre Bestände an die sich ausdifferenzierende Nachfrage anzupassen.

Das Fachgespräch zum Thema Wohnen und die Forschung der BBR zeigen, dass Frauen und Männer unterschiedliche Ansprüche an ihre Wohnung haben. Frauen haben in der Regel konkretere Vorstellung davon, wie sie wohnen möchten. Aber Frauen sind im Durchschnitt auch ökonomisch schlechter gestellt als Männer, d. h. sie sind eher auf preisgünstige Mieten angewiesen. Noch stärker wirkt sich auf ihre Wohnsituation aber die so genannte zweite Miete, also die Nebenkosten, aus. Je stärker Energiekosten und städtische Gebühren steigen, desto mehr wird die Wahlfreiheit des Wohnstandorts gerade von weniger gut situierten Frauen eingeschränkt.

Aber nicht nur die Wohnung macht ein Quartier attraktiv, sondern auch die Ausstattung mit wohnungsnaher Infrastruktur. Befragungen zeigen, dass Frauen und Männer auch unterschiedliche Ansprüche an ihr Quartier haben. Aufgrund ihrer komplexeren täglichen Wege wohnen Frauen deutlich lieber in Stadtteilzentren oder in dessen Nähe. Sie sind eher zu Fuß, mit dem ÖPNV oder dem Rad unterwegs als Männer, sodass eine wohnungsnahe Infrastruktur für sie auch eine höhere Bedeutung hat. Qualitätsverluste im Nahverkehr, Schließung öffentlicher Einrichtungen und Wandel der Einzelhandelsstruktur führen zu einem „Ausbluten" der Nebenzentren, das sich vor allem auf den Alltag von Frauen negativ auswirkt.

Die Wohnungsbaugesellschaften im Ruhrgebiet haben daher einen schwierigen Spagat zu bewältigen: Auf der einen Seite versorgen sie die Haushalte, die auf preiswerte Mieten angewiesen sind, gleichzeitig müssen sie durch den Rückgang der Nachfrage aber nicht nur günstige, sondern auch attraktive Wohnungen anbieten und sich von anderen Anbietern unterscheiden. Dies geht nur, indem der Standard erhöht, energetisch saniert und serviceorientiert vermietet wird. Die unterschiedlichen Bedürfnisse von Frauen und Männern werden dabei zunehmend wichtiger, was in der Wohnungswirtschaft bereits seit längerem Beachtung findet und in die Planungen mit einfließt.

Literatur

Amman, Iris / Demuth, Nina (2007): Grundbedürfnis Wohnen, in: Bundesamt für Bauwesen und Raumordnung (Hg.) (2007): Frauen – Männer – Räume, Berichte Band 26, Bonn, S. 135-155

Bundesverband deutscher Wohnungs- und Immobilienunternehmen e. V. (GdW) (2008): Wohntrends 2020. Wohnkonzepte, Struktur und Wohnkaufkraft der Haushalte in Deutschland – ein Modell für die Praxis. Schlussfolgerungen und Handlungsmöglichkeiten für die Wohnungswirtschaft, erstellt im Auftrag des GdW durch Analyse & Konzepte, Hamburg und InWIS, Bochum

Engstler, Heribert / Menning, Sonja / Hoffmann, Elke / Tesch-Roemer, Clemens (2004): Die Zeitverwendung älterer Menschen; in: Statistisches Bundesamt (Hg.): Alltag in Deutschland – Analysen zur Zeitverwendung, Stuttgart, Bd. 43, S. 216-246

GEBAG Duisburger Gemeinnützige Baugesellschaft AG (Hg.) (2007): Siedlung Ratingsee – Denkmal des Neuen Bauens. Ein Leitfaden für Denkmalbesitzer, Krefeld

Zwei Städte – ein Ziel
Das Stadtteil-Erneuerungskonzept

Alexandra Bloch Pfister

Leere Produktionsstätten, stillgelegte Zechen, riesige Abraumhalden und arbeitslose Menschen: Der Strukturwandel im Ruhrgebiet traf Gesellschaft, Wirtschaft und Siedlungsbau hart. Bereits 1993 initiierte die NRW-Landesregierung das Programm „Stadtteile mit besonderem Erneuerungsbedarf" in Reaktion auf diesen Prozess, seit 1999 werden solche Stadtteile auch auf Bundesebene gefördert. 2008 lief die Umsetzung des Programms in 523 Stadtteilen von 326 Gemeinden. Das Brachfallen großer, oft zentral gelegener Industrieflächen hat viele negative Auswirkungen auf die benachbarten Stadtteile, bietet aber auch die Chance, künftige Stadtentwicklung neu zu denken.

Als Ende 2008 die Zeche Westerholt schloss, deren Gebiet sich sowohl über den Gelsenkirchener Stadtteil Hassel als auch über die Hertener Stadtteile Westerholt und Bertlich erstreckte, nahm man schon bei den ersten Planungsschritten möglichst viele Akteure mit ins Boot. Der nun initiierte Stadtteilerneuerungsprozess hat über das Ruhrgebiet hinaus Modellcharakter, da er neben dem erstmals praktizierten interkommunalen Ansatz von Beginn an Aspekte des Gender Mainstreaming, die Einbeziehung von Geschlechteraspekten, berücksichtigt.

Moderne Stadtentwicklungskonzepte

Integriertes Handeln bildet den Kernpunkt zeitgemäßer Strategien zur Stadterneuerung. Bereits Ende der 1980er Jahre wuchs in wissenschaftlichen und fachpolitischen Kreisen die Einsicht, dass die üblichen sektoralen Ansätze staatlicher Programme nicht mehr ausreichten, um die wachsenden sozialen und wirtschaftlichen Probleme der Städte zu lösen. Diese ergeben sich als Folge der zunehmenden sozialen und räumlichen Ausdifferenzierung, die wiederum bewirkt, dass in ärmeren

Gelsenkirchen-Herten

Blicke von der Zeche Westerholt aus in Richtung Westen (l.), Norden (o.) und Osten (u.)

Stadtteilen weniger investiert wird. In der Folge ziehen EinwohnerInnen weg, ein Niedergang der Infrastruktur setzt ein, das Engagement sinkt und ein negatives Image entsteht. Pointiert ausgedrückt erkannte man, dass bauliche Maßnahmen allein weder soziale Integration förderten noch langfristig Arbeitsplätze schufen. Die komplexen Problemlagen verlangten nach integrativen, ressortübergreifenden Handlungsstrategien.

Gemeinsames, übergeordnetes Ziel ist die Verbesserung der Lebensqualität. Dazu gehören nicht nur die Verbesserung der physischen Wohn- und Lebensqualität, die Stärkung der wirtschaftlichen Basis und die Vermittlung von Fähigkeiten, Fertigkeiten und Bildung. Von nicht zu unterschätzender Bedeutung ist ebenso die Verbesserung des Images der Quartiere und der damit verbundenen Identifikation der BewohnerInnen mit ihrem Wohn- und Lebensumfeld, die Stärkung von Gemeinschaft und Motivation. Voraussetzung zur Aufnahme in das Programm

Soziale Stadt ist ein integriertes Handlungskonzept, das das Programmgebiet analysiert und verschiedene, aus der Problemlage resultierende Handlungsfelder aufzeigt, die in konkrete Projekte münden. Dem kontinuierlichen Einbezug der AkteurInnen vor Ort und ihrer Entwicklungsperspektiven für das Fördergebiet bei der Gesamtplanung wie bei der Umsetzung der Maßnahmen kommt dabei große Bedeutung zu.

Die Bausteine sind nicht immer trennscharf voneinander abzugrenzen, da integrierte Handlungskonzepte sich gerade dadurch auszeichnen, dass verschiedene Prozesse parallel ablaufen. In einem wechselseitigen Prozess werden gleichzeitig Ziele und Leitvorstellungen weiterentwickelt und zentrale Teilschritte bereits umgesetzt. Leitprojekte können damit neue Impulse geben, die Beteiligungsmotivation erhöhen und zur Identitätsentwicklung und Imageverbesserung beitragen.

307

Die Ausgangslage

Der Stadtteil Gelsenkirchen-Hassel liegt im Norden Gelsenkirchens, grenzt im Osten an die Hertener Stadtteile Westerholt und Bertlich und ist durch die Autobahn A 52, Industriegebiete sowie im Norden durch offenen Landschaftsraum begrenzt. Westerholt und Bertlich weisen einen grüneren Charakter auf. Die Freiräume haben eine wichtige Naherholungsfunktion.

Die verbindende Klammer stellt das sich über die drei Stadtteile erstreckende Bergwerk Westerholt dar. 1910 lief dort die Kohleförderung an. Parallel zum Ausbau der Zeche, die sich zum Zeitpunkt ihrer Schließung über 33 Hektar erstreckte und 1.700 Mitarbeiter beschäftigte, wuchs um sie herum – und

kontinuierlich bis in die 1970er Jahre – die Siedlungsfläche. So erstreckt sich nördlich der Zeche und über die Stadtgrenze zwischen Gelsenkirchen-Hassel und Herten-Westerholt/Bertlich hinweg eine der ältesten Arbeitersiedlungen des Ruhrgebiets. Erbaut im englischen Gartenstadtstil ist sie durch Gestaltungs- und Denkmalbereichssatzungen geschützt, aber wie ein Großteil der Wohnungen und Häuser im Projektgebiet nicht zuletzt auch unter energetischen Gesichtspunkten sanierungsbedürftig.

Siedlungsbau und Straßenführung erfolgten während Jahrzehnten stark ausgerichtet an ihrer Funktion für die Arbeit im Bergwerk und in den weiteren Industrien. Der historische Siedlungskern Westerholts, das alte Dorf, das seine charakteristischen dörflichen Strukturen in weiten Teilen erhalten konnte, erhielt dadurch keine stimmige Anbindung an die Verkehrs- und Siedlungsentwicklung. Im Stadtteil Hassel schuf die Polsumer

Hassel, Polsumer Straße: Besonderes Augenmerk soll auf den Einzelhandel und die Verbesserung der sozialen und kulturellen Infrastruktur im Stadtteil gelegt werden.

Straße eine zentrale Verkehrsachse und dient heute mit ihren Geschäften als Nahversorgungszentrum. Die teils provisorisch ausgebaute Straße ohne Plätze bietet kaum Aufenthaltsqualität und hat im jetzigen Zustand keine Identifikationsfunktion für den Stadtteil.

Handlungsdruck entstand durch die deutlichen Trading-Down-Prozesse: Nachfolgenutzungen von Betrieben weisen eine mindere Qualität auf. So entsteht ein Schnellimbiss an der Stelle einer Kneipe, ein Filialbetrieb im Niedrigpreissegment eröffnet, wo vormals ein inhabergeführter Betrieb stand. Eine ungenügende Anbindung an vorhandene Landschaftsräume mindert die Naherholungsqualitäten in allen drei Stadtteilen. Zwar fehlt es nicht an Spielplätzen, es gibt aber kaum Quartierplätze und zu wenig Treffpunkte für Jugendliche.

Ein negatives Image in der Außenwahrnehmung prägt vor allem den Stadtteil Gelsenkirchen-Hassel. Die Selbstwahrnehmung durch die Bewohner fällt deutlich positiver aus. Man ist stolz auf die eigene Tradition als Bergarbeiterstadtteil. Die Schließung der Zeche Westerholt bedroht somit einen zentralen Identifikationspunkt; ein schnelles und wirksames Umnutzungskonzept ist unter diesem Gesichtspunkt dringend und notwendig. Doppelt dringend wird es beim Blick auf die Statistik zur Gesundheits-, Sozial- und Bildungssituation. Beide Städte verzeichnen einen überdurchschnittlichen Bevölkerungsrückgang. Hassel wird in einer Sozialraumanalyse von 2007 als räumlicher Schwerpunkt von Familienarmut bezeichnet. Die Zechenschließung vergrößert die Arbeitslosigkeit, verschlechtert die Ausbildungssituation und hinterlässt Industriebrachen. Innovatives Handeln hat deshalb oberste Priorität.

Die Zeche Westerholt prägte die Stadtentwicklung über lange Zeit.

Übergeordnete Ziele des interkommunalen Stadterneuerungsprojekts

Im Sommer 2008 schrieben die Städte das Projekt zur Erstellung eines Interkommunalen Integrierten Handlungskonzepts (IIHK) öffentlich aus und schlossen im September einen offiziellen Kooperationsvertrag. Das von einem privaten Büro erstellte Konzept basiert auf Ergebnissen verschiedener Bürgeranhörungen, zahlreicher wissenschaftlicher Studien und Statistikanalysen. Im Mittelpunkt steht die Entwicklung und Umsetzung einer Nachfolgenutzung für die Zeche Westerholt.

Weitere Ziele sind die:
- wirtschaftliche Stabilisierung und Revitalisierung der Stadtteile
- Anpassung der Wohnstrukturen
- Schaffung qualitativ hochwertiger Freiräume
- Verbesserung der quartiersbezogenen sozialen und kulturellen Infrastruktur
- Verbesserung der Arbeitsmarktchancen insbesondere durch Bildung
- Verbesserung der Entwicklung und Bildungschancen von Kindern und Jugendlichen
- Stärkung akteurs- und von BewohnerInnen getragenen Strukturen und des ehrenamtlichen Engagements.

Bei der Umsetzung dieser Ziele soll zwei Aspekten vorrangige Bedeutung zukommen: der Nachhaltigkeit sowie dem steten Einbezug aller AkteurInnen unter dem Gesichtspunkt des Gender Mainstreaming und der unterschiedlichen Bevölkerungsgruppen.

Kern- und Ausgangspunkt ist die Umnutzung der Zeche Westerholt. Wie die alte, so soll auch die „neue Zeche" die Stadtteile verbinden. Die Impulse der neuen Nutzungen sollen in angrenzende Stadtteile ausstrahlen. Investitionen erfolgen – eine erfolgreiche Genehmigung der Projekte vorausgesetzt – in den kommenden Jahren in mehreren, interkommunal vereinbarten Handlungsfeldern. Die projektierten Kosten belaufen sich insgesamt

auf einen zweistelligen Millionenbetrag. Die Wichtigkeit der nicht-baulichen Maßnahmen ist an der Mittelverteilung ablesbar: Auf das zentrale Projekt der Zechenumnutzung (Projekte inklusive bauliche Anpassungen) entfallen 30 %, auf die soziale und ethnische Integration 20 %, auf Bildung und Qualifizierung 10 %, auf die übrigen Projekte 20 % und auf Maßnahmen rund um Städtebau und Verkehr „nur" 20 %. Für das Projekt sind Fördergelder im Rahmen der „Sozialen Stadt" wie aus EU-Strukturfonds (NRW Ziel 2-Programm) sowie aus weiteren Förderprogrammen beantragt.

Mindestens ebenso wichtig wie finanzielle Förderungen aber sind die nicht-investiven Maßnahmen: die Schaffung von Strukturen und Netzwerken. Denn nur sie stellen einen langfristigen Erfolg der finanziellen Investitionen sicher. Sie gewährleisten einen konstruktiven Umgang mit den Anforderungen, stärken Engagement und Identifikation der BewohnerInnen mit ihrem Stadtteil und tragen zum Aufbau eines positiven Selbstbildes und Images bei. Das heißt, dass die Schulung der eigenen Wahrnehmung, gegenseitiger Respekt und die Nutzung des eigenen Lernpotenzials als entscheidende Kriterien für eine erfolgreiche Umsetzung der Projektbausteine gelten.

Landesweit modellhaft: der interkommunale Ansatz

Die gemeinsame Beteiligung zweier Städte an der Erneuerung ihrer Stadtteile stellt landesweit eine Besonderheit dar, wie die Projektkoordinatorinnen der beiden Städte, Doris Kranich für Gelsenkirchen und Barbara Schmidt für Herten, betonen. Gemeinschaftlich vorgegangen wird sowohl beim Projekt der Zechenumnutzung, wobei hier als dritter Partner die Eigentümerin der Zeche – die RAG Montan Immobilien GmbH – beteiligt ist, als auch bei der Entwicklung der Stadtteile. Sie erfolgt interkommunal unter Federführung beider Städte. Es finden Kooperationen und Absprachen auf der Projektebene, auf der Arbeits- wie auf der Lenkungsebene statt. Die Entwicklung von geeigneten Organisationsformen, so Claudia Fründ, Bereichsleiterin Stadtentwicklung in Herten, bildet dabei einen Teil des IIHKs. Synergieeffekte werden angestrebt. Dabei kann die interkommunale Sicht Effizienz und Qualität der Verwaltungsarbeit zusätzlich steigern und dazu beitragen, Bedürfnisse der BewohnerInnen noch spezifischer einzubeziehen. Das koordinierte und zügige Vorgehen der Städte nach der Zechenschließung unter Einbezug aller mitwirkungswilligen lokalen Kräfte eröffnet Zukunftsperspektiven. Gerade Ansätze zur lokalen Wirtschaftsförderung (u. a. Gründung von Werbegemeinschaften, Investitionen in das Erscheinungsbild von Einkaufsstraßen) sollten dabei nicht vernachlässigt werden, hat doch das Rheinisch-Westfälische Institut für Wirtschaftsforschung in einer Fallstudie zur Evaluierung von integrierten Handlungskonzepten im Rahmen des Programms „Soziale Stadt" festgestellt, dass an problematischen Standorten in beachtlichem Maße zusätzliches unternehmerisches Engagement aktiviert werden kann.

Gerade in Stadtteilen mit ungünstigen Standorteigenschaften besteht eine hohe Bereitschaft von UnternehmerInnen, sich für ihren Stadtteil einzusetzen.

Planen Frauen anders? Bürgerbeteiligung und Gender Mainstreaming

Ein zentrales Merkmal des Erneuerungsprozesses ist die frühe und umfassende Beteiligung der BewohnerInnen. Auf Anregung der RAG fand im November 2007, bereits ein gutes Jahr vor der Schließung, unter wissenschaftlicher Leitung und mit intensiver Beteiligung von Öffentlichkeit, Institutionen und politischen Parteien eine so genannte Design-Charrette als öffentliche Planungsmethode statt. Noch während des Bergwerkbetriebs wurden Umnutzungsstrategien für Westerholt entwickelt. Mit zeitweise bis zu 60 Personen wurden die drei

Westerholt, Geschwisterstraße: Verbesserung der Aufenthaltsqualität im Quartier und Stärkung der Lokalökonomie

311

Themen „Zukunft der Arbeit", „Gebäudebestand" und „Anbindung und Verflechtung" diskutiert. Mit dem Ziel, den vormaligen Zechenstandort als lokal und regional bedeutsamen Bildungs- und Beschäftigungsstandort zu profilieren, wurden mögliche Zwischen- und Endnutzungen der vorhandenen Gebäude diskutiert.

Sowohl in Herten als auch in Gelsenkirchen fanden Veranstaltungen zur BürgerInnenbeteiligung statt.

Im November 2008 folgte die gut besuchte öffentliche Auftaktveranstaltung. Etwa 300 BürgerInnen, AkteurInnen aus politischen Parteien, Initiativen, Sozial- und Bildungseinrichtungen und weiterer Institutionen nahmen teil. Vereine, Verbände, Bürgerinitiativen und Projekte stellten sich und ihre Arbeit auf einem „Marktplatz der Vereine" vor und tauschten sich aus. Innerhalb von Themengruppen wurden Ideen entwickelt und konkrete Vorschläge für die künftige Stadtteilentwicklung gemacht. Schwerpunkte lagen bei den Themen Bildung, betriebliche und überbetriebliche Ausbildung, Arbeitsplätze, Wohnen und wohnungsnahe Infrastruktur für Alt und Jung, Freizeitangebote für alle Generationen, Integration spezifischer Gruppen wie HauptschülerInnen oder Migrantinnen in den Arbeitsmarkt. Großes Interesse bestand an einer weiteren kontinuierlichen Beteiligung am Prozess.

Herten ist im Bereich Gleichstellungspolitik eine aktive Stadt. Frauenparlamente haben hier Tradition. In offenen Veranstaltungen tauschen sich alle interessierten Bewohnerinnen regelmäßig zu zentralen Themen der Lokalpolitik aus. Seit fünf Jahren existiert zudem ein Gleichstellungsbeirat, der Themen des Rates und seiner Ausschüsse unter Gender-Aspekten beleuchtet. Dies habe, so die Hertener Gleichstellungsbeauftragte Christiane Rohde, dazu geführt, dass Rat und Verwaltung von Beginn an Gender-Aspekte mitzudenken beginnen.

Im Januar 2009 diskutierten Gelsenkirchener und Hertener Frauen – Bewohnerinnen, Vertreterinnen von Institutionen und Organisationen, Politikerinnen – zum ersten Mal gemeinsam über die Zukunft der zu entwickelnden Stadtteile und die interkommunale Stadtteilerneuerung. Die Veranstaltung begann mit einer Bustour durch die drei Programmstadtteile. Die gemeinsame Ortsbesichtigung ermöglichte den Teilnehmerinnen unbekannte Ansichten und eröffnete neue Einsichten.

Die umweltgerechte Entwicklung und die Niedrigschwelligkeit der zu schaffenden Angebote lagen den Frauen besonders am Herzen. Themenschwerpunkte waren Bildung und Arbeit für alle, Freizeit-, Gesundheits- und Sportangebote für Menschen aller Altersgruppen und Kulturen, intensive und geschlechtssensible Berufsvorbereitung im Übergang von Schule zu Beruf, Kultur- und Kreativangebote. Die Frauen unterstützten den Ansatz, vorhandene Zechenimmobilien möglichst zu erhalten und schrittweise umzunutzen. Neue Wohnformen wie generationenübergreifendes Wohnen, Genossenschaften und ein Beginenhof wurden gewünscht. Auf dem alten Zechengelände sollen vorrangig lokale Betriebe angesiedelt werden. Benötigt werden familienfreundliche und sozialversicherungspflichtige Arbeitsplätze „vor der Haustür". Eine Idee zu Beschäftigung und Qualifizierung war z. B. eine Pflegeausbildung für Migrantinnen. Neben der Schaffung von Arbeitsplätzen wird damit auf die demografische Entwicklung reagiert, denn in einigen Stadtteilbereichen leben überdurchschnittlich viele SeniorInnen, die gerne möglichst lange zu Hause wohnen bleiben würden.

In der Projektplanung ist Gender Mainstreaming als ein finanziell budgetierter Projektbaustein fest verankert. Das bedeutet zum einen, dass alle verfügbaren Daten nach Geschlecht analysiert und Maßnahmen auf ihre jeweiligen Konsequenzen für Frauen und für Männer geprüft werden. Das heißt darüber hinaus aber auch, dass die Interessen der BewohnerInnen konsequent abgefragt werden und in die Planung und Realisierung einfließen. Die Umsetzung des Gender Mainstreaming soll durch eine externe Beratung begleitet werden.

Fazit und Ausblick

Die Projektbestandteile verknüpfen bauliche Maßnahmen und Bildungs-, Qualifizierungs- und Wirtschaftsförderthemen mit dem übergeordneten Ziel, die Lebensqualität zu verbessern. Dabei stellt das Management und die Weiterentwicklung der miteinander verbundenen und sich beeinflussenden Projektbausteine alle Beteiligten vor große Herausforderungen und verlangen Innovationskraft. Funktionierende interkommunale Handlungsstrukturen sind zu schaffen, angefangen bei der Projektsteuerung über gemeinsame Bezirksausschusssitzungen bis zur Einrichtung eines interkommunalen Stadtteilbüros. Innovation kommt bei der interkommunalen Umsetzung der übergeordneten Ziele zu Bildung, Beschäftigung, Beteiligung, Nachhaltigkeit und Gender Mainstreaming zum Zuge, die sich jenseits des eingespielten Verwaltungshandelns abspielt. Einiges löst sich ganz pragmatisch. So wird Gender Mainstreaming in der Praxis mal verstanden als Frauenpolitik wie beim Frauenparlament, mal als Methode, die Bedarfe beider Geschlechter zu analysieren und in den Prozess einzubeziehen wie im IIHK. Übereinstimmende Interessen bestehen im Energiebereich: Herten fördert die Wasserstoffwirtschaft, Gelsenkirchen die Solarenergie. Daraus resultiert die Entwicklung neuer Berufsbilder. Eine überbetriebliche Ausbildungs- und Qualifizierungseinrichtung für neue Berufe in der Energiewirtschaft (Solar- und Windenergie, Geothermie und Biomasse) wird konzipiert.

Da beide Kommunen osteuropäische Partnerstädte haben, ist die Etablierung eines Kompetenzzentrums Osteuropa an der Schnittstelle von Bildung, Qualifizierung und Wirtschaftsförderung angedacht. Dazu gehört die Entwicklung einer internationalen Schule mit Osteuropa-Profil, die Intensivierung der Städtepartnerschaften und der wirtschaftlichen Beziehungen.

Die drei beteiligungsorientierten Veranstaltungen Charrette, Auftaktveranstaltung und interkommunales Frauenparlament motivierten zahlreiche BürgerInnen zur Mitarbeit und zur Formulierung ihrer Wünsche und Interessen. Es entstand ein reger Austausch. Die BürgerInnen erwarten nun, dass die Diskussion fortgeführt und eine kontinuierliche Beteiligung sichergestellt wird. Als Anlauf- und Koordinierungsstelle vor Ort dient das interkommunale Stadtteilbüro, das – ein positiver Bewilligungsbescheid vorausgesetzt – seine Arbeit Ende 2010 aufnehmen soll.

Besser altern im Ruhrgebiet

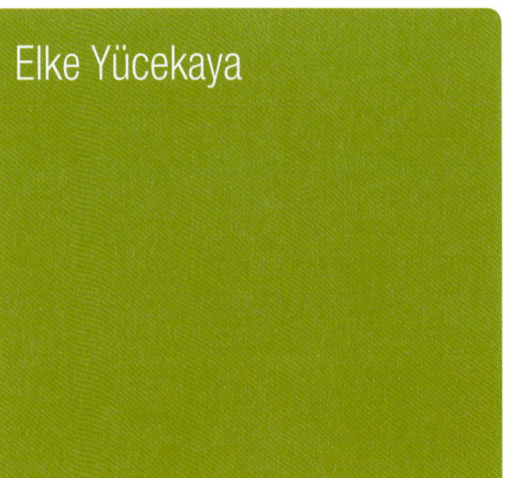

Elke Yücekaya

Die Herausforderung ist groß. Schnell voranschreitende Alterungs- und Schrumpfungsprozesse der Bevölkerung zwingen den Blick auf die Frage, ob die Städte den Anforderungen der stetig zunehmenden Bevölkerungsgruppe der Alten und Hochbetagten genügen. Überlegungen, Initiativen und Projekte dazu gibt es viele. Der Herausforderung des demografischen Wandels stellt man sich hierzulande und geht ihn offensiv an. Lösungen für demografische Probleme werden erarbeitet. Es gibt eine Reihe von Modellen, die zeigen, wie er sich nicht nur bewältigen lässt, sondern gar von Nutzen sein kann. Auf dem Weg zu einer altengerechten und -freundlichen Region ist das Ruhrgebiet bereits ein gutes Stück vorangekommen.

Veränderte Ansprüche alter Menschen an das Wohnumfeld beeinflussen ihre Lebensqualität. Besonders die Wahrung sozialer Kontakte, bei Einkaufsgängen, Nachbarschaftsbesuchen oder beim Besuch von Einrichtungen, lässt sie im unmittelbaren Wohnumfeld am öffentlichen Leben teilhaben. Eine Schwierigkeit besteht darin, „Alter" eindeutig zu bestimmen. Es gibt keine allgemeingültige Definition des Begriffs „alter Mensch". Im Folgenden wird die Gruppe der 60 Jahre und älteren genauer betrachtet.

Altenfreundliche Städte nutzen allen

Folgende Kriterien kennzeichnen diese Gruppe:

Feminisierung

Ist das Geschlechterverhältnis im Gebiet des RVR bei den 60- bis 69-jährigen Frauen und Männern noch fast ausgeglichen, geht die Schere mit zunehmendem Alter weit auseinander. So ist die Anzahl der Frauen in der Altersgruppe der 80- bis 89-Jährigen doppelt so hoch wie die der Männer. Bei den über 90-Jährigen sind es sogar dreimal so viele Frauen wie Männer. Der Frauenüberschuss hat mehrere Gründe. Laut Statistischem Bundesamt liegt die Lebenserwartung der Frauen vier Jahre über der von Männern. Des Weiteren sind Frauen zum Zeitpunkt der Eheschließung zumeist jünger als ihre Männer. Zudem sind noch die demografischen Folgen des Zweiten Weltkriegs wirksam (Backes / Clemens 1998).

Singularisierung

Im Jahr 2004 stellte in NRW die Gruppe der 65-Jährigen und älteren – absolut gesehen – den höchsten Anteil der Einpersonenhaushalte. Der Anteil der älteren Alleinlebenden lag sogar noch über dem der Single-Haushalte der 25- bis 45-Jährigen. In der Altersgruppe der 65-Jährigen und älteren lebten etwa 50 % allein und 46 % zu zweit. Haushaltsgrößen mit drei oder mehr Personen kamen in der Gruppe der über 65-Jährigen kaum vor. Die Singularisierung besonders der Frauen und damit die Feminisierung wird durch folgende Zahlen deutlich: 90 % der Seniorinnen lebten allein, aber weniger als 20 % der Senioren, die durchschnittliche Haushaltsgröße der Frauen lag bei 1,1 Personen, die der Männer bei 1,9 Personen (LDS NRW 2005). Alleinlebende Personen waren zumeist verwitwete Frauen, aber auch schon alt gewordene Singles – mit zunehmendem Männeranteil. Die Gefahr der Vereinsamung alter Menschen besteht besonders bei Kinderlosigkeit oder berufsbedingtem Fortzug junger Familien und somit zunehmender räumlicher Entfernung zu den alternden Eltern.

Einkommen

Die Situation der Frauen über 60 Jahre ist problematisch (Feminisierung und Singularisierung). Das Alter ist bildlich gesehen weiblich und allein. Hinzu kommt ein Faktor, der die Lage der Frauen im Alter verschärft. In der Einkommenssituation zeigen sich erhebliche geschlechtsspezifische Unterschiede. Demnach hatten im Jahr 2005 im Gebiet des RVR 58 % der nicht erwerbstätigen Frauen über 60 Jahre weniger als 1.300 Euro Einkommen im Monat, bei den nicht erwerbstätigen Männern über 60 Jahre waren es nur 32 %. Dem stehen in derselben Altersgruppe 53 % der Männer und nur 14 % der Frauen mit einem Einkommen über 1.300 Euro gegenüber (www.rub.de/zuda). Betrachtet nach Einkommen und Haushaltsgröße zeigt sich, dass den über 60-jährigen Frauen in Einpersonenhaushalten im Durchschnitt rund 300 bis 400 Euro weniger zur Verfügung stehen als den alleinlebenden Männern desselben Alters (Forschungsgesellschaft für Gerontologie 2003, S. 21 f.).

Aufs Alter einrichten

Die eigenen vier Wände gewinnen im Alter an Bedeutung, da mehr Zeit zu Hause verbracht wird. Zugleich steigen die Anforderungen an die Wohnung und das Wohnumfeld, wenn Gesundheit und Mobilität nachlassen, Ausgrenzung von der jugendlichen Gesellschaft zunimmt und eine weitgehend selbstständige Lebensführung erhalten bleiben soll. In der Regel sind alte Menschen sehr mit ihrer Wohnung verbunden, in der sie meist schon lange leben. Auch möchten sie ihr über lange Jahre aufgebautes soziales Netzwerk im Wohnumfeld nicht verlassen. So heterogen sich die Gruppe der Alten gestaltet, so vielgestaltig sind inzwischen die Ansprüche an das Wohnen. Es gibt verschiedene Konzepte, den Bedürfnissen gerecht zu werden. Sie beziehen sich zum einen auf die Wohnung selbst und darüber hinaus auf das Wohnumfeld.

Ziel aller Maßnahmen ist es, dass Menschen so lange wie möglich selbstständig wohnen. Sind die gesundheitlichen Einschränkungen gering, kann eine Wohnung durch kleinere Baumaßnahmen angepasst werden. Etwas höheren baulichen und finanziellen Aufwand erfordern Maßnahmen für ein barrierefreies Wohnen.

Hilfe von außen, entweder informelle Nachbarschaftshilfe oder bezahlte Leistungen der Krankenkassen, ambulante Pflegedienste der Pflegekassen oder sonstige Dienstleistungen unterstützen ebenfalls ein selbstbestimmtes Wohnen.

Der Nachfrage nach wohnort- und haushaltsnahen Dienstleistungen wird seitens der Wohnungsgesellschaften im Ruhrgebiet längst Rechnung getragen. Sie betrachten das als Bestandteil des Quartiersmanagements. Das Interesse und der Bedarf an Wäscheservice und Reinigungsdiensten, Pflege in der Wohnung, Einkaufshilfen oder etwa Bring- und Holdiensten der örtlichen Apotheken für ältere, kranke oder gar pflegebedürftige Menschen steigt zunehmend. Das Angebot muss sozusagen maßgeschneidert sein, vor allem aber einem gewissen Qualitätsstandard entsprechen.

Sehr hilfreich ist auch ein Angebot der Verbraucherzentrale NRW. Es gehört zum Projekt „Haushaltsnahe Dienstleistungen für ältere Menschen in NRW", für das sie Qualitätskriterien entwickelt hat und ein Anforderungsprofil für kunden- und seniorenfreundliche Dienstleistungen rund ums Haus. DienstleisterInnen wird angeboten, sich in einer Datenbank registrieren zu lassen und sich zur Einhaltung des Anforderungsprofils zu verpflichten. Aus dieser Datenbank können sich die VerbraucherInnen AnbieterInnen in Wohnortnähe suchen. Die Verbraucherzentrale bündelt damit Dienstleistungsangebote für alte Menschen. Sollte es Beschwerden oder Probleme geben, ist sie Ansprechpartnerin.

Eine andere Organisation von Dienstleistungen stellt das Mehrgenerationenhaus in Trägerschaft von Sozialdiensten dar. Es ist keine Wohnform, sondern hat die gegenseitige Unterstützung der Generationen zum Ziel (www.mehrgenerationenhaeuser.de). Hier sollen veränderte familiäre Strukturen aufgefangen werden, indem verschiedene Generationen ihr Wissen und Können einbringen. Zwischen verschiedenen Altersgruppen werden Dienstleistungen wie Wäscheservice, Computerkurs, Hausaufgaben- oder auch Kinderbetreuung je

nach persönlicher Kompetenz ausgetauscht oder zu moderaten Preisen angeboten. In Essen-Altendorf gibt es beispielsweise ein Mehrgenerationenhaus, das mit einer Kindertagesstätte, einem katholischen Altenheim und einer Gemeinde zusammenarbeitet. Die Angebote umfassen u. a. Beratung, soziale Dienste in Form von Nachbarschaftshilfe, Besuch von Kulturveranstaltungen oder Treffpunkte. Weitere Kooperationspartner sind u. a. Schulen, Vereine, Bibliotheken, Feuerwehren, Kirchen und andere kommunale Einrichtungen, aber auch örtliche Unternehmen. Im Ruhrgebiet gibt es zwar in fast jeder Stadt ein Mehrgenerationenhaus, weitere dieser Einrichtungen sind jedoch wünschenswert, denn der Besuch eines Mehrgenerationenhauses ist derzeit meist mit einem langen Anfahrtsweg verbunden.

Wenn eine Wohnung im dritten Stock ohne Aufzug zur Falle wird, weil ein alter Mensch nicht mehr die Treppen steigen kann, besteht die Gefahr der räumlichen Isolation oder gar der Verwahrlosung. Ambulante Pflegedienste und andere haushaltsbezogene Dienstleistungen können vorübergehend aushelfen. Ab einer gewissen Pflege- und Betreuungsintensität muss jedoch eine räumliche Veränderung angestrebt werden, entweder ein Umzug in ein Pflegeheim oder eine andere dem Alter angepasste Wohnform. Weit verbreitete Wohnformen für Senioren sind:
• Altenwohnungen
  (öffentlich gefördert oder frei finanziert)
• betreutes Wohnen in Altenwohnungen
  (öffentlich gefördert oder frei finanziert)
• Pflegeheime.

Die Wohnformen unterscheiden sich. Der individuelle Zuschnitt hängt u. a. von der Pflegestufe, der Selbstständigkeit und den finanziellen Mitteln ab. Der Begriff „betreutes Wohnen" ist rechtlich nicht geschützt und wird unterschiedlich ausgelegt. Das kann im schlechtesten Fall bedeuten, dass Ansprechpersonen nur zu Bürozeiten zur Verfügung stehen. Bei dieser Wohnform wird neben dem Mietvertrag meist ein Betreuungsvertrag abgeschlossen, in dem die Grund- und Wahlleistungen inklusive Kosten geregelt sind (Stadt Essen

2009a). Das Unternehmen Pflege-Netzwerk GmbH in Essen bietet seit 2005 ambulant betreutes Wohnen in so genannten Wohngemeinschaften (WG) an, bei der das Zimmer in der WG direkt beim Hausbesitzer angemietet wird, und ausgebildetes Betreuungspersonal 24 Stunden am Tag präsent ist. Die Senioren-WGs sind eine gute Lösung gegen Vereinsamung, sind aber nicht die mehrheitlich präferierte Wohnform. Im Rahmen des Projekts „Zukunft des Alterns" (ZudA) der Universitäten Dortmund und Bochum wurde festgestellt, dass 90 % der SeniorInnen am liebsten, und solange es geht, allein wohnen möchten. Für „WG-taugliche" SeniorInnen sind Wohn- oder Hausgemeinschaften aber durchaus eine Alternative zu betreutem Wohnen.

Der Einzug in ein Pflegeheim ist unumgänglich, wenn die Versorgung und Pflege zu Hause nicht mehr gewährleistet werden können. In den Alteneinrichtungen leben überwiegend Frauen – in Essen bilden sie 78 % der HeimbewohnerInnen. Bei den zumeist aufgrund von Krankheit oder durch

einen Unfall pflegebedürftigen Personen unter 51 Jahre ist das Geschlechterverhältnis noch ausgeglichen. Je älter die Menschen aber werden, desto stärker steigt der Frauenanteil. Bei den über 90-Jährigen liegt er bei über 90 % (Stadt Essen 2009b). Der hohe Frauenanteil liegt einerseits an der höheren Lebenserwartung. Andererseits werden pflegebedürftige Männer meist von den Ehefrauen zu Hause versorgt, während die Pflege der Frauen oft von Einrichtungen übernommen wird.

Bedeutung von wohnungsnaher Infrastruktur und Mobilität

Zentrale Voraussetzungen für ein selbstbestimmtes Leben im Alter sind hinreichende Infrastrukturen im Wohnumfeld und eigene Mobilität.

Die persönlichen Kommunikationsbeziehungen und Aktionsfelder von Angehörigen der städtischen Mittelschicht unterliegen altersspezifischen Veränderungen (Heineberg 2001). Kinder haben einen kleinen räumlichen Aktionsradius und eine geringe Anzahl an Kontakten. Jüngere Erwachsene verfügen über die größte räumliche Reichweite und eine hohe Dichte sozialer Kontakte. Bei älteren Menschen nimmt die räumliche

Größe des persönlichen Kommunikationsfeldes ab, die Intensität der sozialen Beziehungen bleibt aber ähnlich wie bei jüngeren Erwachsenen erhalten. Im Bereich der Wohnung und des direkten Wohnumfelds sind diese am höchsten. Die unmittelbare Umgebung der Wohnung ist daher für den alten Menschen von großer Bedeutung, da hier die meisten Aktionen stattfinden. Ist dieser Raum infrastrukturell gut ausgestattet, vor allem barrierefrei und mit Geschäften für den kurzfristigen Bedarf, wird die Selbstständigkeit des alten Menschen unterstützt.

Wichtig sind zudem soziale und kulturelle Einrichtungen, etwa der Kirchen und Wohlfahrtsverbände, und solche, die die gesundheitlichen Belange abdecken, wie Ärzte, Apotheken und Sanitätshäuser. Bei nachlassender Mobilität rückt eine gute Erreichbarkeit, am besten in fußläufiger Nähe, in den Vordergrund. Beim Gang in den nahe gelegenen Supermarkt oder zum Bäcker ergibt sich zudem die Möglichkeit sozialer Kontakte. Darüber hinaus beeinflusst die bauliche Umgebung das Verhalten und die Teilnahme eines alten Menschen am täglichen Leben. Gewünscht werden u. a. abgesenkte Bürgersteige, ausreichende Beleuchtung, längere Ampelphasen oder Verkehrsinseln auf dicht befahrenen Straßen.

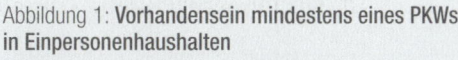
Abbildung 1: **Vorhandensein mindestens eines PKWs in Einpersonenhaushalten**
nach Alter und Geschlecht (N=1487) in Prozent

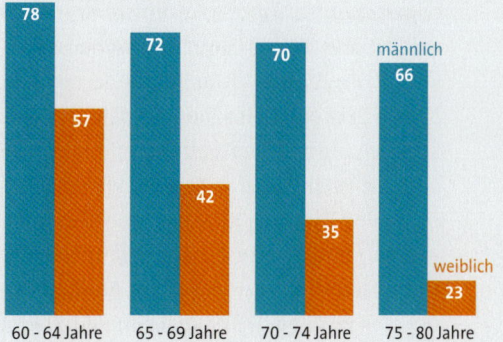

Quelle: Forschungsgesellschaft für Gerontologie e. V. 2003, S. 51

Mit nachlassender körperlicher Gesundheit werden Wege meist zu Fuß erledigt. Laut einer repräsentativen Studie zur Einkommenssituation und -verwendung älterer Menschen ab 55 Jahren in NRW verfügen 75 % der Einpersonenhaushalte mit schwacher Kaufkraft über keinen PKW (Forschungsgesellschaft für Gerontologie 2003, S. 51). Die Anzahl der Autobesitzer nimmt mit steigender Haushaltsgröße und Kaufkraft zu. Betrachtet man die PKW-Besitzverhältnisse nach Altersgruppen und Geschlecht, zeigt sich, dass mehr Männer als Frauen bis ins hohe Alter Auto fahren. Somit sind männliche Senioren mobiler als ihre Altersgenossinnen.

Neben dem Auto ist der öffentliche Personennahverkehr (ÖPNV) wichtig für die Mobilität älterer Menschen. Auch bei dessen Nutzung gibt es geschlechterspezifische Unterschiede. Knapp 70 % der alleinstehenden Männer zwischen 60 und 80 Jahren nutzen ihn nicht. Anders bei den Seniorinnen in Einpersonenhaushalten: Der Anteil derer, die Bus und Bahn nutzen, liegt zwischen 42 % (bei den 60- bis 64-Jährigen) und 63 % (bei den 75- bis 80-Jährigen). Frauen ab 60 Jahre nehmen vermehrt den ÖPNV in Anspruch.

319

Stadtteilentwicklung

Der Einzelhandel im Ruhrgebiet konzentriert sich immer stärker auf große Einkaufszentren in Autobahnnähe, wie das CentrO in Oberhausen, das Rhein-Ruhr-Zentrum in Mülheim oder den Ruhrpark in Bochum. Diese Tendenz geht mit einer Schwächung der Stadtteilzentren einher. Aber auch die Innenstädte verzeichnen Einbußen. In Essen und Duisburg versucht man dieser Entwicklung entgegenzusteuern, indem hier neue Einkaufszentren in der Innenstadt errichtet wurden. Durch deren Weitläufigkeit und teilweise Unübersichtlichkeit sind diese Malls für alte Menschen aber auch eher ungeeignet. Zudem entstehen immer mehr kleinere Shopping-Center mit Filialgeschäften großer Konzerne und Discountern („Aldi-Lidl-dm-KiK-Reno-Komplex") oder nur einzelne Discounter an Standorten, die mit ihrem üppigen Parkplatzangebot ganz und gar auf die Erreichbarkeit mit dem PKW setzen und weniger auf eine mit dem ÖPNV.

Nicht nur der traditionelle „Tante-Emma-Laden" in der Nachbarschaft musste längst dem Einkaufscenter auf der grünen Wiese weichen, auch andere Einrichtungen schließen oder werden zusammengelegt. Sogar vermeintlich sichere Standorte in Unterzentren beklagen die Schließung von Warenhaus-Filialen, wodurch das Warensortiment vor Ort weiter reduziert wird. Postfilialen werden geschlossen oder in kleine Bereiche von Einzelhandelsgeschäften integriert, Banken reduzieren ihre Geschäftsstellen. Im Bereich Freizeit und soziales Leben gibt es weitere Verluste zu verzeichnen. Die Städte müssen aus Kostengründen Bäder schließen. Die Eckkneipen und Cafés im Stadtteil können nicht mehr überleben. Kirchen werden geschlossen und Gemeinden zusammengelegt. Die Versorgung mit Hausärzten ist noch ausreichend, aber immer weniger machen noch Hausbesuche, da sich diese wegen der niedrigen Abrechnungspauschale nicht ren-

tieren. Diese Entwicklungen treffen die alten Menschen besonders. Die Wege zu den Einrichtungen werden weiter, und die Abhängigkeit vom Auto oder ÖPNV nimmt zu. Die Stadtteile werden weniger altengerecht.

In nahezu allen Ruhrgebietskommunen wird dem entgegengesteuert, leitet man aus dem demografischen Wandel eine politische Gestaltungsaufgabe ab, werden zunehmend Änderungen etwa in der Gesundheits-, Infrastruktur-, Städtebau- und Wohnungspolitik vollzogen. Zwei Beispiele aus den Städten Essen und Oberhausen zeigen, inwieweit stadtplanerische Ansätze zu einer altengerechten Stadt umgesetzt werden.

Die Stadt Essen ist wegen ihres überdurchschnittlich hohen Anteils an über 60-Jährigen der demografischen Entwicklung in den Nachbarstädten voraus. Sie hat in einigen Bereichen mit altengerechter Infrastruktur reagiert, um entstehenden Engpässen – etwa in der Wohnsituation – vorzubeugen. Die Anzahl der Plätze in Pflegeeinrichtungen mit Vergütungsvereinbarung mit den Kostenträgern hat sich seit dem Jahr 2003 von rund 3.500 auf etwa 7.000 im Jahr 2009 verdoppelt. Im Bereich des altengerechten Wohnens ist die Zahl der Wohnungen im selben Zeitraum von circa 2.600 auf rund 6.200 kräftig gestiegen. Einige Stadtteile, wie beispielsweise Byfang und Leithe, verfügten 2003 über keinerlei altengerechte Wohnangebote. Mittlerweile gibt es in Byfang eine Seniorenresidenz der gehobenen Preisklasse, was dem sozialen Status der NachfragerInnen entspricht. Im Stadtteil Leithe wurden 29 altengerechte Wohnungen und zehn Zimmer in einer Senioren-WG errichtet.

Die Verteilung seniorenspezifischer Infrastruktur (altengerechte Wohnformen, Begegnungsstätten, Ärzte, Apotheken, Sanitätshäuser) über das Essener Stadtgebiet weist 2003 neben einer Konzentration im Zentrum eine größere Dichte im Norden auf. Der Süden scheint unterversorgt zu sein, obwohl hier der Anteil der über 60-Jährigen höher ist als im Essener Norden. Laut Prognose des Essener Büros für Stadtentwicklung wird im Jahr 2015 in den Stadtteilen um Werden und Bredeney jede/r dritte EinwohnerIn älter als 60 Jahre sein.

Soziale Infrastruktureinrichtungen in Essen 2002/2003

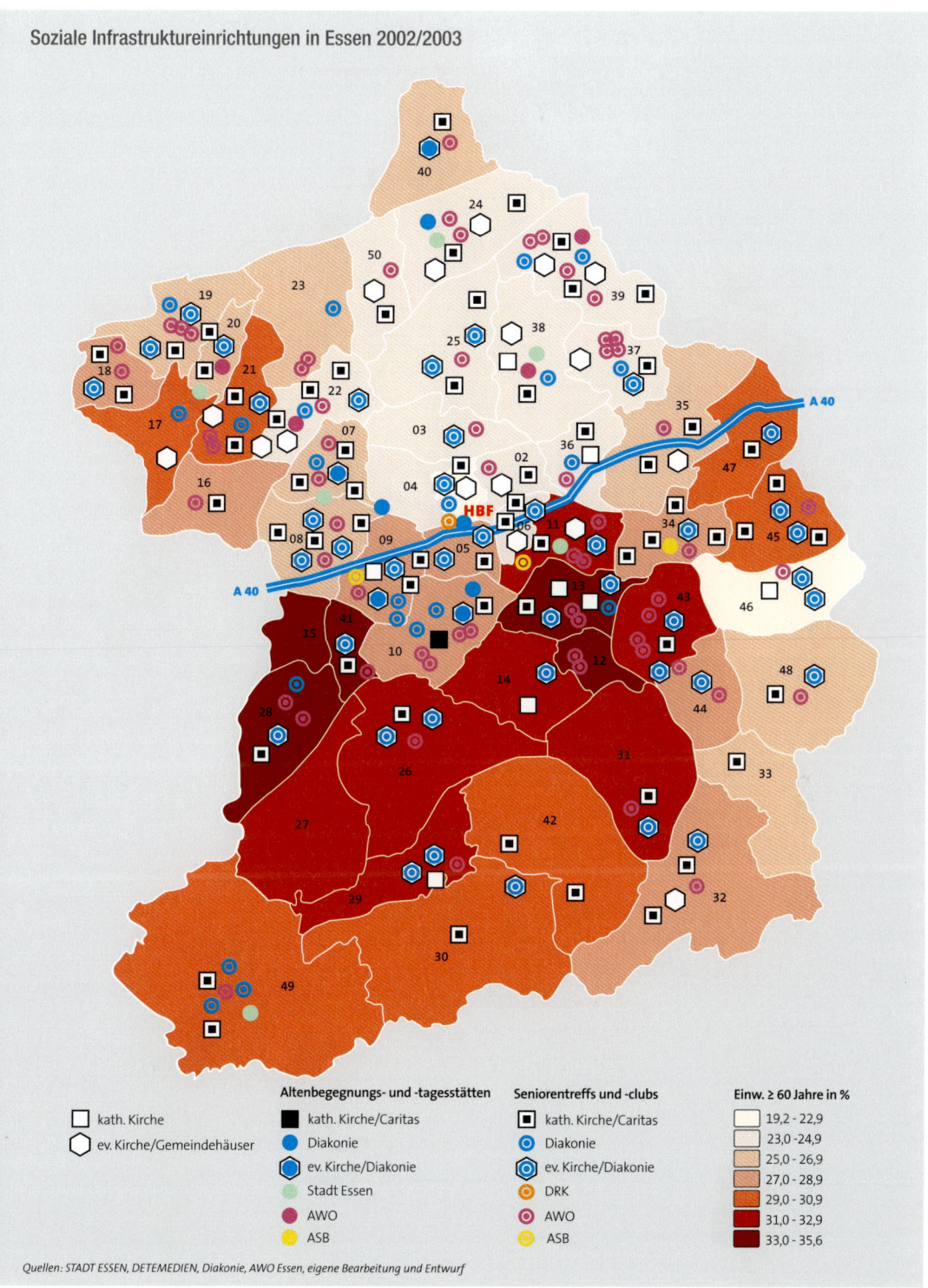

□ kath. Kirche	**Altenbegegnungs- und -tagesstätten**		**Seniorentreffs und -clubs**	**Einw. ≥ 60 Jahre in %**
⬡ ev. Kirche/Gemeindehäuser	■ kath. Kirche/Caritas		■ kath. Kirche/Caritas	19,2 - 22,9
	● Diakonie		◉ Diakonie	23,0 - 24,9
	◉ ev. Kirche/Diakonie		◉ ev. Kirche/Diakonie	25,0 - 26,9
	● Stadt Essen		◉ DRK	27,0 - 28,9
	● AWO		◉ AWO	29,0 - 30,9
	● ASB		◉ ASB	31,0 - 32,9
				33,0 - 35,6

Quellen: STADT ESSEN, DETEMEDIEN, Diakonie, AWO Essen, eigene Bearbeitung und Entwurf

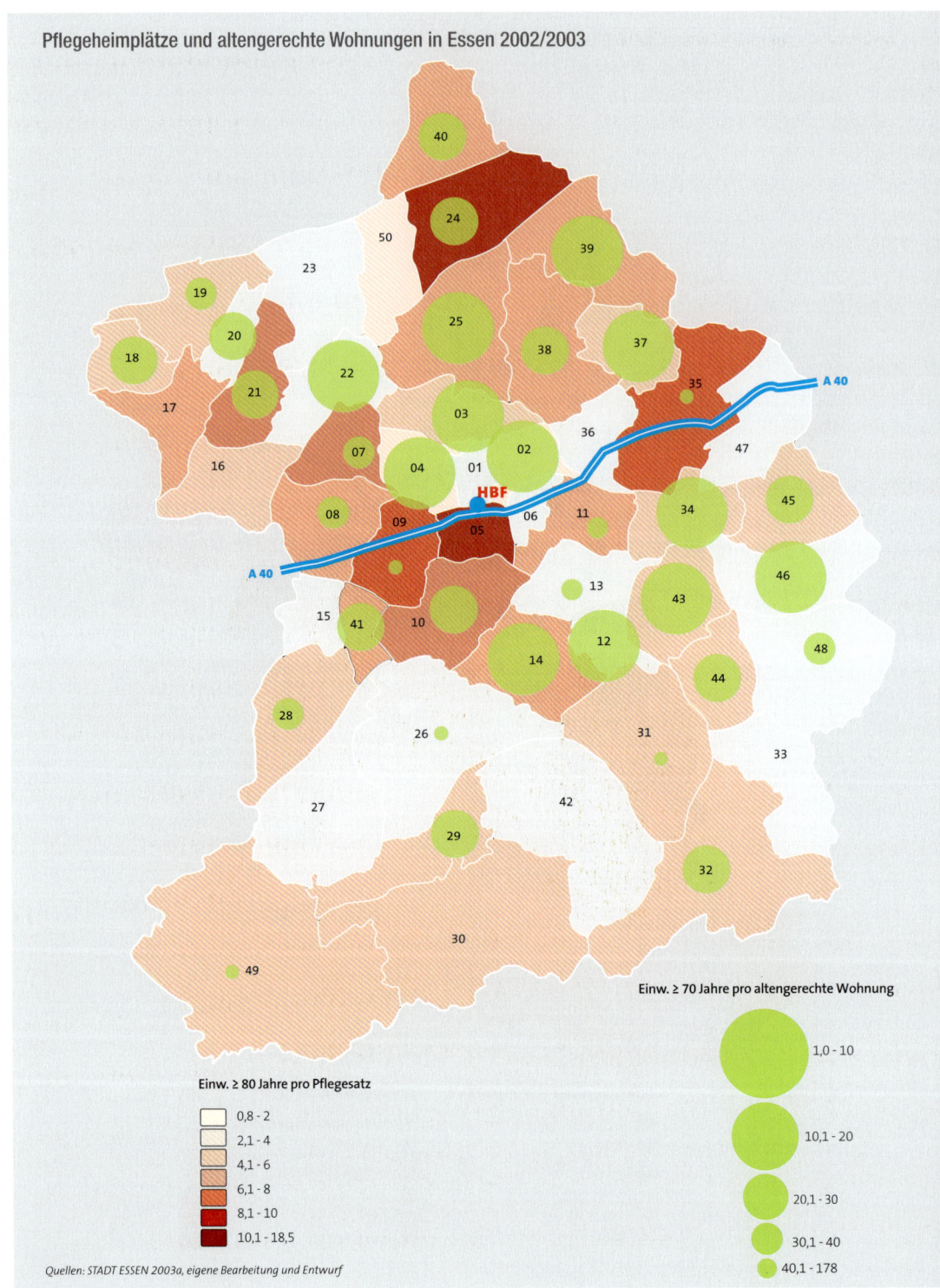

Pflegeheimplätze und altengerechte Wohnungen in Essen 2002/2003

Einw. ≥ 70 Jahre pro altengerechte Wohnung

1,0 - 10

10,1 - 20

20,1 - 30

30,1 - 40

40,1 - 178

Einw. ≥ 80 Jahre pro Pflegesatz

0,8 - 2
2,1 - 4
4,1 - 6
6,1 - 8
8,1 - 10
10,1 - 18,5

Quellen: STADT ESSEN 2003a, eigene Bearbeitung und Entwurf

322

Pflegeeinrichtungen und Altersdichte in Oberhausen 2006

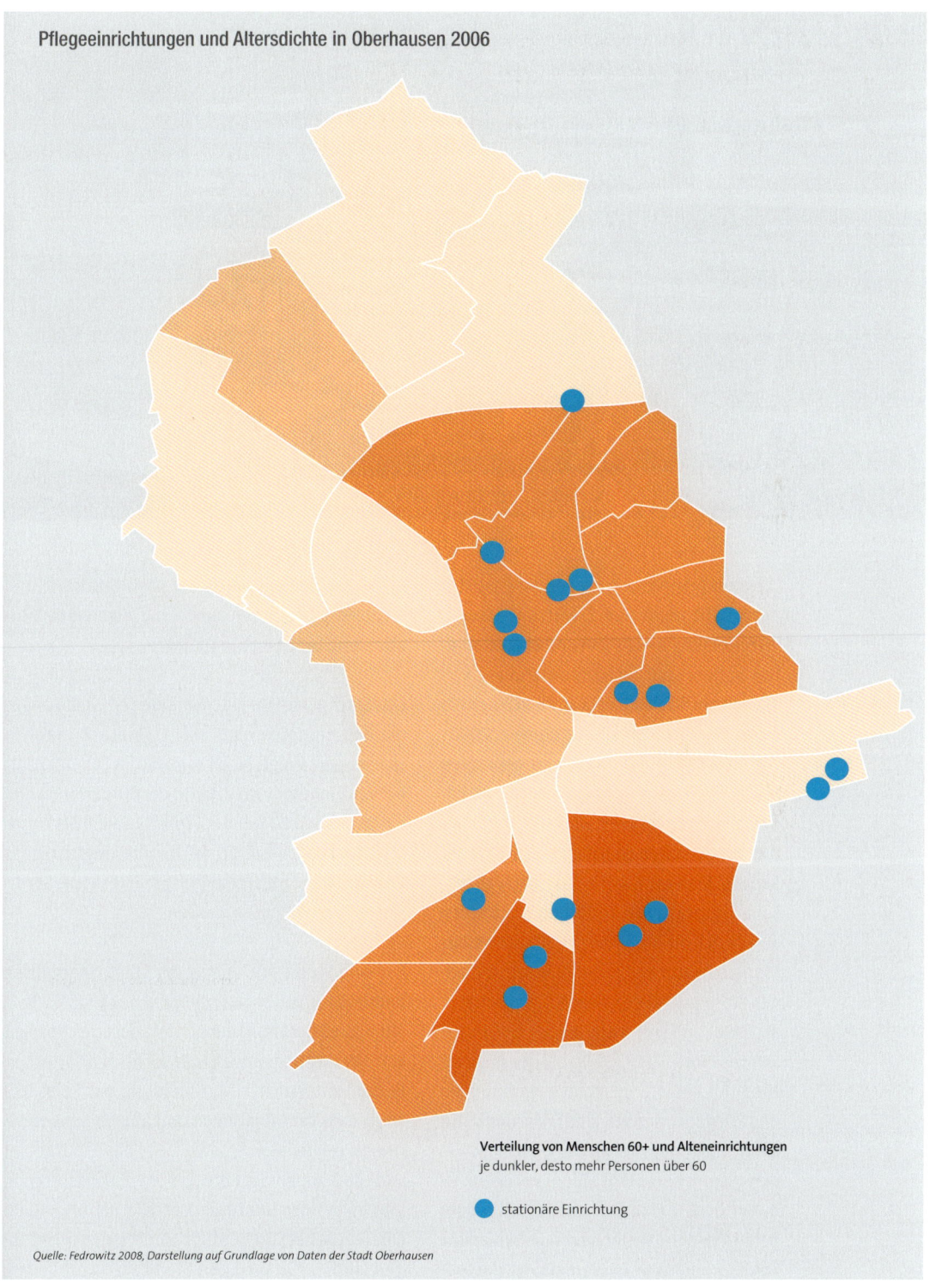

Verteilung von Menschen 60+ und Alteneinrichtungen
je dunkler, desto mehr Personen über 60

● stationäre Einrichtung

Quelle: Fedrowitz 2008, Darstellung auf Grundlage von Daten der Stadt Oberhausen

Die räumliche Verteilung der Infrastruktur entspricht nicht den Erwartungen vom vernachlässigten Norden und überversorgten Süden. Laut Sozialraumanalyse von Klaus Peter Strohmeier besteht in Essen ein klares Süd-Nord-Gefälle (Strohmeier 2002). Die Einwohner der industriell geprägten Stadtteile nördlich der Autobahn A 40 haben einen niedrigeren sozialen Status als die bürgerlichen Stadtteile des Essener Südens. Man geht von infrastrukturell besser ausgestatteten südlichen Stadtteilen aus, da sich die ökonomische Situation eines Menschen zumeist in der Ausstattung seines Wohnquartiers spiegelt (Dangschat et al. 1982). In Essen liegt jedoch ein umgekehrtes Nord-Süd-Gefälle bei der Ausstattung mit seniorengerechten Wohnungen und Pflegeheimen vor. Eine Erklärung dafür könnte sein, dass Verwaltung und Politik in den nördlichen Stadtteilen, vor allem in Katernberg und später auch in Altendorf, bereits ab den 1980er Jahren verschiedene Förderprogramme implementiert, das Pro-

blembewusstsein der Beteiligten geschärft und rechtzeitig begonnen haben, die allgemeine Situation im Stadtteil zu verbessern.

Das Stadtgebiet im Essener Süden ist weitläufiger, die Bebauung weniger dicht. Dadurch ergeben sich längere Wege. Noch kann die im Durchschnitt höhere Einkommensstruktur der BürgerInnen hier einige Nachteile bei der Erreichbarkeit der Infrastruktur kompensieren, doch sollte langfristig das Problem der Unterversorgung stärker in die Stadtplanung einbezogen werden.

Für eine Studie im Auftrag der Stadt Oberhausen wurde die Situation alter Menschen u. a. hinsichtlich altengerechter Einrichtungen und der Erreichbarkeit von Versorgungsinfrastruktur für den täglichen Bedarf untersucht. Die Abbildung auf Seite 323 zeigt, dass die 60-jährigen und älteren EinwohnerInnen relativ gleichmäßig über das Stadtgebiet verteilt wohnen. Eine etwas höhere Konzentration gibt es um den Stadtteil Osterfeld herum und im Oberhausener Süden. Stationäre Pflegeeinrichtungen sind nur in wenigen Stadtteilen vorhanden,

sind. Andere Stadtgebiete sind weniger geeignet und stehen in der Priorität hintenan. In Oberhausen zeigt sich ein erhöhter zukünftiger Handlungsbedarf für altengerechte Stadtplanung in den nördlichen Stadtteilen Königshardt, Walsumer Mark, Schmachtendorf, Holten und Barmingholten (Fedrowitz 2008). Wie in Essen sind es auch hier die Stadtteile mit höherem Sozialstatus, die unterdurchschnittlich mit altengerechter Infrastruktur ausgestattet sind.

Handlungsvorschläge

Bevor einige Handlungsvorschläge für die Stadtplanung gemacht werden, sollten zunächst die Stadtteile ähnlich wie in Oberhausen je nach Handlungsbedarf priorisiert werden. Dabei sind Wanderungsstatistiken aufschlussreich. Inzwischen gibt es in einigen Städten Reurbanisierungstendenzen: Über 50-jährige so genannte „Woopies" (well-off older people) trennen sich nach dem Auszug der Kinder von ihrem Eigenheim und ziehen in die Zentren mit ihrem kulturellen Angebot und ausreichender Versorgungsinfrastruktur (Beckord 2010). So geben „wohnqualitätsinduzierte Wanderungen" von SeniorInnen im Renteneintrittsalter Hinweise auf attraktive Stadtteile. „Pflegeinduzierte Wanderungen" weisen hingegen auf mit Pflegeheimen versorgte Stadtteile (Fedrowitz 2008).

überwiegend in den genannten. Im nördlichen Stadtbezirk um Sterkrade und im westlichen Stadtgebiet gibt es keine stationären Pflegeeinrichtungen. Diese Bereiche sind damit komplett unterversorgt. Gesamtstädtisch bestehen folglich Versorgungsengpässe, die Nachfrage nach altengerechten Wohnungen mit begleitenden Dienstleistungen und Hilfen im Alltag steigt.

Im Bereich der Versorgung mit Gütern des täglichen Bedarfs sind die südlichen Stadtteile Oberhausens wegen ihrer Innenstadtnähe überdurchschnittlich gut mit Nahversorgungsinfrastruktur ausgestattet. Die dünner besiedelten nördlichen Stadtteile sind schlechter versorgt. Daraus leiten sich für die Stadt Oberhausen Handlungsempfehlungen und Einzelmaßnahmen ab, wie der Aufbau eines flächendeckenden altengerechten Wohnangebots, der die unterschiedlichen Ansprüche und den jeweiligen Pflegebedarf der SeniorInnen berücksichtigt. Altengerechte, barrierefreie Wohnungen sind näher an Nahversorgungseinrichtungen zu positionieren. Es wird empfohlen, die Wohnquartiere nach Prioritäten einzuteilen. Es gibt Bereiche mit besonderem Handlungsbedarf bzw. Gebiete, die für weitere Maßnahmen altengerechter Stadtplanung prädestiniert

Folgende Fragen können Anhaltspunkte für die weitere Vorgehensweise geben: Gibt es Besonderheiten oder starke Defizite in der Infrastrukturausstattung in den Stadtteilen? Welche Wohnquartiere sind für den weiteren Ausbau von altengerechten Wohnformen geeignet? Liegen diese im Einzugsbereich des ÖPNV? Bietet sich der Ausbau mit weiteren Infrastruktureinrichtungen an? Danach kann ein Ranking nach Prioritäten erstellt werden. Gebiete, in denen ein besonders hoher Handlungsdruck besteht oder Quartiere, die für weitere Maßnahmen geeignet sind, stehen an oberster Stelle.

Vorschläge für planerische Maßnahmen sollten geschlechterspezifisch erfolgen, da Bedürfnisse von Männern und Frauen unterschiedlich sind. Frauen sind anders mobil als Männer. Weniger Seniorinnen verfügen über ein Auto, nutzen vermehrt den ÖPNV und bewegen sich zu Fuß im direkten Wohnumfeld. Männer haben durch ihre Automobilität einen höheren Aktionsradius, können Einrichtungen weiter außerhalb ihres Wohnumfeldes nutzen. Es gibt kleinere bauliche Maßnahmen, die ein sicheres, barrierefreies und lebenswertes Wohnumfeld schaffen. Beispielsweise erleichtern Verkehrsinseln mit Zebrastreifen an stark befahrenen Straßen deren Überquerung und ersparen den oftmals weiten Umweg über Fußgängerampeln. Bänke an zentralen und interessanten Standorten im Stadtteil laden zum Verweilen ein. Öffentliche Toiletten an frequentierten Orten ermöglichen einen ausgedehnteren Außenaufenthalt. Demenzkranken, die noch weitestgehend eigenständig leben, erleichtern ins Stadtbild integrierte farbliche Orientierungssysteme den Alltag. Dieses kommt auch anderen, z. B. kleineren Kindern, als Orientierungshilfe zugute.

Im Bereich ÖPNV sollten die Busse sicherer gemacht werden: Ein- und Ausstieg auf einem Niveau mit der Bordsteinkante, ausreichend Platz für den Rollator im Businnenraum, niedrig angebrachte Haltegriffe, geschulte Busfahrer, die auf die Bedürfnisse der alten Menschen Rücksicht nehmen.

Dies sind Vorschläge für einen Schritt zu einer altengerechteren Stadt. Zur Entwicklung einer optimalen Handlungsstrategie ist jedoch zunächst vor Ort eine Bedarfsanalyse erforderlich. Daraus leiten sich Lösungskonzepte und Handlungsempfehlungen ab.

Fazit

In den Ruhrgebietsstädten geht man die mit der demografischen Entwicklung einhergehenden Probleme an und leitet Maßnahmen ein, um der zunehmend älteren Bevölkerung in den Städten gerecht zu werden. Einer Alterssegregation wird durch verschiedene Dienstleistungsnetzwerke entgegengewirkt. Sie befinden sich hier und da noch in den Anfängen. Die Situation älterer Frauen sollte besondere Beachtung finden. Wegen ihres geringeren Haushaltseinkommens unterliegen sie besonders der Gefahr einer Benachteiligung. Hinzu kommt, dass diese Frauen, wenn sie alleinstehend und bei ihren täglichen Besorgungen auf externe Hilfe angewiesen sind, leicht in Isolation oder Abhängigkeiten geraten.

Die zunehmende Ausdünnung von Infrastruktureinrichtungen zur täglichen Bedarfsdeckung macht immer mehr Wohnquartiere wegen der zwangsläufig verlängerten Wege für alte Menschen ungeeignet. Ziel ist jedoch, die SeniorInnen möglichst lange in ihrer gewohnten Umgebung und ihrem sozialen Netzwerk wohnen zu lassen. Hier müssen demnach altengerechte Wohnangebote entstehen. Beim Aufbau seniorenspezifischer

Infrastruktur wurde schon viel erreicht. Die Entwicklung ist in den letzten Jahren vor allem im Bereich der altengerechten Wohnimmobilien vorangekommen. Was die abnehmende bedarfsdeckende Infrastruktur in den Stadtteilen betrifft: Dieser Prozess wird vor allem marktwirtschaftlich gesteuert und kann durch die Stadtplanung nur punktuell abgefangen werden. In Zeiten wie der momentanen Finanzkrise sind immer mehr Standorte von der Schließung bedroht. Wegen hoher Verschuldung der Kommunen ist auch hier wenig Hilfe zu erwarten. Daher ist es wichtig, mit dem Bestehenden möglichst wirtschaftlich zu planen und vorhandene Strukturen in die Stadtplanung mit einzubeziehen.

Literatur

Backes, Gertrud M. / Clemens, Wolfgang (1998): Lebensphase Alter. Eine Einführung in die sozialwissenschaftliche Altersforschung, Weinheim / München; hier S. 86

Beckord, Claas (2010): Raus ins Grüne, rein in die Stadt? Eine Analyse aktueller Wanderungsprozesse in der Stadtregion Ruhr; vergleiche Beitrag in diesem Buch

Dangschat, Jens S. / Droth, Wolfram / Friedrichs, Jürgen / Kiehl, Klaus (1982): Aktionsräume von Stadtbewohnern, Opladen; hier S. 17

Fedrowitz, Micha (2008): Altengerechte Stadtplanung auf gesamtstädtischer Ebene. Analysen und Handlungsempfehlungen am Beispiel der Stadt Oberhausen, in: Kreuzer, Volker / Reicher, Christa /

Scholz, Tobias (Hg.): Zukunft Alter. Stadtplanerische Handlungsansätze zur altersgerechten Quartiersentwicklung. Dortmunder Beiträge zur Raumplanung 130, Dortmund, S. 211-228

Forschungsgesellschaft für Gerontologie e. V. (Hg.) (2003): Einkommenssituation und -verwendung älterer Menschen in Nordrhein-Westfalen, online verfügbar unter www.nordrheinwestfalendirekt.de/broschuerenservice/download/1435/einkommenssituation_aelterer_menschen.pdf, zuletzt geprüft am 31.8.2010

Heineberg, Heinz (2001): Stadtgeographie, Paderborn; hier S. 153

LDS – Landesamt für Datenverarbeitung und Statistik Nordrhein-Westfalen (Hg.) (2005): Privathaushalte und Familien in Nordrhein-Westfalen 2004. Ergebnisse des Mikrozensus, Düsseldorf

LDS – Landesamt für Datenverarbeitung und Statistik Nordrhein-Westfalen (Hg.): Statistische Berichte. Bevölkerung in Nordrhein-Westfalen 2007 nach Alter und Geschlecht, Düsseldorf

Müller, Jan (2007): Schöner altern im Ruhrgebiet, in: www.spiegel.de/politik/deutschland/0,1518,500339,00.html, zuletzt geprüft am 31.8.2010

www.rub.de/zuda, Erwerbstätige in NRW und im RVR-Gebiet, zuletzt geprüft am 31.8.2010

Stadt Essen (Hg.) (2009a): Halbjahresbericht 2008. 1. Halbjahr. Mit Sonderbericht: Befragung der Alteneinrichtungen in Essen durch die Heimaufsicht im Jahr 2008, Heft 1, Essen; hier S. 14

Stadt Essen (Hg.) (2009b): Wohnungen für Seniorinnen und Senioren und behindertengerechte Wohnungen in Essen, Essen

Statistisches Bundesamt (2003): Bevölkerung Deutschlands bis 2050: 10. Koordinierte Bevölkerungsvorausberechnung, Wiesbaden

Strohmeier, Klaus Peter (2002): Bevölkerungsentwicklung und Sozialraumstruktur im Ruhrgebiet, in: Projekt Ruhr GmbH (Hg.), Reihe Demografischer Wandel, Essen; hier S. 34

Raus ins Grüne,
Analyse aktueller Wanderungsprozesse
in der Stadtregion Ruhr

Claas Beckord

In der fachöffentlichen Debatte der letzten Jahre hat sich zunehmend die Meinung durchgesetzt, dass wir nach Jahrzehnten intensiver Suburbanisierung vor einer Renaissance der Innenstädte und einer Phase der Reurbanisierung stehen. Beflügelt wird dieser Diskurs durch eine anhaltend positive Berichterstattung in den Medien, die bereits von einer „Flucht zurück in die Stadt" (Lanwert 2008), von einer „epochale[n, CB] Trendwende der Immobilienwirtschaft" (Guratzsch 2005), vom „Epochenwechsel" (Rauterberg 2005) oder von einer „Rückkehr zum Stadtleben" (Paus 2008) sprechen. Der Trend ist also ausgemacht, nunmehr gilt es, diesen mittels geeigneter Strategien für die Kernstädte nutzbar zu machen. Und so verwundert es nicht, dass städtische Entscheidungsträger in Politik und Verwaltung die Reurbanisierungshypothese als strategische Grundlage begeistert aufgreifen (Stadt Darmstadt 2007). Zum einen erhofft man sich, den durch Suburbanisierung und demografischen Wandel entstandenen Bevölkerungsverlust zumindest zum Teil auszugleichen, zum anderen den belasteten Begriff der Innenstadt neu zu definieren und damit die Vorstellung von dem, was „gutes Wohnen" bedeutet, zugunsten der Städte zu beeinflussen.

In den Kernstädten des Ruhrgebiets, die in den letzten Jahren durch starke EinwohnerInnenverluste betroffen waren, macht sich ebenfalls die Hoffnung breit, durch Zuwanderung die demografische Entwicklung positiv zu beeinflussen, um die Städte des Ruhrgebiets als attraktive Wohnstandorte zu vermarkten und damit ihr Image langfristig zu verbessern.

Bisher gibt es kaum Studien, die diese Rückkehr in die Städte, wie Hasso Brühl et al. sie als Massentrend angekündigt haben (Brühl et al. 2005, S. 30), auch tatsäch-

rein in die Stadt?

lich empirisch nachweisen. Es scheint eher das Gegenteil der Fall zu sein. Andrea Dittrich-Wesbuer und Frank Osterhage nennen in einer Untersuchung zum Wohnstandortverhalten als Hauptwanderungsmotive die Kosten, den Wunsch nach dem Wohnen im Grünen und einem kindgerechten Umfeld; Faktoren, die eher gegen die Stadt und für den suburbanen Raum sprechen (Dittrich-Wesbuer / Osterhage 2008).

Die Hoffnung, die seitens der Stadtentwicklungspolitik auf diesen Trend gesetzt wird, erscheint daher vielfach noch verfrüht. Denn ob und wann dieser Trend die einzelnen Städte erfassen wird, bleibt abzuwarten. Obwohl eine Reihe von Argumenten für die These einer verstärkten Zuwanderung in die Städte zu sprechen scheint, gibt es neben der weitgehend fehlenden empirischen Evidenz auch einige gewichtige Gegenargumente und viele offene Fragen, z. B. danach, wer die Träger dieser Reurbanisierung sind.

Im vorliegenden Beitrag soll daher das Phänomen der Reurbanisierung mithilfe einer empirischen Analyse des Wanderungsgeschehens der Kernstädte des Ruhrgebiets unter Berücksichtigung einer alters- und geschlechterspezifischen Betrachtung näher untersucht werden, um damit einen Beitrag zu einer sachlichen Diskussion darüber zu leisten.

Zunächst ist es zwingend notwendig, sich Klarheit über den Begriff zu verschaffen. Im Weiteren werden zentrale Argumente der Befürworter der Reurbanisierungshypothese vorgestellt, die es dann im Rahmen der empirischen Analyse zu überprüfen gilt. Im Anschluss werden Pro und Kontra gegenübergestellt, um auf dieser Basis ein vorläufiges Fazit zum Stand der Reurbanisierung im Ruhrgebiet zu ziehen.

Worüber reden wir?

Bisher existiert in der fachwissenschaftlichen Debatte keine einheitliche Verwendung des Reurbanisierungsbegriffes. So versteht Markus A. Jeschke Reurbanisierung als relativen und absoluten Bedeutungsgewinn der Stadt gegenüber dem Umland (Jeschke 2007). Dies würde eine Umkehrung der bisher beobachteten Wanderungsüberschüsse des Umlands zugunsten der städtischen Zentren bedeuten. Nach Frank Osterhage kann Reurbanisierung jedoch auch als „Wiederentdeckung städtischer Lebensformen" gedeutet werden, mit der ein „erneuter Bedeutungsgewinn städtisch geprägter Standorte [einhergeht]" (Osterhage 2007). Während ersteres eher eine quantitative Sicht auf die Bevölkerungsentwicklung innerhalb von Stadtregionen impliziert, die den Arbeiten von Leo van den Berg et al. (van den Berg et al. 1982) zugrunde liegt, deutet letzteres stärker auf eine qualitative Diskussion über die Wohnideale und -vorstellungen hin (Brühl et al. 2005), die derzeit scheinbar deutlich zugunsten der Städte tendieren. Neben diesen grundsätzlichen Fragen existiert eine Vielzahl weiterer offener Fragen, die sich mit dem Reurbanisierungsbegriff verbinden (Osterhage 2007). So ist bisher offen, auf welche Raumeinheiten sich Reurbanisierung bezieht. Viele Arbeiten sprechen eher dafür, dass sich Reurbanisierungstendenzen auf kleinere Teilräume innerhalb der Städte auswirken und damit nicht zu einer Aufwertung der Stadt als Ganzes führen werden. Seitens der Stadtentwicklung wird der Reurbanisierung der Status eines normativen Ziels beigemessen, also ein Zustand, der durch geeignete Entwicklungsstrategien angestrebt werden soll.

Diese Vielfalt in der Begriffsverwendung macht deutlich, dass eine sachliche Diskussion nur bei einer Einigung auf eine dieser Dimensionen erfolgen kann. Im vorliegenden Beitrag wird Reurbanisierung im quantitativen Sinn verwendet und als absoluter und relativer Bedeutungsgewinn der Kernstädte gedeutet, der mittels Wanderungsanalysen gemessen werden kann.

Ausgemachte Sache: Die Reurbanisierung kommt

Dass eine umfassende Reurbanisierung der deutschen Städte einsetzen wird, ist für viele AutorInnen bereits ausgemachte Sache. Offen scheint nur noch die Frage, wann der Trend sich in spürbaren Wanderungsgewinnen niederschlagen wird. Die zentralen Argumente lauten wie folgt:

Gestiegene Wertschätzung urbanen Lebens
Vor allem Brühl et al. stellen fest, dass dem innerstädtischen Wohnen eine zunehmende Wertschätzung entgegengebracht wird. Sie gehen davon aus, „dass es sich bei dem neu erwachten Interesse für das Wohnen in der Innenstadt um einen generellen Trend handelt, der sich – mit zeitlichen Verzögerungen – in allen Städten, zumindest allen Großstädten, niederschlagen wird" (Brühl et al. 2005, S. 30). Diese äußerst positive Einschätzung der urbanen Zukunft wird mit gesellschaftlichen Trends begründet, die zu einer Bevorzugung urbaner Wohnlagen führen, wie z. B. der Wandel zur Dienstleistungs- und Wissensgesellschaft (ebd., S. 12).

Entwicklung neuer Wohnformen
In den letzten Jahren hat sich eine Vielzahl neuer Wohnformen in den Städten etabliert, die auf eine Veränderung der Nachfrage schließen lassen. Zu ihnen zählen Loftwohnungen, Stadthäuser oder Mehrgenerationenhäuser. Somit gelingt es verstärkt, den Wunsch nach Immobilienbesitz mit dem Anspruch an interessante Architektur auf innerstädtischen oder innenstadtnahen Standorten zu kombinieren (Lanwert 2008). Ob dies zu einer verstärkten Nachfrage nach städtischem Wohnraum geführt hat oder lediglich zu Verschiebungen zuungunsten anderer Wohnungsmarktsegmente, kann aufgrund fehlender Untersuchungen nicht beantwortet werden.

Bevölkerungsverluste führen zu neuen Spielräumen
Insbesondere strukturschwache Regionen haben in den vergangenen Jahren erhebliche Bevölkerungsverluste verzeichnen müssen. So haben die Kernstädte des Ruhrgebiets seit dem Höhepunkt der Bevölkerungsentwicklung in den 1960er Jahren mehr als 700.000 Einwohner verloren. Neben den negativen Effekten, die diese Wanderungen mit sich brachten, führte dies jedoch zu einer zum Teil deutlichen Entspannung der lokalen Wohnungsmärkte, die neue Spielräume für ein Leben in den Städten eröffnet hat.

Ökonomische und ökologische Faktoren
Ein wichtiges Argument ist die Vermutung, dass mit dem demografischen Wandel eine Entdichtung der suburbanen Räume einhergeht, die zu einer substanziellen Verschlechterung der Infrastrukturausstattung und zu steigenden Mobilitätskosten führen wird. Beispielhaft werden hier die Entwicklungen in peripheren Gebieten Ostdeutschlands angesehen.

Einen entscheidenden Einfluss auf den Rückgang der Bautätigkeit hatte zweifelsohne die Abschaffung der Eigenheimzulage. Dies wirkte sich besonders auf die Dynamik der Suburbanisierung aus. So ging die Zahl der Baufertigstellungen von 2000 auf 2007 um 52 % zurück, während in den Kernstädten „nur" ein Rückgang von 46 % zu verzeichnen war. Welchen Einfluss die Einführung des „Wohn-Riesterns" haben wird, kann heute noch nicht gesagt werden.

Die mit der weiteren Siedlungsentwicklung verbundene Neuinanspruchnahme von Freiflächen wird zunehmend kritisch betrachtet. So zielt die Nachhaltigkeitsstrategie der Bundesregierung beispielsweise darauf, die Freiflächeninanspruchnahme bis zum Jahr 2020 auf 30 ha pro Tag zu senken (Bundesregierung 2004). Diese zunehmende Sensibilität wird vermutlich zu einer kritischeren Prüfung und Bewertung von Baulandausweisungen in den suburbanen Räumen führen.

Verhaltensänderungen älterer Bevölkerungsgruppen
Als zentraler Träger der Reurbanisierung wird die Be-

völkerungsgruppe der über 50-Jährigen, die so genannten 50+, gesehen. Dabei wird darauf verwiesen, dass diese im Verhältnis zu Vorgängergenerationen einen deutlich aktiveren Lebensstil verfolgen. Rauterberg stellt diesbezüglich fest: „Es sind vor allem Ältere, die Woopies, die well-off older people, die sich von ihrem Besitz lösen. Ihre Kinder sind gerade aus dem Haus, rund dreißig Lebensjahre bei guter Rente liegen vor ihnen. Warum sollten sie die im eintönigen Suburbia fristen? Lieber ziehen sie dorthin, wo es Theater und Kunst gibt, gute Restaurants gleich ums Eck und beste ärztliche Versorgung" (Rauterberg 2005).

Ist der Trend schon im Revier angekommen?

Um zu überprüfen, ob sich die beschriebenen Entwicklungen bereits heute in einem veränderten Wanderungsverhalten im Ruhrgebiet niedergeschlagen haben, folgt eine sekundärstatistische Auswertung des Wanderungsgeschehens zwischen den Kernstädten (Bochum, Bottrop, Dortmund, Duisburg, Essen, Gelsenkirchen, Hagen, Hamm, Herne, Mülheim an der Ruhr und Oberhausen) und den Kreisen in Nordrhein-Westfalen (zum Teil differenziert nach den siedlungsstrukturellen

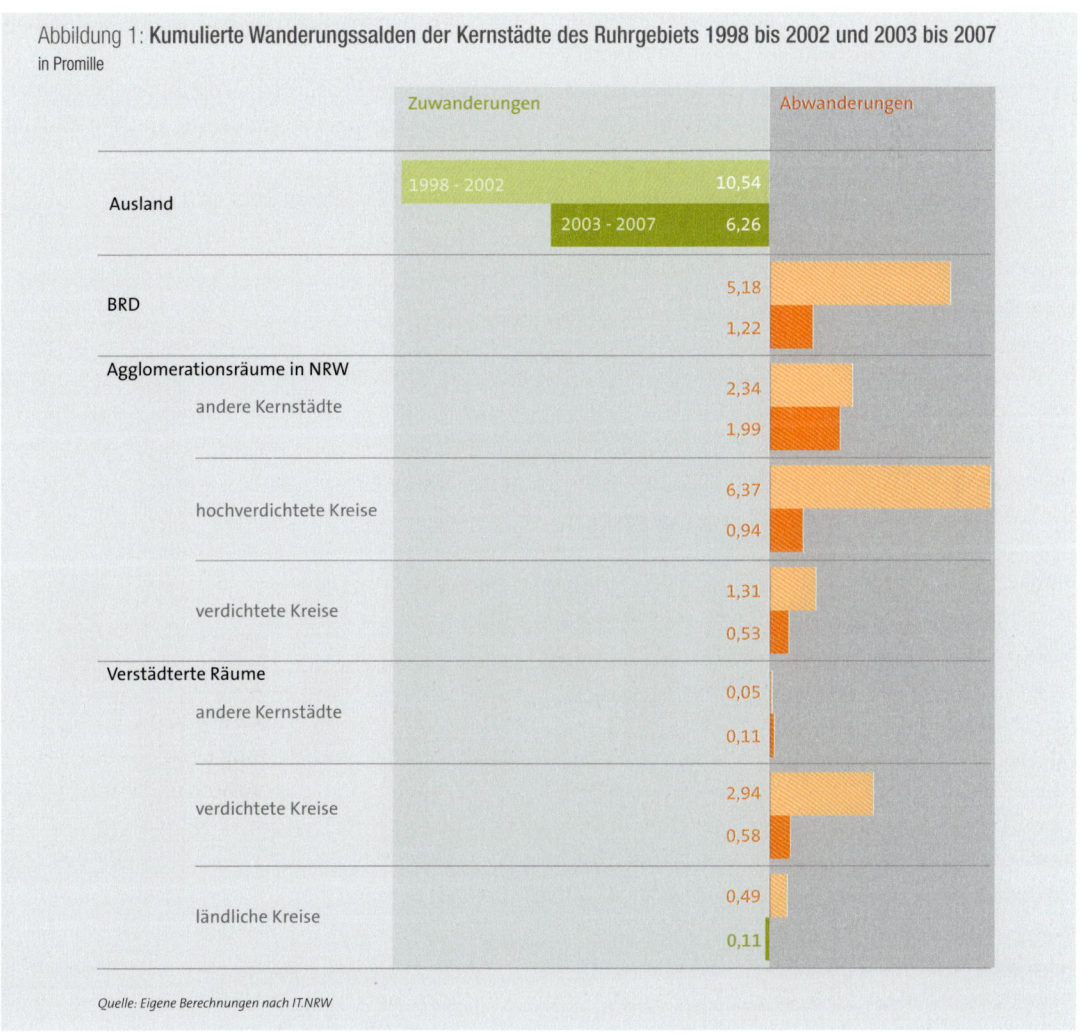

Abbildung 1: **Kumulierte Wanderungssalden der Kernstädte des Ruhrgebiets 1998 bis 2002 und 2003 bis 2007** in Promille

Quelle: Eigene Berechnungen nach IT.NRW

331

Kreistypen des Bundesinstituts für Bau-, Stadt- und Raumforschung (BBSR). Um eventuelle Sonderentwicklungen einzelner Jahre auszugleichen, werden die kumulierten Wanderungssalden der Zeiträume 1998 bis 2002 und 2003 bis 2007 bezogen auf die Durchschnittsbevölkerung dieser Perioden miteinander in Beziehung gesetzt. Zur Annäherung an die Frage, ob es signifikante Unterschiede im Wanderungsverhalten von Frauen und Männern gibt, werden die Daten – wenn möglich – zusätzlich geschlechterspezifisch betrachtet.

Grundsätzlich lässt sich eine Verringerung der negativen Wanderungssalden für die Kernstädte des Ruhrgebiets nachweisen. So hat sich der Wanderungssaldo von -8,24 ‰ im Durchschnitt der Jahre 1998 bis 2002 zu einem Wanderungsüberschuss von 0,99 ‰ im Jahresdurchschnitt 2003 bis 2007 entwickelt. Zwar ist dies

maßgeblich auf einen Zuwanderungsüberschuss aus dem Ausland zurückzuführen, es wird jedoch auch deutlich, dass die Wanderungsverluste mit dem Umland der Kernstädte deutlich abnehmen und sich im Fall der Wanderungen der Kernstädte mit ländlichen Kreisen in verstädterten Räumen (z. B. aus dem Hochsauerlandkreis) sogar ins Positive umkehrten (vgl. Abbildung 1).

Betrachtet man die Wanderungssalden der einzelnen Städte genauer, ergibt sich ein deutlich vielfältigeres Bild. Es ist geprägt durch ein Nebeneinander von Reurbanisierungstendenzen, fortbestehender Suburbanisierung sowie ausgeprägter interkommunaler Wanderung zwischen den Kernstädten (vgl. Abbildung 2).

Von besonderer Bedeutung für die insgesamt positivere Entwicklung ist die Zuwanderung aus dem Ausland.

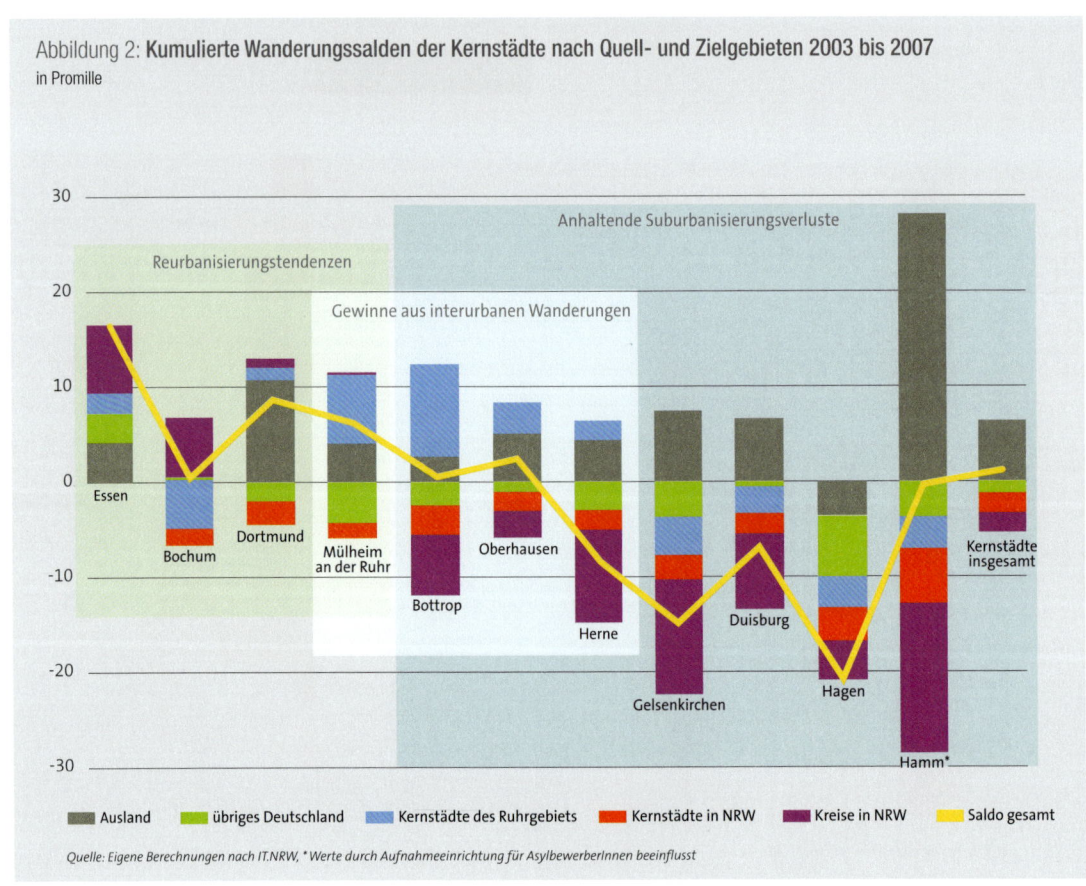

Abbildung 2: **Kumulierte Wanderungssalden der Kernstädte nach Quell- und Zielgebieten 2003 bis 2007** in Promille

Quelle: Eigene Berechnungen nach IT.NRW, * Werte durch Aufnahmeeinrichtung für AsylbewerberInnen beeinflusst

332

Vor allem Dortmund, Gelsenkirchen und Duisburg profitieren von diesen Prozessen. Die Zahlen für Hamm lassen sich in diesem Zusammenhang nur sehr vorsichtig interpretieren, da sie bis 2005 durch die Existenz einer Aufnahmeeinrichtung für Asylbewerber beeinflusst werden. Ohne diese Zuwanderung aus dem Ausland würde die Wanderungsbilanz der meisten Städte deutlich negativer ausfallen.

Deutet man positive Wanderungssalden mit den Kreisen in Nordrhein-Westfalen als Hinweise auf eine Reurbanisierung, so konnten in den Jahren 2003 bis 2007 die Städte Essen, Bochum und in geringem Maße auch Dortmund Wanderungsgewinne gegenüber dem Umland verzeichnen. In allen anderen Städten überwogen die Abwanderungen in den suburbanen Raum deutlich, wenngleich in geringerem Maß als im Durchschnitt der Vorjahre.

Gleichzeitig existieren unter den Kernstädten des Ruhrgebiets sehr starke interurbane Wanderungsverflechtungen. Diese repräsentieren mehr als ein Viertel aller Wanderungen der Kernstädte. Besonders profitieren die Städte Mülheim an der Ruhr, Oberhausen und Bottrop und in geringem Maße Essen, Dortmund und Herne. Quellkommunen dieser Wanderungen sind Duisburg, Gelsenkirchen, Bochum, Hagen und Hamm.

Eine geschlechtsspezifische Differenzierung der Binnenwanderungssalden zeigt mitunter deutliche Unterschiede im Wanderungsverhalten von Frauen und Männern (vgl. Abbildung 3). Grundsätzlich zeigt sich, dass die Wanderungssalden (ohne Hamm) der Frauen der Kernstädte im Durchschnitt deutlich negativer sind als die der Männer (Frauen -4,87 ‰ versus Männer -2,64 ‰). Dieser Trend lässt sich für fast alle Städte feststellen.

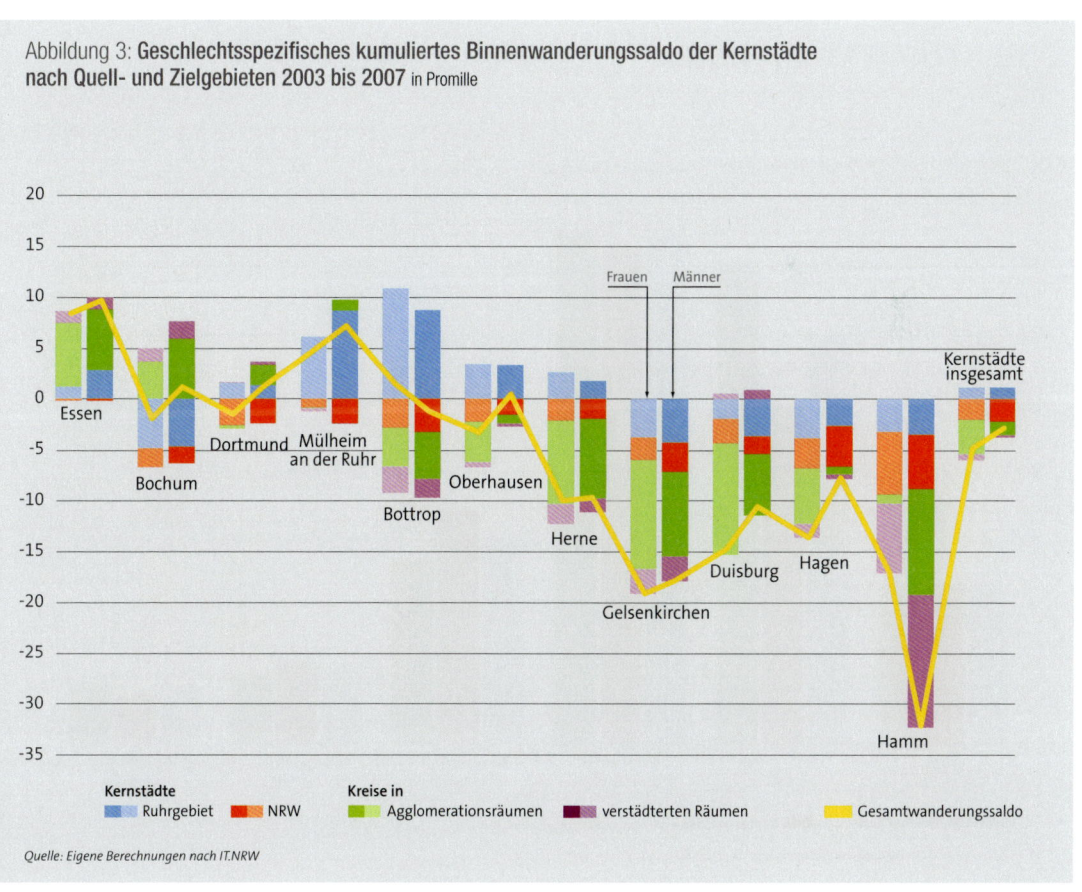

Abbildung 3: **Geschlechtsspezifisches kumuliertes Binnenwanderungssaldo der Kernstädte nach Quell- und Zielgebieten 2003 bis 2007** in Promille

Quelle: Eigene Berechnungen nach IT.NRW

Ausnahmen stellen lediglich die Städte Bottrop und Hamm dar, wobei der deutliche Überhang an männlichen Abwanderern in Hamm auf die statistischen Wirkungen der zentralen Aufnahmeeinrichtung zurückzuführen ist. Blickt man auf die Zielgebiete, so wird deutlich, dass Frauen deutlich stärker in die Umlandkreise abwandern als Männer. In Duisburg beispielsweise macht dieser Unterschied bis zu -5 ‰ aus, in Oberhausen mehr als -3 ‰. Gleichzeitig sind die Wanderungssalden von Männern mit anderen Kernstädten sowohl im Ruhrgebiet als auch mit anderen Kernstädten Nordrhein-Westfalens deutlich positiver. Eine Ausnahme stellt auch hier Bottrop dar.

Die Betrachtung der altersspezifischen Wanderungsraten zeigt, dass die Altersgruppen der 25- bis unter 30-Jährigen mit 148 ‰, gefolgt von den 18- bis unter

25-Jährigen mit 120 ‰ die höchsten Wanderungsraten aufweisen (vgl. Abbildung 4). Dies ist umso mehr von Bedeutung, als dass diese Alterskohorten in Nordrhein-Westfalen infolge des demografischen Echos der Baby-Boomer der 1950er und 60er Jahre verhältnismäßig stark besetzt sind. Bedingt durch die Aufnahme einer Ausbildung, eines Studiums oder erster Berufstätigkeit sind die Wanderungsbewegungen dieser Gruppe stark auf die Kernstädte ausgerichtet. Dabei sind die Wanderungsraten von Frauen in der Altersgruppe der 18- bis unter 25-Jährigen um mehr als 40 ‰ höher als die der Männer. Dieser Unterschied gleicht sich bei den 25- bis unter 30-Jährigen aus und kehrt sich bei den 30- bis unter 50-Jährigen zugunsten der Männer um. Dies zeigt, dass insbesondere jüngere Frauen deutlich mobiler sind als gleichaltrige Männer.

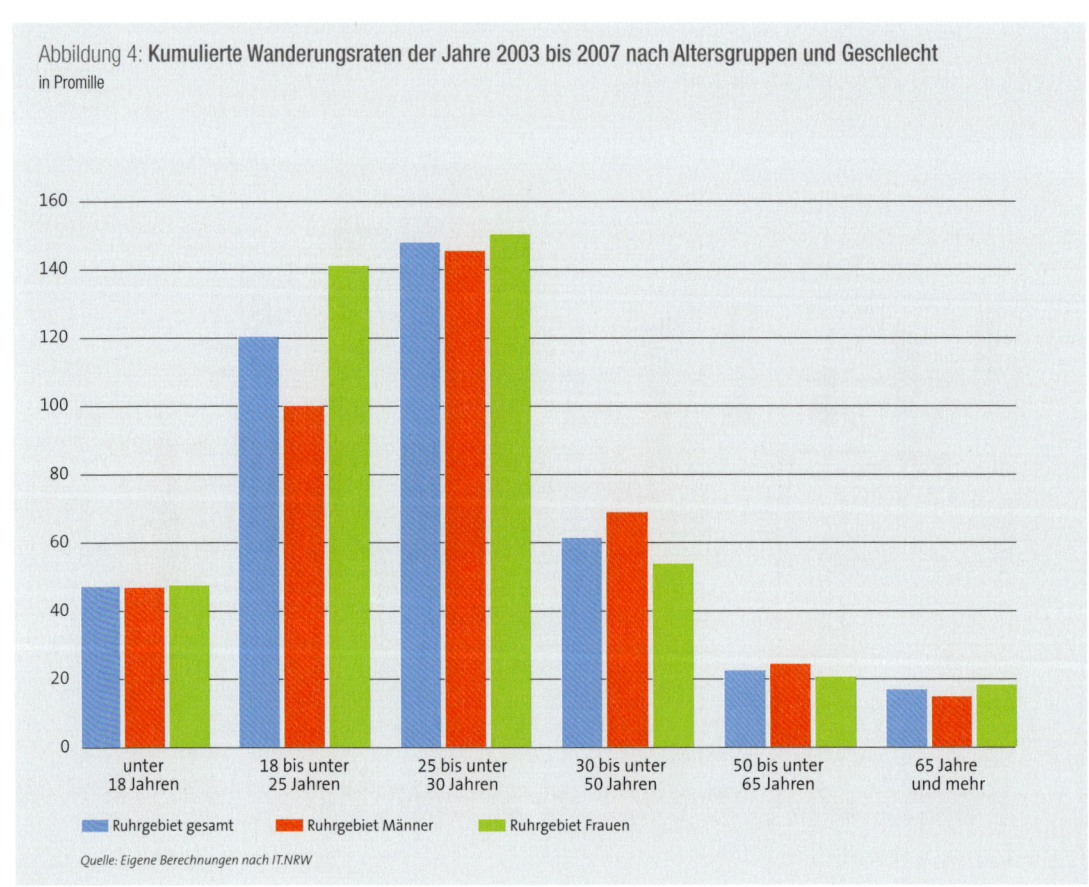

Abbildung 4: **Kumulierte Wanderungsraten der Jahre 2003 bis 2007 nach Altersgruppen und Geschlecht** in Promille

Legende: Ruhrgebiet gesamt, Ruhrgebiet Männer, Ruhrgebiet Frauen

Quelle: Eigene Berechnungen nach IT.NRW

334

Im Rahmen der festgestellten Reurbanisierungstendenzen scheinen demnach die Kohorten zwischen 18 und unter 30 Jahren, und hier insbesondere die Frauen, von besonderer Bedeutung zu sein. Dieser Eindruck bestätigt sich, wenn man die altersspezifischen Wanderungssalden der Kernstädte mit den Kommunen anderer siedlungsstruktureller Kreistypen vergleicht (vgl. Abbildung 5).

Die Wanderungsgewinne der Kernstädte in der Gruppe der 18- bis unter 25-Jährigen haben sich im Vergleich zwischen den Jahren 1998 bis 2002 und 2003 bis 2007 um mehr als 40 Promillepunkte gesteigert. Das Wanderungssaldo der Gruppe der 25- bis unter 30-Jährigen stieg um 15 Promillepunkte und war insgesamt nahezu ausgeglichen, mit den suburbanen Kreisen sogar positiv. Gleichzeitig gingen die Wanderungsverluste

der Altersgruppe 30 bis unter 50 Jahren zurück, die typischerweise – gemeinsam mit den im Haushalt lebenden Kindern – die Träger der Stadt-Umland-Wanderung sind. Daher sind die Wanderungen dieser Altersgruppe eng verbunden mit den Wanderungsbewegungen der unter 18-Jährigen. Die Wanderungssalden der über 50-Jährigen sind weitgehend stabil und weisen nach wie vor einen Trend zum suburbanen Umland auf.

Die bereits angedeuteten Mobilitätsunterschiede im Altersverlauf schlagen sich in den geschlechtsspezifischen Wanderungssalden der Altersgruppen nieder. Den größten Zuzug aus den Umlandkreisen erhalten die Städte demnach von Frauen der Altersgruppe der 18- bis unter 25-Jährigen. Gleichzeitig existiert in dieser Altersgruppe jedoch die höchste Abwanderung in andere Kernstädte Nordrhein-Westfalens. In den nach-

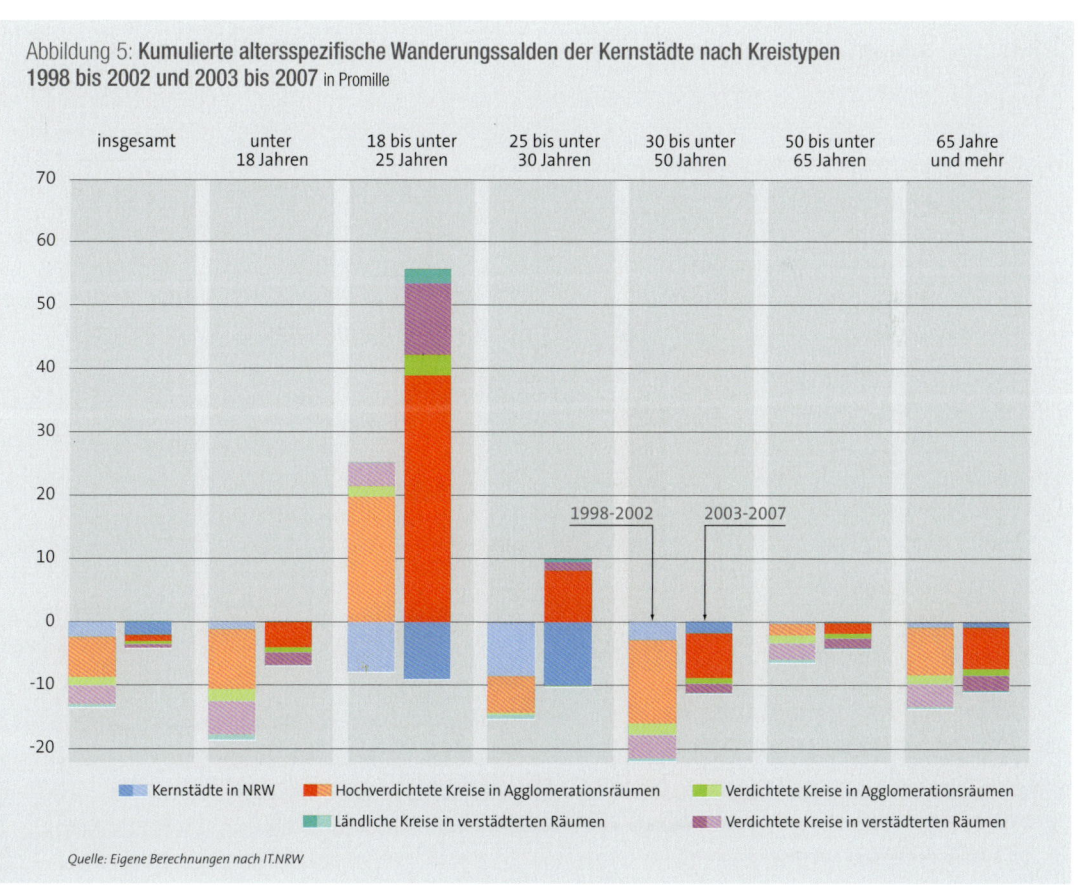

Abbildung 5: **Kumulierte altersspezifische Wanderungssalden der Kernstädte nach Kreistypen 1998 bis 2002 und 2003 bis 2007** in Promille

Quelle: Eigene Berechnungen nach IT.NRW

folgenden Altersgruppen nimmt der positive Wanderungssaldo ab und kehrt sich ab den 30-Jährigen in einen negativen Wanderungssaldo um, der höher ist als der von Männern in denselben Altersgruppen (vgl. Abbildung 6).

Zusammenfassend wird deutlich, dass die heute feststellbaren Wanderungsgewinne der Kernstädte des Ruhrgebiets insbesondere durch drei Entwicklungen beeinflusst werden:
- ein spezifisches Wanderungsverhalten weniger Kohorten im Alter zwischen 18 und 30 Jahren
- anhaltend hohe Zuwanderung aus dem Ausland
- interurbane Wanderungsprozesse.

Gleichzeitig existieren zum Teil deutliche Unterschiede im Wanderungsverhalten zwischen Frauen und Männern.

Zudem profitieren nur wenige Städte von positiven Wanderungssalden. Von einem alle Großstädte des Ruhrgebiets erfassenden Trend zur Reurbanisierung kann zu diesem Zeitpunkt demnach nicht gesprochen werden.

Nachhaltiger Trend oder Strohfeuer?

Wenngleich die aufgeführten Argumente der Befürworter der Reurbanisierungshypothese konsistent und schlüssig erscheinen, konnte am Beispiel der Kernstädte des Ruhrgebiets aufgezeigt werden, dass ein empirischer Nachweis für diese Argumentation nur für wenige Städte erfolgen kann. Neben dieser eingeschränkten empirischen Evidenz gibt es jedoch eine Vielzahl von Argumenten, die gegen die Hypothese einer auf breiter Ebene wirkenden Renaissance der Innenstädte sprechen.

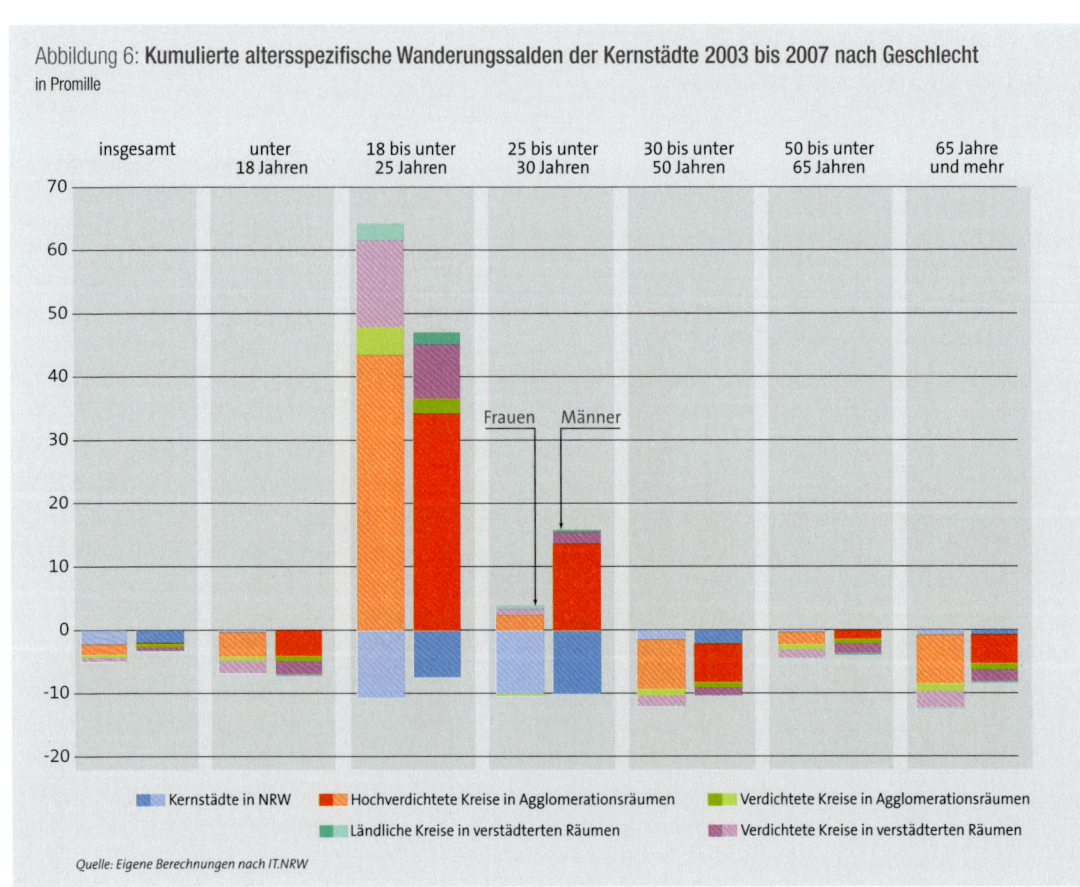

Abbildung 6: **Kumulierte altersspezifische Wanderungssalden der Kernstädte 2003 bis 2007 nach Geschlecht** in Promille

Quelle: Eigene Berechnungen nach IT.NRW

336

Für die Kernstädte des Ruhrgebiets konnte nachgewiesen werden, dass die Zuwanderung aus dem Umland stark durch die Altersgruppe der 18- bis unter 30-Jährigen beeinflusst wird, deren Kohorten sich als relativ stark erweisen. Bernhard Köppen vermutet einen ähnlichen Effekt für Reurbanisierungstendenzen in den neuen Bundesländern (Köppen 2005). Zukünftig werden diese Altersgruppen jedoch deutlich geringer ausfallen, und hier könnte für die Reurbanisierung dasselbe gelten wie für die Suburbanisierung, nämlich dass ihr das Personal ausgeht (Glasze / Graze 2007). Zudem kann heute noch nicht beantwortet werden, ob diese Zugewanderten überhaupt langfristig in den Städten verbleiben oder gar später selber zu Suburbaniten werden.

Georg Glasze und Philip Graze weisen in einer Untersuchung zur Region Mainz darauf hin, dass sich das Wanderungsverhalten der über 50-Jährigen im Vergleich zur Vorgängergeneration nicht grundlegend geändert hat (Glasze / Graze 2007). Die nach wie vor geringen Wanderungsraten der über 50-Jährigen im Ruhrgebiet bestätigen diese Feststellung.

Altengerechtes Wohnen stellt kein Monopol der Städte dar. Köppen bemerkt diesbezüglich folgerichtig, dass sich „eine Generation an dynamischen ‚Alten' [...] grundsätzlich auch im Alter in den suburbanen oder den peripheren Räumen zurechtfinden und behaupten dürfte, solange nicht akute Pflegebedürftigkeit und somit ein erzwungener Umzug zur Familie oder in entsprechende Betreuungseinrichtungen eintritt (wobei letztere sich bekannter Maßen sowohl in der Stadt oder im Umland befinden können)" (Köppen 2008).

Inwieweit es im Rahmen einer „echten Rückwanderung" tatsächlich zu einem massenhaften Verkauf von Wohneigentum im suburbanen Raum und zu einer verstärkten Nachfrage nach innerstädtischen Immobilien kommen wird, kann nicht vorhergesagt werden, erscheint jedoch eher unwahrscheinlich. Einerseits wird dem Wohneigentum in Deutschland ein enorm hoher ideeller Wert beigemessen, sodass einmal getroffene Entscheidungen zum Erwerb einer Immobilie zumeist nicht zurückge-

nommen werden. Andererseits sprechen Überlegungen zu den Auswirkungen dieser Entwicklung auf die Immobilienmärkte gegen diese These. Nach den Marktgesetzen würde eine massenhafte Freisetzung von Immobilien im suburbanen Raum zu einem Preisverfall für suburbane Eigenheime bei gleichzeitig steigenden Preisen für innerstädtische Immobilien führen. Dies dürfte sowohl den Verkauf von Eigentum im suburbanen Raum als auch den Kauf von Immobilien erschweren.

Fraglich ist, ob die für den suburbanen Raum vorhergesagten Auflösungstendenzen, wie sie in Teilen Ostdeutschlands zu beobachten sind, in näherer Zukunft für die Vielzahl der suburbanen Räume vor allem im Umfeld der großen Agglomerationen in Westdeutschland gelten. Dennoch ist nicht auszuschließen, dass in den nächsten Jahren auch in peripheren Teilen des Ballungsraums Unterversorgungserscheinungen auftreten können. Zum Teil sind diese bereits heute sichtbar.

Bisher wenig diskutiert wird, ob mit der Reurbanisierung tatsächlich ausschließlich positive Effekte für die Kernstädte verbunden sind und ob dies eine uneingeschränkt wünschenswerte Entwicklung darstellt. So sind die Wanderungsgewinne häufig auf eine expansive Flächenpolitik der Kernstädte zurückzuführen, die suburbane Siedlungsmuster kopiert. Das Segment der Ein- und Zweifamilienhäuser weist das größte Wachstum im Bereich der Baufertigstellungen in den Kernstädten des Ruhrgebiets auf. Dies widerspricht dem mit der Reurbanisierung propagierten Leitbild der kompakten, dichten und nutzungsgemischten europäischen Stadt.

Brühl et al. stellen fest, dass „in ökonomisch prosperierenden Städten [...] die Stadtwanderer zu den Gewinnern [gehören]" (Brühl et al. 2005, S. 15). Damit verbunden ist die Gefahr, dass durch die neuen Zuwanderungsgruppen und die durch sie generierte Nachfrage Verschiebungen auf den Wohnungsmärkten auftreten, die im negativsten Fall zu einer Verdrängung der angestammten Bevölkerung bzw. zu Gentrifizierung führen können (Glatter 2007, Krajewski 2006). Bereits heute ist festzustellen, dass sich eine Vielzahl potenzieller

Reurbaniten den Umzug in die Stadt nicht leisten kann. Susanne Beyer und Julia Amalia Heyer warnten im SPIEGEL davor, dass die Innenstädte so teuer werden, dass die Entwicklung abgeschotteter Wohlstandsinseln drohe (Beyer / Heyer 2008). Daher muss festgehalten werden, dass die Zuwanderung in die Städte sowohl sozial als auch räumlich äußerst selektiv ist.

Es erscheint unzulässig, ohne eine genauere Analyse der Wanderungsmotive aus der Wanderungsbewegung zugunsten der Stadt automatisch eine gestiegene Wertschätzung des Städtischen abzuleiten. Nicht jede Wanderungsbewegung in die Kernstädte oder innerhalb der Kernstädte ist freiwillig. Häufig spielen eher ökonomische Aspekte eine zentrale Rolle für die Wanderungsentscheidung. Hierbei können bereits benachteiligte innerstädtische Wohnviertel aufgrund günstiger Mieten an Bevölkerung gewinnen.

Auch der Zuzug vor allem älterer Bevölkerungsgruppen dürfte nicht nur unproblematisch sein, verstärkt er doch die in den Städten ohnehin schon ausgeprägte Tendenz zur Überalterung der Bevölkerung. Die damit verbundenen Konsequenzen für die soziale und bauliche Infrastruktur, wie zum Beispiel ein altersgerechter Bestandsumbau, werden häufig nicht wahrgenommen.

Rein oder raus: was denn nun?

Der Trend einer alle Großstädte umfassenden Renaissance der Innenstadt hat das Ruhrgebiet bisher nur sehr eingeschränkt erreicht. In der betrachteten Zeitspanne von 2003 bis 2007 lassen sich nur für Bochum, Dortmund, Essen und Mülheim an der Ruhr positive Wanderungssalden mit den Umlandkreisen feststellen. Ob dies ein langfristiger Trend ist, der die Suburbanisierung ablösen wird, kann zum heutigen Zeitpunkt nicht beantwortet werden. Hierzu ist eine weitergehende Beobachtung notwendig. Ebenso unklar ist, ob sich die von den BefürworterInnen der Reurbanisierungshypothese gelieferten Argumente pro Innenstadt in der Zukunft tatsächlich in positiven Wanderungssalden der Städte mit dem Umland niederschlagen werden.

Sucht man nach Erklärungen für die positive Entwicklung der großen Kernstädte des Ruhrgebiets, dürften folgende Entwicklungen von besonderer Bedeutung sein:

- Insbesondere Essen und Dortmund haben den durch den Niedergang des montanindustriellen Komplexes induzierten Strukturwandel zur Dienstleistungsgesellschaft (Tertiärisierung) weitestgehend vollzogen und stellen in der Region die leistungsfähigsten Wirtschaftsstandorte dar. Zugleich zeichnen sich diese Städte ebenso wie Bochum durch ein breites kulturelles Angebot aus, das einen bedeutenden weichen Standortfaktor darstellt.

- Die höhere Zuwanderung wird durch hohe Wanderungsüberschüsse einer relativ stark besetzten Altersgruppe der 18- bis 30-Jährigen beeinflusst, die zu Zwecken der Ausbildung und Berufsaufnahme zu den traditionellen Stadtwanderern gehört. Hiervon profitieren in starkem Maße die Universitätsstandorte im Ruhrgebiet. Von besonderer Bedeutung erscheint in diesem Zusammenhang das Wanderungsverhalten junger Frauen zu sein.

- Durch den demografischen Wandel und die Suburbanisierung der letzten Jahrzehnte kam es in den Städten des Ruhrgebiets zu einer deutlichen Entspannung der Mietwohnungsmärkte. Damit werden sowohl die Suche nach einem geeigneten Wohnstandort für verschiedene Nachfragegruppen in der Stadt erleichtert als auch die Entstehung neuer Wohnformen zum Beispiel auf Brachflächen innerhalb der Stadt ermöglicht.

- Die Kernstädte des Ruhrgebiets haben in den letzten Jahren in erheblichem Umfang Wohnbauflächen für den Bau von Ein- und Zweifamilienhäusern bereitgestellt. Damit sind die Reurbanisierungstendenzen Erfolg einer expansiven Wohnungspolitik, die vor allem mittelständische Bevölkerungsschichten anspricht.

- Durch die Abschaffung der Eigenheimzulage ergeben sich veränderte Rahmenbedingungen, die auf die Eigentumsbildung zurückwirken und damit die Abwanderungstendenzen aus den Städten beeinflussen können. Unklar ist, welchen Effekt das „Wohn-Riestern" auf Wanderungsprozesse haben wird.

Wir stehen daher allenfalls am Anfang einer Reurbanisierung, deren Umfang und deren Effekte für das Ruhrgebiet bisher nicht vorausgesagt werden können. Die hohen Zustimmungswerte für das Leben in der Stadt und die nachlassenden Suburbanisierungstendenzen lassen jedoch den Schluss zu, dass die Rahmenbedingungen für eine positive Entwicklung der Großstädte besser sind denn zuvor. Die damit verbundenen Chancen müssen jedoch für jede einzelne Stadt ausgelotet werden.

Literatur

Beyer, Susanne / Heyer, Julia Amalia: Platz für alle, in: Der Spiegel, Heft 31, 28.7.2008, S. 140-141

Bundesregierung (Hg.) (2004): Perspektiven für Deutschland. Unsere Strategie für eine nachhaltige Entwicklung. Fortschrittsbericht, Berlin; hier S. 99

Brühl, Hasso / Echter, Claus-Peter / Frölich Bodelschwingh, Franciska von / Jekel, Gregor (2005): Wohnen in der Innenstadt – eine Renaissance, Difu-Beiträge zur Stadtforschung, Band 41, Berlin

Dittrich-Wesbuer, Andrea / Osterhage, Frank (2008): Wohnstandortentscheidungen in der Stadtregion: das Beispiel „Bergisches Land", Dortmund, hier S. 3; online verfügbar unter www.ils-forschung.de/ images/stories/publikationen/ils_trends_2_08.pdf, zuletzt geprüft am 31.8.2010

Glasze, Georg / Graze, Philip (2007): Raus aus Suburbia, rein in die Stadt? Studie zur zukünftigen Wohnmobilität von Suburbaniten der Generation 50+, in: Raumforschung und Raumordnung, Heft 5, Berlin/Heidelberg, S. 467-473; hier S. 467

Glatter, Jan (2007): Gentrification in Ostdeutschland – untersucht am Beispiel der Dresdner Äußeren Neustadt, Dresdner Geographische Beiträge, Heft 11, Dresden

Guratzsch, Dankwart (2005): Die Renaissance der Stadt, online verfügbar unter www.carat24-berlin. de/fileadmin/Mediencenter/Renaissance_Berlin.pdf, zuletzt geprüft am 31.8.2010

Jeschke, Markus A. (2007): Stadt und Umland im Ruhrgebiet. Muster und Prozesse der Bevölkerungsentwicklung und politisch-planerische Reaktionen, Reihe: Metropolis und Region, Band 2, Detmold; hier S. 195

Köppen, Bernhard (2005): Zurück in die Stadt oder Schrumpfung überall? Reurbanisierung und

Schrumpfung in ostdeutschen Städten, in: Städte im Umbruch, Heft 3, S. 31-36, online verfügbar unter www.schrumpfende-stadt.de/magazin/0503/ 6Koeppen.htm, zuletzt geprüft am 31.8.2010

Köppen, Bernhard (2008): Reurbanisierung als Hoffnung der Städte im demographischen Wandel?, S. 31-40, in: Maretzke, Steffen (Hg.): Städte im demografischen Wandel. Wesentliche Strukturen und Trends des demografischen Wandels in den Städten Deutschlands, Wiesbaden; hier S. 36

Krajewski, Christian (2006): Urbane Transformationsprozesse in zentrumsnahen Stadtquartieren – Gentrifizierung und innere Differenzierung am Beispiel der Spandauer Vorstadt und der Rosenthaler Vorstadt in Berlin, Münstersche Geographische Arbeiten, Band 48, Münster

Lanwert, Hayke: Flucht zurück in die Stadt, in: Westdeutsche Allgemeine Zeitung, Ausgabe Rhein-Ruhr, 26.7.2008, online verfügbar unter www. derwesten.de/nachrichten/waz/rhein- ruhr/2008/7/25/news-64777440/detail.html, zuletzt geprüft am 31.8.2010

Osterhage, Frank (2007): Reurbanisierung in NRW: Von der Stadtflucht zur Renaissance der Städte?, in: Institut für Landes- und Stadtentwicklungsforschung (Hg.): Demographischer Wandel in Nordrhein-Westfalen, ILS-NRW-Schriften, Heft 203, Dortmund, S. 75-88; hier S. 76

Paus, Michaela: Rückkehr zum Stadtleben, in: Kölner Stadtanzeiger, 14.4.2008, online verfügbar unter www.ksta.de/html/artikel/1208124187175.shtml, zuletzt geprüft am 31.8.2010

Rauterberg, Hanno: Neue Heimat Stadt. Ein Epochenwechsel kündigt sich an: Die Deutschen entdecken das urbane Leben wieder, in: Die Zeit, Ausgabe 34, 18.8.2005, online verfügbar unter www.zeit. de/2005/34/StadtRenaissance, zuletzt geprüft am 31.8.2010

Stadt Darmstadt (Hg.) (2007): Wir arbeiten am Trend zurück in die Stadt, online verfügbar unter www. dafacto.de/artikel/bpv/07003/index.html, zuletzt geprüft am 31.8.2010

van den Berg, Leo / Drewett, Roy / Klaassen, Leo H. / Rossi, Angelo / Vijverberg, Cornelius H.T. (1982): Urban Europe: A Study of Growth and Decline, Oxford

Neue Wege – Mobilität

Mechtild Stiewe
Sibylle Kelp-Siekmann

Chancengleichheit setzt soziale Teilhabe am gesellschaftlichen Leben sowie eine größtmögliche Wahlfreiheit – unabhängig vom Geschlecht – voraus. Diese werden ganz wesentlich durch materielle Voraussetzungen, Bildungsressourcen sowie Mobilitätsmöglichkeiten bestimmt. Wichtig ist die gute Erreichbarkeit von Wohnorten, Arbeitsplätzen, Versorgungs-, Bildungs- und Kultureinrichtungen sowie von FreundInnen und Angehörigen. Menschen, die nur eingeschränkt mobil sind, haben dauerhafte Nachteile bei der Bewältigung ihres Alltags.

Der anhaltende Trend zu einer dezentralen Siedlungsentwicklung und die politische Bevorzugung des motorisierten Individualverkehrs gegenüber dem öffentlichen Verkehr (ÖV) führen dazu, dass ärmere Bevölkerungsgruppen und Menschen ohne PKW benachteiligt werden. In vielen Großstädten ist das Wohnen in zentralen Lagen für Geringverdiener unerschwinglich. Das Postulat der gleichwertigen Lebensbedingungen wirft auch für das Ruhrgebiet Fragen nach dem Zusammenhang von Chancengleichheit und Mobilität auf, die geschlechterdifferenziert gestellt werden müssen. Dass Frauen und Männer in unterschiedlicher Weise mobil sind, zeigt sich in allen Lebensphasen. Zukunftsorientierte Planung von Verkehr und Mobilität ist deshalb eine umfassende Aufgabe, die neben technischen und wirtschaftlichen Aspekten auch die Determinanten der Stadt- und Regionalentwicklung, den demografischen Wandel, die vorhandenen sozialen und räumlichen Disparitäten und Geschlechterunterschiede in den Blick nehmen muss.

Nur eine differenzierte Analyse nach Geschlecht ergibt ein realistisches Bild der gesellschaftlichen, sozialen und räumlichen Rahmenbedingungen für Mobilität. Unterschiede zwischen Frauen- und Männer-Mobilität zeigen sich bei der Analyse der Verfügbarkeit über ein

hat zwei Geschlechter

Auto, bei der Wahl des Verkehrsmittels und beim Mobilitätsverhalten. Die täglichen, notwendigen Wege ergeben sich aus den gesellschaftlichen Rollen und den jeweiligen Lebensphasen. Aus ihnen lassen sich typische Muster von Alltagsmobilität ableiten, die so genannten Wegeketten.

Genderdifferenzierte Daten – ein Schatz, der zu heben ist

Mit der bundesweiten Haushaltsbefragung „Mobilität in Deutschland" (MiD)[1] liegt eine vergleichbare, genderdifferenzierte Datenbasis für Gesamtdeutschland vor. Betrachtet wird das Mobilitätsverhalten der hier lebenden Frauen und Männer.

Folgende Aspekte waren dabei von zentralem Interesse:
- Welche Verkehrsmittel nutzen sie?
- Wie häufig sind sie unterwegs?
- Aus welchem Anlass sind sie unterwegs?
- Wie weit sind die jeweiligen Wege und wie viel Zeit benötigen sie dafür?
- Welche Wahlmöglichkeiten haben sie (z. B. Besitz eines Führerscheins, PKW-Verfügbarkeit)?

Insbesondere durch die integrierte Methode der Wegeprotokolle konnte das geschlechtsspezifische Mobilitätsverhalten realistischer abgebildet werden als vor 2002. Die Protokollierung machte es möglich, die bei anderen Verfahren erfolgten Überschätzungen der Wege männlicher Befragter und die systematisch unterschätzten Wege weiblicher Befragter zu korrigieren.

Durch die „regelmäßige" Fortschreibung der MiD ist ein Monitoring des Verkehrsverhaltens in Deutschland möglich. Grundsätzlich können Bundesländer, aber auch Regionen die bundesweite Stichprobe aufstocken. Sie machen aber unterschiedlich von dieser Möglichkeit Gebrauch. So wurde beispielsweise in NRW (sowie in der Region Hannover) im Jahr 2002 die Basisstichprobe verdoppelt, um eine tiefere Auswertung und räumliche Differenzierung zu ermöglichen. Da die MiD 2008 in NRW leider nicht mehr aufgestockt wurde, ist aktuell in dieser Region keine räumlich tiefere Auswertung bzw. Fortschreibung möglich.

Die Ergebnisse aus der MiD 2008 wurden erst Anfang 2010 veröffentlicht. Daher beruhen die folgenden genderspezifischen Aussagen weitgehend auf der MiD 2002, konnten aber in Teilaspekten schon durch die aktuellen Ergebnisse der MiD 2008 fortgeschrieben werden. Darüber hinaus liegen zur Situation älterer Menschen (> 60 Jahre) in NRW durch ein Pilotprojekt des ILS

– Institut für Landes- und Stadtentwicklungsforschung aktuelle Ergebnisse vor, die hier ebenfalls dargestellt werden können. Das Projekt „Segmentierung von Seniorinnen und Senioren zur Entwicklung zielgruppenspezifischer Mobilitätsangebote" stützt sich auf die Befragung von 1.500 Frauen und Männern im Jahr 2009.

Führerscheinbesitz und PKW-Verfügbarkeit

Trotz der Anstrengungen zur Stärkung des ÖPNV hat der Autoverkehr für die tägliche Mobilität weiterhin eine herausragende Bedeutung. Somit sind der Besitz

Abbildung 1: **Beispiele für Wegeketten**

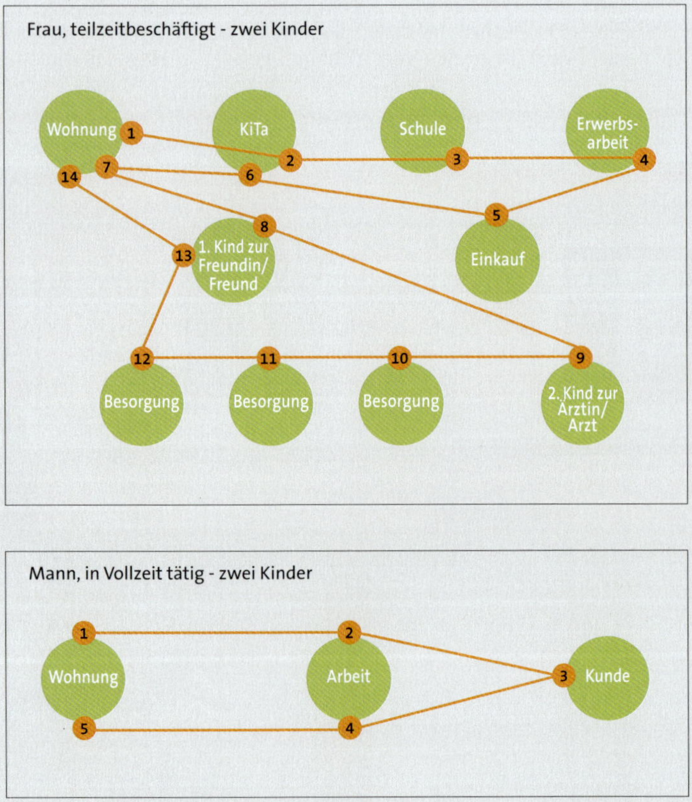

Frau, teilzeitbeschäftigt - zwei Kinder

Wohnung 1 · KiTa 2 · Schule 3 · Erwerbsarbeit 4
14 7 · 6 · 5
8 · Einkauf
13 1. Kind zur Freundin/Freund
12 Besorgung · 11 Besorgung · 10 Besorgung · 9 2. Kind zur Ärztin/Arzt

Mann, in Vollzeit tätig - zwei Kinder

1 Wohnung 2 · Arbeit 3 Kunde
5 · 4

342

eines Führerscheins und die Verfügbarkeit über ein Auto wichtig für die individuelle Art der Mobilität.

80 % der Frauen und 97 % der Männer besitzen einen Führerschein. Während bei den Jüngeren (< 49 Jahre) Frauen wie Männer bereits zu über 90 % einen Führerschein haben, nimmt mit zunehmendem Alter der Anteil der Frauen mit Führerschein stark ab (Abb. 2).

Je größer der Haushalt ist, umso mehr Autos besitzt er. Im Schnitt sind in einem Einpersonenhaushalt 0,6 PKW, in einem Zweipersonenhaushalt 1,2 PKW und in einem Haushalt mit vier und mehr Personen 1,7 PKW vorhanden. Die Zahl der Autos steigt mit dem Einkommen: Liegt das Haushaltsnettoeinkommen unter 500 Euro, haben fast 70 % kein Auto, bei einem Einkommen von 500 bis 900 Euro fast 60 %. Haushalte mit einem Einkommen zwischen 2.000 und 3.000 Euro sind hingegen nur zu 6 % ohne PKW; 61 % besitzen ein Auto und 30 % zwei Autos.

Neben der Haushaltsgröße wirken sich auch die Lebensphasen auf die Art der Mobilität aus. Zwar wird in allen Lebensphasen das Auto am häufigsten genutzt. Die hohe PKW-Anzahl in Mehrpersonenhaushalten erklärt sich vor allem aus den Mobilitätsanforderungen der Kinder. Spitzenwerte bei der Nutzung des PKW als SelbstfahrerIn erreichen aber Haushalte erwerbstätiger Erwachsener ohne Kinder, während Haushalte mit Klein- und Schulkindern die höchsten Anteile von Mitfahrten (vor allem Hol- und Bringfahrten) aufweisen.

Mit 25 % deutlich unter dem Durchschnitt ist die PKW-Nutzung bei alleinstehenden RentnerInnen und StudentInnen.

Die differenzierte Betrachtung nach Alter und Geschlecht zeigt:
Männer sind häufiger mit dem PKW und als Fahrer unterwegs als Frauen. Die männliche Bevölkerung im Alter bis zu 59 Jahren nutzt zu knapp 60 % den PKW als Fahrer. Frauen über 60 Jahre fahren deutlich seltener selbst Auto, in der Gruppe der 70- bis 74-Jährigen ist ein Drittel Mitfahrerin.

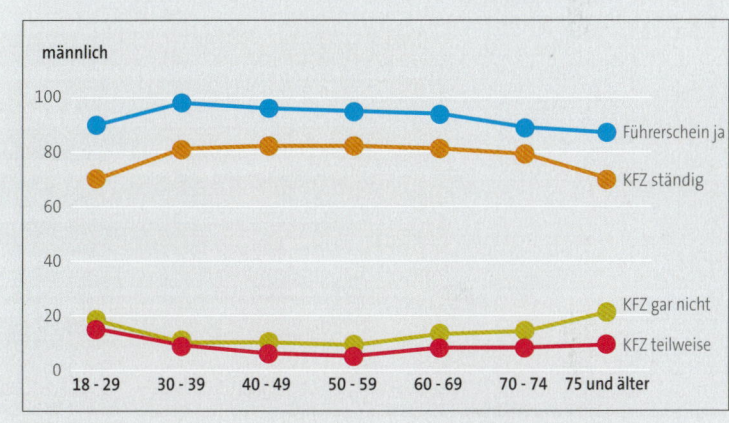

Abbildung 2: **Führerscheinbesitz und KFZ-Verfügbarkeit nach Alter und Geschlecht**

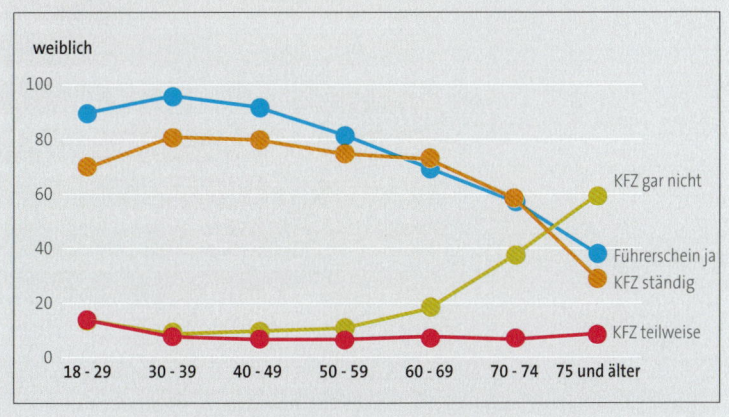

Quelle: Eigene Berechnungen nach MiD, aufgestockte Stichprobe NRW

Abbildung 3: **Hauptverkehrsmittel nach Alter und Geschlecht**

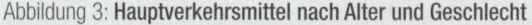

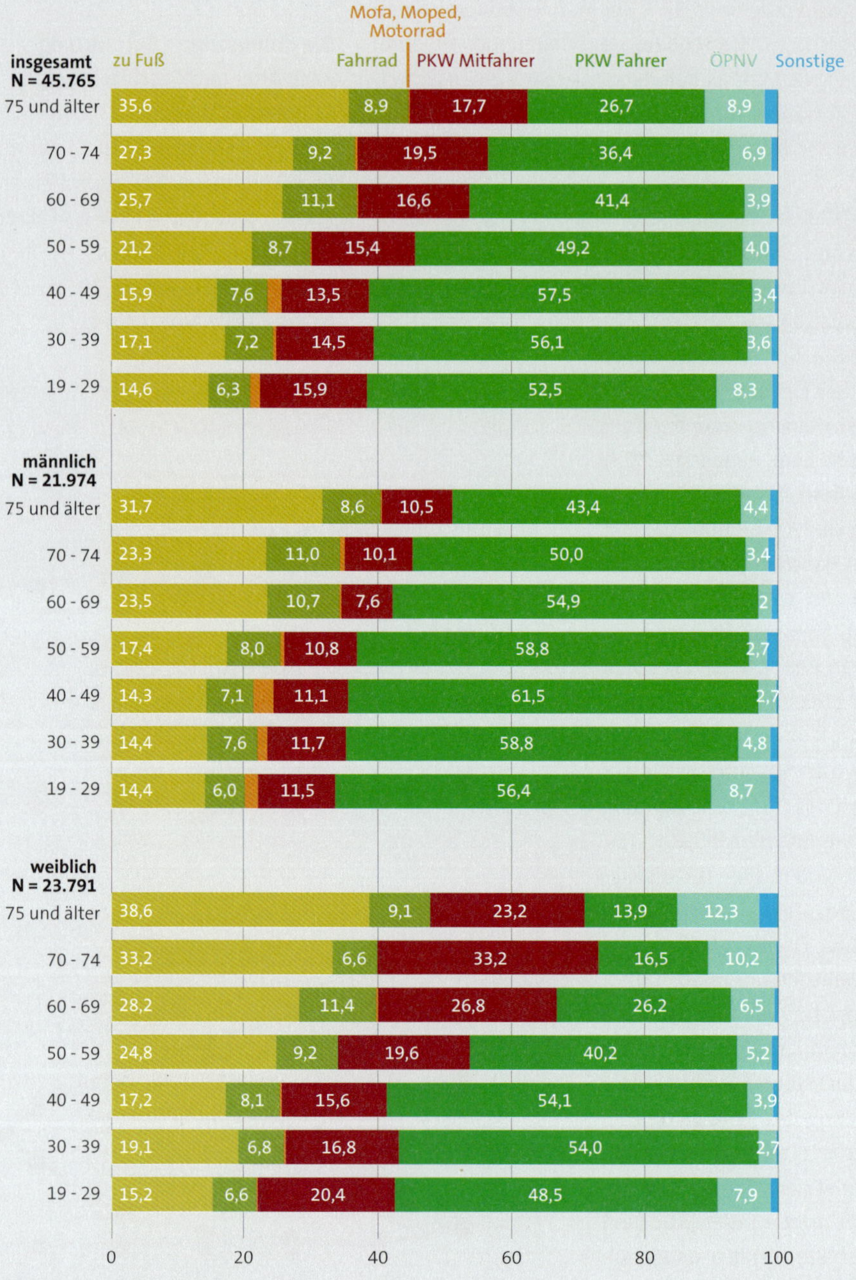

	zu Fuß	Fahrrad	Mofa, Moped, Motorrad	PKW Mitfahrer	PKW Fahrer	ÖPNV	Sonstige

insgesamt N = 45.765

75 und älter	35,6	8,9		17,7	26,7	8,9	
70 - 74	27,3	9,2		19,5	36,4	6,9	
60 - 69	25,7	11,1		16,6	41,4	3,9	
50 - 59	21,2	8,7		15,4	49,2	4,0	
40 - 49	15,9	7,6		13,5	57,5	3,4	
30 - 39	17,1	7,2		14,5	56,1	3,6	
19 - 29	14,6	6,3		15,9	52,5	8,3	

männlich N = 21.974

75 und älter	31,7	8,6		10,5	43,4	4,4	
70 - 74	23,3	11,0		10,1	50,0	3,4	
60 - 69	23,5	10,7		7,6	54,9	2	
50 - 59	17,4	8,0		10,8	58,8	2,7	
40 - 49	14,3	7,1		11,1	61,5	2,7	
30 - 39	14,4	7,6		11,7	58,8	4,8	
19 - 29	14,4	6,0		11,5	56,4	8,7	

weiblich N = 23.791

75 und älter	38,6	9,1		23,2	13,9	12,3	
70 - 74	33,2	6,6		33,2	16,5	10,2	
60 - 69	28,2	11,4		26,8	26,2	6,5	
50 - 59	24,8	9,2		19,6	40,2	5,2	
40 - 49	17,2	8,1		15,6	54,1	3,9	
30 - 39	19,1	6,8		16,8	54,0	2,7	
19 - 29	15,2	6,6		20,4	48,5	7,9	

0   20   40   60   80   100

Quellen: ILS NRW, eigene Berechnungen nach MiD 2002, aufgestockte Stichprobe NRW

Männer im Alter zwischen 18 und 49 Jahren gehen nur zu 15 % zu Fuß. Bei den 75-Jährigen liegt der Fußgängeranteil bei 32 %. Frauen gehen häufiger zu Fuß: Der Anteil bei den über 50-Jährigen liegt bei 25 % und steigt bei den 75-Jährigen auf fast 40 %. Während in der Altersgruppe zwischen 18 und 59 Jahren der Anteil der Frauen und Männer an den Radfahrern und ÖPNV-Nutzern ähnlich ist, steigt die ÖPNV-Nutzung bei den älteren Frauen stärker als bei den Männern (Abb. 3).

Die MiD 2008 ergab, dass Männer täglich länger unterwegs sind und eine deutlich weitere Strecke zurücklegen als Frauen. Aus der geschlechtsspezifischen Arbeitsteilung resultiert, dass Frauen mehr Einkaufs- und Begleitwege erledigen als Männer, während Männer stärker als Frauen Arbeitswege zurücklegen (Abb. 1). Geschlechtsspezifische Unterschiede hängen stark von der jeweiligen Lebenssituation ab. Die Rollen sind besonders in der Familienbildungsphase geschlechtsspezifisch verteilt: Vor der Geburt des ersten Kindes ist das Mobilitätsverhalten sehr ähnlich. Sobald Kinder da sind, leisten die Frauen den größten Teil der Reproduktionsarbeit, d. h., sie kümmern sich um die Kinderbetreuung, den Einkauf und die Hausarbeit. Männer sind – egal, ob in einem Haushalt mit oder ohne Kinder – in Vollzeit erwerbstätig. Frauen sind, sobald Kinder im Haushalt leben, überwiegend in Teilzeit beschäftigt.

Unterschiede im Einkommen wirken sich vor allem auf die Intensität der PKW-Nutzung aus (25 % in der niedrigsten und 44 % in der höchsten Einkommensgruppe), während sich die Nutzung des Fahrrads kaum am Einkommen festmachen lässt (Abb. 4). Das in der MiD verwendete Konzept zeigt die Unterschiede in der Verkehrsmittelnutzung bei verschiedenen Haushaltstypen. In allen Lebensphasen dominiert die Nutzung des PKW. Die Relation von FahrerInnen zu MitfahrerInnen hängt jedoch erheblich von der Haushaltskonstellation ab: Einpersonen- und Erwachsenenhaushalte erreichen bei der PKW-Nutzung Spitzenwerte, während Haushalte mit Klein- und Schulkindern die höchsten Anteile von Mitfahrten haben. Die Fahrradnutzung ist bei den verschiedenen Einkommensgruppen relativ ähnlich. Neben Haushaltsgröße und Einkommen sind die Raum- und Siedlungsstruktur wichtige Einflussfaktoren für die Intensität der PKW-Nutzung.

Mobilität im Alter

Der demografische Wandel rückt die wachsende Gruppe der SeniorInnen immer stärker in den Blickpunkt. Obwohl eine höhere PKW-Verfügbarkeit und veränderte Lebensstile die so genannten „jungen Alten" mobiler machen als früher, ergeben sich durch die wegfallende Berufstätigkeit und zunehmende körperliche Einschränkungen im Hinblick auf Verkehrsaufwand, Wegehäufigkeit und Verkehrsmittelwahl deutliche Unterschiede zwischen Älteren und Jüngeren. Diesen Fragestellungen widmet sich das jüngste ILS-Projekt „Segmentierung von Seniorinnen und Senioren zur Entwicklung zielgruppenspezifischer Mobilitätsangebote".

Im Rahmen einer telefonischen Befragung in NRW im Sommer 2009 wurden das Mobilitätsverhalten älterer Menschen und potenzielle Einflussfaktoren hierauf erhoben. Dabei wurden Aspekte der persönlichen Lebenssituation, räumliche und infrastrukturelle Voraussetzungen und mobilitätsbezogene Einstellungen erfasst. Das Mobilitätsverhalten wurde erhoben, indem die TeilnehmerInnen Auskunft zu 16 unterschiedlichen Aktivitäten in den Bereichen Erwerbs- und Reproduktionsarbeit, Einkaufen, private Erledigungen und Freizeitaktivitäten gaben. Es wurde das Verkehrsmittel für den jeweils häufigsten Weg erfasst, die Häufigkeit der Nutzung von öffentlichen Verkehrsmitteln und dem Fahrrad sowie die Distanz, die mit dem PKW zurückgelegt wurde. Die 1.500 Befragten waren im Schnitt 71,4 Jahre alt, knapp 60 % waren Frauen. Somit ist die Stichprobe repräsentativ für die ältere (> 60 Jahre) Bevölkerung in NRW.

Der Ansatz typisiert die Befragten in die vier Gruppen „PKW-Fixierte", die öffentliche Verkehrsmittel, Radfahren und Zu-Fuß-Gehen negativ bewerten, „junge, wohlhabende Mobile", die zu 20 % noch berufstätig sind,

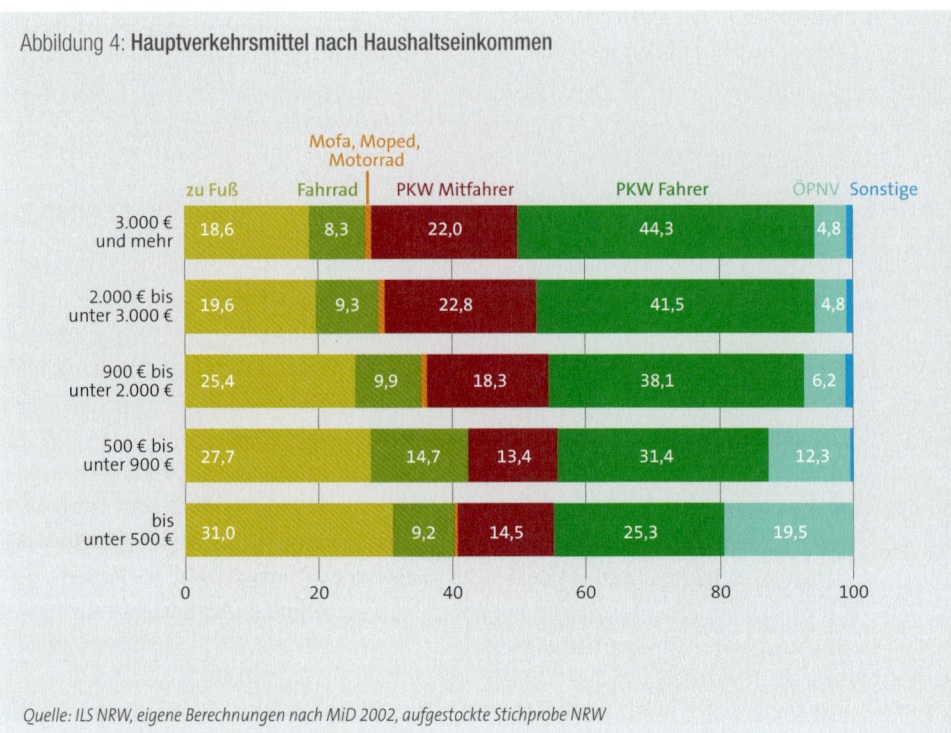

Abbildung 4: **Hauptverkehrsmittel nach Haushaltseinkommen**

Haushaltseinkommen	zu Fuß	Fahrrad	Mofa, Moped, Motorrad	PKW Mitfahrer	PKW Fahrer	ÖPNV	Sonstige
3.000 € und mehr	18,6	8,3		22,0	44,3	4,8	
2.000 € bis unter 3.000 €	19,6	9,3		22,8	41,5	4,8	
900 € bis unter 2.000 €	25,4	9,9		18,3	38,1	6,2	
500 € bis unter 900 €	27,7	14,7		13,4	31,4	12,3	
bis unter 500 €	31,0	9,2		14,5	25,3	19,5	

Quelle: ILS NRW, eigene Berechnungen nach MiD 2002, aufgestockte Stichprobe NRW

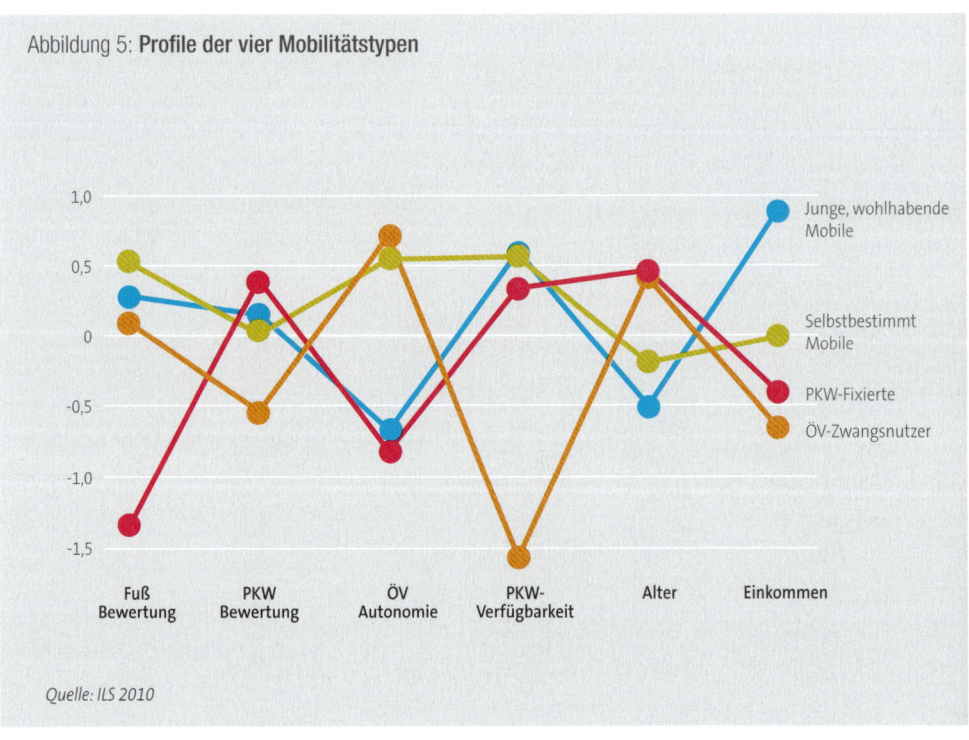

Abbildung 5: **Profile der vier Mobilitätstypen**

Junge, wohlhabende Mobile
Selbstbestimmt Mobile
PKW-Fixierte
ÖV-Zwangsnutzer

Fuß Bewertung · PKW Bewertung · ÖV Autonomie · PKW-Verfügbarkeit · Alter · Einkommen

Quelle: ILS 2010

„selbstbestimmt Mobile", die sowohl zum PKW als auch zum ÖPNV einen guten Zugang haben, und „ÖPNV-ZwangsnutzerInnen". Die Befragungsergebnisse zeigen, dass das Mobilitätsverhalten älterer Menschen viele Facetten hat (Abb. 5).

57 % der „PKW-Fixierten" sind Frauen und 43 % Männer, dies entspricht in etwa der Verteilung der Grundgesamtheit. Mit 74,5 Jahren sind die „PKW-Fixierten" überdurchschnittlich alt, häufig haben sie eine Behinderung, die ihre Mobilität einschränkt. Sie weisen ein niedrigeres formales Bildungsniveau und Nettoeinkommen auf und leben häufiger allein. Im Vergleich zu den anderen Typen sind sie mit ihren Mobilitätsmöglichkeiten am unzufriedensten.

Mit 51 % ist unter den „jungen, wohlhabenden Mobilen" der Männeranteil gemessen an der Gesamtstichprobe überdurchschnittlich hoch gegenüber 41 % bei den Frauen. Die Gruppe weist das jüngste Durchschnittsalter (68 Jahre), das höchste Bildungsniveau und Nettoeinkommen auf. Fast drei Viertel von ihnen leben in einer festen Partnerschaft, nur 19 % wohnen allein. Neue Kommunikationsmittel werden intensiv genutzt.

Die Gruppe der „selbstbestimmt Mobilen" besteht überwiegend aus Männern. Sie sind jünger als der Durchschnitt, leben häufiger in Paarhaushalten, sind weniger durch Behinderungen eingeschränkt und ziemlich aktiv. Mit ihren Mobilitätsmöglichkeiten sind sie signifikant zufriedener als die anderen drei Gruppen.

Unter den „ÖPNV-ZwangsnutzerInnen" sind Frauen mit 83 % stark überrepräsentiert. Wie auch die „PKW-Fixierten" haben die „ÖPNV-ZwangsnutzerInnen" ein höheres Durchschnittsalter, ein geringeres Bildungsniveau und ein niedrigeres Einkommen. Sie sind häufiger durch Behinderungen in ihrer Mobilität eingeschränkt und wohnen häufiger allein. Dennoch sind sie aktiver und mit ihren Mobilitätsmöglichkeiten zufriedener als die „PKW-Fixierten".

Genderdifferenzierte Erhebungen für integrierte Handlungsansätze

Die genderdifferenzierten Aussagen und die Profile der vier Mobilitätstypen können als Basis für planerische Interventionen genutzt werden. Sie zeigen zielgruppenspezifische Handlungsmöglichkeiten zur Verbesserung der Mobilität älterer Menschen auf:

Den „PKW-Fixierten" erschweren ihre negativen Einstellungen gegenüber anderen Verkehrsmitteln und ihre gesundheitlichen Restriktionen die Wahl ihrer Verkehrsmittel. Als präventive Maßnahmen könnte stärker über die Zusammenhänge zwischen Zu-Fuß-Gehen, Radfahren und der Verbesserung der Gesundheit aufgeklärt werden, damit dieser Mobilitätstyp im hohen Alter weniger eingeschränkt ist. Auch scheinen Maßnahmen sinnvoll, die Menschen zum Umzug in zentralere Lagen bewegen und die die Gestaltung des Wohnumfelds verbessern.

Da die „jungen, wohlhabenden Mobilen" alle Fortbewegungsarten positiv bewerten, scheint ein Wechsel vom PKW hin zu anderen Verkehrsmitteln gut möglich. Wegen hoher Mobilitätserfordernisse und Zeitdruck liegt zwar die Priorität beim PKW, doch können für kurze Wege auch technisch hochwertige Fahrräder eingesetzt werden. Für längere Wege in zentrale Lagen könnten öffentliche Verkehrsmittel eine PKW-Alternative sein, vorausgesetzt, die Flexibilität ist z. B. durch ein elektronisches Ticket gewährleistet.

Die „selbstbestimmt Mobilen" mit der positiven Wertung des Zu-Fuß-Gehens und Radfahrens und ihrer hohen ÖPNV-Autonomie haben die besten Voraussetzungen zur Nutzung alternativer Verkehrsmittel zum PKW. Wegen der hohen Verfügbarkeit nutzen die meisten dennoch das Auto. Dieser Mobilitätstyp hat die positiven gesundheitlichen Effekte und Umweltauswirkungen anderer Mobilitätsarten erkannt, daher erscheint es Erfolg versprechend, die „selbstbestimmt Mobilen" hierin positiv zu bestärken. Sie sind auch die passende Zielgruppe für Car-Sharing.

Die „ÖPNV-ZwangsnutzerInnen" haben meist keine andere Wahl, als umweltfreundliche Verkehrsmittel zu nutzen. Sie bewerten diese positiv und sind, verglichen mit den „PKW-Fixierten", in ihrer Freizeit mobiler. Die Analyse zeigt, dass dies nicht mit infrastrukturellen Unterschieden begründet werden kann, da die Infrastruktur nur einen geringen Einfluss auf die Anzahl der Aktivitäten hat. Vielmehr scheinen die unterschiedlichen Einstellungen gegenüber dem Zu-Fuß-Gehen und Radfahren eine Rolle zu spielen, was zum Teil auch die geringeren gesundheitlichen Probleme der ÖPNV-ZwangsnutzerInnen erklären könnte.

Der verwendete Typisierungsansatz berücksichtigt neben Faktoren wie Einkommen und Alter auch Einstellungen und liefert so wichtige Informationen insbesondere für die Verkehrsmittelwahl. In Zukunft können Längsschnittuntersuchungen darüber Auskunft geben, wie beständig die Mobilitätstypen Älterer sind und inwiefern gesundheitliche Einschränkungen aus spezifischen Mobilitätsmustern resultieren oder umgekehrt.

Fazit

Die Betrachtung der Unterschiede in der Mobilität verschiedener Bevölkerungsgruppen zeigt einen klaren Zusammenhang zwischen Einkommen, Verkehrsmittelwahl und Geschlecht. Die Differenzierung nach Geschlecht macht deutlich, dass in den unteren Einkommensgruppen die Unterschiede zwischen Frauen und Männern hinsichtlich PKW-Besitz und PKW-Verfügbarkeit am größten sind. Dementsprechend bleibt auch die Verkehrsmittelnutzung bis ins hohe Alter unterschiedlich. Erst mit zunehmendem Einkommen nähern sich die Möglichkeiten von Frauen und Männern an, „auto-mobil" zu sein (Führerschein- und Autobesitz). Im Umkehrschluss heißt dies: Frauen mit niedrigem Einkommen sind viel stär-

ker auf öffentliche Verkehrsmittel, das Rad und Zu-Fuß-Gehen angewiesen als Männer – trotz ihrer meist komplexeren Wegeketten. Ihre notwendigen täglichen Wege(ketten) erfordern von vielen dieser berufstätigen und Familien-Frauen einerseits einen höheren Zeitaufwand, verglichen mit „Automobilen". Zudem sind ihre Ziele so oftmals nur eingeschränkt erreichbar.

Insbesondere ältere Frauen verfügen in geringerem Maß als ältere Männer über einen Führerschein bzw. ständig über einen PKW. Alleinstehende Rentnerinnen nutzen den PKW daher deutlich unterdurchschnittlich. 63 % der Rentner-Innenhaushalte haben einen PKW, und der Anteil an Mitfahrten ist höher als bei jüngeren Altersgruppen. Zwar steigt mit zunehmendem Alter der Anteil des Zu-Fuß-Gehens und des ÖPNV, allerdings bei Männern geringer als bei Frauen. Dies wirkt sich im Alter durchaus positiv aus, etwa durch eine höhere Flexibilität bei der Verkehrsmittelwahl, Kenntnisse des ÖPNV und stabilere Gesundheit.

Die Ausführungen zeigen, dass Mobilität eingebettet ist in bestehende Geschlechterverhältnisse unserer Gesellschaft, wobei sowohl das biologische als auch das soziale Geschlecht (sex/gender) von Bedeutung sind. Die Genderperspektive in der Mobilitätsforschung zu berücksichtigen bedeutet, sie durch geschlechtsspezifische Datenerhebungen und -auswertungen zu thematisieren. Im Rahmen eines weiteren Forschungsprojekts des ILS – „Gendersensible Mobilitätserhebungen"– werden derzeit die aktuellen Daten zur Mobilität in Deutschland (MiD 2008) und weiterer Mobilitätserhebungen unter Genderaspekten ausgewertet. Ausgangshypothese ist jedoch, dass eine gendergerechte Auswertung derzeit nur eingeschränkt möglich ist, da gendersensible Erhebungsverfahren, die Aspekte wie Betreuung, Pflege und Begleitung von Kindern und Angehörigen angemessen berücksichtigen, in Deutschland bislang weitgehend fehlen. Auch weitere Aspekte, die ihre Art und Weise auf genderrelevante Spezifikationen innerhalb bestimmter Personengruppen hinweisen, wie z. B. alte Menschen oder Menschen mit speziellem ethnisch-kulturellen Hintergrund, werden ebenfalls kaum ins Blickfeld gerückt.

Bei der Entwicklung von Handlungsansätzen sind solche empirischen Befunde unverzichtbar. Darüber hinaus muss aber ein stärkerer räumlicher Bezug hergestellt werden. Um Aussagen zu zukünftigen Planungsanforderungen machen zu können, müssen daher zwingend Informationen über Wohn- und Arbeitsorte, Infrastruktur und die Zugänglichkeit von öffentlichen Verkehrsmitteln einbezogen werden. Hierzu gehören auch Quantität und Qualität der ÖPNV-Erschließung, Fahrtakte, -zeiten, -komfort und Verbindungen – bis hin zu Fragen der Sicherheit. Für solche differenzierten Aussagen reichen die MiD-Daten jedoch nicht aus. Um räumlich differenzierte Informationen u. a. zur Erreichbarkeit von Haltestellen, Haltepunkten und Bahnhöfen zu bekommen, sind für zu untersuchende Teilräume jeweils gesonderte Erhebungen notwendig, die um regionale Verkehrsanalysen und -planungen ergänzt werden können. Zur Erhöhung der Analyse- und Planungsqualität ist ein Genderansatz in der Raum- und Fachplanung wie in der integrierten Verkehrsentwicklungsplanung unverzichtbar. Voraussetzung hierfür ist die Entwicklung genderrelevanter Standards, Methoden und Kriterien. Eine zentrale Frage der Zukunft ist auch, welche Siedlungstypen und Wohnstandorte eine gute Erreichbarkeit und damit Mobilität bis ins hohe Alter gewährleisten.

Literatur

Amt für Verkehrsmanagement Landeshauptstadt Düsseldorf (2004): Mobilitätsbedingungen und Mobilitätsanforderungen von Frauen in der Landeshauptstadt Düsseldorf. Empfehlungen für mehr Qualität in der Mobilität von Frauen, Studie der Planersocietät, online verfügbar unter www.duesseldorf.de/verkehrsmanagement/pdf/Frauenmobilitaet.pdf, zuletzt geprüft am 31.8.2010

Bundesministerium für Verkehr, Bau und Stadtentwicklung (2010): Mobilität in Deutschland (MiD) 2008. Ergebnisbericht. Struktur – Aufkommen – Emissionen – Trends. Bonn und Berlin, online verfügbar unter www.mobilitaet-in-deutschland.de/pdf/MiD2008_Abschlussbericht_I.pdf, zuletzt geprüft am 31.8.2010

Haustein, Sonja / Stiewe, Mechtild (2010): Mobilitätsverhalten von Seniorinnen und Senioren – zur Entwicklung zielgruppenspezifischer Mobilitätsangebote, in: ILS Trends, Ausgabe 1/10, Hg: ILS – Institut für Landes- und Stadtentwicklungsforschung gGmbH, Dortmund

Kemming, Herbert / Brinkmann, Wolfgang / Greger, Sophie (2007): Verkehrsverhalten sozialer Gruppen: Soziale Aspekte der Mobilität, in: ILS Trends, Ausgabe 1/07, S. 1-8, Hg: ILS – Institut für Landes- und Stadtentwicklungsforschung NRW, Dortmund, online verfügbar unter www.ils-forschung.de/down/trends07-1.pdf, zuletzt geprüft am 31.8.2010

Region Hannover (Hg.) (2009): Chancengleichheit beim Zugang zu Mobilität – Auswertung der Untersuchung „Mobilität in Deutschland (MiD) 2002" unter Gender-Aspekten, in: Beiträge zur Regionalen Entwicklung, Nr. 116, online verfügbar unter www.hannover.de/data/download/RH/wimo/oepnv/Chancengleichheit.pdf, zuletzt geprüft am 31.8.2010

Anmerkung

1 „Mobilität in Deutschland" ist eine bundesweite Befragung von rund 50.000 Haushalten zu ihrem alltäglichen Verkehrsverhalten im Auftrag des Bundesministeriums für Verkehr, Bau- und Wohnungswesen (BMVBW). Ähnliche Umfragen wurden bereits 1976, 1982 und 1989 unter dem Namen „KONTIV" (Kontinuierliche Erhebung zum Verkehrsverhalten) durchgeführt. Die in dieser Studie erhobenen Daten dienen sowohl als Basis für die Verkehrsplanung der Bundesrepublik als auch für wissenschaftliche Untersuchungen zur Alltagsmobilität. Die Studie wurde vom infas-Institut für angewandte Sozialwissenschaft gemeinsam mit dem Deutschen Institut für Wirtschaftsforschung Berlin (DIW) durchgeführt. Die Projektergebnisse wurden dem BMVBW übergeben. Die Weitergabe der Datensätze verantwortet der Auftraggeber. Seit Oktober 2003 stehen die Daten in unterschiedlicher Form über die Clearingstelle des Instituts für Verkehrsforschung am Deutschen Zentrum für Luft- und Raumfahrt zur Verfügung.

Ich fahr mal kurz wo *längs*

Marion Taube

Ganze Hymnen entstanden beim nächtlichen „city cruising" entlang der lightline von Scholven, dieser industriellen Lichterstadt an der Stadtgrenze zu Gelsenkirchen. Lange, lange bevor Erlebnisse wie diese die langen Nächte der Industrie-Kultur erhellten und Menschen Lichtkunst an industriellen Gemäuern tanzen ließen, wohnte sie schon mitten unter uns: die Faszination der industriellen Nacht, in der das Revier seine Puppen tanzen lässt. Dabei spielte die Geschlechterfrage gar keine Rolle, wir alle waren „angefixt" von der Suche nach etwas, dass das Leben uns verhieß, und das wir meinten, draußen – vor allem „unterwegs" – erhaschen zu können. Wir fuhren nach Buer und Bochum vor allem, auch nach Essen, Oberhausen, Mülheim, nach Duisburg, manchmal nach Dortmund, auch Richtung Wesel bis Rheinberg, natürlich. Damals kannte die Welt Claudia Schiffer noch nicht, aber das „Aratta". Das war ein Teil der Seligsprechung unserer Suche, Sternenexplosion, Supernova.

„Unterwegs", das ist der deutsche Titel von Jack Kerouacs Kultbuch „On the road", für manche eine Bibel, ein literarisches Manifest, in jedem Fall ein eigenwilliges Bekenntnis zum Leben, letztlich zur Freiheit. Das Gefühl von „On the road"-Sein in einem schlichten „unterwegs" zusammenzuraffen, das muss einem Übersetzer aus dem Ruhrgebiet eingefallen sein. Nirgends ist man seit jeher in seinem jugendlichen Lebensgefühl derart „unterwegs", muss es zwangsläufig sein, treibt sich herum, von Stadtteil zu Stadt und retour, fährt irgendwo längs und erlebt die angeblich bewegten Jahre nirgendwo so beweglich.

Implosion und Auskühlung, alles erst viel später. Heute das Leben pur, bitte. Nur wo, wo, wo? Und um Gottes Willen nichts verpassen, niemals.

Kurz vor der Frage nach dem ewigen Wohin stand immer und überall die elementarere des Wie? Nie wieder in meinem Leben genoss ein Zeitgenosse, der über einen

Zündschlüssel verfügte, einen derartigen Kultstatus. Sich frei bewegen zu können, alle Sehnsuchtsorte ohne Verzögerung ansteuern zu können, Herr des selbst gewählten Pfades zu sein, das war die Inkarnation der Selbstbehauptung. Lizenz zum Fahren, darin lag mehr als die Lust an Bewegung, das war Teil unserer persönlichen Philosophie, dass quasi auf der Straße alles zu finden sei. Und nie wieder war das Fahren selbst so mobil, geistig anregend und körperlich stimulierend.

Die großartigsten Diskussionen führten wir in den chronisch überladenen PKWs, jeder hatte irgendwen auf dem Schoß, was der Kofferraum an Stauraum hergab, wurde genutzt. Wir sprachen über Gott und die Welt, versuchten den Nylonstrumpfhosen ein Überleben zumindest bis zum ersten Laden zu ermöglichen, vergaßen eingeschlafene Beine und Füße und liebten die in der zusammengestauchten Enge gewonnenen Einsichten; die Nase zum offenen Fenster gerichtet, eingenebelt von Tabakrauch. Niemals wurden Zigaretten kunstvoller auf engstem Raum gedreht, Feuerzeuge aus entlegensten Hosentaschen gezaubert und allen Hindernissen zum Trotz weder Löcher in Gliedmaßen gesengt noch Haare in Brand gesteckt. Wir selbst allerdings brannten lichterloh. Fahren glich einer Passion. Manche Nächte vergingen, ohne je irgendwo angekommen zu sein, wir fuhren, um zu fahren. Fluss des Lebens, der uns mitriss, der uns Bewegung als die lebendigste aller Seinsformen verhieß.

Wir sahen unser Land bei Nacht, und wir sahen es verhangen im Morgendämmern. Wir erlebten die Schwärze oder das Zwielicht, unsere stetige Wanderung durch die Nächte kam ohne die Sonne aus. Die unzähligen Kegel, Meere und Ketten aus Kunstlicht, verströmt von Peitschenlampen, Industriekolossen und tristen Häuserkolonnen dienten als helles Korrektiv in diesen schiefen Nacht-Landschaften, die wir hunderte und hunder-

te von Kilometern durchquerten, die wir liebten wie eine Schönheit, die man im Dunklen ertastet, und die ihre Konturen nur aus den Schatten erhält, die der Schein künstlicher Beleuchtung hastig über sie wirft.

Das kann ich auch

Mädels im Revier wollten immer schon das, was eigentlich den Jungs vorbehalten war. Mobilität barg die Chance zur Erkundung der Umwelt, und daran galt es teilzuhaben. So begannen wir mit einer eigenen Form der Emanzipation, lernten alles über die Heilung permanent drohender Kolbenklemmer, feuchter Zündkerzen und dichter Vergaser. Selbst die von uns, die nie ein eigenes Moped besaßen, wussten zumindest, wie man intelligent fachsimpelt. Dieses Streben der Frauen nach größtmöglicher Autonomie insbesondere im Handwerklichen muss reviertypisch sein. Wann immer ich bis heute in andere Gegenden oder ferne Länder reise (nehmen wir die Chinesinnen aus), treffe ich auf Frauen, die sich fragen, was ich mit einem Hammer in der Hand zu tun gedenke, wo es doch Männer gebe.

Den Vorsprung, den die Jungs altersbedingt (Jungs von Interesse waren immer mindestens zwei Jahre älter, um uns standzuhalten natürlich) mit ihren frisierten Herkules, Puchs, Kreidler Floretts oder dieser motorisierten Kopie des alten Bonanza-Rads, der Hobby Rider, jahrelang rausfuhren, holten wir spätestens mit dem Angebot des Klasse 4-Führerscheins nach. Yeah, mit 16 gleich 80er (Mopeds mit 80 ccm Hubraum) fahren dürfen! Mit dem Inkrafttreten dieser bescheidenen Flensburger Neuordnung hatten wir Mädels die entwicklungsgeschichtliche Hürde für Jugendträume in den 70er Jahren definitiv genommen. Der so genannte „alte Klasse 4“ war ein Maßstabssprung in unserer Persönlichkeitsentfaltung. Wir fuhren jetzt selbst, wir fuhren mindestens so schnell, und wir fuhren, wohin wir Lust hatten oder das Geld für Benzin so reichte. Aber wir zahlten auch einen Preis: Wir rochen nach diesem eigenwilligen Benzin-Gemisch, mit dem die Mopeds aufgetankt wurden, unsere Hände waren ständig öl- und rußverschmiert (gab es je defektere Zündkerzen oder tropfendere Motorblöcke als in diesen Tagen?), unsere wilden Dauerwellen-Mähnen wurden vom Helmtragen strähnig gezähmt, unsere Kleidung reduzierte sich stark auf Röhrenjeans. Aber gut, wollten wir es anders?

Dass Jahre danach dieser Hang zu räumlichen Bewegungsszenarien in einem beruflich bedingten mobilen Berserkertum kulminieren sollte, war eine köstliche Wendung des Schicksals. Wann schon geraten jugendliche Grenzerfahrungen so deutlich zur besten Empfehlung für eine spätere Berufung? Aber wer neben IBA-Direktor Karl Ganser auf dem Beifahrersitz Platz nahm, der musste mit dem tiefen schöpferischen Empfinden ausgestattet sein, dass nicht zählt, wer wie fährt, sondern die Fahrt selbst das Ereignis ist, nicht einmal das Ziel hatte den gleichen Rang. So ging ich in eine erweiterte Lehre der Fahrkünste, die nicht folgenlos blieb. Es muss dieser Schweizer Architekt gewesen sein, der während einer unserer berüchtigten IBA Emscher Park-Touren – im Schnelldurchlauf Hamm/Duisburg – als mein Beifahrer schweißperlennass die Nerven verlor: „… bitte lassen Sie doch die Hände am Steuer …", und schließlich den Direktor daselbst darum bat, nie wieder mit mir fahren zu müssen. „Es war sehr schön mit ihr, oderrr? - - - aberrrrrrr …" Seither genoss ich die Absolution, das Lenkrad eigenhändig halten zu dürfen, wenn der weltwildeste aller Wagenlenker wieder auf Tour ging. Jetzt zu meiner Rechten.

Zeig mir deine Füße, und ich sage dir …

Ich habe nicht die geringste Ahnung, wie viele gefahrene Kilometer zusammenkommen, wenn man zehn Jahre lang täglich zwischen 17 Städten herumschwirrt, wie viele gelaufene übrigens auch nicht. Die Ökobilanz dürfte jedenfalls milde ausfallen, denn der Verschleiß der „Arbeitsschuhe" war enorm, und dies war nicht der Tatsache geschuldet, dass ich gerne das Gaspedal tief durchtrat. Nein, natürlich erklomm ich jede Bergehalde nicht im flachen Gesundheitsschuh, die hohe Hacke durfte es schon sein, und es lief sich ja auch nicht schlecht, zumindest gab es immer einen hervorragenden Stopper-

effekt beim Abstieg. Ich kann mich allerdings nicht erinnern, je einen Kollegen oder männlichen Besucher im Alltagsgeschäft edel beschuht zwischen Emscherdeich und Maschinenhalle gesehen zu haben. Selbst gestandene Männer mögen bei aushäusiger Arbeit offensichtlich bevorzugt in Mephisto oder anderen Haschpappi-Arten per pedes sein. Andreas Kipar und Eberhard Kloke einmal ausgenommen. Nein, auch Dr. Dieter Nellen könnte dazugehört haben, ihn traf man jedoch seltener im tiefen Industriemorast. Dabei ist Weniges schöner, als abseitige und verstiegene Pfade gut betucht zu erobern. Wer für Outdoor-Erlebnisse Outdoor-Kleidung erfunden hat, muss irgendetwas falsch verstanden haben. Es ist der Kontrast, der aufregt und anregt. Das ganze Revier ist voll davon, es ist die geheime Inspirationsquelle aller Kreativität, die sich täglich um uns entfaltet. Bis heute meide ich daher alle offiziell ausgeschilderten Wege zu den Ikonen der Industriegeschichte. Ein kleiner Tipp als Herzensangelegenheit: niemals die schnöde Treppe zum Serra hinauf benutzen, ab durch die Büsche, bitte, und reich belohnt werden.

Erkenntnis

Ich jedenfalls lief mir eine Dekade lang freudig die sprichwörtlichen Hacken ab und frage mich eher heute, was es sein mag, das Frauen auf der ganzen Welt (auch hier sind die Chinesinnen eine Ausnahme mit bevorzugt flachem Schuhwerk, aber sie haben es dafür auch Jahrhunderte zuvor mit ihren Schnürfüßchen völlig übertrieben) dazu veranlasst, der Schwerkraft mit kleinen wackligen Stelzen unter den Fußballen zu entkommen? Ist es ein Tick, die weibliche Eitelkeit, das erhabene Gefühl, der doppelt getoppte Sieg des aufrechten Ganges, die ewig weibliche Flucht aus allen vermeintlichen Kriechhöhlen, die Dynamik der stakkatohaften Ankündigung des eigenen Erscheinens oder doch nur die diskrete Verschleppung des Umstands, dass wir Frauen tatsächlich auch geistig auf Augenhöhe mit den Männern sind – man muss mit so etwas ja behutsam beginnen …, sieben messbare Zentimeter mögen da eine beruhigende prophylaktische Wirkung haben. Man kommt einfach nicht so schnell weg.

Und doch war es gerade die Option, geschwind sein zu dürfen, die mir diese eigentümliche Landschaft entlang von Ruhr und Emscher immer wieder neu eröffnet hat. Nicht nur das zügige und unablässige räumliche Durchmessen war berauschend, sondern gerade das geistige Durchdringen vollzog sich so blitzartig und wechselvoll und facettenreich, dass es einem den Atem genommen hätte, wäre mein limbisches System in jenen Tagen auf ein Laufband gespannt worden. Das Revier anders sehen zu dürfen, kam einem Dauersprint gleich, der pausenlos Endorphine auswarf. So gesehen verrichteten wir jahrelang naturgedopt unsere Arbeit. Ein Aspekt, der bei

der wissenschaftlichen Aufarbeitung außerordentlicher Modellvorhaben ganz neue Bedeutung annehmen könnte (die Chinesinnen schaffen das übrigens ohne jegliche Bewegung in tiefer Bewusstseinsversenkung). Als alte Sinologin war mir dieser Zustand nicht fremd, doch die Erlangung der tieferen Einsicht, dass die Schnelligkeit des Geistes zeitlich definitiv nicht auf eine körperliche Parallelwelt angewiesen ist, brauchte noch etwas. (In der chinesischen Philosophie erlöst einen diese Erkenntnis allerdings nicht aus der Verantwortung, seinen Körper zeitgleich ertüchtigen zu müssen.) Nur in einem gesunden Körper wohnt auch ein gesunder Geist.

Ertüchtigung

Nachdem Frauen sich daher seit Jahrzehnten in allen möglichen gymnastischen Sportvariationen verrenken und ständig Innovationen vorlegen, vom guten alten Bodenturnen über Jazz-Dance, Aerobic, Step-Aerobic, Rückenfit, Indoor(man beachte)-Cycling, bis zu Pilates und weiteren Neuerscheinun-

gen, dabei aber den Freiraum meiden wie der Teufel das Weihwasser, schlagen männliche Freizeitathleten kein Angebot aus, um ihre angerosteten Körperteile Wind und Wetter auszusetzen und völlig schmerzfrei dem weiblichen Blick darzubieten. Quasi als Retourkutsche und vermutlich, um uns die Orientierung im Geschlechtergetümmel zu erschweren, waren es dann auf dem Bewegungssektor ulkigerweise die Männer, die das Auto als altes Prestigeobjekt gegen ein Fahrrad eintauschten und kultivierten. Das Fahrrad avanciert auch im Revier seit Mitte der 90er Jahre zum zeitgeistigen Ausdruck von Understatement, man fährt es bis ins Büro, dort lehnt es verstohlen am Schreibtisch oder erhebt sich gleich als Fetisch an die Wand. Dahinter verbirgt sich bis heute vordergründig eine schlichte Wahrheit: Wer Fahrrad fährt, hat Gutes im Sinn, die Umwelt, die eigene Fitness, auch das Objekt ist natürlich „gut", will heißen, es entspricht auf dezenteste Art dem neuesten Stand professionellster Technik. Sagen wir es frei heraus: Das Rad der Neuzeit ist die Imagebürste des metropolitanen Saubermanns. So clean wie diese Hightech-Räder aussehen, riecht vermutlich auch der Schweiß seiner Besitzer. Für Frauen im 21. Jahrhundert gilt also weiterhin die beliebte prähistorische Überlebensmaxime: Trau deinen Instinkten.

Frauen spinnen doch

Womit wir beim Bauch wären, diesem physiognomischen Mittelpunkt aller weiblichen Existenzberechti-

schneefreie Piste durchpflügen lässt. Wir alle wären ja Joggerinnen – wenn wir nur könnten. Und da ist er dann wieder, der weibliche Bauch, der uns doppelt im Wege steht: Zum einen gereicht der aufquellende Leib uns zum Ansporn für sportliche Betätigung, der denkende Bauch aber lässt uns glauben, dass eben dazu dieses Nordic Walking angezeigt sei, da es so schön die Gelenke schone. Und so wird das Fett von 90

gung. Hier sei unser Verstand zu Hause, behaupten die einen. Die anderen fixieren gar den Mutterkuchen als kosmischen Urteig aller Fortpflanzungslegitimation. Ganz Verstiegene sehen hier die Verschwörung der gesammelten Gefühlswelt gegen den Intellekt beheimatet. Eine Heimat jedenfalls darf hier räumlich verortet als gesichert angenommen werden, die des Hüftgoldes. Ein körperlich schwerwiegendes Handicap, das der Fortbewegung enorm im Wege steht. Nicht umsonst quillen Myriaden von nordischen Walkerinnen in buntesten Gewändern durch unsere Stadtparks und Industrie-Wälder. Es ist nicht die große Berglandschaftsaffinität, die sie auf zarte Stöcke gestützt die völlig

Prozent aller Walkerinnen im Schleichgang zwar durchgewalkt, mit brennender körperlicher Inbrunst jedoch hat das nichts zu tun, darum auch nicht mit burnen, eher mit outburn, später.

„Im Verein ist der Sport am schönsten" – Herbert Knebel ist doch auch ein Frauenversteher. Spinning nennt sich eine aktuelle Form rudelgesteuerter Körperertüchtigung. Noch schöner, als den Verein der Leidensgenossinnen um sich zu wissen, scheint hierbei die Tatsache, dass

355

man es im Verborgenen tun kann. Hinterlässt der moderne Mann noch im Radrenntross seine Kondensstreifen in der Landschaft, geben sich die bewegten Frauen den schweißtreibenderen Sportarten eher en privé hin: Hinter den Glasbausteinen diverser Turnhallen deuten sich ihre Schemen nur an. Dem mittelalterlichen Spinn-Rad ist hiermit ein zeitgemäßer Nachfolger geboren: wohnungsnah emsig sein und dabei auch noch das Essen vorbereiten, mental. Lässt es sich ange-

Alleskönner-Wahn

Und so zerstreuen wir uns frühmorgens frisch gestählt wieder über Stadt und Land, was im Ruhrgebiet sehr nahe beieinander liegen kann, und leben die unterschiedlichsten tasks dank freigesetzter Energieströme gleich alle auf einmal in unserem bescheidenen weiblichen Dasein aus: als Chefin im Job, die fahrenderweise ihr Auto zur Dienststelle ausgebaut hat – Laptop auf dem Beifahrersitz (ja, da, wo früher noch Karl Ganser saß), Buttermilch in der Mittelkonsole, Diktiergerät

nehmer über die nächsten zehn Stunden sinnieren? Den Kopf frei strampeln für das anstehende Multitasking-Tagesgeschäft. Die spinnen, die Frauen – genau. (Womit wir den Chinesinnen wiederum einen Vorsprung attestieren müssen, die trauen sich zur Körperertüchtigung schon lange nach draußen, auch allein, und beherrschen das Schattenboxen so gut wie die Herren.)

linker Hand (und dennoch nie weit genug von der Buttermilch weg, ach), Knie am Lenkrad, rechte Hand am Schaltknüppel, Freisprechanlage freischwebend – oder als Vorsitzende der Ich-AG im Mama-Taxi, die nebenbei noch den Terminkalender der lieben Kleinen samt Bandenmitgliedern schaukelt, gerne auch als Vorsteherin der hauseigenen Suppenküche mit individuellem Menüprogramm für jedes Familienmitglied, zur Entspannung ein wenig als private Landschaftsgestalterin,

Chefeinkäuferin, nur so nebenbei und möglichst unauffällig als Major Domus der Besenkammer, später dann als Vordenkerin ästhetischer Theorien, noch später am Tag endlich als Domina, na ja, oder etwas in der Art. Wir sind so sehr in Bewegung, geistig und körperlich, dass uns dabei Tag für Tag geschwind entfleucht, Hand in Hand mit dem Traum von absoluter Perfektion.

Wann haben wir angefangen, etwas falsch zu machen? Es muss mit diesen eindeutig revieresk eifernden Jungmädchen-Postulaten von „das kann ich auch alles" zu tun haben. („In der Ruhe liegt die Kraft", sagt der alte Chinese dazu, und er hat Recht. Weiß er doch die Chinesin an seiner Seite, die irgendwann in den letzten tausend Jahren auch davon Gebrauch gemacht und dabei geblieben ist.) Die Liebe zur Eigenständigkeit haben wir verwechselt mit dem überengagierten Ausfüllen aller potenziellen Aufgabenstellungen, den glorreichen Einzug in Männerdomänen mit der Aufgabe des eigenen genetischen Spezifikums. Wir haben verpasst, einen weiblichen Kanon aufzustellen, der sich selbstbewusst an einem authentisch auf uns zugeschnittenen Wertesystem aufhängt. Wir tapsen auch weiterhin in der Dunkelkammer der Optionen umher, und wann immer im schummrigen

Rotlicht ein neues Bild der modernen Frau aufscheint, sind wir dem Fixativ längst auf den Leim gegangen.

Es liegt natürlich alles in der Erziehung begründet, und sobald man dieser nur redlich nachgeht, ständig bemüht, den lieben Kleinen, gerade wenn es Jungs sind, ja das geschlechterübergreifende Aufzuchtprogramm angedeihen zu lassen, „schau die schöne Puppe",

krähen sie garantiert als erstes „Bagger" oder „Auto" heraus, auch „Papa" soll jetzt schon vorkommen. Sind wir doch unserer DNS chancenlos ausgeliefert? Vieles spricht dafür. Aber gerade in der erzieherischen Spannweite zwischen Chromosomenstrang und Charakterbildung liegt doch die tiefe Hoffnung eingegraben, dass zumindest meine Jungs weiblich genug geraten, um die Frauen zu verstehen, und männlich genug, das ja nicht zu deutlich zu zeigen. Und gottlob entscheidet sich die Geschlechterfrage ja längst nicht mehr an vorhandenem oder fehlendem Technikverständnis. Kolbenfresser würden heutzutage als Kolbos Fressero maximal im Pokémon-Album landen. Kleine, verölte Mofas scheiden aus, denn sie könnten den strahlendweißen Turnschuh bekleckern. Die ganze große Bewegungsarie der alten Jugend hat sich heute eh auf ein gediegenes Befördertwerden nivelliert. Mädchen und Jungs sitzen gleich gut gebettet in großräumigen Vans, völlig stress- und knitterfrei. Auch der Gesprächsfluss scheint verebbt. Wann immer dann eine Mutter ins Plaudern gerät, in memoriam alter Zeiten, oder gar volltönend ein Lied anstimmt, steigt der umliegend gefühlte Peinlichkeitspegel so pfeilschnell an, dass der Ton in der Kehle erstarrt und ein leise hervorgestoßenes „'tschuldigung" die Kinder wieder aus der ungesunden Flachatmung führt. Die Datenautobahnen – seid ihr alle dort unterwegs?

Die Heimkehrer

Wir „Alten" sind dagegen in Wahrheit stille BewegungskünstlerInnen. Es gibt ein Phänomen im Revier, eine weitere bemerkenswerte und gern verdrängte Stilblüte des reviergeschuldeten Bewegungsdranges junger Menschen aus der alten Zeit: die Heimkehrer, jetzt Frauen und Männer, liebevoll geläuterte Zeitgenossen, die plötzlich wieder wissen, warum hier und nirgendwo sonst auf der Welt. Denn zuvor waren sie die eigentliche „Bildungs"schicht der großen Metropolen da draußen, das virulente Lebenssegment jeder großen Stadt. Die eine, vereinende Großstadt im Gewirr der Ruhrgebietsgrenzen ein Leben lang suchend, ließen sie sich für Jahre an Orten weitab der Heimat nieder, um dort zu zeigen, was sie daheim gelernt haben: Es gibt keine Metropole, es sei denn, man lebt sie. Sind nicht alle vibrierenden Großstädte dieser Welt voll von ihnen? Von diesen der Kleinstädterei Entflohenen, deren unglaubliche Lebendigkeit auf nichts anderem beruht, als grenzenlos das Ganze zu wollen. Berlin, München, Hamburg ..., was wären die alle ohne sie, die ihnen die Hand freundschaftlich herb auf die Schulter schlagen und sie erlösen aus ihrer starren Wettbewerbsmentalität. „Wat dem Norden dat Meer und dem Süden die Berge, dat sind dem Ruhrpott seine Frauen." Es braucht so wenig, um im Standortmarketing zu punkten.

Es sind solche Träume und Hoffnungen, die den Rohling Stadt auf ewig neu in einen magischen Ort verzaubern.

Es wird Zeit,
nach Hause aufzubrechen.
**Das Revier will Metropole sein.
Mobilisiert euch.**

358

Die Stadt ist die Region
Regionalentwicklung muss geschlechtergerecht sein

Sabine Baumgart

Zum Auftakt möchte ich Sie einladen, sich einige Fragen zu beantworten:

- Wo wohnen Sie? In einem Einfamilienhaus am Stadtrand, in einem Reihenhaus oder in einem Mehrfamilienhaus in der Stadt?
- Wo arbeiten Sie? In Ihrer Stadt, in der Nachbarstadt? Oder pendeln Sie wochenweise in eine andere Großstadt?
- Wo kaufen Sie ein? Um die Ecke im Supermarkt, in der Innenstadt, im Einkaufs- oder Fachmarktzentrum?
- Wo gehen Sie ins Kino? In Ihrem Stadtviertel, in der Innenstadt oder der Nachbarstadt?
- Und wohin gehen oder fahren Sie ins Grüne? In den Stadtpark, ins Ruhrtal oder Sauerland?

Sie stellen vermutlich fest, dass Sie sich in der ganzen Ruhrregion bewegen und die Angebote selbstverständlich nutzen, die – unabhängig von welcher Stadt oder Gemeinde – bestehen. Drücken wir dies in der Fachsprache der räumlichen Planung aus, dann sprechen wir von der Regionalisierung von Lebensweisen. Da sich unsere Aktivitäten inzwischen auf die Region ausgedehnt haben, ist die Regionalplanung gefragt, in welcher Weise sie ihren am allgemeinen Wohl und der gesellschaftlichen Teilhabe orientierten Beitrag leisten kann.

Der Beitrag ist in drei Teile gegliedert: Handlungsfelder einer geschlechtergerechten Regionalentwicklung, ausgewählte Ideen und Erfahrungen aus anderen Regionen sowie Anregungen für die Ruhrregion.

Handlungsfelder geschlechtergerechter Regionalentwicklung

Geschlechtsdifferenzierte Betrachtung auf der regionalen Ebene ist insbesondere bei der Siedlungsstruktur, Infrastruktur und Nahversorgung gefragt. So hat sich die Siedlungsstruktur durch die Suburbanisierung in den letzten Jahrzehnten stark verändert. In den Klein- und Mittelstädten (Städte unter 100.000 Einwohner) des Ruhrgebiets wohnen 30 % der Bevölkerung mit nach wie vor zunehmender Tendenz in den Städten des Ballungsrandes (siehe Beitrag Beckord S. 328 ff. in diesem Buch). Eine Dissertation (Jeschke 2007) zeigte auf, dass die Bevölkerungsentwicklung auf der Ebene der Kreise und Gemeinden sehr uneinheitlich verläuft und vor allem peri-urbane Gemeinden von Bevölkerungszuwächsen aus den Kernstädten und den Umlandgemeinden profitieren. Das Wohnen außerhalb der Kernstadt bedeutet für viele Frauen, eher in Teilzeit zu arbeiten und einen nahräumlichen Arbeitsplatz – wegen des beschränkten Angebots oft unter ihrer Qualifikation – wahrzunehmen.

Dass auch die demografische Entwicklung im Ruhrgebiet Handlungsbedarf zur Geschlechtergerechtigkeit erzeugt, wird anhand der Altersstruktur deutlich: 24 % aller Frauen gegenüber 18 % der Männer sind älter als 65 Jahre. Mehr als eine halbe Million Frauen wohnte 2007 im Ruhrgebiet in einem Einpersonenhaushalt, und 54 % der weiblichen Alleinlebenden waren bereits 2007 älter als 65 Jahre (RVR-Datenbank). Dies bildet sich räumlich unterschiedlich ab, denn die durchschnittliche Haushaltsgröße ist in der Ruhrregion in den Großstädten kleiner als in den eher ländlich geprägten Räumen. Jeschke konstatiert, dass die Nutzung von Gebrauchtimmobilien eine zunehmende Rolle spielt, aber immerhin noch 41 % der Eigentümer ein neues Haus bauen. Dabei stellt sich generell die Frage, über welche Möglichkeiten der Anpassungsfähigkeit der Häuser, Wohnungen und des Umfeldes diese derzeit präferierten Standorte in Zukunft verfügen, wenn zukünftig in der Kernstadt größere und/oder altersgerechte Wohnungen erforderlich und im Umland Ein- und Zweifamilienhäuser vorhanden sind. Dies wird umso relevanter mit zunehmen-

dem Alter, wenn die Kinder das suburban gelegene Elternhaus verlassen haben. Bundesweite Auswertungen zeigen zudem, dass Frauen zu einem deutlich höheren Anteil zur Miete wohnen, Männer dagegen im Eigentum; dies gilt regional differenziert, aber unabhängig, ob in West- oder Ostdeutschland (Bundesamt für Bauwesen und Raumordnung 2007). Einhergehend mit dem demografischen Wandel lassen sich neben der schwierigen Lage der Kernstädte die Probleme der auf Zuwachs ausgerichteten Umlandgemeinden mit der ausgedünnten Infrastruktur und Versorgung erahnen. Die künftig negative Bevölkerungsentwicklung trifft nicht nur die Kernstädte, sondern im Ruhrgebiet auch die Kreise.

Die Ausdünnung und Zentralisierung der Infrastruktur und Nahversorgung, steigende Flexibilitätsanforderungen bezüglich Arbeitszeiten und -orten sowie neue Formen der Arbeitsorganisation haben zu einer zunehmenden Verschränkung von Erwerbsarbeit und der gesamten Lebensführung an der Schnittstelle von Arbeit, Familie und Freizeit geführt. Besonders für Frauen ergeben sich daraus oft hohe Anforderungen an das Alltagsmanagement. Die räumliche Verteilung und die Erreichbarkeit von Einrichtungen spielen daher auf der regionalen Ebene eine entscheidende Rolle. Insbesondere die Ansiedlung von Einkaufszentren am Stadtrand hat zu einer Ausdünnung von nahräumlich erreichbaren Versorgungsangeboten geführt und erfordert längere Anfahrtswege. In einer vom Regionalverband Stuttgart 1997 herausgegebenen Broschüre zeigt eine geschlechtsdifferenzierte Darstellung der Wegezwecke, dass Wege im Kontext von Haus- und Familienarbeit bei Frauen mit 49 % fast doppelt so hoch wie die der Männer sind, während bei Männern der Arbeits- und Dienstweg mit 43 % dominiert (Verband Region Stuttgart 1997).

Die gestiegenen Qualifikationen von Frauen bringen höhere Ansprüche an eine qualifikationsadäquate Berufstätigkeit mit sich. Auch Wohnen mit mehreren Standorten – sog. multilokales Wohnen – ist ein geschlechtsdifferenziert unterschiedliches Phänomen, das in den letzten Jahren an Bedeutung gewonnen hat.

In einer Untersuchung von Darja Reuschke im Rahmen des Projekts „Mobile Lebensformen und Wohnungsnachfrage" (2006) wurde u. a. festgestellt, dass inzwischen auch Frauen berufsbezogene Nebenwohnungen einrichten und häufiger als Männer zwischen den Metropolen und einer anderen Großstadt pendeln. Währenddessen wohnen Männer häufiger suburban und pendeln dementsprechend zwischen Kleinstädten bzw. Landgemeinden und Metropolen.

Für die Ebene der Bundesrepublik wurden 2006 drei am Prinzip der Nachhaltigkeit orientierte Leitbilder und Handlungsstrategien als Grundlage für die Raumentwicklung vorgelegt. Das Ruhrgebiet als einer von elf Metropolräumen ist dabei die größte der deutschen Metropolregionen mit einem großen Verflechtungsraum. Die Leitbilder für diese Regionen enthalten Perspektiven für Innovation und Wachstum. Gleichzeitig wird auf Metropolenebene die Gefahr einer unzureichenden Infrastrukturausstattung insbesondere in den Städten und Gemeinden außerhalb der Kernstädte erkannt. Der Erhalt der Tragfähigkeit ist eine zentrale Aufgabe der Sicherung der Daseinsvorsorge. Darüber hinaus wird der Handlungsauftrag formuliert, urbane Landschaften durch Regionalparks und Freiraumverbünde zur siedlungsnahen Erholung attraktiv zu gestalten. Mit dem Gender Index 2007 wurde eine so genannte „Landkarte der Gleichstellung in Deutschland" vom Bundesamt für Bauwesen und Raumordnung auf Kreisebene als interaktives Tool vorgelegt, verbunden mit einem Datenvergleich und einer angestrebten Fortschreibung (www.gender-index.de).

Frauen in der Region Stuttgart und in Rheinland Pfalz (m.) engagieren sich für eine geschlechtergerechte Regionalentwicklung. Während in Rheinland-Pfalz Gender Mainstreaming ins Landesplanungsgesetz aufgenommmen wurde, bekam der Stuttgarter FrauenRatschlag leider wenig politischen Rückhalt.

361

Was beinhaltet Geschlechtergerechtigkeit also im regionalen Zusammenhang? Wie auf der städtischen Ebene geht es nicht um eine Sonderbehandlung von Frauen, sondern um die Anpassung bisher männlich geprägter Strukturen an die Lebenssituationen von Frauen. Ziel ist somit die Verringerung struktureller Benachteiligung. Zur Sicherung der Zukunftsfähigkeit geht es um die volkswirtschaftlich notwendige Nutzung der Qualifikationsressourcen im Hinblick auf den Fachkräftemangel und die demografische Entwicklung. Regionalentwicklung und -planung sind – wie oben angerissen – nicht geschlechtsneutral, denn in ihnen spiegeln sich die gesellschaftlichen Verhältnisse und ihre räumlichen Strukturen wider, die das tägliche Leben beeinflussen und sich auf die gesellschaftliche, wirtschaftliche, soziale sowie kulturelle Stellung der Menschen der Region auswirken. Ziel ist demnach eine planerische Strategie auf regionaler Ebene. Sie umfasst ein vorausschauendes Wohnungs- und Arbeitsplatzangebot, das sich an Nachfrage und Bedarf orientiert. Sie soll die Bildung von Wegeketten unterstützen und neue Infrastrukturangebote sensibel in das Netz vorhandener Angebote integrieren und räumlich miteinander vernetzen.

Erfahrungen anderer Regionen

Während Frauenbelange auf kommunaler Ebene bereits seit Anfang der 1990er Jahre Eingang in die planungspolitische Debatte gefunden haben, gilt dies für die regionale Ebene je nach Region in sehr unterschiedlichem Maße. Ausgewählte Beispiele zeigen, dass dieses Thema in einigen Bundesländern bereits seit vielen Jahren auf der politischen und instrumentellen Agenda der mit räumlicher Planung befassten AkteurInnen steht. Im „Mainstream", also im Planungsalltag angekommen ist es aber noch lange nicht.

Region Hannover
Sehr weit vorangeschritten ist die Diskussion in der Region Hannover. Niedersachsen war das erste Bundesland, in dem Frauenbelange im Landesraumordnungsprogramm 1994 explizit angesprochen wurden. Seit 2005 ist Gender Mainstreaming

Die Region Hannover setzt seit den 90er Jahren Modellprojekte für gendergerechteren Nahverkehr um.

362

Bestandteil des Leitbildes des Regionalen Raumordnungsprogramms. Dies liegt auch im Engagement des Arbeitskreises „Fraueninteressen in Regional- und Strukturplanung" (AK FIRST) begründet, der ein breites Spektrum an unterschiedlichen Expertinnen zusammenführt. Eine Einbindung in Regelverfahren mit definierten Zuständigkeiten ist über die Gleichstellungsbeauftragten mit Gender- und Planungskompetenz sichergestellt.

Für die Region Hannover formulierte die Planerin Christiane Wegner es 2008 so: „Im Rahmen der raumordnerischen Gestaltungs- und Koordinierungsaufgabe gilt es einen Beitrag zur Geschlechtergerechtigkeit – Gender Mainstreaming – zu leisten. Dies betrifft insbesondere die Bereiche Wohnen, Arbeiten, Versorgen und eine integrierte Siedlungs- und Verkehrsentwicklung. Ziel ist eine möglichst kleinteilige Funktionsmischung nach dem Prinzip der kurzen Wege, eine bedarfsgerechte Ausstattung der Siedlungsbereiche mit alters- und familiengerechter Infrastruktur und einer verbesserten ÖPNV-Anbindung der Arbeitsstätten, um die Vereinbarkeit von Berufstätigkeit und Familie zu fördern. Denn die Erreichbarkeit und das Angebot an öffentlichen Verkehrsmitteln (...) sind angesichts einer nach wie vor geringeren PKW-Verfügbarkeit von Frauen eine entscheidende Rahmenbedingung für die Tagesorganisation."

Dementsprechend postuliert die Regionalplanung, dass die Siedlungsentwicklung vorrangig entlang des schienengebundenen Nahverkehrs erfolgen soll. Dies gilt für die Kernstädte gleichermaßen wie für entwicklungsfähige ländliche Siedlungen mit der Ergänzungsfunktion Wohnen. Ebenso heißt es, dass alle zehn Mittelzentren und von den zehn Grundzentren sechs an das S-Bahn-/Stadtbahn-Netz angebunden sind. Zielsetzung ist eine gute Erreichbarkeit und eine Region der kurzen Wege. Mit Blick auf die Versorgungsarbeit wurde von den PlanungsFachFrauen Hannover der großflächige Einzelhandel thematisiert, der mit neuen Betriebsformen die kleinteilige Nahversorgung zerstört bzw. erschwert. So werden in der Region Hannover mit der Zielsetzung einer wohnungsnahen Grundversorgung

sehr konkrete Festlegungen zu Versorgungsbereichen in allen zentralen Orten getroffen.

Mit dem mobilitätsorientierten Rahmenkonzept „Sicher mit Bus und Bahn" wurde auf ein bei Männern wie Frauen deutliches Unsicherheitsgefühl im öffentlichen Nahverkehr, vor allem abends und nachts, reagiert, das auf eine Studie zum Thema Jugendgewalt 1999 von Peter Wetzel zurückging. Es fand Eingang in den Nahverkehrsplan der Region Hannover 2003. Man erkannte, dass dies zur KundInnenbindung und zur Qualitätssicherung beiträgt (Niedersächsisches Frauenministerium 1997). Zudem wurden verschiedene Handreichungen erarbeitet, u. a. eine „Handreichung zur Berücksichtigung von Frauenbelangen in der Bahnhofsrahmenplanung". Die Erkenntnisse, die aus solchen konkreten Projekten entstehen, münden in Lösungsansätze, die auf andere Regionen übertragbar sind.

Rheinland-Pfalz
In Rheinland-Pfalz wurden ebenfalls bereits ab Mitte der 1990er Jahre mit Modellprojekten wie in Bitburg-Prüm oder Birkenfeld frauenbezogene Aspekte in die Regionalplanung einbezogen, insbesondere zum Themenfeld Mobilitätsanforderungen von Frauen (Zibell 2006). Entsprechend wurden gesetzliche Regelungen im Landesplanungsgesetz wie der Abbau ungleicher Lebensbedingungen von Frauen (1994) und die besondere Berücksichtigung von Frauenbelangen in der Nahverkehrsplanung (Nahverkehrsgesetz 1996) forciert. Parallel dazu wurde die Öffentlichkeitsarbeit mit Broschüren und regionalen Konferenzen verstärkt und Weiterbildungsangebote für die Kommunalpolitik im Rahmen von Agenda-Prozessen eröffnet (Handreichung für eine frauengerechte und sozial nachhaltige Planung).

Mit einem Ministerratsbeschluss im Jahr 2000 hat sich die rheinland-pfälzische Landesregierung verpflichtet, Gender Mainstreaming zum durchgängigen Prinzip ihres politischen Handelns zu machen. Damit wurde die Strategie zu einer der Querschnittsaufgaben der Raumordnung und Landesplanung. Ein wichtiger Schritt war die Aufnahme des Prinzips der Geschlechtergerechtigkeit in das Landesplanungsgesetz 2003.

Geschlechtergerechtes Planen wird seit Mitte der 90er Jahre in der Europäischen Metropolregion Rhein-Neckar durch das Netzwerk FrauenMitPlan thematisiert. Als Folge einer Vielzahl von Fachveranstaltungen in Rheinland-Pfalz entstand das Modellprojekt „Rheinpfalz – Region auf Genderkurs", das geschlechtergerechtes Planen in drei Modellgemeinden beispielhaft erprobt. In der Handreichung „Genderkompass" werden die Erfahrungen aus dem Modellprojekt weitergegeben, um sie in weiteren Gemeinden anwenden zu können. Ergebnisse daraus führten zudem zur Aufnahme von Genderkriterien in die Neuaufstellung des Landesentwicklungsprogramms Rheinland-Pfalz LEP IV.

In Anbetracht der notwendigen Stabilisierung ländlicher Räume – dies gilt auch für Teilräume in Nordrhein-Westfalen – sollte Raumordnung zur Sicherung der Daseinsvorsorge anstreben, die Disparitäten bei den sozialen Einrichtungen, vor allem im Schul-, Betreuungs- und Pflegeangebot, nicht zu vergrößern und Möglichkeiten bürgerschaftlichen Engagements programmatisch zu unterstützen. Dass für eine zukunftsfähige Regionalentwicklung nicht nur die Regionalplanung, sondern insbesondere die gestaltende Regionalpolitik gefragt ist, wird spätestens angesichts der aktuell geführten Debatte über die Vereinbarkeit von Berufs- und Familienleben im demografischen Wandel deutlich. Dies bedeutet eine differenzierte Wahrnehmung von Aktivitätsmustern auf regionaler Ebene, das Erkennen ihrer Potenziale und ihrer Zukunftschancen (Aufhauser 2004, Bundesministerium für Verbraucherschutz, Ernährung und Landwirtschaft 2004). Die Freizeit- und Tourismusentwicklung auf regionaler Ebene und besonders in ländlich geprägten Räumen bietet Chancen für die Qualifizierung und Berufstätigkeit von Frauen, z. B. als Gästeführerin oder im touristischen Management.

Region Stuttgart

Der FrauenRatschlag Region Stuttgart e. V., der sich als „ein starkes Bündnis für die Region" beschrieb, wurde 1995 im Zusammenhang mit der Wahl des Regionalparlaments des Verbands Region Stuttgart gegründet. Er vertrat ein breites Interessensspektrum von Frauen in der Region und brachte deren spezifische Belange in die Gestaltung der Region ein. Im Vordergrund stand die Mitwirkung und Beteiligung von Frauen an Planungsvorhaben, wirtschafts- und strukturpolitischen Entscheidungen. Zum einen formulierte der FrauenRatschlag offiziell Stellungnahmen zu aktuellen Themen der Regionalplanung, Regionalverkehrsplanung und Wirtschaft und zu ihren Auswirkungen auf die Belange von Frauen. Für das Zentrale-Orte-System wurden 1997 Ausstattungsmerkmale und frauengerechte Einrichtungen als Kriterien für die planerische und politische Diskussion erarbeitet.

Zum anderen wurden regionalpolitisch relevante Veranstaltungen und Foren organisiert und Modellvorhaben initiiert. So führte der FrauenRatschlag 2006, als die neuen Leitbilder der Raumordnung vorgestellt wurden, einen Workshop zum Thema „Europäische Metropolregionen" durch, in dem die genderpolitischen Erfahrungen anderer Stadtregionen eingebracht und diskutiert wurden. Daraus entstand 2008 ein „Positionspapier für die zukünftige Politik der europäischen Metropolregionen (EMR) in Deutschland aus gleichstellungspolitischer Sicht", an dem sich die Frauennetzwerke der EMR Hannover-Braunschweig-Göttingen, Rhein-Ruhr und Rhein-Neckar beteiligten.

Im Laufe der Jahre waren viele Ergebnisse und Erfolge zu verzeichnen, gescheitert ist der FrauenRatschlag aber im Blick auf das große Ziel: die nachhaltige Institutionalisierung der Frauenpolitik in Region und Verband. Fehlende finanzielle und personelle Ressourcen und zu wenig politische Unterstützung zermürbten auf die Dauer das Engagement. Fünfzehn Jahre nach seiner Gründung hat sich der FrauenRatschlag e. V. daher aufgelöst.

Ruhrgebiet

Die Entwicklung von Leitbildern hat auch in der Ruhrregion ein prominentes Beispiel. Zielsetzung der Internationalen Bauausstellung Emscher Park (1989 bis 1999) war es, explizit „entlang der Emscher zwischen Duisburg und Dortmund, inmitten einer besonders dicht besiedelten und stark belasteten Industrielandschaft, Landschaft wieder aufzubauen und Stadtqualitäten zu schaffen, um auf dieser Grundlage neue Möglichkeiten für Arbeit, Kultur und Wohnen zu eröffnen" (IBA-Memorandum 1988). Von den konkreten Leitprojekten waren vor allem neue Wohnformen und die Arbeitsmarktprojekte gleichstellungspolitisch ausgerichtet. Besonders die Projekte „Frauen planen Wohnungen" in Bergkamen, „Tor zur Südstadt" in Recklinghausen und „Frauenbeschäftigungs- und Qualifizierungsprojekt FRIEDA" in Oberhausen waren exponiert und wurden bundesweit beachtet. Die in diesem Rahmen erarbeiteten und instrumentell innovativ umgesetzten Qualitätskriterien in vertraglichen Vereinbarungen wurden allerdings nur begrenzt systematisiert und als explizites Erfahrungswissen im Handeln öffentlicher und privater Planungsträger verankert (Becker / Greiwe 2007).

Die Beispiele zeigen, dass nach den zunächst frauenbezogenen Ansätzen die von europäischer Ebene vorgegebene Einführung des Gender Mainstreaming im Verfahren und die inhaltliche Arbeit auf den unterschiedlichen Planungsebenen mit spezifischen Rahmenbedingungen begannen. Wichtig war es, den Mehrwert für die regionale Entwicklung zu erkennen, der aus Qualitäten und Entwicklungschancen resultiert. So kann der demografische Wandel durch eine vermehrte und systematische Gleichstellung von Männern und Frauen positiv gestaltet werden. Die Qualitätsverbesserung bezieht sich auf alle Lebensbereiche: Wohnen, Arbeiten, sich Versorgen, Freizeit und Mobilität. Andersherum ist die Frage zu stellen, ob gegebenenfalls Nachteile und zukünftige Kosten auf eine Region zukommen, die nicht aktiv etwas für die Geschlechtergerechtigkeit unternimmt. Alle angesprochenen Beispiele zeigen, dass es mit Pilotprojekten zur Überzeugung von AkteurInnen vor Ort begann. Im Weiteren bedarf es zur Umsetzung in die tägliche Planungspraxis deutlicher Anstrengung auf verschiedenen Ebenen: engagierte und durchsetzungsfähige AkteurInnen, systematische Kenntnisse von materiellen und prozessualen qualitativen Kriterien, gesetzliche Vorgaben und den Einsatz von Planungsinstrumenten.

Anregungen für die Metropole Ruhr

Fasst man zusammen, ist es unstrittig, dass die Region als Handlungsebene wichtiger geworden ist und strategisch die Planung und Politik der Städte und Gemeinden (mit)bestimmt. Gleichzeitig erhöht sich damit die Komplexität des räumlichen Bezugsrahmens und der Planungsinhalte, aber auch die Vielfalt der an räumlicher Planung beteiligten InteressenträgerInnen. Regionalentwicklung ist unübersichtlicher geworden. Umso mehr ist es notwendig, Strukturen aufzubauen, die einen transparenten und verlässlichen Rahmen für den Diskurs über die zukünftige regionale Entwicklung und Planung bieten. In den Austausch über die vielfältigen Ansätze zur Verbesserung der Geschlechtergerechtigkeit auf regionaler Ebene sind die Metropolregion Rhein-Ruhr und damit der RVR und die metropoleruhr GmbH als seine regionale Wirtschaftsförderungsgesellschaft mit ihren Aufgabenfeldern eingebunden. Als Eckpunkte einer strategisch auf Geschlechtergerechtigkeit ausgerichteten Regionalentwicklung werden resümierend formuliert:

- Visualisierte geschlechtsdifferenzierte Regionalanalysen in Form von Karten und Planaussagen sind unverzichtbar zur Kommunikation und Sensibilisierung im lokalen und regionalen Kontext von Planung und Politik. Nur so kann Benachteiligung des einen oder anderen Geschlechts identifiziert und können Handlungsfelder unter der Geschlechterperspektive abgeleitet werden. Mit dem Frauenatlas Ruhrgebiet (KVR 2000, heute RVR) wurden geschlechterspezifische Daten erarbeitet und ungleiche Situationen in der Ruhrregion und ihren Teilräumen analysiert. Damit liegt eine erste Datengrundlage auf der regionalen Maßstabsebene für eine gleichstellungsorientierte Regionalentwicklung und -planung vor, die es fortzuschreiben gilt.

- Geschlechtsdifferenzierte Aussagen gehören in die formellen und informellen Planwerke und regionalen Fachbeiträge. Geschlechtsdifferenzierte Datenerhebungen inklusive Nahversorgung und Mobilität sollten Bestandteil der Strategischen Umweltprüfung / Umweltberichterstattung (Schutzgut Mensch) sein. Dies gilt für formelle Verfahren wie den Regionalen Flächennutzungsplan bzw. die Regionalpläne wie für die Masterpläne der Städteregion 2030 und des Regionalverbands Ruhr gleichermaßen. Eine fachliche Auseinandersetzung mit unterschiedlichen Mobilitätsansprüchen wäre für die Ruhrregion ebenso von Bedeutung wie Konzepte zum Umgang mit Vielfalt. Dies gilt vor allem im Hinblick auf die Lebens- und Arbeitssituationen von MigrantInnen. Zur Sicherung von qualifizierten Arbeitskräften in der Region stellen diese Aspekte eine wichtige Rahmensetzung dar. So wurden z. B. mobilitätsbezogene Qualitätsstandards von Frauen an den ÖPNV am Beispiel einzelner Haltestellenplanungen im Raum Mülheim, Essen und Oberhausen konkretisiert. Auf regionaler Ebene fehlen sie.
- Gender Monitoring ist wichtig als indikatorenbasiertes Berichtswesen mit kontinuierlicher Aufbereitung und Fortschreibung regionaler geschlechtsdifferenzierter Daten und Bewertung des bisher Erreichten. Dies schließt die finanzielle Ebene des Haushaltsmitteleinsatzes im Sinne des so genannten Gender Budgeting ein, um die Ressourcenverteilung unter Aspekten der Geschlechtergerechtigkeit transparent zu gestalten und als Instrument zur Steuerung einzusetzen. Beispielsweise weist der Erste Regionale Wohnungsmarktbericht, der Anfang 2009 von der Städteregion 2030 vorgelegt wurde, bereits äußerst dezidierte Aussagen und eine hohe Qualität auf, allerdings sollte er um geschlechtsdifferenzierte Erkenntnisse, insbesondere zur Eigentumsbildung und multilokalem Wohnen, ergänzt werden.

- Aktivierende Beteiligungsverfahren im Rahmen des Regional- und Masterplanprozesses sind auf der Grundlage der Umsetzung der Aarhus-Konvention seit 2005 für die regionale Ebene notwendig. Auf der Grundlage geschlechtsdifferenzierter Daten sollten die Fragen nach regionalen Ungleichheiten und dem Handlungsbedarf in räumlicher und sachlicher Hinsicht breit diskutiert werden. Wie in allen Planungsverfahren beinhaltet dies, eine Analyse der AkteurInnenkonstellationen in Bezug auf BündnispartnerInnen für eine geschlechtergerechte Regionalentwicklung vorzunehmen. Eine Gender-Fortbildung, gegebenenfalls verbunden mit der Erarbeitung eines Gender-Leitfadens zur praktischen Handhabung für die Regional- und Masterplanung, kann für das Thema sensibilisieren.
- Das Frauennetzwerk Ruhrgebiet (FNW) als informelles Netzwerk von Frauen mit unterschiedlichen fachlichen Qualifikationen und Tätigkeitsfeldern aus der Region bringt sich seit vielen Jahren aktiv zu aktuellen regionalplanerischen und -politischen Themen und Projekten ein. Dadurch konnte das Leitprinzip des Gender Mainstreaming im regionalen Prozess und bei der Umsetzung von Projekten weiter verankert werden. Zu diskutieren ist, wie die formelle Einbindung des FNW in die Verwaltungsstrukturen der Region gestärkt werden könnte, etwa durch eine weitergehende Beteiligung als Träger öffentlicher Belange. Darüber hinaus muss dieser Ansatz aber von den PlanungsakteurInnen selbst – in Verwaltung und Politik – getragen werden, um geschlechtersensibles Handeln schon während des Planungsprozesses einzubringen.

Insbesondere auf der Ebene der Leitbildentwicklung sind innovative Ansätze auf der regionalen Ebene gefragt. Die dazugehörigen Diskussionsprozesse selbst sind als informelle Instrumente Bestandteil des Marketings nach innen in die Region und nach außen. Eine Verknüpfung einerseits mit dem formellen Instrument des Regionalplans und andererseits mit den etablierten Diskussionsstrukturen wird maßgeblich zu einer geschlechtergerechten Regionalentwicklung beitragen. Regionaldirektor Heinz-Dieter Klink formulierte in seiner Begrüßung zum Workshop des Regionalverbands Ruhr „Perspektivwechsel – Gender Mainstreaming in der Regionalentwicklung" 2007: „Es ist und bleibt aber Ziel des RVR, gemeinsam mit seinen Mitgliedskommunen für die Menschen im Ruhrgebiet gute Arbeits- und Lebensbedingungen zu schaffen und den Standort auch für zuwanderungswillige Frauen und Männer attraktiv zu machen" (Frauennetzwerk 2007). Oder mit Erich Fromm gesagt: „Wenn das Leben keine Vision hat, nach der man strebt, nach der man sich sehnt, die man verwirklichen möchte, dann gibt es auch kein Motiv, sich anzustrengen."

Literatur

Aufhauser, Elisabeth (2004): Gender und Regionalentwicklung, in: PlanerIn Heft 3, Berlin, S. 14-16; hier S. 16

Becker, Ruth / Greiwe, Ulla (Hg.) (2007): Internationale Bauausstellung IBA Emscher Park – eine Chance für Frauen? Eine feministische Analyse, Studien Netzwerk Frauenforschung NRW Nr. 4, Dortmund; hier S. 104

Bundesamt für Bauwesen und Raumordnung (Hg.) (2007): Frauen-Männer-Räume. Geschlechterunterschiede in den regionalen Lebensverhältnissen, Berichte Band 26, Bonn; hier S. 64

Bundesministerium für Verbraucherschutz, Ernährung und Landwirtschaft (2004): Gender Mainstreaming. Ein neuer Ansatz in der Regionalentwicklung, Berlin

Bundesministerium für Verkehr, Bau und Stadtentwicklung (Hg.) (2006): Leitbilder und Handlungsstrategien für die Raumentwicklung in Deutschland, Berlin

FrauenMitPlan e. V. (Hg.) (2008): Genderkompass – so wird Planung eine runde Sache, Speyer

Frauennetzwerk Ruhrgebiet (Hg.) (2007): Perspektivwechsel – Gender Mainstreaming in der Regionalentwicklung. Dokumentation eines Workshops am 30.1.2007 beim Regionalverband Ruhr, Essen; hier S. 6

FrauenRatschlag Region Stuttgart e. V. (Hg.) (2010): FrauenRatschlag Region Stuttgart 1995-2010, Nachruf auf ein innovatives Netzwerk, Stuttgart

Jeschke, Markus Andreas (2007): Stadt und Umland im Ruhrgebiet. Muster und Prozesse der Bevölkerungsentwicklung und politisch-planerische Reaktionen, Universität Dortmund, Fakultät Raumplanung (Hg.), Reihe: Metropolis und Region, Band 2, Detmold

Kommunalverband Großraum Hannover (o. J.): Frauenbelange im Regionalen Raumordnungsprogramm
1996. Beiträge zur regionalen Entwicklung, Heft Nr. 63, Hannover

Kommunalverband Ruhrgebiet (2000): Frauenatlas Ruhrgebiet, Essen

Ministerium des Innern und für Sport des Landes Rheinland-Pfalz (Hg.) (2006): Gender Check – Gleichstellungsverträglichkeitsprüfung zum Landesentwicklungsprogramm Rheinland-Pfalz (LEP IV), Mainz

Niedersächsisches Frauenministerium (Hg.) (1997): Weichenstellung – Frauen verändern den ÖPNV. Planung des öffentlichen Personennahverkehrs aus Frauensicht, Hannover

Reuschke, Darja (2009): Raum-zeitliche Muster und Bedingungen beruflich motivierter multilokaler Haushaltsstrukturen, in: Informationen zur Raumentwicklung, Heft 1/2, Bonn, S. 31-42

Städteregion 2030 (2009): Wohnen in der Städteregion Ruhr. Erster Regionaler Wohnungsmarktbericht, Dortmund

Verband Region Stuttgart (Hg.) (1997): Mobilität von Frauen in der Region Stuttgart. Folgerungen für den Regionalverkehrsplan, Stuttgart

Wegner, Christiane (2008): Gender Mainstreaming in der kommunalen und regionalen Praxis und in Wettbewerbsverfahren. Vortrag im Rahmen der gemeinsamen Tagung von SRL, IfR und Universität Dortmund, Fachgebiete Frauenforschung und Wohnungswesen, Stadt- und Regionalsoziologie, Stadt- und Regionalplanung am 14.9.2007, Dortmund

Zibell, Barbara (2006): Räumliche Planung auf Genderkurs. Beitrag zur Chancengleichheit in der Landes- und Regionalplanung, Vortrag bei der Fachtagung im Rahmen der Neuaufstellung des Landesentwicklungsprogramms Rheinland-Pfalz (LEP IV) „Planung auf Genderkurs. Chancengleichheit als Qualitätsmaßstab der Landesentwicklung" am 23.1.2006 in der Gemeinde Limburgerhof

Einblicke – Ausblicke

Regionalentwicklung und -politik müssen künftig weitaus stärker die vielfältigen Lebenslagen der Menschen berücksichtigen. Das Ruhrgebiet lebt schließlich von der Vielfalt. In noch viel stärkerem Maße gilt das für die Boomtown Istanbul. Der Blick auf die Alltagskultur beider Metropolen verdeutlicht Ähnlichkeiten, Unterschiede und Verbindungen. Und schließlich beschreibt eine Amerikanerin, warum sie vom Revier und den Ruhris fasziniert ist.

Täglich große Kultur
Alltagskultur hier und dort

Elmas Topcu

Szene aus der Aufsehen erregenden Theaterproduktion „Homestories" von Nuran David Calis, an der eine Gruppe multinationaler Essener Jugendlicher beteiligt war.

„Necla, ich bin's!"
„Abla?"
Necla öffnet die Tür. Vor ihr stehen ihr Vater und ihre „Abla", ihre ältere Schwester. Necla ist wie erstarrt. Seitdem sie mit dem Mann ihrer Schwester durchgebrannt ist, weiß keiner, wo sie sich aufhält. Die Schwester wurde, nachdem ihr Mann sie ohne jede Vorwarnung verlassen hatte, mit einem Nervenzusammenbruch in eine Heilanstalt eingeliefert. Aus Scham zieht sich die Familie aus dem gesellschaftlichen Leben zurück. Nun steht der Vater vor seiner auf Abwege geratenen Tochter. Verzweifelt, verletzt, entehrt!
„Papa, Papa", schluchzt Necla, zuckt mit den Schultern und wirft die Arme um seinen Hals. Erfüllt von Schuldgefühl drückt sie ihr Gesicht gegen seines und wiederholt: „Papa, Papa". Dann bricht die junge Frau mit den langen dunklen Haaren und mandelförmigen Augen in Tränen aus. Necla weint. Und mit ihr die ganze Nation.

„Yaprak Dökümü" heißt die Serie, die seit 2006 als eine der erfolgreichsten Sendungen im kommerziellen türkischen Fernsehen ausgestrahlt wird. Jeden Mittwochabend fesselt sie mehr als zehn Millionen Menschen an den Fernseher. Auch in Deutschland! Donnerstags früh ist sie überall das Thema Nummer eins. Wird der Vater Necla vergeben? Kann sie zurück ins Elternhaus? Fragen, die die Türken auch bei uns in Deutschland bewegen, besonders die Frauen. Soaps wie diese werden von mehreren Generationen türkischer EinwanderInnen gemeinsam angesehen. Abends sitzen Vater, Mutter, Großeltern und Kinder

370

an **Bosporus** und **Ruhr**

Besucherinnengruppe in der Ausstellung „Evet, ja ich will!", Museum für Kunst und Kulturgeschichte Dortmund

bei Börek und Tee zusammen und schauen sich die zweistündige Serie zusammen an.

Bemerkenswert ist, dass die Serie „Yaprak Dökümü" die Verfilmung des gleichnamigen Romans von Reşat Nuri Güntekin aus dem Jahr 1939 ist, ein Klassiker also, den alle in der Schule gelesen haben. Der Ausgang der Geschichte ist somit bekannt. Dass die Serie dennoch auf derart großes Interesse stößt, hat mit der Sozialisation und Kulturtradition der TürkInnen zu tun. TürkInnen lieben es, sich kollektiv zu freuen und kollektiv zu trauern. Die Stärke von

Serien wie diesen, die auch die Lebenswelten türkischer Einwanderer und Einwanderinnen stark prägen, liegt nicht darin, dass sie die Handlungen der ProtagonistInnen offen darstellen, sondern die bei ihnen hervorgerufenen und freigesetzten Gefühle transportieren. Dass die junge Fahriye Evcen, alias Necla, aus Solingen stammt, macht sie für Deutsch-TürkInnen sympathischer. Sie erzeugt bei ihnen die Hoffnung, irgendwann auch selbst einmal ganz oben landen zu können.

Eine Redakteurin des WDR meinte kürzlich, dass die deutsche Fernseh- und Filmlandschaft niemals gegen türkische Pro-

EVET - JA, ICH WILL!
Hochzeitskultur und Mode
von 1800 bis heute:
eine deutsch-türkische Begegnung
17. August 2008 – 25. Januar 2009
Dienstag – Sonntag 10.00–18.00 Uhr,
Donnerstag 10.00–20.00 Uhr

19. Yüzyıldan Bugüne Alman ve
Türk Düğün Kültürü ve Düğün
Kıyafetleri - İki Kültürün Buluşması
17 Ağustos 2008 – 25 Ocak 2009
Salı – Pazar 10.00–18.00,
Perşembe 10.00–20.00

Museum für Kunst und Kulturgeschichte, Hansastraße 3, Dortmund
www.evet-jaichwill.de

„Die Villa mit Weintrauben" oder „Deliyürek" waren hierzulande bereits Wochen vor der Premiere ausverkauft oder fanden ihre Abnehmer auf dem Schwarzmarkt, wo bis zu 100 Euro pro Karte verlangt wurden. Allein den Film „Die Villa mit Weintrauben" – Deutschland-Premiere war im Essener Filmpalast Lichtburg in Anwesenheit der SchauspielerInnen – sahen bundesweit 300.000 KinobesucherInnen. Eine beachtliche Zahl, wenn man von 2,7 Millionen TürkInnen in Deutschland ausgeht.

Auch die Komponisten der Filmmusik türkischer TV-Serien trauen sich zunehmend, mit ihrer Musik in Deutschland auf Tournee zu gehen, und spielen in meist ausverkauften Hallen. Für Bühnenstücke vom Bosporus werben die Veranstalter sogar nur mit den Stars, die in der einen oder anderen Serie mitgespielt haben. Ein gutes Beispiel hierfür ist die Werbekampagne für das Theaterstück „Etna" des Istanbuler Ensembles „BiTiyatro". Auf dem Plakat ist Laçin Ceylan, die in der Serie „Hatırla Sevgili" (Erinnere dich, Liebste) mitgespielt hat, im Vordergrund zu sehen. In Duisburg und Mülheim an der Ruhr lief „Etna" in ausverkauften Sälen. Christine Sohn, die das Stück inszeniert hat, wurde dagegen in der PR kaum erwähnt, obwohl sie als Autorin, Regisseurin und Schauspielerin seit Jahren in der Metropole Ruhr zu Hause ist.

Das Fernsehen beeinflusst auch Alltagsgewohnheiten und Mode der türkischen Ruhris. Nannies wollen sie plötzlich einstellen. Nicht etwa, weil sie die seit Jahren in einem kommerziellen deutschen Sender wiederholte „Nanny Fine" toll finden, sondern weil sie sich für das Kindermädchen von „Aşk-ı Memnu" im türkischen Fernsehen begeistern. Die goldene Haarspange der Hauptdarstellerin von „Sıla" fand sich als „Sıla Tokası" (Sılas Haarspange) mit einem Mal auch im Sortiment vieler Juwelierläden wieder.

duktionen ankommen könne, weil sie diesen emotionalen Kitsch, den türkische Sender anbieten, nie übertreffen könnten. Kitsch oder überzogene Romantik? Fest steht: Solche Serien sprechen das Herz türkischer Einwanderer und Einwanderinnen an.

Serien und ihre Spuren an der Ruhr

Serien wie „Yaprak Dökümü" haben das Kulturleben der TürkInnen in Deutschland in den letzten Jahren stark geprägt. Während am Bosporus ein neuer Wirtschaftszweig mit einem Volumen von ca. 300 Millionen Euro entstand und eine Serie seinem Sender pro Folge 500.000 US-Dollar an Werbeeinnahmen einbringt, lernten Deutsch-TürkInnen immer mehr TheaterschauspielerInnen und MusikerInnen kennen, die an diesen Produktionen mitwirkten. Oftmals werden aus populären türkischen Soaps auch Kinofilme gemacht. Mit Erfolg. Die ZuschauerInnenzahlen sind gigantisch, auch in der Metropole Ruhr. Die Eintrittskarten für Premieren von Folgefilmen wie „Tal der Wölfe",

Doch auch wenn die Angehörigen der jungen türkischen Generation das Leben ihrer Soap-Stars intensiv am Fernseher begleiten, sind sie noch lange keine Stubenhocker. Sie gehen gerne aus und nehmen am Kulturleben teil. Aus deutscher und türkischer Kultur mixen sie sich einen zu ihren Bedürfnissen passenden Cocktail. Daher sind

372

Halay-, Roman- oder Kolbastı-Partys, die das Traditionelle mit dem Westlich-Modernen verbinden, sehr angesagt. Zumal bei den Frauen. Sie bilden die größte Gruppe an solchen Abenden. Die Partyfotos von Clubs wie „Taksim", „Rana", „Nispet" und „Şinanay" von Dortmund bis Düsseldorf belegen das.

Untersuchungen zeigen, dass türkische EinwanderInnen durchaus bereit sind, ins Konzerthaus, Stadttheater oder in die Philharmonie zu gehen, wenn die Veranstaltungen ihrem Geschmack entsprechen. Beispiele: Die Konzerte des Istanbuler Ensembles „Kardeş Türküler" und des türkischen Superstars Ferhat Göçer in der Essener Philharmonie sowie der Auftritt des Türkischen Jugend-Symphonie-Orchesters im Dortmunder Konzerthaus. Alle drei Veranstaltungen waren ausverkauft.

Infolge der demografischen Entwicklung wird in Zukunft ein beachtlicher Teil des Publikums aus Menschen mit Zuwanderungsgeschichte bestehen. Um diese zu gewinnen, müssten die Kunst- und Kulturhäuser aber ein auf sie zugeschnittenes Programm gestalten. Repertoire und Personalstruktur sollten vielleicht überdacht oder eine neue Marketingstrategie entwickelt werden. Diesen Schritt wagten in den letzten Jahren zwei Häuser: Das Schauspiel Essen zog mit „Homestories" unter der Regie von Nuran David Çalış junge Menschen aus Essen, Gelsenkirchen, Oberhausen und Duisburg ins Theater und arbeitete mit ihnen gemeinsam daran, Lust auf Kunst zu entwickeln. Einige von ihnen begannen nach diesem Projekt sogar eine Ausbildung im selben Haus, manche konnten als ZuschauerInnen gewonnen werden. Ein anderes Beispiel für interkulturelle Öff-

MELEZ - beim großen Festival der Kulturen und Sprachen feiern Menschen aller Herkunftsländer miteinander in der Metropole Ruhr.

373

nung ist das Museum für Kunst und Kulturgeschichte in Dortmund. Es zeigte 2008 in der Ausstellung „Evet – Ja, ich will!" die Moden und Kulturen des Hochzeitsfests in Deutschland und der Türkei, mit mehr als 500 Exponaten aus deutschen und türkischen Museen. Örtliche Vereine, Unternehmer und Schulen waren an der Gestaltung des Rahmenprogramms beteiligt. Es gab Konzerte, Kabarettabende und Vorträge in türkischer und deutscher Sprache. Tausende türkische Einwanderer und Einwanderinnen wurden durch diese Ausstellung vielleicht zum ersten Mal dazu bewegt, ein Museum zu betreten.

Türkische Stars und Sternchen in der Ruhrmetropole

Oper sowie klassische Musik haben in der türkischen Kultur keine sonderlich lange Tradition. Auch wenn sie im Osmanischen Reich hin und wieder in festlichen Programmen auftauchte, lernte die breite Masse sie erst nach der Gründung der Türkischen Republik kennen. Aber wenn TürkInnen nicht in die Oper gehen, kommt die Oper eben zu ihnen! Im Rahmen des internationalen Festivals der Kulturen MELEZ.08 sangen Güneş Gürle und Ömer Temizel, beide Mitglieder der Deutschen Oper am Rhein, in der Duisburger Alten Feuerwache das Konzert „Il Turco in Germania" und begeisterten das Publikum mit ihren Liedern und Arien.

Eine Erfolgsgeschichte schreibt auch Ismail YK. Der 1978 in Hamm geborene und in Gelsenkirchen lebende Musiker und Sänger, jüngster Spross der ehemaligen Hochzeitscombo „Yurtseven Kardeşler", lässt die Herzen seiner meist weiblichen Fans höher schlagen. Lieder, die er schreibt, sind garantiert erfolgreich. Sein Soloalbum „Allah Belanı versin" (Verflucht seist du!) verkaufte sich 2006 mehr als eine Million Mal und wurde zur erfolgreichsten Produktion des Jahres gekürt. Sein letztes Album „Bas Gaza" (Gib Gas!) fand auf dem Musikmarkt im Istanbuler Stadtteil „Unkapanı" innerhalb von zwei Wochen mehr als 150.000 Käufer, meist Käuferinnen. Weitere erfolgreiche Ruhris in der türkischen Musikszene sind: Cankan, Boys Anılar und Uğur Işılak.

Nur einer einzigen Sängerin ist es in den letzten Jahren gelungen, innerhalb dieser Männerdomäne hervorzutreten: Simge Bağdatlı aus Mülheim an der Ruhr. Im November 2008 brachte sie ihr erstes Album auf den Markt, mit großem Erfolg. Die gesamte Türkei lernte die junge Mülheimerin in der Casting-Show „Türkstar" kennen. Simge Bağdatlı setzte sich damals gegen 27.000 TeilnehmerInnen durch und belegte den zweiten Platz. Der Musikjournalist Naim Dilmener beschreibt sie als „Musikerin mit großartiger Stimme, außergewöhnlich, emotional". Zu ihrem Repertoire gehören vor allem türkische Volkslieder und Politfolkstücke, meist Lieder ihres Onkels Ahmet Kaya, des bekannten kurdisch-türkischen Sängers.

Die Dortmunder Drehbuchautorin Nesrin Şamdereli, die an der Westfälischen Schauspielschule ausgebildete Meral Perin oder die in Recklinghausen geborene Tänzerin und Choreografin Suna Göncü sind weitere erfolgreiche Künstlerinnen, die allerdings innerhalb der türkischen Community kaum bekannt sind. Dagegen genießen Journalistinnen und Autorinnen wie Hatice Akyün oder Aslı Sevindim aus Duisburg eine deutlich höhere Popularität. Beide Frauen geben in ihren Büchern und Beiträgen Erfahrungen und Beobachtungen aus ihrem deutsch-türkischen Alltag wieder. Hatice Akyün hebt dabei bisweilen die Schwierigkeiten des Lebens von Musliminnen in Deutschland hervor und wird dafür von nicht wenigen Türkinnen kritisiert. Man wirft ihr vor, Klischees zu bedienen.

Aslı Sevindim steht derzeit besonders im Fokus der Aufmerksamkeit. Als eine der vier künstlerischen DirektorInnen im Kulturhauptstadtjahr 2010 ist sie für das Themenfeld „Stadt der Kulturen" in der Metropole Ruhr zuständig, in dessen Rahmen es mehr als 40 gemeinsame Projekte gibt, die größte Zusammenarbeit, die es je zwischen zwei Kulturhauptstädten gegeben hat. Die Verbindung zwischen dem Ruhrgebiet und Istanbul ist aus nahe liegenden Gründen eine besondere. Gemeinsam ist beiden Metropolen die kulturelle Vielfalt – auf unterschiedliche Weise. Sie

Suna Göncü (l.), erfolgreiche Tänzerin und Choreografin, Tochter türkischer Migranten

375

gründet hier auf der Arbeitermigration, dort auf einer sehr alten Geschichte, in der Kulturen kamen und gingen und schon immer die unterschiedlichsten ethnischen und religiösen Gruppen zusammenlebten, die einen immensen kulturellen Reichtum hinterließen, auf dem der neue prächtig gedeiht.

Kunst, Kultur, Istanbul

In der Weltmetropole am Bosporus, mit ihren gut zwölfeinhalb Millionen EinwohnerInnen die bevölkerungsreichste Stadt des Landes, schlägt das Herz von Handel, Finanzen und Medien und zumal das von Kunst und Kultur. Besonders heftig schlägt das kulturelle Herz im nördlichen Bezirk Beyoğlu. Vom „Taksim Meydanı" (Taksim Platz) aus führt die berühmte „Istiklal Caddesi" (Istiklal Straße) mit ihren vielen Geschäften, Passagen und Restaurants zum „Tünel Meydanı" (Tünel Platz). Um „Istiklal" und „Tünel" herum gibt es zahlreiche Kinos, Theater, exklusive Läden, Clubs, Galerien, Kirchen, Buchhandlungen und Kulturzentren. „Çiçek", „Markiz" und „Atlas", die großartigen Passagen aus der Gründerzeit mit ihren Kinos, Theatern, Galerien und Bars, wurden zumal von armenischen oder griechischen Baumeistern geschaffen.

Seit den 1990er Jahren hat sich das Bild der Stadt deutlich verändert. Eine Vielzahl von Einkaufszentren mit Läden, Restaurants, Kinos und Eventhallen bestimmt es seitdem. Dennoch haben sich Beyoğlu und Ortaköy ihren einzigartigen Charme bewahren und die Anziehungskraft auf EinwohnerInnen und BesucherInnen erhalten können.

Die Filmproduktionsfirma „Plato Film" beispielsweise richtete ihre Studios in Cihangir bei Beyoğlu ein. 1986 wandelte die deutsche Kamerafrau Rebekka Haas mit ihrem Mann, dem Regisseur Sinan Çetin, ein mehrstöckiges Parkhaus in ein riesiges Filmstudio um und dreht dort seitdem unter anderem die erfolgreichste türkische Sitcom, „Avrupa Yakası" (etwa: Die europäische Seite). Die dreifache Mutter

ist eine der bestverdienenden Kamerafrauen der Türkei. Auch ihre Casting-Agentur, mit der sie neue Gesichter für Werbefilme, TV-Serien und Shows entdeckt, ist erfolgreich.

Übrigens liegen alle großen Casting-Agenturen Istanbuls in Frauenhand: Tümay Özokur, Harika Uygur sowie Renda Güner haben die meisten KünstlerInnen unter Vertrag.

Was die türkische Kunst auf internationaler Ebene betrifft, gibt die Istanbuler Kunst- und Kulturstiftung (IKSV) mit Sitz im Viertel Istiklal den Ton an. Sie berät europäische Festivalmanagements, vermittelt KünstlerInnen ins Ausland und richtet das Festival „Turkey Now" in Europa aus. Alle Istanbuler Film-, Theater-, Musik- und Jazzfestivals, die Istanbuler Biennale inbegriffen, laufen unter der Leitung der IKSV. Direktorin der berühmten Biennale ist seit 2008 Bige Örer.

Dank des Istanbul Museum of Modern Art, eines der aufregendsten Museen am Bosporus, nahm die internationale Aufmerksamkeit für türkische KünstlerInnen, vor allem in europäischen Museen, Galerien und auf Kunstmessen, stark zu. Die Geschäftsfrau und Kunstsammlerin Oya Eczacıbaşı verwandelte die alten Lagerhallen am Hafen von Karaköy mit Sponsorengeldern in das – 2004 eröffnete – modernste Museum des Landes. Es besticht mit einer ständig wachsenden Sammlung zeitgenössischer Kunst, die auf einer Ausstellungsfläche von 8.000 qm präsentiert wird.

Das jüngste Großprojekt der Istanbuler Kunstszene ist der Umbau einer ehemaligen Stromzentrale aus der Zeit des Osmanischen Reiches in einen gigantischen Museumskomplex. „Santral" heißt das einstige Industrieviertel, in dem sich nun ein Museum für moderne Kunst, ein Energiemuseum, ein Kulturzentrum als Plattform für junge KünstlerInnen sowie eine 38-Zimmer-Residenz befinden, umgeben von einer Universität, Bibliothek, einem Dokumentationszentrum, einem Kino und zahlreichen Restaurants und Cafés. Wie der Name „Santral" schon sagt, soll es die Zentrale der neuen türkischen Kunstszene werden.

Aufmerksamkeit erregte in den letzten Jahren auch eine andere Adresse: die Galerie „Outlet". Die Galeristin Azra Tüzünoğlu hatte Anfang der 1990er Jahre festgestellt, dass viele Werke junger türkischer KünstlerInnen schnell nach Europa gelangten, weil es in der Türkei zu wenig Ausstellungsmöglichkeiten gab. Um dies zu ändern, eröffnete sie zwischen den Stadtteilen Beyoğlu und Tophane ihre Galerie „Outlet" und gibt nun jungen Kunstschaffenden die Möglichkeit, sich zu präsentieren. „Auch wenn wir Outlet heißen, sind unsere Werke nicht zweite Wahl", scherzt Tüzünoğlu.

Den Boom zeitgenössischer Kunst erklärt die zwischen Berlin und Istanbul pendelnde Kuratorin Serra Özhan mit der interdisziplinären Arbeit vieler KünstlerInnen in den letzten Jahren. Design, Mode, Kunst und Sozialwissenschaften überschreiten ihre Grenzen und wachsen mehr und mehr zusammen.

Essen, Trinken, Ausgehen

Wer Istanbul richtig kennenlernen will, muss sich jemandem anschließen, der „in die Nächte fließt", d. h. sich ins Nachtleben stürzt. Denn die Metropole mit all ihren Facetten zu erleben, ist nicht einfach. Das Angebot ist schier grenzenlos. Zu den besten Restaurants der Stadt zählen „Hacı Abdullah" in Beyoğlu mit seiner osmanisch-türkischen Küche, „Cezayir" in Galatasaray, „Çiya" in Kadıköy, „Develi" in Kalamış Marina und „Dokuz" von Gourmetköchin Ece Aksoy in Pera. Ein klassisch-türkischer Abend lässt sich auf dem Fischmarkt in der „Nevizade Sokağı" erleben, mit dem traditionellen Anisschnaps Rakı und über hundert verschiedenen Vorspeisen. Live gespielte türkische und griechische Musik sowie Roma-Klänge gibt's gratis dazu. Ein Konzert im „Café Hayal", „Ghetto", „Garaj", „Babylon" oder eine Party in den Clubs „Reina" oder „Güverte" können der Auftakt zu einer unvergesslichen Nacht am Bosporus sein. Und wer weiß, vielleicht trifft man auch den einen oder anderen Star aus den unglaublich erfolgreichen TV-Serien …

Versorgen Einheimische wie TouristInnen: Fischmarkt in der Nevizade Sokağı und Kiosk vor der Hagia Sophia

Eine Amerikanerin im Pott
Sind die Frauen des Reviers anders?

Lori Herber

Claudia war die erste Ruhrgebietsfrau, die ich kennenlernte. Sie und ihr Lebensgefährte Rainer luden mich zum Kaffeetrinken ein. Farbenfrohe Blechdosen krönten die Schränke, bunte Unterteller standen auf dem Kaffeetisch und ein bombenähnliches Etwas, das gleichmäßig die Sekunden heruntertickte, hing an der Wand. Mein Blick muss wohl keine allzu große Zustimmung zum Ausdruck gebracht haben, weil Claudia lachend meinte: „Sorry – es ist nicht schick – alles Ikea!" Sie hatte meinen Gesichtsausdruck falsch interpretiert. Ich habe zwei Jahre meines Lebens in einem Wohnmobil verbracht und hätte schon allein deshalb niemanden wegen seiner Einrichtung verurteilt. Am allerwenigsten jemanden, der es schaffte, auf eine so geschmackvolle Art eine „Zuhause"-Stimmung zu erzeugen. „Nein, nein!", sagte ich, „ich finde eure Küche einfach super!"

Den ersten Eindruck von Deutschland bekam ich im Moseltal mit seinen kleinen Fachwerkhäusern am idyllisch dahinschlängelnden Fluss. Nach meinem Austauschprogramm in Trier war mir klar, dass ich unbedingt wieder nach Deutschland wollte. Ein Jahr später sollte ich dann in Münster studieren. Nach der Landung in Düsseldorf ging es mit dem Zug dorthin und auch ein ganzes Stück weit durchs Ruhrgebiet. Als die mit Graffiti besprühten Gebäude vor meinem Zugfenster verwischten, wunderte ich mich. „Wo sind die Hügel? Wo die Fachwerkhäuser? Wo. Bin. Ich?"

Kurz darauf begann ich mich für die Geschichte des Ruhrgebiets und seiner Menschen zu interessieren. Das mochte mit meiner Familiengeschichte zusammenhängen, derzufolge meine Urgroßmutter angeblich aus Essen kam. Vielleicht habe ich mich wegen dieser Verbindung auch sofort mit Claudia verstanden. Sie strahlt mit Anfang 40 eine Energie aus, die ich als 28-Jährige

Und wie sind sie überhaupt?

nur bewundern kann. Claudia trainiert für den Ruhrmarathon. Gerne streut sie ab und zu englische Wörter in unsere Gespräche ein, weil sie mal in Amerika studiert hat. Als gebürtige Bochumerin lästert sie auch schon mal gern über Wanne-Eickel, woher Rainer stammt. Claudia ist frech und direkt, dabei gleichzeitig unheimlich lieb, das hat mich beeindruckt. Wenn ich an Ruhrgebietsfrauen denke, fällt mir sofort Claudia mit ihrer Leidenschaft und Risikobereitschaft ein. In den drei Jahren, in denen sie bei einer Firma gearbeitet hatte, war sie von einer Anfängerin zur Abteilungsleiterin aufgestiegen. Sie gab diese Stelle jedoch auf, als ihr klar wurde, dass sie sich nur zum geringen Teil mit ihrer Tätigkeit identifizieren konnte. Anfang 2003 begann sie ein Referendariat und bekam anschließend eine Stelle als Englischlehrerin an einer Berufsschule in Duisburg-Marxloh. Der schlechtere Verdienst ist ein Nachteil, aber den nimmt sie in Kauf, weil dieser Beruf nun zu ihr passt.

Ich meine, die Geradlinigkeit und Kompromisslosigkeit von Claudia auch bei vielen anderen Ruhrgebietsfrauen gefunden zu haben, ganz sicher aber ihre große Offenheit, Hilfsbereitschaft und Gastfreundschaft. Stundenlang haben wir zusammen an ihrem Küchentisch gesessen, Bier (aus Bochum) getrunken und diskutiert, wen ich für mein Ruhrgebiets-Fotoprojekt interviewen sollte. Oder was es heißt, im Ruhrgebiet zu leben. Und wie sich AmerikanerInnen von Deutschen unterscheiden oder worin sie sich ähnlich sind. Über Claudia habe ich dann auch Cengiz kennengelernt – und ihn für mein Projekt interviewt. Ein großer Teil bestand darin, die GesprächspartnerInnen zu fotografieren, und mir war es wichtig, nicht nur die berufliche Seite von Cengiz zu zeigen, sondern auch einen Blick auf sein Privatleben zu werfen.

Ich fuhr nach Essen, hatte eine Stunde eingeplant, wollte auch seine Frau Hatice kennenlernen und vielleicht auch sie fotografieren. Fünf Stunden, zwölf Tassen Tee und einen Döner später saß ich immer noch da. Zwischen den Weintrauben, Äpfeln, Kuchen und Teegläsern konnte man kaum was vom Tisch sehen, so voll war er. Wir redeten miteinander, als würden wir uns schon ewig kennen. Hatice war Kauffrau von Beruf und wie Claudia überaus gastfreundlich und vor Energie sprühend. „Was ist mit diesen Ruhrgebietsfrauen?", dachte ich, als sie mir eine weitere Tasse Tee eingoss. „Wo bin ich eigentlich? Wo sind hier die unfreundlichen, frustrierten Deutschen, die mir angekündigt worden waren!?"

Claudia und Rainer weckten bei Lori Herber die Liebe fürs Ruhrgebiet.

Eine Stunde nach meiner Ankunft hatte ich schon ein paar Fotos von Hatice und Cengiz gemacht, meine Arbeit war damit eigentlich erledigt, aber irgendwas hielt mich bei ihnen. Stundenlang haben wir über unsere Heimatländer geredet und darüber, wie die beiden den Balanceakt zwischen der deutschen und der türkischen Identität hinbekommen. Ihre Eltern sind aus der Türkei ins Ruhrgebiet gezogen, sie selbst in Essen aufgewachsen. Nach drei Stunden holte Hatice ihre Hochzeitsbilder, und wir lachten über den Schnurrbart, den Cengiz vor zehn Jahren trug. Nach vier Stunden luden die beiden mich in die Türkei ein.

Bei meinem nächsten Besuch in Deutschland wollte ich Hatice und Cengiz unbedingt wiedersehen. Zwei Wochen zuvor hatten sie ein Mäd-

Aus Lori Herbers Sicht eine ganz und gar „typische Ruhri": Hatice

chen bekommen. „Sie sind bestimmt sehr erschöpft", dachte ich. Und das waren sie auch. „Enise ist von 8 Uhr abends bis 8 Uhr morgens wach", erzählte Hatice und lachte. Wir gingen ins Wohnzimmer, und meine Augen wurden groß. Da war wieder der Tisch, auf dem sich Riesenmengen von Obst, Leckereien und Getränken türmten. „Wie, zum Teufel, haben sie das geschafft!?", dachte ich mir. Und: „Welch eine Gastfreundschaft!" Hatice ist auch eine von denen, die mir sofort einfällt, wenn ich an die Frauen des Ruhrgebiets denke.

Mit der kämpferischen Seite der Ruhrgebietsfrauen machte ich Bekanntschaft, als ich zwei Frauen aus der ehemaligen Bekleidungsindustrie interviewte. Zusammengerechnet haben Frau Bruch und Frau Hohmann über 50 Jahre in der Textilindustrie gearbeitet. An einem kalten Wintertag lernte ich die beiden bei Frau Bruch zu Hause kennen. Sofort nahm Frau Bruch mir

die Jacke ab, bot Kaffee und Kekse an und einen Schnaps gegen die Kälte. Ich habe den Kaffee gerne genommen. Und den Schnaps auch.

Je länger wir uns unterhielten, desto mehr erfuhr ich über ein oftmals übersehenes Kapitel der Ruhrfrauen-Geschichte. Wenn man an den Wandel im Ruhrgebiet denkt, denkt man an die Kohle- und Stahlindustrie. Unerwähnt bleibt meist, dass die Bekleidungs- und Textilindustrie mit ihren vielen Frauenarbeitsplätzen ebenfalls zusammengebrochen ist. Aber die Frauen haben nicht kampflos aufgegeben. Frau Hohmann hat damals in der Firma, in der sie arbeitete, einen Betriebsrat gegründet. Frau Bruch erzählte, man habe wie in einer Familie zusammengehalten. „So haben wir eigentlich viel durchgesetzt, ne?" Frau Hohmann stimmt ihr zu. „Lohnfortzahlung, ein bisschen mehr Geld, mehr Urlaub, das haben wir alles nicht geschenkt gekriegt, dafür musste man schon auf die Straße gehen und kämpfen", ergänzt Frau Bruch. „Ich bin gerne demonstrieren gegangen", sagt Frau Hohmann. „Ich auch", lacht Frau Bruch.

Nur hier im Ruhrgebiet konnte es so etwas wie diese Arbeitskämpfe geben, denke ich. Hier haben Frauen aus der Generation meiner Großmütter für Frauenrechte gekämpft, während Feminismus in meiner Familie noch heute überhaupt kein Thema ist. Ich bin sicher, Frau Bruch und Frau Hohmann haben keine Ahnung, wie inspirierend sie sind – und das ist eben auch noch eine Eigenschaft der Ruhrpottlerinnen: das erfrischend Uneitle.

Nirgendwo auf meinen Reisen durch Deutschland war ich in einer Region, die ein so schlechtes Image hat wie das Ruhrgebiet. Gleichzeitig habe ich nirgendwo so viel Stolz auf die Heimat erlebt wie unter den Pott-Bewohnerinnen. „Ich bin leidenschaftliche Ruhrgebietlerin!", meint Frau Hohmann. „Ich kenne fast jedes Bundesland, aber nirgendwo sind die Leute so wie hier. Das liegt am multikulturellen Klima. Hier sind alle Zugezogene, von da und von dort, und die Leute sind hier sehr besonders, muss ich sagen." Frau Hohmanns Ansicht über die Zugezogenen finde ich – zumal für Angehörige ihrer Generation – beeindruckend. Für die Menschen im Ruhrgebiet ist das

Thema Integration nicht besonders der Rede wert. Frau Hohmann und Frau Bruch erzählen, dass sie sich freuen, dass es hier die Italiener gibt, weil es sonst keine Pizza gäbe. Und dass die größte Moschee Deutschlands im Ruhrgebiet steht. Es läuft nicht immer alles reibungslos, aber hier scheint die Lage besser zu sein als anderswo.

Und die Ruhrgebietlerinnen scheinen mir die offensten Frauen Deutschlands zu sein, nicht nur, wenn ich an Claudia, Hatice, Frau Bruch und Frau Hohmann denke. Oft habe ich gehört, wie „kalt" die Deutschen sein sollen. Leute, die das meinen, kennen die Frauen des Potts nicht. Sie haben nie die Feinheiten einer Fremdsprache mit Claudia diskutiert, keinen Tee bei Hatice getrunken und kein Canasta mit Frau Bruch und Frau Hohmann gespielt. Sicher, es ist in gewisser Weise eine Verallge-

meinerung, aber der Blick von außen eröffnet doch auch einen starken Eindruck, und das ist ganz klar der von starken Frauen.

Zu Claudia habe ich regen Kontakt, ich besuche sie jedes Mal, wenn ich in Deutschland bin. Einmal war meine ganze Familie dabei, und wir haben zu sechst bei Claudia und Rainer übernachtet. Keiner von meinen Verwandten spricht Deutsch, aber irgendwie haben sie sich alle gut verstanden. Und Claudia hat sich gefreut, ihr Englisch üben zu können. Als Dankeschön hatte mein Vater ein altes Nummernschild aus unserem Bundesstaat mitgebracht. Wenn ich nun in die Küche von Claudia und Rainer komme, sehe ich nicht nur die Dosen, die Bomben-Uhr und die bunten Unterteller, sondern auch noch ein Kennzeichen aus Indiana.

Die ehemaligen Betriebsrätinnen Frau Hohmann (links) und Frau Bruch (Mitte) mit einer Freundin beim Canasta-Spiel

Mit gutem Beispiel voran
Innovative regionale Entwicklungsstrategien

Claudia Horch

Sinkende Bevölkerungszahlen, Alterung und soziale Segregation bei gleichzeitig brisanter finanzieller Situation der Kommunen erfordern intensive politische Gestaltungsprozesse. Der demografische Wandel hat Auswirkungen auf alle Lebensbereiche und bringt auch für die Metropole Ruhr enorme Herausforderungen mit sich. Wenn die Mehrheit der Städte einem Haushaltssicherungskonzept folgen muss, geht die politische Gestaltungsfreiheit verloren. Mit der Frage nach der Zukunft der Metropole Ruhr ist daher zwingend die Frage danach verbunden, welche Prioritäten gesetzt werden: Welche Themenfelder sind für die Zukunftssicherung der Metropole Ruhr am relevantesten? In welche Richtungen sind Entwicklungen am besten zu lenken, wo können Synergieeffekte am wirksamsten generiert werden? Wo soll die Region in zehn, wo in zwanzig Jahren stehen?

Von der Unmöglichkeit eines Wandels durch Events

In der sich weltweit verschärfenden Konkurrenz der Regionen kommt es darauf an, erkennbar zu sein und ein positives Image zu haben. Dieses Bild muss für BewohnerInnen wie für Außenstehende „belastbar" sein, d. h., es muss den Wandel anhand bestimmter Orte, Projekte und Prozesse sichtbar, nachvollziehbar und interessant machen. In den 1990er Jahren hatte die IBA Emscher Park den Anspruch, Modell für den ökologischen Umbau altindustrieller Regionen zu sein. Dies wurde in Projekten wie der Renaturierung des Emschersystems,

384

müssen Frauen und Männer im Blick haben

der Gewerbestandorte „im Park" oder auch der Projekte „Einfach und selber bauen" realisiert und setzte ein sichtbares Erneuerungssignal. Mit der Kulturhauptstadt wird Ähnliches versucht: Was macht die Kulturlandschaft des Ruhrgebiets aus? Wie gestaltet und begleitet Kultur den Wandel und treibt ihn voran? Wie kann die Kulturlandschaft Ruhr zu einem Modell werden? Beide – Emscherumbau wie Kulturhauptstadt – werden in absehbarer Zeit voraussichtlich die letzten großen Projekte mit wichtigen Impulsen zur Gestaltung der Region sein.

Für die IBA wurden verschiedene Fördertöpfe zur Struktur- und Regionalpolitik gebündelt. Die derzeitige Phase der EU-Strukturpolitik fördert nicht mehr Regionen, sondern Ideen. Eine Jury entscheidet über die Förderwürdigkeit nach dem Wettbewerbsprinzip. Verglichen mit der vorherigen Förderpraxis hat das Prinzip Nachteile für die Metropole Ruhr; nicht deshalb, weil wir so ideenlos sind, sondern weil die Finanzlage kaum Koförderung durch die öffentliche Hand zulässt. Zwar werden innovative Projekte entwickelt, die Chancen für ihre Umsetzung sind jedoch wesentlich geringer als in Zeiten der regionalisierten Strukturpolitik. Damit sind wir beim harten Brot des kommunal- und regionalpolitischen Tagesgeschäfts: Die Ressourcen für öffentlich finanzierte Programme und Events sind verbraucht. Die Haushaltsmittel reichen nicht mehr für so genannte freiwillige Aufgaben und können daher auch nicht mehr zur Kofinanzierung von Projekten eingesetzt werden. Die Impulse zur Erneuerung müssen möglichst zielgenau gegeben werden.

Das Kulturhauptstadtjahr half, die Aufmerksamkeit auf die Region zu lenken. Es gab einen Aha-Effekt: Tatsächlich, die kulturelle Vielfalt und Qualität der Metropole Ruhr ist beachtlich. Aber: Wie werden die Effekte der Kulturhauptstadt auch nach 2010 nachhaltig, sprich: Welches kulturelle Profil will man erhalten? Welche bislang kaum wahrgenommenen Qualitäten hat die Region noch, welche sollen erhalten bzw. gestärkt werden? Die Frage ist, wo Prioritäten gesetzt, wie Menschen in der Region gehalten und NeubürgerInnen hinzugewonnen und welche zentralen Handlungsfelder regionaler Entwicklung definiert werden.

Im regionalen Konsens Schwerpunkte setzen

Um sich im verschärfenden Verteilungskampf um EinwohnerInnen, Arbeitsplätze und Finanzmittel positionieren zu können, ist eine Vorstellung von der anzustrebenden Zukunft für die Metropole Ruhr unverzichtbar. Nur wenn es einen regionalen Konsens darüber gibt, was die Metropole Ruhr 2020 ausmachen soll, kann diese schwierige Situation zugunsten aller EinwohnerInnen gemeistert werden. Das Schlimmste, was passieren kann, ist, sich zu verzetteln, das Zweitschlimmste, gegeneinander statt miteinander zu agieren. Das Schaffen von Synergieeffekten, das Setzen von Schwerpunkten und die Arbeit an einem gemeinsamen Ziel sind unerlässlich.

Viele regionale AkteurInnen haben hier schon konkrete Vorstellungen entwickelt und auch modellhaft umgesetzt. Beispiele sind: Kooperationen der Wohnungswirtschaft, der Städte und weiterer Handelnder zur Schaffung generationengerechter Quartiere, die Arbeit am Ruhrgebiet als einer Gesundheitsregion der Zukunft oder auch Initiativen einer modernen Logistikwirtschaft. Sie zeigen: Ist das Ziel klar, wird auch klar, warum ein gemeinsames Vorgehen Qualitätsverbesserungen und damit Vorteile für alle bringt.

Methoden und Handlungsfelder einer innovativen Regionalentwicklung

Die Beiträge in dieser Publikation zeigen die vordringlichen Handlungsfelder einer innovativen Regionalentwicklung. Dazu gehört die Möglichkeit, die Entwicklung aktiv mitzugestalten – sei es in formellen (Politik) oder informellen Strukturen (Netzwerke). Wer die Möglichkeit hat, sich mit seinen Ideen aktiv einzubringen, fühlt sich in einer Stadtgesellschaft akzeptiert. Umgekehrt ist eine Stadtgesellschaft attraktiv, die sich aktiv dem bürgerschaftlichen Engagement öffnet. Auf einer Veranstaltung im Februar 2010 zur neuen Regionalplanung wurde mehrfach betont, dass mit deren Übernahme durch den RVR auch eine neue Methode zur Anwendung kommen soll: von regional planning zu regional governance.

Regional governance – also Regionalentwicklung unter Teilhabe regionaler, auch bürgerschaftlicher AkteurInnen – weist im Unterschied zur reinen staatlichen Planung nach dem Gegenstromprinzip viele zivilgesellschaftliche Elemente auf. Sie ist eine neue Planungsmethode, die die spezifischen regionalen Ressourcen erkennen und stärken will. Damit verabschiedet sich regional governance von der Rolle des allwissenden und allmächtigen (Lokal-)Staates. Stattdessen soll eine Vielzahl bürgerschaftlicher Initiativen einbezogen werden – ähnlich wie bei der Lokalen Agenda 21. Die AkteurInnen bekommen aber nicht nur eine „Spielwiese" zugewiesen, sondern sie haben die Möglichkeit, ihre Anregungen und Projekte aktiv in die regionalen Planungsprozesse einzubringen.

Im Zuge der Erarbeitung des Masterplans Raum- und Siedlungsstruktur wurde ein Netzwerk der Planungsverantwortlichen geschaffen und damit die regionalplanerische Diskussion verbreitert und verstetigt. Mit besagter Veranstaltung im

Kein einziges Auto, stattdessen 20.000 Tische und rund drei Millionen Menschen am 18. Juli 2010 auf der A 40 beim RUHR.2010-Projekt „Still-Leben"

Lebenslanges Lernen über die Schule und das Berufsleben hinaus und Investitionen in die Bildung sind immens wichtig und gerade im Ruhrgebiet zentrale Zukunftsaufgaben

Februar 2010 wurde begonnen, weitere regionale AkteurInnen aus dem wissenschaftlichen Raum (v. a. raumplanerische Fakultäten und Institute der Metropole Ruhr) einzubeziehen. In einem dritten Schritt muss es nun darum gehen, Zugang zu den BürgerInnen zu erhalten bzw. – anders formuliert – neue Beteiligungsverfahren über die im Baugesetzbuch genannten formellen Beteiligungen hinaus zu implementieren.

Regionale Diskurse und Partizipation

Vorliegende Beiträge zeigen, dass Frauen in der Metropole Ruhr nicht adäquat an formellen Politikverfahren beteiligt sind. Ein Grund dafür wird in der noch immer nachwirkenden montanindustriellen Koalition zwischen Sozialdemokratie, Gewerkschaften und großbetrieblichen Interessen gesehen, ein anderer in einer noch immer schwach entwickelten bürgerlichen Mittelschicht, die Partizipation nicht ausreichend einfordert. Um zukunftsfähig zu sein, Nachwuchs zu rekrutieren und die gesamte Bevölkerung zu repräsentieren, müssen die politischen Parteien gerade im Ruhrgebiet darüber nachdenken, wie sie aktiv und aktivierend auf die Frauen zugehen. Die Beiträge zeigen weiterhin, dass Frauen eine geringere Affinität zur Übernahme öffentlichkeitswirksamer Ämter haben. Sie sind in scheinbar lebensnähere Netzwerke wie Vereine, Initiativen zur Kinderbetreuung oder Schulpflegschaften eingebunden. Die Politik „konkurriert" hier mit anderen ehrenamtlichen Tätigkeiten.

Allerdings wurde auch deutlich, dass Frauen andere, informelle Wege suchen, ihre Interessen in den politischen Raum zu bringen. Netzwerke wie Frauen und IBA, das Frauennetzwerk Ruhrgebiet, aber auch regionale Unternehmerinnen-Netzwerke sind zum einen strategische Diskussionsplattformen, auf denen regionalpolitisches Handeln abgestimmt wird, zum anderen eine Möglichkeit, Aufmerksamkeit für die spezifischen Belange von Frauen zu wecken, KoalitionspartnerInnen und Verbündete in Politik, Wirtschaft und Verwaltung zu finden und so gendergerechte regionale Strategien und Projekte umzusetzen. Formelle und informelle Beteiligungsformen ergänzen einander, im Idealfall werden informelle Netze von der Politik als Thinktank begriffen und zur Politikgestaltung genutzt (innovative Projekte im Rahmen der IBA Emscher Park oder der Städteregion 2030). Mindestens genauso wichtig wie die informelle Netzwerkarbeit sind aber konkrete Handlungsstrategien zur Umsetzung formeller Chancengleichheit. Das Beispiel Frankreich zeigt, wie viel mit einer Quotenregelung bewirkt werden kann.

Bildung, Wissenschaft, Kreativität und Innovation

Ein weiteres wichtiges Handlungsfeld für Regionalpolitik ist die Bildungs- und Innovationspolitik. Ziel der übergeordneten Politiken – von der Lissabon-Strategie der EU bis hin zur Politik der Metropolregionen der Ministerkonferenz für Raumordnung – ist die Positionierung Deutschlands und insbesondere seiner großstädtischen Räume als international bedeutsame Innovations- und Wissensstandorte. Die Positionierung als Wissensregion erfordert, das politische Handeln auf das Thema Bildung zu fokussieren. Bildung darf dabei nicht auf Eliteförderung verengt werden, sondern muss – wie Strohmeier / Kersting in ihrem Beitrag zeigen – gerade im Ruhrgebiet einen breiten lebensweltlichen Ansatz haben: Von der frühkindlichen Bildung über die Durchlässigkeit des schulischen Bildungssystems bis hin zu einem Übergangsmanagement Schule-Beruf und einer engeren Kooperation und Profilbildung der Hochschullandschaft. Die Dominanz männlich geprägter Berufs- und Karrieremuster führt dazu, dass das Potenzial von Frauen in Wissenschaft und Forschung nicht ausgeschöpft wird. Gerade das Ruhrgebiet kann sich den Ausschluss von Frauen aus höheren Positionen – ob in Wissenschaft, Wirtschaft oder Innovation – nicht leisten. Der demografische Wandel wird zu einem Arbeitskräftemangel führen, der nur vermieden werden kann, wenn Frauen gleiche Zugänge zu beruflichen und

wissenschaftlichen Karrieren ermöglicht werden. Strohmeier / Kersting zeigen in ihrem Beitrag aber auch, dass genau hingeschaut werden muss: Jede Kommune hat ganz individuelle Problemlagen, die kleinräumig zu analysieren und für die lokal angepasste Lösungen zu finden sind. Eines aber ist klar: Qualitätsvolle und damit individuelle Lösungen kann es nur dann geben, wenn nach Geschlechtern getrennt analysiert wird.

Arbeit, Wirtschaft und Soziales

Die unterschiedlichen Lebenswelten von Frauen und Männern in der Metropole Ruhr zeigen sich am deutlichsten bei den Themen rund um Arbeitsmarkt und soziale Lage. Schon im Jahr 2000 stellte Kampherm im Frauenatlas Ruhrgebiet fest, dass zwar die Integration von Frauen in den Arbeitsmarkt zunahm (gemessen an der Erwerbsquote), der Arbeitsmarkt aber immer noch geschlechtsspezifisch segmentiert ist. Diese Feststellung gilt 2010 nach wie vor. Im Vergleich zu den Männern sind die Frauen geringer beschäftigt, bezahlt und sozial abgesichert (siehe Beitrag Lessing). Auch die Berufswahl und -ausübung ist noch immer stark geschlechtsspezifisch geprägt. Trotz des anhaltenden Wandels hin zur Dienstleistungswirtschaft gewinnen Frauen im Ruhrgebiet – verglichen mit dem Land – kaum Stellen hinzu, zudem sind sie von der Umwandlung von Vollzeit- in Teilzeitstellen besonders betroffen. Die Zunahme der Teilzeit- und Minijobs, prekären und befristeten Arbeitsverhältnisse bewirkt, dass immer mehr Haushalte nicht von ihrem Einkommen leben können und „aufstocken". Aufrütteln muss auch, dass Frauen drei Viertel der Geringverdienenden stellen und mittlerweile fast jedes vierte Kind unter 15 Jahren von Leistungen zur Grundsicherung lebt. Diese Entwicklung zeigt, wie unverzichtbar gerade in der Metropole Ruhr eine auf die jeweilige Arbeitsmarktsituation von Frauen und Männern abgestimmte Wirtschafts-, Struktur- und Sozialpolitik ist. Wenn die Entwicklung hier mit ungebremster Dynamik fortschreitet und die so genannte Mittelschicht weiter erodiert, wird sich die soziale und räumliche Spaltung verschärfen mit der Folge, dass ausgedehnte Armutsstadtteile entstehen. Das bedeutet: Werden die geringer werdenden Finanzmittel nicht sehr zielgenau eingesetzt, kann die Metropole Ruhr die Problemlage im Schnittpunkt von Sozial-, Bildungs- und Arbeitsmarktpolitik kaum noch beeinflussen. Dann wird lokale Politik nicht nur wirkungslos, sondern auch unglaubwürdig.

Identifikation und Umzugsverhalten

Die repräsentative Befragung von mehr als 1.000 Frauen und Männern macht deutlich, dass die Identifikation mit dem Ruhrgebiet nach wie vor hoch und ungebrochen ist. Fast alle Befragten bekannten sich zu ihrer Heimatregion, die Wohnzufriedenheit ist hoch und die Bereitschaft zum Umzug in eine andere Region gering. Die Analyse der Wanderungsbewegungen zeigt allerdings, dass die tatsächliche Umzugsmobilität viel mit dem Alter und mit dem Geschlecht zu tun hat. Am häufigsten sind die Zu- und Fortzüge bei den 18- bis 25-Jährigen, also den Menschen in Ausbildung oder am Anfang ihrer beruflichen Laufbahn. Und auch hier gibt es geschlechtsspezifische Unterschiede: Junge Frauen sind mobiler als junge Männer. Ähnliche Ergebnisse zeigen auch Wanderungsstudien in ostdeutschen Regionen und hier insbesondere in Räumen, die besonders stark vom demografischen Wandel betroffen sind. Die Abwanderung junger, gut ausgebildeter Frauen muss alarmieren, denn es zieht nicht nur eine Person weg, sondern eine potenzielle Familiengründerin und eine Innovationsträgerin. Schon lange ist das Ruhrgebiet eine StudentInnen-Exportregion. Mit den oben geschilderten Trends auf dem Arbeitsmarkt besteht die Gefahr des weiteren Verlusts so genannten Humankapitals, also gut ausgebildeter Frauen.

Wohnen, Wohnumgebung und Mobilität

Die Situation der öffentlichen Haushalte führt auch dazu, dass sich die Rahmenbedingungen für Frauen in Beruf, Betreuung oder Pflege weiter verschlechtern. Obwohl der Ausbau der Kinderbetreuungseinrichtungen gut vorangekommen ist, ist durch das Wegbrechen freiwilliger Leistungen der weitere Ausbau der Unter-Dreijährigen-Betreuung gefährdet. Aber nicht nur hier sind die Frauen besonders belastet: Auch bei der Pflege älterer Angehöriger stehen sie in vorderster Reihe. Ob hier die unterstützenden und entlastenden Dienstleistungen gehalten oder gar ausgebaut werden können, ist eine wichtige Frage gerade in dieser Region.

Allein kinderfreundliche Städte mit offenen Nachbarschaften sind lebendige, lebenswerte, zukunftsfähige Städte.

390

In enger Verbindung damit stehen weitere Aspekte von Stadt- und Regionalentwicklung, die die Lebensqualität entscheidend mitbestimmen. In erster Linie zählt hierzu die Wohnqualität, also: Welche Typen von Wohnungen, welche Siedlungstypen gibt es, gibt es Überhänge oder Engpässe in bestimmten Wohnungsmarktsegmenten? Wie groß ist die Auswahl unter verschiedenen Wohnungstypologien und Wohnqualitäten? Gerade den durchgrünten Siedlungen in der Nähe eines Stadtteilzentrums wird eine besondere Wohnqualität bescheinigt, doch lohnt sich ein geschlechtsspezifischer Blick: Während Männer eine höhere Präferenz für die Innenstadt und eher ländliche Gebiete ("im Grünen") haben, wohnen Frauen – wahrscheinlich, weil sie stärker den ÖPNV und wohnungsnahe Infrastruktur nutzen – deutlich lieber als Männer in oder in der Nähe eines Stadtteilzentrums (siehe Beitrag Bölting / Schneiders).

Das ExpertInnengespräch zur Zukunft des Wohnens in der Metropole Ruhr zeigt die gegenwärtigen und künftigen Herausforderungen für das Wohnen in der Ruhrregion: Sie reichen von den geringer werdenden Einflussmöglichkeiten der öffentlichen Hand und Bildung neuer Akteursallianzen über energetische Sanierung bis hin zu sozialen Fragen wie der Verdrängung von MieterInnen. Eine zielgerichtete Wohnungspolitik ist ein zunehmend wichtiger Standortfaktor. Nach der großen Privatisierungswelle der letzten Jahre müssen Städte und Wohnungsgesellschaften verstärkt auf Qualität setzen und mehr auf die individuelle Nachfrage eingehen. So ist beispielsweise altersgerechtes Wohnen ein wichtiges Thema, aber auch die steigende Zahl von Alleinerziehenden-Haushalten. Wohnungswirtschaft wird durch wohnbegleitende Dienstleistungen angereichert. Dazu muss man die Wünsche der NachfragerInnen kennen, und das geht nur,

wenn über die Haushaltsstruktur hinaus auch die Individuen in den Blick genommen werden. Also auch hier: Was wollen Frauen und was Männer? Da gegenwärtig der Haushalt die Analyseeinheit ist, sollte methodisch nachgebessert werden.

Bei Untersuchungen zum Thema Mobilität und Verkehr ist gendern auch noch nicht im so genannten Mainstream angekommen, doch die statistischen Voraussetzungen sind durch nach Geschlechtern differenzierte Umfragen gegeben, und sie werden von Institutionen wie dem Institut für Landes- und Stadtentwicklungsforschung auch regelmäßig geschlechtsspezifisch untersucht. Die Unterschiede im Mobilitätsverhalten von Frauen und Männern beruhen vor allem auf den unterschiedlichen gesellschaftlichen Aufgabenzuweisungen. Ein künftiges regionales Mobilitätskonzept, wie es auch auf der Agenda der RVR-Koalitionsvereinbarung steht, ist daher nach diesen unterschiedlichen Mobilitätsansprüchen zu differenzieren.

Wie kommt Innovation in eine wenig innovative Region?

Egal, welcher Bereich öffentlicher Teilhabe und Daseinsvorsorge betrachtet wird – allen ist gemein, dass sich die Zielgenauigkeit und damit die Nachhaltigkeit und Qualität umso mehr verbessert, je stärker sie den jeweiligen Interessen der "Zielgruppe" – also der Frauen und Männer – entsprechen. So wird die Region so attraktiv wie möglich, die Maßnahmen treffen auf Akzeptanz, und Nachbesserungen werden vermieden. Gender Mainstreaming auf kommunaler und regionaler Ebene ist daher nicht in erster Linie Teil einer Sozial-, Arbeitsmarkt-, Struktur- oder Bildungspolitik. Gender Mainstreaming ist vor allem eine Analyse- und Planungsmethode, die die Qualität von Planungs- und Projektentwicklungsprozessen

391

verbessert. Eine gegenderte Regionalentwicklung mag auf den ersten Blick aufwändiger erscheinen. Sie macht jedoch nicht „doppelt Arbeit", sondern sie stellt bei jedem Planungsvorhaben durchgängig die Frage nach den Auswirkungen auf Frauen und Männer. Damit wird die Planung zielgenauer und letztlich auch qualitätsvoller.

Die Diskurshoheit darf nicht mehr allein bei den „alten", etablierten Männern in Politik, Wissenschaft und Verwaltung liegen. Stattdessen wird ein breiter, zivilgesellschaftlich getragener Diskursprozess benötigt. Adrienne Goehler wünscht sich hier eine „Verflüssigung", bei der sich unterschiedliches Wissen verbinden kann; dass es zu einer breiter getragenen Teilhabe an anderen Denk- und Handlungsweisen kommt und zu einer breiteren Beteiligung sämtlicher Bevölkerungsgruppen an politischen Prozessen. Die Kreativität aller ist gefragt, wenn es um zukunftsfähige gesellschaftliche und ökologische Problemlösungen geht.

Die Veröffentlichung zeigt, dass von den Frauen in der Metropole Ruhr unverzichtbare wirtschaftliche, soziale und kreative Impulse ausgehen: Frauen gestalten Festivals, kuratieren Ausstellungen, entwickeln Stadtteilprojekte und modellhafte Bildungsansätze. Sie stellen die Mehrheit der Studierenden, machen immer häufiger eine Hochschulkarriere und gehen erfolgreich den Schritt in die Selbstständigkeit. Frauen gestalten die Region entscheidend mit, als Unternehmerin, Planerin, Künstlerin oder Politikerin. Auf die Impulse, die davon ausgehen, ist die Metropole Ruhr bei der Bewältigung ihrer Zukunftsaufgaben dringend angewiesen.

Von daher erstaunt es, wie sehr sich die Lebenswelten von Frauen und Männern in der Metropole Ruhr auch in den Zeiten forcierten demografischen Wandels noch immer unterscheiden. Notwendig für die Chancengleichheit wäre eine Flexibilisierung der Gesellschaft weg von festen Rollenzuschreibungen. Die gesellschaftlichen und die wirtschaftlichen Verhältnisse, die zu verschiedenen Lebenswelten von Frauen und Männern führen, wirken sich auch auf die räumliche Organisation einer Region aus. Neben Bildung, Kultur, Familie, Sozialem, Arbeit und Wirtschaft ist daher Raumplanung und Regionalentwicklung ein weiteres wichtiges Feld für die Chancengleichheit von Frauen und Männern. Die Analyse der Zusammensetzung von Stadträten hat gezeigt, dass in ihnen mehrheitlich Männer im erwerbsfähigen Alter und mit „sicherem" Job sitzen. In Fragen der Stadt- und Regionalplanung ist ihr Fokus ein anderer als der einer jungen Alleinerziehenden oder einer Rentnerin. Um die Interessen von Frauen bei der Stadt- und Regionalplanung ausreichend zu berücksichtigen, müsste als erstes eine formelle Repräsentanz gewährleistet sein. Da diese jedoch nicht gegeben ist, finden sich Frauen in informellen Netzwerken zusammen.

Während Frauenbelange auf kommunaler Ebene schon Anfang der 1990er Jahre Eingang in den planerischen Diskurs fanden, wurde das Thema Gender in der Regionalentwicklung erst später aufgegriffen, zuerst in der regionalen Strukturpolitik. Doch nicht das Ruhrgebiet machte den Anfang, sondern das Land Rheinland-Pfalz und der Verband Region Stuttgart. Zwar wurde versucht, das Thema in die IBA Emscher Park einzubringen, aber es blieb bei vereinzelten Modellprojekten abseits des Planungsmainstreams.

Eine gendersensible Politik als durchgängige Praxis wird es nur dann geben, wenn sie top-down, also von oben implementiert und dann auch auf die strikte Einhaltung ihrer Umsetzung geachtet wird. Ansonsten wird es ihr wie jedem Querschnittsthema gehen: Als Verkaufsargument oder Alleinstellungsmerkmal ist es „nice to have", im Umsetzungsalltag bringt es jedoch zunächst zusätzliche Arbeit (und wenn diese allein in einer Denkanstrengung besteht). Wie die Beiträge zeigen, wird es die Region mit simplem „weiter so" aber nicht schaffen, attraktiv für die hier Lebenden zu bleiben und für die umworbenen Hochqualifizierten zu werden.

Ausblick: Wege zu einer innovativen Regionalentwicklung

Entwicklung hin zu mehr Vielfalt und weg von den bislang prägenden Strukturen – egal, ob in Wirtschaft, Gesellschaft oder Politik – heißt zwangsläufig auch: weg von den männlich geprägten Arbeits- und Lebenswelten. Die politischen Gestaltungsfelder in einem Hochtechnologie- und Hochlohnland sind somit

Bildung: Das Leitbild einer künftigen Wissensregion Ruhr kann sich nicht an einem diffusen Kompetenz- und Elitebegriff orientieren, sondern muss die gesellschaftliche und wirtschaftliche Teilhabe aller ermöglichen. Ein regionalpolitisches zentrales Ziel muss es daher sein, Jugendliche zum Schulabschluss zu bringen, genug Ausbildungsplätze bereitzustellen und Langzeitarbeitslosigkeit zu vermeiden. Gendersensible Bildungspolitik bezieht etwa die Unterschiede in der sprachlichen frühkindlichen Entwicklung bei Mädchen und Jungen ein. Eine wichtige Rolle spielt die Rollenverteilung der Geschlechter auch bei den Voraussetzungen für lebenslanges Lernen: Frauen sind wesentlich stärker in Betreuungs- und Pflegeaufgaben eingebunden als Männer, zudem üben sie häufiger prekäre und Teilzeit-Jobs aus. Es müssen daher Lösungen gefunden werden, die diesen Lebenswirklichkeiten entsprechen.

Innovation: Sie wird in strukturpolitischem Zusammenhang meist als technische Innovation verstanden. Um für die Zukunft gerüstet zu sein, brauchen wir aber einen weiter gefassten Innovationsbegriff, der auch organisatorische und prozedurale Innovationen mit einschließt. Das Buch zeigt, dass Frauen nicht weniger innovativ sind, aber in anderen Feldern als Männer. Ihre guten Ansätze z. B. zur Organisation von Schule, Betreuung oder Stadterneuerung, sind nicht immer spektakulär, tragen aber in kleinen, wirkungsvollen Schritten zur Verbesserung der Lebensqualität in der Metropole Ruhr bei.

Partizipation: In den Aufbau einer Zivilgesellschaft sollten sich alle einbringen können. Damit verbunden ist eine stärker moderierende Verwaltung, die Partizipation und Gestaltung von unten ermöglicht.

Wenn wir innovative Regionalentwicklung als gendersensible Regionalentwicklung definieren, sind die nächsten Schritte klar: Der erste Schritt muss ein organisierter öffentlicher Diskurs sein, der mit der Veranstaltung 2007 „Perspektivwechsel – Gender Mainstreaming in der Regionalentwicklung" begonnen und dessen Ergebnisse dokumentiert wurden. Der zweite Schritt wurde im Februar 2010 mit der Veranstaltung „Neue Regionalplanung im Ruhrgebiet als Beitrag zu Regional governance" getan. Die gemeinsame Tagung von Regionalverband Ruhr und Stadt- und regionalwissenschaftlichem Forschungsnetzwerk Ruhr (SURF) befasste sich mit der Frage, welchen Beitrag Regionalplanung für die Selbststeuerungsfähigkeit von Regionen leisten kann. Der dritte Schritt, verbunden mit der Rückübertragung der Planungskompetenz für das Ruhrgebiet an den RVR, müsste das Implementieren neuer Methoden regionaler Entwicklung und Planung sein, wie etwa das konsequente Mitdenken von Genderbelangen. Hierzu gehören aber nicht nur, wie schon seit langem gefordert, geschlechterdifferenzierte Datengrundlagen. Zunächst muss ein grundsätzliches Problembewusstsein geweckt werden, wie es u. a. durch Gendertrainings möglich ist.

Ein zentrales Thema regionaler Entwicklung im Ruhrgebiet ist die Frage, wie die Metropole Ruhr den Weg hin zu mehr Partizipation gehen kann. Das vorliegende Buch möchte für diese und weitere regionale Diskurse verschiedene Denkanstöße geben.

AutorInnen

Abeck, Susanne Historikerin. Nach Beschäftigung als Museumspädagogin und wissenschaftliche Mitarbeiterin an diversen Museen des Ruhrgebiets mehr als zehn Jahre als Geschäftsführerin beim historischen Netzwerk Forum Geschichtskultur an Ruhr und Emscher tätig; Beteiligung an Konzept und Realisation von www.frauen.ruhr.geschichte.de; Lehraufträge an den Universitäten Bochum und Wuppertal; daneben Lektorat, Presse- und Öffentlichkeitsarbeit, Ausstellungskonzeption und -recherche.

Andrae, Christine Studium der Biologie in Göttingen und Zürich. Tätigkeit in einem Planungsbüro im Bereich der Eingriffsregelung nach Bundesnaturschutzgesetz, redaktionelle Mitarbeit am Umweltatlas Wattenmeer, Ausbildung in Geografischen Informationssystemen und Datenbanken (GIS, CAD). Mehrjährige Tätigkeit in der Stabstelle GIS des Wupperverbands. Nebenberuflich Studium der Angewandten Geoinformatik. Herausgeberin und Autorin einer Buchreihe zu Standards in der Geoinformatik. Seit 2003 im Referat Geoinformation des Regionalverbands Ruhr mit dem Schwerpunkt Datenbank- und Anwendungsentwicklung.

Baumgart, Sabine Prof. Dr.-Ing., Architektin, Städtebauassessorin, Inhaberin des Stadtplanungsbüros BPW baumgart+partner, Bremen; seit 2002 Leiterin des Fachgebiets Stadt- und Regionalplanung, Fakultät Raumplanung, TU Dortmund; langjährige Erfahrungen in der kommunalen und regionalen Planung. Lehr- und Forschungsthemen: Methoden, Verfahren und Instrumente der städtebaulichen Planung; aktuelle Forschung u. a. Integrierte Siedlungs- und Infrastrukturentwicklung, Klein- und Mittelstadtforschung, Immobilienentwicklung im Bestand.

Becker, Alexandra Sportjournalistin, Studium der Sportwissenschaften an der Deutschen Sporthochschule Köln mit Abschluss Diplom, in den 90er Jahren Sportredakteurin beim Radiosender Antenne Ruhr. Seit 2001 für den Kommunalverband Ruhrgebiet / Regionalverband Ruhr tätig, seit 2007 Mitarbeiterin im Team Regionale Sportprojekte. Gleichstellungsbeauftragte des Essener Sportbundes, sachkundige Einwohnerin im Ausschuss der Sport- und Bäderbetriebe der Stadt Essen, zweite Vorsitzende des Badminton-Clubs Rot-Weiß Borbeck. Von 1985 bis 1993 als Fußballspielerin bei der Sportgemeinschaft Essen-Schönebeck aktiv.

Becker, Ruth Studium der Volkswirtschaftslehre, Wirtschaftspolitik und Statistik. 1969 Diplom in München, 1986 Promotion. 1969-1980 Assistentin an den Universitäten München und Stuttgart. Bis 1993 freiberufliche Tätigkeit und Lehraufträge. 1990/91 Vertretungsprofessorin an der Universität Gesamthochschule Kassel, 1993 Habilitation dort. 1993 bis 2009 Leiterin des Fachgebiets Frauenforschung und Wohnungswesen, Fakultät Raumplanung der TU Dortmund und von 1998 bis 2009 zudem Leiterin der Koordinationsstelle des Netzwerks Frauenforschung NRW. Seit Oktober 2009 emeritiert.

Beckord, Claas Studium der Geografie an der Universität Münster. 2000 Abschluss als Diplom-Geograf, danach Tätigkeiten als Mitarbeiter am Leibniz-Institut für Länderkunde in Leipzig und an der Technischen Universität Chemnitz. 2007 Promotion zum Dr. phil. Seit Oktober 2007 beim Regionalverband Ruhr im Referat für Regionalentwicklung beschäftigt. Arbeitsschwerpunkte: Informelle Planung, Regionalanalyse und Raumbeobachtung.

Bloch Pfister, Alexandra Studium der Geschichte, Germanistik und Soziologie in Zürich, Promotion in Geschichte. Freischaffende Journalistin und Historikerin in Münster mit den Schwerpunkten Wirtschafts-, Umwelt- und Bildungspolitik und -geschichte.

Boeckmann, Klaus Dipl.-Ing., wissenschaftlicher Mitarbeiter der Kooperationsstelle Wissenschaft – Arbeitswelt in der Sozialforschungsstelle der TU Dortmund. Arbeitsschwerpunkte: Kooperation Wissenschaft – Arbeitswelt, regionaler Strukturwandel und Beschäftigungsentwicklung, Entwicklung atypischer Beschäftigungsverhältnisse, Auswertung regionaler Beschäftigungsdaten, Arbeiten in neuen Branchen; Veröffentlichungen zur regionalen Beschäftigungsentwicklung in Zusammenhang mit geschlechts- und branchenbezogenen Aspekten.

Bölting, Torsten Dipl.-Ing. Raumplanung an der Uni / TU Dortmund bis 2007, seit 2007 bei InWIS Forschung & Beratung GmbH zunächst als wissenschaftlicher Mitarbeiter; seit 2009 Leitung des Leistungsbereichs „Wohnen im Alter". Im Rahmen dessen Betreuung der Geschäftsstelle des Kuratoriums Qualitätssiegel Betreutes Wohnen. Darüber hinaus seit 2007 Geschäftsführer von WIR – Wohnen im Revier, einer Kooperation kommunaler Wohnungsunternehmen im Ruhrgebiet.

Briese, Dunja Dipl. Sozialwissenschaftlerin, Filmtheater-kauffrau, studierte Politik und Kunst, lebt in Essen. Sie ist hauptberuflich bei den Grünen / Alternativen in den Räten in Nordrhein-Westfalen als Publizistin tätig und arbeitete viele Jahre in kulturellen Initiativen und für Kulturinstitutionen. Sie realisierte diverse Veröffentlichungen im Auftrag der Kultur-politischen Gesellschaft, der Landesarbeitsgemeinschaft So-ziokultureller Zentren NRW und des Regionalverbands Ruhr.

Draganinska-Yordanova, Tanya Dipl.-Oec., arbeitet seit 2007 als Wissenschaftlerin am Institut für angewandte Inno-vationsforschung an der Ruhr-Universität Bochum. Ihre aktu-ellen Arbeits- und Forschungsschwerpunkte liegen im Bereich betrieblicher Innovationsstrategien, Ideenmanagement und Diversity Management.

Godau, Sigrid M. A., Studium der Kunstgeschichte, Philo-sophie und Geschichte in Bochum und München. Volontariat im Karl Ernst Osthaus Museum in Hagen und Zusatzqualifi-kation im Kulturmanagement. Zahlreiche Veröffentlichungen zur Kunst- und Kulturgeschichte. Sie lebt als freie Autorin und Kunsthistorikerin in Recklinghausen.

Greiwe, Ulla Studium der Raumplanung an der Universität Dortmund, seit 1988 wissenschaftliche Angestellte im Studi-en- und Projektzentrum am Institut für Raumplanung der Fakultät Raumplanung an der TU Dortmund, Mitarbeit in For-schung und Lehre im Fachgebiet Frauenforschung und Woh-nungswesen in der Raumplanung von 1998 bis 2009.

Hamm, Andrea Dipl. Volkswirtin, Volontariat im Print-Medien-Bereich, seit mehr als 15 Jahren als freie Journalistin tätig, Schwerpunkte Kultur, Freizeit, Sport. Eigenes Pressebü-ro – a.ha – in Recklinghausen.

Heinrich, Claudia M. A., Studium der Germanistik, Philo-sophie und Kunstgeschichte. Fachjournalistin, Presse- und Öffentlichkeitsarbeit. Berufserfahrung im Kunst- und Kultur-bereich, Ausstellungsorganisation, Fachkorrektorat in Drucke-rei / Verlag. Seit 1992 Kunstkritikerin, Autorin und Redakteu-rin für Kunstpublikationen und Zeitschriften. Seit 2000 selbst-ständig als freie Texterin, Redakteurin und Lektorin mit „Text-kultur" in Bochum.

Herber, Lori B. A. in Journalismus und Deutscher Sprache an der Ball State University / Indiana, USA. Anschließend M. A. in Journalismus, Schwerpunkt Design. Praktikum beim TIME Magazine in New York, danach Tätigkeit als Media-Direktorin und Communications-Spezialistin im universitären Umfeld. Ein Stipendium der Robert Bosch Stiftung ermöglichte es ihr, geplante Projekte im Ruhrgebiet umzusetzen. In Deutschland arbeitete sie beim Magazin Stern und entwarf die digitale Ausstellung „Rising from the Rust" fürs Essener Ruhr Muse-um.

Heyder, Gudrun M. A., studierte Kunstgeschichte und Ger-manistik und war Volontärin und Redakteurin bei der WAZ. Dann folgten acht Jahre in der Stabsstelle Klinikkommunika-tion des Ev. Krankenhauses Mülheim. Gleichzeitig war die gebürtige Essenerin als freie Journalistin und Autorin aktiv. 2007 gründete sie ihr Redaktionsbüro „gudrun heyder – text, redaktion, pr". Schwerpunkte sind Gesundheit, Medizin und Kultur. Heyder engagiert sich für die Essener Professor Dr. Werner Maaßen Stiftung, die im Bereich Gesundheit arbeitet und forscht.

Holtkamp, Lars Prof. Dr., Lehrgebiet Politik und Verwaltung am Institut für Politikwissenschaft der FernUniversität Hagen. Arbeitsschwerpunkte: Parteienforschung, lokale Politikfor-schung, Politikfeldanalyse und Verwaltungswissenschaft.

Horch, Claudia studierte Geografie und Raumplanung in Bochum, Zürich und Delft. Ab 1990 Beratung von Regionen in Transformationsprozessen, u. a. Erarbeitung regionaler und sektoraler Entwicklungskonzepte. Forschung und Lehre zu Stadt- und Regionalentwicklung im deutsch-niederländischen Vergleich. Seit 2000 beim RVR, Teamleiterin Soziales, Bildung, Arbeit. Schwerpunkte: Regionalforschung und -entwicklung, regionale Innovationsprozesse und Demografie.

Hüging, Petra Landschaftsarchitektin AKNW, Studium der Landespflege an der Universität Gesamthochschule Essen und Master im IMLA – International Landscape Architecture der Hochschulen Weihenstephan, Rapperswil (CH) und Nürtingen. Ab 2000 Mitarbeit in verschiedenen Planungsbüros, seit 2008 beim Regionalverband Ruhr. Arbeitsschwerpunkte: Stadt- und Freiraumplanung, regionale Freiraumkonzepte.

Keller-Reddemann, Birgit studierte Politik, Kommunikationswissenschaften und Geschichte, volontierte bei der WAZ in Essen. Danach Autorin, Moderatorin und Redakteurin beim WDR in Essen, Dortmund und Köln. Sie fühlt sich dem Ruhrgebiet sehr verbunden, lebt mit ihrer Tochter in Datteln und ist zurzeit Leiterin der Redaktion Bildung beim WDR Fernsehen, verantwortlich unter anderem für den Online-Auftritt www.planet-schule.de.

Kelp-Siekmann, Sibylle Dipl.-Ing., Studium der Raumplanung in Dortmund. Planerin im Stadtplanungsamt Mülheim an der Ruhr, in einem Düsseldorfer Regionalplanungsbüro und beim RVR, vormals KVR. Auf unterschiedlichen Aufgabenfeldern tätig, u. a. Stadterneuerung, Stadt- und Verkehrsentwicklungsplanung sowie informelle Planung für die Region. Stellvertretende Gleichstellungsbeauftragte des RVR. Als eine der Moderatorinnen des Frauennetzwerks Ruhrgebiet arbeitet sie an der Implementation des Gender Mainstreaming in Verkehrs- und Regionalentwicklung.

Kemmler-Lehr, Gudrun Dipl.-Päd., studierte Pädagogik mit dem Schwerpunkt Erwachsenenbildung in Wuppertal, Studium an der Universität Kaiserslautern mit den Schwerpunkten Erwachsenenbildung, Personal- und Organisationsentwicklung. Von 1990 bis 1995 Tätigkeit in den Regionalstellen Frau und Beruf in Essen und Witten. Seit 1995 hauptamtliche Gleichstellungsbeauftragte beim KVR, jetzt RVR. Neben der Gleichstellungsarbeit Schwerpunktsetzung u. a. in den Themenfeldern Gender, Planung und Regionalentwicklung. Koordination des Frauennetzwerks Ruhrgebiet, Vorsitz der Kommission „Frauen in der Stadt" beim Deutschen Städtetag.

Kersting, Volker Diplom-Soziologe und Diplom-Sozialarbeiter, Studium der Soziologie in Bielefeld. 1994-2009 wissenschaftlicher Mitarbeiter an der Ruhr-Universität Bochum und am Zentrum für interdisziplinäre Regionalforschung (ZEFIR) mit den Forschungsbereichen und Arbeitsschwerpunkten Sozial- und Gesundheitsberichterstattung, Monitoring, Mikrodatenanalyse, Stadt- und Regionalsoziologie. Seit 2010 im Referat Stadtforschung und Statistik der Stadt Mülheim an der Ruhr tätig.

Klink, Heinz-Dieter arbeitete nach seinem Jurastudium als Justiziar bei der Stadt Gelsenkirchen, wurde 1978 Hauptamtsleiter und 1983 Leitender Städtischer Rechtsdirektor. 1986 wechselte er als Kämmerer und Beigeordneter zur Stadt Dorsten. Heinz-Dieter Klink wurde 2003 zum Ersten Beigeordneten der Stadt Dorsten gewählt und übernahm zusätzlich den Bereich Planen und Bauen. Von 1999 bis 2005 war er SPD-Stadtrat in Gelsenkirchen. Seit 2005 ist er Direktor des Regionalverbands Ruhr.

Knickmeier, Alexander B. A., arbeitet seit 2007 als Wissenschaftler am Institut für angewandte Innovationsforschung an der Ruhr-Universität Bochum. Seine aktuellen Arbeits- und Forschungsschwerpunkte liegen im Bereich Stadt- und Regionalentwicklung, Personal- und Innovationsmanagement.

Kock, Klaus Dr. rer. soc., wissenschaftlicher Mitarbeiter der Kooperationsstelle Wissenschaft – Arbeitswelt in der Sozialforschungsstelle der TU Dortmund. Arbeitsschwerpunkte: Kooperation Wissenschaft – Arbeitswelt, regionale Strukturpolitik, betriebliche Arbeits- und Beschäftigungspolitik. Veröffentlichungen zur Arbeit von Kooperationsstellen, zur prekären Beschäftigung und zum Betriebsklima.

Kortendiek, Beate Studium der Sozialwissenschaften an der Gesamthochschule Duisburg bis 1983. Tätig als Bildungsreferentin und Mitarbeiterin in der Jugend-, Familien- und Frauenarbeit. Stipendiatin im Graduiertenkolleg „Geschlechterverhältnis und sozialer Wandel". Promotion an der Universität Bielefeld, Lehrbeauftragte an der Universität GH Duisburg. Seit 1998 Koordinatorin für das Netzwerk Frauenforschung NRW an der Universität Dortmund im Fachgebiet Frauenforschung und Wohnungswesen in der Raumplanung, das 2010 der Universität Duisburg-Essen angegliedert und den Bildungswissenschaften zugeordnet wurde.

Lange, Sabine studierte Geografie und Germanistik an der Universität Münster, Stipendiatin der Studienstiftung des deutschen Volkes und des DAAD, Promotion zur Dr. phil. 1988, wissenschaftliche Assistentin an der Universität Münster, seit 1989 Mitarbeiterin beim Regionalverband Ruhr. Arbeitsschwerpunkte: Statistik, Regionalanalyse und -entwicklung, Wirtschaftsförderung, betriebliches Gesundheitsmanagement, Arbeitsschutz. Seit 2005 Referatsleiterin, derzeit Leitung des Referats Soziales, Bildung, Europa.

Laurin, Stefan Chefredakteur des transfermagazin – Wissenschaft im Ruhrgebiet und des Wirtschaftsmagazin Ruhr. Er ist freier Journalist und lebt als Ruhrbaron in Bochum.

Lessing, Petra Diplom Betriebswirtin, arbeitet beim Regionalverband Ruhr im Team Soziales, Bildung, Arbeit mit den Schwerpunkten Statistik und Regionalanalyse. Sie analysiert regionale Trends der Bevölkerungsentwicklung, Beschäftigten-, Erwerbstätigen- und Arbeitsmarktentwicklung, Bildung, Qualifizierung und soziale Lage.

Lücke, Christina M. A., arbeitet seit 2008 als Wissenschaftlerin am Institut für angewandte Innovationsforschung an der Ruhr-Universität Bochum. Ihre aktuellen Arbeits- und Forschungsschwerpunkte liegen in den Bereichen betriebliches Gesundheitsmanagement, Organisationsentwicklung und demografischer Wandel.

Mann-Krysik, Regina Studium der Landschaftsplanung an der TU Berlin von 1979 bis 1985, Tätigkeit in Berliner Planungsbüros zwischen 1981 und 1986, danach Mitarbeiterin beim Senator für Stadtentwicklung und Umweltschutz in Berlin. Seit 1987 Mitarbeiterin beim Regionalverband Ruhr, Leiterin des Teams Regionale Freiraumkonzepte, aktuelle Arbeitsschwerpunkte: Erarbeitung eines regionalen Freiraumkonzepts für das RVR-Verbandsgebiet.

Münst, A. Senganata Ethnologin / Historikerin (M. A.), Soziologin (Dr. phil.), Promotion 1998 an der Universität Dortmund. 1998-2000 Angestellte der Universität Kaiserslautern, 2002-2003 Angestellte der Pädagogischen Hochschule Karlsruhe. Forschungsschwerpunkt von 2004 bis 2007: Dynamik der Geschlechterkonstellationen, Universität Dortmund. Seit 2008 Mitarbeiterin im Projekt Geschlechtergerechte Hochschule, Fachgebiet Frauenforschung und Wohnungswesen, Fakultät Raumplanung, TU Dortmund. Seit Juli 2009 forscht sie an der Pädagogischen Hochschule Freiburg.

Reich, Doris Dipl.-Ing., Stadtplanerin und Organisationspsychologin, studierte bis 1977 Raumplanung an der Universität Dortmund und war bis 1990 Mitarbeiterin am Institut für Umweltschutz und im Informationskreis für Raumplanung. Danach engagierte sie sich bei der FOPA Dortmund und erstellte u. a. eine Studie zu Arbeitsmarktchancen von Architektinnen und Planerinnen. Sie war 1994/95 Gastprofessorin an der GH Kassel und arbeitet seit 2004 selbstständig im eigenen Büro – BüroRaumPlanung. Schwerpunkte: Beteiligung an Planungsprozessen, Gender Mainstreaming in der Planung.

Savic, Dana studierte Schauspiel an der Folkwang Hochschule Essen, spielte in festen und freien Engagements, gründete ihre eigene Theatergruppe und inszenierte mehrere Theaterstücke in Köln. Nach einer Weiterbildung im Medienbereich wechselte sie zum Fernsehen als freie Journalistin und Filmemacherin. Seitdem zahlreiche Fernsehbeiträge für den WDR, darunter Features und Dokumentationen. Ihr Themenspektrum reicht von Kultur bis Geschichte, dabei besondere Berücksichtigung sozialer und frauenspezifischer Aspekte. Aktuell produziert sie als freischaffende Filmemacherin Filme über künstlerische und soziale Projekte.

Schäfer, Sabine Dr., Soziologin und Kommunikationswissenschaftlerin, 2001-2002 Mitarbeiterin am Fachgebiet Frauenforschung und Wohnungswesen, Fakultät Raumplanung, TU Dortmund. Zurzeit Coordinating Scientist an der Research School „Education and Capabilities" an der Universität Bielefeld. Forschungsschwerpunkte: soziale Ungleichheit, Bourdieu, Geschlechterforschung, Professionsforschung.

Schneiders, Katrin Studium in Bochum und Oviedo, 2009 Promotion zur Dr. rer. soc. an der Ruhr-Universität Bochum, derzeit Mitarbeiterin am Lehrstuhl für Allgemeine Soziologie, Arbeit und Wirtschaft. Zuvor 15 Jahre als Projektleiterin am Institut für Wohnungswesen, Immobilienwirtschaft, Stadt- und Regionalentwicklung (InWIS), dort hat sie vor allem die Abteilung „Wohnen im Alter" aufgebaut und geleitet. Derzeitige Forschungs- und Arbeitsschwerpunkte: demografischer Wandel und Wohnformen für Senioren, vernetztes Wohnen, soziale Innovationen, Dritter-Sektor-Forschung.

Schwering, Markus G. Dr., Geschäftsführer am Institut für angewandte Innovationsforschung an der Ruhr-Universität Bochum und seit 2006 Professor für Technische Betriebswirtschaft, insbesondere Technologie- und Innovationsmanagement an der Fachhochschule Münster. Seine aktuellen Arbeits- und Forschungsschwerpunkte liegen im Bereich Innovations- und Technologiemanagement sowie in der Regionalentwicklung.

Sperling, Cornelia Projektentwicklerin und Unternehmerin seit 1990 – nach Lebensaufgaben als 68er-Aktivistin, Hauptschullehrerin, Mutter zweier Söhne und freiberuflicher Journalistin. Mitinhaberin der RevierA GmbH, Agentur für Kommunikation in Essen. Ihr wichtigstes Projekt sind seit 1996 die Unternehmerinnentage, ihr Faible und liebstes Zukunftsprojekt sind internationale Begegnungen – aktuell in der Form von Strategieworkshops mit Unternehmerinnen verschiedener Kontinente.

Stiewe, Mechtild Dipl.-Ing., Studium der Raumplanung an der Universität Dortmund. Seit 2002 wissenschaftliche Mitarbeiterin am ILS – Institut für Landes- und Stadtentwicklungsforschung gGmbH, Dortmund, Forschungsfeld Mobilität. Arbeitsschwerpunkte: nachhaltige Verkehrsentwicklung und Verkehrsplanung, Mobilitätsmanagement, Mobilität sozialer Gruppen, Gender Mainstreaming.

Strohmeier, Klaus Peter Studium der Soziologie, Diplom, Promotion und Habilitation (1993) in Bielefeld. Bis 1981 Mitarbeiter in der Fakultät für Soziologie, Universität Bielefeld. Danach Projektleiter im Institut für Bevölkerungsforschung und Sozialpolitik. Seit 1994 Professor für Soziologie (Stadt, Region, Familie) an der Ruhr-Universität Bochum. Seit 1997 Leiter des Zentrums für interdisziplinäre Regionalforschung (ZEFIR). Arbeitsschwerpunkte: Familie und Sozialpolitik, Sozial- und Gesundheitsberichterstattung, Demografie, Stadt- und Regionalentwicklung.

Taube, Marion Studium der Kunstgeschichte, Politikwissenschaften und Sinologie, Universität Hamburg. 1990-1999 Bereichsleiterin Kunst und Kultur bei der Internationalen Bauausstellung Emscher Park, 2000-2004 Geschäftsführerin der Stiftung Insel Hombroich, Förderstiftung Hombroich sowie Direktorin Museum Tadao Ando, Raketenstation, Kulturraum Hombroich. Seit 2005 Marion Taube Art + Rat: verbale Visualisierung, ästhetische Implementierung, Kunstförderung und 2009 / 2010 Gastdozentin an der TU Wien.

Topcu, Elmas Dipl.-Ing., freie Journalistin, lebt seit 1995 in Deutschland. Sie arbeitet seit 1999 als Autorin und Moderatorin u. a. für die Deutsche Welle und den WDR. Zwischen 2001-2008 moderierte sie in der WDR-Sendung Funkhaus Europa das Sonntagsmagazin „Café Alaturka". Seit 2007 gehört sie zum Team „Stadt der Kulturen" bei der RUHR.2010 – Kulturhauptstadt Europas und managt Kooperationsprojekte zwischen Bosporus und Ruhr. Auch als Beraterin wirkte die Türkischstämmige mit deutschem Pass bei vielen Festivals und an vielen Kunstprojekten mit.

Unger, Birgit F. Unternehmerin aus Leidenschaft seit 1990. Geschäftsführende Gesellschafterin der RevierA GmbH seit 1995. Im Dreamteam vom Unternehmerinnentag NRW und vom Forum Führungsfrauen. Aktiv in Netzwerken, im IHK-Parlament und als Mentorin. Ihre Vision ist es, dass Frauen die Wirtschaft selbstbewusster mitgestalten, sich einbringen und Verantwortung übernehmen.

Völz, Regina Studium der Germanistik, Geschichte und Sozialwissenschaft in München und Göttingen. Nach dem Ersten Staatsexamen Volontariat beim Gandersheimer Kreisblatt mit anschließender Tätigkeit als Redakteurin. Hörfunkjournalistin seit 1988, zunächst beim SDR, ab 1991 beim WDR, Studio Essen. Themenschwerpunkte: Kultur und Gesellschaftspolitik. Darüber hinaus Organisation des DASA-Jugendkongresses seit 1997 sowie Moderation kulturpolitischer Diskussionen. Mitglied im Deutschen Journalisten-Verband / Gewerkschaft der Journalistinnen und Journalisten, engagiert im Netzwerk des Journalistinnenbundes, u. a. als Sprecherin der Regionalgruppe Ruhrgebiet.

Wiechmann, Elke Studium der Soziologie in Bielefeld und Recife / Brasilien, Promotion an der Philipps-Universität Marburg. Wissenschaftliche Angestellte im Lehrgebiet Politik und Verwaltung am Institut für Politikwissenschaft der FernUniversität Hagen. Arbeits- und Forschungsschwerpunkte: Gleichstellungspolitik, lokale Politikforschung und Verwaltungsmodernisierung.

Yücekaya, Elke gelernte Krankenschwester, Studium der Geografie in Bochum mit dem Schwerpunkt Humangeografie. Diplomarbeit über „Alte Menschen und Disparitäten der sozialen Infrastruktur in Essen". Nach Tätigkeit in einem Dortmunder Planungsbüro zurzeit beschäftigt im Klinikum Essen.

Fotonachweis